SCHRIFTEN
DER HOCHSCHULE
FÜR JÜDISCHE
STUDIEN
HEIDELBERG

Band 8

Herausgegeben
von der Hochschule
für Jüdische Studien
Heidelberg

REDAKTION

Johannes Heil
Frederek Musall
Annette Weber

HANNA LISS

TANACH
Lehrbuch der jüdischen Bibel

4., völlig neu überarbeitete Auflage

Universitätsverlag
WINTER
Heidelberg

Bibliografische Information der Deutschen Nationalbibliothek
Die Deutsche Nationalbibliothek verzeichnet diese Publikation
in der Deutschen Nationalbibliografie;
detaillierte bibliografische Daten sind im Internet
über *http://dnb.d-nb.de* abrufbar.

UMSCHLAGBILD
Ms. or. fol. 1213 (»Erfurt 3«), fol. 387v
© Staatsbibliothek zu Berlin – Preußischer Kulturbesitz,
Orientabteilung

ISBN 978-3-8253-6850-0

Dieses Werk einschließlich aller seiner Teile ist urheberrechtlich geschützt.
Jede Verwertung außerhalb der engen Grenzen des Urheberrechtsgesetzes
ist ohne Zustimmung des Verlages unzulässig und strafbar. Das gilt insbesondere
für Vervielfältigungen, Übersetzungen, Mikroverfilmungen und die Einspeicherung
und Verarbeitung in elektronischen Systemen.
© 2019 Universitätsverlag Winter GmbH Heidelberg
Imprimé en Allemagne · Printed in Germany
Layout und Satz: Bruno E. Landthaler/Jonas Leipziger
Druck: Memminger MedienCentrum, 87700 Memmingen
Gedruckt auf umweltfreundlichem, chlorfrei gebleichtem
und alterungsbeständigem Papier.

Den Verlag erreichen Sie im Internet unter:
www.winter-verlag.de

VORWORT ZUR 4. AUFLAGE

Dieses Lehrbuch stellt die 4., überarbeitete und neu gestaltete Auflage von *Tanach* dar. Nachdem es seit 2005 auf dem Markt ist und noch immer stark nachgefragt wird, wurde es Zeit für eine gründliche Überarbeitung. Jahrelanger Unterricht mit diesem Lehrwerk, eigene Forschungen auf den verschiedensten Feldern der Bibel und Bibelauslegung sowie die Einsicht, Bücher auch immer besser machen zu können, haben mich dazu animiert, ein ‚Refreshing' zu wagen. Dr. Andreas Barth vom Universitätsverlag Winter hat mir hierzu dankenswerter Weise genügend Zeit zugestanden, obwohl das Lehrbuch schon seit Längerem vergriffen war.

Es ist ein Lehrbuch zur unmittelbaren Quellenerschließung der Hebräischen Bibel sowie eine erste Einführung in ihre Rezeption vor allem im Religionsgesetz (Halacha) und im Kultus und Ritual im weitesten Sinne, d.h. der häuslichen Feier ebenso wie des jüdischen Gottesdienstes und in liturgischen Texten. Daher vermittelt es nicht nur aggadische und halachische (religionsgesetzliche) Weiterentwicklungen, sondern stellt ebenso den unterschiedlichen liturgischen Gebrauch der Bibeltexte vor. Gerade im Bereich der Jüdischen Studien sollte den Studierenden vermittelt werden, dass die Kenntnis der Hebräischen Bibel als ‚jüdischer Bibel' mehr umfassen muss als deren Inhalt. Die Kenntnis vom Text muss immer wieder ergänzt werden durch das, was die jüdische Tradition die ‚mündliche Tora' nennt. Allerdings kann ein Lehrbuch der jüdischen Bibel nicht die Bibel ebenso wie das umfangreiche Schrifttum der rabbinischen und nachrabbinischen Epoche behandeln, sondern wird an thematisch ausgewählten Punkten darauf verweisen. Die rabbinischen Belege, vor allem aus der Mischna, der Tosefta, den Midraschim und den beiden Talmudim (Talmud Jeruschalmi und Talmud Bavli) richten sich deshalb auch weniger an judaistische Anfänger/-innen als an Fortgeschrittene, die sich unter den genannten Werken, ihrem Aufbau und Inhalt, bereits etwas vorstellen und eine angegebene Stelle auch auffinden können, um zu weiterführender Quellenarbeit zu gelangen. Vollständigkeit wurde angesichts der Fülle und des Umfangs der rabbinischen Schriften erst gar nicht angestrebt. Auch die angeführten halachischen Verordnungen sind in der gebotenen Kürze aufgeführt. Ein Gang durch die Geschichte der Halacha mit all ihren Verästelungen war ebensowenig das Ziel wie eine erschöpfende Auflistung der für fast jede Halacha notwendig geltenden Ausnahme- und Ableitungsregeln.

Tanach ist daher auch kein Lehrbuch zur Vorbereitung auf die Erschließung und Aufarbeitung der Quellen der jüdischen Auslegungs- und Kommentarliteratur von der rabbinischen Zeit (Mischna; Talmud und Midrasch) über die mittelalterliche und frühneuzeitliche Auslegungstradition, die sich heute zumeist mit den Namen von R. Schelomo Jitzchaqi (Raschi; ca. 1040–1105), seinem Enkel R. Schemuel ben Meïr (Raschbam; ca. 1088–ca. 1158) oder mit Samson Raphael Hirsch (1808–88) und Abraham Geiger (1810–74), um nur einige zu nennen, verbindet. Hier ist zum einen auf das Lehrbuch von Gerhard Langer zum Midrasch (2016; UTB) sowie auf das Lehrbuch *Jüdische Bibelauslegung* (2019; UTB) der Verfasserin zu verweisen. Ersteres stellt das rabbinische Denken, das ‚Phänomen Midrasch', in seinen je verschiedenen Ausprägungen vor, letzteres behandelt die jüdische Bibel-Kommentarliteratur vom Mittelalter bis heute und kontextualisiert sie in ihren unterschiedlichen geographischen Räumen. Wenn daher in diesem Buch an der einen oder anderen Stelle auf die bekanntesten jüdischen Ausleger verwiesen wird, so deshalb, um Lesern und Leserinnen einen ersten Eindruck davon zu vermitteln, wie die jüdische Auslegungstradition ihre Bibel gelesen und rezipiert hat.

Ebensowenig enthält *Tanach* Informationen zur Entstehungsgeschichte der biblischen Literatur(en). Einleitungswissenschaftliche Probleme und literarhistorisch-artefaktgeschichtliche und archäologische Diskussionen wurden nahezu vollständig ausgeklammert. Interessierte seien hierfür exemplarisch auf die Lehrbücher *Grundinformation Altes Testament: Eine Einführung in Literatur, Religion und Geschichte des Alten Testaments* (hg. v. Jan Christian Gertz, ^{6}2019; UTB) und *Geschichte Israels* von Christian Frevel (2018; vgl. auch die Bibliographie am Ende des Buches) hingewiesen. Im Gegenteil wurde der Text für die hiesige 4. Auflage vor allem in den Vorderen Propheten, deren Bücher durchgehend die Geschichte Israels thematisieren, daraufhin durchgesehen, dass die Formulierungen deutlicher als bisher zwischen dem Referat des in der Hebräischen Bibel Berichteten und etwaiger historischer Rekonstruktionen unterscheiden: So sind beispielsweise die Berichte von der sog. ‚Reichsteilung' von (Groß-)Jisrael in ein Nord- und ein Südreich historisch heute im Wesentlichen widerlegt; ebenso haben sich mittlerweile bei den Chronologien der jisraelitischen und judäischen Könige so manche namensgleiche Regenten als ein- und dieselbe Person entpuppt, und die Historizität von König David ist nach wie vor umstritten. All dies schmälert natürlich nicht den Gewinn der biblischen Lektüre: *Tanach* versteht sich daher als ein Lehrbuch, das die Leser und Leserinnen in erster Linie mit dem Text selbst vertraut machen soll, nicht mit wissenschaftlichen Diskussionen über die biblischen Schriften oder gar mit geschichtlichen Darstellungen. Und so sollen nach wie vor die (nunmehr so bezeichneten) Leitfragen zu Beginn einer Parascha oder eines biblischen Buches vor allem ungeübten Lesern und Leserinnen den Einstieg in den Text erleichtern, um auf diese Weise das Lesen und Befragen des Textes zu erlernen. Die Übersetzung, biblische Zitate sowie die meisten biblischen Namen orientieren sich wie bisher an der Bibelübersetzung von Naftali Herz Tur-Sinai.

Die hier vorgenommenen Überarbeitungen betreffen zuallerst den Text selbst. So konnten vereinzelt neue Themen aufgenommen und alte bearbeitet oder neu formuliert werden. Vor allem die Kategorien ‚Thema', ‚Halacha' und ‚Liturgie' wurden so neu geordnet, dass die Informationen zu einem einzelnen Thema einer Parascha oder eines Buches konzentriert an einem Ort zu finden sind, ob es sich nun um die biblische Weitung des Themas, die Rezeption in der jüdischen Tradition oder um halachische oder religionspraktische Weiterentwicklungen handelt.

Aus mittlerweile langjähriger Erfahrung im Umgang mit dem Buch im universitären Unterricht sowie in der privaten Lektüre gilt nach wie vor, dass kein Lehrbuch eine kontinuierliche und eigenständige ‚Lese-Arbeit' ersetzt, und so besteht der erste ‚jüdische' Zugang zur Bibel vor allem in der intensiven Lektüre. Die Bibelkenntnisse der jüdischen Ausleger – angefangen bei der ersten Generation der Tannaiten – sowie ihr kritischer Geist haben das Judentum nicht nur zum ‚Volk des Buches', sondern auch zum ‚Volk der Buchauslegung' werden lassen. Die Hebräische Bibel wirklich gut zu kennen, ist daher der beste Einstieg in die jüdische Auslegungstradition.

Bei der Überarbeitung und Korrektur haben die Mitarbeiterinnen und Mitarbeiter meines Lehrstuhls, vor allem Annabelle Fuchs und Dr. Jonas Leipziger, einen wichtigen Anteil gehabt und so ganz entscheidend zum Gelingen dieser Neuauflage beigetragen. Beim Lektorat haben mich Bruno E. Landthaler und Dr. Leipziger sorgfältig unterstützt. Ihnen allen sei an dieser Stelle ganz herzlich gedankt.

März 2019 // Purim 5779   Hanna Liss

INHALTSVERZEICHNIS

Vorwort zur 4. Auflage V

Einleitung 1
Namen und Bezeichnungen der Bibel 1
Der Gesamtaufbau 2
Die Entstehung der Bibel und der sog. ‚Kanon' 4
Der Text der Bibel 6
Bibeldrucke 9
Antike Bibelübersetzungen 11
Deutsche Bibelübersetzungen 12
Vom Umgang mit der Bibel (Hermeneutik) 14

Tora 21
Überblick 21
Das Buch Bereschit (Genesis) 22
Das Buch Schemot (Exodus) 71
Das Buch Wajjiqra (Leviticus) 135
Das Buch Bemidbar (Numeri) 173
Das Buch Devarim (Deuteronomium) 213

Propheten (Neviim) 257
Einleitung: Die Bücher der Propheten 257
Überblick 260
Das Buch Jehoschua (Josua) 261
Das Buch Schoftim (Richter) 270
Das Buch Schemuel (Samuel I und II) 283
Das Buch Melachim (Könige I und II) 301
Das Buch Jeschajahu (Jesaja) 321
Das Buch Jirmejahu (Jeremia) 340
Das Buch Jechesqel (Ezechiel) 351
Das Buch Tere Asar (Zwölf-Prophetenbuch) 368

Schriften (Ketuvim) 413
Einleitung: Die Bücher der Schriften 413
Überblick 416
Das Buch Tehillim (Psalmen) 417
Das Buch Mischle (Proverbia) 429
Das Buch Ijov (Hiob) 433
Das Buch Schir ha-Schirim (Lied der Lieder) 436
Das Buch Rut 439
Das Buch Echa (Klagelieder) 444
Das Buch Qohelet (Kohelet) 449
Das Buch Ester 453
Das Buch Danijel 456
Das Buch Esra / Nechemja (Esra / Nehemia) 459
Das Buch Divre ha-Jamim (Chroniken I und II) 462

Anhang 465
Die synagogalen Lesungen aus dem Tanach 465
Einstieg in die Literatur 473
Glossar 475
Register 482
Abkürzungen 491

EINLEITUNG

Namen und Bezeichnungen der Bibel

Die Bezeichnung Bibel
Die Bezeichnung ‚Bibel' geht auf den griechischen Begriff *ta biblia* ‚die Bücher' zurück. In der jüdischen Tradition gibt es kein ‚Altes Testament': ‚Bibel' meint stets allein die Hebräische Bibel. Sie ist die Heilige Schrift des jüdischen Volkes. Die nachbiblische rabbinische Literatur kennt unterschiedliche Bezeichnungen für die Bibel: ‚*ha-katuv*' ‚das, was geschrieben ist', ‚*kitve ha-qodesch*' ‚die Schriften des Heiligtums' oder einfach ‚die vierundzwanzig Bücher'. Die griechischsprachige jüdische Tradition kennt auch ‚das heilige Gesetz' oder ‚die heiligen Bücher'.

Tanach oder Altes Testament?
Die Bezeichnung Tanakh (‚Tanach/Tenach') ist ein Akronym für *Tora* ‚Weisung', *Neviim* ‚Propheten' und *Ketuvim* ‚Schriften', die die drei Teile der Hebräischen Bibel bilden. Die hebräischen Buchtitel der Bücher der Tora stellen keinen systematischen Titel des Buches dar, sondern gehen auf die ersten hebräischen Wörter des jeweiligen Buches zurück. Das ‚Alte Testament' der Kirche – eine Bezeichnung aus der Gegenüberstellung zum ‚Neuen Testament' – ist in Umfang und Anordnung der einzelnen Bücher von der Hebräischen Bibel teilweise verschieden, weil in der griechischen Bibel die Bücher chronologisch geordnet wurden, so dass sich eine Geschichtsdarstellung von der Weltschöpfung bis zum letzten Propheten ergibt.

Hebräische und Griechische Bibel: Rolle und Codex
Auch in der äußeren Form unterscheiden sich die Griechische und die Hebräische Bibel voneinander, denn von der jüdischen Antike an gab es für die hebräische Textüberlieferung bis ins frühe Mittelalter hinein nur Rollen (*sefer*: ‚Buch/Rolle'), und zwar nicht nur für die Tora, sondern für die gesamten Vierundzwanzig Bücher (wenn auch nicht alle in einer Rolle zusammengefasst waren). Waren die fünf Bücher der Tora wohl für den liturgischen Gebrauch schon sehr früh als *Chumasch* bzw. *Chamischa Chumsche Tora* (‚Fünf Fünftel') zusammengefasst, so lässt sich der Beginn der ersten hebräischen Codices nur annähernd und ausgehend von den ältesten bekannten Handschriften wie dem sog. Codex Cairensis (geschrieben i.J. 895 von Moshe ben Asher) bestimmen. Sicher spielen hier die sog. (aramäisch- und arabischsprachigen) Masoreten eine wichtige Rolle, denn ihr geographischer wie religionssoziologischer Kontext legen einen inneren Zusammenhang zwischen

der islamischen Tradition mit dem Koran und der Entstehung der Hebräischen Bibelcodices nahe: Erst jetzt kommen die Vierundzwanzig Bücher in ein Buch. Zwar zeigen die ersten masoretischen Codices einen einheitlichen Aufbau, die handschriftlichen Bibelcodices in West- und Südeuropa (aschkenasisch; sefardisch) weichen davon jedoch in Teilen immer wieder ab und zeigen bis ins hohe Mittelalter hinein deutliche Unterschiede in der Reihenfolge der biblischen Bücher.

Der Gesamtaufbau

Die Bibel ist kein einheitliches Werk, sie besteht vielmehr aus verschiedenen Büchern, die zu unterschiedlichen Zeiten und von verschiedenen Autoren und Redaktoren verfasst und redigiert wurden. Nachfolgend findet sich eine Auflistung der biblischen Bücher, wie sie in den meisten modernen ursprachlichen und übersetzten Bibelausgaben zu finden sind. Hinsichtlich der he-

Tanach (hebr. Bibel)	**Septuaginta** (griech. Bibel)	**Evangelisch** (dt. Übersetzung)	**Katholisch** (dt. Übersetzung)
Tora / Gesetz	*Geschichtsbücher*	*Geschichtsbücher*	*Pentateuch*
Bereschit	Genesis	1. Buch Mose	Genesis
Schemot	Exodus	2. Buch Mose	Exodus
Wajjiqra	Levitikus	3. Buch Mose	Levitikus
Bemidbar	Numeri	4. Buch Mose	Numeri
Devarim	Deuteronomium	5. Buch Mose	Deuteronomium
Vordere Propheten			*Geschichtsbücher*
Jehoschua	Josua	Josua	Josua
Schoftim	Richter	Richter	Richter
	Rut	Rut	Rut
(1+2) Schemuel	1+2 Könige	1+2 Samuel	1+2 Samuel
(1+2) Melachim	3+4 Könige	1+2 Könige	1+2 Könige
	1+2 Chronik	1+2 Chronik	1+2 Chronik
	1 Esra		
	2 Esra (Esr+Neh)	Esra+Nehemia	Esra+Nehemia
	Ester	Ester	Tobit
	Judit		Judit
	Tobit		Ester
	1+2 Makkabäer		1+2 Makkabäer

Der Gesamtaufbau

Hintere Propheten	*Lehrbücher*	*Lehrbücher*	*Lehrweisheit*
Jeschajahu	Psalmen	Hiob	Hiob
Jirmejahu	Sprüche	Psalmen	Psalmen
Jechesqel	Kohelet	Sprüche	Sprüche
Zwölfpropheten	Hoheslied	Kohelet (Prediger)	Kohelet (Prediger)
(Tere Asar)	Hiob	Hoheslied	Hoheslied
	Weisheit		Weisheit
	Jesus Sirach		Jesus Sirach

Ketuvim (Schriften)	*Propheten*	*Propheten*	*Propheten*
Tehillim (Psalmen)	Zwölfpropheten	Jesaja	Jesaja
Mischle (Sprüche)	Jesaja	Jeremia	Jeremia
Ijov	Jeremia	Klagelieder	Klagelieder
Schir ha-Schirim	Baruch	Ezechiel	Baruch
(Lied der Lieder)	Klagelieder	Daniel	Ezechiel
Rut	Ezechiel	Zwölfpropheten	Daniel
Echa (Klagelieder)	Daniel		Zwölfpropheten
Qohelet			
Ester			
Danijel			
Esra			
Nechemja			
(1+2) Divre ha-Jamim (Chronik)			

bräischen Tanach-Ausgaben ist hier allerdings einschränkend zu bemerken, dass sich eigentlich erst seit der Einführung der Codices im 9. Jh. d.Z. überhaupt eine ‚Reihenfolge' der biblischen Bücher ausmachen lässt (vgl. nachfolgend Die ältesten Bibel-Codices, S. 8). Für den hebräischen Text gilt nämlich, dass es von der jüdischen Antike an bis ins frühe Mittelalter hinein nur Rollen gab, und zwar nicht nur für die Tora, sondern für die gesamten 22/24 Bücher. Eine Besonderheit bildete von Anfang an die Tora, die in zwei Formen, als *Chamischa Chumsche Tora* (also ‚Fünf Fünftel der Tora') wie auch als *Chumasch* ‚ein Fünftel', d.h. eine biblische Buchrolle mit nur einem Tora-Buch, vorkommen konnte, wobei für letzteren Fall (also einer Rolle, die nur ein Fünftel der Tora enthielt) die öffentliche Lesung nicht in Frage kam (bGit 60a).

Die Entstehung der Bibel und der sog. ‚Kanon'

‚Bücher' im Buch der Bücher

Als ‚kanonisch' gelten diejenigen Schriften, die das Judentum von einem bestimmten Zeitpunkt an als heilige Schriften rezipiert und tradiert hat. Dieser Zeitpunkt ist nicht für alle Schriften gleich anzusetzen und hat eine Vorlaufzeit ebenso wie eine lange Phase der Konsolidierung. ‚Kanonische' Bücher verlangen zunächst einmal eine Sammlung ‚unkanonischer' Texte. Bereits die Tora erwähnt ein *Sefer Milchamot JHWH* (‚Buch der Kriege des Ewigen': Num 21,14), Ex 24,7 nennt ein *Sefer ha-Berit*, das heute oftmals mit dem sog. Bundesbuch in Verbindung gebracht wird (Ex 20,22-23,33). Daneben finden wir eine ganze Reihe von Referenzen auf Chroniken und Annalen (*Sefer Divre ha-Jamim le-Malche Jisrael*, 1Kön 14,19 u.ö.; *Sefer Divre ha-Jamim le-Malche Jehuda*, 1Kön 14,29; *Divre Schemuel ha-Ro'eh – Divre Natan ha-Navi – Divre Gad ha-Choseh*, 1Chr 29,29; *Sefer Divre Schelomo*, 1Kön 11,41). Solche Sammlungen sind für den mesopotamischen Raum belegt. Man deponierte sie in einem Archiv oder in Bibliotheken. Stets gab es ab einem bestimmten Punkt eine Auswahl von Texten und erste Standardisierungen. Auch konnte ein Text einem bestimmten Fest oder Ereignis im Jahreslauf zugeordnet werden. Kanonisierungsprozesse setzen also immer einen zeitlichen Abstand zum Text und ein Bewusstsein von ‚Vergangenheit' voraus. So kann man daher auch umgekehrt sagen, dass nicht nur das ‚Alte Jisrael' (s)einen Kanon, sondern der Kanonisierungsprozess ein ‚Altes Jisrael' produzierte: In der Etablierung eines kulturellen Gedächtnisses formt sich eine aktuelle Gemeinschaft nach hinten (chronologisch: in frühere Zeiten) zurück. Aus einer amorphen Masse kristallisieren sich nun Figuren, Charaktere, Ereignisse heraus, die Jisraels Geschichte und Tradition und damit (aus der Sicht derer, die in die Prozesse involviert sind) Jisraels Gegenwart bestimmen sollen. Ein solcher Prozess findet oftmals an historischen Brennpunkten statt. Für die Geschichte Jisraels und Jehudas sind als solche der Untergang des Nordreiches zwischen 733 und 721 v.d.Z. sowie die Zerstörung des Ersten und Zweiten Tempels (587/6 v.d.Z.; 70 d.Z.) zu bewerten. Welche Kreise auch immer einen solchen literarischen Fixierungs- und Sondierungsprozess einleiteten, sie taten dies aus einem doppelten Impetus heraus: dem Bewusstsein, dass eine neue Epoche betreten wird, und dem Anspruch, diese Epoche machtvoll mitzugestalten.

Die sog. Kanonformel

Die sog. ‚Kanonformel' begegnet in der Tora zum erstenmal in Dtn 4,2 (vgl. auch Dtn 13,1) und verweist darin auf den Anspruch an die Schreiber, eine präzise Überlieferung des Textes zu garantieren. Neh 8,1–7 erwähnt bereits das Buch des Gesetzes des Mosche (*sefer torat-mosche*). Neh 8,8 (vgl. 8,18; 9,3) spricht demgegenüber von dem Buch, dem Gesetz Gottes (*torat ha-elohim*). Auch Neh 10,30-40 weist in einer Auflistung verschiedene Gesetze dem Gesetz Gottes zu, aber diese Auflistung kommt noch längst nicht an die 613 Ge- und Verbote heran, die die Tora nach traditionellem Verständnis einschließt.

Ben Sira und Flavius Josephus

Das (deuterokanonische) Buch Ben Sira (zwischen 190–175 v.d.Z. auf Hebräisch verfasst) nennt in seinem griechischen Prolog (I,8) schon das ‚Gesetz, die Propheten und die anderen Schriften', kennt also bereits eine Einteilung in verschiedene Büchergruppen. Wie viele Bücher Ben Siras ‚Tora und Propheten' umfasste, lässt sich aber erst den Schriften des ersten Jahrhunderts d.Z. entnehmen. Der jüdische Historiker Flavius Josephus (ca. 38 bis nach 100 d.Z.) kennt bereits die Dreiteilung des biblischen Kanons, rechnet jedoch lediglich Psalmen/Tehillim, Schir ha-Schirim, Mischle und Qohelet zu den Ketuvim. Die Anzahl der heiligen Bücher wird bei ihm mit zweiundzwanzig angegeben, was wohl auf die Zusammenschau von Schoftim/Rut einerseits und Jirmejahu/Echa andererseits zurückgeht (Josephus, Contra Apionem I, §§37–41). Neben Flavius Josephus sei abschließend noch die Apokalypse des Esra erwähnt (auch bekannt als 4. Esra-Buch; verfasst ca. 95–100 d.Z.), die beschreibt, wie Esra den Text der 24 Bücher erneut niederschreibt (4Esra 14,44–46), nachdem die Tora bei der Zerstörung Jeruschalajims ein Raub der Flammen geworden war. Die Anzahl von 24 Büchern, wie sie 4Esra kennt, findet sich aber noch nicht explizit in den frühen Talmud-Überlieferungen oder in den tannaitischen Schriften wie Mechilta, Sifra, Mischna und Tosefta, obwohl aus allen zitiert wird. Allerdings lesen wir schon in bBB 14b–15a von den Vierundzwanzig Büchern, denen an dieser Stelle auch Verfasser zugeordnet werden.

Die Verfasser der biblischen Bücher nach dem Talmud (bBB 14b–15a)

Mosche:	Tora, Paraschat Bil'am, Ijov
Jehoschua:	Jehoschua, Dtn 34,5–12 (Tod Mosches)
Schemuel:	Schemuel, Schoftim, Rut
Dawid:	Tehillim
Jirmejahu:	Jirmejahu, Melachim, Echa
Chisqijjahu:	Jeschajahu, Mischle, Schir ha-Schirim, Qohelet
Männer der großen Synagoge:	Tere Asar, Danijel, Ester
Esra:	Esra, Nechemja, Genealogien in Divre ha-Jamim

Der Text der Bibel

Nach rabbinischer Überlieferung geht der Text der Tora insgesamt auf die Offenbarung am Sinai zurück. So heißt es beispielsweise mit Blick auf das in Neh 8,8 erwähnte Buch (*sefer*): Die ‚Weisung Gottes' (*torat ha-elohim*) wurde auf die Schrift bezogen, das ‚Erklärte' (*meforasch*), also ‚das, von dem der Sinn dargelegt wird', auf den Targum sowie ‚das, was gelesen wird' (*miqra*) auf die Kantillationszeichen und die Festlegung der Versanfänge (BerR 36,8).

Der Konsonantentext

Der biblische Text wurde im babylonisch-persisch-palästinischen Kulturraum zunächst lediglich in seinem Konsonantenbestand überliefert und seit dem 1. Jh. d.Z. in seiner Schreibung (z.B. Plene- und Defektivschreibung) sukzessive standardisiert. Die ältesten erhaltenen Bibelhandschriften stammen aus den Textfunden in Qumran. Die dort erhaltenen Texte (z.B. eine vollständig erhaltene Jeschajahu-Rolle; 1QIsa) sind allesamt unvokalisiert und bieten lediglich Abschnittskennungen, die jedoch nicht immer mit unseren Paraschen-Einteilungen übereinstimmen, und noch lange nicht unseren Kapitel- oder Verszählungen entsprechen.

Punktations- und Akzentsystem (Masora)

Das Punktations- und Akzentsystem (Masora) entstand etwa seit dem 5. Jh. d.Z. im Zuge eines verstärkten Bemühens um Konsolidierung des überlieferten hebräischen Textbestandes. Es wurde zwischen 780 und 930 d.Z. ausgebaut und erhielt auch erst dann seine endgültige Gestalt. Dabei waren jeweils unterschiedliche Autoritäten an der schriftlichen Überlieferung des biblischen Textes beteiligt: Die sog. *soferim* waren für den konsonantischen Textbestand zuständig; den *naqdanim* oblagen Punktation und Akzentuation des Textes, während die sog. Masoreten die eigentliche Masora an den vier Rändern des Textes zusammenstellten. Die masoretischen Gelehrten wirkten in verschiedenen Jeschivot: im Westen in Tiberias und im Osten in den Hochburgen der babylonischen Talmud-Akademien, in Sura und Pumbeditha. Als die wichtigsten Repräsentanten der tiberiensischen Masora gelten heute die Gelehrtenfamilien Ben Ascher und Ben Naftali.

Man unterscheidet heute zwischen drei Punktationssystemen: 1. das babylonische (mit supralinearer Punktation), 2. das palästinische (ebenfalls supralinear) und 3. das tiberische, das sich auch allgemein durchgesetzt hat. Die eigentliche Masora, die sog. Masora marginalis, wird wiederum unterschieden in Masora parva an den seitlichen Rändern des Textes, Masora magna am jeweils oberen und unteren Rand sowie die Schluss-Masora (als alphabetische Zusammenstellung am Schluss der Bibel). Die Masora notiert Lese- und Schreibabweichungen ebenso wie die Häufigkeit bestimmter Wörter, eine abweichende Aussprache oder andere textliche Besonderheiten. Daneben verschlüsselt sie auch immer wieder exegetische Operationen und Aussagen. Die Masora ermöglicht einerseits eine unbedingte Fixierung des Textbestandes, andererseits jedoch die Notierung grammatikalischer Abweichungen oder textlicher Korruptelen, um gleichzeitig auch rabbinische und/oder karäische Auslegungsmöglichkeiten nach wie vor zulassen zu können.

Der Sefer Tora: die Torarolle

Die Tora wird bis heute für die synagogale Lesung aus einer Pergamentrolle (*sefer tora*) vorgelesen. In einer Rolle sind bis heute nur die Konsonanten no-

---

notabene: Besondere Schreibungen in der Hebräischen Bibel

Tagin: Im Talmud (bMen 29b) heißt es, dass sieben Buchstaben in einer Torarolle mit besonderen Verzierungen geschrieben werden sollen: *schin*, *ajin*, *tet*, *nun*, *sajin*, *gimel* und *tzadi* (Merkwort: *schaatnes gaz*). In den meisten Torarollen haben diese sieben Buchstaben bis heute drei kleine Strichlein, die oben dicker sind und zum Buchstaben hin dünn werden.

Besondere Schreibung von Buchstaben: Sowohl in Torarollen als auch in europäischen Bibelmanuskripten und manchen späteren Drucken, finden sich einige Buchstaben, die größer oder kleiner geschrieben sind als der übrige Text, oder sonstige Besonderheiten aufweisen. So ist z.B. in Lev 11,47 der Buchstabe Waw in dem Wort *gachon* vergrößert notiert, um anzuzeigen, dass dieser Buchstabe exakt die Hälfte aller in der Tora notierten Buchstaben markiert. Im Text des in rabbinischer Zeit eingeführten Gebetes ‚Sch^ema Jisrael' (Dtn 6,4) sind das Ajin des ersten Wortes *sch^ema* und das Dalet des letztes Wortes (*echad*) deutlich größer geschrieben als der Rest. In Num 25,12 ist das Waw in dem Wort *schalom* in der Mitte unterbrochen (Num 25,12). Nach der rabbinischen Tradition weist dieses zerbrochene Waw in Num 25,12 darauf hin, dass der Friedensbund des Pinchas nicht wirklich vollkommen war. In Num 10,35f. stehen die beiden Sprüche zum Aron ha-Qodesch (sog. ‚Ladesprüche') zwischen zwei invertierten Nuns.

Besondere Schreibung von Absätzen: Die jüdische Tradition schreibt die Art und Weise, wie der Text geschrieben werden soll, genau vor (z.B. im außerkanonischen Talmudtraktat Massechet Soferim). Man unterscheidet zwischen einzelnen Absätzen (Setumot, geschlossene Abschnitte) und vorgeschriebenen Zeilenumbrüchen (Petuchot, offene Abschnitte). Dass noch im Hochmittelalter ein buntes Durcheinander hinsichtlich der Petuchot und Setumot geherrscht hat, beweist die Tatsache, dass Maimonides (1135–1204) diesem Thema eine ausführliche Darstellung in seiner Mischne Tora, Hilkhot Tefillin u-Mezuza we-Sefer Tora VIII, 1–2 und 4, widmet, um der allgemeinen Verwirrung ein Ende zu setzen.

tiert. Die Vokale und die besondere Vortragsweise mit entsprechender Kantillation muss der/die Vorbeter*in vorher lernen.

Die ältesten Bibel-Codices

Die ältesten handschriftlichen masoretischen Bibelcodices stammen aus dem 10. Jh. d.Z. Die bekanntesten und textkritisch auch relevantesten sind der Codex Petropolitanus Evr. B3 (916 d.Z.; hintere Propheten), der Codex Or. Ms. 4445 (925 d.Z.: Pentateuch, unvollständig), der Aleppo-Codex (930 d.Z.: Vollbibel, unvollständig), der Codex Leningrad, Evr. I B 19a (sog. ‚Codex Leningradensis', ca. 1008 d.Z.) und der Kairoer Prophetencodex (Codex Cairensis; ca. 895 d.Z.). Leningradensis und Aleppo zeichnen sich auf den ersten Blick dadurch aus, dass die für uns bekannte Reihenfolge der biblischen Bücher darin durchbrochen wird, dass das Buch Divre ha-Jamim (Chronik) den Auftakt der Schriften (Ketuvim) bildet und das Buch Ijov unmittelbar auf die Tehillim folgt (vgl. auch unten das Thema Anordnung der Ketuvim, S. 414). Gegen die im Talmud vorgeschlagene Reihenfolge der Propheten (Jehoschua–Könige; Jirmejahu, Jechesqel, Jeschajahu und Tere Asar) finden wir in beiden Handschriften die uns heute geläufige Reihenfolge Jes, Jer, Ez und XII.

Die westeuropäischen Bibelhandschriften des 11. bis 13. Jh.s sehen teilweise ganz anders aus, denn sie enthalten oftmals den Targum, und ihre Masora wird figurativ gestaltet (sog. Masora figurata). Vor allem in Frankreich und Deutschland finden wir Teil- und Vollbibeln, in denen die Masora in ornamentalen Formen in hebräischer Mikrographie gestaltet wird, und dann Fabelwesen, Drachen und andere Tiere die Handschriften bevölkern.

Die Einteilung in Wochenabschnitte: Paraschijjot

Für die Tora sind bereits in talmudischer Zeit unterschiedliche Einteilungsprinzipien für die Wochenabschnitte bekannt. Der palästinischen Unterteilung in 452 Abschnitte (*sedarim*), die in einem dreijährigen Lesezyklus gelesen wurden (Gen 1,1; 2,4; 3,22 usw.), stand die babylonische mit 54 Wochenabschnitten (*paraschijjot*) gegenüber, die auf einen einjährigen Lesezyklus zugeschnitten (Gen 1,1; 6,8; 12,1 usw.) und in der synagogalen Liturgie (bis heute) üblich ist. 54 Wochenabschnitte garantieren dabei, dass man auch in einem Schaltjahr mit einem zweiten Monat Adar (zu den jüdischen Monaten siehe unten S. 89) ausreichend Wochenabschnitte hat. In anderen Jahren können einige Wochenabschnitte in Doppellesungen zusammengefasst werden (z.B. Wajjaqhel-Pequde; Tasria-Mezora; Achare Mot-Qedoschim; Behar-Bechuqqotai; Mattot-Mas'e; Nizzavim-Wajjelech), damit Paraschat Waetchanan stets am Schabbat nach dem 9. Av gelesen und der Lesezyklus mit We-sot ha-Beracha an Simchat Tora beendet werden kann. Die von der jüdischen Reformbewegung im 19. Jh. initiierten Versuche, einen dreijährigen Vorlesungszyklus wieder einzuführen, blieben vereinzelt und fanden kein nachhaltiges Echo (vgl. aber den Bibelkommentar von Gunther Plaut).

Texteinteilungen
In der rabbinischen Zeit gab es noch keine endgültige Festlegung der Verse. Auch hier zeigen sich in Babylonien und Palästina wieder je eigene Traditionen hinsichtlich Anfang und Ende einer oder mehrerer kleinerer Sinneinheiten. Nach dem Babylonischen Talmud (bQid 30a) enthält die Tora (Torarolle) 5.888 Verse und 304.805 Buchstaben. Die ersten Masora-Gelehrten aus Tiberias zählten 5.845 Verse, 79.856 Wörter und 466.945 Buchstaben. Dieser Unterschied lässt sich dadurch erklären, dass es zu rabbinischer Zeit in Babylonien und Erez Jisrael verschiedene Traditionen zum Beginn und Ende kleinerer Sinneinheiten gegeben hat. Die orientalischen Manuskripte kennen weder Kapitel- noch Verszählung. In den europäischen Handschriften (z.B. Vat. ebr. 468, La Rochelle von 1215) finden sich aber bereits Kapitelzählungen in hebräischen Buchstaben. Noch ist wissenschaftlich nicht geklärt, in welchem Verhältnis diese Einteilungen zur zeitlich früheren Kapiteleinteilung des Erzbischofs von Canterbury, Stephan Langton (ca. 1155–1228), stehen.

Bibeldrucke

Die sog. Rabbinerbibeln (Miqraot Gedolot)
Mit dem Ausgang des 15. Jh.s treten (zunächst in Italien und auf der iberischen Halbinsel) neben die handschriftliche Überlieferung die ersten Inkunabel-Drucke der Hebräischen Bibel und der etablierten hebräischen Kommentarliteratur. In diesen frühen Drucken lässt sich ein differenziertes Neben- und Miteinander des Bibeltextes und seinen verschiedenen Kommentierungen beobachten: Bibelkommentare, Targum sowie masoretische Notationen (Petucha/Setuma; Ketiv/Qere; puncta extraordinaria; scriptio plene/defectiva; memoria technica). Masora magna ist in den hebräischen Inkunabeldrucken des ausgehenden 15. Jh.s oftmals nicht gedruckt, noch weniger figurative Masora. Erst mit der zweiten Miqraot Gedolot-Ausgabe Bombergs (Venedig 1525) etablierte sich nicht nur der gedruckte hebräische Bibeltext als textus receptus, sondern re-integrierte auch durchgehend die Masora (parva; magna). Diese Re-Integration der Masora erfolgte ausschließlich in linearer Form und nur als textkritisches Werkzeug, so dass die Masora über die listenförmige Zusammenstellung grammatischer und textkritischer Beobachtungen hinaus keinerlei weitere Sinnzuschreibungen mehr erfährt.

(Halb-)Kritische Textausgaben

Neben den traditionellen Ausgaben der Miqraot Gedolot (z.B. Warschau 1860–66; Ndr. Jerusalem 1958) existieren heute halbkritische Textausgaben für die Überlieferung der traditionellen Kommentare wie die Ausgabe Torat Chajjim (hg. v. M. L. Katzenellenbogen, Jerusalem 1986–93) oder das Projekt Miqraot Gedolot ha-Keter von Menachem Cohen (Bar-Ilan-Universtät, Israel; 1992–2003), eine neue ‚Rabbinerbibel', die in einer teilkritischen Bibelausgabe vor allem eine ganze Reihe klassischer jüdischer Ausleger bietet.

Kritische Textausgaben

In der modernen Bibelwissenschaft verwendet man in Deutschland vor allem kritische Bibelausgaben wie die Biblia Hebraica Stuttgartensia (BHS) oder die Biblia Hebraica Quinta (BHQ) der Deutschen Bibelgesellschaft. Beide Ausgaben basieren auf einer orientalischen Bibelhandschrift Codex Leningrad, Evr. I B 19a, sog. ‚Codex Leningradensis'). Die BHS enthält neben dem masoretischen Bibeltext und der Masora parva einen eigenen textkritischen Apparat, der u.a. Lesart-Varianten aus weiteren Handschriften, Textfunden aus Qumran, den Targumim oder anderen Bibelübersetzungen enthält. Allerdings handelt es sich nicht um eine diplomatische Edition von Text und Masora; dies wurde erst mit der fünften Edition der Stuttgarter ‚Biblia Hebraica'-Tradition, der Biblia Hebraica Quinta (BHQ) verwirklicht, die seit 1990 in Arbeit ist. Allerdings zieht sich das Erscheinen der einzelnen Faszikel deutlich länger hin, als dies ursprünglich geplant war. Die elektronische Repräsentation der kritischen Textausgabe der Biblia Hebraica, die in allen wissenschaftlichen Bibelsoftware-Produkten (Bible Works, Accordance) Verwendung findet, wird im Westminster Leningrad Codex (WLC) des J. Alan Groves Center for Advanced Biblical Research abgebildet. Diese elektronische Biblia Hebraica (eBHS) steht seit 2006 online frei zur Verfügung (http://www.tanach.us/). An der Hebräischen Universität in Jerusalem ist eine kritische Ausgabe (HUBP) in Arbeit, die neben dem hebräischen Text auf Grundlage des Codex Aleppo mehrere textkritische Apparate bietet, die über das Material aus BHS hinaus auch die rabbinische Überlieferung, die Textfunde aus Qumran sowie mittelalterliche Handschriften berücksichtigen und darin eine Editio Major vorlegen wollen. Diese Ausgabe ist allerdings bislang über die Bücher Jeschajahu, Jirmejahu und Jechesqel nicht hinausgekommen.

Antike Bibelübersetzungen

Septuaginta

Die erste Übersetzung des hebräischen Bibeltextes heißt Septuaginta (LXX), weil der traditionellen Überlieferung zufolge (Aristeasbrief; Philo von Alexandrien) 72 Männer an ihr gearbeitet haben sollen. Die Septuaginta ist in Wirklichkeit eine Sammlung unterschiedlichster Übersetzungen der verschiedenen biblischen Bücher ins Griechische und geht auf die alexandrinische Diaspora zurück (ab ca. 3. Jh. v.d.Z.). Sie ist vor allem für die hebräische Textkritik von Bedeutung. Die Septuaginta galt als schriftliche Bibel, die auch im Gottesdienst verwendet wurde. Eine wortwörtliche Übersetzung stellt sie aber nicht dar, weil man die Bibel als ‚bessere Literatur' nicht zur einfachen Übersetzungshilfe degradieren wollte.

Das rabbinische Judentum hat sich dennoch im Laufe der Zeit von der Septuaginta abgewandt und sogar eine eigene griechische Übersetzung mit der Übersetzung Aquilas angenommen (yMeg 1,11), die sich jedoch im Anspruch und in der Durchführung grundlegend von der Septuaginta unterscheidet: Während die Septuaginta die Hebräische Bibel in gewisser Weise ersetzen wollte, wollten die Übersetzungen des Aquila (1./2. Jh.; fragmentarisch überliefert in der Hexapla des Origenes) wie auch diejenigen von Symmachus (ca. 170 d.Z.) und Theodotion (2./3. Jh. d.Z.) den hebräischen Text erklären und keine Übertragung des Inhaltes in den hellenistischen Kulturraum vornehmen.

Targumim

Die Targumim entstanden als aramäische Übersetzungen für die synagogalen Schriftlesungen, weil das Hebräische im westlichen Perserreich immer mehr durch das Aramäische als offizielle Schriftsprache verdrängt worden war. Die bekanntesten Targumim sind für die Tora der Targum Onqelos und für die prophetischen Bücher der Targum Jonatan. Ihr Wortlaut wurde in Babylonien (ca. 5. Jh. d.Z.) offiziell festgelegt. Der palästinische Tora-Targum wird Pseudo-Jonatan oder Jeruschalmi I genannt; er hat keine offizielle Redaktion erfahren.

Peschitta

Die Peschitta ist die christliche Übersetzung der Hebräischen Bibel ins Syrische; sie entstand frühestens ab dem 1. Jh. d.Z. und ist stark von den Targumim, aber auch von der Septuaginta abhängig, so dass man für ihr Entstehen einen judenchristlichen Hintergrund vermutet.

Lateinische Übersetzungen
Die zwei bekanntesten lateinischen Bibelübersetzungen sind die Vetus Latina und die Vulgata. Die Vetus Latina entstand etwa im 2. Jh. d.Z. und wurde aus der Septuaginta ins Lateinische übersetzt. Die Vulgata ist die Bibelübersetzung des Hieronymus (ca. 400 d.Z.). Sie beruht weitgehend auf dem hebräischen biblischen Text.

Die Hexapla des Origenes
Die Hexapla des Origenes (185–254 d.Z.) bietet in sechs synoptisch nebeneinander gestellten Kolumnen den hebräischen Text in Quadratschrift, den hebräischen Text in griechischer Umschrift, die Übersetzung von Aquila, Symmachus, Theodotion und die Septuaginta.

Deutsche Bibelübersetzungen

Christliche deutsche Bibelübersetzungen
Die ersten umfangreicheren und eigenständigen Bibelübersetzungen waren christliche Übersetzungen. Eine sehr bedeutende Bibelhandschrift ist die Wenzelsbibel in Prager Deutsch (entstanden zwischen 1390 und 1400), die allerdings keine Vollbibel ist (Teile der Propheten und Neues Testament fehlen). Vor allem die Erfindung des Buchdrucks verhalf der deutschen Bibelübersetzung zum Durchbruch. Die erste gedruckte deutsche Vollbibel ist die ‚Mentelin-Bibel' (1466) von Johannes Mentelin aus Straßburg. Die Übersetzung Martin Luthers von 1522 bis 1534 setzte neue Maßstäbe und wurde sprachbildend für den deutschen Sprachraum und kanonbildend für die protestantischen Christen Europas.

Die Bibelübersetzung Moses Mendelssohns
Bereits seit dem frühen Mittelalter gab es für die Juden französische und deutsche (z.T. sogar deutsch-französische) Glossariensammlungen (sog. *sifre pitronim*) sowie Interlinear-Übersetzungen. Seit dem 15. Jh. kursierten unter den Juden in Deutschland etliche jiddische Bibelübersetzungen. Einschneidend jedoch für die jüdische (Religions-)Bildung in der westeuropäischen Aufklärung war die Übersetzung des Philosophen und Literaturkritikers Moses Mendelssohn (geb. 1729 in Dessau; gest. 1786 in Berlin). Zwischen 1774 und 1776 erstellte Mendelssohn eine Tora-Ausgabe, die nicht nur einen korrekten hebräischen Text bieten sollte, sondern auch eine Übersetzung ins Deutsche. Diese Übersetzung, die unter dem Titel *Sefer Netivot ha-Schalom* (‚Pfade des Friedens') erschien und der neben dem Bibeltext auch ein hebräischer Kommentar (der sog. ‚Biur') beigegeben war, wurde von ortho-

doxer Seite (Ezekiel Landau und Pinchas Halevi Isch Horowitz) scharf angegriffen. Wie bei Luther ist auch bei Mendelssohn ein ganz ähnlicher Anspruch zu beobachten: die Bibel als ‚sprachliches Erziehungsinstrument', d.h. als Werkzeug zur Aneignung der deutschen Schriftsprache. Die Mendelssohnsche Bibelübersetzung war zu diesem Zweck sogar in hebräischen Lettern gesetzt, um die vornehmlich jiddisch-sprachige Klientel auf diese Weise anzusprechen. Mendelssohn selbst übersetzte dabei nur Teile aus der Tora und einige poetische Stücke der Bibel (u.a. Qohelet, Schir ha-Schirim, das Devoralied). 1783 (überarbeitet 1788) erschien seine Übersetzung der Tehillim.

Deutsch-jüdische Bibelübersetzungen im 19. Jahrhundert (Auswahl)
1837 publizierte Gotthold Salomon (1784–1862) die *Deutsche Volks- und Schulbibel für Israeliten*, die erste vollständige jüdische Bibelübersetzung. 1838 erschienen die von Heymann Arnheim (1796–1865), Michael Sachs (1808–73) und Leopold Zunz (1794–1886) herausgegebenen Vierundzwanzig Bücher der Heiligen Schrift. Weitere wichtige jüdisch-deutsche Bibelübersetzungen entstammen der Epoche der jüdischen Assimilation bzw. ihrer Ablehnung durch die Neo-Orthodoxie. Aus Reformkreisen stammen die Übersetzungen von Solomon Herxheimer (1841–54) und Ludwig Philippson (1839–54; Neuaufl. 2015–18). 1873 erschien – in Abgrenzung zu den Reformkreisen – die ‚traditionelle' Übersetzung der fünf Bücher Moses von Seligmann B. Bamberger (1807–78), Abraham Adler (1808–80) und Markus Lehmann (1831–90). Eine weitere Pentateuch-Übersetzung dieser Epoche ist diejenige des Dozenten am Berliner orthodoxen Rabbiner-Seminar Josef Wohlgemuth (1867–1942), die er 1899 zusammen mit Jizchak Bleichrode erstmalig herausgab, um vor allem für den synagogalen Gebrauch eine zugleich philologisch zuverlässige, leicht lesbare und traditionelle Übersetzung zu liefern. Diese Ausgabe wird zum Teil bis heute in deutschen Synagogen gebraucht. Eine Tora-Ausgabe ganz eigener Art stellt die 1867–78 verfasste Pentateuch-Übersetzung von Samson Raphael Hirsch dar. Angefertigt für die bürgerlichen Kreise der Neo-Orthodoxie im Bismarck-Deutschland zeichnet sie sich durch einen elaborierten Kommentar aus, der sein besonderes Kolorit vor allem durch seine symbolischen Exegesen und vielfache Anwendung spekulativer Etymologien gewinnt. 1882 erschien auch Hirschs Übersetzung der Psalmen.

Deutsch-jüdische Bibelübersetzungen im 20. Jahrhundert (Auswahl)
Ins 20. Jh. gehört – neben den Bibelübersetzungen von Simon Bernfeld (1860–1940) von 1902 und Lazarus Goldschmidt (1871–1950) von 1921 – die Schrift in der Verdeutschung von Franz Rosenzweig (1886–1929) und Martin Buber (1878–1965), die ab 1925 erschien und nach Franz Rosen-

zweigs Tod von Buber alleine weitergeführt wurde. Diese Übersetzung, die erst 1961 zum Abschluss gelangte, fällt vor allem durch den von Buber-Rosenzweig konsequent vertretenen ‚Leitwortstil' ins Auge, ist aber dadurch auch nur schwer lesbar.

1935–37 erschien die von einer ganzen Gruppe jüdischer Bibelwissenschaftler (Erich Auerbach, Max Dienemann, Benno Jacob, Max Wiener u.a.) verfasste und durch Naftali Herz Tur-Sinai (ehemals Harry Torczyner; 1886–1973) redigierte vollständige Bibelübersetzung, die ihre Arbeit 1924 auf Anregung einer von Leo Baeck ins Leben gerufenen Bibelkommission zur Schaffung einer Bibel der Jüdischen Gemeinde zu Berlin begonnen hatte. Die einzelnen Bücher wurden von vorwiegend liberalen und konservativen Rabbinern der Berliner Gemeinde und einigen Fachgelehrten von außerhalb übersetzt. Tur Sinai überarbeite diese Übersetzung 1954, als er bereits in Jerusalem lebte. Diese Bibelübersetzung, die auch den hebräischen Sprachduktus einzuholen sucht, hat gegenüber der Zunzschen Ausgabe oder derjenigen von Buber-Rosenzweig den Vorteil, dass sie in Stil und Vokabular nicht so veraltet, gleichzeitig aber für nicht-hebräischsprachige Leser verständlich ist. Aus diesem Grund orientiert sich auch dieses Lehrbuch in den Übersetzungen, bei den biblischen Zitaten sowie in der Schreibung der hebräischen Namen an dieser Bibelübersetzung von Naftali Herz Tur-Sinai.

Vom Umgang mit der Bibel (Hermeneutik)

Für das ausgehende 19. und frühe 20. Jh. lassen wir an dieser Stelle exemplarisch acht jüdische Bibelkommentatoren aus Deutschland und aus Osteuropa sprechen, die sich in jeweils eigener Akzentuierung durch die kritische, vor allem literar-historische Bibelwissenschaft herausgefordert sahen und gleichzeitig die von der jüdischen Tradition stets behauptete Zusammengehörigkeit von schriftlicher (*tora sche-bikhtav*) und mündlicher Tradition (*tora sche-be'al pe*) auf eine neue exegetische Grundlage stellten:

Ja'aqov Tzvi Meklenburg (1785–1865)

Aus der Tatsache heraus, dass es an vielen Stellen in der Tora Ausschweifungen oder Doppelungen gibt, wie beispielsweise die Erzählung von Elieser, dem Knecht Abrahams (...), können wir (nun auch umgekehrt) erkennen, dass an anderen Stellen, wo sich die Tora (im Ausdruck) kurz fasst, dies nicht einfach zur Sprachregel der Tora erhoben werden kann, wonach (der sprachliche Ausdruck eben eher) verkürzt werde; vielmehr liegt die Verkürzung eines Ausdruckes in der Tiefendimension dieser Worte (*omeq ha-devarim ha-hem*) begründet, und sie verpflichtet uns, in unseren exegetischen Untersuchungen über das normale Maß hinauszugehen und uns darum zu bemühen, zum Geheimnis ihrer eigentlichen Aussageabsicht vorzudringen (Jaʻaqov Tzvi Meklenburg, aus der Einleitung zu *Ha-Ketav we-ha-Qabbala* (hebr.), 5 [Nr. 1], ed. 2015).

Samson Raphael Hirsch (1808–88)

Es heißt aber: אשר תשים לפניהם [‚die du ihnen vorlegen sollst'] (…). Auf Mitteilung von Gesetzen übertragen, heißt es daher nichts anderes, als eine dergestalt ausführliche und deutliche Mitteilung, *daß sie für die Erkenntnis und Ausführung vollständig und klar vorliegen* (…). Es ist somit in der Überschrift dieser Gesetze das Faktum konstatiert, daß die hier folgenden schriftlichen Aufzeichnungen nur kurze, nackte Sätze enthalten, deren genaue Präzision und vollständige Ausführung der mündlichen Überlieferung vorbehalten blieb, wir somit in diesen Sätzen der תורה שבכתב [‚schriftliche Tora'] nicht schon das Gesetz in seiner Totalität vor uns sehen, wir vielmehr die Vollständigkeit des Gesetzes nur der תורה שבעל פה [‚mündliche Tora'] zu entnehmen haben (…). *Sollte doch aus diesem Buche nicht das Recht geschöpft werden*. Sollte es doch *dem bereits des Rechts Kundigen* nur als *Mittel der Erhaltung* und Immerwiederneubelebung seiner dem Gedächtnis anvertrauten Kunde, sowie dem *Rechtslehrer zum Lehrmittel* in die Hand gegeben sein, daran die zu tradierende Rechtskunde also befestigend zu knüpfen, daß es dem aufhorchenden Rechtsjünger leicht werde, an der Hand der ihm schriftlich vorliegenden Sätze die mündlich empfangene Kunde sich immer aufs neue im Geiste zu reproduzieren.

Es verhält sich die תורה שבעל פה zur תורה שבכתב, wie die kurzen Diktate nach einer vollständig mündlich vorgetragenen Disziplin einer Wissenschaft sich zu dem mündlich Vorgetragenen verhalten. Für die Jünger der Wissenschaft, die die mündlichen Vorträge gehört, sind kurze Diktate vollkommen hinreichend, um zu jeder Zeit an der Hand dieser Diktate, sich die ganze Wissenschaft vollständig gegenwärtig zu halten (…). Für diejenigen, die die mündlichen Vorträge des Meisters nicht gehört, werden solche Diktate völlig unbrauchbar sein. Wollen sie sich lediglich aus ihnen die Wissenschaft konstruieren, so werden sie vielfach irre gehen müssen; (…) die Wahrheiten, welche die eingeweihten Jünger nur an ihnen *reproduzieren*, nicht aber aus ihnen *produzieren*, werden die Uneingeweihten nur als bodenlose Spiele des Witzes und leere Träumereien belächeln (Samson Raphael Hirsch zu Ex 21,1, 1920, 222–224 [alle Hervorhebungen im Original]).

Sie [die Tora] ist einzig wie Gott, ihr Schöpfer. Sie hat keine Gemeinschaft mit anderen Gesetzen (…), unterliegt nicht mit Andern einem höheren Begriff und unterscheidet sich von ihnen etwa nur durch die besondere Art ihres Seins, daß du nun etwa das Zeichen jenes gemeinschaftlichen Höhern nehmen, und das Merkmal des Besonderen hinzufügen (…) könntest (…) So nicht. Die Thora hat keine Art, gehört zu keiner Gattung, sie ist einzig und, wie Gott, nur sich selber vergleichbar (Samson Raphael Hirsch, Siwan, in: ders., *Ges. Schriften*, Frankfurt/M. 1902, Bd. I, 81f.).

Ludwig Philippson (1811–89)

Das Judenthum hat zuviel Concretes und Positives, es ist zu sehr eine viertausendjährige geschichtliche Erscheinung, (…) als daß es von einem bestimmten Punkte aus angegriffen und zerstört werden könnte. Wir schätzen die Arbeiten der Schriftkritiker nach ihrem Werthe. Wollen sie uns nur nicht zwingen, ihre sich tausendfach widersprechenden Resultate für wirklich und unumstößlich anzunehmen, sondern uns gestatten, den Fortgang der Wissenschaft abzuwarten, die täglich Neues und Bedeutendes aus dem Schutt und den Trümmern der Zeiten ans Licht schafft, so mögen wir auch diese Geistesarbeit achten (...). Aber daß sie damit dem wirklichen und wesentlichen Judenthume zu nahe treten, es schädigen, gefährden oder nur wankend machen, können wir weder ihrer eigenen Selbstüberschätzung noch dem Geschrei der Buchstabenfanatiker zugestehen. (...). Wer von der Nothwendigkeit des Sabbaths überzeugt ist, wird dessen Heilighaltung nicht von den Untersuchungen über die Verschiedenheiten des Exodus und Deuteronomiums abhängig machen. (...). Von der Besorgnis über die Angriffe gegen die h. Schrift können wir uns also frei machen. Im Gegentheil: Vielleicht regen diese wieder viele zum Studium der Bibel an (...) (Ludwig Philippson, Das Judentum und die Schriftkritik, *Allgemeine Zeitung des Judentums* 28, 1864, 540).

Naftali Tzvi Jehuda Berlin (‚Netziv', 1817–93)

Es ist ja bekannt, dass unsere Weisen sel. A. in bTaan (9a) sagen ‚Da staunte Rabbi Jochanan und sprach: Gibt es denn irgendetwas, das in den Schriften geschrieben ist, das nicht in der Tora angedeutet ist (*remize be-orajta*)?' (...) Daher bemühten sich (unsere Weisen), an allen möglichen Stellen eine Anspielung in der Tora auf etwas zu finden, das in den Heiligen Schriften [i.e Propheten und Schriften] (explizit) dargelegt ist. Es war nämlich bei den ersten rabbinischen Generationen so, (dass) ihre (intellektuelle) Kraft sehr groß war, und sie (daher) die Lichter (der Tora) [i.e. die erleuchtenden Einsichten] schon sahen, die (erst) später in die (restlichen) Schriften (der Bibel) geraten sind, und dies alles durch genaueste Exegese der fünf Fünftel der Tora, um das Verständnis für jedes ungewöhnliche Häkchen (*schinnui kol qotz we-qotz*) zu mehren (...). Ich möchte sogar (sagen), dass die (früheren Weisen allein) aus der Tora heraus jenes Verständnis erreichten, zu der die späteren Generationen erst (aus der Auslegung) der 24 Bücher (insgesamt) gelangen konnten (Naftali Tzvi Jehuda Berlin, *Darka schel Tora* (hebr.), ed. Elchanan Greenman, New York u.a. 2009, 141).

Der Vers warnt nochmals davor, dass man nicht meine, dass dann, wenn die Begründung eines Gesetzes nicht mehr aktuell ist, auch das Gesetz selbst seine Gültigkeit verliert – Gott behüte! –, oder (davor), dass man nicht sage, dass man es nicht mehr nach den (rabbinischen Auslegungs-)Regeln der Tora (*chuqqe ha-Tora*) auslegen müsse, oder es in der Argumentation lediglich auf die Frage nach der (ursprünglichen) Begründung zulaufen lassen (cf. bShab 78a). Daher warnte die Tora *Ihr sollt alle meine Anordnungen und Rechtssätze bewahren* (Lev 19,37) (und meint damit) die Derasch-Auslegungen (*deraschot*), die den exegetischen Regeln, durch die die Tora ausgelegt wird, entspringen, und die Gesetze (*dinim*), die daraus hervorgehen. Nun, da die Tora einmal in Kraft trat, so ist es nicht an uns, die (dazugehörigen) Zeit- und Rechtsumstände (für passend) zu erkennen (*en lanu la-da'at et u-mischpat*), sondern allein die Gesetze der Tora (Naftali Tzvi Jehuda Berlin, *Ha'ameq Davar* zu Lev 19,37 (hebr.), ed. Yehuda Kuperman, Jerusalem 2005–2009, 208).

David Tzvi Hoffmann (1844–1921)

Der jüdische Erklärer des Pentateuchs hat einen besonderen Umstand zu berücksichtigen (...), der ihm gewissermassen die Gesetze für seine Exegese vorschreibt. Dieser Umstand ist: unser Glaube an die Göttlichkeit der jüdischen Tradition. Das wahre Judenthum hält die תורה שבעל פה [die mündliche Tora] (...) für göttlichen Ursprungs (...). Aber auch in den Fällen, wo der Sinn der Stelle nicht durch die Tradition gegeben ist, muss sich der jüdische Ausleger stets davor hüten, die Stelle so auszulegen, dass sie mit einer traditionellen הלכה [‚Halacha'] in unlösbarem Widerspruch sich befinde (...). Eine jede Auslegung (...), wodurch einer traditionellen הלכה widersprochen wird, ist als Erklärung שלא כהלכה [nicht mit der Halacha in Übereinstimmung] und daher als eine unjüdische Erklärung zu verwerfen (...) Da wir von der Göttlichkeit der Tradition fest überzeugt sind, so gelten für uns die Worte der Tradition gerade so viel, wie die Worte der Schrift (David Tzvi Hoffmann, *Das Buch Leviticus übersetzt und erklärt*, 2 Bde., 1905–06, Bd.1, 1f.).

Benno Jacob (1862–1945)

Als das größte Hindernis eines richtigen Verständnisses ist die sogenannte Quellenscheidung im Pentateuch zu betrachten. Indem sie einen sinnvollen Organismus (...) voreilig zerstückelt, wird sie gänzlich unfähig, die Zusammenhänge zu begreifen und die eigenartige Kompositionsweise des Buches zu erfassen (...). Meine Bestreitung der Quellenhypothese will nicht behaupten, daß der Verfasser der Tora das ganze Werk rein aus sich herausgesponnen oder daß er keine Quellen benutzt habe (...). Es gibt in der Genesis kein Geschichtswerk ‚P', es gibt keinen ‚J' und keinen ‚E' (...). Und der ‚Redaktor' ist kein anderer als der Verfasser selbst. Die Genesis ist ein einheitliches Werk, in Einem Geiste entworfen, durchdacht und durchgearbeitet (Benno Jacob, *Das Buch Genesis. Übersetzt und erklärt*, Berlin 1934, Ndr. Berlin u.a. 2000, 9f.).

Sigmund Jampel (1874–1934)

Tatsächlich hat die Altertumsforschung sich bescheiden gelehrt und niemand wagt es heute, angesichts einer inschriftlichen Notiz mit Wahrscheinlichkeits-Rechnungen zu operieren. Aber in der Bibel? Da erscheint jede künstlich kombinierte und bei den Haaren herbeigezogene Unwahrscheinlichkeit hinreichend, um die ganze biblische Geschichte auf den Kopf zu stellen. Wir fragen nun: Warum dies? Mit welchem Recht? Hat sich vielleicht die Bibel der historischen Wahrhaftigkeit gegenüber schon so viele Delikte zu Schulden kommen lassen, dass man sich verpflichtet oder berechtigt fühlt, jedes ihrer Worte, welches in den Urkunden anderer Völker nicht bezeugt ist, zu verdächtigen oder gar zu verwerfen? Welcher Fachgelehrte darf heute die Behauptung wagen, dass die Bibel durch die anderweitigen zeitgenössischen Urkunden in irgend einem wichtigen Punkte überführt worden sei? (...) Wenn es bisweilen so scheint, als hätte die Bibel durch orientalische Urkunden eine Korrektur erfahren, so ist es in Wirklichkeit nicht der biblische Bericht, sondern unser Verständnis desselben, welches hier korrigiert worden ist (Sigmund Jampel, *Vorgeschichte des israelitischen Volkes und seiner Religion. Mit Berücksichtigung der neuesten inschriftlichen Ergebnisse auf kritisch-historischer Grundlage gemeinverständlich dargestellt. I. Teil: Die Methoden*, Berlin 1928, 77–78).

Martin Buber (1878–1965) / Franz Rosenzweig (1886–1929)

Auch wir übersetzen die Tora als das eine Buch. Auch uns ist sie das eine Werk des Geistes. Wir wissen nicht, wer es war; daß es Mose war, können wir nicht glauben. Wir nennen ihn unter uns mit dem Sigel, mit dem die kritische Wissenschaft ihren angenommenen abschließenden Redaktor bezeichnet: R. Aber wir ergänzen dieses R nicht zu Redaktor, sondern zu Rabbenu. Denn, wer er auch war und was ihm auch vorgelegen haben mag, er ist unser Lehrer, seine Theologie unsre Lehre (...). Die andre Seite des Hinter-Grundes ist das Verhältnis zur Tradition (...). Uns ist sie die Ergänzung der Einheit des geschriebenen Buchs durch die Einheit des gelesenen. Der historische Blick entdeckt sowohl beim geschriebenen wie beim gelesenen Buch eine Vielheit: Vielheit der Jahrhunderte (...). Dem Blick, der nicht von außen auf das Buch blicken will, sondern in innerer Verbundenheit (...), geht nicht nur die Einheit des geschriebenen Buchs auf, sondern auch die des gelesenen. Wie dort die Einheit der Lehre, so erfährt er hier die Einheit des Lernens, des eigenen Lernens mit dem Lernen der Jahrhunderte (Martin Buber, Die Einheit der Bibel, in: ders./Franz Rosenzweig, *Die Schrift und ihre Verdeutschung*, Berlin 1936, 47).

Die kritische (vor allem: literar-historische) Bibelwissenschaft, wie sie in Deutschland im 18. und 19. Jh. vor allem auf protestantischer Seite vorangetrieben wurde, verbindet sich heute zumeist mit dem Namen Julius Wellhausens (1844–1918), aber seine Arbeiten zur Bibel markieren nur einen ersten Höhepunkt des literarkritischen Umgangs mit der Bibel, der mit Wilhelm Martin Leberecht de Wette (1780–1849), Karl Heinrich Graf (1815–69) u.a. bereits begonnen hatte. Anfangs stand die Bibelkritik in engem Konnex zur zeitgenössischen Altertumskunde und Altphilologie: Sowohl den Bibelwissenschaftlern als auch den Altphilologen ging es darum, die antike Welt historisch zu erforschen und mit ihren damaligen Maßstäben zu messen. Rekonstruiert werden sollte der Sinn eines Textes in seiner Entstehungssituation, die Intention des Verfassers, sein zeitgeschichtlicher Hintergrund. Schon bald galt die Vorstellung des biblischen Mosche als Verfasser der Tora als Relikt traditionellen Glaubensgutes, das nicht mehr in die neue Zeit mit ihrem erweiterten (literar-)historischen Horizont zu passen schien. An Mosches Stelle traten nun antike Schreiberschulen mit mehr oder weniger deutlich voneinander zu unterscheidenden literarischen und/oder theologischen Profilen, deren literarische Fragmente im Laufe der Zeit von ein oder mehreren Redaktor(en) so bearbeitet wurden, dass irgendwann jenes literarische Werk vollendet wurde, das wir heute ‚Tora' oder ‚Pentateuch' nennen. Vor allem die deutsch-jüdischen Bibelwissenschaftler sahen sich hier herausgefordert, zum einen, weil die Wissenschaft des Judentums zu einer Erneuerung im Umgang mit den Jüdischen Literaturen drängte und in diesem Zuge auch die Bibel wieder mehr ins Blickfeld geriet, zum andern, weil sich in dieser Zeit gerade auf dem Feld der universitären Bibelwissenschaft die Theorien gegenseitig jagten und kaum ein Jahr verging, in dem nicht bahnbrechende Neuerungen und kühne Thesen in Umlauf kamen.

In Osteuropa, wo die hebräischsprachigen und -schreibenden Bibelwissenschaftler nicht unmittelbar durch eine christliche Bibelwissenschaft herausgefordert wurden, kam es gleichwohl darin zur Erneuerung, dass zwar die Zusammengehörigkeit zwischen schriftlicher und mündlicher Tora oder die Übereinstimmung zwischen Peschat und Derasch niemals ernsthaft in Frage gestellt wurde, man dies aber nun auch wissenschaftlich nachzuweisen suchte. Die osteuropäischen Gelehrten insistierten darauf, dass weder der biblische Text noch seine Auslegung einfach kontingent, d.h. in historischer Zufälligkeit aus ihren Zeit- und Lebensumständen erwachsen sind. Zu einer Zeit, als der Historismus auch die Bibelauslegung praktisch durchgehend beherrscht hatte, machen alle Autoren je eigens akzentuiert deutlich, dass es bei dem Topos *Tora mi-Sinai* weniger um die konkret-naive Vorstellung eines göttlichen Diktates an Mosche geht, sondern darum, wie die Autorität auch der Auslegung und damit die Zusammengehörigkeit von Text und Auslegung (Text und Tradition) hermeneutisch untermauert werden kann. Man sieht daran, dass die ‚jüdische' Bibel daher nicht einfach mit der ‚hebräischen' Bibel gleichzusetzen ist. Zwar ist die hebräische Bibel die jüdische Bibel insofern, als sie die Heilige Schrift der Juden darstellt. Aber die jüdische Lesart liest die Bibel niemals ohne die traditionelle Bekleidung, d.h. ohne ihre Einbindung in den Strom der nachbiblischen Traditions- und Auslegungsliteratur. Auch deshalb wird im Folgenden neben dem biblischen Text immer auch seine Rezeption oder die Rezeption einzelner Motive in der nachbiblischen jüdischen Auslegungstradition (Aggada, Halacha und Liturgie) angesprochen werden.

TORA

Überblick

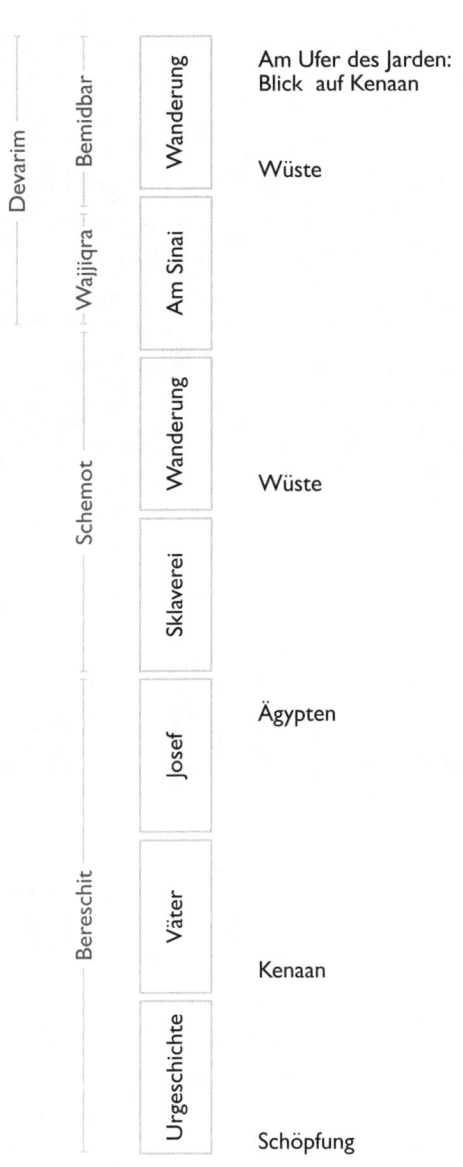

בראשית
Das Buch Bereschit (Genesis)

Bereschit	1,1 – 6,8	Schöpfung – Adam und Chawwa – Qajin und Hevel
Noach	6,9 – 11,32	Mabbul (Flut) – Turm zu Bavel
Lech Lecha	12,1 – 17,27	Avram – Jischmael – Bund und Beschneidung
Wajjera	18,1 – 22,24	Avraham – Jizchaq – Bindung Jizchaqs
Chajje Sara	23,1 – 25,18	Tod Saras – Jizchaq und Rivqa – Tod Avrahams
Toledot	25,19 – 28,9	Esaw und Jaaqov – Jaaqovs Flucht vor Esaw
Wajjeze	28,10 – 32,3	Jaaqovs Frauen – Jaaqovs Kinder – Jaaqovs Flucht vor Lavan
Wajjischlach	32,4 – 36,43	Jaaqovs Rückkehr – Dina – Rachels Tod
Wajjeschev	37,1 – 40,23	Josef – Jehuda und Tamar – Josef in Mizrajim
Miqqez	41,1 – 44,17	Bei Pharao – Söhne Josefs – Josefs Brüder Mizrajim
Wajjigasch	44,18 – 47,27	Jaaqov in Mizrajim – Josefs Agrarpolitik
Wajechi	47,28 – 50,26	Jaaqovs Segen – Tod Jaaqovs – Tod Josefs

Umfang und Inhalt

12 Paraschijjot, 50 Kapitel. Das erste Buch der Tora erzählt die Vorgeschichte des Volkes Jisrael, beginnend mit der Schöpfung der Welt und der Urgeschichte (Stammbaum von Adam bis Avraham) über die Stammeltern Avraham/Sara, Jizchaq/Rivqa und Jaaqov/Lea und Rachel bis zu Josef, der mit seinem Aufenthalt in Mizrajim (Ägypten) das verbindende Element zum zweiten Buch – Schemot – darstellt.

Charakteristik

Anders als die vier anderen Bücher der Tora ist Bereschit überwiegend erzählend: Es finden sich eine Vielzahl von Sagen und Legenden, aber auch Genealogien, die sich um die Stammeltern gruppieren und die Epochen strukturieren sollen. Gesetzestexte kommen dagegen kaum vor. Das Buch Bereschit stellt darin so etwas wie einen ‚Prolog' dar, denn die Volkwerdung Jisraels und, damit verbunden, die Gesetzgebung werden ja erst im Buch Schemot erzählt. Bereschit weist eine Vielzahl unterschiedlicher literarischer Gattungen auf: So finden sich neben Legenden/Kultlegenden (z.B. Bet-El) auch Ätiologien (z.B. Sedom; Moav), (Stammes-)Sprüche, Rechtssätze und Lieder.

Bedeutung

Für die jüdische Tradition liegt die Bedeutung von Bereschit insbesondere in den Erzählungen der Stammväter und -mütter Avraham, Jizchaq und Jaaqov, Sara, Rivqa, Rachel und Lea, da diese die Vorfahren der zwölf Stämme Jisraels darstellen. Die zwölf Söhne Jaaqovs werden als Repräsentanten der zwölf Stämme Jisraels verstanden. In Paraschat Lech Lecha werden zudem der Bund mit Avraham und die Verheißung von Land und Nachkommen sowie das Beschneidungsgebot grundgelegt. Demgegenüber präsentiert das Buch Bereschit viele Themen und Erzählungen, die in der Bibel sonst keine weitere Aufnahme mehr finden (z.B. die Vertreibung aus dem Gan Eden, die Erzählung von Qajin und Hevel; der Turmbau).

Es ist wichtig zu betonen, dass die Tora kein naturwissenschaftlicher Bericht ist, und sie erzählt auch nicht *en détail*, wie die Welt entstanden ist. Ihr geht es allein darum, die Gesetzgebung am Berg Sinai, die im Zentrum der Bücher Schemot und Wajjiqra steht, ins Verhältnis zur Welt – zu Zeit und Raum – insgesamt zu bringen. Deshalb sagt auch Raschi: Um der Tora willen wird die Welt erschaffen, und er stellt weiter fest, dass die Tora die Erschaffung der Welt nur in Bezug auf Jisrael erzählt.

בראשית
Bereschit (Gen 1,1 – 6,8)

Leitfragen
- Vergleichen Sie die beiden Berichte über die Schöpfung: Wann und wie werden die Menschen erschaffen? Welche Stellung wird ihnen in der Welt zugeteilt? Wie wird das Verhältnis von Mann und Frau dargestellt?
- Welche Funktion hat die betonte Heiligung des siebten Tages im ersten Schöpfungsbericht?
- Von wie vielen Bäumen berichtet die Erzählung über den Gan Eden? Welche Funktion haben sie? Worin besteht die ‚Sünde' der Menschen?
- Lässt sich der Geschichte auch eine positive Dimension abgewinnen?
- Wessen macht sich Qajin schuldig, dass sein Opfer von Gott abgelehnt wird?

Inhalt
- Schöpfung
- Gan Eden (‚Paradies')
- Qajin und Hevel
- Genealogien
- Gottessöhne
- Bosheit der Welt

Schöpfung

» Thema Schöpfung in den Tehillim S. 422; Neue Schöpfung S. 336

Die biblische Überlieferung setzt mit zwei Schöpfungsberichten ein. Die erste Schöpfungserzählung (Gen 1,1–2,4) ist streng im 7-Tage-Schema gestaltet und kosmologisch ausgerichtet. Sie berichtet von der universalen Schöpfung, beginnend mit einem Licht vor dem Licht der Gestirne. Erst am 6. Tag erfolgt die Erschaffung des Menschen, der nach dem ‚Bild' (*zelem*) und der ‚Gestalt' (*demut*) Gottes geschaffen wird. Dieser Schöpfungsbericht gipfelt in der Erzählung des 7. Tages, an dem Gott von seinem Werk ‚ausruht'. Der eigentliche Akt des Schaffens Gottes besteht allerdings nicht in einer ‚Formung' wie im zweiten Bericht, sondern im Sprechen Gottes und einer sich darin stets vollziehenden Ausdifferenzierung: Licht/Dunkel, Wasser/Trockenes. Auch der Mensch ist in sich ausdifferenziert als Mann und Frau. Der zweite Schöpfungsbericht erzählt dagegen anschaulich und konkret-plastisch von der ‚Formung' des Menschen durch Gott. Hier ist denn auch die Reihenfolge der erschaffenen Dinge deutlich anders: Zuerst wurde der Mensch erschaffen, dann die Pflanzen, schließlich die Tiere, denen der Mensch die Namen verleiht. In diesen Schöpfungsbericht ist die Geschichte vom Gan Eden (Garten Eden) integriert. Hier darf der Mensch wohnen, hier wird ihm die Frau als eine ihm adäquate Hilfe ‚gebaut', hier ereignet sich aber auch die erste Übertretung eines Verbotes und damit der Verweis aus dem Gan Eden.

So unterschiedlich beide Berichte sind, in der Gott-Welt-Relation zeichnen sie doch ein ähnliches Bild: Gott, der Schöpfer, ist der Urheber der Welt, er allein erschafft die Dinge. Die biblische Darstellung betont, dass Gott nicht, wie z. T. in anderen Schöpfungsmythen, selbst Teil des Schöpfungsaktes ist. In beiden Berichten wird auch die besondere Stellung und Aufgabe des Menschen im Rahmen der Schöpfung hervorgehoben.

In der Bibel

In der Bibel wird das Motiv der Schöpfung und vor allem die Vorstellung von Gott als dem Schöpfer häufig rezipiert, wenn auch die Schöpfungsberichte selbst kaum an anderer Stelle literarisch aufgenommen werden. Insbesondere der zweite Teil des Buches Jeschajahu (Jes 40 – 66) integriert das Motiv von Gott als dem Schöpfer, um die Allmacht Gottes aufzuzeigen (Jes 40,26–28; 41,20; 42,5; 45,8–12; 45,18 u.ö.). Dabei konzentriert sich das Buch Jeschajahu ausschließlich auf die Feststellung, dass Gott alles erschaffen hat. Verbunden ist diese Vorstellung von Gott als Schöpfer mit der für den Monotheismus konstitutiven (allerdings erst in den späten biblischen Texten formulierten) Überzeugung, dass dieser Gott auch nur *ein* Gott und der einzige ist (Mal 2,10). Auch die Tehillim (Psalmen) rühmen Gott als Herrn der

Welt, der alles erschaffen hat (Ps 8; 89; 95; 104; 136), oder beschreiben in Dankliedern, dass sich der Einzelne in dieser Schöpferallmacht geborgen fühlen kann (Ps 139). Daneben finden sich aber auch Lieder, die im Rahmen einer Klage an die Allmacht Gottes erinnern (Ps 74, Hi 38,4–11).

In der jüdischen Tradition
In der rabbinischen Literatur geht es vor allem darum, Vorstellungen zurückzuweisen, nach denen Gott die Welt nicht allein oder zumindest aus vorgefundenem Material erschaffen habe (BerR 1,14). Deshalb erklären die Rabbinen, dass zehn Dinge am ersten Tag gleichzeitig erschaffen wurden, nämlich: Himmel und Erde, Tohu und Bohu, Licht und Dunkelheit, Wind und Wasser, Tag und Nacht (PRE 3). Gleichzeitig entfalten sie die Vorstellung darüber, was vor der Erschaffung der Welt bereits erschaffen worden war. Es waren dies sieben Dinge: der göttliche Thron, die Tora, das (himmlische) Heiligtum, der Name des Maschiach (Messias), Gan Eden und Gehinnom (mit ‚Hölle' nur unzureichend charakterisiert) sowie die Umkehr (MTeh 90,12; bNed 39b; BerR 1,4). Hat die Tora schon hier eine besondere Rolle, so kommen die Rabbinen an anderer Stelle zu der Überzeugung, dass die Welt nur um des Volkes Jisrael willen erschaffen worden sei (ShirR II,6; VII,8): Gott habe mit der Schöpfung vereinbart, dass sie nur dann Bestand haben werde, wenn Jisrael die Tora auch annehmen und akzeptieren wird (bShab 88a). Der mittelalterliche Bibelausleger Raschi (R. Schelomo Jizchaqi; ca. 1040–1105) diskutiert in seinem Kommentar die schon im Midrasch aufgeworfene Frage, warum die Bibel mit den Berichten über die Schöpfung einsetzt, und führt aus, dass die Erschaffung der Welt (und damit nach Raschi auch der einzelnen Länder) nur deshalb bereits an dieser Stelle erzählt wird, um die (spätere) Verheißung und Gabe des Landes Jisrael an Jisrael zu rechtfertigen.

Mensch als Bild Gottes

Die Bibel berichtet von der Erschaffung des Menschen in unterschiedlichen Aspekten: Steht im zweiten Schöpfungsbericht die ‚physische' Erschaffung des Menschen im Mittelpunkt der Erzählung, so geht es im ersten vor allem um die Relation des Menschen zu Gott und damit um seine ‚geistige' Verfasstheit. Im Gegenüber zur göttlichen Einheit beschreibt der erste Schöpfungsbericht den Menschen als von Anfang an in zwei Geschlechter ausdifferenziert. Insofern kann der Mensch nie zum Konkurrenten Gottes werden. Der spätere Versuch, im Turmbau eine ‚Einheit' (wieder-)herzustellen, wird in der Tora mit der bleibenden Ausdifferenzierung in die verschiedenen Sprachen beantwortet. Damit steht nach der Vorstellung der Tora der Einzigkeit Gottes stets die Vielfalt der Welt gegenüber. Die Aussage, dass Gott den Menschen in seinem Bild erschaffen habe, findet sich in dieser Form nur noch in Gen 9,6. Die Verse Gen 5,2f. weisen lediglich darauf hin, dass der dritte Sohn (Schet) als nach dem Bild seines Vaters Adam gezeugt ist. Bemerkenswert ist auch, dass die den ersten Schöpfungsbericht strukturierende Schlussnotiz über die einzelnen Schöpfungsakte, wonach *Gott sah, dass es gut war* (Gen 1,4.10.12.18.21.25) im Zusammenhang der Erschaffung des Menschen nicht mehr gegeben wird. Der Schöpfungsbericht verweist darin sprachlich und inhaltlich auf Gen 6,5 (Einleitung zur Flut-Erzählung): *Nun sah der Ewige, dass (...) alles Gedankenbild ihres [der Menschen] Herzens allezeit nur böse war.*

In der jüdischen Tradition
In der jüdischen Tradition wird die besondere Stellung des Menschen ebenfalls betont, doch zeigen auch die Ausführungen der Aggada (tSan VIII, 7–8), dass die Erschaffung des Menschen die ambivalente Größe der Moralität einführt. Das wird schon an den in den beiden Schöpfungsberichten verschieden dargelegten Arten der Erschaffung festgemacht: der Erschaffung allein durch das Wort (Gen 1,27) und dem ‚Formen' des Menschen aus vorgegebenem Material (Gen 2,7). Nach der rabbinischen Überlieferung (BerR 8,1) ist der Mensch zunächst androgyn erschaffen (Mann und Frau) und wird erst im zweiten Schöpfungsbericht in seiner Geschlechtlichkeit als Mann und Frau ausdifferenziert. Die beiden unterschiedlichen Darstellungen werden auf die himmlische und die irdische Verfasstheit des Menschen hin ausgedeutet (BerR 12,8 u.ö.). Der Mensch wird gewissermaßen als zwischen den Engeln und den übrigen irdischen Daseinsformen stehend betrachtet, mit der moralischen Freiheit, entweder ‚wie ein Engel' zu leben und dadurch unsterblich zu werden oder ‚irdisch' seinen (körperlichen) Trieben folgend zu leben und zu sterben (BerR 8,11; 14,3).

Die Erschaffung des Menschen ‚im Bild' Gottes konstituiert eine personale Beziehung zwischen Gott und Mensch. Raschi sieht in dem doppelten Ausdruck *in unserem Bild (be-zalmenu), nach unserer Gestalt (ki-demutenu)* die Widerspiegelung der zweifachen Verfasstheit des Menschen: körperlich (als ‚Abguss'; ‚Abdruck') und geistig (verstandbegabt). Die besondere Relation zwischen Gott und Mensch zeigt sich auch darin, dass der Mensch nicht ungefragt einen kollektiven Segen empfängt (vgl. den Segen über die Fische in Gen 1,22), sondern als Individuum angesprochen und zu segensreichem Tun aufgefordert wird.

Mann und Frau

Die biblische ‚Anthropologie' kennt keinen allgemeinen Begriff vom Menschen. Der Mensch kommt stets nur im Dual der Geschlechter vor. Im zweiten Schöpfungsbericht wird Chawwa aus dem Menschen (*adam*) erschaffen, der erste Bericht formuliert allgemeiner: *Da schuf Gott den Menschen in seinem Bild, im Bild Gottes schuf er ihn; als Mann und Frau schuf er sie* (Gen 1,27). Dieses Prinzip wird im Buch Wajjiqra nochmals ausdifferenziert, indem nun der jisraelitische Mensch nicht einfach als Mann und Frau existiert, sondern darüber hinaus im Status der ‚Reinheit' bzw. der ‚Verunreinigung' (Lev 12–15; vgl. unten S. 146).

Der siebte Tag

» Übersicht: Schabbat in der Bibel S. 101

In Paraschat Bereschit wird im ersten Schöpfungsbericht der siebte Tag der Erschaffung der Welt als Ruhetag Gottes geschildert. Das Ruhen Gottes ist der eigentliche Zielpunkt des zuvor beschriebenen Schöpfungswerkes. Dieses Ruhen wird im ersten Zehnwort Ex 20,8–11 aufgegriffen und zum biblischen Schabbatgebot ausgebaut.

In der jüdischen Tradition

In der jüdischen Tradition wird die später formulierte Halacha über die Schabbat-Heiligung und das Schabbat-Gebot (vgl. Paraschat Jitro) bereits auf das Ruhen Gottes und die Heiligung des siebten Tages zurückgeführt. Entsprechend führt die Aggada auch aus, wie Gott mit seinen Engeln den Schabbat feiert. Selbst Adam, der erste Mensch, darf an dieser großen Zeremonie teilhaben. In seiner Auslegung zum Schabbat verweist der Philosoph Abraham Heschel darauf, dass die erste Heiligung in der Tora ein Tag, also eine Zeit-Einheit, ist. Der Mensch erobert und beherrscht den Raum (Kunst, Technik, Land- und Häuserbau), aber seine Macht endet an den Toren der Zeit.

Vertreibung aus dem Gan Eden

In der abendländischen Tradition gilt die Erzählung in Gen 3 als klassischer ‚Sündenfall'. Das Essen vom Baum der verbotenen Früchte (‚Baum der Erkenntnis') ist das erste göttliche Verbot, das der Mensch übertritt. Positiv kann diese Geschichte allerdings als Werden des Menschen zu einem freien Wesen gelesen werden: In der Erkenntnis der Nacktheit und des Schamgefühls nimmt er sein Gegenüber (Chawwa) erstmals als Du wahr: Sie, die bislang *Fleisch von seinem Fleisch war* (Gen 2,23), gewinnt eigentlich erst jetzt ihre eigene Personenhaftigkeit. Und erst von diesem Moment an können die Menschen das Gebot des *peru u-revu* (*Seid fruchtbar…*; Gen 1,28) erfüllen (Gen 4,1). Der Mensch ist fortan für sich selbst verantwortlich, mit allen Nachteilen, die das für ihn persönlich, aber auch für die (erst!) jetzt einsetzende geschichtliche Entwicklung hat. Die Vertreibung des Menschen aus dem Gan Eden und seine darin gewonnene Freiheit, dies zeigt die Geschichte deutlich, bleibt daher immer ambivalent. Insofern steht die Sünde Chawwas und Adams auch nicht isoliert, sondern wird gefolgt von einer ganzen ‚Sündenkette': der Brudermord des Qajin (Gen 4), die Rachedrohung des Lemech (Gen 4,23f.), die Flut (*mabbul*, Gen 6–8) usw.

In der Bibel

Das Sündenmotiv, allerdings mit Bezug auf den Gottesberg (*har elohim*), findet sich in Ez 28,16f. Das Motiv des Gan Eden wird dagegen in der Bibel öfter aufgegriffen: in bildhafter Rede in Jes 51,3 und Joel 2,3, ausführlich, aber mit Detailbeschreibungen, die sich nicht mit denen der Geschichte im Buch Bereschit decken, in Ez 28,13–19 (Totenklage über den König von Zor).

In der jüdischen Traditon

Die jüdische Tradition kennt hingegen eine Unzahl weiterer Einzelheiten zum Gan Eden im Allgemeinen und zur Übertretung des göttlichen Verbots im Besonderen. Die rabbinischen Schriften halten zwar sehr deutlich daran fest, dass die Übertretung des ersten Gebotes eine Sünde war, insistieren aber gleichzeitig darauf, dass Gott von vornherein zu der Ambivalenz von Gut und Böse steht. Eine ‚Erbsündenlehre', wie sie später die christliche Tradition formuliert hat, kennt das Judentum nicht.

Feindliche Bruderpaare

Auffallend häufig erscheinen in den Erzählungen der Bibel feindlich gesinnte Bruderpaare. Sie treten an den ‚Brennpunkten' der Ereignisse auf, und ihr Antagonismus, der sich zumeist zu einer positiven Relation hin auflöst, hat stets eine wichtige Funktion für den weiteren Erzählgang.

- Qajin und Hevel: Gen 4
- Jizchaq und Jischmael: Gen 16f.; 21; 25,9
- Jaaqov und Esaw: Gen 25,25f.; 36,43; Am 1,11; Ez 35,5; Ps 137,7
- Josef und seine Brüder: Gen 37
- Mosche, Aharon und Mirjam: Num 12
- Jiftach und seine Brüder: Ri 11,1-3
- Avschalom und Amnon: 2Sam 13
- Schelomo und Adonija: 1Kön 1

Die zehn Generationen

Zwischen die einzelnen Erzählungen der Tora sind immer wieder Genealogien oder Stammbäume eingeschaltet, um die Geschehnisse der einzelnen Figuren chronologisch miteinander zu verbinden. Auch wenn sie keineswegs historische Daten bieten wollen, ist in der Gestaltung der Geschlechterfolgen (*toledot*) durchaus ein System zu erkennen. Das Buch Bereschit enthält zehn Toledot (Gen 5,1; 6,9; 10,1; 11,10; 11,27; 25,12.19; 36,1.9; 37,2), die zumeist mit der Formel *elle toledot* (,dies ist die Geschlechterfolge') eingeleitet sind. Der Mann, dessen Toledot gerade angeführt werden, ist dabei bereits vom Text her eingeführt. Von Adam zu Noach sind es ebenso zehn Generationen wie von Noach zu Avraham.

Fruchtbarkeit

Peru u-revu: das Gebot, sich zu vermehren, findet sich bereits im ersten Schöpfungsbericht in Gen 1,28 (Gen 9,7; Gen 35,11).

Halacha und Religionspraxis

Auf dieses Gebot bezieht sich die traditionell-jüdische Anschauung bezüglich der Familienplanung: Jedes Paar sollte mindestens einen Sohn und eine Tochter haben (mYev VI,6), die Halacha legt es jedoch nahe, so viele Kinder wie möglich zu bekommen (bYev 62b; dieses Gebot gilt übrigens nur für den Mann!). Nach dem *Sefer ha-Mizwot* des Rambam (Mosche ben Maimon/ Maimonides) besteht allerdings das erste positive Gebot (*Mizwat ase*) in dem Gebot, an Gott zu glauben (Ex 20,2).

Gottesdienst und häusliche Feier

Toralesung

Am Fest Simchat Tora (,Freude der Tora') wird der Zyklus der Toralesung mit der letzten Parascha aus dem Buch Devarim (We-sot ha-Beracha) beendet und der neue Zyklus mit der Lesung von Gen 1,1–2,3 (erster Schöpfungsbericht) sofort wieder eröffnet.

In einigen liberalen Gemeinden wird an einem Schabbat, der auf Rosch Chodesch fällt, Gen 1,14–19 anstelle der Opferanweisungen aus Num 28 als Maftirlesung gewählt.

Haftara

Die zu dieser Parascha gehörige Haftara ist (nach aschkenasischem Ritus) Jes 42,5–43,10 bzw. (nach sefardischem Ritus) Jes 42,5–21, das Lob auf die Schöpfung.

Qiddusch

» Siehe Qiddusch S. 105

Da nach jüdischer Tradition das Halten des Schabbat bereits auf den ersten Schöpfungsbericht zurückgeht, wird an jedem Schabbatabend (*Erev Schabbat*) bei der Heiligung des Schabbat (Qiddusch) unter anderem Gen 2,1–3 rezitiert.

» Weitere Themen: Segen S. 54; Reue Gottes S. 387; Ehe S. 410; Sprichwörter in der Bibel S. 446; Auferstehung S. 435; notabene: Geist Gottes S. 279; notabene: Keruvim S. 365; notabene: Lieder außerhalb von Tehillim S. 458

נח

Noach (Gen 6,9 – 11,32)

Leitfragen

- Wie viele Tiere werden in die Arche mitgenommen?
- Wie viele Tage regnet es? Wie lange währt die Flut?
- Was erfahren wir aus der Turmbauerzählung zum Thema ‚Sprache'?
- Was wollen die Menschen?
- Worin besteht ihr Vergehen?
- Wie stellt der Text die Reaktion Gottes dar?
- Gibt es ‚Bewegungen' (ganz wörtlich zu nehmen!) im Text?

Inhalt

- Die Flut
- Noachbund
- Söhne Noachs
- Die Völker
- Der Turmbau
- Genealogien

Bund / Berit

» Berit S. 41; 58; 110; 125; 218; 251; 336; 410; Versammlung in Schechem S. 269

Ein Bund (*berit*) ist eine (vertragliche) Verpflichtung zweier Parteien (zwischen Menschen, Völkern, Königen, Mann und Frau etc.), die durch einen Schwur oder andere feierliche Akte besiegelt wird. Solche Bünde beschreibt die Bibel z.B. im Bund von Giv'on (Gibeon) mit den Jisraeliten (Jos 9) oder in dem nichtvollzogenen Bund der Bewohner Javesch-Gil'ads mit den Ammonitern (1Sam 11,1–3). Ein zentraler Gedanke in der Bibel ist der Bund zwischen Gott und Mensch. Die Tora und vor allem die prophetischen Bücher betonen den Gedanken, dass Gott eine verpflichtende Verbindung mit dem Menschen eingeht. Dabei schränkt sich der Personenkreis der in den Bund Eingeschlossenen im Fortlauf der Erzählungen in der Tora sukzessive ein:

Noachbund: (Gen 9; Bundeszeichen: der [Regen]-Bogen) ist der erste Bund Gottes mit den Menschen und umspannt die ganze Schöpfung. Er ist ein immerwährender Bund und beinhaltet die Verpflichtung Gottes, die Welt künftig zu erhalten und sie nicht wieder, wie beim Flutgeschehen, zu zerstören (Gen 9,9–17), fordert aber gleichzeitig vom Menschen, sich an Minimalregeln gegenüber Gott und seinen Mitmenschen zu halten (Gen 9,6). Auf der Basis dieser Minimalregeln hat die jüdische Tradition die sog. ‚noachidischen Gesetze' formuliert (vgl. unten S. 33).

Der *Bund mit Avraham* bezieht sich auf Avraham und dessen Nachkommen (Gen 15: Bund zwischen den Fleischstücken). In Gen 17 wird hierzu das Bundeszeichen, die Beschneidung, beschrieben.

Der *Bund am Sinai* ist der Bund Gottes mit dem Volk Jisrael bzw. mit den zwölf Stämmen (Ex 24; 34), der variiert (Dtn 28,69: Moav- und Chorevbund; Dtn 29,9–14: Moavbund) oder erneuert werden kann, wie beim Bund von Schechem (Jos 24), vgl. auch 2Kön 11,17; 2Kön 23; Esr 10,3.

Darüber hinaus schließt Gott auch Bünde mit einzelnen Gruppen bzw. Personen innerhalb des Volkes Jisrael (Friedens- und Priesterbund, *berit scha-*

Die wichtigsten Bünde
- Noachbund: Gen 9
- Bund mit Avraham: Gen 15
- Bund am Sinai: Ex 24; 34
- Moav- und Chorevbund: Dtn 28,69
- Bund von Schechem: Jos 24

Weitere Bünde
- Salz-Bund (Num 18,19). Er bezieht sich auf den spezifischen Dienst der Priester aus der Abstammungslinie des Aharon.
- Friedens- bzw. Priesterbund (Num 25,13). Er bezieht sich auf den Eifer des Pinchas und wird als Bund des ewigen Priestertums bezeichnet.
- Dawidsbund (2Sam 7,11–16; 23,5; 2Chr 13,5). Er sagt Dawid ewigen Bestand seines Königshauses zu.
- Bund mit Jeruschalajim (Ez 16).
- Den neuen Bund verkündet der Prophet Jirmejahu (Jer 31,31–33).

lom; berit kehunna): Num 25,13 oder den Dawidsbund (2Sam 7,11–16; 23,5; 2Chr 13,5).

Daneben kennt die Tora im Zusammenhang mit dem Schabbat und seinen kultischen Verordnungen den Ausdruck eines ‚ewigen Bundes' (Ex 31,16; Lev 24,8).

Die einzelnen Bünde können unterschiedlich strukturiert sein: Manche Bünde haben z.B. ein eindeutig zugeordnetes Bundeszeichen ([Regen]-Bogen beim Noachbund bzw. Beschneidung beim Avrahambund), manche dagegen nicht. Einige Bundesschlüsse sind mit Mahlzeiten verbunden (Gen 21; Ex 24), in anderen wird davon nicht explizit berichtet. Ebenso sind manche Bünde wie der Bund ‚zwischen den Fleischstücken' eine einseitige Verpflichtung von Seiten Gottes und beinhalten lediglich das Versprechen Gottes gegenüber dem Bundespartner, andere dagegen beziehen sich, wie der Sinaibund, auf eine gegenseitige Verpflichtung, die ein Unterwerfen unter Gottes Gebot einschließt.

Noach und die Flut

Nach biblischer Darstellung sind die Menschen nach Adam zunehmend boshafter geworden (Gen 6,5), woraufhin es Gott ‚gereute', den Menschen erschaffen zu haben. Deshalb lässt er eine Flut über die Erde kommen, die alles Lebende auslöschen soll. Allein Noach mit seiner Familie sowie Repräsentanten der verschiedenen Gattungen der Tiere (je zwei: Gen 6,19f.; je eines von den unreinen und sieben von den reinen Tieren: Gen 7,2f.) sollen in einer Arche die Flut überleben und einen Neubeginn der menschlichen Geschichte ermöglichen. Inhaltlich ist bedeutsam, dass Gott zwar genug vom ‚bösen Treiben' der Menschen hat, aber der menschlichen Geschichte erneut eine Chance einräumt, die mit dem noachidischen Bund besiegelt wird (Gen 9,9–17).

In der Bibel
Außerhalb von Bereschit wird die Erzählung von Noach und der Flut nur noch in Jes 54,9 aufgegriffen (vgl. aber auch Ps 29,10). Es wird daran erinnert, dass Gott den Menschen Loyalität geschworen hat. Darüber hinaus werden in Ez 14,14 Noach, Danijel und Ijov als Gerechte vorgestellt.

In der jüdischen Traditon
Die jüdische Tradition betont den Langmut Gottes mit der Generation Noachs. Noach sei zu dieser Generation geschickt worden, um sie 120 Jahre lang davon zu überzeugen, dass sie ihren Lebenswandel ändern solle (BerR 31,3–5). Erst als sie auch darauf nicht hörte, schickte Gott die Flut. Die jü-

dische Tradition relativiert allerdings Noachs Gerechtigkeit. Danach erschien er in seiner Generation als ein Gerechter, war Avraham aber dennoch unterlegen: Denn während Avraham sich für die Leute in Sedom einsetzte (Gen 18,20–33) und mit Gott um ihre Rettung rang, war Noach ‚nur' schweigend gehorsam.

Der Turmbau

Die Geschichte vom Turmbau ist keine ‚Sünden'-Erzählung. Deshalb ergeht auch keine Strafe, sondern lediglich die ‚Verwirrung der Sprachen'. Hier liegt auch der Unterschied zu den vorangegangenen ‚Sündengeschichten': Die Menschen treten vereint und mit gemeinsamer Kraft gegen Gott an, weshalb die Einigkeit der Menschen durch Gott zerstört wird. Die in Gen 11,2 erwähnte *Ebene im Land Schinar* verweist auf Bavel/Babylon (vgl. auch Jes 11,11; Sach 5,11 und Dan 1,2).

In der jüdischen Tradition

Bereits die rabbinische Überlieferung und nach ihr auch die mittelalterlichen jüdischen Bibelausleger gingen davon aus, dass bis zum Zeitpunkt des Turmbaus alle Menschen eine Sprache – die heilige Sprache (Hebräisch) – sprachen. Ebenso wurde als messianische Endzeiterwartung die Rückkehr aller Sprachgruppen zur heiligen Sprache formuliert.

Die noachidischen Gebote

Halacha und Religionspraxis

Nach der jüdischen Tradition (tAZ VIII,4) ist der noachidische Bund mit sieben Ge- bzw. Verboten verbunden (vgl. auch Gen 9,4–6), die prinzipiell für alle Menschen gelten, während die 613 Ge- und Verbote der Tora ausschließlich Juden und Jüdinnen befolgen müssen.

1. Gebot der Rechtspflege	5. Verbot von Blutvergießen
2. Verbot des Götzendienstes	6. Verbot von Raub
3. Verbot der Gotteslästerung	7. Verbot des Blutgenusses
4. Verbot der Unzucht	

Trunkenheit

Halacha und Religionspraxis
Vor dem Hintergrund der Erzählung über die Tat Chams (Gen 9,18–28) formulierten die Rabbinen die Gefahren der Trunkenheit (BerR 36,4), die Noach, als der erste Winzer, noch gar nicht absehen konnte. Wein gehört zum jüdischen Leben, Trunkenheit aber ist nur an Purim erlaubt. Ein Mensch ist der Halacha zufolge voll verantwortlich für Taten, die er als Betrunkener begeht (bEr 65a).

Gottesdienst und häusliche Feier

Haftara
Als Haftara zu dieser Parascha wird (aschkenasisch) Jes 54,1–55,5 bzw. (sefardisch) Jes 54,1–10 gelesen, da in dieser Haftara direkt Bezug auf Noach und die Flut genommen wird.

» Weiteres Thema: Sprichwörter in der Bibel S. 446

Lech Lecha (Gen 12,1 – 17,27)

Leitfragen	Inhalt
• Welches sind die Zusicherungen, die Avram von Gott erhält?	• Avrams Berufung
• Welche Personen werden in welchem Alter beschnitten? Worin liegt die Bedeutung der Beschneidung?	• Avram in Mizrajim
	• Avram und Lot
	• Die vier Könige
	• Der Segen des Malki-Zedeq
• In der Tora finden sich drei Erzählungen über die Bedrohung einer Stammmutter (Gen 12, 20 und 26). Worin unterscheiden sich die Geschichten?	• Jischmaels Geburt
	• Die Berit (Beschneidung)
• Die Wendung *lech lecha* kommt außer in Gen 12,1 nur noch einmal in der Tora vor: Wo? Welche literarische Funktion könnte dies haben?	

Avraham

Mit der Geschichte von Avram/Avraham und Saraj/Sara (Gen 12,1–25,18) beginnt ein neuer Abschnitt in der Tora: die Erzählungen über die Stammväter und -mütter. Erstmals werden die Ereignisse um einzelne Personen ausführlich dargestellt. Dabei sind die Erzählungen um Avraham, Jaaqov und Josef sehr viel ausführlicher als die Erzählungen um Jizchaq. Gemeinsam ist allen Geschichten, dass einzelne Personen von Gott erwählt werden und mit ihnen ein Bund (*berit*) geschlossen wird, der Verheißungen seitens Gottes einschließt. Die Stammelternerzählungen sind als direkte Vorgeschichte zur Geschichte des Volkes Jisrael gestaltet. Innerhalb dieses Erzählkranzes heben sich die Geschichten von Avraham und Sara besonders heraus, da sie die Ersten sind, die dem Ruf Gottes folgen und in ein fremdes, ihnen versprochenes Land ziehen. In diese Geschichten sind denn auch alle wesentlichen Topoi, die auch die nachfolgenden Vätererzählungen bestimmen, bereits aufgenommen: der Bund zwischen Gott und den Vätern und die Verheißung von Land und Nachkommenschaft. Die Erzählungen über Avraham sind dahingehend dramatisiert, als er selbst – trotz Landverheißung – noch nicht sesshaft werden kann (vgl. die Ortsänderungen in den Geschichten) und die Nachkommenschaft (mit Jizchaq) erst sehr spät eintritt (Sara ist zunächst unfruchtbar) und überdies noch auf den Prüfstand kommt (vgl. das Thema Bindung Jizchaqs, S. 45).

In der Bibel

In der Bibel wird Avraham, zusammen mit Jizchaq und Jaaqov, an zahllosen Stellen genannt, wo an den Bund Gottes mit den Vätern erinnert oder auf den Gott Avrahams, Jizchaqs und Jaaqovs rekurriert wird, zumeist auch in dieser Reihenfolge (vgl. aber Lev 26,42). Besonders im Buch Schemot, in dem die Erwählung Jisraels geschildert wird, wird die Herausführung der Jisraeliten aus Mizrajim mit dem Bund mit den Vätern begründet. Im Buch Devarim wird das Land, in das die Jisraeliten einziehen werden, häufig als das Land vorgestellt, *das der Ewige euren Vätern Avraham, Jizchaq und Jaaqov zugeschworen hat, es ihnen zu geben* (Dtn 1,8 u.ö.). Daneben werden aber auch einzelne Elemente der Avraham-Tradition aufgenommen: Jos 24,2–3, Ps 105 und Neh 9,7–8 erinnern, jeweils in einem Geschichtsrückblick, daran, wie Avraham aus Ur einen Ruf von Gott bekam, nach Kenaan zog und dort Nachkommenschaft erhielt. Ebenso schaut Jes 51,2 auf Avraham und Sara als die Gesegneten zurück, auf die die Heutigen bauen können.

In der jüdischen Tradition

In der jüdischen Tradition wird Avraham als Frommer und Gerechter dargestellt. Hierzu dienen auch die Legenden um die Geburt, Kindheit und Jugend Avrahams, die Avraham als frühen Kämpfer gegen die Götzenbilder seines Vaters Terach und Verfechter des wahren (Eingott-)Glaubens aufzeigen. Um dieses Bild zu untermauern, werden Avraham insgesamt zehn Prüfungen Gottes zugerechnet, gemäß dem Grundsatz, dass nur der Fromme, der die Prüfungen bestehen kann, auch geprüft wird (mAv V,3). Die ‚Bindung' Jizchaqs, die sog. Aqeda, ist dabei die letzte und schwerste Prüfung. Ausgehend von Gen 12,5 (...*und die Seelen, die sie sich zu eigen gemacht hatten in Charan*) werden Avraham und Sara auch als Missionare ausgezeichnet, weil Abraham nach rabbinischer Überlieferung bereits alle Gebote, die am Sinai geoffenbart werden sollten, einhielt.

Sara

Sara ist die erste der vier Stammmütter (neben Rivqa, Rachel und Lea). Obwohl die Verheißungen ausschließlich an Avraham ergehen und der Bund allein mit ihm geschlossen wird, kommt Sara im Text eine bedeutende Rolle zu. Denn die Nachkommenschaft, die Avraham verheißen wird, schließt im engeren Sinn nur die ein, die von Avraham und Sara ausgeht. Dass Avraham mit der Magd Saras, Hagar, einen Sohn zeugt, erfüllt die Verheißung nur teilweise (Nachkommenschaft, Land). Und in dieser Hinsicht erhält die Unfruchtbarkeit Saras, die schon zu Beginn der Erzählung erwähnt wird (Gen 11,30), ihre Bedeutung (vgl. das Thema Kinderlosigkeit, S. 43). Die Verheißungen, die Avraham immer wieder gegeben werden, stehen ganz gegen die natürlichen Voraussetzungen. Das hebt zum einen die besondere Tat Gottes hervor (Sara wird trotz Unfruchtbarkeit und hohen Alters noch schwanger), zum anderen aber auch die besondere Frömmigkeit Avrahams, der, eingedenk der widrigen natürlichen Umstände, die Verheißungen ernst nimmt und sich in das Land Kenaan begibt, um dem Ruf Gottes zu folgen.

In der Bibel
Außerhalb des Buches Bereschit wird Sara nur noch in Jes 51,2, parallel zu Avraham, erwähnt.

In der jüdischen Tradition
Hier wird ein überwiegend positives Bild von Sara gezeichnet. So missioniert Sara noch in ihrer alten Heimat die Frauen zum Eingottglauben. Sie gilt nicht nur als keusch (bBM 87a), sondern als eine der sieben Prophetinnen (neben Chulda, Channa, Devora, Mirjam, Avigajil und Ester; bMeg 14a), die in der prophetischen Gabe dem Avraham überlegen ist (ShemR 1,1). Zwar rühmt der Midrasch ihre Schönheit bis ins hohe Alter (z.B. BerR 40,4; bSan 39b u.ö.), sagt ihr aber gleichzeitig (mit Bezug auf Gen 18,10 und 18,6) die Un-

tugenden der Neugierde und des Müßigganges nach. Auch wird kritisiert, dass Sara wegen Hagar mit Avraham stritt (Gen 16,5).

Namensänderungen

Die Bibel weiß immer wieder von Namensänderungen Einzelner zu berichten, denen entweder von Gott oder von einem ihrer Mitmenschen zu einem für den weiteren Fortgang des Geschehens signifikanten Zeitpunkt ein neuer Name verliehen wird, der das religiöse und/oder politische Geschick des Einzelnen unter diesem neuen Namen bestimmen soll.

In der jüdischen Tradition

Die rabbinische Tradition leitete daraus ab, dass neben Almosen, Gebet und Änderung des Lebenswandels auch die Namensänderung das Schicksal eines Menschen (zum Guten!) wenden kann (bRHSh 16b). Seit dem Mittelalter kam daher der Brauch auf, kranken Menschen oder solchen, die in anderer Weise vom Schicksal geschlagen sind, einen zusätzlichen Namen mit positivem Bedeutungsgehalt zu geben (z.B. Chajjim ‚Leben'), um dem Schicksalsengel ‚ein Schnippchen zu schlagen'.

Von Gott verliehene Namen	Von Menschen verliehene Namen
• Avram wird zu Avraham: Gen 17,5 • Saraj wird zu Sara: Gen 17,15 • Jaaqov wird zu Jisrael: Gen 35,10 • Hoscheas Kinder erhalten neue Namen: Aus Lo-Ruchama (Hos 1,6) wird Ruchama: Hos 2,3; aus Lo-Ammi (Hos 1,9) wird Ammi: Hos 2,3	• Ben-Oni wird zu Binjamin: Gen 35,18 • Esaw erhält den Beinamen Edom: Gen 25,30 (Gen 36,1) • Hoschea (bin Nun) wird zu Jehoschua: Num 13,16 • Schelomo erhält den Beinamen Jedidja: 2Sam 12,25 • Eljaqim wird zu Jehojaqim: 2Kön 23,34 • Mattanja wird zu Zidqijjahu: 2Kön 24,17 • Noomi nennt sich Mara: Rut 1,20

Das versprochene Land

In Gen 12,1 spricht die Tora zum ersten Mal davon, dass Gott ein Land verheißt. Göttliche Landverheißungen an die Väter finden sich immer wieder. Das Motiv der Landverheißungen wird dabei vom Buch Schemot an mit

> **Die göttlichen Landverheißungen an die Väter**
> - Verheißung von Land und Nachkommen an Avraham: Gen 12,1; 13,15-17; 15,7.18; 17,8
> - Landverheißung an Jizchaq: Gen 26,2f.
> - Land- und Segensverheißung an Jaaqov: Gen 28,4.13.15; Gen 35,12
> - Josef wünscht, im Land, das Avraham, Jizchaq und Jaaqov verheißen war, begraben zu werden: Gen 50,24
> - Verheißung an Mosche (mit Bezug auf Avraham, Jizchaq und Jaaqov): Ex 3,6-8; 6,4.8

der Entstehung der (kultischen) Gemeinde Jisraels und dem Dienst für den Ewigen verbunden (z.B. Ex 13,5.11; 33,1; Lev 25,2.38; Num 11,12; 13,2; 20,12.24; 32,11; 36,2). Vor allem das Buch Devarim spricht wiederholt von dem *Land, das der Ewige, dein Gott, deinen Vätern / deinen Vätern Avraham, Jizchaq und Jaaqov geschworen hat, zu geben* (Dtn 1,8.35; 4,1.5.14.21.38; 5,31.33; 6,1.3.10.18; 8,1.7; 9,4.23.28 u.ö.). Außerhalb der Tora finden sich Belege für die Vorstellung, dass Gott Jisrael das Land gibt: im Buch Jehoschua (Jos 1,6.11.13; 5,6; 21,43; 23,5.13.15), Nechemja (Neh 9,15.23.36) und Jechesqel (Ez 20,42; 36 pass.; 37,25; 47,13).

Gefährdung der Stamm-Mutter

Das Motiv der Gefährdung der ‚Stamm-Mutter' findet sich in parallel gestalteten Erzählungen an drei Stellen in der Tora:
- Sara beim Pharao: Gen 12,10–20
- Sara bei Avimelech: Gen 20
- Rivqa bei Avimelech: Gen 26,1–11

Alle drei Geschichten weisen dabei jeweils eigene Akzentuierungen auf, die vor allem das Verhalten Avrahams einerseits und den Pharao bzw. Avimelech andererseits betreffen, und sind insofern doch nicht einfach Dubletten.

Die Namen Gottes

» Der vierbuchstabige Name S. 76; Schem-Aussagen S. 229

Die Tora stellt Gott (*elohim*) unter verschiedenen Namen vor. Bereits Paraschat *Lech Lecha* kennt unterschiedliche Gottesbezeichnungen. Während Gott in der ersten Verheißung an Avram mit seinem vierbuchstabigen Namen eingeführt wird, findet sich in der nochmaligen Aufnahme dieser Verheißung, d.h. beim Bundesschluss zwischen Gott und Avram/Avraham die Gottesbezeichnung El Schaddai (Gen 17,1; Gen 35,11; Hi 8,5; 13,3; 15,25). Dieser Name wird in Ex 6,3 ausdrücklich aufgenommen, womit literarisch eine

> **Gottesbezeichnungen im Buch Bereschit**
> - El, Gott des Höchsten: (*El Eljon*): Gen 14,18-20
> - El Roi: Gen 16,13
> - El Schaddai: Gen 17,1; Gen 35,11
> - El, (Gott) von Bet-El (*El Bet-El*): Gen 31,13; Gen 35,7
> - El, Gott Jisraels (*El Elohe Jisrael*): Gen 33,20
> - Schrecken Jizchaqs (*Pachad Jizchaq*): Gen 31,42.53
> - Starker Jaaqovs (*Avir Jaaqov*): Gen 49,24; Jes 49,26; Jes 60,16; Ps 132,2.5
> - Hirte, Fels Jisraels (*Ro'eh Even Jisrael*): Gen 49,24

Klammer zwischen den Vätererzählungen und den Überlieferungen über die Volkwerdung Jisraels in Mizrajim erstellt wird. In der ersten Berufung des Mosche (Ex 3) wird dagegen lediglich die Bezeichnung *Gott der Väter: Gott Avrahams, Gott Jizchaqs und Gott Jaaqovs* aufgenommen.

In der jüdischen Tradition

Die rabbinische Literatur ordnet den Gottesbezeichnungen *elohim* und dem vierbuchstabigen Namen unterschiedliche göttliche Attribute zu: das Attribut der Gerechtigkeit (*middat ha-din*) wird dem *elohim*-Namen beigelegt, während das Attribut des göttlichen Erbarmens (*middat ha-rachamim*) dem vierbuchstabigen Namen zugeordnet wird. Der deutsch-jüdische Bibelwissenschaftler Benno Jacob entwickelt in seinen Kommentaren zu den Büchern Genesis (1934) und Exodus (1944) eine ganz eigene Sicht des Wechsels der Gottesnamen und interpretiert die Namen als Zeugnis unterschiedlicher Wirkweisen des El Schaddai und JHWH. Mit Hilfe der unterschiedlichen Namen entwickelt Jacob eine Periodisierung der Geschichte Jisraels, deren erste Periode, die Zeit der Väter auf der Wanderschaft, durch die komplementären Begriffe El Schaddai und *megurim* (,Schutzbürgerschaft') und deren zweite Periode, die Zeit des Mosche mit der bereits konstituierten Volksgemeinschaft im eigenen Land, durch die Verbindung des JHWH-Namens mit der (fast vollständig erfüllten) Landverheißung geprägt sei. In dem Begriff *megurim* werden die Väter so zum Paradigma für das jüdische Volk in seiner Rechtlosigkeit und Unterdrückung, das sich nach wie vor im Status der Verheißung befindet.

Hagar und Jischmael

Die Geschichte von Hagar und Jischmael ist in zwei große Erzählblöcke aufgeteilt: Gen 16,1–16 und Gen 21,8–21. In beiden Abschnitten wird vor allem das Verhältnis Saras zu Hagar und, darauf aufbauend, das Verhältnis der beiden Kinder Avrahams, Jischmael und Jizchaq, bestimmt, wobei Sara stets die aktive Rolle innehat: Sie schickt Hagar zu Avraham, damit sie ihm ein Kind an ihrer Statt gebäre, und sie vertreibt die Magd, sobald diese schwanger ist. Als sie selbst einen Sohn geboren hat, wird Hagar endgültig in die Wüste (und damit aus der Erzählung) verbannt. Mit der Zuweisung der aktiven Rolle an Sara lenkt die Erzählung die Verheißungen, die Avraham erhalten hat, inhaltlich in eine eindeutige weitere Richtung (vgl. auch nachfolgend unter Beschneidung).

In der Bibel
In der Bibel tritt Jischmael lediglich beim Begräbnis Avrahams nochmals auf (Gen 25,9). In der Erzählung von Esaw wird berichtet, dass Esaw eine Tochter Jischmaels zur Frau nimmt (Gen 36,3). Außerhalb des Buches Bereschit wird Jischmael lediglich in der Genealogie des chronistischen Geschichtswerkes (1Chr 1,28ff.) nochmals aufgenommen. Demgegenüber findet Hagar keine weitere Erwähnung mehr.

In der jüdischen Tradition
Die jüdische Tradition bemüht sich, die Figur des Jischmael negativ zu malen: So habe Jischmael Unzucht und Götzendienst getrieben, weshalb er mit seiner Mutter Hagar von Sara vertrieben wurde (BerR 53,7). Diese ‚Verwilderung' führt der Midrasch auf Avraham selbst zurück, weil dieser den Jischmael zu sehr geliebt und ihn nicht genügend gezüchtigt habe (ShemR 1,1). Hagar wird als Tochter des Pharao identifiziert, die dieser der Sara als Magd gab, nachdem er die Wunder Gottes gesehen hatte (BerR 45,1). Hagar wird manchmal auch mit Ketura, der Frau, die Avraham nach Saras Tod geheiratet hat, identifiziert (BerR 61,4).

Antagonistische Frauenpaare

》Thema Frauen S. 279; 441; Eschet Chajil S. 431

Das Motiv zweier rivalisierender Frauen, das in Gen 16 zum ersten Mal eingeführt wird, findet sich öfter in der Bibel. Stets handelt es sich dabei um zwei Frauen desselben Mannes, von denen eine unter den Schikanen ihrer Konkurrentin leidet. Dies ist bereits bei Sara und Hagar so (Gen 16; 21), aber auch später bei Rachel und Lea (Gen 29f.) oder Channa und Peninna (1Sam 1). In allen Fällen stellt sich Gott auf die Seite der zurückgesetzten Frau. Das Buch Devarim formuliert sogar die Rechtssicherheit des Erstgeborenen der nicht-geliebten Frau (Dtn 21,15–17).

Lech Lecha (Gen 12,1 – 17,27)

Bund mit Avraham

» Thema Berit S. 30; 58; 110; 125; 218; 251; 336; 410; Versammlung in Schechem S. 269

Wird der Bund mit Noach als ein die ganze Schöpfung einschließender Bund vorgestellt, so ist der Bund Gottes mit Avram/Avraham erstmals ein Bund mit einer einzelnen Person. Gott gibt Avraham Verheißungen (Land, Nachkommen). Von Avraham wird umgekehrt die Beschneidung als Bundeszeichen gefordert. Im Zusammenhang der Verheißung von Nachkommenschaft erhält Avram den Namen Avraham (,Vater der Menge'; Gen 17,5), während Saraj fortan Sara heißt (,Fürstin'; Gen 17,15). In den Avraham-Erzählungen sind die Verheißungen Gottes ein wichtiges und durchgehendes Motiv.

Dieser Bund und die Landverheißung umfassen alle Nachkommen Avrahams: Dies gilt zunächst für Jischmael, denn dieser ist (textchronologisch) zum Zeitpunkt des Ergehens dieser Zusage bereits auf der Welt, aber natürlich gilt sie auch Jizchaq, der als der später Geborene in diesen Bund mit aufgenommen werden kann. Das eigentliche Beschneidungsgebot wird im selben Zusammenhang dargelegt (Gen 17,10–14); die Beschneidung ist also kein Alleinstellungsmerkmal der Nachkommen Jizchaqs und Jaaqovs. Sie verbindet die Jizchaq-Jaaqov-Linie mit der Jischmael-Linie. In Gen 17,18 bittet Avraham *Möchte doch Jischmael vor dir leben!* Und hierin nun trennen sich die Wege der Nachkommen Jizchaqs und Jischmaels. Zwar bekommt Jischmael eine Segenszusage, verbunden mit der Aussicht auf Stärke und Fruchtbarkeit, das spätere ,Aufrichten' des Bundes ist aber allein Jizchaq und seinen Nachkommen vorbehalten. Der erste Avrahambund, der die Fruchtbarkeitsverheißung, die Landgabe und die Gottesnähe umfasst, und dessen Bundeszeichen die Beschneidung ist, schließt mithin (mindestens) die Jischmaeliten, die Nachkommen Jizchaqs sowie auch Edom ein.

Die Verheißungen und der Bund werden in den Väter-Erzählungen um Jizchaq (Gen 22,18; 26,4) und Jaaqov (Gen 28,14f.; 46,3f.) wieder aufgenommen und bestärkt.

Beschneidung

» Thema Beschneidung S. 265

Die Beschneidung der Vorhaut ist das Zeichen des Bundes Gottes mit Avraham (und seinen beiden Nachkommen) und gleichzeitig die Verpflichtung für diesen Bund (Gen 17,10–14). Diese Verpflichtung wird später auch in die Gesetzgebung am Berg Sinai aufgenommen bzw. fortgesetzt (Lev 12,3). Entsprechend findet sich in der Bibel mehrfach der Hinweis auf Beschneidungen.

Darüber hinaus findet sich die Beschneidung im übertragenen Sprachgebrauch, der von der ‚Beschneidung des Herzens' spricht (Dtn 10,16; 30,6; Jer 4,4).

Halacha und Religionspraxis

Das Gebot der Beschneidung des Sohnes am achten Tag basiert auf Gen 17,10f. (vgl. Lev 12,3). Dieses Gebot obliegt grundsätzlich dem Vater, wird aber üblicherweise einem Mohel (Beschneider) übertragen. Die Beschneidung ist nicht das Zeichen für die Aufnahme in das Judentum, sondern das erste Gebot, das an einem jüdischen Knaben ausgeübt wird. Über das Judesein eines Kindes entscheidet nach traditionellem (und konservativem) Verständnis allein die jüdische Mutter, unabhängig davon, ob das Kind beschnitten ist oder nicht.

Gottesdienst und häusliche Feier

Haftara

Als Haftara wird Jes 40,27–41,16 gelesen. In dieser Haftara wird auf Avraham verwiesen, den Gott ‚aus dem letzten Winkel der Erde' geholt hat.

» Weitere Themen: Segen S. 54; Orte und Wege der Stammeltern S. 55; Hungersnot S. 66; Ägypten/Mizrajim S. 67; Gotteserscheinungen S. 74; 229; 265; Jeruschalajim S. 272; Beistandsorakel S. 334

וירא
Wajjera (Gen 18,1 – 22,24)

Leitfragen
- Wie viele ‚Lachen' finden sich im Kontext der Geburtsankündigung Jizchaqs?
- Welche Bedeutung hat die Erzählung von Lot und seinen Töchtern? Was erfahren wir über die Beziehung Jisraels zu Moav?
- Wie wird Avraham in der Erzählung über seine Versuchung dargestellt? Was erfahren wir über Jizchaq?
- Welche Gottesnamen und -bezeichnungen finden sich im Text? An welcher Stelle?

Inhalt
- Avraham in Mamre
- Sedom und Amora
- Lot und seine Töchter
- Avraham in Gerar
- Jizchaqs Geburt
- Der Bund mit Avimelech
- Die Bindung Jizchaqs
- Die Söhne Nachors

Wajjera (Gen 18,1 – 22,24)

Boten Gottes

Boten Gottes („Engel") erscheinen in den biblischen Schriften als sichtbar leibliche oder im Traum erfahrene göttliche Offenbarungen, wobei die Frage nach der (metaphysischen) Relation zwischen Gott selbst und seinem Boten nirgendwo expliziert wird. Der Bote kann als eigenständiges Wesen in Erscheinung treten (Gen 21,17–19; 22,11; 28,12; 31,11). Daneben existieren Vorstellungen, die ihn als Repräsentanten Gottes auffassen (Gen 16,7–12; 18; 19; Ex 3,2f.; 32,34; Num 20,16; Ri 13,3), oftmals auch in Verbindung mit dem ‚Namen' Gottes (Ex 14,19; 23,20–23). In den Vorderen Propheten und den Ketuvim findet sich darüber hinaus auch die Vorstellung vom ‚himmlischen Hofstaat' (1Kön 22,19; Hi 1,6; 2,1) oder vom ‚Kriegsheer/Scharen Gottes' (1Sam 1,3.11; 4,4; 15,2 u.ö.; vgl. auch Jos 5,13; 2Kön 6,17).

Kinderlosigkeit

» Thema Kinderlosigkeit S. 277; 286

In der Bibel findet sich mehrfach das Motiv der Kinderlosigkeit bzw. der Unfruchtbarkeit einer Frau. Es wird in den erzählenden Teilen der Bibel zumeist dann eingesetzt, wenn ein für die Geschichte Jisraels bedeutendes Kind geboren werden soll.

Daneben wird Unfruchtbarkeit häufig als Strafe für Fehlverhalten angedroht oder vollzogen (vgl. Gen 20,17f.), wie z.B. Dtn 28,18; Hos 9,14. Um-

Kinderlosigkeit

- Sara ist bis ins hohe Alter kinderlos und gebiert den Jizchaq: Gen 11,30; 21,1f.
- Avimelechs Frau ist zeitweise unfruchtbar: Gen 20,17f.
- Rivqa ist unfruchtbar und gebiert nach Jizchaqs Fürbitte Esaw und Jaaqov: Gen 25,21.
- Rachel ist unfruchtbar und gebiert den Josef, nachdem Gott sie erhört hat: Gen 30,22.
- Lea ist zeitweilig unfruchtbar: Gen 30,9.
- Die Mutter Schimschons ist unfruchtbar, bis ihr ein Engel einen Sohn ankündigt: Ri 13,2.
- Channa ist unfruchtbar. Nachdem sie in einem Gelöbnis ihren Sohn zum Nasiräer bestimmt hat, gebiert sie Schemuel: 1Sam 1,1-23.
- Michal, die Tochter Schauls und Frau Dawids, bleibt zur Strafe ihr Leben lang kinderlos, nachdem sie sich über Dawid lustig gemacht hat: 2Sam 6,23.
- Eine schunemitische Frau, die von Elischa einen Sohn angekündigt bekommt: 2Kön 4,8–17.
- Kinderlosigkeit im übertragenen Sinn: Jes 54,1.

gekehrt ist die Fruchtbarkeit eine Verheißung, wie in den Verheißungen an Avraham (Dtn 7,14) oder beim ‚Gebet der Channa' (1Sam 2,5).

In der jüdischen Tradition
In der jüdischen Tradition liegt die Unfruchtbarkeit Saras nicht in ihrem Fehlverhalten begründet, sondern darin, dass Jizchaq – als der Stammvater Jisraels – von einem Beschnittenen gezeugt werden musste. Deshalb lässt die Aggada Avraham erst beschnitten sein, um ihn dann mit Sara ein Kind zeugen zu lassen (BerR 46,2). Nach einer anderen Überlieferung beklagten die Engel, dass Avimelechs Frau, die wegen Sara unfruchtbar geworden war, wieder Kinder gebären konnte, während Sara weiterhin kinderlos geblieben sei. Diese Klage wurde erhört, und zwar am Neujahrstag (Rosch ha-Schana). Die Geburt Jizchaqs fällt daher nach traditioneller Überlieferung auf den ersten Tag von Pesach und wurde so auch als Freude für die ganze Welt gedeutet, weil an diesem Tag alle Unfruchtbaren Kinder gebären.

Sedom und Amora

In der Erzählung von Sedom und Amora wird das Rechten Avrahams mit Gott (Gen 18,23–33) mit dem Erzählkreis um Lot verknüpft: Avraham bittet für die Einwohner dieser Städte und kann erreichen, dass Gott sie verschont, wenn sich mindestens zehn Gerechte darin finden. Da dies nicht der Fall ist, kommen die Boten (oder die Männer) Gottes zu Lot, um ihn zu retten.

In der Bibel
In der Bibel werden Sedom und Amora (vor allem innerhalb der prophetischen Sprüche) als Beispiel für den ‚Zorn' Gottes gegen sein eigenes oder ein anderes Volk angeführt, um zu symbolisieren, wie es Völkern ergeht, wenn sie sich gegen Gott erheben, z.B. Dtn 29,22; Jes 1,10; Jes 3,9 (gegen Jeruschalajim); Jes 13,19 (gegen Bavel); Jer 23,14 (gegen Jeruschalajim); Jer 49,18 (gegen Edom); Jer 50,40 (gegen Bavel); Ez 16,46–52 (gegen Jisrael); Am 4,11 (gegen Jisrael); Zef 2,9 (gegen Moav und die Ammoniter), vgl. auch Dtn 32,31f. und Klgl 4,6.

In der jüdischen Tradition
Auch in der jüdischen Tradition stehen die beiden Städte Sedom und Amora als herausragende Beispiele für die Bosheit des Menschen, werden aber bezüglich der Frage, wer keinen Anteil an der zukünftigen Welt haben wird, in einer ganzen Reihe anderer Beispiele erwähnt (bSan 107b–110b): Keinen Anteil an der zukünftigen Welt haben (u.a.) die Generation der Flut, die Generation der Zerstreuung nach dem Turmbau, die Leute von Sedom

und Amora, die Landspäher, die Zeitgenossen der Wüstenwanderung sowie die zehn Stämme. Das Besondere an der Generation von Sedom und Amora lag nach Meinung der Rabbinen darin, dass sie nicht einfach nur böse oder sexuell ausschweifend waren (wie der Bibeltext nahelegt), sondern ein verlogenes Gesetz und entsprechende falsche und bestechliche Richter hatten (bSan 109a–b).

Bindung Jizchaqs

Die sog. Aqeda – die Bindung – Jizchaqs (manchmal auch fälschlich ‚Opferung' Jizchaqs genannt) gehört noch ganz in den Erzählkreis um Avraham. Diese Erzählung wird oft dahingehend verstanden, dass es allein um die ergebene Frömmigkeit Avrahams bzw. kritisch um dessen blinden Gehorsam gehe. Die Figur des Avraham, wie sie in der Tora bislang gezeichnet wurde, ist aber vielschichtiger. So folgt er tatsächlich sehr ergeben dem Ruf Gottes in das neue Land Kenaan, verhandelt aber auf der anderen Seite mit Gott, um seine eigene Vorstellung von Gerechtigkeit durchzusetzen. Entsprechend beginnt die Aqeda auch nicht mit einem Befehl Gottes an Avraham, sondern mit einer Bitte, erzählerisch als ‚Prüfung' eingeführt. In dieser Erzählung kommt also nicht eine blinde Ergebenheit zum Ausdruck, vielmehr wird das komplexe Verhältnis zwischen Gott und Mensch auf den Punkt gebracht. Dem entspricht auch die sprachliche Beobachtung, dass Avraham zwar nie Einwände gegen die Bitte Gottes formuliert, gleichwohl aber den glücklichen Ausgang vorwegnimmt (*wir wollen uns niederwerfen und dann zu euch zurückkehren* Gen 22,5; *Gott wird sich das Lamm zum Hochopfer ersehen, mein Sohn* Gen 22,8). Auffällig ist, dass nach dieser ‚Prüfung' wiederum eine Verheißung angehängt wird (Gen 22,17), in der Avraham aufgrund einer solchen Tat Nachkommen versprochen werden. Bislang waren die Verheißungen weitgehend ohne Bedingungen oder Vorausleistungen versprochen worden.

In der Bibel

In der Bibel wird die Aqeda selbst nicht wieder aufgenommen. Gleichwohl ist das Motiv der ‚Prüfung' des Gerechten bzw. dessen ‚Versuchung' nicht unbekannt; die berühmteste Stelle ist das Buch Ijov. Auch wird das Kindesopfer (allerdings als durchgeführtes und einem Gott geweihtes) in der Bibel öfter erwähnt und negativ bewertet: 2Kön 16,3; 17,17; 21,6 oder Ez 16,21 (metaphorischer Gebrauch). Kindesopfer ist den Jisraeliten gänzlich verboten, wie vor allem gesetzliche Texte belegen: z.B. Lev 18,21; 20,2. In der Erzählung über Jiftach und seine Tochter wird das Kindesopfer zum tragischen

Fall, da Jiftach ein Gelübde ablegt, das zu opfern, was ihm als Erstes begegnet (vgl. unten Thema Jiftach, S. 275).

In der jüdischen Tradition
Demgegenüber wird die Aqeda in der jüdischen Tradition breit rezipiert und erhält durch die Jahrhunderte sehr eigene Deutungen. Insgesamt lässt sich sagen, dass die Aqeda das Symbol für die jüdische Selbstaufopferung für Gott sowie für jüdisches Märtyrertum überhaupt und durch alle Zeiten hindurch geworden ist.

Die Aqeda galt als eine der zehn Versuchungen, denen Avraham ausgesetzt war (mAv V,4). Dabei betonen die Rabbinen, dass solche Prüfungen nur den ganz Frommen auferlegt werden, die sie auch bestehen können (BerR 55,2). Eine Schwierigkeit sahen die Rabbinen in der Forderung Gottes nach einem Kindesopfer, weil ein solches an anderen Stellen der Tora ausdrücklich untersagt ist, weshalb sie die Forderung Gottes, Jizchaq zu schlachten, abschwächten (Tanchuma [Buber], Paraschat Wajjera, §40; BerR 56,9). Bei aller Zurückhaltung gegenüber dieser Art der Versuchung durch Gott sah sich die rabbinische Exegese dennoch herausgefordert, der Erzählung einen Sinn und eine bleibende Bedeutung abzugewinnen. Hier setzte sich vor allem das Verständnis durch, dass der Sinn der Aqeda darin bestehe, sie als Verdienst Avrahams und Jizchaqs gegenüber den Sünden der eigenen Nachkommenschaft in die richterliche Waagschale zu werfen: Die mögliche Vergebung der Kinder Jisraels an Rosch ha-Schana und Jom Kippur ist also einzig auf die Verdienste von Avraham und Jizchaq zurückzuführen. Deshalb besteht gerade an Rosch ha-Schana (dem Tag der ‚Verrechnung' der Sünden) liturgisch eine doppelte Beziehung zur Aqeda: Der Text wird als Tora-Abschnitt am 2. Tag Rosch ha-Schana gelesen (bMeg 31a) und der Schofar wird geblasen (Tanchuma [Buber], Paraschat Wajjera, §46). Schon sehr früh wird die Aqeda auch mit dem Martyrium in Verbindung gebracht, so z.B. in der Erzählung einer Frau, die sich den Hellenisten nicht beugen wollte und deshalb ihre sieben Söhne durch Mord verlor (vgl. auch 2Makk 7). Diese Tat wurde mit der Tat Avrahams parallelisiert (bGit 57b). Im Mittelalter wurde diese Erzählung erheblich anders gedeutet und die Tat der hellenistischen Frau gegen Avrahams Tat heroisiert: Sie habe schließlich sieben Altäre gebaut, Avraham nur einen, sie habe sieben Opfer dargebracht, Avrahams Opfer dagegen sei nicht mehr als eine Versuchung gewesen (Yalq Tavo § 26). In diese Richtung gehen auch die Deutungsversuche der mittelalterlichen Kreuzzugsberichte, die die Massenselbsttötungen in bedrohten jüdischen Gemeinden parallel zur Aqeda als sündenvergebenden Akt für die Verfehlungen der Gemeinden interpretierten. Dieses Verständnis von der Aqeda hallt bis heute nach, wenn in orthodoxen Kreisen der (nicht unproblematische) Versuch unternommen wird,

Wajjera (Gen 18,1 – 22,24)

die Schoa in dieser Weise zu deuten (z.B. E. Tauber, Darkness before Dawn. The Holocaust and Growth through Suffering, New York 1992). Neben diesen theologischen Ausdeutungen gab es aber auch bereits im Mittelalter innertextliche und theologisch eher niederschwellige Erklärungen. So erklärte der Enkel Raschis, Raschbam, dass Gott auf Avraham zornig gewesen sei, weil dieser einen Bund mit Avimelech geschlossen hatte, und ihm deshalb die harte Prüfung gab.

Gottesdienst und häusliche Feier

Qeriat ha-Tora (Toralesung)
Gen 21 (Geburt Jizchaqs) wird zum ersten Tag Rosch ha-Schana aus der ersten Rolle gelesen, weil es der Tradition zufolge an Rosch ha-Schana – dem Jom ha-Sikkaron, dem ‚Tag des Gedenkens' – war, dass Gott sich an Sara (wie auch an Channa und Rachel) erinnerte (bBer 29a; bRHSh 10b–11a; bYev 64b). Als Haftara hierzu wird entsprechend 1Sam 1,1–2,10 (Gebet und Lobgesang der Channa) gelesen.

Gen 22 (die Aqeda Jizchaqs) ist die Lesung für den zweiten Tag Rosch ha-Schana. Die rabbinische Exegese führte die Vergebung der Kinder Jisraels an Rosch ha-Schana und Jom Kippur auf die Verdienste von Avraham und Jizchaq zurück. Durch die mittelalterliche Märtyrerideologie wird Jizchaq zum Symbol des Überlebens von Katastrophen und damit zum Symbol von Gottes Vergebung.

Haftara
Die Haftara zu dieser Parascha ist der Abschnitt 2Kön 4,1–37 (aschkenasisch) bzw. 2Kön 4,1–23 (sefardisch). Dieser Abschnitt ist mit Bedacht gewählt, denn auch in der Haftara geht es um eine kinderlose Frau, der Elischa einen Sohn ankündigt. Dieser Sohn stirbt, wird aber von Elischa nochmals zum Leben erweckt (dieser erweiterte Abschnitt wird nur im aschkenasischen Ritus gelesen).

Schacharit
Der Text der Aqeda wird im täglichen Morgengebet (Schacharit) vor den Pesuqe de-Simra gelesen. Dieser Brauch geht auf kabbalistische Kreise zurück.

» Weitere Themen: Die Gefährdung der ‚Stamm-Mütter' S. 38; Hagar und Jischmael S. 39; Orte und Wege der Stammeltern S. 55; Träume S. 56; Josef S. 63; Gotteserscheinungen S. 74; 229; 265; Mizrajim/Ägypten S. 67; 82; notabene: Lieder außerhalb von Tehillim S. 458

חיי שרה
Chajje Sara (Gen 23,1 – 25,18)

Leitfragen
- Was war der erste Landbesitz in Kenaan?
- Vergleichen Sie die Figur der Rivqa mit Sara. Wo liegen Ähnlichkeiten, wo Unterschiede?

Inhalt
- Der Grabkauf
- Jizchaq und Rivqa
- Ketura
- Avrahams Tod
- Genealogie Jischmaels

Landerwerb

Als erstes Grundstück in Kenaan kauft Avraham die Höhle von Machpela, die er als Grabstätte für Sara nutzt. Dieser Kauf ist ein wichtiges Symbol für die dauerhafte Ansiedlung an einem Ort. Die Höhle von Machpela dient auch als Grabstätte für Avraham (Gen 25,9), Jizchaq und Rivqa (Gen 49,30f.) und Jaaqov (Gen 49,30 und 50,13). Der zweite Landerwerb wird von Jaaqov berichtet (Gen 33,19), der ein Stück Land von den Bewohnern Schechems in der Nähe von Schechem erwirbt, um dort einen Altar für *Gott, den Gott Jisraels* zu errichten. Hier wird Josef begraben (Jos 24,32). Der dritte Landkauf wird von Dawid berichtet, der die Tenne des Jebusiters Arawna kauft, um dort einen Altar zu errichten (2Sam 24,18–25). An dieser Stelle, so will es die Überlieferung, wurde später der Tempel errichtet.

In der Bibel
In der Bibel kauft Jirmejahu als prophetische Zeichenhandlung während der babylonischen Belagerung Jeruschalajims ein Feld in Anatot (Jer 32,6–15), um zu zeigen, dass man eines Tages wieder Land in Kenaan kaufen wird.

In der jüdischen Tradition
Die jüdische Tradition sagt von diesen drei gekauften Ländereien, dass diese die einzigen seien, von denen die Völker nicht sagen können, die Jisraeliten hätten Land gestohlen (BerR 79,3; Raschi zu Gen 1,1).

Jizchaq

» Thema Bindung Jizchaqs S. 45

Die Geschichten des Stammvaters Jizchaq lassen ihn im Verhältnis zu den anderen Stammväter kaum ein eigenes Profil gewinnen. Die Bindung Jizchaqs (Gen 22) ist mit Blick auf die Figur Avrahams hin geschrieben, die Brautwerbung in Mesopotamien (Gen 24,1–61) verläuft, anders als später bei Jaaqov, ohne ihn, die Geschichte von der Geburt Esaws und Jaaqovs sowie vom Verkauf des Erstgeburtsrechts (Gen 25,19–34) zielt bereits auf Jaaqov als den kommenden Protagonisten, die Erzählung von der Gefährdung der Stammmutter (Gen 26,1–14) ist zu großen Teilen eine Doppelüberlieferung von Gen 12 und 20. Daneben finden sich in den Geschichten vom Streit um die Brunnen (Gen 26,15–25) und vom Bund mit Avimelech (Gen 26,26–33) starke motivische Aufnahmen aus den Avraham-Geschichten. Auch das Verhältnis zwischen Gott und Jizchaq wird nicht eigens ausgeleuchtet. Gott erscheint dem Jizchaq zweimal und gibt ihm die Verheißung, die er auch Avraham schon gegeben hat (großes Volk; Land und Segen für die Völker: Gen 26,2–6 und Gen 26,24f.). Dennoch weist die Figur des Jizchaq einige Besonderheiten auf: In Gen 31,42 findet sich eine auf Jizchaq bezogene eigene Gottesbezeichnung: *Pachad Jizchaq* (‚der Schrecken Jizchaqs'). Er ist der einzige Stammvater, der Kenaan nie verlässt, er ist der einzige, der als monogam lebend geschildert wird, er betreibt als einziger auch Landwirtschaft (Gen 26,12), und er ist auch der Einzige der Stammväter, dessen Name nie geändert wurde (anders bei Avram/Avraham; Jaaqov/Jisrael) Darüber hinaus ist Jizchaq der Stammvater, in dem sich – allen widrigen Umständen zum Trotz – die Verheißungen Gottes an Avraham das erste Mal realisieren.

In der Bibel
In der Bibel wird Jizchaq überall dort erwähnt, wo von ‚Gott Avrahams, Jizchaqs und Jaaqovs' die Rede ist (vgl. aber Lev 26,42). Ein eigener Rekurs auf Jizchaq findet sich jedoch lediglich in Am 7,9.16, wo Jisrael und Jizchaq parallelisiert und negativ bewertet werden, sowie in Ps 105,9, wo lediglich des Bundes mit Avraham und Jizchaq (ohne Jaaqov) gedacht wird.

In der jüdischen Tradition
In der jüdischen Tradition, derzufolge Sara an Rosch ha-Schana bedacht und Jizchaq am ersten Tag Pesach geboren wurde (bRHSh 11a), wird auf Jizchaq vor allem im Zusammenhang mit der Aqeda das Augenmerk gerichtet. Danach wird die Bindung Jizchaqs nicht nur auf Avrahams Gehorsam bezogen betrachtet, sondern auch auf Jizchaqs. Nach einigen Traditionen ist es Jizchaq selbst, der bereit war, sich opfern zu lassen. In der Auslegung Avraham Ibn Esras zu Gen 22,19 findet sich ein Hinweis auf eine (von Ibn Esra zurückgewiesene) Tradition, wonach Jizchaq tatsächlich geopfert wurde, gestorben sei und lediglich mit der Beracha (*Gelobt seist du, Ewiger, der die Toten lebendig macht* = 2. Bitte des 18-Bitten-Gebetes) zum Leben zurückgeführt wurde. Wird Avraham die Anordnung des Morgengebetes (Schacharit) zugeschrieben, so

seinem Sohn Jizchaq die Anordnung des Nachmittagsgebetes (Mincha; bBer 26b).

Rivqa

Rivqa ist bezüglich ihrer Funktion innerhalb der Stammeltern-Erzählungen Sara sehr ähnlich: Wie Sara wird auch Rivqa zunächst als unfruchtbar beschrieben. Drängt Sara darauf, dass Jizchaq – und nicht der erstgeborene Jischmael – der eigentliche Erbe der Verheißungen Gottes ist, so versteht auch Rivqa, dem zweitgeborenen Jaaqov anstelle seines Bruders Esaw den Segen Jizchaqs zukommen zu lassen und damit die Erbfolge nach Jizchaq zu bestimmen. Durch ein Orakel wurde ihr kundgetan, dass Jaaqov als der Jüngere der eigentliche Erbe Jizchaqs sein würde (Gen 25,23).

In der Bibel
In der Bibel wird Rivqa außerhalb der Tora nicht wieder erwähnt.

In der jüdischen Tradition
In der jüdischen Tradition wird Rivqa als fromme Frau beschrieben (BerR 67,9). In Abweichung zum biblischen Text berichtet der Midrasch, dass nicht nur Jizchaq für Nachwuchs gebetet hat, sondern gleichermaßen auch Rivqa (bYev 64a).

Die Söhne Avrahams

Avraham mit Sarah	Jizchaq
Avraham mit Hagar	Jischmael
Avraham mit Ketura	Simra, Joqschan, Medan, Midjan, Jischbaq, Schuach

Begräbnis

Halacha und Religionspraxis
Auf Gen 23,3–4 (*Da erhob sich Avraham von der Seite seiner Toten*) basiert die Verordnung, dass die Trauer einen Menschen nicht davon befreit, Vorbereitungen für eine unverzügliche Beerdigung zu treffen.

Gottesdienst und häusliche Feier

Haftara

Zu dieser Parascha wird 1Kön 1,1–31 gelesen, in dem Dawid seine Nachfolge regelt, weil es Probleme zwischen den Söhnen Adonija und Schelomo gibt.

תולדות
Toledot (Gen 25,19 – 28,9)

Leitfragen

- Welche Funktion haben die Erzählungen vom Verkauf des Erstgeburtsrechtes und der Erschleichung des Segens? Welcher Prophet kennt diese Tradition?
- Was gibt der Text über Esaw preis? Welche ‚Rolle' wird ihm zugewiesen?
- Welche Leitmotive finden sich in den Überlieferungen um Jaaqov?

Inhalt

- Esaw und Jaaqov
- Erstgeburtsrecht
- Jizchaq in Gerar
- Streit der Hirten
- Jizchaq und Avimelech
- Esaws Frauen
- Jaaqovs List
- Jaaqovs Abschied
- Esaws Heirat

Erstgeburtsrecht

» Thema Erstgeburt S. 90

In der biblischen Überlieferung gibt es zwei Konzepte des Erstgeburtsrechts (*bechora*): Zum einen das patriarchale Recht, nach dem die *bechora* dem Erstgeborenen des Vaters zusteht (Gen 49,3; Dtn 21,17), zum anderen das matriarchale Recht, wonach der Erstgeborene der ist, der den Mutterschoß (zuerst) durchbricht (Ex 13,2; 34,19f.; Dtn 25,6). Aufgrund der den biblischen Erzählungen zugrunde liegenden polygamen Familienorganisation müssen beide Erstgeborene nicht immer identisch sein. Beide Konzepte entspringen unterschiedlichen Ausrichtungen: Das patriarchale Recht ist in der Regel in der sozialen Verfasstheit realisiert und betrifft z.B. das Erbrecht. In Genealogien wird oft auch das Prädikat ‚Erstgeborener' in diesem Sinn angegeben (Gen 35,23; 36,15; Ex 6,14; Num 1,20; 1Chr 5,1). Das matriarchale Recht hingegen gehört in den kultischen Bereich und betrifft die Tatsache, dass die (männliche) Erstgeburt (von Mensch und Tier) Gott gehört. In diesen Zusammenhang gehört die Auslösung der Erstgeburt beim Menschen. Über diese rechtlichen Größen hinaus wird auch der König als Gottes Erstgeborener verstanden (Ps 89,28), das Volk Jisrael gilt als ‚Erstgeborener Gottes' (Ex 4,22, vgl. auch Dtn 1,31; 7,6) und die Erwählung Jisraels wird daran angebunden.

In der Geschichte von Jaaqov und Esaw sind zwei Aspekte hervorzuheben: Die rechtliche Erstgeburtsfolge wird – wie schon bei Jischmael und Jizchaq und später bei Menasche/Efrajim (Gen 48,19) – gerade nicht eingehalten: Den Vorzug erhält stets der Jüngere. Damit ist immerhin soviel ausgesagt, dass die Toraüberlieferung die Generationenkette bis hin zum Volk Jisrael eben nicht auf einer soziologisch-legalen Rechtsfolge basieren lassen möchte, sondern diese gerade zu durchbrechen sucht. Der zweite Aspekt ist das Verhältnis von *bechora* und *beracha* (‚Segen'): Jaaqov kauft zum einen die *bechora* von Esaw, der dieser keinen Wert beimisst, und er ‚erschleicht' sich an Stelle des Esaw den Segen von Jizchaq, der dem Erstgeborenen gegolten hat. Der Segen ist in diesem Fall die ausdrückliche Anerkennung und Wirksamwerdung des Erstgeburtsrechtes.

Jaaqov

Die ausführlichste Vätergeschichte ist die über Jaaqov, wohl auch deshalb, weil die Figur des Jaaqov, anders als Avraham und Jizchaq, als eine schillernde Persönlichkeit viel schärfer konturiert dargestellt wird: Er ist nicht einfach nur der Fromme, der dem Ruf Gottes ohne Zweifel folgt, sondern er muss das, was ihm (bzw. seiner Mutter) von Gott zugesagt wird (Gen 25,23; 28,13–15; 31,3), teilweise erst noch erarbeiten: Er kauft das Erstgeburtsrecht von Esaw (Gen 25,33), er erschleicht sich den Segen von Jizchaq, und er scheut auch nicht vor einer Lüge zurück (Gen 27,24). Er geht selbst nach Charan, um sich nach einer Frau umzusehen, er hat sich mit Lavan auseinanderzusetzen, der ihn mit einer falschen Braut betrogen hat (Gen 29,14–30), und er betrügt seinerseits Lavan (Gen 30,25–43). Er muss sich Esaw stellen, der ihm wegen des Betrugs um das Erstgeburtsrecht feind ist (Gen 33,1–17), und er bleibt doch immer der kleine (feige) Bruder, der sich auch nach der Versöhnung mit Esaw vor ihm fürchtet (Gen 33). Jaaqov nimmt aber schon deshalb eine besondere Stellung gegenüber den anderen Stammvätern ein, weil er der Vater der zwölf Stämme Jisraels ist und insofern unmittelbar in die Anfangsgeschichte Jisraels hineinreicht (Namensänderung in Jisrael!). Deshalb lässt ihn auch die biblische Erzählung zusammen mit seinen zwölf Söhnen nach Mizrajim kommen und dort auch sterben (Gen 46,1–7 und 49,29–33).

In der Bibel

Außerhalb des Buches Bereschit wird Jaaqov zunächst dort erwähnt, wo die Gottesbezeichnung *Gott Avrahams, Jizchaqs und Jaaqovs* verzeichnet ist, aber auch dort, wo des Bundes mit Avraham, Jizchaq und Jaaqov/Jisrael gedacht wird (Ex 2,24; 32,13; Lev 26,42 [man beachte die dortige Reihenfolge der Stammväter!]; Dtn 29,12; 2Kön 13,23). Daneben wird Jaaqov auch allein in Gottesbezeichnungen eingeflochten: *Gott Jaaqovs* (2Sam 23,1; Jes 2,3), der *Heilige Jaaqovs* (Jes 29,23), *Jaaqovs König* (Jes 41,21). Rückgriffe auf die Figur des Jaaqov sind auch in Jos 24,4 (geschichtlicher Rückblick) und Mal 1,2f. (Auseinandersetzung zwischen Jaaqov und Esaw) zu erkennen. Jecheseqel kennt die Verbindung von Land (Kenaan) auch nur mit Jaaqov als dem Repräsentanten der Stammväter (Ez 28,25; 37,25). Einzig im Buch Hoschea wird auf die Figur des Jaaqov in negativer Weise zurückgegriffen: Ihm werden sein Betrug (Hos 12,3–8) und die Tatsache vorgeworfen, dass er sich um einer Frau willen zum Knecht machte und Schafe hütete (Hos 12,13), siehe unten S. 372.

In der jüdischen Tradition

In der jüdischen Tradition wird Jaaqov als der Vater Jisraels betrachtet und entsprechend zum Symbol der Geschichte auch des nachbiblischen Judentums. In den Midraschim wird Jaaqov an vielen Stellen besonders herausgehoben: Nach BerR 76,1 war Jaaqov der Auserwählteste unter den Stammvätern, Himmel und Erde wurden nur durch seine Verdienste erschaffen (WaR 36,4), Priester-, Leviten- und Königtum basieren auf Jaaqov (ShirR 3,6). Diese aggadische Bevorzugung Jaaqovs rührt im Wesentlichen daher, dass Jaaqov in Auseinandersetzung mit Esaw (und Lavan) stand: Esaw wird dabei zumeist mit Edom/Rom, später auch mit den Christen gleichgesetzt. Insofern bildete das Verhältnis Jaaqovs zu seinen Widersachern das Paradigma für die Auseinandersetzungen der Juden mit der nichtjüdischen Welt, und entsprechend wird diese Auseinandersetzung in den Midraschim pointiert. Auf dieser Linie liegt, dass die Handlungen Jaaqovs, die ja durchaus als problematisch betrachtet werden können (Trug, Täuschung, List), von den Rabbinen meist aufgrund eines höheren Gutes entschuldigt (BamR 4,5) oder ganz ins Positive umgedeutet werden (BerR 67,3: ‚Er kam mit List' wird umgedeutet in: ‚Er kam mit der Klugheit der Tora').

Die moderne jüdische Literatur nahm das Motiv des Gegensatzpaares von Jaaqov und Esaw erstaunlich häufig und sehr kreativ auf, stand dabei allerdings vor der Aufgabe, die alte Typologie, sei sie nun christlich oder jüdisch verstanden, zu überwinden. In seinem Drama *Jaákobs Traum*, das in Wien 1919 uraufgeführt wurde, verschränkte Richard Beer-Hofmann die biblische Episode der Erschleichung des Segens durch Jaaqov mit der Episode von Jaaqovs

Traum, um die Erwählung Jaaqovs (Jaaqovs Traum) unmittelbar mit dem Nicht-Erwählt-Sein Esaws in Relation zu setzen. Demgegenüber lässt der israelische Schriftsteller Meir Shalev in seinem Roman Esaw (dt. Esaus Kuß) aus Esaw einen Schriftsteller werden, einen Intellektuellen, der seinen Zwillingsbruder Jaaqov als bemitleidenswert und gebrechlich beschreibt, und schlussendlich jenen Zug, der bereits in der biblischen Geschichte angelegt ist, wonach Esaw immer derjenige war, vor dem der kleine Jaaqov in die Knie ging (vgl. nur die Bezeichnung *adoni* ‚mein Herr' in Gen 33,8.13.14.15), gegen alle Auslegungstraditionen zur Geltung bringt.

Esaw

Esaw ist der Bruder und Gegenspieler zu Jaaqov (s.o.). Da beide Antipoden aber nicht nur als zwei konträre Persönlichkeiten, sondern als Väter ganzer Völker dargestellt werden (Gen 25,23), wird mit der Figur des Esaw bereits der grundsätzliche Gegenspieler zu Jisrael präfiguriert. Wie schon Jischmael wendet sich auch Esaw in seiner Frauenwahl den Umweltvölkern zu (Gen 26,34 und 36,2: eine Hittiterin; Gen 36,2: eine Hiwwiterin; Gen 36,3: eine Tochter Jischmaels), was in den Augen Rivqas und Jizchaqs keinen Gefallen findet. Esaw lässt sich auf dem Gebirge Seïr nieder, d.h. auf dem Gebiet der Edomiter, als deren Stammvater er gilt (vgl. die Gleichsetzung von Esaw und Edom in Gen 36,1; 36,43; vgl. auch Dtn 2,5, Jos 24,4; siehe das notabene: Edom, S. 385). Von Esaw stammt der späteren Überlieferung nach auch Amaleq als ‚Erzfeind' Jisraels ab (1Chr 1,36). Diese negative Rolle Esaws gegenüber Jisrael spiegelt sich auch in der prophetischen Literatur wider: Sowohl in Jer 49,8.10 als auch in Ob 1,6.8.9.18.19.21 und Mal 1,2.3 wird dem Hause Esaw die Zerstörung angedroht.

Segen (*beracha*)

》Thema Segen und Fluch S. 171; 249

In den Stammelternerzählungen (und bereits davor) spielt die *beracha*, der Segen, eine besondere Rolle. Der Segen kann von Gott selbst ausgesprochen (Gen 1,28: an Adam; Gen 12,3; 13,16: an Avraham; Gen 35,11: an Jaaqov) oder von Mensch zu Mensch weitergegeben werden (Gen 14,19f.: Malki-Zedeq an Avraham; Gen 27,28f.: Jizchaq an Jaaqov; Gen 48,13–19: Jaaqov an Josef, Efrajim und Menasche). Wichtig ist, dass das Gute, das im Segen angekündigt wird, auch verbindlich angesagt wird, d.h. der gesprochene Segen besitzt eine Wirkmächtigkeit. Die Güter, die im Segen angekündigt werden,

Wajjeze (Gen 28,10 – 32,3)

sind stets auf irdische Güter hin ausgerichtet: Wohlstand, große Nachkommenschaft, Herrschaft über andere Völker.

Gottesdienst und häusliche Feier

Haftara
Als Haftara wird Mal 1,1–2,7 gelesen. Beide Texte verbindet der Antagonismus von Jaaqov und Esaw.

» Weitere Themen: Namensänderungen S. 37; Kinderlosigkeit S. 43; Jizchaq S. 48; Rivqa S. 50; Orte und Wege der Stammeltern S. 55; Hungersnot S. 66; Gottesscheinungen S. 74; 229; 265; Beistandsorakel S. 334; Edom S. 385; notabene: Lieder außerhalb von Tehillim S. 458

ויצא
Wajjeze (Gen 28,10 – 32,3)

Leitfragen
- Welche Bedeutung hat die Leiter in der Erzählung Gen 28,10–22? Vergleichen Sie den Abschnitt mit Gen 35,1–15. Wo liegen Gemeinsamkeiten, wo Unterschiede?
- Wie verhält sich Jaaqovs Schwur in Gen 28 zum Versprechen Gottes?
- Welche Bedeutung hat Bet-El in der Tora? Außerhalb der Tora?
- Welche Charakter-Eigenschaften werden Jaaqov beigelegt?

Inhalt
- Die Leiter zum Himmel
- Jaaqov und Lavan
- Lea und Rachel
- Jaaqovs Reichtum
- Jaaqovs Flucht
- Der Streit mit Lavan
- Der Vertrag

Orte und Wege

Mit den Stammelternpaaren verbinden sich in der Tora eine Reihe verschiedener Wegstrecken und Kultorte, die überdies zeigen, dass insbesondere Avraham und Jaaqov vielfach unterwegs waren, um doch an einige Orte regelmäßig zurückzukehren. Dies ist umso auffälliger, als den Stammeltern immer wieder das eine Land – Kenaan – als Erbbesitz zugesichert wird.

> **Orte und Wege Avrahams**
> - Charan – Schechem – Bet-El – Richtung Negev – Mizrajim – Richtung Negev zurück – Bet-El – Kenaan – Chevron (Mamre) – Richtung Negev nach Gerar – Beerscheva – (im Land der Pelischtäer) – Qirjat-Arba (Chevron) – Machpela (Mamre)
>
> **Orte und Wege Jizchaqs**
> - Negev (Brunnen Lachai-Roï) – Gerar (mehrere Brunnen) – Beerscheva
>
> **Orte und Wege Jaaqovs**
> - Beerscheva – Bet-El – Charan – Gebirge von Gilʻad (Gal-Ed) – Machanajim – Am Fluss Jabboq (Penuel) – Sukkot – Schechem – Bet-El – Efrata – Migdal-Eder – Chevron (Mamre) – Kenaan

Orte, die sich mit Avraham verbinden, sind insbesondere Mamre (Chevron): Gen 13,18; 18,1; Beerscheva: Gen 21,33; Machpela (Mamre/Chevron: Gen 23,19).

Jizchaq ist gegenüber Avraham steter, zumindest werden die Geschichten, die mit Jizchaq in Verbindung gebracht werden, kaum mehr topologisch rückgebunden. Als wesentliche Orte für Jizchaq verbleiben deshalb lediglich der Negev/Gerar (Gen 26,1–22) und Beerscheva (Gen 26,23–35).

Orte, die sich mit Jaaqov verbinden, sind vor allem Bet El (Mazzeva; Altarbau): Gen 28,10–22; 35,1–7; Machanajim: Gen 32,2f.; Penuel (am Jabbok): Gen 32,23–33; Schechem: Gen 33,18–20; Efrata/Bet Lechem: Gen 35,16–20.

Träume

» Thema Josef S. 63

Analog zur altorientalischen Umwelt ist der Traum in der Bibel ein göttliches Medium, mittels dessen der Mensch Anweisungen (von Gott) oder einen Blick in die Zukunft erhält. Die Darstellung der biblischen Träume ist sehr unterschiedlich. So sind viele Träume unmittelbare Gotteserscheinungen, in denen Gott selbst dem Träumenden etwas mitteilt und deshalb meist in einen Dialog mit dem Träumenden eintritt (Gen 20,3: Avimelech; Gen 28,10–22; 46,2–4: Jaaqovs Träume; 1Sam 3,1–15: Schemuel; 1Kön 3,5–15: Schelomos Traum). Andere Träume hingegen sind keine Gotteserscheinungen, sondern Bilder, die über die Zukunft Auskunft geben, wie z.B. die Träume des Josef (Gen 37), die Träume des Mundschenks, des Bäckers und des Pharao (Gen 40,5–19; Gen 41,1–36), der von Gidʻon erlauschte Traum (Ri 7,13–15) oder die Träume des Nevuchadnezzar (Dan 2,1–45; 4,1–24). Diese Träume bedürfen des Traumdeuters (Josef, Danijel), der aber seinerseits wiederum

> **Träume in der Bibel**
> - Der Traum des Avimelech: Gen 20,3–7
> - Jaaqovs Träume: Gen 28,10–22; 31,11–13; 46,2–4
> - Die Träume Josefs: Gen 37,5–11
> - Die Traumdeutung Josefs in Mizrajim: Gen 40,5–19; Gen 41,1–36
> - Der von Gid'on erlauschte Traum: Ri 7,13ff.
> - Offenbarung Gottes an Schemuel im Heiligtum: 1Sam 3,1–15
> - Schelomos Traum: 1Kön 3,5–15
> - Traumdeutung Danijels bei Nebuchadnezzar: Dan 2,1–45; 4,1–24

des göttlichen Beistandes bedarf, um die Träume zu deuten (siehe v.a. Danijel und – negativ – die Magier und Zauberer, die der Deutung nicht mächtig sind). Joel 3,1 erwähnt die endzeitliche Ausgießung des Geistes, die sich in Prophetie und Traumdeutung manifestiert.

So selbstverständlich die Träume in der Bibel auch erzählt werden, so kritisch geht die Bibel mit ihnen um und reflektiert die Problematik von Traum und Traumdeutung. Bereits in Num 12,6ff., wo die Träume als Offenbarungsmedium vorgestellt werden, wird betont, dass Mosche Gott nicht im Traum gesehen habe, sondern von ‚Angesicht zu Angesicht'. Die prophetische Literatur setzt sich im Zusammenhang mit der ‚falschen' Prophetie auch mit trügerischen Träumen auseinander: Jer 23,25.28; 27,9; 29,8; Sach 10,2.

Diese kritische Haltung zu Träumen wird im Talmud (bBer 55b) teilweise weiter bis hin zu der Einsicht vertieft, dass Träume ohnehin von der Stimmung des Träumenden abhängen.

Rachel und Lea

Rachel und Lea sind die letzten der vier Stammmütter Jisraels. Zusammen mit ihren Mägden (Bilha und Silpa) sind sie die Mütter der zwölf Kinder Jaaqovs, die die zwölf Stämme Jisraels repräsentieren. Geht es bei Rachel und Lea also nicht mehr darum, die korrekte Erbfolge zu sichern (wie noch bei Sara und Rivqa), so ist doch die Rivalität beider entscheidend für die Dynamik der Erzählung. Das beginnt bereits damit, dass Rachel die eigentlich geliebte Frau Jaaqovs ist, während Lea aufgrund des Betrugs des Lavan an Jaaqov eine ‚unfreiwillige' Beigabe darstellt. Die Rivalität setzt sich im Kindersegen fort, denn ausgerechnet die geliebte Rachel bleibt zunächst unfruchtbar, während Lea mit Kindern gesegnet wird. Obwohl Lea kurzfristig ebenfalls unfruchtbar bleibt (was erzähltechnisch den Einsatz ihrer Magd Silpa begründet), so bringt sie es doch immerhin auf 7 Kinder, während Rachel lediglich zwei Kinder gebären kann (und darüber hinaus an der Geburt des Jüngsten, Binjamin, stirbt). Dennoch sind gerade diese beiden Kinder, Josef und Binjamin, die Lieblingssöhne Jaaqovs (vgl. die Schilderungen zu Josef in Thomas Manns Josef-Roman), und Josef wird später auch eine besondere Rolle spielen, wenn es darum geht, die Jisraeliten nach Mizrajim zu bringen.

In der Bibel
In der Bibel werden Rachel und Lea außerhalb des Buches Bereschit lediglich in Rut 4,11 erwähnt, wo beide als diejenigen gelten, die das Haus Jisrael aufgebaut haben. Rachel wird darüber hinaus auch in Jer 31,14 erwähnt: *Rachel weint um ihre Kinder.*

In der jüdischen Tradition
Die jüdische Tradition versucht, die Rivalität beider Stammmütter zu nivellieren. So war Lea ebenso schön wie Rachel (vgl. Raschi ad loc.). Besonders um das Verständnis des Aussehens von Leas Augen haben die jüdischen und christlichen Ausleger von Anfang an gerungen: Die meisten antiken (LXX; Vulgata) und modernen Bibelübersetzungen übersetzen den hebräischen Ausdruck *rakkot* pejorativ und verpassen der Lea ‚schwache [JPS]/ matte [ELB]‘, wenn nicht gar ‚blöde‘/‚blödgesichtige‘/‚grindige‘ (Thomas Mann) Augen. In Raschis Kommentar (BerR 70,16.19; bBB 123a) lesen wir ‚zarte/weiche‘ Augen, im Sinne von ‚tränenverhangen‘ vom vielen Weinen. Raschbam erklärt demgegenüber, dass Lea helle und strahlende Augen gehabt habe und favorisiert darin die hellen Augen Nordeuropas gegenüber den biblisch-orientalischen ‚Taubenaugen‘. Nach dem Midrasch wusste Rachel, dass dem Jaaqov zuerst Lea zugeführt würde, aber sie schwieg, weshalb sie später noch mit Kindern bedacht wurde (BerR 73,1: zu Gen 30,22). Andererseits betete Lea, als sie mit dem siebten Kind schwanger war, darum, dass es ein Mädchen werden sollte, damit Rachel die Möglichkeit bekomme, wenigstens zwei Knaben zu gebären (sie wusste bereits darum, dass Jaaqov zwölf Söhne würde haben müssen, zehn waren aber schon geboren, bBer 60a). Nach EkhaR Prooemium 24 trotzt Rachel unter Verweis auf die von ihr in der Hochzeitsnacht ertragenen Demütigungen und ihr Mitleid mit Lea Gott das Versprechen ab, mit Jisrael Mitleid zu haben und es wieder in sein Land zurückzuführen. Diesen Midrasch hat Stefan Zweig in seiner Legende *Rahel rechtet mit Gott* (1926) literarisch ausgeführt.

Bundesschlüsse zwischen Menschen

» Thema Berit S. 30; 41; 110; 125; 218; 251; 336; 410; Versammlung in Schechem S. 269

In den Erzählungen der Tora schließt nicht nur Gott mit Menschen einen Bund, sondern wird immer wieder auch ein Bund zwischen Menschen ge-

Wajjeze (Gen 28,10 – 32,3)

schlossen, also ein Vertrag, der beide Vertragspartner zu einem bestimmten Inhalt verpflichtet. Der Vertrag zwischen Lavan und Jaaqov ist ein solcher Vertrag, auch wenn er von Lavan gebrochen wird.

Bundesschlüsse zwischen Menschen
- Bund zwischen Avraham und Malki-Zedeq: Gen 14,17–21
- Bund zwischen Avraham und Avimelech: Gen 21,25–32
- Bund zwischen Jaaqov und Lavan: Gen 31,43–47
- Bund zwischen Dawid und Jehonatan: 1Sam 18,3; 20,8; 23,18
- Bund zwischen Dawid und den jisraelitischen Stämmen in Chevron: 2Sam 5; 1Chr 11
- Bund zwischen dem König von Aram, Ben-Hadad, mit dem König von Jisrael, Achav: 1Kön 20,31–34
- Bund des Volkes mit dem König Jehojada: 2Kön 11; 2Chr 23

Die Söhne / die Stämme

» Zählungen und Auflistungen S. 175; Stämme Jisraels S. 69; 255; Stämme des Ostjordanlandes S. 263

Die zwölf Söhne Jaaqovs bilden die Grundlage für die zwölf Stämme Jisraels. Mit der Geburt dieser Söhne ist die Grundlage des späteren Volkes Jisrael konstituiert und damit die Stammelternerzählungen des Buches Bereschit abgeschlossen. Wie vor allem der Erzählkranz um Josef zeigt, wird der eigentliche Beginn Jisraels aus dem Land Kenaan hinaus- und nach Mizrajim hineinverlegt. Die Anfänge des Volkes Jisrael reichen erzählerisch also zurück in das Land Kenaan (Stammelternerzählungen), finden aber erst mit dem Auszug aus Mizrajim, der Wüstenwanderung, der Gesetzgebung am Berg Sinai und der Errichtung des tragbaren Heiligtums ihre eigentliche Erfüllung.

In der Tora findet man mehrere Stammesaufzählungen. Allerdings divergieren sie zum Teil erheblich (vgl. unten Paraschat Wajjechi) und sind nicht einfach mit den Söhnen Jaaqovs identisch. Besonders Josef spielt eine besondere Rolle. Denn obwohl er ein Sohn Jaaqovs ist, wird er nicht durchgehend

Die Kinder Jaaqovs

mit Lea	*mit Silpa*	*mit Bilha*	*mit Rachel*
1. Reuven	7. Gad	5. Dan	11. Josef
2. Schimon	8. Ascher	6. Naftali	12. Binjamin
3. Lewi			
4. Jehuda			
9. Jissachar			
10. Sevulun			

als eigener Stamm genannt. An seine Stelle treten oftmals seine Söhne Efrajim und Menasche, was zur Folge hat, dass dann ein anderer Sohn Jaaqovs unberücksichtigt bleiben muss (meist Lewi), damit die Zwölfzahl erhalten bleiben kann.

Gottesdienst und häusliche Feier

Haftara
Die zu dieser Parascha gehörige Haftara ist (nach aschkenasischem Ritus) Hos 12,13 – 14,10 bzw. (nach sefardischem Ritus) Hos 11,7 – 12,12. Thema ist Jaaqov.

» Weitere Themen: Bet-El S. 60; Gotteserscheinungen S. 74; 229; 265

וישלח
Wajjischlach (Gen 32,4 – 36,43)

Leitfragen
- Was/Wer ist die Gestalt, mit der Jaaqov ringt?
- Welche Funktion hat die Namensänderung für den Fortlauf der Geschichte?
- Warum war Jaaqov so zornig über die Rache seiner Söhne an der Schändung ihrer Schwester?

Inhalt
- Machanajim und die Ankündigung von Esaw
- Kampf am Jabboq
- Begegnung mit Esaw
- Die Übereinkunft
- Landkauf in Schechem
- Die Vergewaltigung Dinas
- In Bet-El
- Binjamin/Tod Rachels
- Reuvens Blutschande
- Tod Jizchaqs
- Esaw und seine Nachkommen
- Die Nachkommen Seïrs
- Die Könige Edoms

Bet-El

» Thema Biografische Notizen zu Amos S. 382

In der Tora ist der Ort Bet-El vor allem mit den Jaaqov-Erzählungen verbunden (Gen 28,10–19; 31,13; 35,1–15; 48,3f.). Bet-El war eines der wichtigsten jisraelitischen Lokalheiligtümer. Es existierte schon in der Richterzeit (Ri

> **Bet-El**
> - Avraham erbaut dort einen Altar: Gen 12,8; 13,1–4.
> - Jaaqov hat hier seinen Traum von der Himmelsleiter: Gen 28,10–19.
> - Jaaqov kehrt von Lavan hierher zurück: Gen 35,1–15.
> - Im Buch Jehoschua spielt Bet-El eine wichtige Rolle bei der Eroberung von ha-Ai durch Jehoschua: Jos 7,2; 8,9.12.
> - Bet-El wird erobert: Ri 1,22–26.
> - Devora wohnt bei Bet-El: Ri 4,5.
> - Hier sind der Ohel Moed (Begegnungszelt) und der Aron ha-Qodesch (der heilige Kasten, die „Lade") eine Zeitlang aufbewahrt: Ri 20,27.
> - Hier wird Gott befragt: Ri 20,18.26f.; 21,2–4.
> - Schemuel kommt hier vorbei, wenn er durch Jisrael reist: 1Sam 7,16.
> - Schaul hat hier einen Teil seiner Streitmacht: 1Sam 13,2.
> - Nach der Spaltung Jisraels stellt Jarovam I. hier ein Stiergussbild auf: 1Kön 12,26–32.
> - Ein ungenannter Prophet geht gegen das Heiligtum in Bet-El vor: 1Kön 13,1–10.
> - Hier ist der Sitz einer Prophetenschule: 2Kön 2,2–3.
> - Die Propheten Amos (Am 7,12f.) und Hoschea (Hos 4,14; 5,8; 10,5) kritisierten den in Bet-El gepflegten Stierkult.

20,18–28; 1Sam 7,16), und sollte der biblischen Überlieferung nach unter Jarovam I. zum wichtigsten Heiligtum des Nordreiches werden.

Dina

Die Erzählung von der Vergewaltigung der Dina fügt sich in die Geschichten von Jaaqov und Esaw einerseits sowie Jaaqov und Lavan andererseits gut ein, da es sich auch hier um das Motiv des Betrugs und Betrogenwerdens handelt, und dies vor dem Hintergrund einer vorgeblichen Liebesgeschichte, in der Schechem in Liebe zu Dina entbrennt (sie aber zunächst vergewaltigt hat). Auch hier handelt es sich um einen doppelten Betrug: Die Brüder Dinas, Schimon und Lewi, geben vor, auf den Vorschlag des Schechem einzugehen, aber nur, um Gelegenheit zum Gegenschlag zu erhalten und die Männer von Schechem töten zu können. Dagegen kommt das wahre Motiv des Schechem (Gen 34,21: *Ihre Töchter wollen wir uns zu Frauen nehmen und unsre Töchter ihnen geben*, Gen 34,23: *Ihre Herden, ihre Habe und all ihr Vieh würden dann ja unser sein*) dort zum Ausdruck, wo er für die Beschneidung bei seinen Männern werben muss. Die Erzählung von der Vergewaltigung der Dina bringt in dieser Hinsicht die Komplexität des Zueinanders verschiedener Gruppen deutlich zum Ausdruck: Oberflächlich will man sich verbünden, um eine

Win-Win-Situation für alle zu generieren, im Hintergrund bestimmen aber die Eigeninteressen und die eigene Peergroup die eigentlichen Handlungen, die das Gemeinsame vernichtet. Der abschließende Ausspruch Jaaqovs (Gen 34,30) reflektiert darüber hinaus noch einmal die besondere Schwierigkeit einer Minderheit innerhalb einer sozialen Mehrheit: Der Sieg der Söhne Schimon und Lewi über Schechem wird auf die Minderheit selbst negativ zurückwirken. Dieses Dilemma thematisiert diese Erzählung pointiert.

In der Bibel
In der Bibel wird Dina lediglich noch in der Genealogie des Jaaqov erwähnt (Gen 46,15). Die Geschichte der Dina wird im Segen Jaaqovs vorausgesetzt, wo Schimon und Lewi verflucht werden (Gen 49,5–6). Allerdings wird das Motiv, dass sich ein mächtiger Mann eine Frau einfach nehmen kann, wenn sie ihm gefällt, schon in den Erzählungen der Gefährdung der Stammmütter hervorgehoben.

In der jüdischen Tradition
In der jüdischen Tradition hält sich das Mitleid mit Dina stark in Grenzen. Da sie selbst ,hinausging', um sich umzusehen, war nach dem Midrasch (BerR 80,1) und in seiner Folge auch nach Raschi Dina selbst dafür verantwortlich, was ihr geschah.

Kaschrut

» Siehe Kaschrut S. 110; 142; 145; Koschere Tiere S. 231
Auf Gen 32,33 geht das Verbot des Genusses von Muskelfleisch der Hüfte zurück.

Halacha und Religionspraxis
Dieser Halbsatz führte in der aschkenasischen Tradition zum grundsätzlichen Verzicht auf Fleisch vom hinteren Teil des Tieres. Bei den Sefardim wird lediglich der Hüftnerv des Tieres bei der Schlachtung entfernt. Das Verbot des hinteren Teiles ist nicht gleichzusetzen mit der Bezeichnung ,Glatt Koscher'. Der Ausdruck bezieht sich ausschließlich auf die Lunge eines Tieres und meint, dass das Tier dort von jeglicher Art von Verwachsungen frei sein muss. Glatt Koscher können daher nur ,fleischige' Speisen sein.

Gottesdienst und häusliche Feier

Haftara
Die Haftara zu dieser Parascha ist der Abschnitt Ob 1,1–21, in dem es um Edom bzw. Esaw geht.

» Weitere Themen: Namensänderungen S. 37; Beschneidung S. 41; Esaw S. 54; Orte und Wege der Stammeltern S. 55; Gotteserscheinungen S. 74; 265; Inzest S. 155; Geschichtsrückblicke bei Micha S. 391; Bet-Lechem S. 69; notabene: Lieder außerhalb von Tehillim S. 458

וישב
Wajjeschev (Gen 37,1 – 40,23)

Leitfragen
- Welche erzählerische Funktion haben die verschiedenen Träume in der Josefsgeschichte?
- Warum hassen die Brüder Josef? Zeigt der Text Differenzierungen auf?
- Worum geht es in der Erzählung von Jehuda und Tamar? Welches biblische Buch behandelt ähnliche Themen? Warum steht diese Geschichte im Kontext der Josefsgeschichte?

Inhalt
- Jaaqov und Josef
- Verkauf Josefs
- Jehuda und Tamar
- Die Frau Potifars
- Im Gefängnis
- Die Träume der Beamten

Josef

» Siehe auch oben Träume S. 56

Die Josefsgeschichte, die immerhin von Gen 37,1 – 50,26 reicht (mit einigen wenigen scheinbaren Unterbrechungen: Gen 38 Jehuda und Tamar, Gen 46,8–27 Familienstammbaum Jaaqovs), fällt in kompositorischer Hinsicht weitgehend aus dem Rahmen der bisherigen Erzählungen, insofern sie – aufgrund der Träume Josefs – einen weiten Spannungsbogen entfaltet, der die Geschichte als große erzählerische Einheit erscheinen lässt. Man spricht deshalb manchmal auch von einer ‚Novelle'. Im Übergang vom Buch Bereschit zum Buch Schemot kommt der Josefsgeschichte allerdings eine herausragende Funktion zu, denn sie schlägt den großen Bogen von Kenaan zu Mizrajim und damit auch den Bogen von den Stammeltern zur eigentlichen Geburt des

Volkes Jisrael bzw. der kultisch verfassten Gemeinde in Mizrajim und nachfolgend in der Wüste (Berg Sinai).

Die Träume Josefs (Gen 37) sowie die Träume des Mundschenks, des Bäckers (Gen 40) und des Pharao (Gen 41) und ihre Deutungen durch Josef spielen erzählerisch in der Josefsgeschichte die entscheidende Rolle, denn sie sind es, die die Dynamik der Handlung bestimmen und zu ihrem Ziel führen. Dabei sind vor allem die Träume Josefs hervorzuheben. Sie antizipieren nun aber nicht einfach eine unweigerlich eintreffende Zukunft, sondern sind die Voraussetzung dafür, dass die Brüder Josefs entsprechend handeln, um das eintreten zu lassen, was die Brüder eigentlich verhindern wollten, die Träume aber antizipiert haben (vgl. die Struktur der griechischen Tragödie *König Ödipus* von Sophokles).

In der Bibel

Außerhalb des Buches Bereschit wird im Buch Schemot die Figur des Josef noch zweimal aufgenommen: zum einen in der Erwähnung, dass ein Pharao kam, der Josef nicht mehr kannte (Ex 1,8), zum anderen bezüglich der Gebeine Josefs, die Mosche mit auf die Wüstenwanderung nehmen sollte (Ex 13,19). Dies wird auch in Jos 24,32 erwähnt. Eine ausführliche Aufnahme der Josefsgeschichte findet sich in Ps 105,17–22. Darüber hinaus wird Josef als eigener Stamm erwähnt: Num 13,11; Dtn 27,12; 33,13; Ez 47,13, ähnlich auch in: Am 5,15; 6,6; Ps 78,67; Ez 48,32. Der Terminus ‚Haus Josef' findet sich darüber hinaus in Jos 17,17; 18,5; Ri 1,22f.35; 2Sam 19,21; 1Kön 11,28; Am 5,6; Ob 1,18; Sach 10,6.

In der jüdischen Tradition

In der jüdischen Tradition wird die Figur des Josef ambivalent nachgezeichnet: Zunächst ist Josef natürlich ein frommer Mann, der der Versuchung durch Potifars Frau trotz seiner Jugend glanzvoll widersteht (BerR 87,2 zu Gen 39,8). Er wird in dieser Linie auch mit Jaaqov gleichgesetzt (BerR 84,2 zu Gen 37,2), ja, es wird sogar festgestellt, dass die Nachkommen Jaaqovs nur um der Verdienste Josefs willen erstanden sind. Gleichwohl kritisieren die Rabbinen Josef darin, dass er herrschsüchtig war, weshalb er früher als seine Brüder sterben musste (bBer 55a). Dass er seine Brüder bei seinem Vater anschwärzte (Gen 37,2), war für die Rabbinen Grund genug, seine Versklavung und die Versuchung durch Potifars Frau als Strafe dafür zu betrachten (BerR 84,2 zu Gen 37,2). Darüber hinaus missfiel den Rabbinen die Arroganz Josefs (BerR 87,1 zu Gen 39,7). Der Hass der Brüder wird also in der rabbinischen Lesart mit seinem eigenen Verhalten begründet.

Jibbum/Schwagerehe

» notabene: Ehe (Jibbum) S. 243; Frauen S. 441

Die Schwagerehe ist die Verpflichtung eines Mannes, die kinderlose Witwe seines Bruders zu heiraten, um ihm Nachkommen zu ermöglichen (Dtn 25,5–10). Die Geschichte von Tamar und Onan (Gen 38,8) spiegelt diese Regelung wider und deutet zum einen auf die Probleme hin, die diese Regelung für den Mann bedeutete (der Bruder zeugt Nachkommen, die nicht seine sind: Gen 38,9), zum anderen auf die hier vorliegende extreme Fortführung, nach der sich Tamar schlussendlich von ihrem Schwiegervater schwängern lässt.

Eine weitere Erzählung, in der das Problem von Witwenschaft und der weiteren Versorgung einer Frau (und ihrer Familie) eine zentrale Rolle spielt, findet sich im Buch Rut (Rut 1,11–14; 4). Allerdings wird hier keine Schwagerehe im eigentlichen Sinn thematisiert, weil die Schwiegertöchter Noomis keine (weiteren oder gar künftigen) Söhne Noomis mehr heiraten könnten (vgl. unten das Buch Rut).

Gottesdienst und häusliche Feier

Haftara
Die Haftara zu diesem Text ist Am 2,6 – 3,8. Der Text prangert den Umgang mit Menschen an, die sich in die Schuldsklaverei begeben mussten.

» Weitere Themen: Mizrajim/Ägypten S. 82; notabene: Trauer S. 392

Miqqez (Gen 41,1 – 44,17)

Leitfragen
- Warum verheimlicht Josef, wer er ist?
- Von welchen ‚Gräueln' ist hier die Rede? Dieses Motiv findet sich noch ein weiteres Mal im Buch Bereschit. Wo?

Inhalt
- Die Träume des Pharao
- Josefs Amtseinsetzung
- Die Söhne Josefs
- Die Brüder bei Josef
- 1. Reise
- Rückkehr nach Kenaan
- Die Brüder bei Josef
- 2. Reise
- Josefs Becher

> **Hungersnöte in der Bibel**
> - Hungersnot in Kenaan; Avram zieht nach Mizrajim: Gen 12,10
> - Hungersnot in Kenaan; Jizchaq zieht nach Gerar (Pelischtäer): Gen 26,1 (vgl. bereits Gen 20,1)
> - Hungersnot in Mizrajim – die sieben „mageren" Jahre: Gen 41,27; 41,53–57
> - Hungersnot in Kenaan; die Söhne Jisraels ziehen nach Mizrajim: Gen 42,5
> - Hungersnot in den Tagen Dawids wegen der Blutschuld des Schaul: 2Sam 21,1
> - Hungersnot in Schomron zur Zeit Elijahus als Strafe für den Götzendienst Achavs, 1Kön 18
> - Hungersnot in den Tagen des Elischa 2Kön 8,1
> - Schilderung der Hungersnot bei Joel: Joel 1
> - Hungersnot zur Zeit der Richter: Elimelech und Noomi gehen nach Moav: Rut 1,1
> - Hungersnot als mögliche Strafe für Dawid wegen der Volkszählung: 1Chr 21,7–12

Hungersnot

Hungersnöte werden in der Bibel häufig geschildert. Ihre erzählerische Funktion liegt zum Teil darin, einen Ortswechsel der handelnden Personen zu initiieren (z.B. bei Avraham), zum Teil aber auch darin, die Abhängigkeit der Menschen von Gott um so deutlicher aufscheinen zu lassen. In der Novelle von Josef spielt die Hungersnot eine herausragende literarische Rolle, weil sie hier zum einen als Voraussagen in den Träumen des Pharao notwendig geworden ist, zum anderen, weil sie ermöglicht, dass Josef zum Herrscher über Ägypten wird und dadurch genau das eintreten kann, was er einst selbst an Träumen seinen Brüdern weitererzählt hatte: dass sie sich vor ihm verbeugen werden.

In der Bibel
Die Bibel beschreibt Hungersnöte als Folge militärischer Bedrohung (2Kön 25,3; Echa). Den Hunger als Hintergrund für das göttliche Rettungshandeln beschreibt Ps 37,19; vgl. ähnlich Ps 33,19. Die Propheten hingegen lassen die Hungersnot häufig als Waffe Gottes (gegen sein unbotmäßiges Volk) erscheinen (Jes 14,30; Jer 11,22; 14,12; 18,21; Ez 5,16; Am 8,11; u.ö.).

Gottesdienst und häusliche Feier

Haftara
Zu dieser Parascha wird als Haftara der Abschnitt 1Kön 3,15 – 4,1 gelesen, in dem es um Schelomos Weisheit (salomonisches Urteil) als Pendant zur Umsicht Josefs geht.

» Weitere Themen: Träume S. 56; Mizrajim/Ägypten S. 82; notabene: Geist Gottes S. 279

ויגש
Wajjigasch (Gen 44,18 – 47,27)

Leitfragen
- Welches sind Josefs Verwaltungsmaßnahmen im Kampf gegen die Hungersnot?
- Welche literarische Funktion hat der ‚Umzug' der ganzen Familie nach Mizrajim?

Inhalt
- Josef und seine Brüder
- Pharaos Gastfreundschaft
- Zurück nach Kenaan
- Jaaqovs Aufbruch
- Nachkommen Jaaqovs
- Jaaqov in Mizrajim
- Empfang beim Pharao
- Josefs Politik

Mizrajim/Ägypten

» Thema Mizrajim/Ägypten S. 82

Der Topos Mizrajim wird innerhalb des Buches Bereschit an mehreren Stellen eingeführt (Gen 12,10; 13,10; 21,21; 26,2). Innerhalb des Erzählkreises von Josef gewinnt Mizrajim erstmals eine ‚nationale' Bedeutung: Der ‚Familienbesuch' des Jaaqov bei Josef in Mizrajim (Gen 45,26–28) wird nachfolgend in einem nächtlichen Traumgesicht zum einen mit der Verheißung an Avram (Gen 12,2f.; 15,5), zum anderen mit der Heraufführung Jisraels aus Mizrajim (Buch Schemot) verbunden (Gen 46,2–4). Damit ist das Hauptmotiv der Tora – die Heraus- bzw. Heraufführung Jisraels aus Mizrajim und die Rückkehr in das verheißene Land Kenaan – erreicht.

Gottesdienst und häusliche Feier

Haftara
Als Haftara wird zu dieser Parascha der Rückbezug auf Josef in Ez 37,15–28 gelesen.

» Weiteres Thema: Beistandsorakel S. 334

ויחי
Wajjechi (Gen 47,28 – 50,26)

Leitfragen
- Warum veranlasst Josef, dass seine Gebeine ‚bei seinen Vätern' liegen sollen?
- Welche Charakter-Eigenschaften werden den einzelnen Stämmen zugeschrieben? Wo finden sich weitere Stämmelisten? Vergleichen Sie die jeweils genannten Stämme-Eigenheiten.

Inhalt
- Jaaqovs letzter Wunsch
- Jaaqov und die Söhne Josef
- Der Segen Jaaqovs
- Tod und Begräbnis Jaaqovs
- Bis zum Tod Josefs

Segen/Segenssprüche

》 Segen S. 54; Segen und Fluch S. 171; 249; Die Söhne/Die Stämme S. 59

Anders als beim Segen des Jizchaq (Gen 27), segnet Jaaqov jeden seiner Söhne mit dem Segen, *der ihm zukam* (Gen 49,28). Dieser Segen ist eine alte Sammlung von Stammessprüchen. Die Besonderheit der hier überlieferten Sammlung liegt zum einen darin, dass Schimon und Lewi zusammen genannt werden, zum anderen darin, dass Josef zwar aufgeführt ist, aber bereits in Gen 48,15 gesegnet wurde und die Söhne Josefs, Efrajim und Menasche, ebenfalls einen Segen erhalten (Gen 48,20). Vgl. die Übersicht der Stämme Jisraels auf der nächsten Seite.

Gottesdienst und häusliche Feier

Haftara
Als Haftara liest man – wenn nicht Schabbat Chanukka ist – 1Kön 2,1–12, die letzten Worte Dawids an Schelomo.

Abendgebet für Kinder
Gen 48,16 (*Der Gottesbote, der mich erlöst hat…*) hat – zusammen mit dem Sch°ma und der Birkat Kohanim (,Priestersegen'; vgl. unten Paraschat Naso) – Eingang in das Abendgebet für Kinder gefunden.

》 Weitere Themen: Bet-El S. 60; Mizrajim/Ägypten S. 82

Wajjechi (Gen 47,28 – 50,26)

Die Stämme Jisraels

Segen Jaaqovs (Gen 49)	Erste Musterung (Num 1)	Chanukkat ha-Bajit (Num 7)
1. Reuven	1. Reuven	1. Jehuda
2. Schimon/Lewi	2. Schimon/Lewi	2. Jissachar
3. Jehuda	3. Jehuda	3. Sevulun
4. Sevulun	4. Jissachar	4. Reuven
5. Jissachar	5. Sevulun	5. Schimon
6. Dan	6. Josef (Efrajim; Menasche)	6. Gad
7. Gad	7. Binjamin	7. Efrajim (Josef)
8. Ascher	8. Dan	8. Menasche
9. Naftali	9. Ascher	9. Binjamin
10. Binjamin (Efrajim; Gen 48) (Menasche; Gen 48)	10. Gad	10. Dan
	11. Naftali	11. Ascher
		12. Naftali

Zweite Musterung (Num 26)	Erste Landverteilung (Num 34)	Mosche-Segen (Dtn 33)
1. Reuven	1. Jehuda	1. Reuven
2. Schimon	2. Schimon	2. Jehuda (mit Schimon)
3. Gad	3. Binjamin	3. Lewi
4. Jehuda	4. Dan	4. Binjamin
5. Jissachar	5. Josef (Menasche; Efrajim)	5. Josef (Efrajim; Menasche)
6. Sevulun	6. Sevulun	6. Sevulun
7. Josef (Machir; Gil'ad; Efrajim)	7. Jissachar	7. Jissachar
8. Binjamin	8. Ascher	8. Gad
9. Dan	9. Naftali	9. Dan
10. Ascher	10. Dan	10. Naftali
11. Naftali		11. Ascher
12. Lewi		

Devora-Lied (Ri 5)		
1. Efrajim	5. Jissachar	9. Ascher
2. Binjamin	6. Reuven	10. Naftali
3. Machir	7. Gil'ad	(Jehuda, Schimon
4. Sevulun	8. Dan	und Lewi fehlen)

שמות
Das Buch Schemot (Exodus)

Schemot	1,1 – 6,1	Mizrajim – Mosche – Gotteserscheinung – Beim Pharao
Waera	6,2 – 9,35	Zweite Berufung des Mosche – Die Zeichen/Plagen
Bo	10,1 – 13,16	Weitere Zeichen – Pesach – Fest der ungesäuerten Brote – Schlagung der Erstgeburt
Beschallach	13,17 – 17,16	Auszug aus Mizrajim – Meerwunder – In der Wüste: Wachteln und Man – Massa und Meriva – Amaleq
Jitro	18,1 – 20,23	Jitro – Ankunft am Sinai – Gotteserscheinung – Das erste Zehnwort – Schlachtstätte für Gemeinschaftsschlachtopfer und Aufstiegsopfer
Mischpatim	21,1 – 24,18	Strafrecht – Kultvorschriften und sittliche Regeln – Bundesschluss – Mosche auf dem Berg
Teruma	25,1 – 27,19	Das Heiligtum – Der Aron (ha-Qodesch) – Ausstattung der ‚Wohnung'
Tezawwe	27,20 – 30,10	Die Priesterkleidung – Die Heiligung der Priester (Aharon) – Altar für das Räucherwerk
Ki Tissa	30,11 – 34,35	Das Lösegeld – Ausstattung des Heiligtums – Die steinernen Tafeln – Das Stiergussbild – Das Zelt der Zusammenkunft – Neue steinerne Tafeln – Gotteserscheinung und Bund
Wajjaqhel	35,1 – 38,20	Schabbat – Ausstattung des Heiligtums – Der Aron (ha-Qodesch) – Altäre für Räucherwerk und Aufstiegsopfer
Pequde	38,21 – 40,38	Kleidung Aharons – Salbung und Heiligung der Wohnung – Salbung und Heiligung der Priester – Wolke und Feuer

Umfang und Inhalt

11 Paraschijjot, 40 Kapitel. Wurde bereits in Paraschat Wajjigasch von der Ansiedlung der zwölf Söhne Jaaqovs in Mizrajim berichtet, so wird der Erzählfaden in Schemot unmittelbar aufgenommen. Das Buch spannt einen weiten Bogen vom Aufenthalt und der Bedrückung der Jisraeliten in Mizrajim, dem Auszug aus Mizrajim und der Wüstenwanderung bis hin zum Berg

Sinai, dem Ort des Bundesschlusses. In die Erzählungen sind wichtige Gesetzestexte eingeschaltet, z.B. das erste Zehnwort, Zivil- und Priestergesetze.

Charakteristik

Anders als Bereschit ist Schemot kein abgeschlossenes Erzählwerk: Das Buch endet mit einer umfangreichen Sammlung von Priestergesetzen (Gesetze zum Bau des Wüstenheiligtums; Vorschriften für die Priesterkleidung u.a.), die in den nachfolgenden Büchern Wajjiqra und Bemidbar aufgenommen werden. Auch wenn sich ein durchgehender Erzählfaden durch alle drei Bücher zieht, so ist die Erzählung immer wieder durch umfangreiche Gesetzessammlungen unterbrochen. Der Empfang dieser Gesetze wird am Sinai lokalisiert, so dass – gemäß der Chronologie des biblischen Textes – das Volk von Ex 19,2 bis Num 10,10 am Sinai lagert.

Bedeutung

Das Buch Schemot ist für die jüdische Tradition von besonderer Bedeutung, da in diesem Buch die Grundlagen der jüdischen Religion literarisch fixiert sind: der Auszug aus Mizrajim als grundlegende religiöse Erfahrung des Volkes Jisrael (Pesach) und die Gabe der Tora am Sinai (Schavuot).

שמות
Schemot (Ex 1,1 – 6,1)

Leitfragen
- Welche Rollen spielen Frauen in diesem Abschnitt? Wird Mosches Kindheit und Jugend vollständig erzählt oder gibt es erzählerische Lücken?
- Welches Schema lässt Mosches Berufung erkennen?
- Mit welchem/n Namen führt sich Gott ein? Welche Funktion haben diese Namensoffenbarungen?
- Warum wird bereits in diesem Abschnitt von der Unzufriedenheit des Volkes erzählt? Welche Bedeutung kommt diesem Motiv zu?

Inhalt
- Einleitung
- Die Unterdrückung
- Mosches Jugend
- Der brennende Dornbusch
- Anweisung Gottes an Mosche
- Aharon
- Nach Mizrajim
- Der ‚Blutbräutigam'
- Mosche und Aharon vor dem Pharao
- Murren des Volkes und Gebet Mosches

Mosche

Die biografischen Daten des Mosche nach der biblischen Darstellung sind durchaus lückenhaft: Der Vater und die Mutter des Mosche – Amram und Jocheved (Ex 6,16–20) – gehören beide dem Stamm Lewi an (Ex 2,1). Mosche hat eine ältere Schwester und einen älteren Bruder (Ex 2,4; 6,20; 7,7; Num 26,59). Ihre Namen werden erst später erwähnt: In Ex 4,14 erscheint Aharon zum ersten Mal als Mosches Bruder. Mirjam wird in Ex 15,20 als Aharons Schwester bezeichnet, folglich muss sie auch Mosches Schwester sein. Erst in Num 26,59 werden alle als Familie vorgestellt. Mosche selbst wächst am Hof des Pharao unter der Obhut von dessen Tochter auf (Ex 2,10). Die jüdische Tradition fand auch den Namen der Tochter des Pharao: Bitja (bMeg 13a; bSan 19b). Mosche stirbt mit 120 Jahren auf dem Berg Nevo (Dtn 34,5), sein Grab wird nicht mitgeteilt (Dtn 34,6).

Mosche ist die zentrale Gestalt innerhalb der Tora. Das zeigt sich nicht nur daran, dass seine Rettung noch als Säugling als außergewöhnlich geschildert wird (Ex 2,1–10) und er in seiner Berufung keinen geringeren Auftrag erhält, als das Volk aus Mizrajim herauszuführen (Ex 3), sondern auch daran, dass er der Empfänger und Verkünder all der Gesetze und Verordnungen ist, die in weiten Teilen der Tora aufgezählt sind. Entsprechend vielfältig sind auch die Anlagen und Eignungen, die ihm beigelegt werden: Mosche ist ein geistbegabter Hirte (Ex 3), ein zeichenwirkender Prophet (Ex 4,1–9), *der* Prophet schlechthin (Num 12,6–8; Dtn 34,10), der Träger des Gottesgeistes (Num 11) oder insgesamt der Mittler zwischen Gott und seinem Volk (Ex 3; Dtn 5,23–28). Er ist auch der Einzige, der Gottes unmittelbare Präsenz erfahren kann und darf (Ex 33,11; Num 12,8). Dennoch ist Mosche nach der biblischen Überlieferung kein entrückter Heiliger, sondern ein Mensch mit Schwächen, die auch unverhohlen erzählt werden: So zeigt er sich bei seiner Berufung nicht eben mutig und standhaft, sondern führt verschiedene Ausreden an, um der Berufung zu entkommen (Ex 3,11.13; 4,1.10.14; 5,22; 6,30). Auch scheint er zu Gewalt zu neigen (Ex 2,12). Während der Wüstenwanderung verzagt Mosche angesichts des ‚halsstarrigen Volkes' (Ex 32,9; 33,3.5; 34,9 u.ö.). Er ist ungeschickt im Organisieren einer größeren Volksgruppe (Ex 18,13–26). Weil er Gott nicht genug vertraut hat (Num 20,12), wird ihm zudem versagt, das Land Kenaan je zu betreten (Dtn 32,52).

In der Bibel

In der Bibel wird die Gestalt des Mosche zunächst im Buch Jehoschua fortgeführt, zum einen weil dieses Buch im Erzählverlauf direkt an den Tod Mosches anknüpft (Jos 1,1–3), zum anderen weil Jehoschua ausführt, was Mosche befohlen hat (Jos 4,10; 8,31–33; 14,2–3; 17,4 u.ö.). Hier ist Mosche als Gesetzgeber und Führer des Volkes also noch durchgehend präsent; so auch vereinzelt noch im Buch Schoftim (Ri 1,20; 3,4). Mosche als Gesetzgeber wird an vielen weiteren Stellen in der Bibel erwähnt, manchmal nur mit dem Hinweis auf das ‚Buch Mosches' oder das ‚Gesetz Mosches', so z.B. 1Kön 2,3; 8,9; 2Kön 14,6; 18,6.12; 21,8; 23,25; Mal 3,22; Dan 9,11.13; 1Chr 6,34; 15,15; 2Chr 5,10; 8,13. Als Anführer, der das Volk aus Mizrajim geführt hat, wird Mosche in 1Sam 12,6; Mi 6,4; Ps 77,21 genannt. Daneben tritt Mosche, zusammen mit Aharon, in Ps 99,6 als Priester auf, in Ps 103,7 als Prophet (Dtn 34,10) oder in Ps 105,26 als ‚Gesandter Gottes'. Jer 15,1 reflektiert dagegen Mosche (zusammen mit Schemuel) als Fürsprecher (Num 14,13–20), ein Charakteristikum, das insbesondere von der späteren Midrasch-Tradition aufgenommen wurde.

In der jüdischen Tradition
Auch in der jüdischen Tradition ist das Bild des Mosche ‚Rabbenu' (unser Lehrer) vielfältig. Mosche ist weit über alle anderen biblischen Persönlichkeiten (ob Stammväter, ob Propheten) erhaben (bNed 38a; bYev 49b; bMeg 11a). Diese Verehrung reicht bis zu der Aussage, dass Mosche nicht wirklich starb (bSot 13b). Nach der rabbinischen Überlieferung erhielt Mosche am Sinai nicht nur die schriftliche, sondern auch die mündliche Tora (*tora sche-bikhtav* und *tora sche-be'al pe*) und sollte so auf das Gesetz Jisraels bleibend Einfluss nehmen, wie sich gleichzeitig spätere Generationen in ihrer Gesetzesauslegung stets auf ihn berufen durften (bGit 60b; bMeg 19b; bMen 29b). Mosche wird auch als Fürsprecher für das Volk Jisrael dargestellt, der immer wieder in der Lage ist, den Zorn Gottes vom Volk abzulenken (bBer 32a; ShemR 46,4; DevR 3,15). In dieser Funktion avanciert Mosche zum Prototypen des prophetischen Fürsprechers für Jisrael (bPes 87a.b). Als Empfänger der göttlichen Offenbarung wird er auch in der späteren jüdischen Philosophie des Mittelalters (z.B. Jehuda ha-Levi oder Maimonides) und bis in die Neuzeit besonders gewürdigt.

Gotteserscheinungen

» Träume S. 56; Josef S. 63; Rückbezüge auf die Tora S. 262; Gotteserscheinungen S. 74; 265; Visionen S. 344; 357; Der Kavod Gottes S. 109; 357

Immer wieder ‚erscheint' Gott den handelnden Personen in der Bibel. Die biblische Überlieferung bringt darin zum Ausdruck, dass die Geschichten, die erzählt werden, nicht einfach kontingent ablaufen und deshalb auch anders hätten ablaufen können, sondern von Gott gelenkt sind und auf ein Ziel hinauslaufen: die Geschichten (und die Geschichte!) erhalten dadurch einen Sinn. Die Erscheinungen Gottes werden in der Bibel unterschiedlich erzählt:

Wichtige Erscheinungen
- Erscheinung Gottes vor Avram; Verheißung; Altarbau durch Avram: Gen 12,6–7
- Zweite Erscheinung Gottes vor Avraham; Verheißung; Gebot der Beschneidung; Aufstieg Gottes zum Himmel: Gen 17,1–22
- ‚Drei Männer' besuchen Avraham in Mamre, einer davon ist nach Gen 18,17–33 Gott selbst, die beiden anderen sind nach Gen 19,1–4 Engel: Gen 18,1–19,22
- Gott erscheint dem König der Pelischtäer, Avimelech, im Traum: Gen 20,3
- Erscheinung Gottes vor Jizchaq; Verheißung; Altarbau durch Jizchaq: Gen 26,24f.
- Gott erscheint Jaaqov in Bet-El, stehend auf einer Leiter zwischen Himmel und Erde: Gen 28, 10–22
- Zweite Erscheinung Gottes vor Jaaqov; Verheißung eines Volkes mit Königen und eines Landes; Aufstieg Gottes zum Himmel (vgl. auch schon Gen 35,1): Gen 35,9–13
- Erscheinung eines Engels Gottes vor Mosche; brennender Dornbusch; Vorstellung Gottes; Auftrag an Mosche: Ex 3,2–6
- Gott erscheint Jisrael am Sinai: Ex 19
- Erscheinung Gottes in einer Wolkensäule vor Mosche und Jehoschua am Zelt der Zusammenkunft: Dtn 31,14f.
- Erscheinung eines Mannes mit gezücktem Schwert (der Anführer des Heeres Gottes) vor Jehoschua: Jos 5,13–15
- Erscheinung eines Engels Gottes vor der Frau des Manoach; Ankündigung der Schwangerschaft; Handlungsanweisungen: Ri 13,3–7 (vgl. auch Ri 13,8–20)
- Erscheinung Gottes vor Schelomo im Traum; Dialog: 1Kön 3,5–15
- Zweite Erscheinung Gottes vor Schelomo, diesmal nach dem Tempelbau: Zusage Gottes auf Bestand des Königtums: 1Kön 9,1–9

Sie können als eine außergewöhnliche Erscheinung geschildert werden (z.B. der brennende Dornbusch: Ex 3,1–6 oder Ex 19,16–19) oder als Traum stilisiert sein (z.B. die Offenbarung Gottes an Schemuel im Heiligtum: 1Sam 3,1–15 oder Schelomos Traum: 1Kön 3,5–15). Die Erscheinung kann ohne jede konkrete Ausführung oder als Erscheinung eines Boten/Engel geschildert werden (Gen 12,7; Ex 3,6). Auch kann ein Engel/Bote Gottes erscheinen (z.B. Gen 16,7). Waren die Erscheinungen bei den Stammvätern noch mit einer allgemeinen Verheißung von Nachkommen und Land verknüpft, so ist die Erscheinung im brennenden Dornbusch erstmals mit einer Berufung und einem spezifischen Auftrag verbunden: Mosche wird berufen, das Volk Jisrael aus Mizrajim heraus- und in das Land hineinzuführen (Ex 6,6–8).

In den prophetischen Überlieferungen gehört die Erscheinung Gottes oder eines Repräsentanten aus der göttlichen Sphäre zum festen literarischen Repertoire. Diese Erscheinungen Gottes werden als Visionen (manchmal auch nur Auditionen) bezeichnet, finden sich oftmals im Kontext von Berufungserzählungen (siehe im Folgenden) und dienen der Untermauerung des göttlich autorisierten Redeauftrages des Propheten.

Berufungserzählungen

In den Berufungserzählungen werden einzelne Personen von Gott (meist in einer Erscheinung, einer Vision oder Audition) angesprochen, um einen bestimmten Auftrag zu erfüllen (Ex 3; Ri 6; Jes 6; Jes 40,6–8; Jer 1; Ez 1–3; Am 7,14f.). Gott erscheint Mosche im brennenden Dornbusch und erteilt ihm den Auftrag, sein Volk aus Mizrajim herauszuführen (Ex 3,10–14). Auch die Propheten werden für einen bestimmten Auftrag berufen: (vgl. dagegen Esr 7,1–10; Neh 1,1–2,10).

Die biblischen (Propheten-)Berufungen vollziehen sich oftmals nach einem gattungstypischen Schema:
- eine Notsituation, in die hinein die Beauftragung erfolgt (Ex 3,7–9)
- der Einwand des Berufenen, in dem dieser vor allem auf seine physische Defizienz verweist, um sich dem Auftrag noch einmal zu entziehen (Ex 4,10; Jer 1,6)
- eine göttliche Beistandszusicherung (Jer 1,8)
- ein äußeres, legitimierendes Zeichen von Gott und die Annahme des Auftrages seitens des Berufenen (Ex 4,2–9)

Charakteristisch für eine solche Berufung ist auch, dass der Berufene bereits im Vorfeld der eigentlichen Berufung von Gott dazu ausersehen wurde (1Sam 1–3; Jer 1,5). Die Kommunikation mit dem zukünftigen Wort-Boten wird allein durch Gottes Initiative konstituiert und mündet stets in eine Auftraggebung durch ihn (Am 7,12.15; Hos 1,2; Jer 1,4–10.17; Ez 2f.). In den Berufungsberichten kann die Berufung auch als (Erst-)Sendung (Jer 1,5–7; Ez 2,3; vgl. auch Am 7,15; Jer 1,7) qualifiziert werden.

Einen eigenen Typus von Berufungserzählungen stellt 1Kön 22,19–23 dar, bei dem der eigentlichen Beauftragung des Propheten eine Szene im Himmel (Beratung Gottes mit seinem Thronrat) vorausgeht.

Der vierbuchstabige Name Gottes/Tetragramm

» Die Namen Gottes S. 38; Schem-Aussagen S. 229

In dieser Parascha bündeln sich die verschiedenen Traditionen zum Gottesnamen. Gott stellt sich Mosche zunächst als der *Gott deines Vaters, der Gott Avrahams, Jizchaqs und Jaaqovs* vor (Ex 3,6), um danach seinen Namen kundzutun: *Ich werde dasein, als der ich dasein werde* (Ex 3,14). Dieser Name wird im Folgenden verkürzt als *Ich werde dasein* (Ex 3,14), um in Ex 6,2 mit dem Namen J-H-W-H („der Ewige') verbunden zu werden. In Ex 3,14 legt mithin der biblische Text selbst Zeugnis über die Bedeutung des vierbuchstabigen Namens ab. Die rabbinische Ausdeutung des *Ich werde dasein, als der ich dasein werde* konzentriert sich auf den Aspekt des ‚(Für-Jisrael-)Daseins': „Ich war mit euch in dieser Knechtschaft, und ich werde mit euch sein in der Knechtschaft unter den [zukünftigen] Reichen" (bBer 9b). Demgegenüber hatte die Septuaginta die hebräische Wendung des *Ich werde dasein, als der ich dasein werde* als ontologische Aussage verstanden und den Satz entsprechend mit *Ich bin der Seiende/das Sein (schlechthin)* wiedergegeben. Auch die mittelalterliche jüdische Philosophie hat die Bedeutung des Tetragramms vor allem von der metaphysischen Qualität der Gottheit her bestimmt. Moses Mendelssohns Übersetzung ‚der Ewige' fußt auf dem rationalistischen Gottesbild der jüdischen Religionsphilosophie. In seiner Übersetzung von Ex 3,14f. im Bi'ur übersetzt Mendelssohn: *Ich bin das Wesen, welches ewig ist*. Mendelssohns Übersetzung des Gottesnamens hat sich von Anfang an und beinahe durchgehend in den jüdischen Bibelübersetzungen und -kommentaren durchgesetzt (z.B. Leopold Zunz; Naftali Herz Tur-Sinai). Samson Raphael Hirsch allerdings übersetzte das Tetragramm mit ‚Gott'. Im 20. Jh. kritisierten vor allem Franz Rosenzweig und Martin Buber an dieser Übersetzung die philosophisch-metaphysische Grundlegung eines ewigen und vorsehenden Gottes, wie sie schon die mittelalterliche Philosophie formuliert hatte, und lehnten sie als ‚unbiblisch' ab. Sie entnahmen Ex 3,14, dass dem vierbuchstabigen Namen eine über das nomen proprium hinausgehende Qualität zu eigen sei. Das Tetragramm sei kein bloßer Name, sondern ein Name, der zugleich Begriff sei. An diesen Stellen findet sich in der Buber-Rosenzweigschen Übersetzung die in der syntaktisch dem jeweiligen Satzkontext angepasste Form des Personalpronomens. Damit sieht Rosenzweig die Beziehung Gottes zum Menschen am Besten zum Ausdruck gebracht.

Halacha und Religionspraxis
Zum Verbot, den Namen Gottes auszusprechen und das Tetragramm im nicht-religiösen Kontext nicht auszuschreiben siehe S. 100.

Gottesdienst und häusliche Feier
In den Siddurim der liberalen Gemeinden finden sich unterschiedliche Versuche, den vierbuchstabigen Namen möglichst auch geschlechtsneutral zu umschreiben.

Aharon

Aharon, der Bruder von Mosche und Mirjam, ist für das Auszugsgeschehen eine wichtige Gestalt und erhält auch später, als Begründer des Amtes des gesalbten Priesters (‚Hohepriester'), eine zentrale Bedeutung im jisraelitischen Kult. Dennoch zeigen die Erzählungen im Buch Schemot (und darüber hinaus) deutlich, dass Aharon seinem Bruder Mosche untergeordnet ist. Bereits die Gotteserscheinung im brennenden Dornbusch ist allein Mosche zugedacht, Aharon spielt keine Rolle; von ihm wird auch keine eigene Berufungserzählung überliefert, auch bekommt er im weiteren Verlauf des Auszugsgeschehens keine eigene Rolle zugesprochen: So tritt Aharon bei der Schilderung des Durchzugs durch das Meer in den Hintergrund (Ex 14) ebenso wie in der Geschichte von Mara (Ex 15,22–27). Auch der Empfang der steinernen Tafeln auf dem Berg Sinai wird allein Mosche zugeschrieben (Ex 24,12–18). Demgegenüber verhält sich Aharon zweimal unangemessen: einmal in der Erzählung vom Stiergussbild (das sog. ‚goldene Kalb': Ex 32,1–6), das andere Mal – zusammen mit Mirjam – im Aufbegehren gegen Mosche (Num 12,1–16). Dennoch wird Aharon von Gott zum gesalbten Priester (*ha-kohen ha-maschiach*: Lev 4,3.5.16; 6,15) eingesetzt, und auch seine Söhne Nadav, Avihu, Elasar und Itamar werden zu Priestern bestimmt (Ex 28,1–5; Lev 8f.). Die Tora stellt Aharon darin als Begründer der Priesterschaft im jisraelitischen Kult dar und weist ihm hiermit eine herausragende Rolle innerhalb des Stammes Lewi zu (siehe das notabene: Die Lewiten, S. 177).

In der Bibel

Außerhalb der Tora wird Aharon zumeist zusammen mit Mosche erwähnt (z.B. Jos 24,5; 1Sam 12,6.8; Ps 77,21; 99,6 [zusätzlich mit Schemuel]; 105,26; Mi 6,4 [mit Mirjam]). Aharon und die Aharoniden (Haus Aharon) finden Erwähnung in Jos 21,4; Ps 115,10.12; 118,3; 135,19; Neh 10,39; 12,47.

In der jüdischen Tradition

Die jüdische Tradition versucht, die Gestalt des Aharon gegenüber der Darstellung des biblischen Textes zu stärken. Nach ShemR 37,1 wollte Mosche das Amt des Hohepriesters innehaben, aber Gott zog ihm Aharon vor (ShemR 37,1). Auch sieht die jüdische Tradition in der Geschichte vom Stiergussbild kein Vergehen Aharons, sondern lediglich die Bemühung Aharons, die Jisraeliten solange hinzuhalten, bis Mosche vom Berg zurück sein würde (ShemR 37,2). Im Zusammenhang mit der Erzählung vom Tod seiner beiden Söhne Nadav und Avihu (Lev 10,1–5) betont der Midrasch, dass Aharon den Tod seiner Söhne mit großer Geduld ertrug und rückt ihn damit in die Nähe des Avraham (WaR 20,4).

Gottesdienst und häusliche Feier

Haftara

Zu dieser Parascha wird nach aschkenasischer Tradition Jes 27,6 – 28,13 und 29,22–23 als Haftara gelesen, weil dort auf den Auszug aus Mizrajim Bezug genommen wird. Nach sefardischer Tradition wird Jer 1,1 – 2,3 gelesen und damit die beiden Berufungen von Mosche und Jirmejahu parallelisiert.

» Weiteres Thema: Beschneidung S. 41; 265

Waera (Ex 6,2 – 9,35)

Leitfragen	Inhalt
• Welche Periodisierung nimmt der Abschnitt vor? Wie hängen die Gottesbezeichnungen damit zusammen?	• Gottes Zusage
	• Genealogie Mosches und Aharons
	• Anweisungen an Mosche
• Wie werden Aharon und Mosche zu Beginn des Wunder- und ‚Plagen'-Zyklus charakterisiert? Welche Rolle spielen die Magier?	• Stab zur Schlange
	• 1. Zeichen: (Wasser zu) Blut
	• 2. Zeichen: Frösche
	• 3. Zeichen: Ungeziefer
• Welche Funktion hat die sog. ‚Verstockung' des Pharao? Gibt es Unterschiede zwischen den ‚Verstockungs'-Aussagen?	• 4. Zeichen: Schmeißfliegen/wilde Tiere
	• 5. Zeichen: Beulenpest des Viehs
	• 6. Zeichen: Geschwüre
	• 7. Zeichen: Hagel

Verheißung und Erwählung

Waren ‚Erwählung' und ‚Verheißung' bislang ein bestimmendes Motiv in den Erzählungen über die Stammeltern, so wird dies nun in Ex 6,2–8 auf das Volk Jisrael übertragen. Mosche (und Aharon) dienen hierbei als Mittler zwischen Gott und den Jisraeliten. Dass damit ein besonderer Einschnitt in den Erzählungen gegeben ist, wird dadurch unterstrichen, dass sich Gott nun mit seinem eigentlichen (vierbuchstabigen) Namen (Tetragramm) vorstellt, ein qualitativer Sprung gegenüber der Namensoffenbarung bei den Stammeltern (Ex 6,3). Bereits hier wird die besondere Beziehung zwischen Gott und dem Volk Jisrael betont (Ex 6,7f.) und mit dem besonderen Machterweis Gottes, dem Auszug aus Mizrajim, verknüpft. Erst nach dem Auszug – und vor dem Eintritt ins Land Jisrael – wird diese besondere Relation durch einen Bund (*berit*) zwischen Gott und Jisrael besiegelt.

Wettstreit / Plagen

» Verstockung S. 81; 325

Die ‚Plagen' oder ‚Schläge' (hebr. *makkot*) werden in dieser und der nächsten Parascha (Bo) sehr ausführlich erzählt. Die eigentlichen ‚Plagen' beginnen mit Ex 7,14 und enden mit der Schlagung der ägyptischen Erstgeburt (Ex 12,29f.). Raschbam bietet eine Einteilung der Plagen, die sich als 3+3+3(+1)-Gruppierung zusammenfassen lässt. Sie zeichnet sich dadurch aus, dass jeweils zwei Plagen mit einer Vorwarnung Gottes/Mosches an den Pharao einsetzen, während die dritte Plage als unvermittelt beginnend geschildert wird. Eine andere Einteilung nimmt Naftali Herz Wessely (Einleitung zum 3. Kapitel seines *Schire Tiferet*) vor: Danach gibt es insgesamt zwölf Plagen, die in vier Dreiergruppen zusammengefasst werden.

Insgesamt lassen sich zwei unterschiedliche thematische Komplexe ausmachen, denen die einzelnen Plagen- bzw. Wundererzählungen zugeordnet werden können und die eine jeweils verschiedene inhaltliche Ausrichtung erkennen lassen. Man könnte den ersten als ‚Wettstreit-Komplex' bezeichnen. Ihm gehören die Plagen 1, 2, 3 und 6 (Blut, Frösche, Ungeziefer und Geschwüre) an. Er zeichnet sich dadurch aus, dass in die Berichte über die eigentlichen Plagen das Motiv der ägyptischen Zauberer eingefügt wurde

Die Plagen nach Raschbam	Die Plagen nach Wessely
1. Blut	1. Stabwunder
2. Frösche	2. Blut
3. Ungeziefer	3. Frösche
4. Schmeißfliegen/wilde Tiere	4. Ungeziefer
5. Beulenpest	5. Schmeißfliegen/wilde Tiere
6. Geschwüre	6. Beulenpest
7. Hagel	7. Geschwüre
8. Heuschrecken	8. Hagel
9. Finsternis	9. Heuschrecken
10. Schlagung der Erstgeburt	10. Finsternis
	11. Schlagung der Erstgeburt
	12. Untergang im Meer

(Ex 7,22; 8,3; 8,14; 9,11). Der zweite Themenkomplex ist die eigentliche ‚Plagenerzählung'. Er umfasst die Plagen 4, 5, 7, 9 und 10 (Schmeißfliegen, Beulenpest, Hagel, Finsternis und Schlagung der Erstgeburt). Hierbei geht es jedoch nicht einfach um Plagen, die Gott den Ägyptern zufügt, sondern um Plagen, die er seinem Volk nicht zufügt, vgl. Ex 8,19: *Ich will einen Unterschied machen* (Tur-Sinai: *Rettungswand aufrichten*) *zwischen meinem und deinem Volk (...)*. Diese Unterscheidung zwischen Jisrael und Ägypten wird entweder in einer an den Pharao ergehenden Gottesrede eigens angekündigt oder im Verlauf der Erzählung als Faktum konstatiert (Ex 8,19; 9,4; 9,25f.; 10,23; 11,7). Die einzelnen Plagen unterliegen ihrerseits einer inneren Steigerung, die ihren Kulminationspunkt mit der Schlagung der ägyptischen Erstgeburt (Ex 12,27–29) erreicht, in deren Konsequenz die Entlassung oder besser: Ausweisung des Volkes durch den Pharao liegt (Ex 12,30–32). Mit dieser letzten Plage wird auch das bis dahin durchgehaltene Schema (Schuldbekenntnis des Pharao und Beendigung der Plage) aufgehoben, denn die Schlagung der Erstgeburt kann ihrerseits durch kein Zugeständnis mehr rückgängig gemacht werden. Die gesamte Erzählung läuft darauf hinaus, dass Gott sich durch den Pharao und Ägypten ‚verherrlicht' (Ex 14,4.17.18), d.h. seine besondere Tat an Jisrael erkennen lässt. Dem biblischen Bericht nach erkennt Ägypten diesen Gott also lediglich mittelbar durch seine Taten an seinem Volk. Eine Gotteserkenntnis, wie sie Jisrael vorbehalten ist, ist nicht vorgesehen.

In der Bibel
In der Bibel werden die zehn ‚Plagen' an verschiedenen Stellen (zum Teil sogar vollständig) wieder aufgenommen: Dtn 4,34; Ps 105,27–36; 135,8f.

Die ‚Verstockung' des Pharao

» Verstockung S. 325

Von der Schilderung der ‚Plagen' zieht sich bis zur Erzählung vom Meerwunder das Motiv der ‚Verstockung des Pharao'. Entsprechend der zweifachen inhaltlichen Ausrichtung des ‚Plagen-Zyklus' gewinnt auch die ‚Verstockung', d.h. das Nicht-Hören des Pharao, eine ambivalente Zielsetzung. Ist im ‚Wettstreitkomplex' die ‚Verstockung' des Pharao durch das Auftreten seiner Zauberer motiviert und bildet darin die Antriebskraft für weiterführende Zeichen bzw. Plagen, so ist sie im ‚Plagenzyklus' durchweg negativ konnotiert: Der Pharao erscheint in schlechtem Licht, er *weigert sich* (Ex 7,14), *täuscht das Volk* (Ex 8,25) und *verhält sich hochfahrend* (Ex 9,17). Die ‚Verstockung' ist hiernach die willentliche Zurücknahme einer bereits gegebenen Zusage gegenüber Gott. Entsprechend unterschiedlich wird in dieser

Erzählung die ‚Verstockung' einmal als von Gott initiiert, dann wieder auf den Pharao zurückgehend geschildert.

Neben dieser Erzählung wird die ‚Verstockung' als Handlungsmotiv ausführlich auch in Jes 6 verwendet. Auch hier ist Gott der Urheber des Nicht-Hörens und Nicht-Verstehens (vgl. ausführlich S. 325).

Mizrajim / Ägypten

》 Mizrajim / Ägypten S. 67

Im Tanach spielt Mizrajim eine große Rolle: als geografische Größe und als theologische Chiffre:
- Das Land Mizrajim wird als außerordentlich fruchtbar beschrieben und sogar mit dem Gan Eden parallelisiert (Gen 13,10).
- Sara hat eine ägyptische Magd, die dem Avraham Jischmael gebiert. Dieser heiratet später eine ägyptische Frau (Gen 21,9–21).

Wesentliche Erzählungen in der Tora sind mit Mizrajim verbunden:
- Avraham und Sara reisen nach Mizrajim (Gen 12,10–20).
- Josef wird nach Mizrajim verkauft. Dorthin reisen seine Brüder später, um Getreide zu kaufen und schließlich, um sich dort anzusiedeln, bis ein neuer Pharao an die Macht kommt (Gen 37 – 50).
- Jisrael wird in Mizrajim versklavt und zieht aus Mizrajim aus (Ex 1 – 14).
- Einige wichtige Gesetze werden mit der Erinnerung an die Versklavung in Mizrajim begründet, z.B. Dtn 5,15 (Schabbat hüten).
- Schelomo heiratet eine ägyptische Prinzessin und baut zunächst ‚sein Haus' und erst danach das Haus des Ewigen (1Kön 3,1). Die ambivalente Haltung der biblischen Schriften gegenüber Schelomo hängt auch mit der in diesen Texten berichteten Affinität Schelomos zu Ägypten zusammen.

Auch die Propheten nehmen immer wieder auf Mizrajim Bezug:
- Das Buch Jirmejahu spiegelt die Exilssituation und die Auseinandersetzung mit Mizrajim wider, da bei der Zerstörung von Jeruschalajim einige nach Mizrajim geflohen waren und Jirmejahu ihnen nachgereist ist. Dort verkündet er eine Strafrede gegen alle Judäer, die in Mizrajim wohnen (Jer 44,1).
- Unter den Drohworten gegen fremde Völker (‚Fremdvölkersprüche') der Propheten finden sich eine Reihe Worte auch gegen Mizrajim (Jes 19,1–25; Jer 46,13–28; Ez 28,25 – 29,21).
- Der Prophet Hoschea droht dem Nordreich (‚Efrajim') die unfreiwillige Rückkehr nach Ägypten an (Hos 8,13; 9,1.6). Insbesondere in Bezug auf die breit ausgeführte Auszugsthematik als Grundlage des Verhältnisses zwischen Gott und Jisrael (Hos 11,1; 12,10.14) ist dies eine harte Dro-

Waera (Ex 6,2 – 9,35)

hung, die auch durch die Aussicht eines erneuten Auszugs aus Ägypten (Hos 11,11) kaum abgemildert werden kann.

Gottesdienst und häusliche Feier

Zehn Zeichen
Die zehn Zeichen werden in der Pesach-Haggada in einem eigenen Abschnitt aufgelistet (*ellu eser makkot*; ‚Dies sind die zehn Schläge…') und am Sederabend eigens rezitiert (vgl. das Thema Pesach-Haggada, S. 92).

Fünf Becher Wein
Die Verse Ex 6,6–8 benennen fünf Verheißungen Gottes an sein Volk: 1. Ich will euch hinausführen. 2. Ich will euch erretten. 3. Ich will euch erlösen (loskaufen). 4. Ich nehme euch mir zum Volk. 5. Ich bringe euch in das Land. Während des Sederabends zu Pesach trinken alle Teilnehmenden vier Becher Wein als Symbol für diese Verheißungen. Der fünfte Becher, der die Verheißung des Landes symbolisiert, steht nach traditioneller Überlieferung Elijahu zu. Liberale Juden lassen heute zumeist den fünften Becher weg oder ersetzen ihn durch einen Becher für Mirjam.

Haftara
Als Haftara werden zu dieser Parascha die Worte gegen Mizrajim des Jecheskel gewählt (Ez 28,25 – 29,21).

» Weiteres Thema: Geschichtsrückblicke bei Micha S. 391

בא
Bo (Ex 10,1 – 13,16)

Leitfragen

- Was sagt der Abschnitt über die Zählung der jüdischen Monate aus? Vergleichen Sie sie mit anderen kalendarischen Angaben.
- Welche Verbindung besteht zwischen der Pflicht, Mazzot zu essen, und Pesach? Unterscheidet der biblische Text zwischen einem Pesach in Mizrajim und einem Pesach für zukünftige Generationen?
- Was beinhalten die Gesetze zur Erstgeburt (*bechora*)?

Inhalt

- 8. Zeichen: Heuschrecken
- 9. Zeichen: Finsternis
- Ankündigung des 10. Zeichens
- Das Pesach
- Fest der ungesäuerten Brote
- Vorschriften für Pesach
- 10. Zeichen: Tod der Erstgeburt
- Aufbruch Jisraels
- Vorschriften für Pesach
- Vorschriften für die Erstgeburt
- Vorschriften für Mazzot
- Erklärung der Vorschriften für die Erstgeburt

Auszug aus Mizrajim

Kaum eine theologische Tradition ist so eindrücklich sowohl im Tanach selbst als auch in den nachbiblischen Schriften rezipiert worden wie diejenige vom Auszug aus Mizrajim und dem anschließenden Bund mit Gott. Erzählerisch gehören die Komplexe vom Auszug (Plagen, Meerwunder und Tod der Ägypter) und vom Sinai eng zusammen, da der Sinai das erste und wichtigste Ziel des Auszugs ist. Hat sich in Mizrajim Gott als der Gott Jisraels bereits vorgestellt (vgl. oben S. 76), so wird diese besondere Relation zwischen Gott und Jisrael am Sinai in einer *berit* (Bund) begründet (Ex 24; 34,10).

In der Bibel

Die Auszugstradition wird, oftmals in Verbindung mit dem Motiv der Wanderung Jisraels in der Wüste, besonders bei einigen Propheten aufgenommen und weitergeführt (Jer 7,21–28; 32,20–23; Ez 20; 23; Hos 2; 11,1–4; 12,10; 13,4; Am 3,1f.). Interessant ist hierbei vor allem die je unterschiedliche Akzentuierung der Auszugs- bzw. Wüstenzeit. Gilt einerseits, dass sich das (Bundes-)Verhältnis zwischen Jisrael und Gott vom Auszug (Sinai) her konstituiert, so kann andererseits auch betont werden, dass mit der Wüstenzeit bereits die Sündengeschichte Jisraels beginnt. Zu beachten ist aber

Der Auszug in der Bibel

- Das Lied der Mirjam: Ex 15,21
- *Arami oved Avi* (...): Bikkurim-Bekenntnis des Landwirtes: Dtn 26,5–10
- Der Bund von Schechem: Jos 24
- Die Ursprungsgeschichte Jisraels: Dtn 6,12f.; 7,6–8; Jer 2; Hos 2; 11,1–4; 12,10; 13,4; Ps 114
- Der Auszug als Legitimation für Strafen an Jisrael: Am 3,1f.
- Jisraels Verpflichtung aufgrund der Herausführung aus Mizrajim: Am 2,6–12; Mi 6,3–5
- Die Sündengeschichte Jisraels in Mizrajim: Ez 20; 23
- Rückführung nach Mizrajim (,umgekehrter' Auszug) als Exil: Hos 8,13; 9,3; 11,5
- Dankpsalmen: Ps 105; 106; 136
- Neuer Auszug aus Babylonien (Exil): Jes 43,16f.; 49,9–13; 52,7–12; Ez 20
- Abwandlung der Erinnerung an den Auszug aus Mizrajim in die Erinnerung an den Auszug aus dem Land des Nordens und aus allen Ländern, in die Gott sie verstoßen hat: Jer 16,14f.; 23,7f.

auch, dass einige Propheten(-Überlieferungen) die so wichtige Erzählung vom Auszug (und von der Wüstenwanderung) nicht kennen (z.B. der erste Teil des Buches Jeschajahu).

Pesach / Fest der ungesäuerten Brote

» Feste S. 162; Jüdische Monate S. 89; Pesach S. 183; 265; Rückbezüge auf die Tora S. 262

Die biblische Überlieferung zu Pesach insistiert auf der Verbindung zwischen geschichtlichem Ereignis und religiösem Kultus. Theologisch wird das Fest unmittelbar an die Auszugstradition angebunden; seine Beachtung dient dazu, den Beginn der Geschichte Gottes mit Jisrael in Erinnerung zu halten und je neu zu aktualisieren (Ex 12,14: Jom ha-Sikkaron).

In der Bibel

In der Bibel wird Pesach außerhalb der Tora an mehreren Stellen erwähnt. Dabei ist zu beachten, dass stets dort ein Pesachfest (wieder-)eingesetzt wird, wo ein wichtiger geschichtlicher Neuanfang geschildert (die Feier des Pesach nach dem Durchzug durch den Jarden, Jos 5,10f.; das erste Pesachfest der Heimkehrer, Esr 6,19–22) oder ein religiöser Neuanfang, eine Reform, gewagt wird (die angeordnete Feier des Pesach durch Jehoschias Reform, 2Kön 23,21–23; 2Chr 35,1–19; Chisqijjahus Einsetzung des Pesachfestes, 2Chr 30). Ez 45,21–25 schildert in der Vision vom neuen Tempel und der neuen Landverteilung (Ez 40–48) die Bestimmungen für die künftige Pesachfeier.

Bereits diese Beobachtung lässt erkennen, welche Bedeutung das Pesachfest für die biblischen Schriftsteller hatte.

In der jüdischen Tradition
In der jüdischen Tradition erhält das Pesachfest schon von daher eine besondere Bedeutung, als die Rabbinen nach der Tempelzerstörung ein Seder-Ritual (Essen von Pesach, Mazza und Maror), verwoben mit der Erzählung vom Auszug aus Mizrajim, entwickelten (mPes X), auf dem die spätere Pesach-Haggada basiert.

Biblische Gesetzgebung für das Pesachfest
In Paraschat Bo werden eine ganze Reihe von Mizwot eingeführt, die das Pesachfest betreffen. Dies beginnt bei Geboten, die sich auf das seit der Zerstörung des Tempels nicht mehr mögliche Schlachten und Essen des Pesach-Lammes beziehen (z.B. Ex 12,6.8.10; Ex 12,43.45.48; Ex 12,46 bzw. Num 9,12 u.a.), beinhaltet aber auch die noch heute beachteten Gebote, die Gesäuertes während der Pesach-Zeit verbieten bzw. Ungesäuertes gebieten (vgl. Ex 12,15.18) sowie die Mizwa, die Geschichte des Auszugs aus Mizrajim der nächsten Generation zu erzählen (Ex 13,8).

Im weiteren Sinn gehören hierher auch die Gebote, die die Erstgeburt von Mensch und Tier betreffen (Ex 13,2.13; Num 18,15 u.ö.; vgl. hierzu unten das Thema Erstgeburt, S. 90).

Auf der Grundlage von Ex 12,8 findet der Pesach-Seder am Abend und in die Nacht hinein, d.h. beginnend nach dem Sonnenuntergang, statt (bPes 41b; 96a).

In Ex 12,43 heißt es: Kein Fremdgeborener darf davon essen. Diese Regel galt nur in biblischen Zeiten. Sie bezieht sich daher nicht auf nicht-jüdische Freunde der Familie beim Seder in unserer Zeit. Der Seder symbolisiert die Geburtsstunde des jüdischen Volkes. Daher sollte jedoch – auch mit Gästen – sein intimer Charakter gewahrt bleiben. Es ist eine Pflicht, den Kindern die Geschichte des Auszugs zu erzählen. Am Sederabend fragt das jüngste anwesende Kind, gleich welchen Geschlechts, was diese Nacht auszeichnet. Ist kein Kind anwesend, ist ein Erwachsener verpflichtet, die Fragen zu stellen. Die darauf folgende Antwort soll natürlich mit Diskussionen und zusätzlichen Texten ausgeweitet werden.

Halacha und Religionspraxis für das Pesachfest
Heutzutage sind es vor allem die verschärften Kaschrut-Regeln, die das Pesachfest zu einem ganz besonderen Fest im Jahreskreislauf werden lassen. Ex 12,15 beinhaltet die Vorschrift, vor Pesach alles Gesäuerte aus dem Haus zu entfernen. Daraus entstand die Zeremonie des sog. *bediqat chamez* am Abend vor Pesach, d.h die Überprüfung, ob alles Gesäuerte aus dem Haus geschafft

wurde. Nach Ex 12,19 darf während der Pesachzeit nichts Gesäuertes im Haus gefunden werden. Das letzte Chamez wird wenige Stunden vor Eingang des Festes entsorgt, zumeist verbrannt (*biur chamez*). Welche Lebensmittel als ‚gesäuert' bzw. als ‚nicht-gesäuert' gelten, wird von aschkenasischen und sefardischen Juden unterschiedlich bestimmt. Es ist üblich, vor Pesach Gesäuertes an Nichtjuden symbolisch zu verkaufen, um es nach Pesach zurückzunehmen, wenn durch die Vernichtung wirtschaftliche Schäden entstehen würden (z.B. bei einem Ladenbesitzer). Die Lebensmittel werden dann im Haus weggeschlossen deponiert und dürfen weder gesehen noch verwendet werden.

Sederabend

Am Vorabend des 1. Pesachtages wird der sog. ‚Sederabend' gefeiert, bestenfalls in der Familie und mit vielen Gästen. Seder bedeutet Reihenfolge/Ordnung, und entsprechend läuft dieser Abend nach einem fest gestalteten Ritual ab. Man liest dabei aber nicht einfach die Auszugserzählung im Buch Schemot, sondern eine besondere Textzusammenstellung, die sog. Haggada

---

Übersicht: Die vier besonderen Abschnitte (Arba Paraschijjot) / Schabbatot

Die vier besonderen Schabbatot vor Purim und Pesach erhalten zum Abschluss der Tora-Lesung einen eigenen Maftir und eine eigene Haftara.

- *Paraschat Scheqalim* (Ex 30,11–16 und Haftara 2Kön 12,1–17 nach aschkenasischem Ritus und 2Kön 11,17 – 12,17 nach sefardischem Ritus): Ist der Schabbat, der dem Rosch Chodesch von Adar (bzw. Adar II) vorangeht oder auf diesen fällt. Begründung: Während der Zeit des Tempels wurde zum Neumond Adar die Scheqelsteuer von der Bevölkerung eingetrieben, um den Opferdienst am Tempel zu ermöglichen.
- *Paraschat Sachor* (Dtn 25,17–19 und Haftara 1Sam 15,2–34 aschkenasisch bzw. 1Sam 15,1–34 sefardisch): Ist der Schabbat, der dem Purim-Fest vorangeht. Nach rabbinischer Überlieferung gilt Haman als Nachfahre von Amaleq, weshalb man beide in dieser Weise zusammenbindet.
- *Paraschat Para* (Num 19,1–22 und Haftara Ez 36,16–38): Der Schabbat nach Purim handelt von der ‚Roten Kuh', deren Asche für die Reinigung notwendig war. Diese Parascha soll bereits auf Pesach vorbereiten.
- *Paraschat ha-Chodesch* (Ex 12,1–20 und Haftara Ez 45,16 – 46,18): Ist der Schabbat vor Beginn des Monats Nisan und handelt vom besonderen Monat Nisan, in dem Pesach gefeiert wird und ebenso von Pesach selbst, weshalb diese Parascha die vier besonderen Paraschijjot abschließt.

schel Pesach. Die Haggada geht erzählerisch weit über den eigentlichen Auszug aus Ägypten hinaus und schließt auch die rabbinischen Gelehrten und ihre Zeit mit ein.

Pesach-Haggada

Eine Pesach-Haggada ist die in Buchform gebrachte Aufforderung aus Ex 13,8 (*An jenem Tag sollst du es deinem Kind erzählen*...). Im Laufe der Jahrhunderte (vor allem zwischen dem 13. und 15. Jh.) haben sich eine Vielzahl von selbstständigen Buchausgaben der Haggada mit unterschiedlichster künstlerischer Ausgestaltung (vgl. z.B. die berühmte ‚Vogelkopf-Haggada') herausgebildet. Der Text der Haggadot wurde seit dem 9. Jh. zunächst innerhalb des Gebetbuches überliefert. Er ist bis heute offen für neue Gestaltungen. In allen Versionen sind Auszugstraditionen und -auslegungen aus Bibel und Midrasch zusammengestellt, die am Sederabend im Kreis der Familie (nicht in der Synagoge!) rezitiert werden. Heute gibt es auch Haggadot, die entweder künstlerisch besonders gestaltet sind oder den Text in einen besonderen (historischen oder aktualisierenden) Zusammenhang bringen. Bei Kindern sehr beliebt ist die mit Bildern aus dem Zeichentrickfilm ‚Der Prinz von Ägypten' gestaltete Haggada. Liberale Haggadot erklären zum Teil den Text, kürzen, ergänzen moderne Texte oder führen neue Bräuche ein – z.B. Mirjams Becher.

Auf dem Sederteller (*qeara*) befinden sich besondere Speisen, neben den Mazzen (Mazzot) auch Maror (Bitterkraut: z.B. Meerrettich), Charoset (eine Mischung aus Mandeln, Äpfeln und Datteln), Karpas (z.B. Petersilie), ein Ei und ein Knochen, die jeweils eine eigene symbolische Bedeutung haben.

Omer-Zählung

Am Vorabend zum 2. Pesachtag beginnt die Zählung der Tage in der Omerzeit (,Omerzählen'), durch die Pesach und Schavuot liturgisch eng verbunden werden. Die Liturgie des Pesach-Festes ist, analog zu den übrigen Pilgerfesten (*schalosch regalim*, Ex 23,14; vgl. dazu die Übersicht: Biblische Feste, S. 163), folgendermaßen strukturiert: Im Schacharit werden nach der Amida für Pilgerfeste die Hallel-Psalmen gesungen, in die Qeduschat ha-Jom in der Festtags-Amida wird das Gebet *Jaale we-javo* eingeschaltet. Es gibt eine eigene Tora- und Prophetenlesung für den Festtag. Auch das Pesach-Fest hat ein eigenes Musaf-Gebet, das in seiner traditionellen Form die besonderen Opfer für Pesach rezitiert (in liberalen Gemeinden entfällt Musaf in dieser Form). Am ersten Pesachtag wird darüber hinaus in das Musaf-Gebet das ‚Gebet für den Tau' eingeschaltet.

Bo (Ex 10,1 – 13,16)

Chol ha-Moed
Während der Pesachzeit (Chol ha-Moed) wird täglich im Schacharit-Gottesdienst die Tora gelesen. Zu den verschiedenen Lesungen an Pesach vgl. den Anhang Die synagogalen Lesungen aus dem Tanach, S. 465.

Die jüdischen Monate

Übersicht über die jüdischen Monate, Feste und Gedenktage
(die Daten beziehen sich auf traditionelle Gemeinden außerhalb Israels)

Monat	Gregorianisch	Fest/Gedenktag	Ursprung
Nisan	März/April	Pesach 15.–21./22. Nisan	biblisch
		Jom ha-Schoa 27. Nisan	modern
Ijjar	April/Mai	Jom ha-Azma'ut 5. Ijjar	modern
Siwan	Mai/Juni	Schavuot 5./6. Siwan	biblisch
Tammus	Juni/Juli	Fasttag 17. Tammus	rabbinisch
Av	Juli/Aug.	Tischa be-Av 9. Av	rabbinisch
Elul	Aug./Sept.		
Tischri	Sept./Okt.	Rosch ha-Schana 1./2. Tischri	biblisch
		Zom Gedalja 3. Tischri	rabbinisch
		Jom Kippur 10. Tischri	biblisch
		Sukkot 15.–21. Tischri	biblisch
		Schemini Azeret 22./23. Tischri	biblisch
Cheschwan	Okt./Nov.		
Kislew	Nov./Dez.	Chanukka 25. Kislew – 2. Tevet	rabbinisch
Tevet	Dez./Jan.	Fasttag 10. Tevet	rabbinisch
Schevat	Jan./Febr.	Tu bi-Schevat 15. Schevat	rabbinisch
Adar I/II	Febr./März/April	Fasten der Ester 13. Adar	rabbinisch
		Purim 14. Adar (I/II)	rabbinisch

Das jüdische Jahr richtet sich nach einem lunisolaren Kalender. Um Schwankungen zwischen dem Sonnen- und dem Mondjahr auszugleichen, werden in einem Zyklus von 19 Jahren insgesamt sieben Schaltjahre eingefügt (3.; 6.; 8.; 11.; 14.; 17.; 19. Jahr), in denen ein Schaltmonat (Adar II) eingeschoben wird. Die Zählung beginnt mit dem Monat Nisan, weil dieser Monat in der Tora als der ‚Anfang der Monate' (*rosch chodaschim*) und der erste Monat (*rischon*) ausgezeichnet wird (Ex 12,2). In Ex 23,15 wird dieser Monat ‚Frühlingsmonat' (*chodesch ha-aviv*) genannt. Die Bezeichnung Nisan findet sich noch nicht in der Tora, sondern erst in Neh 2,1 und Est 3,7. Die heute üblichen jüdischen Monatsnamen basieren auf dem babylonischen Kalender.

Erstgeburt

» Erstgeburtsrecht S. 51

Das Erstgeburtsrecht ist sowohl patriarchal als auch matriarchal verfasst. Die matriarchale Erstgeburtsvorstellung ist vor allem dem religiös-kultischen Bereich vorbehalten. Nach Ex 13,2 und Ex 13,12 gehört alles Männliche, was zuerst den Mutterschoß durchbricht, Gott. Aus dieser Vorstellung folgt, dass der Eigentümer von den erstgeborenen Tieren und den landwirtschaftlichen Produkten keinen Nutzen haben darf (Dtn 12,17; 15,19). Es gehört Gott und muss dem Kohen (Priester) gebracht werden (Ex 13,2). Tiere, die unrein sind und deshalb weder geopfert noch gegessen werden können, müssen durch ein reines Tier als Opfer ausgelöst werden. Auch der erstgeborene Sohn musste ausgelöst werden, da das alte Jisrael Menschenopfer nicht erlaubte. Die Auslösung erfolgte über ein Lösegeld für den Priester (Num 3,50f.).

Halacha und Religionspraxis

Diese Vorschrift hat sich bis heute gehalten, so dass ein erstgeborener Sohn vom Vater symbolisch bei einem Kohen ausgelöst wird. Dabei muss der erstgeborene Sohn auf natürliche Weise als erstes (von eventuell nachfolgenden Kindern) geboren worden sein. Söhne, die durch Kaiserschnitt auf die Welt kommen, werden nicht gezählt, ebenso wenig Söhne, die ein älteres Geschwister haben oder deren Mutter bereits eine Fehlgeburt erlitten hat.

Fasten der Erstgeborenen: Zur Erinnerung an die Rettung der israelitischen Erstgeborenen ist es geboten und in traditionellen Kreisen bis heute üblich, dass die Erstgeborenen am Tag vor Pesach (= am Tag des Sederabends) fasten. Ist ein Erstgeborener noch zu jung (jünger als 13 Jahre), dann fastet an seiner Stelle sein Vater oder, wenn der Vater selbst Erstgeborener ist, seine Mutter. Das Fasten kann zugunsten einer sog. Seudat Mizwa, d.h. einem (Fest-)Essen anlässlich einer religiösen Zeremonie (z.B. Beenden eines Talmudtraktates; Beschneidungsfeier) ausgesetzt werden.

Neumond (*Rosch Chodesch*)

Nach Ex 12,2 sind die Monatsanfänge besonders zu beachten. In biblischer Zeit war Rosch Chodesch ein äußerst wichtiges Fest, das dem Schabbat gleichwertig war (Jes 66,23; Ez 46,1; Am 8,5). An ihm fand ein Festessen statt (1Sam 20), der Schofar ertönte (Ps 81,4) und jeglicher Handel war verboten (Am 8,5). In rabbinischer Zeit verlor dieses Fest jedoch seinen Festcharakter außerhalb der Liturgie und wurde ein normaler Arbeitstag.

Bo (Ex 10,1 – 13,16)

Halacha und Religionspraxis

Bereits im Mittelalter gab es die Tradition, dass zumindest Frauen an Rosch Chodesch nicht arbeiten und sich festlich kleiden sollten. Dieser Brauch geriet in Vergessenheit, wurde aber in den 70er Jahren des letzten Jahrhunderts wiederbelebt, und wird seitdem an vielen Orten in sog. ‚Rosch-Chodesch-Gruppen' begangen.

Gottesdienst und häusliche Feier

Rosch Chodesch wird in einem Monat mit 30 Tagen an zwei Tagen, nämlich am 30. des auslaufenden und am 1. des beginnenden Monats, begangen, während in einem Monat mit nur 29 Tagen lediglich am 1. des beginnenden Monats gefeiert wird. Liturgisch wird Rosch Chodesch wie ein Feiertag behandelt und hat entsprechend auch eine besondere Liturgie: Im Schacharit werden nach der Amida die Hallel-Tehillim eingefügt, das Gebet *Jaale we-javo* wird in der Amida und in der Birkat ha-Mason eingeschaltet, und es wird aus der Tora vorgelesen. Die Amida ist eine besondere Amida für Rosch Chodesch. Außerdem hat Rosch Chodesch traditionell ein eigenes Musaf-Gebet. Rosch Chodesch hat eine eigene Maftirlesung, wenn er auf Schabbat fällt (trad.: Num 28,1–15; lib.: Gen 1,14–19) und eine besondere Haftara (trad.: Jes 66,1–24, v23 wird am Ende wiederholt; lib.: Jes 66,10–23).

Tefillin

» Tefillin bei Hoschea S. 373

Hand- und Stirntefillin werden in der Tora öfter im Rahmen der Gebote beschrieben, so auch in dieser Parascha in Ex 13,9. Es ist interessant, dass die Tefillin an dieser Stelle als Erinnerungszeichen an den Auszug aus Mizrajim beschrieben werden und nicht allgemein an die Gebote. Eine prominente Erwähnung finden die Tefillin im Sch‘ma Jisrael (Dtn 6,8). Die jüdische Tradition entwickelte auf dieser Grundlage schon sehr früh (vgl. die Funde in Qumran) den Brauch, lederne Gebetsriemen herzustellen.

Halacha und Religionspraxis

Aus den Vorschriften von Ex 13,9 (und vor allem Dtn 6,8) geht das ‚Anlegen' der Tefillin hervor. Nach den Rabbinen werden die Tefillin morgens (in der Regel zum Morgengebet) außer an Schabbat und Festtagen gelegt. In konservativen Gemeinden werden Tefillin auch von Frauen gelegt.

Bestattung in Israel

Nach Ex 13,19 nimmt Mosche die Gebeine Josefs mit nach Kenaan.

Halacha und Religionspraxis

Auch heute wird vielfach von außerhalb Israels lebenden Juden der Wunsch geäußert, in Israel begraben zu sein. Dies drückt die Verbundenheit zum Land Israel aus, aber auch die Meinung, dass Erez Jisrael der Ort der messianischen Auferstehung sein wird.

Gottesdienst und häusliche Feier

Paraschat ha-Chodesch

Als eine besondere Parascha (als Maftir gelesen) wird Ex 12,1–20 an einem der Schabbatot vor Pesach eingeschaltet, am sogenannten Schabbat ha-Chodesch (siehe oben die Übersicht: Die vier besonderen Abschnitte (Arba Paraschijjot) / Schabbatot, S. 87). An diesem Schabbat wird entsprechend die Haftara gewählt und Ez 45,16 – 46,18 (aschkenasisch) bzw. Ez 45,18 – 46,16 (sefardisch) gelesen.

Haftara

Als Haftara wird zu dieser Parascha Jer 46,13–28 gelesen und damit die Worte Jirmejahus gegen Mizrajim zum Auszugsgeschehen in Beziehung gebracht.

» Weitere Themen: Beschneidung S. 41; Zählungen und Auflistungen S. 175; Rückbezüge auf die Tora S. 262; Geschichtsrückblick bei Micha S. 391

notabene: Der zweite Feiertag

Im traditionellen und orthodoxen Judentum ist es üblich, dass alle Feiertage – außer Jom Kippur – außerhalb Israels zwei Tage gefeiert werden. Eine Ausnahme bildet Rosch ha-Schana, das Neujahrsfest, das auch in Israel zwei Tage begangen wird. Der doppelte Feiertag basierte ursprünglich auf der Unsicherheit, ob man die Nachricht über den Neumond durch die Boten rechtzeitig erhalten hat, weshalb man dazu überging, den Feiertag sicherheitshalber zwei Tage hintereinander zu begehen. Diese Regelung gilt noch immer, obwohl es längst genaue astronomische Berechnungen gibt, wann Rosch Chodesch ist. Jedoch ist der zweite Feiertag im Judentum zum Brauch geworden, so dass man kaum Möglichkeiten sieht, diesen Brauch, der schon lange Bestand und eine eigene Liturgie entwickelt hat, einfach abzuschaffen. Dies hat z.B. an Pesach zur Konsequenz, dass der Sederabend an zwei Abenden hintereinander gefeiert und Pesach nicht sieben, sondern acht Tage lang begangen wird.

Im liberalen Judentum spielt der zweite Feiertag mit Ausnahme von Rosch ha-Schana keine Rolle mehr.

בשלח
Beschallach (Ex 13,17 – 17,16)

Leitfragen
- Wie viele Wunder umfasst das ‚Meerwunder'? Welche erzählerische Funktion haben hier die Verstockungsaussagen? Was meint die Erkenntnis Mizrajims?
- Weshalb wird nach dem Durchzug durch das Meer sofort von der Halsstarrigkeit des Volkes berichtet? Wo finden sich weitere ‚Murre'-Erzählungen? Welche Funktion haben sie?
- In welchen Kontexten ist in der Tora vom Sich-Verherrlichen Gottes bzw. von seiner Herrlichkeit (kavod) die Rede? Welche Bedeutung könnte dieses Motiv haben?
- Welche Rolle spielt Amaleq?

Inhalt
- Der Aufbruch
- Verfolgung durch Mizrajim
- Meerwunder
- Das Lied des Mosche
- Mara
- Das Man
- Massa und Meriva
- Krieg gegen Amaleq

(Schilf-)Meer-Überlieferung

» Rückbezüge auf die Tora S. 262

Das Schilfmeer (*jam suf*) lässt sich heute nicht mehr genau lokalisieren. Deshalb werden in der biblischen Forschung mehrere Auszugswege vorgeschlagen, die die Itinerare der Bibel erklären sollen.

Literarisch bringt die (Schilf-)Meer-Überlieferung die Plagen-Erzählungen zu ihrem Höhepunkt. Der Auszug Jisraels und damit die Trennung zwischen Jisrael und Mizrajim wird im (Schilf-)Meerereignis eindeutig besiegelt. Mit dem Durchzug durch das Meer wird das Volk Jisrael eine eigenständige Größe, die sich allein auf Gott verlassen muss. Hier erst beginnt der eigenständige Weg Jisraels. Erzählerisch führt er allerdings erst durch die Wüste, und erst in dieser ‚Vereinzelung Jisraels' erhält Jisrael die Gebote am Berg Sinai.

In der Bibel

In der Bibel wird auf die (Schilf-)Meer-Überlieferung immer wieder zurückgegriffen. Das Schilf (ohne Meer) spielt schon in der Geburtslegende Mosches eine Rolle (Ex 2,3.5). Das ‚Schilfmeer' wird bereits in Ex 10,19 im Zusammenhang mit der Heuschreckenplage erwähnt. In der eigentlichen Erzählung vom Meerwunder findet sich der Ausdruck allerdings lediglich in den Wegbeschreibungen (Ex 13,18; 15,22) sowie im Lied des Mosche (Ex 15,4), ansonsten vermeidet der Text diesen Ausdruck und spricht stattdessen vom ‚Meer'. Allerdings lässt der biblische Text Jisrael immer wieder in die Nähe des (eines?) Schilfmeeres gelangen (Num 14,25; 21,4; 33,10f.; Dtn 1,40; 2,1; 11,4; Jos 2,10; 4,23 u.ö.). Das Buch Melachim (1Kön 9,26) berichtet von der Flotte Schelomos in Ezjon-Gever, das bei Elat am Ufer des Schilfmeeres im Land Edom liegt.

Eine direkte Aufnahme des Meerwunder-Motives findet sich in Jos 3, wo die Jisraeliten trockenen Fußes durch den Jarden (Jordan) ziehen. Auf den Durchzug durch das Schilfmeer verweisen weiterhin Jos 2,10; 24,6–7; Ps 77,20–21; 78,13; 106,9; 136,13; Neh 9,9–10. Ps 105 kennt zwar die Plagen in Mizrajim, nicht jedoch die (Schilf-)Meer-Überlieferung.

In der jüdischen Tradition

In der jüdischen Tradition wird das Ereignis vom Meerwunder stark beachtet. Das zeigt bereits die Pesach-Haggada, in der wiederholt auf das Meerwunder hingewiesen wird. Eine Tradition berichtet davon, dass die Engel in der Nacht, als die Jisraeliten durchs Meer gingen, einen Lobpreis anstimmen wollten und von Gott dafür gerügt wurden, weil es nicht die Zeit sei zu lobpreisen, während seine Geschöpfe (die Ägypter) in Bedrängnis seien (ShemR 23,7). Ähnlich wird Mosche von Gott gerügt, weil er, als die Jisraeliten am Meer standen, lange im Gebet verweilte, statt seinen Stab zu erheben und übers Meer auszustrecken (bSot 37a). Nach einer anderen Tradition war es Binjamin, der als erster ins Meer stieg und deshalb damit belohnt wurde, dass auf seinem Territorium der Tempel gebaut werden sollte.

Jisraels Unzufriedenheit und Klagen

» Jisraels Unzufriedenheit S. 184; Qorach S. 191

Durch die Erzählungen vom Auszug und von der Wüstenwanderung zieht sich wie ein roter Faden das Motiv des Verzagens, Murrens und Klagens Jisraels angesichts widriger Umstände und die immer wiederkehrende Behauptung, in Mizrajim sei es besser gewesen. Damit wird bereits hier das Volk Jisrael als ein ‚störrisches' und ‚kleinmütiges' Volk charakterisiert, was später bei einigen der Propheten ein starkes Motiv sein wird. Die sog. ‚Murre-Geschichten' stehen in diametralem Gegensatz besonders zur Darstellung der Wüstenzeit im Buch Hoschea, das die Zeit in der Wüste als Zeit der ‚ersten Liebe' beschreibt (Hos 2,17), in der die Beziehung zwischen Volk und Gott noch intakt und das Vertrauen des Volkes noch ungebrochen war (vgl. unten bei Hoschea das Thema Geschichtsrückblicke, S. 372).

Beschallach (Ex 13,17 – 17,16)

Jisraels Klagen, Zetern und Lästern
- Das Erschrecken im Meer: Ex 14,10–12
- Das bittere Wasser von Mara: Ex 15,22–27
- Man und Wachteln: Ex 16,1–31; Num 11,4–34
- Massa und Meriva: Ex 17,1–7
- Das Stiergussbild: Ex 32
- Die Klagen des Volkes in Tavera: Num 11,1–3
- Die Gier des ‚Gesindels' nach Fleisch: Num 11,4–34 (vgl. auch Ex 16,1–31)
- Die Läster-Rede von Aharon und Mirjam gegen Mosche: Num 12,1–10
- Das Klagen angesichts der Landspäher: Num 13,30–14,19
- Das Aufstehen von Qorach, Datan und Aviram gegen Mosche: Num 16
- Die Wasser-Klage in der Wüste Zin (Meriva): Num 20,1–13. Hier werden auch Mosche und Aharon als ungläubig ausgewiesen (Num 20,12)
- Rede des Volkes auf der Wanderung vom Berg Hor: Num 21,4–9

Amaleq

» Amaleq S. 293

Nachdem Jisrael aus Mizrajim ausgezogen ist, ist Amaleq der erste Feind, der ihm entgegentritt und gegen den Jisrael kämpfen muss. Der Weg nach Kenaan wird von weiteren Kämpfen gegen Feinde geprägt sein (alle erst nach der Landspäher-Geschichte in der Phase der 40-jährigen Strafzeit; Num 14,41–45; 21,1–3.21–24.33–35; 22,2 – 24,20; 31,1–12; Dtn 1,42–44; 2,24 – 3,22).

In der Bibel
In der Bibel ist Amaleq der Feind par exellence. Der biblische Text spricht dabei an zwei Stellen in etwas kryptisch anmutender Formulierung vom ‚Auslöschen' der Erinnerung an Amaleq:
- *Und Gott sprach zu Mosche: Schreib dies zum Gedächtnis in das Buch (…), dass ich auslöschen will das Andenken Amaleqs unter dem Himmel.* (Ex 17,14)
- *Gedenke, was dir Amaleq getan auf dem Weg (…). Und wenn nun der Ewige, dein Gott, dir Ruhe gewährt (…), dann sollst du das Andenken Amaleqs auslöschen unter dem Himmel: Vergiss es nicht!* (Dtn 25,17–19)

Die jüdische Tradition hat diese Aufforderung in ganz eigener Weise eingelöst, indem die Amaleq-Texte in zwei Tora-Abschnitten sowie an Schabbat Sachor gelesen werden. Das ‚Auslöschen' des Andenkens an Amaleq wird hier zum performativen Sprechakt, der in regelmäßiger Wiederholung den biblischen ‚Angstgegner' besiegt.

Amaleq tritt nach dieser ersten Auseinandersetzung öfter gegen Jisrael an: Num 14,41–45; Ri 3,13; 6,33; 7,12; 1Sam 15,1–33; 27,8–9; 30,1–5.8–20; 1Chr 4,43.

In der jüdischen Tradition

In der jüdischen Tradition wird Amaleq als Prototyp des Feindes Jisraels herausgestellt und viele Feinde genealogisch auf ihn zurückgeführt. So soll auch Haman, der Agagiter (Est 3,1), direkt von den Amaleqitern abstammen (1Sam 15,32f.). Auch Rom wird mit Amaleq verglichen (ShemR 27,1).

Gottesdienst und häusliche Feier

Dem Erinnern an Amaleq ist eine der vier besonderen Paraschijjot gewidmet (siehe oben die Übersicht: Die vier besonderen Abschnitte (Arba Paraschijjot) / Schabbatot, S. 87): An Schabbat Sachor, dem Schabbat vor Purim, wird in einer besonderen Maftirlesung an Amaleq erinnert, jedoch wird nicht Ex 17,8–16 gelesen, sondern Dtn 25,17–19. Schabbat Sachor hat zudem eine besondere Haftara: traditionell 1Sam 15,2–34 (aschkenasisch) bzw. 1Sam 15,1–34 (sefardisch) bzw. 1Sam 30,1–18 (liberal).

Chorev

Nach Ex 3,1; 1Kön 19,8 (Chorev als Gottesberg) bzw. Ex 17,6; 33,6; Dtn 1,2.6.19; 4,10.15; 1Kön 8,9; Ps 106,19 u.ö. ist der Chorev als ‚Berg Gottes' nur ein anderer Name für den(selben) Berg Sinai. Textchronologisch ist aber auffällig, dass der Chorev schon in dieser Parascha erwähnt wird, bevor die Jisraeliten in Ex 19 zum Sinai gelangen (Ex 17,6), was einen Unterschied suggeriert. Im Buch Devarim wird wiederum nur von Chorev (wörtlich „Wüstenei") gesprochen, nicht vom „Berg Chorev". Dieser Ausdruck findet sich nur in Ex 33,6.

Schabbat

» Der siebte Tag S. 27; Schabbat S. 127; 131

Bereits in der Tora ist der Schabbat ein zentrales Thema und wird immer wieder – meist in seiner halachischen Ausprägung – behandelt. So wird in Ex 16,23 zum ersten Mal eine Verhaltensregel zum Schabbat herausgestellt. Im Zehnwort wird der Schabbat in den Mittelpunkt der Gebote gestellt (siehe unten S. 100).

Beschallach (Ex 13,17 – 17,16)

Halacha und Religionspraxis

In Ex 16,23 wird den Jisraeliten geboten, am Tag vor dem Schabbat bereits Nahrung zu sammeln. Darauf gründet sich die Halacha, dass alle Mahlzeiten für den Schabbat bereits am Vortrag gekocht werden müssen. Das Essen kann dann bis zum Gebrauch im Ofen oder auf einer warmen Platte während des Schabbat warm gehalten werden (weitere Vorschriften für Schabbat finden sich unten auf S. 127).

Gottesdienst und häusliche Feier

Moschelied

An wenigen Stellen werden in der Tora die Geschehnisse in Liedern gefasst. Das Mosche-Lied (Ex 15,1–19) und das Mirjam-Lied (Ex 15,21) besingen die Geschehnisse rund um das Meerwunder, das zuvor erzählend dargestellt worden ist.

Das Lied des Mosche (*as jaschir mosche…*; Ex 15,1–19) ist ein wichtiger Bestandteil der traditionellen Liturgie des Morgengebetes (Schacharit) und findet sich dort als Abschluss der Psalmenzitationen (Pesuqe de-Simra; am Wochentag: folgt Jischtabach; am Schabbat folgt Nischmat kol Chai). Das Lied des Mosche wird durch die Verse Ex 14,30–31 eingeleitet.

Mi chamocha (Ex 15,11): Die Unvergleichlichkeit Gottes wird innerhalb der Bibel häufiger bekannt; in der Liturgie fand Ex 15,11 Aufnahme in die Beracha nach dem Schᵉma Jisrael am Morgen (Geulla) (in Zusammenstellung mit Ex 15,18).

Adonai jimloch le-olam wa-ed (,Der Ewige wird regieren, immer und ewig'; Ex 15,18): Feststehende Formel, die in der Liturgie an zahlreichen Stellen Verwendung findet (z.B. in der Beracha nach dem Schᵉma oder im Alenu).

Qeriat ha-Tora

Zu Pesach wird am 7. Tag der Abschnitt Ex 13,17 – 15,26 gelesen, dabei wird das Lied Mosches (*schirat ha-jam*) in einer besonderen Vortragsweise kantilliert. Während es gesungen wird, steht die Gemeinde wie sonst nur noch beim Zehnwort. In der Torarolle ist das Lied Mosches in einer besonderen Art und Weise geschrieben.

Qeriat ha-Tora zu Purim

Der Abschnitt Ex 17,8–16 wird als Qeriat ha-Tora zu Purim gelesen.

Haftara

Als Haftara zu dieser Parascha wird Ri 4,4 – 5,31 (aschkenasisch) bzw. Ri 5,1–31 (sefardisch) gelesen (Devora und ihr Lied). Verbindendes Glied sind die Lieder, die nach einem Sieg angestimmt werden (Devora-Lied bzw. Moschelied). Der Schabbat wird nach dem Lied benannt, nicht nach dem Wochenabschnitt, und heißt deshalb ‚Schabbat Schira'.

» Weitere Themen: Übersicht Schabbat in der Bibel S. 101; Kriege S. 207; Der Kavod Gottes S. 109; 357; Jehoschua S. 262

יתרו

Jitro (Ex 18,1 – 20,26)

Leitfragen
- Welche Reformen schlägt Jitro vor? Wie wird Mosche in dieser Erzählung charakterisiert?
- Worin unterscheiden sich die beiden Versionen des Zehnwortes (Ex 20,2–17// Dtn 5,6–21)?
- Stellen Sie weitere Bibelstellen zusammen, in denen der Schabbat erwähnt wird. Welche Begründungen gibt die Tora für den Schabbat? Worin unterscheidet sich der Schabbat von anderen Festzeiten? Welche Bedeutung kann der Schabbat heute haben?

Inhalt
- Jitro und Mosche
- Die Richter
- Am Sinai: Vorbereitungen
- Erscheinung Gottes
- Das Zehnwort
- Vorschriften zum Altar

Jitro

Jitro (Jeter), auch Reuel genannt (Ex 2,18; Num 10,29), wird im Buch Schemot als midjanitischer Priester und Schwiegervater von Mosche vorgestellt (Ex 3,1; 4,18; 18,1–12). Er hat sieben Töchter. Eine von ihnen, Zippora, gibt er Mosche zur Frau zum Dank dafür, dass Mosche die Wasserrechte seiner Töchter am Brunnen gegenüber einheimischen Hirten verteidigt hat. Von diesem Zeitpunkt an übernimmt auch Mosche Hirtendienste für Jitro (Ex 2,21; 3,1). Nachdem Mosche seine Familie zeitweilig verlassen hat (obwohl er sie nach Ex 4,20 nach Mizrajim hatte mitnehmen wollen; vgl. aber Mechilta und Raschi ad loc.), sorgt Jitro in Ex 18,2 nicht nur für eine erneute Familienzusammenführung, sondern überdies für eine Umstrukturierung des Rechtssystems: Mosche soll Richter zu seiner Entlastung einsetzen (über je tausend, hundert, fünfzig und zehn). Lediglich die Kardinalfälle sollen ihm selbst unterstellt bleiben.

In der Bibel

Die im Buch Schemot erzählte Version der Einsetzung der Richter wird nach Dtn 1,9–17 als Rede des Mosche in der ersten Person erzählt, wobei der Schwiegervater und seine wichtige Rolle ganz übergangen wird. Im Buch Schoftim wird Jitro als Keniter vorgestellt (Ri 1,16), und nach Ri 4,11 wird sogar der bereits in Num 10,29 genannte Chovav als sein Schwiegervater eingeführt. Die traditionelle Auslegung hat unter Verweis auf Gen 4,22 die Bezeichnung ‚Keniter' als ‚Metallwerker, Schmied' verstanden, um Jitros ethnische Zugehörigkeit zu Midjan aufrechterhalten zu können.

In der jüdischen Tradition

Die positive Rolle, die Jitro in der biblischen Erzählung zugesprochen bekommt, wird in der rabbinischen Literatur nahezu in ihr Gegenteil verkehrt: Jitro (nach MekhY, Amaleq 1 heißt er auch Putiël; Ex 6,25) ist einer der Berater des Pharao. Nach ShemR 27,6 war es Jitro, der dem Pharao den Rat gab, alle männlichen Knaben in den Fluss zu werfen. Auch Jitros ‚Glaubensbekenntnis' in Ex 18,10f. wird nur eingeschränkt positiv verstanden. Im Midrasch gilt Jitro zwar als erster Konvertit zum Judentum (ShemR 1,32; bSan 106a), der den Glauben an Gott unter den Midjanitern bekannt machen wollte, auf der anderen Seite sieht man in ihm doch immer wieder den Götzendiener und grundlegenden Widersacher gegen Gott (MekhY, Amaleq 1). Dennoch sollte nicht vergessen werden, dass ausgerechnet die so wichtige Parascha, in der das Zehnwort formuliert wird, nach Jitro benannt ist.

Gegenwart Gottes

» Gotteserscheinungen S. 74; 229; 265; Der Kavod Gottes S. 109; 357

Die Gotteserscheinung am Sinai (Ex 19) wird als vulkanische Erscheinung (Dtn 4,11; 5,23) bzw. als Gewittererscheinung (Blitz; Donner; Gewölk) geschildert (Ri 5,5; Ps 68,9). Gott kann auch als Lichterscheinung dargestellt werden (Ex 24,15–18), die ebenfalls als ‚verzehrendes' Feuer gedeutet wird (Ex 24,17; Dtn 4,24; 5,2–4; 9,3; Jes 29,6; 30,27). Dtn 33,2 spricht von der Satzung, die im Feuer kam. Mosche erlebt Gott aber auch ganz leise als barmherziges Vorüberziehen in einer Wolke (Ex 34,5–8).

Als Feuersäule (nachts) und Wolkensäule (tagsüber) wird schließlich auch die Präsenz Gottes in seiner ‚Wohnung' (*mischkan*) geschildert (Ex 13,20–22; 14,19–25; 33,9f.; 40,34–38; Num 9,15–23; 14,14; Dtn 1,32f.; 31,15; Ps 78,14; 99,7; Neh 9,12.19).

Die Gotteserscheinung in Ex 19,16–25 zeichnet sich gegenüber den Gotteserscheinungen im Buch Bereschit dadurch aus, dass nun seine Präsenz als gefährdend hervorgehoben und betont wird, dass Wenige (z.B. Mosche und

Aharon) ihr standhalten können. Immer wieder wird betont, dass das Volk (und selbst die Priester) die Gegenwart Gottes nicht ertragen könnten und sterben müssten (Ex 33,20). Dieses Motiv klingt in der Bibel immer wieder an (Ex 33,20; 34,29–35; Jes 6,5 u.ö.).

In der Bibel
In der Bibel werden Gotteserscheinungen zumeist unabhängig von der Sinaioffenbarung geschildert, vor allem im Buch Tehillim und bei den Propheten. Jes 60,1–3 beschreibt Gottes Kommen im Licht, Hab 3,4–11 schildert das Licht und den Glanz, die Gott umgeben, aber auch seine Vorboten: Pest, Erdbeben, Überflutungen. Ps 50,2–3 beschreibt Gottes Erscheinen von Zijjon her in Feuer und Stürmen. Elijahu erlebt in 1Kön 19, dass Gott gerade nicht in Sturm und Erdbeben ist, sondern in einem sanften, leisen Wispern (*qol demama daqqa*), ein Aspekt, der an den hohen Feiertagen liturgisch beachtet wird.

Zehnwort

» Zehnwort S. 219; Erkenntnis Gottes bei Hoschea S. 371

Im Anschluss an die Gotteserscheinung auf dem Berg Sinai überliefert die Tora das Zehnwort (*Aseret ha-Dibberot*). Der Begriff ist von Ex 34,28, Dtn 4,13 und 10,4 hergeleitet, wo die zehn Worte (*Aseret ha-Devarim*) als Worte des Bundes vorgestellt werden.

Das Zehnwort wird an zwei Stellen überliefert: Ex 20,2–17 und Dtn 5,6–21. Sie unterscheiden sich in mehreren Punkten; die wichtigsten sind:

Das Zehnwort

1. Wort: Ex 20,1–2: *Da redete Gott alle diese Worte und sprach: Ich, der Ewige, bin dein Gott, der dich herausgeführt hat aus dem Land Mizrajim, aus dem Sklavenhaus.*
2. Wort: Ex 20,3–6: *Du sollst keine anderen Götter vor mir haben. Du sollst dir kein Bildnis machen (…).*
3. Wort: Ex 20,7: *Du sollst den Namen des Ewigen, deines Gottes, nicht zur Unwahrheit aussprechen (…).*
4. Wort: Ex 20,8–11: *Gedenke des Schabbattages, ihn zu heiligen (…).*
5. Wort: Ex 20,12: *Ehre deinen Vater und deine Mutter (…).*
6. Wort: Ex 20,13: *Du sollst nicht morden.*
7. Wort: Ex 20,13: *Du sollst nicht ehebrechen.*
8. Wort: Ex 20,13: *Du sollst nicht stehlen.*
9. Wort: Ex 20,13: *Du sollst nicht aussagen wider deinen Nächsten als falscher Zeuge.*
10. Wort: Ex 20,14: *Du sollst nicht begehren (…).*

Jitro (Ex 18,1 – 20,26)

- Das erste Zehnwort wird am Berg Sinai übergeben (Ex 19,18); beim zweiten Mal wird auf den wird auf den Berg (Deut 5,4; V. 2: Chorev) verwiesen.
- Die Begründung des vierten Gebotes (Schabbat) ist jeweils verschieden: Für das erste Zehnwort liegt die Begründung des Schabbat im Schöpfungswerk Gottes (Ex 20,8–11): Gott hat den Schabbat gesegnet und geheiligt, weil er an diesem Tag ruhte; hier wird der Schluss des ersten Schöpfungsberichtes (Gen 2,2f.) wieder aufgenommen. Das zweite Zehnwort erinnert hingegen an den Frondienst in Mizrajim und an die Herausführung durch Gott (Dtn 5,12–15).

Übersicht: Der Schabbat in der Bibel (Auswahl)

In der Tora

- Schöpfungsbericht (keine ausdrückliche Erwähnung und gesetzliche Einsetzung des Schabbat): Gen 1,31 – 2,3
- Man: Ex 16,22–31 (am Tag vor Schabbat soll eine doppelte Ration gesammelt werden)
- Erstes Zehnwort (Rückbindung des Schabbat an das 6-Tage-Schema der Schöpfung): Ex 20,8–11
- Feste: Ex 23,12; 34,21
- Schabbatruhe auch beim Bau des Heiligtums: Ex 31,12–17 (Schabbat als ‚ewiger Bund'); Ex 35,1–3
- Schabbat-Gebot im Zusammenhang mit der Ehrung der Eltern: Lev 19,3
- Schabbat als Teil der Feste Jisraels: Lev 23,1–3
- Schabbatruhe für das Land: Lev 25,2–7
- Übertretung des Schabbat: Num 15,32–36
- Zweites Zehnwort (Rückbindung des Schabbat an die Herausführung aus Mizrajim): Dtn 5,12–15

Schabbat außerhalb der Tora

- Handels- und Trageverbot am Schabbat: Jer 17,21–27
- Schabbat als Zeichen des Bundes (Ex 31,16), an den sich Jisrael allerdings nie gehalten hat: Ez 20,12f.20
- Vorwurf, dass Jisrael alles, was Gott heilig ist (Tempel; Schabbat) entweiht hat: Ez 22,8; 23,38
- Mahnung an die Priester, den Schabbat zu heiligen: Ez 44,24
- Prophetische Ermahnungen: Jer 17,19–27; Ez 44,24; Hos 2,13; Am 8,5 u.ö.
- Der Schabbat wird häufig parallel zur Neumondfeier (Rosch Chodesch) genannt, 2Kön 4,23; Jes 1,13; 66,23, Ez 46,1; Am 8,5
- Aufhören von Moed und Schabbat: Klgl 2,6 (vgl. die Drohworte in Jer 7,34; 16,9)
- Schabbatbestimmungen (Handelsverbot am Schabbat): Neh 10,32
- Anweisungen wegen Verletzung der Schabbatgebote: Neh 13,15–22, vgl. Jer 17

- Das erste Zehnwort ermahnt, des Schabbat zu gedenken: *Sachor* (Ex 20,8); das zweite Zehnwort fordert dazu auf, den Schabbat zu bewahren: *Schamor* (Dtn 5,12). Dem Midrasch zufolge wurden beide Gebotsversionen in einem Atemzug gleichzeitig gesagt (*bedibbur echad*).
- Beim Verbot des Begehrens stellt die Fassung im Buch Devarim die Frau des Nächsten betont an die Spitze der Auflistung der verschiedenen ‚Güter'.
- Hos 4,1f. enthält so etwas wie den ‚Ur-Dekalog', weil sich wichtige Gebote des Zehnwortes aus den in der prophetischen Kritik genannten Vergehen der Kinder Jisraels ergeben: *Hört, Kinder Jisrael, des Ewgen Wort (...). Befluchen, Leugnen, Morden, Stehlen und Ehebrecherei sind eingerissen, Blut reicht an Blut.*

In der jüdischen Tradition

Obgleich der einprägsame Begriff der ‚zehn Gebote' eine klare Gliederung suggeriert, hat es in der jüdischen wie auch in der späteren christlichen Tradition verschiedene Zählungen der einzelnen Worte/Sätze gegeben. Philo von Alexandrien (ca. 20 v.d.Z. – 49 n.d.Z.) kennt bereits die Zweiteilung von je fünf Geboten, die ersten fünf beziehen sich auf Gott, umfassen also die vertikale Dimension, die anderen fünf beziehen sich auf zwischenmenschliche Be-

---

Übersicht: Das Bild-Verbot in der Tora

Das Bild-Verbot findet sich innerhalb der Tora in unterschiedlichen Zusammenhängen; oftmals wird es alternativ zum oder auch gemeinsam mit dem Fremdgötter-Verbot formuliert. Die Götzenbildpolemik fand eine besondere Aufnahme im Buch Jeschajahu (Jes 44,17; 46,6; vgl. auch Jer 16,20). Im Buch Melachim (Chisqijjahu: 2Kön 18; Joschijjahu: 2Kön 22–23) erfahren wir darüber hinaus auch etwas über die Entwicklung des israelitischen Kultes und die Auseinandersetzung mit kultischen (Bild-)Elementen aus den Umweltkulturen:

- Zehnwort: Verbot eines (geschnitzten) Bildes (*pesel*) und einer (Götter-)Figur (*temuna*): Ex 20,4f.; Dtn 5,8f. (vgl. auch Jes 40,19; 44,10)
- Verbot, Götter aus Silber und Gold (*elohe chesef welohe sahav*) anzufertigen: Ex 20,23
- Verbot fremder Gussbild-Götter (*elohe massecha*): Ex 34,17; Lev 19,4
- Verbot eines (geschnitzten) Bildes (*pesel*) und einer steinernen Kultsäule (*mazzeva*): Lev 26,1
- Verbot eines Kultpfahles (*aschera*) und einer steinernen Kultsäule (*mazzeva*): Dtn 16,21f.
- Verbot jedweder Kultstatue, (Götter-)Figur (*temuna*) oder eines (geschnitzten) Bildes (*pesel*): Dtn 4,16–25
- Fluch über die Herstellung eines (geschnitzten) Bildes (*pesel*) und eines Gussbildes (*massecha*): Dtn 27,15

ziehungen. In Philos Zählung bildet das Fremdgötterverbot das erste und das Bilderverbot das zweite Gebot. Nach der hebräischen Zählung werden nicht ‚Gebote', sondern ‚Worte' (*devarim*) zusammengefasst, wie schon Ramban (1194–1270) in einer polemischen Ausführung gegen die christlichen Theologen zu erwidern weiß (*Torat ha-Schem Temima*, ed. Chavel, 2002, S. 151). Das erste wird aus der Selbstvorstellung Gottes gebildet, das Fremdgötter- und Bilderverbot bilden zusammen das zweite Wort. Das dritte ist das Verbot des Missbrauchs des göttlichen Namens. Um auf zehn Worte zu kommen, wird das zweifach ausgestaltete Verbot des Begehrens der Güter des Mitmenschen zu einem zusammengefasst. Diese Zählung ist die des traditionellen Judentums bis heute (vgl. auch die Übersetzungen im Exodus-Kommentar Benno Jacobs und die Übersetzung von Buber-Rosenzweig). Jaaqov ben Ascher (Ba'al ha-Turim) lässt den Leser wissen (Kommentar zu Ex 20,14), dass das Zehnwort aus insgesamt 620 Buchstaben besteht (613 für die Mizwot und 7 für die noachidischen Gebote, siehe S. 33).

Halacha und Religionspraxis

Aus dem in dieser Parascha enthaltenen Zehnwort ergeben sich auch die entsprechenden Gebote, die in der halachischen Diskussion präzisiert und kasuistisch differenziert worden sind:

- Das Gebot, an Gott zu glauben (Ex 20,2–3).
- Verschiedene Verbote des Götzendienstes (Ex 20,3–4; 20,5; vgl. auch Ex 23,13).
- Das Verbot, den Namen Gottes auszusprechen (Ex 20,7; Lev 19,12). Daraus fordert die spätere Halacha, überhaupt nie im Namen Gottes etwas zu schwören noch Gottes Namen vergeblich zu nennen. Man vermeidet es darüber hinaus, den (hebräischen) vierbuchstabigen Namen in profanen Schriften zu drucken oder in alltäglichen Gesprächen zu nennen. Wenn man über Gott außerhalb des Gebetes oder Torastudiums spricht, sagt man *ha-schem* (‚der Name'). Da die jüdische Tradition die hebräische Bezeichnung *elohim* (‚Gott') als einen weiteren Eigennamen Gottes gedeutet hat, vermeiden es manche Traditionelle, auch dieses Wort in alltäglichen Zusammenhängen auszusprechen oder zu schreiben und sagen/schreiben stattdessen *eloqim* oder schreiben es mit *dalet* statt mit *he*. Hieraus hat sich der Brauch entwickelt, auch nicht ‚Gott' zu schreiben, sondern ‚G'tt'.
- Das Gebot, des Schabbats zu gedenken (Ex 20,8), zusammen mit dem Verbot, am Schabbat ein Werk zu verrichten (Ex 20,10). Aus der Doppelung von *sachor* und *schamor* ergab sich in der jüdischen Tradition eine von vielen Erklärungen für den Brauch, zur Heiligung des Schabbat mindestens zwei Kerzen anzuzünden. Aus der Aufforderung *sachor* (Ex 20,8) folgerten die Rabbinen, dass sowohl Freitagabend als auch am Schabbat-

morgen Qiddusch gemacht werden soll, um dadurch den Tag zu heiligen (bPes 106a). Die Rabbinen leiteten von diesem Vers auch ab, dass man die Tage der Woche nach dem Schabbat zählen soll, der Sonntag als erster Tag nach dem Schabbat, der Montag als zweiter etc., so dass auch die Tage der Woche indirekt auf den Schabbat verweisen.

- Das Gebot, die Eltern zu ehren (Ex 20,12; Lev 19,3). Die Ehrung der Eltern (Ex 20,12) bedeutet, für ihre nötige physische und finanzielle Unterstützung zu sorgen (bQid 31a–b). Kindern ist es jedoch nicht erlaubt, die Halacha zu brechen, um einem Wunsch der Eltern zu entsprechen (bYev 5b).
- Das Verbot zu morden (Ex 20,13).
- Das Verbot des Ehebruchs (Ex 20,13).
- Das Verbot des Diebstahls (Ex 20,13).
- Das Verbot, falsches Zeugnis abzulegen (Ex 20,13).
- Das Verbot des Begehrens (Ex 20,14).

Gottesdienst und häusliche Feier
In der Liturgie der Antike vom 1. Jh. v.d.Z. bis 1. Jh. d.Z. waren die Zehn Worte eine Zeitlang liturgisch so wichtig wie das Schᵉma. In Qumran fand man Tefillin mit dem Text der Aseret ha-Dibberot und dem Text des Schᵉma. Nach mTam V,1 waren die Aseret ha-Dibberot zur Zeit des Zweiten Tempels ein fester Bestandteil der täglichen Liturgie (vor dem Schᵉma). Spätestens in tannaitischer Zeit wurde dieser Text ‚wegen der Behauptungen der Häretiker' (der frühen Christen?) aus der täglichen Gebetsliturgie herausgenommen (bBer 12a; yBer 1,4), um nicht dem Glauben Vorschub zu leisten, es käme nur auf diese zehn Gebote an, wie es die Christen lehr(t)en.

Altarbau

» Tempel Schelomos S. 306; Heilighaltung des Tempels S. 181

Auch wenn die Errichtung des Heiligtums erst in Par. Teruma folgt, hat diese Parascha einen Abschnitt am Ende, der sich allgemein auf den Bau eines Altars bezieht. Danach soll der Altar aus unbehauenen Steinen erbaut werden, und die Priester dürfen nicht auf Stufen zum Altar hochgehen (Ex 20,22f.).

Gottesdienst und häusliche Feier

Qeriat ha-Tora
Ex 19,1 – 20,23 (Paraschat Jitro Ende) ist der Text, der an Schavuot als Qeriat ha-Tora gelesen wird. Während der Lesung des Zehnwortes steht die Gemeinde – wie sonst nur noch beim Schirat ha-Jam. Es gibt eine beson-

dere Vortragsweise für diesen Text; er hat zwei Kantillationen, eine ‚obere' (*taam eljon*), in der jedes Gebot einen Satz bildet, unabhängig davon, wie lang oder kurz das Gebot ist. Sefardim benutzen den *taam eljon* für den gottesdienstlichen Vortrag des Textes, Aschkenasim wählen sie für den Vortrag an Schavuot. Die ‚untere' Kantillation (*taam tachton*), in der lange Gebote aus mehreren Sätzen bestehen und mehrere kurze zu einem Satz zusammengefasst werden, also die Verse etwa gleich lang sind, erklingt bei Sefardim, wenn der Text privat studiert wird, bei Aschkenasim als Lesung an Schabbat Jitro. In traditionellen Bibelausgaben sind oft beide Teamim gleichzeitig über und unter den Worten gedruckt.

Qiddusch
Die Verse Ex 20,8–11 sind der zweite Teil des Qiddusch für den Schabbat-Tag. Den ersten Teil bilden die Verse Ex 31,16–17 (Paraschat Ki Tissa).

Haftara
Als Haftara wird zu dieser Parascha Jes 6,1 – 7,6; 9,5–6 bzw. sefardisch: Jes 6,1–13 gelesen. Beiden Texten ist die Gotteserscheinung gemeinsam.

» Weitere Themen: Gotteserscheinungen S. 74; 229; 265; Richter S. 216; 272

משפטים
Mischpatim (Ex 21,1 – 24,18)

Leitfragen
- Folgen die Gesetze einer sachlichen Logik? Besteht ein Unterschied zwischen einem hebräischen und einem nicht-hebräischen Sklaven? Wo finden sich weitere/andere Gesetze zur Sklavenfreilassung? Welche prophetische Überlieferung setzt zumindest sachlich Teile der hier genannten Rechtstraditionen als bekannt voraus?
- Welche Feste werden genannt? Wann werden sie gefeiert? Welche Bezeichnungen haben sie?
- Worüber wird in diesem Abschnitt ein Bund geschlossen? Wer sind die Bundespartner? Gibt es Bundeszeichen? Welche Funktion hat der Ritus der Blutsprengung?

Inhalt
- Sklaven
- Verletzung von Mensch und Tier
- Viehdiebstahl
- Weitere Schäden
- Verführung eines Mädchens
- Todeswürdige Vergehen
- Schutz des Fremden, der Witwen und der Armen
- Erstlingsfrüchte und -geburt
- Verhalten gegenüber dem Feind
- Schabbat und Feste
- Anweisungen für Kenaan
- Vorbereitungen für die Berit
- Mosche auf dem Sinai: die Berit

Gebote

In der Tora finden sich 613 Mizwot (248 Ge- sowie 365 Verbote). Diese Zahl der Gebote stammt aus der jüdischen Tradition (bMak 23b u.ö.). De facto gibt es viel mehr Gesetze in der Tora. Welche Ge- und Verbote im Einzelnen zu den 613 Geboten gezählt werden, ist seit Maimonides im Sefer ha-Mizwot festgelegt.

In der Bibel
Die Gesetze werden in unterschiedliche Kategorien eingeteilt, die jedoch in der Tora nicht immer deutlich voneinander geschieden sind:
- Rechtssätze (*mischpatim*): Ex 21,1 – 23,19. Mischpatim sind kurze und prägnante kasuistische Rechtsformulare. Daher zählen Mischpatim in der jüdischen Tradition zu denjenigen Geboten, die aufgrund eines logischen Urteils zustande kommen und die der Mensch mit seinem Verstand nachvollziehen kann. Als Mischpatim gelten der jüdischen Tradition alle

Gesetze, die sich auch ohne die Gabe der Tora durchgesetzt hätten (z.B. Gesetze zum Schutz der sozial Schwachen; Körperverletzung; Diebstahl).
- Festgesetzte Anordnungen (Sg. *choq*; Pl. *chuqqim*; bzw. *chuqqa*; Pl. *chuqqot*): Ex 29,28; Dtn 5,28; Dtn 6,1. Nach traditioneller Auffassung sind Chuqqim jene Satzungen, die nicht mit dem menschlichen Verstand hinterfragt oder erklärt werden können (und sollen). Das klassische Beispiel eines *choq* ist die Veränderung des Status ritueller Rein- bzw. Unreinheit eines Menschen innerhalb der Anweisung zur Herstellung der Asche der roten Kuh (*para aduma*; Num 19), das Verbot, Mischgewebe zu tragen (*schaatnes*; Lev 19,19; nach Dtn 22,11: Wolle und Leinen) oder der Bock für Asasel (weitere Beispiele finden sich z.B. in bYom 67b). Der entscheidende Aspekt bei einem Choq ist seine Unveränderlichkeit: ein Choq ist eine Anordnung, die sich nicht ändert, unabhängig davon, wie der Mensch sich zu ihr verhält (vgl. auch das Neuhebräische, das den Begriff ‚Naturgesetze' mit *chuqqe ha-teva* ausdrückt). Auch die in Paraschat Emor erwähnten Feiertage (Lev 23,14.21.31.41) gelten als Chuqqot, die sich als feste kalendarische Größe jedes Jahr wiederholen (Ex 12,24–27). In Num 19 wird daher nicht die Herstellung der Asche und des Reinigungswassers als Choq bezeichnet (es ist eine Tora!), sondern die Bestimmung, dass man sich an einem Toten rituell verunreinigt. Diese Bestimmung besteht bis heute unveränderlich fort (zum Ganzen vgl. auch unten Thema Rote Kuh, S. 194).
- Mahnzeichen (*edot*): Dtn 4,45; 6,20; 1Kön 2,3. Edot sind kultische Verordnungen, die in ihrer Begründung zumeist an ein geschichtliches Ereignis angebunden werden, wie beispielsweise die Gesetze zu Pesach.

Übersicht: Rechtssammlungen in der Tora
- Zwei Tafeln im Zehnwort: Die erste Tafel mit privilegrechtlichen Formulierungen (Fremdgötter- und Bilderverbot; Namensmissbrauch und Schabbat), die zweite mit sozialen und gesellschaftlichen Bestimmungen
- Das Buch des Bundes (*Sefer ha-Berit*): Ex 24,7; Ex 20,22–23,33. Im Zentrum steht hier das Altargesetz (Ex 20,22f.)
- Gesetze zum Bau und zur Ausstattung von Heiligtum/Wohnung sowie Priestergesetze: Ex 25 – Num 10,10 (Unterbrechungen lediglich in Lev 10; Num 1f.)
- Das sog. ‚Heiligungs-/Heiligkeitsgesetz': Lev 17 – 26
- Sammlung von *chuqqim* und *mischpatim* vor dem Eintritt in das Land: Dtn 12 – 26, sog. ‚Deuteronomistisches Gesetz'

In der jüdischen Tradition

Die biblisch-talmudischen Mischpatim ähneln dem griechischen Konzept der Naturgesetze, und so unterschied R. Saadja ha-Gaon zwischen rational fassbaren Gesetzen (*sichlijjot*) und geoffenbarten Gesetzen (*schimmijjot*). Diese Definition ist auch von R. Abraham Ibn Esra (langer Ex-Kommentar 20) und R. Dawid Qimchi (Kommentar zu Gen 26,5) übernommen worden. Nach R. Dawid Qimchi sind die rational fassbaren Gebote (*mizwot ha-sechel*) solche, die allen bekannt gemacht wurden (*mefursamot*), darunter fallen auch die sieben noachidischen Gebote.

Rechtsgattungen

- kasuistisches Recht (,Wenn … dann'): enthält eine Protasis (Vordersatz) und Apodosis (Nachsatz mit einer entsprechenden Bestimmung zur Rechtsfolge). Sitz im Leben: Torgerichtsbarkeit (Ex 21,6)
- apodiktisches Recht (Reihenbildung), 1. Pers. ICH (Gott) an DU (Volk)
- Ius talionis (,Auge um Auge'): beinhaltet die finanzielle Kompensation für den körperlichen Schaden (vgl. unten das Thema Schadenersatz, S. 112)

Todesstrafe

Es werden eine ganze Reihe von Vergehen aufgelistet, die mit dem Tod bestraft werden sollen, so u.a. Mord und Totschlag (sog. ,Mot-Jumat-Sätze': Gen 26,11; Ex 19,12; 21,12.15–18; 31,14 u.ö.), Schlagen der Eltern (Ex 21,15), Menschenraub (Ex 21,16), Verfluchen der Eltern (Ex 21,17).

Die Todesstrafe wurde nur solange vollstreckt, als es einen Tempel gab. Bereits in rabbinischer Zeit war die Todesstrafe faktisch abgeschafft oder theoretisch durch Erschwerung der Beweisführung absichtlich verunmöglicht. Die mittelalterlichen Gemeinden hatten als Strafmöglichkeit nur, den *Cherem*, den Bann, auszusprechen. Er konnte allenfalls einen ,wirtschaftlichen Tod' bedeuten.

Das israelische Gesetz kennt die Todesstrafe, die im Fall Adolf Eichmanns angewandt wurde, der 1962 wegen Verbrechen gegen das Jüdische Volk hingerichtet wurde. Es war die einzige Hinrichtung, die je in der Geschichte des Staates Israel vollstreckt wurde.

Mischpatim (Ex 21,1 – 24,18)

Der Kavod Gottes

» Gotteserscheinungen S. 74; 229; 265; Gegenwart Gottes S. 99; Der Kavod Gottes bei Jechesqel S. 357

In der Bibel wird eine besondere Darstellung der Erscheinungen Gottes durch den *kavod* Gottes, die sog. Herrlichkeit, ausgedrückt. Der *kavod* ist ein besonderer Ausdruck für die (irdische) Gegenwart Gottes. Er erscheint in Situationen, die für Jisraels Geschichte nachhaltig wichtig sind, wie beispielsweise bei der Einweihung des Wüstenheiligtums (Mischkan: Ex 40,34) oder der Initialisierung des Opferkultes (Lev 9,23).

In der jüdischen Tradition

In der jüdischen Tradition ist Gott als *schechina* bzw. als *kavod* präsent. Bereits der aramäische Targum empfand die konkrete Beschreibung der Anwesenheit Gottes als anstößig und zu anthropomorph und umschreibt die Präsenz Gottes mit unterschiedlichen Wendungen. Diese Konzeption erfährt in der mittelalterlichen jüdischen Philosophie eine entscheidende Wendung: Der *kavod* galt zwar weiterhin als Offenbarung Gottes, allerdings wurde sie bei einigen der Philosophen als geschöpfliche Offenbarung vorgestellt, die sich wesentlich von Gott selbst unterschied. R. Sa'adia Gaon definierte als erster

---

Der *kavod* in der Bibel

- Der *kavod* erscheint den ‚murrenden Jisraeliten': Ex 16,10.
- Der *kavod* auf dem Sinai: Ex 24,12–18.
- Der *kavod* als ‚Gesicht' (*panim*) Gottes: Ex 33,18–23.
- Der *kavod* erscheint bei der Einweihung der Wohnung (Heiligtum): Ex 40,34f. (vgl. auch Jes 4,5); Ez 10,4f. 18–22; 43,4f.; 44,4.
- Der *kavod* erscheint bei der Einrichtung des Opferdienstes: Lev 9,6.23.
- Der *kavod* im Tempel: 1Kön 8,10f./ 2Chr 5,14; 7,1–3.
- Jes 6,3–5 schildert die Schau des ‚Königs' in der Berufungsvision des Propheten Jeschajahu als Lobpreisung des göttlichen *kavod* im bekannten ‚Dreimal-Heilig' der Serafim: *Und einer rief dem anderen zu und sprach: ‚Heilig, heilig, heilig ist JHWH Zeva'ot – das, was die ganze Erde erfüllt, ist sein Kavod.'* (vgl. Jes 6,3–5).
- Der *kavod* erscheint außerhalb des Tempels: Ez 1,26–28; 3,12f.23.
- Der *kavod* in der Schöpfung: Ps 104,31.
- Der *kavod* erscheint, nachdem das Volk murrte oder aufmüpfig war: Ex 16,10–12; Num 14,10; 16,19; 17,7; 20,6; oder um Jisrael (nach der Bestrafung für seine Sünden) aus dem Exil zu holen, Jes 40,5; 58,8; 60,1.
- Auszug des *kavod* aus dem Tempel und sein endzeitlicher Wiedereinzug: Ez 9–11; 43.
- Der *kavod* am Ende der Zeit: Hab 2,14.

den *kavod* als geschöpfliche Lichterscheinung, eine Art Engel, die sich den Propheten gezeigt habe. Er argumentierte, dass die anthropomorphen Beschreibungen der Bibel nicht Gott selbst meinen könnten, da Gott sowohl unsichtbar als auch unkörperlich und demnach als mit seinen visuellen Offenbarungen auch nicht identisch vorzustellen sei. Andere, wie R. Avraham ibn Esra, entwickelten eine andere, aus dem Neuplatonismus stammende Vorstellung, wonach der *kavod* als eine aus dem Schöpfer emanierte Größe vorgestellt wurde. Danach blieb seine göttliche Natur erhalten, wenn auch in verringerter Potenz.

Bund

» Bund S. 30; 125; 218; 251; 336; 410; Versammlung in Schechem S. 269

Mit dem Bund am Sinai zwischen Gott und dem Volk Jisrael kommt der Auszug aus Mizrajim und die Wüstenwanderung erzählerisch zu seinem ersten Ziel. Ist mit dem Auszug aus Mizrajim und der Wanderung bis zum Berg Sinai die Voraussetzung geschaffen, nämlich die Trennung von anderen und die ‚physische' Einheit zu einem Volk, so wird nun durch die Gesetzgebung, angefangen beim Zehnwort, das ‚geistige' Fundament für dieses Volk gelegt: Gott erklärt sich als Herr dieses Volkes, das Volk nimmt umgekehrt diese Eigentumserklärung an (Jisrael als ‚Eigentum' Gottes: *segulla*; Jisrael als ‚heiliges Volk': *goj qadosch* und ‚Königreich von Priestern': *mamlechet kohanim*), um auch die gebotenen Gesetze einzuhalten. Literarisch wird dieser Bund zweigeteilt beschrieben: Der Sinaibund (Erinnerung an die großen Taten Gottes in Mizrajim, Jisrael als ‚Eigentum' Gottes, Ex 19,3–6; vgl. auch Ex 34) und der 12-Stämme-Bund (Mosche legt die Gesetzgebung vor, das Volk nimmt die Vorschriften an und Mosche besiegelt den Bund mit ‚Bundesblut', Ex 24,1–11).

Kaschrut

» Kaschrut S. 62; 142; Koschere Tiere S. 231; Schächten S. 230

Die Gebote, die die Kaschrut betreffen, werden in dieser Parascha um die des Verbots, vom Fleisch eines zerrissenen Tieres zu genießen, sowie um das Verbot, Milch und Fleisch zu vermengen, erweitert (Ex 22,30; 23,19; vgl. auch Ex 34,26 und Dtn 14,21). Nach Ex 22,30 muss Fleisch von einem gerissenen Tier (*terefa* ‚treife') den Hunden vorgeworfen werden. Die Bestimmung in Lev 7,24 schreibt darüber hinaus vor, dass das Fett eines verendeten oder zerrissenen Tieres für alles Mögliche verwertet und verwendet, aber keinesfalls gegessen werden dürfe. Wer es doch (versehentlich) tut, nimmt

Mischpatim (Ex 21,1 – 24,18)

einen Kleiderwechsel und ein Bad in der Miqwe vor, er ist unrein bis zum Abend (Lev 17,15; 22,8).

Der Prophet Jechesqel, der von Gott aufgefordert wird, unreine Speisen zu sich zu nehmen, verweist darauf, dass er als Priester niemals Fleisch von verendeten oder zerrissenen Tieren und nie verdorbenes Fleisch gegessen habe (Ez 4,14; vgl. auch Ez 44,31).

Halacha und Religionspraxis
Bereits aus diesen Bestimmungen zur Kaschrut entwickelten die Rabbinen ein sehr differenziertes System, das das angemessene Schächten eines Tieres sowie die Regeln zur Trennung von Milchigem und Fleischigem umfassen.

Milchig - Fleischig: ein Witz

Sagt Gott: „(…) und bedenke, Mosche, Koche nie das Böcklein in der Milch seiner Mutter."

Mosche: „Ohhhh! Du sagst also, man soll milchig und fleischig nie zusammen essen?"

Gott: „ Nein, was ich sage, ist, dass man das Böcklein nie in der Milch seiner Mutter kochen darf."

Mosche: „Vergib, Ewiger, mir meine Ignoranz. Du sagst also, dass wir sechs Stunden nach dem Genuss von Fleisch warten sollen, bis wir milchig essen, damit beides nicht gleichzeitig im Magen ist?"

Gott: „Nein, Mosche, hör doch zu! Ich sage, koche niemals das Böcklein in der Milch seiner Mutter."

Mosche: „Ewiger, richte mich nicht für meine Dummheit. Du meinst, wir sollen separates Geschirr für Milchiges und Fleischiges haben? Und wenn wir einen Fehler machen, sollen wir das Geschirr draußen zerschlagen?"

Gott: „Mosche, mach doch, was du willst!"

Rechtsprechung / Gericht

Einige Gebote dieser Parascha beziehen sich auf eine gerechte Rechtsprechung, die auch den Unschuldigen vor Fehlurteilen schützen soll (Ex 21,1; 23,1–3.6–8;). Ähnliche Mizwot werden auch in Paraschat Qedoschim im Buch Wajjiqra vorgestellt: Lev 19,15.

Sklaven

» Sklaven S. 170

In dieser Parascha werden einige Gebote genannt, die den Umgang mit einem hebräischen Sklaven bzw. einer hebräischen Magd regeln (Ex 21,2; 21,7–11).

Dabei ist die Unterscheidung zwischen hebräischen und nicht-hebräischen Sklaven wichtig, da dies Auswirkungen auf den Status der Sklaven hat.

Ehe

》 Siehe auch notabene: Ehe S. 107

In Ex 21,10 heißt es, ein Mann darf seiner Frau keine Nahrung, Kleidung oder Geschenke vorenthalten. Dem jüdischen Gesetz zufolge schließt das auch das Recht für die Frau auf sexuelle Befriedigung in einer Ehe ein (mKet V,6–7).

Schadenersatz

Es werden die Fälle aufgelistet, die Schadenersatz erfordern, so etwa die Verletzung eines Menschen oder der Schaden, den Tiere anrichten (Ex 21,18f.; 21,28; 21,29.33f.). Es kann nicht genug betont werden, dass mit dem in diesem Zusammenhang formulierten Satz *ajin tachat ajin* (*Auge um Auge…*), oftmals missverstanden als unbarmherziges Prinzip der Wiedervergeltung, keine strafrechtliche Leibesverstümmelung gemeint ist, sondern finanzielle Kompensation für den körperlichen Schaden (so schon in der rabbinischen Literatur ebenso wie bei den nachfolgenden jüdischen Exegeten wie Saadja ha-Gaon; Raschi; Ibn Esra u.a.).

Soziale Gesetze

》 Soziale Gesetze S. 158; Eigentum S. 239

In dieser Parascha werden eine ganze Reihe von unterschiedlichen Geboten erwähnt, die das gesellschaftliche Zusammenleben regeln sollen, so z.B. die Rücksichtnahme auf Witwen und Waisen (Ex 22,21f.), der besondere Schutz des Armen (Ex 22,24) sowie die Mäßigung in der Zinsnahme (Ex 22,24), Gesetze, die vor allem auch im Buch Devarim eine große Rolle spielen.

Gottesdienst und häusliche Feier

Qeriat ha-Tora

Aus dieser Parascha wird als Toralesung der Abschnitt Ex 22,24 – 23,19 zum zweiten Tag Chol ha-Moed Pesach gewählt.

Teruma (Ex 25,1 – 27,19)

Haftara

Als Haftara wird zu dieser Parascha – wegen des gemeinsamen Themas der Sklavenbehandlung – Jer 34,8–22 und 33,25–26 gelesen.

» Weitere Themen: Biblische Feste S. 162; Schabbat- und Joveljahr S. 168; Zufluchtsstädte S. 210; 268; Richter S. 216; 272; Magie und Zauberei S. 237; Übersicht Schabbat in der Bibel S. 101; Übersicht Biblische Feste S. 163

תרומה
Teruma (Ex 25,1 – 27,19)

Leitfragen

- Welche Funktion hat die Wohnung? Wo genau möchte Gott ‚wohnen'?
- Welche Gegenstände gibt es im und am Heiligtum? Welche sachliche Logik liegt in der Wahl der Materialien und der Reihenfolge, in der sie im Erzählablauf Erwähnung finden?
- Vergleichen Sie die hier für die Wohnung festgesetzten Einrichtungsgegenstände mit den kultischen Objekten im Tempel Schelomos (1 Kön 6 – 8). Gibt es Unterschiede? Fehlen manche?

Inhalt

- Abgaben für das Heiligtum
- Der Kasten (*aron*)
- Tisch der Brote des Angesichts
- Die Menora
- Die Wohnung
- Altar des Aufstiegsopfers
- Der Vorhof der Wohnung

Heiligtum

» Heiligtum S. 130; Tempelbau und Einweihung S. 306

Unmittelbar im Anschluss an die Erzählung vom Bund am Sinai wird berichtet, dass das Volk aufgefordert ist, unterschiedliche Materialien als Abgabe zusammenzutragen (Ex 25,1–9), um ein Heiligtum für Gott zu bauen, damit er ‚unter ihnen wohnen' kann (Ex 25,8). Daran schließt sich eine genaue Beschreibung des Heiligtums an (Ex 25,10 – 27,19), die sich in Ex 36,8 – 38,20 als Beschreibung der Ausführung der Arbeiten (allerdings in umgekehrter Reihenfolge) wiederholt. Das Heiligtum (manchmal auch als ‚Stiftshütte' bezeichnet) wird als tragbares Heiligtum beschrieben, das die Jisraeliten auf ihrer Wanderung durch die Wüste mitnehmen können. Die zwölf Stämme sowie die Priester und Lewiten lagern um das Heiligtum nach einer festgelegten Ordnung (Num 2,1–34, siehe unten das Thema Anordnung des Lagers, S. 176), das Heiligtum wird also in der Mitte des Lagers errichtet.

Die wichtigsten Elemente des Heiligtums

Der Vorhof (*chazar ha-mischkan*: Ex 27,9–19)
- Vorhänge, Säulen, Kupfersockel, Querlatten

Der ‚Brandopferaltar' (*misbeach, misbach ha-ola*: Ex 27,1–8; vgl. auch Par. Wajjiqra)
- Vier Höcker, aus Kupfer, Netzgitter, Ringe und Stangen zum Tragen

Das Heiligtum (*miqdasch, mischkan*: Ex 26,1–30)
- Zelttücher, Ziegenhaardecke, Bretter aus Akazienholz, Silbersockel, Querlatten, Überzug mit Gold

Der Kasten (*aron*: Ex 25,10–22)
- Akazienholz, Überzug mit Gold, Ringe und Stangen zum Tragen. Innen die Urkunden des Bundes, der Deckel (*kapporet*) aus Gold, darauf die zwei Keruvim. Hier: Erscheinungsort Gottes

Der Vorhang (*parochet*: Ex 26,31–37)
- Purpur, Karmesin, gezwirnter Byssus. Trennt das Allerheiligste im Heiligtum ab

Tisch für die Brote des Angesichts (*schulchan lechem panim*: Ex 25,23–30)
- Akazienholz, Überzug mit Gold, Goldleisten, Ringe und Stangen zum Tragen. Dazu: Schüsseln, Schalen, Kannen, Krüge

Der Leuchter (*menora*: Ex 25,31–40)
- Pures Gold, Schaft, 6 Arme, Kelche, Knospen und Blüten, 7 Lampen

Der Räucheralter (*misbeach miqtar qetoret*: Ex 30,1–10)
- Akazienholz, vier Höcker, Überzug mit Gold, Goldleiste ringsum, Ringe und Stangen zum Tragen.

Der Text stellt für das Heiligtum zwei hebräische Begriffe zur Verfügung: *miqdasch* (Heiligtum: Ex 25,8) und *mischkan* (Wohnung: Ex 25,9; 26,1). Davon zu unterscheiden ist der sog. Ohel Moed (Zelt der Zusammenkunft: Ex 31,7; 33,7; vgl. aber Ex 40,2.34f.), das als Begegnungsort für Mosche mit Gott vorgesehen ist und außerhalb des Lagers steht. Hier werden keine Opfer dargebracht.

In der Bibel

Nach der Darstellung im Buch Jehoschua wird das (tragbare) Heiligtum unter Jehoschua in Schilo aufgebaut (Jos 18,1). Später, so heißt es, bringt Dawid das Zelt der Zusammenkunft nach Giv'on (Gibeon) (2Chr 1,3–5), während der Aron (heiliger Kasten) in einem Zelt in Jeruschalajim steht (2Chr 1,4 und vor allem: 2Sam 6,1–17). Nach 1Kön 8,3–9 bringt Schelomo das Zelt, den Aron und alle Geräte in den neu errichteten Tempel.

Gegenüber der breit angelegten literarischen Überlieferung ist jedoch die archäologische Evidenz für die Bautätigkeiten Schelomos hinsichtlich der

Teruma (Ex 25,1 – 27,19)

Architektur ebenso wie hinsichtlich der einzelnen Einrichtungsartefakte ausgesprochen dünn.

In der jüdischen Tradition
Nach Raschi wurde der Befehl zum Bau des Heiligtums erst nach dem Vorfall mit dem Stiergussbild (Ex 32) gegeben. Der Bau sei notwendig geworden, weil das Volk Jisrael beim goldenen Stiergussbild auf einen geistig tiefen Stand gesunken sei. Dies erkläre auch die verwendeten Materialien (Gold wird durch Gold gesühnt).

Halacha
Die Gebote, die in dieser Parascha aufgelistet werden, betreffen vor allem das Heiligtum und das Interieur des Heiligtums (Tisch und Menora). Nach der jüdischen Tradition werden diese Gebote auf den Tempel bezogen und sind solange außer Kraft gesetzt, wie es kein zentrales jüdisches Heiligtum gibt.

Grundriss des Heiligtums

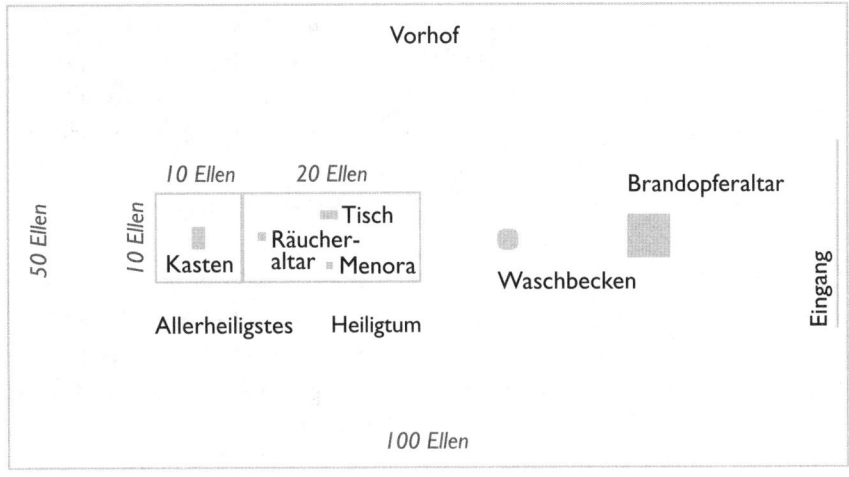

(Zeichnung nach Jacob Milgrom, Leviticus 1–16, New York 1991, 135)

Der heilige Kasten

» Der heilige Kasten S. 225; 264; 290; 307; notabene: Keruvim S. 365

Der Aron, der Kasten, bildet in der Darstellung des Textes das ‚Allerheiligste' im Heiligtum, weil in ihm die Tafeln des Gesetzes, die Mosche am Berg Sinai empfangen hat, aufbewahrt werden sollen. Deshalb wird er in den innersten Teil des Heiligtums gestellt (Ex 26,33). Eine Besonderheit des Aron ist die ‚Sühnplatte' (kapporet), mit ‚Deckel' nur unzutreffend beschrieben, die, aus purem Gold, den Aron an der Oberseite abschließt. Die Kapporet ist mit zwei Keruvim verziert, deren Flügel die Kapporet überspannt. Dort ist auch der Ort, wo sich Gott zu erkennen geben will (Ex 25,22).

In der jüdischen Tradition
Gemäß der jüdischen Tradition ist der Verbleib des Aron unklar. Einige Rabbinen gehen davon aus, dass der Aron nach Bavel (Babylonien) gebracht, andere, dass er versteckt wurde (bYom 53b). Die Mischna berichtet (mYom 5,2), dass an der Stelle, an der sich der Aron befunden hatte, ein ‚Stein aus den Tagen der ersten Propheten', der Grundstein (*even schetijja*), hervorragte (Sach 3,9 mit Raschi). Heute wird der Schrank, in dem in der Synagoge die

---

Der heilige Kasten in der Bibel

- Wie das ganze Heiligtum ist auch der Aron transportabel. Er wird während der Wanderung an der Spitze der Jisraeliten getragen und dient zunächst den Jisraeliten dazu, ihren Weg durch die Wüste zu finden: Num 10,33–36 (vgl. auch Dtn 1,30–33).
- Der Aron beeinflusst die kriegerische Auseinandersetzung um Jericho positiv: Jos 6,1–16 (siehe auch unten S. 264).
- Zunächst wird der Aron immer wieder von einem Ort zum andern gebracht: Nach der Eroberung von Kenaan findet er seinen vorläufigen Platz in Schilo: Jos 18,1 und 19,51.
- Die Pelischtäer rauben den Aron (als Strafe, weil Jisrael ihn eigenmächtig in die Schlacht holt und als ‚Glücksbringer' missbraucht). Weil die Pelischtäer aber von einer Plage getroffen werden, geben sie den Aron bald wieder zurück: 1Sam 4,10–11 (1Sam 5,1–12).
- Nach der Rückgabe durch die Pelischtäer findet der Aron seinen Ort zunächst in Bet-Schemesch, dann in Qirjat-Jearim: 1Sam 6,14–18; 6,19–7,1.
- Erst Dawid, der Jeruschalajim zu seiner Hauptstadt ausgebaut hat, transportiert den Aron nach Jeruschalajim und stellt ihn in ein Zelt: 2Sam 6.
- Nachdem Schelomo den Tempel errichtet hat, findet der Aron im Allerheiligsten des Tempels seinen endgültigen Ort: 1Kön 8,1–9 bzw. 2Chr 5,2–10 (siehe unten S. 307).
- Das weitere Schicksal des Aron ist unklar: Er wird nicht erwähnt bei den Kultgegenständen, die Nebuchadnezzar aus Jeruschalajim wegschaffte (2Kön 25,13–17), und nicht bei den Kultgegenständen, die wieder aus dem Exil zurückgebracht wurden (Esr 1,7; 5,14; 6,5).
- Der Prophet Jirmejahu trauert dem Aron keine Träne nach: *Die Bundeslade des Ewigen; sie wird keinem in den Sinn kommen, man wird ihrer nicht gedenken und sie nicht vermissen, und sie wird nicht wieder hergestellt werden* (Jer 3,16).

Teruma (Ex 25,1 – 27,19)

Torarollen aufbewahrt werden, nach aschkenasischer Tradition Aron ha-Qodesch ‚der Schrein des Heiligtums' genannt.

Menora

» Siehe Menora S. 407

Die Menora steht im Hauptraum des Heiligtums, vor dem Vorhang zum Allerheiligsten. Sie ist aus Gold. Auf ihren sieben Armen befindet sich je ein goldenes Öllämpchen (Ex 25,37). Es ist die Aufgabe der Priester, das Öl regelmäßig nachzufüllen, damit das Licht von Abend bis Morgen brennt (Ex 27,21). Als Öl dient besonders reines Olivenöl (Ex 27,20). Der Text beschreibt die Form der Menora mit botanischen Begriffen. Sie hat ‚Kelche' und ‚Blüten', war also eine Art stilisierte Pflanze (Ex 25,31–36).

In der Bibel

Nach den literarischen Quellen standen im Tempel Schelomos zehn siebenarmige Menorot aus Gold. Sie befanden sich auch nicht vor dem Vorhang, sondern im Hauptraum: fünf an der rechten und fünf an der linken Seite (1Kön 7,49). Auf den Armen spendeten Öllämpchen aus Gold das Licht (ebd.), im Tempel Schelomos brannten also insgesamt 70 Lichter. Als die Babylonier Jeruschalajim eroberten, nahmen sie diese zehn Leuchter aus dem Tempel mit nach Bavel (Jer 52,19). In der Vision Secharjas (Sach 4,2) erstrahlt wenigstens ein Leuchter noch einmal in neuem Licht. Secharja schaut einen goldenen Leuchter.

Archäologie

Auch im zweiten Tempel gab es eine Menora, die von einer Abbildung bekannt ist: Der Titusbogen in Rom zeigt, wie die Römer sie zusammen mit dem ‚Tisch der Brote des Angesichts' und den beiden Silbertrompeten als Kriegsbeute wegtragen.

In der jüdischen Tradition

In der jüdischen Tradition ist der Leuchter bereits im 1. Jh. d.Z. als Symbol für Jisrael bzw. für das Judentum bezeugt. Er findet sich auf antiken jüdischen Münzen, in antiken Synagogen sowie als Zeichnung in jüdischen Katakomben in Rom. Heute ziert er das Staatswappen Israels.

Bekannt ist heute besonders die 1956 in den Maßen 457 x 365 cm fertiggestellte Bronze-Menora von Benno Elkan (1877–1960) vor der Knesset in Jeruschalajim. Das *ner tamid* (Ex 27,30; Lev 24,2), das vor oder über dem Toraschrank mit seinem Vorhang vor den Torarollen leuchtet, symbolisiert die Menora im Heiligtum, die der Tora zufolge vor dem Vorhang vor dem Allerheiligsten mit dem heiligen Kasten steht.

Gottesdienst und häusliche Feier

Haftara
Als Haftara wird zu dieser Parascha der Abschnitt 1 Kön 5,26 – 6,13 gelesen, in dem es um die salomonische Vorbereitung des Tempelbaus und den Tempelbau selbst geht.

» Weiteres Thema: notabene Keruvim S. 120

תצוה
Tezawwe (Ex 27,20 – 30,10)

Leitfragen
- Welche Bedeutung hat die Priesterkleidung für das Amt? Welche Materialien werden verwendet?
- Warum soll der Schall der Glöckchen hörbar sein, wenn der gesalbte Priester das Heiligtum betritt?
- Welche Funktion hat das Brustschild mit den eingravierten Namen der Stämme?
- Welche Rolle übernimmt Mosche in der Einsetzungszeremonie für die Priester?
- Welche Bedeutung haben die Blutriten?

Inhalt
- Öl für den Leuchter
- Die Kleider der Priester
- Heiligung der Priester
- Heiligung des Altars für das Aufstiegsopfer
- Das tägliche Aufstiegsopfer
- Der Altar für das Räucherwerk

Priesterkleidung

» Efod S. 289; Los S. 292

Die Priesterkleidung, die für den gesalbten Priester (Hohepriester) aus acht Einzelteilen besteht, wird ausschließlich in der Tora beschrieben. Die Beschreibung unterscheidet zwischen der Kleidung des gewöhnlichen Priesters und der des gesalbten Priesters (Aharon). Der Prophet Jechesqel, der ebenfalls eine genaue Tempelbeschreibung bietet, hält sich in der Beschreibung der Priesterkleidung zurück (Ez 44,15–20). Die Priesterkleidung wird auch in der Mischna (mYom VII,5) und der dazugehörigen Gemara (bYom 71b–73a) ausführlich erläutert.

Übersicht über die Priesterkleidung

Die Unterkleidung
  Rock (*ketonet taschbez;* Ex 28,4.39)
      Aus Byssus, gewirkter Stoff   für alle Priester
  Gürtel (*avnet*; Ex 28,4.39)
      Aus Leinen mit Buntwirkearbeit   für den gesalbten Priester (Aharon)
      Aus Leinen   für den einfachen Priester
  Kopfbund (*miznefet*; Ex 28,4.39)
      Eine Mitra   für den gesalbten Priester (Aharon)
      Gewöhnliches Kopfgebinde   für den einfachen Priester
  Beinkleider (Ex 28,42)
      Aus Leinen   für alle Priester

Die Oberkleidung
  Der Efod (*efod*; Ex 28,6–14; 39,2–7)
      Aus Gold, Wolle und Leinen   für den gesalbten Priester (Aharon)
  Das Brustschild (*choschen mischpat*;
  Ex 28,15–30; 39,8–21)
      Aus Gold, Wolle und Leinen
      Enthält die ‚Urim und Tummin-Lose'
      (‚Schlecht-Recht-Entscheid')
      Mit zwölf Steinen besetzt
      (Namen der Stämme)   für den gesalbten Priester (Aharon)
  Das Oberkleid zum Efod (*me'il*;
  Ex 28,31–35; 39,22–26)
      Aus blauer Wolle, unten besetzt mit
      Glöckchen und Granatäpfeln   für den gesalbten Priester (Aharon)
  Das Diadem (*ziz*; Ex 28,36–38; 39,27–31)
      Aus Gold, eingraviert:
      Dem Ewigen heilig   für den gesalbten Priester (Aharon)

Halacha und Religionspraxis

In der aschkenasischen Tradition wird die Tora wie ein Priester gekleidet und auf diese Weise veranschaulicht, dass zwischen Gott und Jisrael keine Menschen oder sonstige Mittler stehen, sondern allein die Tora. Deshalb trägt die Tora – wie der gesalbte Priester – einen Gürtel, einen Mantel, ein Brustschild und eine Kopfbedeckung. Außerdem hat sie Glöckchen und Granatäpfel wie der gesalbte Priester (das sefardische Judentum kennt diesen Brauch nicht, hier ist die Tora direkt in einem Holz- oder Silberkasten befestigt).

Priester

Das Priestertum und die verschiedenen Grade des priesterlichen Tempeldienstes stellen einen zentralen Bestandteil der kultischen Überlieferung der Tora dar. Der Priesterdienst ist erblich; die Priester sind Lewiten aus der Abstammungslinie des Aharon (Ex 28,1, siehe auch unten das notabene: Die Lewiten, S. 177).

Die Priester werden in einer eigenen Zeremonie in ihr Amt eingesetzt (Ex 29,4–35; Lev 8,2 – 9,24) und versehen die Opferhandlungen nur am Heiligtum. Der Abschnitt über die Ausstattung und Heiligung der Priester findet seine Fortsetzung in Paraschat Zaw/Schemini (Lev 8f.). Einzelne Bestimmungen zu Priestern und dem gesalbten Priester finden sich darüber hinaus in Lev 21–22.

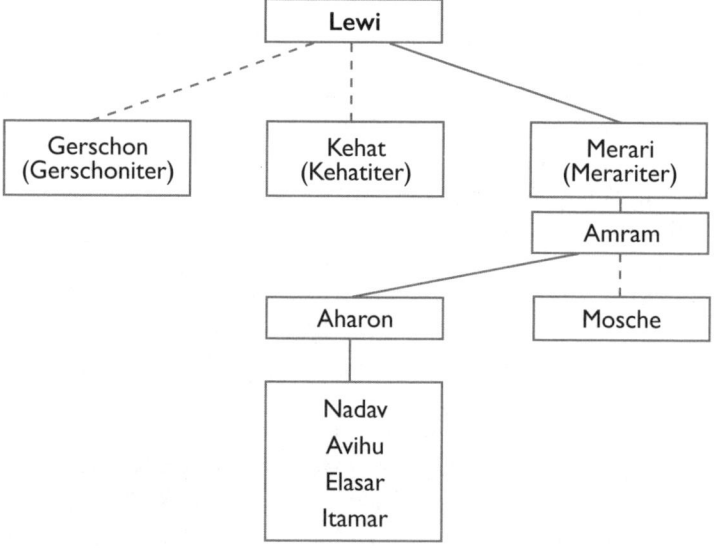

In der Tora nimmt Aharon als *ha-kohen ha-maschiach* („der gesalbte Priester': Lev 4,3.5.16; 6,15) eine besondere Stellung ein. Zwar wurden alle Priester zu ihrer Handfüllung gesalbt; lediglich Aharon aber wurde das Salböl über den Kopf gegossen (Ex 29,7; Lev 4,3.5.16; 8,12; 16,32; 21,10). Nur er versah den Opfer-Dienst am Jom Kippur (Lev 16). Die übrigen Bücher des Tanach kennen den ‚Hohepriester' (*ha-kohen ha-gadol*: Jos 20,6; 2Kön 22,4.8; 23,4; Neh 3,1.20 u.ö.) bzw. den ‚Oberpriester' (*ha-kohen ha-rosch*: 2Chr 31,10; Esr 7,5).

Nach der Überlieferung der Bücher Schemot bis Bemidbar sind die Lewiten den Priestern als Gehilfen zur Seite gestellt (Num 3,6; 8,13; 18,2–4), dürfen aber das Priesteramt nicht ausüben. Das Buch Devarim kennt diese Unterscheidung zwischen Kohanim und Lewiten nicht (Dtn 17,9.12.18;

> **Aufgaben der Priester**
> - Opferdienst am Heiligtum: Lev 9; Num 3,1–4
> - kultische Unterweisung des Volkes: Lev 11,1; 15,1f.; 17,1
> - Observation von Rein und Verunreinigung sowie Untersuchungen des Aussatzes: Lev 13–15
> - Segnung des Volkes: Num 6,22–27 (*birkat kohanim* ‚Priestersegen')
> - das Blasen der Trompeten im Krieg und zu den Festversammlungen: Num 10,8–10
> - Tora-Unterweisung: Dtn 17,11; 33,10

18,1.3. u.ö.). Wieder anders ist die Konzeption im Buch Jechesqel: Ez 44,9–16 erkennt lediglich die Priester aus der Abstammungslinie des Zadoq (2Sam 15,24–37; 1Kön 2,35) als die wahren Priester an, die sich von den anderen – frevelhaften – Priestern unterscheiden (vgl. auch unten das Thema Zadoq / Zadoqiden, S. 364; zu den Lewiten siehe unten das notabene: Die Lewiten, S. 177).

In der Bibel

In den Vorderen und Hinteren Prophetenbüchern wird das Priesteramt nicht systematisch beschrieben; die literarischen Quellen nennen lediglich einzelne Persönlichkeiten und ihr Wirken:

- Der Priester Eli (1Sam 1–4) dient im Tempel von Schilo. Er lässt die kinderlose Channa wissen, dass Gott ihre Bitte um Kinder erhören wird (1Sam 1,17; vgl. auch das Thema Eli, S. 287).
- Dawid kommt nach Nov (Nob) zum Priester Achimelech und erhält von ihm für seine Leute geweihtes Brot und das Schwert des Goljat. Schaul übt daraufhin Rache an der Priesterschaft von Nov (insgesamt fünfundachtzig Mann). Einzig Evjatar, ein Sohn Achimelechs, kann entkommen und flüchtet daraufhin zu Dawid: 1Sam 21,1 – 22,23.
- Zadoq (‚der Gerechte') amtiert als Priester zur Zeit des Königs Dawid. 2Sam 8,17 stellt ihn als Sohn Achituvs vor. Er tritt als Priester zum ersten Mal – gemeinsam mit Evjatar – im Zusammenhang der Rückführung des Aron ha-Qodesch nach Jeruschalajim auf; vgl. auch das Thema Zadoq / Zadoqiden, S. 364).
- Atalja, die sich an die Macht geputscht hatte, lässt alle Mitglieder der königlichen Familie umbringen. Es ist der Priester Jehojada, der einen Enkel Ataljas, Joasch, Sohn des Königs Achasja, im Tempel verstecken lässt und ihn zum König salbt (2Kön 11,1 – 12,1; vgl. auch das Thema Könige von Jehuda, S. 310).

- Die Priester unter Joasch scheinen auch nur eingeschränkt gute Arbeit geleistet zu haben: Als Joasch den Tempel renovieren lässt, die Arbeit aber zu langsam voranschreitet, bekommen die Priester die Finanzhoheit über die Renovierungsgelder wieder entzogen. Abgerechnet wird nun direkt mit den Handwerkern: 2Kön 12,1–17.
- Der Hohepriester (*ha-kohen ha-gadol*) Chilqijahu findet das ‚Buch der Weisung' (*Sefer ha-Tora*), ein Ereignis, das nach biblischer Darstellung eine umfassende Neuordnung des Kultes nach sich zieht: 2Kön 22 – 23 (vgl. auch unten das Thema Reform des Joschijahu, S. 312).
- In den Hinteren Prophetenbüchern werden Priester zumeist nur als Gruppe erwähnt und dort oftmals ausschließlich im Zusammenhang prophetischer Kritik am Opferkult und (falschem) Gottesdienst. Einzig in den Büchern Chaggai und Secharja spielt der Hohepriester (*ha-kohen ha-gadol*) Jehoschua (Jeschua) eine wichtige Rolle (vgl. auch unten das Thema Serubbavel und Jehoschua, S. 406).

Halacha und Religionspraxis
» Priester S. 120; 128; 146; 192; 236
Die Gebote, die in dieser Parascha aufgelistet werden, betreffen vor allem den Dienst der Priester am Altar. Die Anweisungen zum Einsetzungsopfer sind deutlich als einmalige Anweisungen an Aharon und seine Söhne ausgezeichnet.

Opfer

» Opfer S. 137; 141; 202; Übersicht Opferkalender S. 203; Opfer bei den Propheten S. 410
Bevor der priesterliche Dienst von Aharon und seinen Söhnen übernommen werden kann, müssen diese selbst erst eingesetzt werden, was wiederum

Übersicht über das Einsetzungsopfer

Verfehlungsopfer (*chattat*): Ex 29,10–14	Jungstier
Aufstiegsopfer (*ola*): Ex 29,18	erster Widder
(Blut)Sprengung: Ex 29,19–21	zweiter Widder
Handfüllung: Ex 29,22–24	Fett, Eingeweide, Nieren, rechte Schenkelkeule vom zweiten Widder, Brot, Brotkuchen mit Öl, Brotfladen
Feueropfer: Ex 29,25	Das alles wird verbrannt
Schwingung (*tenufa*): Ex 29,26	Brust des zweiten Widders
Hebe (*teruma*): Ex 29,28	Keule und Brust des zweiten Widders

eines eigenen Opfergottesdienstes bedarf. Diesen allerersten Opferdienst übernimmt Mosche, der nur bei diesem ersten Dienst als Priester fungieren darf. Die Beschreibung dieses ersten Opferdienstes in Ex 29,4–35 hat Parallelen in Lev 8f.

Gottesdienst und häusliche Feier

Haftara

Als Haftara wird zu dieser Parascha ein Abschnitt von Jechesqels Vorstellungen vom neuen Tempel gelesen (Ez 43,10–27).

כי תשא
Ki Tissa (Ex 30,11 – 34,35)

Leitfragen

- Welche erzählerische Funktion hat der Bericht über die Herstellung des Stiergussbildes im Kontext der Erzählung vom Bau der Wohnung?
- Wie kommt es zur Herstellung des Jungstieres? Worin besteht die ‚große Sünde' Aharons (Ex 32,21)? Wie wird Aharon charakterisiert? Welche ‚Ausrede' gesteht der Text ihm zu?
- Welche Texte außerhalb der Tora berichten über den Jungstierkult?
- Worin liegt die besondere Bedeutung der Lewiten nach diesem Abschnitt?

Inhalt

- Das Sühngeld
- Das kupferne Becken
- Das Salböl
- Das Räucherwerk
- Die Handwerker für den Bau
- Schabbat
- Übergabe der Tafeln
- Das Stiergussbild
- Die Reaktion: Zorn Mosches
- Das Töten durch die Lewiten
- Erneute Zusage
- Die Bitte des Mosche
- Erscheinung Gottes und Bundesschluss
- Das Gesicht des Mosche

Stiergussbild (das Goldene Kalb)

» Jisraels Unzufriedenheit S. 94; 184; Baal Peor S. 199; Stiergussbild S. 123; Bildverbot S. 102; 218

Die Erzählung vom Stiergussbild (das sog. ‚Goldene Kalb': Ex 32,1–6; Dtn 9,9–21) steht im Erzählverlauf an einer signifikanten Stelle: Mosche hat das

Zehnwort und die Anweisungen für Heiligtum und Priester erhalten (Ex 25,1–31,11), der Schabbat ist eingeführt, da fordert das Volk von Aharon, er solle ihnen ‚Götter machen', *die vor uns herziehen sollen*. Sie verlangen also von ihm, dass er ihnen die sichtbare Seite Gottes, seine Anwesenheit und seinen Schutz zurückbringen soll (vgl. auch Ex 33,18!). Aus Aharons Sicht, so schildert es die Erzählung, sollte das Stiergussbild jedoch nicht für götzendienerische Zwecke gebraucht werden, Aharon betont: *Ein Fest für den Ewigen ist morgen* (Ex 32,5). Die Forderung nach dem Jungstier-Gussbild thematisiert Mut- und Orientierungslosigkeit und das Problem, wie man mit einem unsichtbaren Gott umgehen kann. Deshalb wird hier das Heiligtum mit dem Goldenen Kalb konfrontiert. Anders als das Heiligtum besteht es aber aus umgeformtem Goldschmuck – bleibt also Teil des Volkes. Der Jungstier gehört damit weiterhin dem profanen Bereich an und kann daher per se keinen heiligen Raum konstituieren. Mit der tragbaren Wohnung hingegen wird ein räumlich (Eingang Ohel Moed; Vorhang), zeitlich (festgesetzte Opferzeiten) und personell (Kohanim) abgezirkelter heiliger Bereich geschaffen: das Aufgehen von Heiligem im Profanen wird damit verhindert.

Diese Geschichte geht über die bisherigen ‚Murre-Erzählungen' hinaus, da das Volk nicht nur jammert (vgl. oben Thema Unzufriedenheit, S. 94), sondern die bisherigen Selbstweise Gottes, vor allem seine Sichtbarwerdung im *kavod*, negiert. So jedenfalls versteht es Ps 106,19f.: *Sie machten sich ein Kalb am Chorev, und warfen hin sich einem Gussbild, und tauschten ihre Herrlichkeit für eines Stiers Gebild, der Gras frisst.* Entsprechend schroff ist die Reaktion von Seiten Gottes: Er würde sein Volk am liebsten (in der Wüste) enden lassen und mit Mosche nochmals von vorn anfangen (Ex 32,9.10), was Mosche jedoch verhindern kann. Dennoch schlägt Gott das Volk mit einer Plage (Ex 32,35). Aber auch Mosche gerät in Zorn, zerstört die Tafeln (Ex 32,19) und lässt durch die Lewiten 3000 der eigenen Leute töten (Ex 32,26–29). Es ist signifikant, dass nach diesem Zwischenfall viele Einzelheiten der Kultgesetzgebung, die vor dem Abfall für das Volk schon beschrieben wurden, noch einmal (zum Teil als Ausführungsbericht des zuvor Gebotenen) erzählt werden: die Gesetzestafeln (Ex 34,1–4), die Gotteserscheinung (Ex 34,5–9), der Bundesschluss (Ex 34, 10–28), der Schabbat (Ex 35,1–3), die Wohnstätte (Ex 35, 4–38,31), die Priesterkleidung (Ex 39,1–31), die Einsetzung der Priester (Lev 8,1–10,20).

In der Bibel

In der Bibel scheint vor allem die Geschichte Jarovams I. und dessen kultische Abspaltung von Jeruschalajim durch die zwei Kälber von Bet-El und Dan (1Kön 12,26–33) mit Ex 32 zu korrespondieren, aber historisch betreten wir hier sehr ungesicherten Boden. Obwohl beispielsweise im samarischen

Bergland bronzene Stierfigurinen gefunden wurden, ist historisch die Existenz von Stierbildern als Postament-Tiere wie überhaupt die These von den sog. ‚Reichsheiligtümern' in Dan und Bet-El nicht nachzuweisen. Gleichwohl wird der Stierkult in der prophetischen Literatur scharf kritisiert (Hos 8,5; 13,2; Am 7,10–17; vgl. unten Thema Kultkritik bei Amos, S. 383).

In der jüdischen Tradition
In der jüdischen Tradition zeigt sich das deutliche Bemühen, die Schuld Aharons zu minimieren: Aharon hätte sich bereiterklärt, dem Wunsch des Volkes nachzukommen, nachdem er sich überlegt hatte, dass nur er die Arbeit hinauszögern könne, bis Mosche vielleicht doch noch vom Berg käme (Lev 32,5; WaR 10,3). Außerdem habe er das Stiergussbild zur Ehre Gottes und nicht als Götzenbild anfertigen wollen (ebd.). Eine andere Tradition zeigt Verständnis für das Volk: Mosche wirft Gott vor, er habe das Volk mit zuviel Silber und Gold beim Auszug ausgestattet, so dass sie ein Kalb überhaupt anfertigen konnten (bBer 32a). In gleicher Linie liegt die Erzählung vom Satan, der gekommen sei, um das Volk in Abwesenheit Mosches irre zu machen (bShab 89a).

Die jüdische Auslegungsliteratur diskutiert im Zusammenhang der Erzählung vom Stiergussbild auch die Datierung der Ereignisse. Manche (z.B. Raschi) lassen die Episode mit dem Stiergussbild vor dem Bau des Heiligtums stattfinden und interpretieren Gottes Aufforderung an Jisrael, ein Heiligtum zu bauen, als Zeichen seiner Vergebung. Andere wiederum insistieren darauf, dass sich die Episode erst nach dem Bauauftrag zum Bau des Heiligtums und der Initialisierung des Kultes zugetragen habe (Ramban). Hierbei spielt auch die Frage eine Rolle, ob die Textreihenfolge der Ereignisreihenfolge entspricht, oder ob die Aufeinanderfolge der Erzählungen unabhängig von der chronologischen Reihenfolge der Ereignisse erfolgte (‚Es gibt kein Früher oder Später in der Tora'; bPes 6b u.ö.).

Berit (Bund)

» Berit S. 30; 41; 58; 110; 218; 251; 336; 410; Versammlung in Schechem S. 269

Die erneute Berit-Erzählung (Ex 34) wird erzählerisch durch das Ereignis mit dem Stiergussbild notwendig, da dieses Vergehen der Jisraeliten die Bundesverpflichtung am Sinai (Ex 24) schon erstmals gebrochen hat. Sie ist insgesamt ausführlicher, enthält aber ebenfalls alle wichtigen Elemente, die bereits bei der ersten Erzählung konstitutiv waren: die Gesetzestafeln, die Gotteserscheinung, der Bundesschluss, einzelne Gebote. In dieser Erzählung findet sich auch der Begriff der ‚zehn Worte' (*aseret ha-devarim*; Ex 34,28).

Die dreizehn ‚Eigenschaften' Gottes

Ex 34,6–7 listet Eigenschaften Gottes auf: *Ewiger, Ewiger, Gott, barmherzig und gnädig, langmütig und reich an Liebe und Treue. Der Liebe bewahrt tausenden (Geschlechtern), der vergibt Schuld und Missetat und Sünde, der aber nicht ungestraft lässt; der die Schuld der Väter bedenkt an den Kindern und Kindeskindern bis in das dritte und vierte Geschlecht.*

Dieser Text hat bereits innerhalb der Bibel einen besonderen Stellenwert. Er wird ungewöhnlich häufig zitiert, rezipiert und sogar parodiert. Er wird nach der Erzählung über die Landspäher wieder aufgenommen: Num 14,18–20. In Ps 89,31–36 wird im sog. ‚Natanorakel' – hier jedoch bereits auf das Volk übertragen – darauf angespielt. An einigen Stellen wird nur der erste Teil angedeutet, der Gottes Güte schildert, ohne Hinweis auf seinen Zorn (Ex 34,7): in Ps 78,38 nach einem Rückblick auf die Wüstenwanderung; in Ps 103,6–10 zur Beschreibung von Gottes vergebender Güte; in Jer 32,18 in einem Gebet Jirmejahus; in Joel 2,13 innerhalb eines Aufrufs zur Umkehr. Andere Überlieferungen betonen demgegenüber das Ende von Ex 34,6–7: Ex 20,5–6 warnt vor Gottes Strafe bis in die dritte Generation, sollte das Verbot des Götzendienstes übertreten werden. Nah 1,2–3 stellt sogar eine gegenteilige Liste mit Gottes strafenden Eigenschaften zusammen: *Ein Gott, der eifert, rächt, ist der Ewige, der Ewige ein Rächer und des Grimmes Herr, der Ewige ein Rächer seinen Gegnern (...). Langmütig ist der Ewige, doch groß an Kraft, und lässt nicht straffrei.* Das Buch Jona (Jona 4,2) bringt die Wirkungsgeschichte des Textes klar auf den Punkt: Er, Jona, habe es ja von Anfang an gewusst: *Warum soll man überhaupt zur Umkehr rufen? (...) ich wusste, dass du ein gnädiger und barmherziger Gott bist, langmütig und liebreich und dich bedenkend wegen des Unheils.*

In der jüdischen Tradition

Für die jüdische Ethik haben die Aussagen von Ex 34,6–7 eine wichtige Funktion. Sie gelten als die dreizehn Eigenschaften (*middot*) Gottes (SifDev 49). In der Liturgie üblich geworden ist eine Liste, in der die Gottesnamen und die Gottesbezeichnungen als je eigene Midda zählen und der (negative) Schluss entfällt. Weil der Mensch als Bild Gottes ihn nachahmen soll, orientierte sich die mittelalterliche jüdische Moralliteratur an diesen dreizehn Eigenschaften und stellte sie als Vorbild für den Menschen hin.

Gottesdienst und häusliche Feier

Ex 34,6–7 benennt die *Schelosch Esre Middot* (die dreizehn Eigenschaften Gottes). Sie werden beim Ausheben der Tora an den Pilgerfesten (*schalosch regalim*) und an den Hohen Feiertagen rezitiert, sofern der Feiertag nicht auf Schabbat fällt. Vor allem aber bilden sie den Kern der Selichot-Gebete an

Ki Tissa (Ex 30,11 – 34,35)

Fasttagen sowie in der Zeit der Jamim Noraim (der zehn Bußtage). An Fasttagen werden die Selichot in die sechste Bitte der Wochentags-Amida ('Selicha') eingeschoben. Vor den Hohen Feiertagen beten Sefardim bereits den ganzen Monat Elul Selichot im Morgengebet, beginnen also 40 Tage vor Jom Kippur. Aschkenasim hingegen beginnen erst am Sonntag vor Rosch ha-Schana um Mitternacht und rezitieren sie in den kommenden Tagen im Morgengebet. Die *Jeme Selichot* sind eine Zeit der Überprüfung der eigenen Taten und der Bitten um Vergebung. An Jom Kippur selbst werden die Schelosch Esre Middot fünfmal rezitiert. Die Schelosch Esre Middot dürfen traditionell nur innerhalb eines Minjans gesagt werden.

Schabbat

» Schabbat S. 96; 131

Halacha und Religionspraxis

Die Wiederholung des Schabbatgebotes im Zusammenhang mit der Beschreibung von der Herstellung des Heiligtums (Ex 31,12–17; Ex 35,2f.) führte in der jüdischen Tradition zu der Auslegung, dass nicht einmal der Bau des Heiligtums den Schabbat verdränge, und die Tätigkeiten am Bau des Heiligtums die Grundlage für das Werkverbot am Schabbat darstellen. Die Mischna (mShab VII,2) formuliert insgesamt 39 verbotene Tätigkeiten oder 'Werkgattungen' (*av melacha*), die beim Bau des Heiligtums nötig waren und deshalb am Schabbat – dem Heiligtum der Zeit – verboten sind (bShab 73a–75b).

> **Verbotene Tätigkeiten an Schabbat**
> 1. *Nahrung:* Säen, Pflügen, Ernten, Binden der Garben, Dreschen, Worfeln, Auslesen, Mahlen, Zerstampfen/Zerstoßen, Sieben, Kneten, Backen (Kochen/Braten)
> 2. *Kleidung:* Scheren (der Wolle), Bleichen, Bearbeiten mit der Hechelmaschine (Flachs, Hanf), Färben, Spinnen, Weben (einschl. des Aufziehens der Kettelfäden), Machen zweier Weberknoten, Weben zweier Fäden, Entfernen zweier Webfäden, Lösen eines Knotens, Nähen, Auftrennen, um erneut zu nähen
> 3. *Lederbearbeitung und Schrift:* Jagd, Schlachten, Häuten, Salzen, Gerben, Ziehen von Linien, Glätten, Schneiden, Schreiben zweier Buchstaben, Radieren, um erneut zu schreiben
> 4. *Wohnung:* Bauen, Einreißen, um erneut zu bauen
> 5. *Feuer:* Löschen zum Zweck der Kohlezubereitung, Anzünden
> 6. *Fertigstellung einer Sache:* 'letzter Hammerschlag'
> 7. *Tragen* eines Gegenstandes aus einem Besitz (*reschut*) in einen anderen.

Die verbotene ‚Arbeit' (*melacha*) erklärt S. R. Hirsch als „Ausführung einer Idee an einem Gegenstand durch Kunstfertigkeit des Menschen, – oder überhaupt: Produktion, Hervorbringung, Umschaffung eines Gegenstandes zum Menschenzweck; nicht aber Körperanstrengung. Du kannst den ganzen Tag dich abgemüht haben, hast du nicht produziert, keine Idee ausgeführt an einem Ding, so hast du keine Melacha getan" (*Chorew*, § 144, 72).

Priester

» Priester S. 146; 166

Einige Vorschriften beziehen sich auf das Hände- und Füßewaschen der Priester (Ex 30,19–21) und auf die Handhabung des Salböls, mit dem der ‚gesalbte Priester' (und vor allem der König) gesalbt wurde (Ex 30,25.32.33). Dieses Öl war den Nicht-Priestern verboten ebenso wie dessen Herstellung zu einem anderen als einem rituellen Zweck. Es durfte nicht profanisiert werden.

Nichtjisraeliten (Nichtjuden)

Gemäß Ex 34,12 und Num 25,2f. war es Juden verboten, nähere Kontakte mit der nichtjüdischen Bevölkerung zu pflegen. Das schloss insbesondere gemeinsame Mahlzeiten und gemeinsames Trinken von Wein ein. Biblisch wird dies mit dem Götzendienst der nichtjisraelitischen Völker begründet.

Halacha

Rabbinisch liefe diese Bestimmung auf die Vorschriften um den sog. *stam jenam* hinaus, d.h. die noch heute im orthodoxen Judentum beachtete Vorschrift, wonach kein nicht-jüdisch hergestellter oder servierter Wein zum Genuss erlaubt ist.

Gottesdienst und häusliche Feier

Seder ha-Qorbanot

Die Ausführung zum kupfernen Becken (Ex 30,17–21) ist ein Teil des sog. Seder ha-Qorbanot, der im traditionellen Schacharitgebet rezitiert wird, ebenso wie das Räucherwerk Ex 30,34–36 und 30,7–8.

Ki Tissa (Ex 30,11 – 34,35)

Qiddusch
» Qiddusch S. 30
Die Verse Ex 31,16–17 sind der erste Teil des Qiddusch für den Schabbat-Tag. Den zweiten Teil bilden die Verse Ex 20,8–11.

Qeriat ha-Tora
- Ex 30,11–16 ist Paraschat Scheqalim.
- Ex 32,11–14; 34,1–10 wird als Qeriat ha-Tora zu Mincha Tischa be-Av gewählt sowie zu Schacharit und Mincha an gewöhnlichen Fasttagen.
- Ex 33,12 – 34,26: Schabbat Chol ha-Moed Pesach und Sukkot (= der Schabbat während der Halbfeiertage des Pesach- bzw. Sukkot-Festes).
- Ex 34,1–26 wird am 3. Tag Chol ha-Moed Pesach gelesen.

In einigen liberalen Gemeinden ist Ex 33,12 – 34,9 (anstelle von Lev 16) die Toralesung für Schacharit Jom Kippur.

Haftara
Als Text der Haftara wurde der Kampf Elijahus gegen die Baal-Propheten auf dem Berg Karmel ausgewählt (1Kön 18,1–39 aschkenasisch und 1Kön 18,20–39 sefardisch) und dieses Thema mit der Erzählung vom Stiergussbild in Beziehung gebracht.

» Weitere Themen: Jisraels Unzufriedenheit S. 94; 184; Der Kavod Gottes S. 109; 357; Rückbezüge auf die Tora S. 262; Gesalbter S. 290; notabene: Lewiten S. 177; notabene: Geist Gottes S. 279; notabene: Fasten S. 376; notabene: Lieder außerhalb von Tehillim S. 424; Übersicht Schabbat in der Bibel S. 101; Übersicht Biblische Feste S. 163

ויקהל
Wajjaqhel (Ex 35,1 – 38,20)

Leitfragen
- Welche Bedeutung hat die mehrfache Erwähnung des Schabbatgebotes im Kontext der Erzählung vom Bau der Wohnung?
- Worin unterscheidet sich die Beauftragung zum Bau der Wohnung vom Ausführungsbericht?

Inhalt
- Schabbat
- Die Abgabe
- Die Handwerker für den Bau
- Die Wohnung
- Der Kasten (*aron*)
- Tisch der Brote des Angesichts
- Die Menora
- Der Altar für das Räucherwerk
- Der Altar für das Aufstiegsopfer
- Das Becken
- Der Vorhof

Heiligtum

» Heiligtum S. 113; Tempelbau und Einweihung S. 306

Das Heiligtum wird bis in seine Einzelheiten hinein erneut dargestellt (Ex 25–27). Der Erzählverlauf lässt allerdings einen entscheidenden Unterschied erkennen: Während in Ex 25 – 27 lediglich die göttliche Anweisung berichtet wird, wie das Heiligtum zu bauen sei, wird nun der Bau durch den Baumeister Bezalel auch ausgeführt (Ex 35,4 – 38,31). Dabei ist auch die Reihenfolge der auszuführenden Einzelelemente der Wohnung in diesem Ausführungsbericht von derjenigen in der Beauftragung verschieden.

In der jüdischen Tradition

Die jüdische Tradition datiert die Fertigstellung aller Teile des Heiligtums auf den 25. Kislew des zweiten Jahres nach dem Auszug aus Mizrajim. Die Herstellung beginnt unmittelbar nach Jom Kippur und ist zweieinhalb Monate später vollendet. Das Heiligtum wird jedoch erst drei Monate später, am 1. Nisan – nach einer Woche der Vorbereitung (23.–29. Adar) – eingeweiht.

Bezalel

In Ex 35,30 wird Bezalel („Im Schatten/Schutz Gottes') ben Uri ben Chur aus Jehuda berufen, für die Herstellung des Heiligtums Verantwortung zu

Wajjaqhel (Ex 35,1 – 38,20)

tragen und andere zu den Arbeiten anzuweisen (Ex 31,2; 35,30.34; 36,1f.; 37,1; 38,22; 1Chr 2,20; 2Chr 1,5; Esr 10,30).

Sein Mitarbeiter ist Oholiav ben Achisamach aus dem Stamm Dan, der das ‚Zelt' (*ohel*) schon im Namen trägt (Ex 31,6f.; 36,1f.; 38,23). Dass die Erzählung den Handwerkern/Künstlern, die für den Bau von Zelt (*ohel*) und Wohnung (*mischkan*) abgeordnet werden, Namen gibt, die diesen Bezug zu der Tätigkeit schon in sich bergen, ist natürlich kein Zufall. Ein weiteres Beispiel für sog. emblematische, d.h. sinnbildliche Namen in der Bibel ist der Name des Propheten Jechesqel ‚möge Gott ihn stärken' (Ez 2,4; 3,7–9.14 u.ö.).

In der Bibel
In der Bibel spielt Bezalel außerhalb der Tora keine Rolle. Sein Name wird lediglich in den chronistischen Namenslisten genannt (1Chr 2,20; 2Chr 1,5).

In der jüdischen Tradition
In der jüdischen Tradition ist seine Rolle dagegen überraschend bedeutsam. Er gilt dort als Nachkomme Mirjams (ShemR 1,16). Weil sein Großvater, Chur, umgebracht wurde, als er versucht hatte, die Errichtung des Kalbes zu verhindern, galt die Beauftragung seines Enkels Bezalel als nachträglicher Lohn für seine mutige Tat (ShemR 48,3).

Heute ist der Name ‚Bezalel' vor allem durch die nach ihm benannte israelische ‚Bezalel Academy of Art and Design' bekannt, die 1903 durch den Zionistischen Kongress gegründet und 1906 in Jerusalem eröffnet wurde.

Schabbat

» Schabbat S. 96; 127

Noch einmal wird hier auf den Schabbat eingegangen: In Ex 35,3 wird festgelegt, dass es untersagt ist, in den (privaten) Wohnsitzen am Schabbat Feuer anzuzünden.

Halacha und Religionspraxis
Dieser Vers bildet den Anknüpfungspunkt für die Halacha, dass nicht nur kein Feuer, sondern grundsätzlich kein (elektrisches) Licht angemacht werden darf. Alle orthodoxen halachischen Autoritäten sind sich darüber einig, dass es verboten ist, am Schabbat elektrisches Licht anzumachen oder andere elektrische Schalter zu bedienen. Es herrscht aber keine Einigkeit darüber, welche *av melacha* aus der oben genannten Auflistung der Grund ist: Nach einigen ist das Verbot des ‚Bauens' (z.B. eines Schaltkreises) dafür verantwortlich, andere argumentieren mit dem Verbot des Kochens, wieder andere mit dem Verbot, Feuer anzuzünden. Alle drei Gründe wären damit Verbote

d'oraita, d.h. schon in der Tora genannte. Darüber hinaus werden auch weitere rabbinische Ableitungen dieses Verbotes diskutiert.

Gottesdienst und häusliche Feier

Haftara
Die Haftara zu dieser Parascha ist nach sefardischem Ritus der Abschnitt 1Kön 7,13–26, in dem es um Chiram geht, der den salomonischen Tempelbau ausführt. Nach aschkenasischem Ritus wird als Haftara 1Kön 7,40–50 gelesen, wo die Herstellung der Geräte für den Tempel erzählt wird. Wenn Wajjaqhel und Pekude jedoch zusammen fallen, wird die Haftara zu Paraschat Pequde gelesen.

» Weitere Themen: Der Kavod Gottes S. 109; notabene: Keruvim S. 365; Übersicht Schabbat in der Bibel S. 101

פקודי
Pequde (Ex 38,21 – 40,38)

Leitfragen
- Wodurch wird das Heiligtum eingeweiht? Wer nimmt es in Besitz?
- Wie verhält sich der Bericht über den Bau des Heiligtums zum ersten Schöpfungsbericht? Gibt es strukturelle Parallelen?
- Warum schließt der Abschnitt mit der Erwähnung der Wolke und dem Feuer (in der Wolke)?

Inhalt
- Berechnung der Wohnung
- Die Kleider des gesalbten Priesters
- Die Kleider der Priester
- Die Übergabe an Mosche
- Heiligung des Heiligtums
- Die Wolke

Priesterkleidung

» Priesterkleidung S. 118

Wie beim Heiligtum wird an dieser Stelle die Anfertigung der Priesterkleider noch einmal berichtet, auch diesmal als Ausführung. Die Erweiterung besteht darin, dass Aharon und seine Söhne mit den Kleidern bekleidet und gesalbt werden.

Gottesdienst und häusliche Feier

Haftara

So wie in dieser Parascha der Bau des Heiligtums vollendet wird und Gott Besitz vom Heiligtum ergreift, so wird dies auch vom salomonischen Tempel in der dazugehörigen Haftara erzählt, 1Kön 7,51 – 8,21 (sefardisch wird 1Kön 7,40–50 gelesen). Diese Haftara wird jedoch nur dann gelesen, wenn der Schabbat nicht ein besonderer Schabbat vor Purim (Schabbat Scheqalim oder Schabbat Sachor) ist.

» Weitere Themen: Zählungen und Auflistungen S. 175; Der Kavod Gottes S. 109; 357

ויקרא
Das Buch Wajjiqra (Leviticus)

Wajjiqra	1,1 – 5,26	Art und Vollzug der allgemeinen Opfer: Aufstiegsopfer (*ola*) – Mehlopfer (*mincha*) – Gemeinschaftsschlachtopfer (*sevach schelamim*) – Verfehlungsopfer (*chattat*) – Schuldopfer (*ascham*)
Zaw	6,1 – 8,36	Die Opfer der Priester – Die Heiligung und Einsetzung der Priester – Der Beginn des Kultes
Schemini	9,1 – 11,47	Das Antreten der Priester – Nadav und Avihu – Reine und nicht-reine Tiere
Tasria	12,1 – 13,59	Vorschriften für das Wochenbett – Vorschriften bei Aussatz (*zaraat*)
Mezora	14,1 – 15,33	Reinigungsvorschriften nach Aussatz – Aussatz an Häusern – Gesetze der Familienreinheit
Achare Mot	16,1 – 18,30	Jom Kippur – Private Opfer – Verbotene Geschlechtsbeziehungen
Qedoschim	19,1 – 20,27	Einzelne Kultvorschriften – Verschiedene Strafmaßnahmen
Emor	21,1 – 24,23	Die Heiligkeit der Priester – Der Kohen Gadol – Heilige Festversammlungen
Behar Sinai	25,1 – 26,2	Vorschriften für das Schabbatjahr und das Joveljahr
Bechuqqotai	26,3 – 27,34	Segen und Fluch – Einzelne Vorschriften

Umfang und Inhalt

10 Paraschijjot, 27 Kapitel. Das Buch Wajjiqra gehört inhaltlich zu der großen Sammlung von Gesetzen, die von der Ausstattung des Heiligtums/der Wohnung sowie einzelner Priester- und Opfergesetze und einer Vielzahl kultischer Verordnungen für Privatpersonen handelt. Daher besteht das Buch beinahe ausschließlich aus einer Zusammenstellung von Gesetzestexten. Die einzigen erzählenden Abschnitte (der Tod der Söhne Aharons und die Steinigung des Gotteslästerers) handeln bezeichnenderweise auch von einer kultischen Verfehlung.

Charakteristik

Das Buch Wajjiqra hebt sich von den übrigen Büchern der Tora vor allem dadurch ab, dass es kaum erzählenden Stoff, sondern fast nur Kult- und Priestergesetze bietet. In der jüdischen Traditionsliteratur bekam das Buch daher auch den Beinamen *Torat Kohanim* (‚Die Weisung für die Priester').

Bedeutung

Das Buch Wajjiqra enthält einen Großteil der für die spätere Ausbildung der jüdischen Halacha grundlegenden Gesetze (z.B. Opfer; Speisegesetze; Gesetze über Rein und Nicht-Rein). Seine Rezeption in der nachbiblischen jüdischen Traditionsliteratur konzentriert sich daher vor allem auf die halachischen und liturgischen Aspekte. So spiegelt sich beispielsweise im Machsor zu Jom Kippur im Musaf-Gebet das in Lev 16 beschriebene Ritual zum Versöhnungstag wider. Gleichzeitig wird darin allerdings heutigen Leserinnen und Lesern verdeutlicht, dass diese Texte keine Handlungsanweisungen mehr sind, denn es gibt keinen Tempel, keinen Priester und keinen Sündenbock mehr. Das Buch Wajjiqra versammelt darin vor allem ‚Lesestücke', die an ein Ritual erinnern wollen (unabhängig davon, ob es jemals so stattgefunden hat!) und es während des Lesens lebendig werden lassen. Der Opferdienst wird zum erinnernden Lesen, und die Institutionalisierung dieses jüdischen ‚Aktes des Lesens' ist eine der wichtigsten Errungenschaften der späteren jüdischen Traditionsliteratur.

ויקרא
Wajjiqra (Lev 1,1 – 5,26)

Leitfragen

- Welche Bedeutung haben die Opfer? Welche Personen sind an welchen Schritten im Opfervollzug beteiligt?
- Warum kann das Verfehlungsopfer (*chattat*) auch mit ‚Reinigungsopfer' übersetzt werden?
- Was bedeutet in diesem Kontext das Ritual der Handaufstemmung?
- Welche Bedeutung haben die Blutriten?
- Wird im Opfervollzug gesprochen?
- Wie können wir heute mit der Opfer-Tora umgehen?

Inhalt

- Das Aufstiegsopfer (*ola*)
- Das Mehlopfer (*mincha*)
- Das Gemeinschaftsschlachtopfer (*sevach schelamim*)
- Die einzelnen Verfehlungsopfer (*chattat*)
- Das Schuldopfer (*ascham*)

Opfer

» Opfer S. 122; 202; Opfer bei den Propheten S. 410

Die Tora beschreibt eine Fülle von Opferarten und eine sehr differenzierte Opferpraxis. Um zu verstehen, was mit Opfern (*qorban*, hebr. ‚sich nähern'), gemeint ist, muss klar sein, dass das Opfer die Möglichkeit ist, dass sich ein Mensch dem Heiligen, Gott und seiner Wohnung nähern kann. Es ist also ein Kommunikationsmedium zwischen dem einzelnen Jisraeliten und dem religiösen Zentrum. Deshalb wird zu Beginn dieser Parascha auch zunächst festgelegt, wer alles Opfer darbringen soll und darf, und erst in der nächsten Parascha wird aufgelistet, was der Priester bei der Opferung beachten muss. Das Kommunikationsmedium Opfer ist allerdings nicht der Willkür des Einzelnen unterworfen, sondern muss bestimmte Voraussetzungen haben, damit es überhaupt als Opfer gelten kann. Die Voraussetzungen selbst hängen von den unterschiedlichen Opferarten ab (vgl. dort). Die einzelnen Opferbestimmungen bestehen aus mehreren Elementen bzw. Ritualschritten:

- Anlass des Opfers (z.B. Entsündigung/Reinigung; Danksagung)
- Ritueller Vollzug (z.B. Zerteilung des Tieres; Sprengung des Blutes; Verbrennung)
- Opferanteile (Opferanteile für Gott; das Mahl der Priester; der Anteil der Privatperson).
- Geopfert wurden Rind, Schaf, Ziege und Taube sowie beim Mehlopfer (*mincha*) Feinmehl und Öl.

Die Opferarten

Ola (Aufstiegsopfer)
Dieses Opfer (Lev 1; 6,1–6), das vom Priester (bis auf die Tierhaut) auf dem Altar ganz verbrannt wird (nicht ‚im Ganzen': Lev 1,6–9 beschreibt eigens das Waschen der Innereien und der Schenkel sowie das Aufschichten der Stücke auf dem Altar), kann zu unterschiedlichen Anlässen von allen gebracht werden. Dabei hat der Darbringende mit einhändiger Handaufstemmung auf dem Kopf des Tieres anzuzeigen, dass es sein Tier ist, das er zur Opferung bringt. In Paraschat Wajjiqra geht es zunächst um freiwillige Gaben, die allerdings keineswegs beliebig sind: Es eignen sich nur männliche Rinder, Schafe oder Ziegen – alles Tiere, die in Paraschat Schemini als ‚koscher' eingestuft werden. Wenn Opfernde zu arm sind, um ein reguläres Tier zu schächten, sind auch Tauben erlaubt. Der Darbringende schlachtet das Tier, ein Rind oder ein Kleinvieh (Ziege oder Schaf) selbst (Lev 1,5; bZev 32a. Tauben werden vom Kohen geschächtet, wahrscheinlich, um das Blut direkt am Altar

auffangen zu können). Das Tier darf keinen körperlichen Makel haben. Der Priester besprengt mit dem Blut den Altar und lässt das Tier auf dem Altar in Rauch aufgehen, ein Feueropfer zum ‚Duft der Beruhigung' für den Ewigen (Lev 1,9.13.17; 2,2 u.ö.). Bereits an dieser Stelle wird deutlich, dass der im Buch Wajjiqra beschriebene Altar (*misbeach*) niemals eine ‚Schlachtstätte' (Buber) ist, sondern stets der Ort der kultischen Verbrennung.

In Num 28,3–8 werden zwei Schafe als tägliches Aufstiegsopfer geboten, eines soll am Morgen und eines am späten Nachmittag dargebracht werden. An Festen ist ein zusätzliches Schaf als besonderes Festopfer (Musaf) geboten.

Reach Nichoach (‚Beruhigungsduft für den Ewigen')
Der aufsteigende duftende Rauch ist die Materie, die die Opfergabe zum Ewigen gelangen lässt, weil sie einen ‚Hauch von Immaterialität' transportiert. Für den antiken und mittelalterlichen Menschen war der Duft das immateriellste Substrat einer körperlichen Entität, und gleichzeitig symbolisiert der aufsteigende Rauch/Duft die Bewegung vom Menschen zur Gottheit hin. Der Ausdruck ‚Duft der Beruhigung'/‚Beruhigungsduft' verweist darauf, dass die Begegnung des Menschen mit dem Ewigen für den Menschen durchaus gefährlich sein kann, wie dies in Paraschat Schemini in der Erzählung vom Tod der Söhne Aharons deutlich wird.

Mincha (Mehlopfergabe)
Auch dieses Opfer (Lev 2; 6,7–11) kann von allen zu unterschiedlichen Anlässen gebracht werden. Dabei kann es aus gebackenen, gebratenen oder gekochten Speisen bestehen. Wichtig ist, dass sich stets Feinmehl mit Öl und Weihrauch darin befindet, ebenso Salz. Gesäuertes darf nicht enthalten sein, ebensowenig wie Honig. Bei diesem Opfer wird lediglich ein Teil auf dem Altar verbrannt, der Rest gehört den Priestern.

Num 28,5 gebietet, zusätzlich zu dem täglichen Aufstiegsopfer auch ein Mehlopfer darzubringen. Seine Menge ist in Num 28,5 genau definiert.

Sevach schelamim (Gemeinschaftsschlachtopfer)
Dieses Opfer (Lev 3; 7,11–34) besteht aus einem männlichen oder weiblichen, fehlerlosen Tier (Rind oder Kleinvieh). Der Darbringende zeigt mit einer Handaufstemmung an, dass es sein Tier ist, er schächtet es, wie beim Aufstiegsopfer auch, selbst. Der Priester besprengt mit dem Blut den Altar und lässt lediglich das Fett und die Nieren auf dem Altar in Rauch aufgehen. Der Rest kann vom Darbringenden verzehrt werden.

Chattat (Verfehlungs- oder Reinigungsopfer)
Das Verfehlungsopfer wird dargebracht, wenn jemand ohne Vorsatz gegen die Gebote Gottes verstoßen hat (Lev 4; 6,17–23), und ist darin dem Schuld-

opfer (s.u.) sehr ähnlich. Dabei wird deutlich unterschieden, wer gegen Gebote verstoßen hat: der gesalbte Priester (Lev 4,1–12), die ganze Gemeinde Jisrael (Lev 4,13–21), ein Sippenhaupt (Lev 4,22–26) oder ein gewöhnlicher Jisraelit (Lev 4,27–35). Der gesalbte Priester opfert ein Rind, stemmt die Hand auf und schächtet es. Mit dem Blut wird der Vorhang und der Aufstiegsopferaltar besprengt, der Räucherwerkaltar an den Hörnern beschmiert und das Fett und die Nieren auf dem Aufstiegsopferaltar verbrannt, der Rest wird profan außerhalb des Lagers an einem reinen Ort verbrannt. Hat die ganze Gemeinde gefehlt, so bringen die Ältesten ein Rind dar. Der Ablauf ist wie beim Verfehlungsopfer für den gesalbten Priester. Hat sich ein Sippenhaupt verfehlt, so bringt dieses eine fehlerlose Ziege dar, der Priester appliziert Blut an die Hörner des Altars, gießt den Rest des Blutes am Sockel aus und verbrennt darauf das ganze Fett des Tieres. Ein gewöhnlicher Jisraelit bringt eine fehlerlose Ziege oder ein fehlerloses Schaf dar, stemmt seine Hand auf und schächtet das Tier. Der Priester begießt den Aufstiegsopferaltar (wie beim Sippenhaupt) und lässt das Fett in Rauch aufgehen.

Ascham (Schuldopfer)
Ähnlich dem Verfehlungsopfer wird auch das Schuldopfer dargebracht (Lev 5), wenn ein Mensch sich an den Heiligtümern des Ewigen versündigt, und zwar ohne Absicht (*bischgaga*: Lev 5,15), oder wenn jemand (beabsichtigt) Schuld auf sich lädt (Täuschung, Meineid, Übervorteilung etc.). Wichtig ist hier, dass der Opferung ein Ersatz für den angerichteten Schaden (plus ein Fünftel des Wertes) vorausgehen muss. Das Opfer selbst besteht aus einem fehlerlosen Widder, den der Priester für die betreffende Person opfert und sie damit ‚entsühnt'. Wie das Schuldopfer im Einzelnen dargebracht wird, wird nicht weiter ausgeführt.

Halacha und Religionspraxis
Die rabbinische Literatur hat aus dieser Parascha insgesamt 11 *mizwot ase* (Gebote) und 5 *mizwot lo taase* (Verbote) eruiert, die sich nahezu ausschließlich auf die verschiedenen Opfer und ihre Anlässe (z.B. Lev 4,13; 4,27; 5,17): Aufstiegsopfer, Mehlopfer, Verfehlungsopfer, Schuldopfer beziehen. Wichtige einzelne Aspekte des Opferns sind:
- Gesäuertes und Honig darf nicht auf den Altar gebracht werden (Lev 2,11)
- Die Opfer müssen gesalzen werden (Lev 2,13). Daher rührt der Brauch, vor dem Brot-Segen *ha-Mozi-Lechem* (…) etwas Salz aufs Brot zu streuen.

Gesäuertes (*chamez*) darf Lev 2,11 zufolge nicht als Opfer dargebracht werden. Heute ist sein Verzehr an Pesach verboten. Nach der halachischen Definition ist Chamez ein Produkt aus Weizen, Gerste, Roggen, Hafer oder Spelt, das länger als 18 Minuten mit einer Flüssigkeit in Berührung gekommen ist. Aschkenasim ergänzen zu der Liste außerdem Reis, Mais, Hirse und Hülsenfrüchte.

Gebet als Ersatz für die Opfer

Die Rabbinen diskutierten darüber, welche Handlung in einer Zeit ohne Tempel an die Stelle der Opfer treten könnte, und kamen zu drei Ergebnissen: das Gebet (ha-Tefilla = die Amida); gute Werke und das Lernen der Tora. Auf der Basis von Texten wie Hos 6,6; 14,3; Ps 51,17–19 setzte sich schließlich rechtsgültig das Gebet als liturgische Opferersatzhandlung für das tägliche Aufstiegsopfer durch. Im (orthodoxen) Judentum ist das Beten daher eine religiöse Pflicht, die der Mensch – ähnlich wie das Opfer in der Antike – zu festgelegten Zeiten (Schacharit und Mincha) mit einem festgelegten Bittenkanon (Amida) erfüllt.

Zeugenschaft

» Zeugen S. 240

Obwohl es sich in Lev 5,1 um den Anlass für ein Ascham, ein Schuldopfer, handelt, haben die Rabbinen daraus die Pflicht abgeleitet, als Zeuge vor Gericht auszusagen. Wer also von einer Übertretung erfahren hat, muss sich vor Gericht hierzu verhalten und darf nicht schweigen (bBQ 56a).

Gottesdienst und häusliche Feier

Haftara

Als Haftara zu dieser Parascha wird Jes 43,21 – 44,23 gelesen, ein Abschnitt, in dem darauf hingewiesen wird, dass Jisrael die Opfer nicht dargebracht hat.

» Weiteres Thema: Wiedergutmachung S. 181

צַו
Zaw (Lev 6,1 – 8,36)

Leitfragen
- Mit welchen Opfern sind Mahlzeiten verbunden? Welche Teile von einem Tier werden verbrannt, welche dürfen gegessen werden? Welche Personen(gruppen) dürfen mitessen?
- Welche Opfer führt Mosche durch? Ist er als Priester ausgezeichnet?

Inhalt
- Das Ritual des Aufstiegsopfers
- Das Ritual des Mehlopfers
- Das Opfer für die Heiligung der Priester
- Das Ritual des Verfehlungsopfers
- Das Ritual des Schuldopfers
- Das Ritual des Gemeinschaftsschlachtopfers
- Weitere Regeln für das Opfern
- Die einzelnen Teile des Opfers
- Die Heiligung der Priester

Opfer

» Opfer S. 136; 137; 202; Opfer bei den Propheten S. 410

In dieser Parascha werden die einzelnen Opferarten erneut behandelt (Reihenfolge: *Ola, mincha, chattat, ascham, sevach schelamim*), diesmal aber unter dem Aspekt, welche Rituale der Priester bei den Opfern zu vollziehen und welche Vorgaben er dabei zu beachten hat. Deshalb werden diesmal auch die Priester selbst („Aharon und seine Söhne") angesprochen, während zuvor ganz Jisrael angesprochen war.

Halacha und Religionspraxis
Dem Charakter des Buches Wajjiqra entsprechend sind auch in dieser Parascha überwiegend Mizwot enthalten, die sich auf das Opfer beziehen:
- Mizwot bezüglich der Asche und des Feuers auf dem Altar: Lev 6,3.6
- das Opfer des gesalbten Priesters: Lev 6,13
- Verfehlungsopfer: Lev 5,8; 6,18.23. Diese Mizwot beziehen sich auf das Verfehlungsopfer, sofern es für eine versehentlich begangene Tat dargebracht wird
- Gemeinschaftsschlachtopfer: Lev 7,11.15
- ungültige Opfer: Lev 7,17–19

Alle diese Mizwot haben im praktischen Vollzug heutigen jüdischen Lebens keine direkte Relevanz mehr, da es keinen Tempel mehr gibt und der Opferdienst ausgesetzt ist.

Heiligung der Priester

» (Einsetzungs-)Opfer S. 122; Priester S. 120

Die Heiligung und ‚Handfüllung' der Priester (Lev 8,28) wird als elaboriertes kultisches Geschehen geschildert, das einen Zeitrahmen von sieben Tagen umfasst.

Da die Priester und der gesalbte Priester noch nicht eingesetzt sind, fungiert noch Mosche als Priester, der die Ritualhandlungen vollzieht. Dies ist das einzige Mal, dass Mosche als Priester handelt.

Die Heiligkeit der Opfer führt dazu, dass die Priester die Opfer nur an heiliger Stätte essen dürfen. Auch ist die Heiligkeit des Opferfleisches darin dynamisch, dass etwaige Spritzer oder Reste dieses Fleisches die Geräte und die Kleidungsstücke heilig machen, sobald sie damit in Berührung kommen (Lev 6,17–23).

Bereits an dieser Stelle zeigt sich die grundsätzliche Struktur der Kategorie Heilig, die als dynamisches Element sich auszubreiten sucht und schon von daher den Mischkan nicht verlassen darf (vgl. das Thema Räume von Rein und Nicht-Rein, S. 150).

Das Ritual der Einkleidung

- Einkleidung von Aharon und seinen Söhnen
- Salbung mit Öl (vgl. oben Paraschat Tezawwe)
- Schlachtung des Verfehlungsopfers (Stier) mit anschließendem Blutritus
- Schlachtung des Aufstiegsopfers (Erster Widder)
- Schlachtung des zweiten Widders für die Handfüllung der Priester mit anschließendem Blutritus und Schwingung
- Einsetzung durch Sprengung mit Blut und Salböl
- Siebentägiger Aufenthalt der Priester am Zelt der Zusammenkunft

Kaschrut

» Kaschrut S. 62; 110; Koschere Tiere S. 231; Schächten S. 230

In dieser Parascha geht es noch nicht explizit um Speisevorschriften (Kaschrut). Es werden jedoch einzelne Angaben zu den Opfern gemacht, aus denen die Rabbinen später weitergehende Regeln für die Kaschrut abgeleitet haben:

- Das Verbot, Fett zu genießen: Lev 7,2. Dies bezieht sich auf das Fettgewebe um Magen, Niere und Flanke, und zwar beim Ochsen, bei der Ziege und beim Schaf.

- Das Verbot, Blut zu genießen: Lev 7,26 (vgl. Paraschat Noach und Paraschat Schemini).

Halacha und Religionspraxis

Das Verbot des Blutgenusses wirkt sich bis heute vor allem im Kaschern von Fleisch aus: Bevor Fleisch gegessen werden kann, muss es in Wasser eingeweicht und gesalzen worden sein. Grundsätzlich gilt, dass das Tier rituell einwandfrei geschächtet wird, um möglichst viel Blut aus dem Körper abfließen zu lassen (siehe das Thema Kaschrut: Schächten, S. 230).

In dieser Parascha ist auch eine Regel erwähnt, wonach Essensreste in einem Tongefäß nach Ablauf der gebotenen Frist nicht mehr tauglich sind, d.h. auch nicht mehr verspeist werden dürfen und daher verbrannt bzw. solche Gefäße zerbrochen werden müssen. Diese Struktur wurde von den Rabbinen auf das Kaschern von Gefäßen angewandt: Tongefäße (*keli cheres*) können nicht gekaschert werden. Deshalb können auch lediglich rein metallene Gefäße für Pesach gekaschert werden.

Gottesdienst und häusliche Feier

Birkat ha-Gomel

Das Gemeinschaftsschlachtopfer, insofern es als Dankopfer dargebracht wird, hat indirekt durch die sog. *birkat ha-gomel* in die Liturgie Eingang gefunden (Lev 7,12). Die Birkat ha-Gomel wird von denjenigen gesagt, die von schwerer Krankheit genesen, von einer Schiffsreise wohlbehalten zurückgekehrt sind oder sonst aus großer Gefahr gerettet wurden („Gomel-Benschen'). Die Birkat ha-Gomel wird nach dem Aufruf zur Tora gesagt. Frauen sagen die Birkat ha-Gomel auch nach einer Entbindung.

Die Qorbanot

Die Verse Lev 6,1–6 werden im täglichen Schacharit als ‚Qorbanot' einfügt.

Haftara

Als Haftara wird zu dieser Parascha Jer 7,21–8,3 und 9,22–23 gelesen. In beiden Texten geht es um den Opferdienst. In der Haftara wird allerdings ein falscher Opferdienst angeprangert.

שְׁמִינִי
Schemini (Lev 9,1 – 11,47)

Leitfragen
- Womit wird der ordnungsgemäße Kult eingeweiht?
- Worin bestand das Vergehen von Nadav und Avihu? Wie verhält sich diese Erzählung zum Rest der in Lev 1 – 10 geschilderten ‚Opfer-Tora'?
- Wie lässt sich die Antwort des Mosche in Lev 10,3 interpretieren?
- Gibt es ein System bei der Einteilung in reine und unreine Tiere? Gibt der Text eine Begründung für diese Einteilung?
- Wodurch werden Personen und Gegenstände kultisch nicht-rein?

Inhalt
- Die erste Opferung durch die Priester
- Die Erscheinung des *kavod*
- Das nicht gebotene Feuer (Nadav, Avihu)
- Weitere Regeln für die Priester
- Reine und nicht-reine Tiere

Nadav und Avihu

Die Geschichte von Nadav und Avihu und das von ihnen dargebrachte ‚fremde Feuer' hängt unmittelbar mit der Opfergesetzgebung zusammen. Der Text berichtet von der Erscheinung des göttlichen *kavod* und dem himmlischen Feuer, das das Aufstiegsopfer verzehrte. Das Feuer, das die beiden Söhne Aharons, Nadav und Avihu, darbringen, ist ein *fremdes Feuer, das er [Gott] ihnen nicht geboten hatte*. In der Folge stand, dass auch sie selbst von dem göttlichen Feuer verzehrt werden. Diese Übertretung wird später in Num 3,4 und 26,61 noch einmal erwähnt. Auch Qorach und seine Anhänger werden von einem solchen göttlichen Feuer verzehrt (Num 16,35).

In der jüdischen Tradition
In der jüdischen Tradition wurde eingehend darüber diskutiert, was an diesem ‚fremden Feuer' problematisch war und ob ihr Tod als ‚Strafe' zu deuten sei. Dabei gab (und gibt) es zwei unterschiedliche Beurteilungen: Die eine besteht darauf, dass Nadav und Avihu fromme Männer waren und eigentlich keine Mizwa, die Gott geboten hatte, übertraten, im Gegenteil: das Feuer der beiden sei ein Ausdruck von Freude über das himmlische Feuer gewesen (Sifra ad loc., so auch der Biur von Mendelssohn). Die andere Beurteilung geht mit den beiden Söhnen Aharons härter ins Gericht und sieht den Frevel darin, dass sie ein Feuer zu den gebotenen des Priesterdienstes hinzufügten

Schemini (Lev 9,1 – 11,47)

(so z.B. S.R. Hirsch ad loc.) und damit dem Opferdienst eine Art ‚individuelle Note' zu verleihen suchten, die ebensowenig wie ein zusätzliches Feuer geboten war.

Kaschrut

» Kaschrut S. 62; 110; 142; 230; 231

In dieser Parascha werden lediglich für den Genuss erlaubte und nicht-erlaubte Tiere unterschieden. Die hier behandelten Vorschriften gelten für alle Jisraeliten, nicht nur für die Kohanim. Allerdings ist die spätere rabbinische Kaschrut-Gesetzgebung weit ausdifferenzierter.

Übersicht: Die Speisegesetze in der Tora

Erlaubte Tiere
- Wiederkäuende Paarhufer (Schaf, Rind u.a.)
- Fische mit Schuppen und Flossen (Lachs u.a.)
- Vögel, nicht positiv bestimmt
- Vier Heuschreckenarten (nicht mehr bekannt)

Nicht-erlaubte Tiere
- Nicht-wiederkäuende Tiere oder keine Paarhufer (Schwein, Kamel, Hase)
- Fische ohne Schuppen und Flossen (Aal, Hai, Krebse, Muscheln, Schrimps)
- Verschiedene Vögel (Aasgeier, Raben)
- Kleintiere mit Flügeln und vier Füßen (fliegende Insekten, Reptilien)
- Durch Jagd erlegte oder gerissene Tiere

Weitere Bestimmungen
- *Berührung:* Nach dem Buch Wajjiqra verunreinigt jede Berührung mit einem toten Tier, sei es erlaubt oder nicht erlaubt (Lev 11,24f.39f.). Im Buch Devarim ist die Berührung von Aas oder seinen Einzelteilen hingegen zwecks Verkaufs oder Weiterverarbeitung erlaubt (Dtn 14,21).
- *Genuss bestimmter Teile von Tieren:* Das Blut auch der erlaubten Großtiere (Schaf, Ziege, Rind) ist verboten, daher werden diese Tiere geschächtet, gewässert und gesalzen (Lev 7,26).

Fische müssen nicht geschächtet werden; sie gelten als weder fleischig noch milchig (‚parve'). Das Fett der Großtiere ist ebenfalls nicht erlaubt (Lev 3,17; 7,22–25).
- *Trennung von milchig und fleischig:* Der gemeinsame Genuss von milchigen und fleischigen Speisen ist verboten. Nach dem Verzehr von Fleischigem muss man nach rabbinischem Recht bis zu sechs Stunden warten, bis man eine Milchspeise genießen darf (zurückgeführt auf Ex 23,19).

Halacha und Religionspraxis

Da diese Mizwot unabhängig vom Tempeldienst ausgeübt werden können, sind sie für das Judentum entscheidend geblieben und werden vom orthodoxen und konservativen Judentum sowie von einigen liberalen Juden bis heute beachtet. Einzelheiten wurden durch die Rabbinen und spätere Autoritäten präzisiert und werden bis heute von Rabbinern (und Rabbinerinnen) angepasst:

- Nach aschkenasischer Tradition sind Heuschrecken grundsätzlich für den Verzehr verboten, nach sefardischer Tradition hingegen erlaubt.
- Insekten sind zwar verboten, deren Produkte aber erlaubt, z.B. Honig.

Priester

» Priester S. 120; 142; 146; 166; 192

In dieser Parascha werden einige Mizwot aufgezählt, die den Dienst und die Person der Priester betreffen, so etwa die dauernde ‚Residenzpflicht' (Lev 10,7) oder das Gebot, den Dienst am Tempel nüchtern auszuüben (Lev 10,9). Aus diesem letzten Gebot (Nüchternheit) wurde im Judentum allerdings kein generelles Alkoholverbot abgeleitet.

Rein und Nicht-Rein

» Rein und Nicht-Rein S. 147

Die Unterscheidung zwischen ‚Rein' und ‚Nicht-Rein' ist insbesondere in Bezug auf das Heiligtum essentiell, denn diese Kategorie entscheidet grundsätzlich, ob der einzelne Jisraelit zum Heiligtum gehen kann oder nicht. Deshalb wird im Buch Wajjiqra gerade diese Kategorie ausführlich behandelt. In dieser Parascha geht es hierbei vor allem um das Essen und Berühren bestimmter Tiere, die unrein machen: so zum Beispiel die Berührung von Aas (Lev 11,39).

Gottesdienst und häusliche Feier

Haftara

Zu Paraschat Schemini wird die Haftara 2Sam 6,1 – 7,17 (sefardisch: 2Sam 6,1–19) gelesen, die Geschichte von der Berührung des heiligen Kastens durch Ussa. Die Wahl dieser Parascha ergibt sich aus inhaltlichen (Teil-)Parallelen zur Überlieferung von Nadav und Avihu: Als die Rinder mit dem Wagen, der den Aron trägt, ausbrechen, berührt Ussa (einer von zwei Brüdern!)

den Aron, um zu verhindern, dass er herunterfällt. Obwohl dies gut gemeint (oder bestenfalls gedankenlos) war, hatte es für Ussa tödliche Konsequenzen.

» Weiteres Thema: Kavod Gottes S. 109; 357

תזריע מצורע
Tasria und Mezora (Lev 12,1 – 13,59; 14,1 – 15,33)

Leitfragen
- Wieso finden sich die Bestimmungen für eine Frau nach der Geburt im Kontext des nachfolgenden Themas krankhafter Hautveränderungen?
- Welche Kategorien von Rein und Nicht-Rein werden in diesen Abschnitten aufgestellt?
- Welche Bedeutung haben die Gesetze zu Rein und Nicht-Rein?
- Wie vollzieht sich der Vorgang der Reinigung von Nicht-Reinheit? Welche Funktion nehmen die Priester dabei ein? Handelt es sich hierbei um ‚magische' Praktiken?
- Welche Funktion hat der Vogel-Ritus? Womit ist er zu vergleichen?

Inhalt

Tasria
- Die nicht-reinen Tage der Wöchnerin
- Aussatz bei Menschen
- Aussatz an der Kleidung

Mezora
- Wiederaufnahme des Aussätzigen
- Aussatz an Häusern
- Die Verunreinigung des Mannes
- Die Verunreinigung der Frau

Rein und Nicht-Rein

» Rein und Nicht-Rein S. 146; Rote Kuh S. 194

In der Tora

Die Tora bestimmt Jisrael als ein ‚heiliges Volk' und als das ‚Volk von Priestern' (Ex 19,6; Lev 11,45; 20,26 u.ö.), in dessen Mitte Gott selbst – der Heilige – präsent ist. Daher ist jede Form von ‚Nicht-Reinheit' konsequent abzuwehren bzw. fernzuhalten. Nachlässigkeiten werden mit dem Tod geahndet (Lev 15,31), da anderenfalls das Heilige und das Nicht-Reine in der Wohnung aufeinanderprallen würden.

Die in der Tora beschriebenen Kategorien von Rein und Nicht-Rein haben nichts mit Hygiene-Vorschriften zu tun, sondern bezeichnen den Zustand einer Person oder einer Sache hinsichtlich ihrer Möglichkeiten des Eintretens in den Bereich des Heiligen. Es handelt sich also ausschließlich um eine Kategorie aus dem Bereich des Kultischen. Götzendienerische Kulte und Praktiken (Lev 18,21; 2Kön 21,6.16) machen deshalb ebenso nicht-rein wie bestimmte Trauerbräuche, z.B. Einschnitte in die Haut ritzen (Lev 19,27f.; 21,1f.; Dtn 14,1; vgl. aber noch Mi 4,14; Jer 16,6).

Rein und Nicht-Rein kann nach der Tora in mehrere Kategorien aufgeteilt werden:
- Verunreinigung, die von Geschlechtsorganen ausgeht: eine Frau während ihrer Menstruation (Lev 15) oder nach der Geburt eines Kindes (Lev 12,1–5); ein Mann nach pathologischen oder nicht-pathologischen Ausflüssen am Glied (Lev 15,1–18)
- Verunreinigung, die aufgrund von toten Körpern (Mensch und Tier) übertragen wird (Lev 11; 21,1–4; 22,4)
- Verunreinigung aufgrund körperlichen Aussatzes (Lev 13f.)
- Verunreinigung nach dem Genuss unreiner Tiere (Lev 11)
- ‚Aussatz' an Kleidern (Lev 13,47–59) und Häusern (Lev 14,33–53) kann Verunreinigung hervorrufen und übertragen

Der Zustand der Nicht-Reinheit ist (wie bei Krankheiten) übertragbar. Die unterschiedlichen Reinigungsrituale (Waschen der Kleider; rituelles Untertauchen; Sprengungen mit Blut oder Öl) sind nicht als therapeutische Maßnahmen zu verstehen; sie werden erst vollzogen, wenn die Nicht-Reinheit (Menstruation; Aussatz) beendet oder abgeheilt ist.

In den übrigen Schriften der Bibel

In den prophetischen Büchern und in den Ketuvim werden die Kategorien von ‚rein' und ‚nicht-rein' aufgenommen und teilweise (im übertragenen Sinn) ausgeweitet:
- Dienst für fremde Götter/Götzen: Jer 2,7; Ez 20,7.18; 23,3f.; Sach 13,2
- fremdes Land (Leben in der Verbannung) ist nicht-rein: Jer 3,1.9; Am 7,17
- Krankheit: Ps 88

Halacha und Religionspraxis

Im heutigen Judentum spielen die meisten Gesetze zu Rein und Nicht-Rein keine Rolle mehr, da es keinen Tempel mehr gibt und insofern diese Kategorie irrelevant geworden ist. Streng genommen kommen alle Juden und Jüdinnen in ihrem Leben mehrfach in den Status der Nicht-Reinheit, da es heute ja keine Möglichkeiten mehr gibt, sich in den Status der Reinheit zu bringen. In einem etwas anderen Sinn hat sich aber der Begriff ‚Reinheit' dennoch gehalten, und zwar bezüglich der Bestimmungen zur Wöchnerin und zur menstruierenden Frau. Im heutigen orthodoxen Judentum wird durch die genaue Einhaltung der sogenannten Nidda-Regeln die Reinheit der Familie (*tohorat ha-mischpacha*) aufrecht erhalten. Danach kann eine nicht-rein gewordene Frau nur durch das Tauchbad (Miqwe) den Status der Nicht-Reinheit überwinden und dadurch für den ehelichen Verkehr wieder frei sein (vgl. unten das Thema Verbotene Ehebeziehungen, S. 156). Die Bestimmungen zur Nicht-Reinheit durch den unwillkürlichen Samenerguss galten dagegen lediglich während der Tempelperiode. Die Bestimmungen zur Nicht-Reinheit aufgrund der Berührung toter Körper hat sich bis heute nur in den Bestimmungen zu den Kohanim gehalten.

Aussatz

Unter ‚Aussatz' (*zaraat*) werden in der Tora verschiedene auffällige Hautbefunde sowie Schäden an der Haut, an Kleidern und an Gebäuden zusammengefasst. Dies sind im Einzelnen:
- Furunkel; Entzündungen; Flechten; Brandwunden; Ausschlag (im Bezug auf die Haut). Was die Tora unter *Zaraat* im einzelnen verstand, lässt sich heute nur noch schwer rekonstruieren, wahrscheinlich eine Form von Psoriasis (Schuppenflechte).
- Schimmel (an Kleidern, Gebäuden und Hausrat)

Die einzelnen Elemente der Aussatz-Tora
- Opfer von zwei lebenden Vögeln mit anschließendem Blutritus
- Tauchbad
- Schuldopfer, Verfehlungsopfer und Schwingung (2 Lämmer; 1 weibliches Schaf)
- Entsühnungsritus mit Öl und Blut

Nach dieser Parascha ist es die Aufgabe der Priester, den Aussatz festzustellen und ggf. eine Quarantäne-Zeit festzusetzen, nach deren Ablauf die Reinheit oder Nicht-Reinheit endgültig (öffentlich) deklariert wird. Weiterhin ist ein Reinigungsritus vorgesehen, der die Voraussetzung für die Wiederaufnahme in die Gemeinschaft darstellt.

In Paraschat Mezora wird darüber hinaus auch vom Aussatz an Häusern gesprochen. Auch hier gilt, dass es der Priester ist, der den Aussatz zu bestimmen und darüber zu befinden hat, was mit den aussätzigen Stellen am Haus zu geschehen habe (z.B. befallene Steine entfernen, Mörtel abkratzen). Es ist

Das Ritual beim Häuseraussatz
- Feststellung des Aussatzes durch den Priester
- Quarantäne-Zeit
- Nochmalige Prüfung durch den Priester
- Opfer durch den Besitzer des Hauses
- Rein-Erklärung durch den Priester

auch der Priester, der die (wieder erlangte) Reinheit des Hauses kundzutun hat.

In der jüdischen Tradition

Die jüdische Tradition hat dem Vers Dtn 24,9 (*Gedenke, was der Ewige, dein Gott, an Mirjam getan hat*; vgl. Num 12,10) entnommen, dass man sich vor übler Nachrede hüten soll, um nicht an Aussatz zu erkranken (Raschi zu Dtn 24,9).

Halacha und Religionspraxis

Die Regelungen für Aussatz an Menschen, Kleidern und Häusern galten nur, solange der Tempel stand. Seit dessen Zerstörung finden diese Vorschriften keine Anwendung mehr.

Räume von Rein und Nicht-Rein

Die Abschnitte über die Verunreinigung durch Ausflüsse aus den Geschlechtsorganen wie auch über krankhafte Veränderungen der Haut gehören zu den schwierigsten Themen in der Tora, aber sie verdeutlichen ein wichtiges Prinzip der kultischen Raum-Kategorien: Zur Heiligkeit gehört, dass sie dynamisch gedacht wird, d.h. sie sucht sich auszubreiten (vgl. bereits Lev 6,18–20 das ‚heilige Fleisch'). Dem steht die Verunreinigung und der nicht-reine Zustand entgegen, die ebenfalls dynamisch vorgestellt werden (Lev 13 ‚Aussatz'; Lev 15: Ausflüsse aus den Geschlechtsorganen), denn auch sie breiten sich aus. Das Reine ist demgegenüber statisch. Es bildet sozusagen die Pufferzone und wird räumlich als der Bereich ausgezeichnet, der das Heilige und die menschliche Sphäre voneinander trennt.

Die Tora lässt so ein Miteinander von Gott und Mensch denkbar werden. Gottes Heiligkeit bleibt unangetastet, der Mensch in seiner physischen Verfasstheit (Geschlechtsverkehr ist ja erlaubt und geboten!) lebt von dem Wechsel der Kategorien Rein und Nicht-Rein.

	Hochheilig	Heilig	Kontakt: Rein	Nicht-Rein
Ort	Mischkan, hinter dem Vorhang	Mischkan und äußerer Hof	Eingang zur Wohnung	innerhalb und außerhalb des Lagers (Num 5)
Personen	Der gesalbte Priester (Aharon)	Priester (Söhne Aharons)	Priester; alle Jisraeliten	
Ritual	Blut-Ritual; kultische Verbrennung	Blutritual; kultische Verbrennung; ggf. Fleischverzehr	Übergabe des Tieres	

Miqwe

Das rituelle Tauchbad (Miqwe) wird in der Tora bei verschiedenen Anlässen vorgeschrieben. Es diente der kultischen Reinigung, d.h. das Untertauchen ermöglichte der betreffenden Person die erneute Teilnahme am kultischen Leben (Besuch des Heiligtums; Darbringung von Opfern). Entsprechend finden diese Gebote heute keine Anwendung mehr.

Das Tauchbad, die sog. Miqwe, muss ein natürliches Gewässer (z.B. Meer; Fluss) oder eine künstliche Anlage sein, die eine Mindestmenge natürlichen, d.h. fließenden (!) Wassers (z.B. Regenwasser; früher oft Grundwasser) von 572 Liter (entspricht der rabbinischen Anordnung von 40 Se'a) enthält (mMiq I,4). Berühmt sind heute noch die Miqwen in Speyer (erstmals erwähnt 1126) und Friedberg (1260), bei denen jeweils ein mehrere Meter tiefer Schacht (in Friedberg 25m) in die Erde gegraben wurde, um den Grundwasserspiegel zu erreichen. Heutzutage sind Miqwaot beheizte Anlagen.

Halacha und Religionspraxis

Das rituelle Untertauchen ist heute nur in folgenden Fällen (orthodox) Pflicht:

- für jede verheiratete Frau (nach sieben und fünf blutungsfreien Tagen nach ihrer Menstruation; bNid 66a) bis zum Eintritt der Menopause (erstmals vor der Hochzeit)

Die Tora schreibt das Tauchbad in folgenden Fällen vor:

- nach der Berührung von Toten und toten Tieren (Raschi zu Lev 11,40) (primäre und sekundäre Unreinheit: 1 Tag)
- nach dem Abheilen verschiedener Hautkrankheiten (*zaraat*)
- nach dem Kontakt mit (bestimmten Gegenständen von) einem/einer an pathologischem Ausfluss Leidenden (beim Mann: Gonorrhoe; bei der Frau: genitale Blutungen) (sekundäre Nicht-Reinheit: 1 Tag)
- ein Mann nach dem Abklingen eines pathologischen Ausflusses (primäre Nicht-Reinheit: 7 Tage)
- nach ungewolltem Samenerguss oder Ausfluss: Lev 15,16 (primäre Nicht-Reinheit: 1 Tag)
- nach Geschlechtsverkehr: Lev 15,18
- nach der Menstruation: Lev 15,19 (primäre Nicht-Reinheit: 7 Tage)
- nach dem Kontakt mit (bestimmten Gegenständen von) einer Menstruierenden (sekundäre Nicht-Reinheit: 1 Tag; nach Beischlaf: 7 Tage)
- wahrscheinlich auch nach der Geburt eines Kindes
- Aharon vor dem Anlegen der Priesterkleidung sowie während der rituellen Handlungen am ‚Tag der Sühne': Lev 16,4, sowie weitere in das Ritual involvierte Personen (z.B. derjenige, der den Bock für Asasel hinausgeführt hat)

- für Personen im Rahmen des Übertritts zum Judentum
- Manche Orthodoxe schreiben auch das Untertauchen für neu gekauftes und von Nicht-Juden hergestelltes Geschirr vor.

Gottesdienst und häusliche Feier

Haftara zu Tasria
Als Haftara wird – wenn der Schabbat nicht auf einen besonderen vor oder nach Purim fällt – zu dieser Parascha der Abschnitt 2Kön 4,42 – 5,19 gelesen, in dem von der Heilung des aussätzigen Naaman durch Elischa erzählt wird. Wenn Tasria und Mezora zusammengezogen werden, wird die Haftara zu Mezora gelesen.

Haftara zu Mezora
Als Haftara wird zu dieser Parascha der Abschnitt 2Kön 7,3–20 gelesen, in dem es um Aussätzige geht, die das verlassene Lager der Aramäer entdecken.

» Weiteres Thema: Priester S. 120; 146

אחרי מות
Achare Mot (Lev 16,1 – 18,30)

Leitfragen

- Welche Funktion hat das Ritual vom Tag der Sühne? Was wird gesühnt?
- Welche Aufgaben und Rituale vollzieht der gesalbte Priester an diesem Tag, die er sonst nicht ausübt? Betritt er Orte, die sonst auch ihm nicht zugänglich sind? Was bedeutet hier das Ritual der Handaufstemmung?
- Welche Bedeutung hat das Blut?
- Wird im Opfervollzug gesprochen?
- Welche sexuellen Handlungen deutet die Tora als ‚abscheuliche (Tat)' (to'eva)? Welche Bedeutung hat dieser Begriff bei den Propheten Jirmejahu und Jecheskel?
- Welche Geschlechtsbeziehungen sind heute im säkularen Rechtskontext verboten?

Inhalt

- Der Tag der Sühne
- Private Opfer
- Verbot des Blutgenusses
- Auflistung verbotener Geschlechtsbeziehungen

Sühne-Ritual

Der im späteren Judentum als ‚Tag der Sühne' (Jom Kippur) bekannte Feiertag ist der wichtigste und in seinem rituellen Ablauf auch der am ausführlichsten beschriebene Feiertag in der Tora. An ihm vollzieht sich die Sühne über das Heiligtum, d.h. die kultische Reinigung des Heiligtums und des Altars von den Sünden Jisraels (Lev 16,16.19) sowie die ‚Reinigung' und die Vergebung der Sünden Jisraels vor Gott (Lev 16,30). Jede Arbeit ist an diesem Tag verboten (Lev 16,29). Daher wird dieser Tag auch der ‚Schabbat vollkommener Ruhe', wörtlich: ‚Schabbat der Schabbate' (*schabbat schabbaton*; Lev 16,31) genannt. Der Jom Kippur ist durch strenges Fasten und eine umfassende körperliche Kasteiung bestimmt (Lev 16,29; vgl. auch Ps 35,13; Jes 58,3.5.10).

Der Jom Kippur wird im siebten Monat am zehnten (des Monats; vgl. die Übersicht über die jüdischen Monate, Feste und Gedenktage, S. 89), d.h. am 10. Tischri begangen. In einem Joveljahr wird der Schofar geblasen, um die Freilassung der Sklaven und die Rückkehr der Einzelnen zu ihrem Grundeigentum anzuzeigen (Lev 25,8–12).

(Der Bock für) Asasel

Der (Bock für) Asasel ist einer der zwei Böcke, die in Lev 16 für das Chattat-Opfer bestimmt werden. Wird ein Bock als *chattat* geopfert, so wird der zweite als ‚Bock für Asasel' in einem Eliminationsritus (Lev 16,20–22) verwendet und in die Wüste geschickt: Der gesalbte Priester Aharon bekennt die Sünden über dem Bock, um so die Reinigung des Heiligtums und des Altars (an dessen Hörnern sich im Laufe eines Jahres durch die Blutapplikationen sukzessive Nicht-Reinheiten gesammelt haben!) sowie die Entsühnung für den gesalbten Priester und sein Haus, die übrigen Priester sowie für ganz Jisrael herbeizuführen. Der ‚lebendige Bock' (nur die Septuaginta spricht explizit vom Unheil abwendendem Bock [‚Sündenbock']) wird mit den Sünden des Volkes beladen in die Wüste geschickt und darf nicht mehr zurückkehren. Es geht aber nicht darum, seine eigenen Sünden und Verfehlungen jemandem anderen aufzubürden, sondern allein um die Entfernung der Sünden und Nicht-Reinheiten vom Heiligtum und dem Volk Jisrael einschließlich des kultischen Personals. Weil der Bock für Asasel mit den Verunreinigungen beladen wurde, schreibt Lev 16,26 die rituelle Reinigung (Waschung; Kleiderwechsel) für alle Personen vor, die mit ihm in Kontakt waren.

In der jüdischen Tradition

Der Talmud (bYom 39a; 67b; so auch Raschi) erklärt Asasel als Name eines steilen Berges, von dem der Bock hinabgestürzt wird. Nach Ibn Esra handelt es sich um einen Bocksdämonen.

Die konstitutiven Elemente des ‚Sühne-Rituals'

- *Opfer:* Sie werden ausschließlich vom Hohepriester vollzogen. Geopfert werden a) für den Hohepriester und die übrigen Priester ein Verfehlungsopfer (Stier) sowie ein Aufstiegsopfer (Widder); vor dem Aufstiegsopfer erfolgt das vorschriftsmäßige rituelle Reinigungsbad und ein Kleiderwechsel b) für Jisrael ein kollektives Verfehlungsopfer (zwei Ziegenböcke) sowie ein Aufstiegsopfer (Widder).
- *Blutritus:* Sprengung des Blutes gegen die Sühnplatte des Aron (im Allerheiligsten: ‚hinter dem Vorhang'). Das Sühnopfer (*kappara*) sühnt lediglich die Verfehlungen Gott gegenüber; Verfehlungen gegenüber dem Mitmenschen sind vorher zu bereinigen (Lev 5,21–26; mYom 8,9).
- *Auslosung eines Bockes ‚für Asasel'*
- *Handaufstemmen mit zwei Händen auf den Bock für Asasel und Hinaustreiben des Bockes* (und damit der Verfehlungen und Sünden Jisraels) in die Wüste

Achare Mot (Lev 16,1 – 18,30)

Halacha und Religionspraxis
In dieser Parascha werden Bestimmungen zum Jom Kippur getroffen, insbesondere zu den verschiedenen Opfern, die der gesalbte Priester zu verrichten hat. In der rabbinischen Tradition wurden für Privatleute folgende fünf Arten der Kasteiungen am Jom Kippur festgelegt:
- Strenges Fasten (d.h. der Verzicht auf Essen und Trinken) vom Vorabend an
- kein Waschen (selbst das rituelle Händewaschen darf nur eingeschränkt vollzogen werden)
- kein Salben, Eincremen oder Schminken des Körpers
- kein Tragen von ledernen Schuhen
- kein Geschlechtsverkehr

Dabei versteht sich von selbst, dass das Fasten zur Erhaltung des Lebens unterbrochen werden muss (bYom 83a); auch für Kranke, Kinder, Schwangere etc. gelten Ausnahmen. Wer das Fasten aus gesundheitlichen Gründen bricht, wer z.B. aus gesundheitlichen Gründen trinken muss, sagt vorher die Beracha *al piqquach nefesch*.

Inzest

» Mamser S. 242; notabene: Ehe S. 243

Der sexuelle Umgang unter nahen Verwandten wird in der Tora öfter thematisiert (vgl. bereits Gen 35,22: die ‚Blutschande' Reuvens), allerdings nicht als ausschließliches und umfassendes Verbot. Vergleicht man die in dieser Parascha formulierten Vorschriften mit anderen Erzählungen in der Tora (Avraham heiratet eine Halbschwester: Gen 20,12; Jaaqov heiratet zwei Schwestern: Gen 29,21–30; Amram, der Vater Mosches, heiratet eine Tante: Ex 6,20), so stellt man fest, dass die dort berichteten ehelichen Verbindungen nicht immer mit den hiesigen Festlegungen übereinstimmen. In dieser Parascha werden alle Fälle aufgezählt, die unter die verbotenen Geschlechtsbeziehungen fallen und damit auch mit einem Heiratsverbot belegt sind.

Die Inzestverbote enthalten Bestimmungen, die über die engere und weitere Blutsverwandtschaft hinausgehen und auch solche Personen einschließen, die zur Familie gehören, weil sie angeheiratet sind wie beispielsweise Schwieger-/ Schwager-Beziehungen.

Beim eigentlichen ‚Inzest-Verbot' geht es nicht nur um die reine Blutsverwandtschaft, sondern vielmehr um das familiäre und soziale Verhältnis zueinander. Deshalb werden auch Stiefmütter oder -töchter unter dieses Verbot subsumiert. Diese Verbote bilden darin gleichzeitig einen familiären Schutzraum für die einzelnen (vor allem weiblichen!) Familienmitglieder. Die Familie darf nicht durch Geschlechtsbeziehungen zerstört werden.

Übersicht über die verbotenen Geschlechtsbeziehungen

Inzestverbote	• Großeltern-Kind:	Großvater-Enkelin
	• Eltern-Kind:	Vater-Tochter
		Mutter-Sohn
		Stiefmutter-Stiefsohn
		Vater-Schwiegertochter
	• Geschwister:	Bruder-Schwester
		Halbbruder-Halbschwester
		Frau eines Bruders oder Halbbruders
	• Geschwister der Eltern:	Schwestern einer der Eltern
		Frauen der Brüder des Vaters
	• Relative Verhältnisse (bei Polygamie):	Eine Frau und ihre Tochter
		Eine Frau und eine Enkelin
Verbotene Geschlechtsbeziehungen	• Geschlechtsverkehr zwischen Männern	
	• Geschlechtsverkehr mit Tieren	
Zeitweiliges Verbot	• Geschlechtsverkehr während der Menstruation der Frau	

Halacha und Religionspraxis

Da die Regelungen zu den verbotenen Geschlechtsbeziehungen unabhängig vom Heiligtum durchgesetzt werden können, spielen sie auch in der heutigen Ehegesetzgebung im Judentum eine wichtige Rolle. Das bedeutet, dass die aufgeführten verbotenen Geschlechtsbeziehungen immer noch Ehehindernisse darstellen. Neben diesen Ehehindernissen bezüglich der Verwandtschaftsverhältnisse legt die Parascha Achare Mot auch andere nicht erlaubte Geschlechtsbeziehungen fest, die teils aus Gründen der Nicht-Reinheit, teils aus Gründen der moralischen Vorstellungen untersagt sind. Hierzu zählen:

- Geschlechtsverkehr während der Menstruation: Lev 18,19. Dieses Verbot hat in der jüdischen Tradition eine ganze Reihe von sog. Nidda-Gesetzen nach sich gezogen. Die Frau beendet ihren Nidda-Status allein durch das Untertauchen in der Miqwe. Erst danach kann ein Paar sein sexuelles Eheleben wieder aufnehmen (vgl. auch Paraschat Mezora)
- Geschlechtsverkehr zwischen Männern: Lev 18,22
- Geschlechtsverkehr mit Tieren: Lev 18,23

Achare Mot (Lev 16,1 – 18,30)

Insbesondere das von der Tora ausgesprochene Verbot (des Auslebens) der Homosexualität ist heute nicht nur im liberalen Judentum umstritten.

Menschenopfer

» notabene: Kinderopfer S. 366; Erstgeburt S. 90

Menschenopfer oder auch Kinderopfer, also das Töten von Menschen zu kultischen Zwecken, sind nach der Tora grundsätzlich verboten. Auch die Regelungen der Erstgeburt bringen dies zum Ausdruck. Obwohl die männlichen Erstgeborenen eigentlich Gott gehören, müssen sie ausgelöst werden, damit sie eben nicht getötet werden müssen. Lev 18,21 und 20,1–5 sprechen dieses generelle Verbot von jeglichem Menschenopfer deutlich aus. Die in Lev 18,21; Lev 20,2–5; 2 Kön 23,10 noch anklingenden Molech-/Moloch-Kulte, bei denen der Begriff der Opferung, Darbringung oder Weihung noch entfernt mitschwingt, sind heute kaum noch zu rekonstruieren. Insgesamt lassen sich Menschenopfer religionsgeschichtlich nicht nachweisen.

Gottesdienst und häusliche Feier

Qeriat ha-Tora

Lev 16,1–34 ist die traditionelle Toralesung für den Morgengottesdienst an Jom Kippur.

Lev 18,1–30 ist die traditionelle Toralesung für den Minchagottesdienst an Jom Kippur. Dieser Text wird wegen seiner Verurteilung gleichgeschlechtlicher sexueller Beziehungen in den liberalen Gemeinden nicht gelesen, sondern durch Lev 19,1–18 ersetzt.

Amida für Jom Kippur

Die Musaf-Amida für Jom Kippur enthält in ihrem Mittelteil eine Beschreibung des Opferdienstes an Jom Kippur, die zum Teil auf der Darstellung in der Mischna (Joma) basiert. Im Laufe der Zeit entstanden viele Pijjutim über das Jom-Kippur-Ritual.

Haftara

Nach aschkenasischer Tradition wird zu dieser Parascha Ez 22,1–19 (sefard. Ez 22, 1–16) gelesen, wenn der Schabbat nicht auf Schabbat ha-Gadol, den Schabbat vor Pesach, fällt, weil an diesem Schabbat in den meisten Gemeinden Mal 3,4–24 (mit Wiederholung von v23 am Ende) als Haftara gelesen wird. Wenn die Paraschijjot Achare Mot und Qedoschim an einem Schabbat zusammen gelesen werden, liest man die Haftara der zweiten Parascha, also Haftarat Qedoschim.

Weil Lev 16,1–34 an Jom Kippur gelesen wird, folgt an diesem Tag die Haftara für Jom Kippur, Jes 57,14 – 58,14, die damit keinen Bezug zum Text, sondern zum Tag hat (*Zom* ‚Tag des Fastens').

» Weitere Themen: Priester S. 120; 128; Los S. 292; notabene: Fasten S. 376

קדשים
Qedoschim (Lev 19,1 – 20,27)

Leitfragen
- Von wessen Heiligkeit ist in diesem Abschnitt die Rede?
- In welchem Verhältnis steht die Heiligkeit zur Sozialgesetzgebung? Nach welchem System sind die Einzelverordnungen zusammengestellt? Inwieweit hängt das Bewohnen des Landes davon ab?

Inhalt
- Weitere Gebote für den Einzelnen
- Strafen bei kultischen Vergehen
- Strafen bei Inzest
- Rein und nicht-rein

Soziale Gesetzgebung

» Sozialgesetze S. 112; 247; Eigentum S. 239; 246

Neben rein kultisch-rituellen Geboten finden wir immer wieder soziale Gesetze, die das Miteinander der Mitglieder einer Gesellschaft regeln. Dies war schon in Paraschat Mischpatim so (Eltern-Ehrung, Diebstahl, Betrug) und wird nun in Paraschat Qedoschim und später auch im Buch Devarim noch erweitert und vertieft. Der Grundgedanke ist dabei, dass ein Volk, in dessen Mitte Gott wohnen soll, auch zwischenmenschliche Mindeststandards haben muss. Dabei geht es nicht einfach um eine allgemeine Ethik, sondern insgesamt um eine Gesellschaftsordnung, die jedem Einzelnen gerecht wird. Diese sozialen Gesetze haben auch in der rabbinischen Tradition eine breite halachische Rezeption gefunden.

In erster Linie werden eine Reihe von Mizwot genannt, die Schutzbedürftigen ein besonderes Recht verschaffen. Diese Mizwot machen deutlich, dass die Sozialgesetzgebung von einer sehr konkreten Gesellschaft ausgeht

und nicht von einer gesellschaftlichen Utopie: Arme und solche, die schutzbedürftig sind, wird es auch in der jisraelitischen Gesellschaft immer geben.
- Pe'a: die ‚Ecke'. Die Feldecke soll nicht abgeerntet, sondern den Armen und Fremden überlassen werden, damit sich diese versorgen können: Lev 19,9f.; 23,22; Dtn 24,19–21.
- Im Weinberg darf keine Nachlese stattfinden, d.h. die bei der Ernte übrigbleibenden Trauben gehören den Armen und Fremden: Lev 19,10.
- Tageslohn ist einem Tagelöhner am selben Tag zu zahlen: Lev 19,13.
- Ein argloser Mensch (z.B. ein Blinder oder ein Tauber) darf nicht in die Irre geführt werden: Lev 19,14.

Einige Mizwot regeln auch den Umgang der Menschen untereinander:
- Man darf dem Nächsten nichts vorenthalten oder rauben: Lev 19,13.
- Man soll nicht hassen: Lev 19,17.
- Man soll den Nächsten zurechtweisen: Lev 19,17.
- Man darf sich nicht rächen oder dem Nächsten etwas nachtragen: Lev 19,18.
- Man soll den Nächsten lieben: Lev 19,18.
- Man soll das Alter ehren: Lev 19,32.
- Man soll richtige Maße und Gewichte im Handel verwenden: Lev 19,35f.

Ähnliche Vorschriften werden auch in Paraschat Behar Sinai aufgelistet: Lev 25,14.17.

Vermischung

Ein wichtiger Grundgedanke in der Tora ist das Verbot der Vermischung. Verschiedene Gattungen sollen nicht miteinander vermengt werden. Dies trifft vor allem beim Vieh, bei der Saat und bei der Kleidung zu. Dahinter steht, dass nach dem Schöpfungsbericht (Paraschat Bereschit) Gott die Tiere und Pflanzen je nach ihrer Gattung geschaffen und der Mensch daher nicht die Erlaubnis hat, diese Schöpfungsordnung nachträglich zu durchkreuzen:
- Verbot, verschiedene Arten von Tieren zu paaren: Lev 19,19
- Verbot, verschiedene Arten von Saatgut gemischt auf dem Feld auszusäen: Lev 19,19
- Verbot, verschiedene Arten von Zugtieren an den Pflug zu spannen: Dtn 22,10. Dies dient zum Schutz des schwächeren Tieres
- Verbot, Kleidung aus Wolle und Leinen herzustellen und zu tragen (Schaatnes): Lev 19,19; Dtn 22,11, denn diese Mischung ist nur für das Heiligtum vorgesehen und soll nicht profanisiert werden (Raschi zu Ex 26,1)

Halacha und Religionspraxis

Heute noch wesentlich ist das Verbot, Kleidung zu tragen, die mit Wolle und Leinen vermischt ist. Ein solcher Fall tritt beispielsweise bei guten Herren-Anzügen auf. Deshalb kaufen insbesondere orthodoxe Juden ihre Kleidung mit entsprechenden Zertifikaten oder lassen ihre Kleidung entsprechend umarbeiten.

Orla

Neugepflanzte Fruchtbäume gelten als ‚unbeschnitten'; ihre Früchte sind daher in den ersten drei Jahren für den Verzehr (und für die weitere Nutznießung) nicht erlaubt: Lev 19,23. Als Stichtag für die Zählung der Jahre der Bäume legte die spätere jüdische Tradition den 15. Schevat (Tu bi-Schevat, ‚Neujahrsfest der Bäume') fest.

Halacha und Religionspraxis

Die Einhaltung der Orla gilt nur für das Land Israel. Daher sind Früchte und Wein aus Israel nur dann koscher, wenn explizit auf die Einhaltung der Orla hingewiesen wurde.

Gottesdienst und häusliche Feier: Tu bi-Schwat

Obwohl Tu bi-Schwat eigentlich lediglich die Neujahrszählung für die neu gepflanzten Bäume ist, hat sich zu diesem Datum – vor allem ausgehend von Israel – eine eigene Zeremonie herausgebildet, bei der insbesondere in jüdischen Kindergärten und Schulen ein ‚Tu bi-Schwat-Seder' mit verschiedenen Früchten (mit mindestens den sog. ‚sieben Arten'; Dtn 8,8) gefeiert wird. Spätere kabbalistische Traditionen schrieben vor, mindestens 15 verschiedene Fruchtarten zu genießen.

Aberglaube

≫ Magie und Zauberei S. 237

So wie Götzendienst ein wesentliches Verbot in der Tora darstellt, so ist auch jede Art von Zauberei und Wahrsagerei untersagt (Lev 19,26.31), um kulturelle Praktiken von Umweltvölkern auszuschließen.

Pe'ot

Nach Lev 19,27 ist es untersagt, die ‚Ecken' des Hauptes und des Bartes zu rasieren oder rasieren zu lassen. Auf dieses Verbot geht die Tradition vieler frommer Juden zurück, Pejes (Schläfenlocken) zu tragen.

Tätowieren

» Trauer S. 232

Nach Lev 19,28 ist es untersagt, sich als Zeichen der Trauer tätowieren zu lassen. Darauf basieren in der jüdischen Tradition die Gesetze, sich generell nicht tätowieren zu lassen. Da die Tätowierung sich allerdings zunehmender Beliebtheit erfreut, gibt es heutzutage durchaus rabbinische Versuche, die Tätowierung zu erlauben, weil sie nicht mehr als Fremdgötterkult zu werten sei.

Heiligtum

» Heiligtum S. 113; 130

Halacha und Religionspraxis

Lev 19,30 gebietet Ehrfurcht vor dem Heiligtum (*miqdasch*; ‚Tempel'). Obwohl der Tempel in Jeruschalajim nicht mehr steht, wird aus diesem Gebot gefolgert, dass der Tempelberg nichts von seiner Heiligkeit eingebüßt hat. Aus diesem Grund ist es jüdischen Menschen bis heute verboten, bestimmte Areale des Tempelberges zu betreten. Später wurde die Ehrfurcht vor dem Heiligtum zumindest teilweise auf die Synagoge übertragen. Im liberalen Judentum ist die Synagoge sogar gleichberechtigt an die Stelle des Tempels getreten und wird manchmal auch so bezeichnet. Bereits die von Israel Jacobson eingeweihte Schulsynagoge in Seesen, in der erstmals ein reformierter Gottesdienst gefeiert wurde, wurde ‚Tempel' genannt.

Andere Völker

» Völker S. 336 (Jeschajahu); S. 362 (Jechesqel)

Nach Lev 20,23 ist es untersagt, Sitten und Bräuche eines anderen Volkes nachzuahmen. Gemäß der jüdischen Tradition bezieht sich dies im Wesentlichen auf Sitten und Bräuche, die den Vorstellungen des Judentums zuwiderlaufen (vgl. auch unten das Thema Baal Peor, S. 199).

Gottesdienst und häusliche Feier

Haftara

Als Haftara wird nach sefardischer Tradition Ez 20,2–20 gelesen, der große Rückblick auf die bereits von Jisraels Untreue geprägte Zeit in der Wüste. Nach aschkenasischer Tradition wird zu dieser Parascha Am 9,7–15 gelesen.

» Weitere Themen: Rechtsprechung S. 111; Priester S. 120, 146; Richter S. 216; 272; Magie und Zauberei S. 237; Übersicht Bildverbot S. 102; Übersicht Schabbat in der Bibel S. 101

אמור
Emor (Lev 21,1 – 24,23)

Leitfragen
- Welche Feste werden in dieser Parascha geboten? Wann und wie soll man sie feiern? Welche Feste, die Juden heute feiern, fehlen? Welches sind die Namen der Feste nach dem Text? Vergleichen Sie sie mit den in Ex 23,14–19 erwähnten Festen.
- Welche besonderen Gesetze gelten für die Priester? Welche Beschaffenheit muss ein Opfer haben, damit es angenommen werden kann?
- Was versteht man unter der Lästerung des Gottesnamens?

Inhalt
- Gebote für die Priester
- Gebote für den Kohen Gadol
- Untauglichkeit bei Priestern
- Die heiligen Anteile der Priester
- Tauglichkeit der Opfertiere
- Schabbat
- Pesach und das Fest der ungesäuerten Brote
- Die erste Garbe
- Das Wochenfest Schavuot
- Gedächtnistag mit Lärmblasen
- Jom Kippur
- Sukkot
- *Ner Tamid* und die 12 Kuchen
- Lästerung des Gottesnamens

Biblische Feste

Die fünf Bücher Mosche berichten in unterschiedlichen Zusammenhängen von der Einsetzung und Begehung der jisraelitischen Feste. Die Schalosch Regalim sind die drei Pilgerfeste, bei denen alle männlichen Personen Jisraels zunächst an den lokalen Heiligtümern, später am Tempel in Jeruschalajim, erscheinen mussten.

Halacha und Religionspraxis

Eine ganze Reihe von Mizwot befasst sich in dieser Parascha mit den Festtagen. Diese Mizwot haben zum Teil auch heute noch ihre Gültigkeit:
- *An allen Festtagen ist Arbeit untersagt: Lev 23,7f.* Hinsichtlich des Werkverbots sind Festtage also dem Schabbat weitgehend gleichgestellt. Die rabbinischen Autoritäten haben jedoch das Werkverbot für Festtage etwas ge-

Übersicht: Biblische Feste

Ex 23,10–12. 14–17	• Schabbatjahr • Schabbat • Schalosch Regalim 　– Fest der ungesäuerten Brote (*Chag ha-Mazzot*) 　– Fest der Getreideernte (*Chag ha-Qazir*) 　– Fest der Lese (*Chag ha-Asif*)
Ex 34,18–23	• Schabbat • Schalosch Regalim 　– Fest der ungesäuerten Brote (*Chag ha-Mazzot*) 　– Wochenfest (*Chag Schavuot*) 　– Fest der Lese (*Chag ha-Asif*)
Lev 23	• Schabbat • Pesach und Fest der ungesäuerten Brote (*Pesach*; *Chag ha-Mazzot*) • Fest der ersten Garbe nach sieben Wochen • Fest der Laubhütten (*Sukkot*) • Der achte Tag (*Schemini Azeret*) • Gedächtnistag mit Lärmblasen (*Schabbaton Sichron Terua*) • Tag der Sühne (*Jom ha-Kippurim*)
Num 28 – 29	• Schabbat • Neumondfeier (*Rosch Chodesch*) • Pesach und Fest der ungesäuerten Brote (*Pesach*; *Chag ha-Mazzot*) • Wochenfest (*Schavuot*) • Gedächtnistag mit Lärmblasen (*Jom Terua*) • Heilige Festversammlung mit Kasteiung • 7-tägige Heilige Festversammlung (*Chag*, Laubhüttenfest) mit Schlussfeiertag (*Azeret*) am achten Tag
Dtn 16,1–16	• Pesach und Fest der ungesäuerten Brote und Schlussfeier (*Pesach*; *Chag ha-Mazzot*; *Azeret*) • Wochenfest (*Chag Schavuot*) • Das Fest der Laubhütten (*Chag ha-Sukkot*)

lockert, indem Kochen und Backen, teilweise auch das Tragen, unter bestimmten Bedingungen erlaubt wurden.

- *Pesach: Lev 23,5–8.* Pesach wird insgesamt sieben Tage lang gefeiert, wobei der erste und siebte Tag als Festtag mit eingeschränktem Werkverbot gelten, während die fünf dazwischen liegenden Tage Halbfeiertage sind

(Chol ha-Moed). An diesen Tagen ist das Werkverbot stark gelockert. Traditionelle Juden außerhalb Israels halten wegen des 2. Feiertages Pesach acht Tage (zum zweiten Feiertag siehe S. 92).

- *Omer-Zählen: Lev 23,15–16.* Nach rabbinischer Interpretation von Lev 23,15 (Darbringung eines Omer-Maßes Gerstenmehl durch den Priester) wird zwischen Pesach und Schavuot Omer gezählt. Beginn ist der Vorabend des 16. Nisan (in der Diaspora also am Vorabend des zweiten Feiertages). Gezählt werden insgesamt 49 Tage. Die Omer-Zeit gilt als Vorbereitungszeit für Schavuot. Ebenfalls gemäß der rabbinischen Festlegung gilt die Omer-Zeit (bis mindestens zum 33. Tag ‚Lag ba-Omer') als Trauerperiode, in der keine Eheschließungen oder sonstige Vergnügungen stattfinden dürfen.
- *Schavuot: Lev 23,21.* Wie bei jedem Festtag gilt auch für Schavuot das eingeschränkte Werkverbot.
- *(Rosch ha-Schana): Lev 23,24f.* Der Name Rosch ha-Schana findet sich nicht in der Tora, sondern erst in Ez 40,1. Erst in der rabbinischen Literatur wird Rosch ha-Schana am 1. Tischri als Neujahrstag ausgezeichnet (mRHSh 1,1). Die Tora spricht lediglich vom 1. Tischri als Tag des Schofarblasens (*jom terua*). Auch dieser Tag wird als Festtag betrachtet, an dem das eingeschränkte Werkverbot gilt. Anders als andere Festtage wird Rosch ha-Schana heute sowohl in der Diaspora als auch in Israel an zwei Tagen gefeiert, also am 1. und 2. Tischri.
- *Jom Kippur: Lev 23,27–32.* Die Tora schreibt für diesen Tag Kasteiung vor, die Rabbinen haben dies präzisiert und fünf Kasteiungen festgelegt (siehe Paraschat Achare Mot). Anders als andere Festtage wird Jom Kippur dem Schabbat völlig gleichgestellt; er wird als Schabbat der Schabbate betrachtet.
- *Sukkot: Lev 23,33–36.* Wie Pesach ist auch Sukkot ein Fest, das sich über eine ganze Woche erstreckt. Der erste Tag von Sukkot ist ein Festtag mit eingeschränktem Werkverbot, es folgen sechs Halbfeiertage. Am achten Tag ist Schemini Azeret, wiederum ein Festtag. In der heutigen Liturgie wird hier das Gebet für Regen gesprochen. In traditionellen Gemeinden außerhalb Israels werden Sukkot, Schemini Azeret und Simchat Tora über einen Zeitraum von insgesamt neun Tagen gefeiert. Juden in Israel und liberale Juden halten acht Tage, Simchat Tora und Schemini-Azeret fallen dann auf den achten Tag zusammen.
- Die ‚vier Arten' (*arbaa minim*) zu Sukkot werden in Lev 23,40 lediglich aufgezählt: Prächtige Baumfrucht, Palmzweige, Zweige von dichtbelaubten Bäumen und Bachweiden. Die rabbinische Tradition interpretierte es in dem Sinn, dass man die vier Materialien nehmen und zusammenhalten

soll. Am ersten Tag von Sukkot werden daher die vier Arten zu einem Feststrauß gebündelt. Er besteht aus Etrog (d.i. eine Zitrusfrucht), Lulav (Palmenzweig), 3 Hadassim (Myrthenzweige) links vom Lulav und 2 Aravot (Bachweidenruten) rechts vom Lulav. Nach den Rabbinen sollen die vier Arten an allen Tagen von Sukkot – mit Ausnahme des Schabbat – in alle Himmelsrichtungen sowie nach oben und nach unten geschüttelt werden, um Gottes Gegenwart, die überall ist, zu preisen. Im Gottesdienst schüttelt man den Lulav in der vorgeschriebenen Weise zweimal am Schluss des Hallel (während Ps 118,1 u. 25) sowie am 7. Tag Sukkot während der sogenannten Hoschanot (Prozessionen mit den vier Arten). Auch Frauen schütteln den Lulav. Traditionelle Familien schütteln den Lulav auch in der eigenen Sukka (Laubhütte).

- *Die Sukka:* Lev 23,42. Die Tora schreibt vor, während des Laubhüttenfestes in einer Sukka zu wohnen. In der rabbinischen und späteren halachischen Literatur finden sich präzise Anweisungen, wie eine Sukka beschaffen sein soll und was genau unter ‚wohnen' zu verstehen ist.

Heiligkeitsgesetz

Rede zu der ganzen Gemeinde der Kinder Jisrael und sprich zu ihnen: Heilig sollt ihr sein, denn heilig bin ich, der Ewige, euer Gott (Lev 19,2). In Lev 17–26 findet sich eine Gruppe von Gesetzen, deren thematisches Band der Begriff der Heiligkeit darstellt. Die Besonderheit dieses Heiligkeitsbegriffes liegt darin, dass er die Heiligkeit und Heiligung Gottes ebenso umfasst wie die komplementär dazu formulierte Heiligkeit/Heiligung Jisraels: Lev 19,2; 20,7f.26; 21,6–9.15.23; 22,9.16.32. Die Heiligung Gottes wird nicht als statische (‚metaphysische') Heiligkeit beschrieben, sondern als ein dynamischer Prozess: Gott ist heilig, insofern er in der Anerkennung seiner Gebote als heilig erwiesen wird. Die Heiligung Jisraels ist umgekehrt unmittelbar mit der Einhaltung der göttlichen Gebote verbunden.

Diese für die Überlieferung des Buches Wajjiqra zentrale Forderung zieht daher auch ein umfangreiches Regelwerk kultischer und ritueller Verordnungen nach sich, die das Leben der Jisraeliten bis in die intimste Sphäre hinein bestimmen (z.B. Gesetze zur Familienreinheit).

Gotteslästerung

Die biblische Überlieferung ordnet die Todesstrafe (durch Steinigung) für denjenigen an, der ‚seinem Gott flucht'; dieser Fluch wird als (lästerliche) Nennung des Gottesnamens ausgezeichnet: Lev 24,15f.

Zu dieser ‚Lästerung' bzw. dem Missbrauch des Gottesnamens gehören im weiteren Sinne auch:
- der im Zehnwort formulierte (dritte) Satz, nach dem der Name Gottes nicht ‚zu Nichtigem' (*la-schaw*) genannt werden darf: Ex 20,7,
- der falsche Schwur: Lev 19,12; Ps 24,4,
- die ‚Entweihung' des Namens bei den Völkern (*chillul ha-schem*): Ez 36,20.

Opfer

» Opfer S. 137; 141; 202

Einige Mizwot dieser Parascha treffen Bestimmungen zu den Opfertieren:
- Ein Tier, das zum Opfer bestimmt ist, muss fehlerlos sein: Lev 22,20.
- Ein Opfertier darf nicht kastriert sein: Lev 22,24.
- Ein Opfertier muss mindestens acht Tage alt sein: Lev 22,27.
- Ein Muttertier und sein Junges dürfen nicht am selben Tag geschlachtet werden: Lev 22,28.

Priester

» Priester S. 120; 128; 142; 149; 236

Einige Mizwot dieser Parascha befassen sich insbesondere mit den Priestern:
- Ein Priester darf sich nicht an einer Leiche verunreinigen: Lev 21,1.
- Ein Priester darf sich jedoch an der Leiche seiner nahen Verwandten verunreinigen: Lev 21,2f. Nahe Verwandte sind: Mutter, Vater, Sohn, Tochter, Bruder, unverheiratete Schwester.
- Ein Kohen Gadol darf sich hingegen auch an seinen nahen Verwandten nicht verunreinigen: Lev 21,11.
- Priester sollen den Namen Gottes nicht entweihen: Lev 21,6 (vgl. auch Lev 22,32). Als Entweihung des Namens Gottes galt auch schon, wenn ein Priester sich nicht an die Vorschriften für den Tempeldienst hielt.
- Ein Priester darf keine Prostituierte, keine Proselytin, keine geschändete Frau und keine Geschiedene heiraten: Lev 21,7. Gemäß der Halacha wurde auch eine Frau, die von der Schwagerehe befreit wurde, unter die für den Priester nicht heiratsfähigen Frauen gerechnet.
- Ein gesalbter Priester darf grundsätzlich nur eine Jungfrau heiraten: Lev 21,13.
- Ein Priester darf keine körperlichen Gebrechen oder Fehler haben: Lev 21,17f.; 21,23.

Emor (Lev 21,1 – 24,23)

Halacha und Religionspraxis

Da in der Orthodoxie die verschiedenen jisraelitischen ‚Stände' (Kohen, Lewi, Jisrael) noch in Geltung sind, auch wenn es keinen Tempel mehr gibt, werden einige der Priester-Vorschriften auch heute noch angewandt, so unter anderem, dass ein Kohen nicht auf den Friedhof darf, wenn er nicht selbst einen nahen Verwandten beerdigt, und dass er weder eine Geschiedene noch eine Übergetretene heiraten darf.

Gottesdienst und häusliche Feier

Qeriat ha-Tora

Als Toralesung wird zum zweiten Tag Pesach (außerhalb Israels) und zu den ersten beiden Tagen Sukkot der Abschnitt Lev 22,26 – 23,44 gewählt.

Maftir

Diejenigen liberalen Gemeinden, in denen eine Maftirlesung üblich ist, lesen an Festtagen nicht die entsprechenden Opferanweisungen aus Num 28 – 29, wie es in orthodoxen Synagogen üblich ist (vgl. unten S. 205), sondern wählen den zu dem Fest gehörigen Abschnitt aus Lev 23.

Schofarblasen

Rosch ha-Schana heißt in der Bibel *Jom Terua* (Tag des Lärmblasens). Es ist eine Pflicht, an Rosch ha-Schana den Schofarton zu hören. Im Gottesdienst wird der Schofar nach der Toralesung geblasen sowie an drei Stellen innerhalb der Musaf-Amida zu Rosch ha-Schana. Vor dem Blasen rezitiert man je drei Verse aus der Tora, den Ketuvim und den Neviim, der zehnte Vers ist jeweils wieder ein Toravers zu den Themen: Gottes Herrschaft (*malchujjot*), Gottes Erinnerung (*sichronot*) und Schofarton (*schofarot*).

Es gibt drei Arten von Tönen: *Teqia* (lang aushallender Ton), *Schevarim* (sich brechende Töne) und *Terua* (gestoßene kurze Töne). Nach rabbinischem Verständnis müssen am Neujahrstag 100 Schofartöne geblasen werden. Allen (auch Frauen und Kindern) ist das Gebot, den Schofarton zu hören, auferlegt. Wer nicht in die Synagoge gehen kann, muss den Schofarton zuhause hören.

Haftara

Als Haftara wird der Abschnitt Ez 44,15–31 gewählt, der von den Priestern handelt.

» Weitere Themen: Priester S. 120; Übersicht Schabbat in der Bibel S. 101

בהר סיני
Behar Sinai (Lev 25,1 – 26,2)

Leitfragen
- Wem gehört das Land?
- Was ist das Joveljahr, und wie unterscheidet es sich vom Schabbatjahr?
- Welche Anweisungen formuliert der Abschnitt zur Sklavenhaltung? Gibt es Unterschiede zwischen hebräischen und nicht-hebräischen Sklaven? Wie lange dienten sie jeweils?

Inhalt
- Das Schabbatjahr
- Das Joveljahr
- Eigentum des Landes
- Verbot, einen hebräischen Sklaven zu halten
- Verbot geschnitzter Kultbilder

Schabbat- und Joveljahr

» Übersicht Schabbat in der Bibel S. 101

Paraschat Behar Sinai behandelt ausführlich die Bestimmungen zum Schabbatjahr (Schemitta): Lev 25,1–7 (vgl. auch Ex 23,10f.; Dtn 15,1–11). Jedes siebte Jahr soll die Arbeit auf Feldern, in (Obst-)Gärten und in Weinbergen ruhen. Es darf weder ausgesät noch geerntet werden (*schemittat qarqar*). Das Land soll ‚Schabbat-Ruhe' halten (Lev 25,6). Begründet wird dies mit der göttlichen Ruhe nach Abschluss des Schöpfungswerkes. Neben dieser theologischen Bedeutung kommt dem Schabbatjahr aber vor allem eine soziale Bedeutung zu, insofern alle wildwachsenden Früchte neben dem Eigentümer auch der Allgemeinheit zustehen sollen.

Das Joveljahr (Jovel): Lev 25,8–55; 27,16–25; Num 36,4. Es folgt auf das siebte Schabbatjahr und beendet somit einen Zyklus von 7x7 = 49 Jahren. Im Joveljahr gelten dieselben Beschränkungen und Brache-Bestimmungen für die Landwirtschaft wie für das Schabbatjahr. Eine entscheidende Erweiterung stellt jedoch die Regelung dar, nach der ein Landstück, auch ein durch Kauf erworbenes Land, nach Ablauf von 49 Jahren automatisch an seinen früheren Eigentümer zurückfällt. Verkauft wird also nicht das Land selbst, sondern lediglich ein Bodennutzungsrecht. Dies gründet auf der Vorstellung, dass das Land Jisrael das Eigentum Gottes ist und grundsätzlich nicht verkauft werden kann (Lev 25,23). Die zweite wichtige Maßnahme im Zusammenhang mit dem Joveljahr besteht in der siebenfachen Verlängerung der Frist für die Freilassung von jisraelitischen Lohnsklaven, d.h. einem Jisraeliten, der sich selbst aufgrund von Schulden in die Sklaverei verkauft hat.

Behar Sinai (Lev 25,1 – 26,2)

Denn je nach Eintritt in den Sklavenstatus standen die Chancen schlecht, die Freilassung noch zu erleben. Das Lösegebot, d.h. die Bestimmungen zum Freikauf durch Verwandte, der bei einem Nicht-Jisraeliten versklavt ist (Lev 25,47–55), soll hier wohl abmildernd entgegenwirken. Aufgrund des Berichtes von Jirmejahu über die durch Zidqijjahu ausgerufene Freilassung aller hebräischen Sklaven und die Unterwanderung dieses Abkommens durch die Großgrundbesitzer (Jer 34,8–22) lässt sich fragen, ob das Schabbat- und Joveljahr in der biblischen und nachbiblischen Zeit überhaupt in dieser Form durchgeführt wurden.

Halacha und Religionspraxis

Grundsätzlich sind alle Früchte und Pflanzen, die im Schabbatjahr wachsen, Gemeingut, sie stehen also sowohl dem Eigentümer als auch der Allgemeinheit zur Verfügung. Dabei darf der Eigentümer keine Vorräte sammeln, sondern muss ebenfalls für den aktuellen Konsum einsammeln. Grundsätzlich ist diese Halacha auch heute noch in Israel gültig, weshalb z.B. auf israelischen Weinen stets angegeben ist, dass Schemitta beachtet worden ist. Nach der Überlieferung in Dtn 15 ist mit dem Schabbatjahr auch ein Schulderlass verbunden (*schemittat kesafim*; vgl. auch Neh 10,32).

Das Joveljahr ist in den landwirtschaftlichen Bestimmungen dem Schabbatjahr gleich. Darüber hinaus legt die Tora an dieser Stelle fest, dass das Land im Joveljahr an den ursprünglichen Besitzer zurückfällt. Der Kaufpreis von Grund und Boden richtet sich daher jeweils nach der bis zum darauffolgenden Joveljahr verbleibenden Frist (Lev 25,15–18). Sonderregelungen werden für den (Rück-)Kauf von Häusern innerhalb einer ummauerten Stadt erlassen (Lev 25,25–30), wonach ein Eigentümer sein Haus für immer behalten kann. Nach heutigem orthodoxem Verständnis wird das Joveljahr erst wieder eingeführt, wenn der dritte Tempel gebaut sein wird, da erst von dort an die Rede davon sein kann, dass alle Stämme wieder an ihren angestammten Orten leben werden. Zur Zeit stehen daher die Regelungen des Joveljahres außer Gebrauch. Allerdings hat man im heutigen Staat Israel insofern auf die Joveljahr-Regelung zurückgegriffen, als ein Grundstück aus dem Eigentum des israelischen Nationalfonds (*Qeren Qajjemet Le-Jisrael*) nur auf 49 Jahre gepachtet werden kann und dann an die jüdische Gemeinschaft zurückfällt.

Lewiten

» Lewiten S. 178; 236

Da die Lewiten und die Priester zu besonderen Diensten am Tempel verpflichtet sind, sollen sie keiner anderen Tätigkeit nachgehen, weshalb ihnen bei der Landverteilung auch kein eigenes Land zur Bearbeitung zugeteilt wird. Statt eigenem Land erhalten die Lewiten eigene Städte im Land, deren Umland nicht verkauft werden darf (Lev 25,33f.).

Götzendienst

» Götzendienst S. 226; 230

Das Verbot Lev 26,1, sich auf einem verzierten Stein niederzuwerfen, gehört in den Kontext des Verbotes des Götzendienstes. Einzig im Tempel durfte man sich auf den Fußboden niederwerfen. Auf dieses Verbot geht der auch heute noch übliche Brauch zurück, wonach sich der Vorbeter an Rosch ha-Schana und Jom Kippur auf einen auf dem Fußboden ausgebreiteten Tallit (in früherer Zeit auch Heu o.ä.) niederwirft. Diese Demutsgeste findet nur an diesen beiden Tagen statt.

Gottesdienst und häusliche Feier

Haftara

Als Haftara wird zu dieser Parascha Jer 32,6–27 (aschkenasisch) bzw. Jer 32,6–22 (sefardisch) gelesen und damit der Grundstückskauf in Anatot mit dem in der Parascha erwähnten Rückkaufsrecht in Beziehung gebracht. Wenn Behar und Bechuqqotai zusammen gelesen werden, wird Haftarat Bechuqqotai vorgetragen.

» Weitere Themen: Übersicht Bildverbot S. 102; Soziale Gesetze S. 158

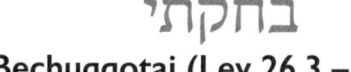

Bechuqqotai (Lev 26,3 – 27,34)

Leitfragen
- Welches sind die Auswirkungen des Segens und des Fluches?

Inhalt
- Segen und Fluch
- Schätzwert für Personen
- Schätzwert für Tiere
- Schätzwert für Häuser und Felder
- Sonderschätzwerte

Bechuqqotai (Lev 26,3 – 27,34)

Segen und Fluch

» Segenssprüche S. 68; Segen und Fluch S. 249; Fluchandrohung S. 446

Sind in den Segensworten des Jizchaq oder des Jaaqov die Segen selbst als wirkmächtig ausgezeichnet, so sind die Segnungen, die Gott am Ende des Buches Wajjiqra dem Volk zuspricht, unmittelbar vom Verhalten des Volkes abhängig: Hält es die Gebote ein, wird das Tun Jisraels ein Segen sein, hält es die Gebote jedoch nicht ein, so wird das Tun Jisraels zum Fluch (ähnlich auch in Dtn 28,1–14: Segen; Dtn 28,15–44: Fluch), mehr noch: die Strafe Gottes wird sich an ihnen erweisen: bis hin zu verödetem Land (Lev 26,43). Dieser ‚Tun-Ergehens-Zusammenhang' wird vor allem im Buch Devarim ganz eigens ausgeführt und kann gerade angesichts der alten Segensformeln im Buch Bereschit auch als Bemühen verstanden werden, die Autonomie des Menschen, der für sein Tun selbst verantwortlich ist, zu betonen.

Gelübde

» Schwören S. 226

Zum Abschluss beschäftigt sich das Buch Wajjiqra mit Gelübden und den Werten, die bei Gelübden dem Tempel versprochen werden:
- Verspricht jemand dem Tempel den Wert einer Person, so hat er genau diesen Wert auch zu geben: Lev 27,2–8. Um den Wert einer Person festzustellen, listet diese Parascha den Geldwert für Personen auf. Dabei ist das Alter und das Geschlecht der Person relevant,
- ein versprochenes Tier darf nicht nachträglich durch ein anderes ausgetauscht werden: Lev 27,10,
- ein Erstlingstier kann nicht versprochen werden, da es Gott bereits gehört: Lev 27,26,
- ein versprochenes Haus schätzt der Priester in seinem Wert: Lev 27,14,
- ‚Banngut' (etwas, das dem Ewigen gehört oder für ihn bestimmt wurde) kann nicht wieder ausgelöst werden: Lev 27,28.

Gottesdienst und häusliche Feier

Haftara
Als Haftara wird zu dieser Parascha Jer 16,19–17,14 gelesen, das Drohwort, dass den Jisraeliten ihr Erbteil und ihr Vermögen für immer genommen wird.

» Weiteres Thema: Exil S. 251

במדבר
Das Buch Bemidbar (Numeri)

Bemidbar	1,1 – 4,20	Die Musterung und die Ordnung der Stämme – Die Musterung vom Stamm Lewi
Naso	4,21 – 7,89	Der Dienst der Familien von Gerschon, Merari und Kehat – Schiluach Teme'im – Ascham; das Eiferordal – Nasiräer – Birkat-Kohanim – Opfergaben
Behaalotcha	8,1 – 12,16	Heiligung der Lewiten – Pesach – Die silbernen Trompeten – Der Aufbruch vom Sinai – Wachteln – Mirjam und Aharon gegen Mosche
Schelach Lecha	13,1 – 15,41	Die Landspäher und die Auflehnung der Jisraeliten – Amaleqiter und Kenaaniter – Opfer – Schabbat – Zizit
Qorach	16,1 – 18,32	Qorach – Der sprossende Stab Aharons – Die Funktion der Priester – Der Anteil der Teruma für Kohanim und Lewiten – Der Zehnt
Chuqqat	19,1 – 22,1	Die Asche der Roten Kuh – Meriva (Wasser aus dem Felsen) – Edom – Mirjams und Aharons Tod – Die kupferne Schlange – Einnahme des Amoriter-Landes
Balaq	22,2 – 25,9	Balaq und Bil'am – Baal Peor – Pinchas
Pinchas	25,10 – 30,1	Friedensbund und ewiges Priestertum – erneute Zählung der Stämme – Die Töchter Zelofchads – Jehoschua – Opferaufstellung für Wochentage, Schabbat und Feste
Mattot	30,2 – 32,42	Gelübde – Midjan – Erhebung der Beute
Mas'e	33,1 – 36,13	Die Wanderung – Anweisungen zur Einnahme Kenaans – Die Städte der Lewiten – Die Zufluchtsstädte – Der Bodenbesitz der Töchter Zelofchads

Umfang und Inhalt

10 Paraschijjot, 36 Kapitel. Das Buch Bemidbar beschreibt zunächst den Abschluss des Sinai-Aufenthaltes; es folgen die verschiedenen Stationen der 38-jährigen Wüstenwanderung und die Ankunft im Ostjordanland (Schittim).

Charakteristik

Bemidbar enthält eine Vielzahl unterschiedlicher Gesetze und Erzählungen, die inhaltlich nur schwer zusammenzufassen sind. Das Gewicht liegt auf der

Wanderung in der Wüste und den Versuchungen, denen Jisrael dort ausgesetzt ist, und denen es auch zumeist erliegt (Murre-Geschichten). Darüber hinaus werden auch in den gesetzlichen Teilen noch neue Aspekte und Verordnungen eingebracht (die Rote Kuh; Zufluchtsstädte u. a.). Insgesamt lebt das Buch vom ständigen Wechsel zwischen der Erzählung, die vom Aufbruch am Sinai über die verschiedenen Sünden und Verstöße der ersten Wüstengeneration bis hin zur Absteckung der Grenzen des Landes und einer ersten Landverteilung reicht, und einer Reihe von Gesetzen, die schon für den Aufenthalt im Land gedacht ist und diesen in der Gesetzgebung vorwegnimmt.

Bedeutung

Die Bedeutung des Buches liegt vor allem in dem sich durchziehenden Thema des Versagens des Menschen in seinem Vertrauen auf Gott. Die Murre-Geschichten kulminieren in der Negativ-Zusage Gottes, nach der die Wüstengeneration von 20 Jahren an aufwärts das versprochene Land nicht werde betreten dürfen. In diese Drohung werden auch Mosche und Aharon mit einbezogen. Wegen seiner mehrfachen Musterungen und Aufzählungen haben die Rabbinen das Buch nach diesen numerischen Auflistungen benannt: *Chumasch ha-Pekudim* (‚Das Fünftel der Zählungen'; bYom 3a; 68b; bSot 36b).

במדבר
Bemidbar (Num 1,1 – 4,20)

Leitfragen
- Welche Zählungen und Auflistungen finden sich zu Beginn des Abschnittes? Warum wird dies so ausführlich dargelegt? Was lässt sich über die Zahlen(-Verhältnisse) sagen?
- Welche Aufgaben haben die Lewiten nach diesem Abschnitt?

Inhalt
- Die Zählung der Jisraeliten
- Der Status der Lewiten
- Die Anordnung der Stämme im Lager
- Genealogie der Lewiten
- Die Lewiten: Aufgabe und Zählung
- Lewiten als Ersatz für Erstgeburt
- Die Geschlechter der Lewiten

Bemidbar (Num 1,1 – 4,20)

Zählungen und Auflistungen

» notabene: Die Stämme S. 69; Die Söhne/Stämme S. 59; Stämme Jisraels S. 255; 263

Das Buch Bemidbar enthält zum einen die Musterungen der Stämme nach ihrer jeweiligen Gesamtzahl, zum anderen auch die verschiedenen Wegbeschreibungen des Wüstenzuges:
- Zählung der Stämme (ohne Lewi): Num 1,1–47
- Ordnung im Lager: Num 2,1–32
- Zählung der Lewiten: Num 3,14–39
- Zählung der männlichen Erstgeborenen: Num 3,40–43
- Auflistung der Opfergeschenke der Stämme: Num 7,10–88
- Wegbeschreibung: Num 21,10–35
- Erneute Zählung der Stämme: Num 26,1–51
- Erhebung der Beute aus dem Feldzug gegen Midjan: Num 31,25–47
- Wegbeschreibung: Num 33,1–49

In der Bibel

In der Bibel gibt es außerhalb des Buches Bemidbar Zählungen von Menschen auch an folgenden Stellen (wenn auch nicht in gleicher Weise ausführlich dargestellt):
- beim Aufbruch aus Mizrajim: Ex 12,37
- beim Bau des Heiligtums: Ex 38,26
- bei den Musterungen Schauls jedesmal vor einer Kampfhandlung: 1Sam 11,8; 13,15; 15,4
- bei Dawids Volkszählung (die jedoch als Sünde ausgezeichnet wird): 2Sam 24,1–9.

In der jüdischen Tradition

In der jüdischen Tradition wirkt das Verbot, Menschen zu zählen (2Sam 24), bis heute nach (z.B. bYom 22b). Die jüdischen Ausleger haben mehrfach versucht, Gründe zu formulieren, weshalb in der Bibel das Zählen des Volkes dennoch so wichtig war. Nachmanides gibt hierfür drei Argumente: a) Jeder jüdische Mensch ist für Gott wichtig; es wurde daher immer dann gezählt, wenn viele verloren zu gehen drohten, b) jedes Mitglied der Gemeinschaft hat ein Recht, von Mosche und Aharon persönlich beachtet zu werden, c) das Volk war auf dem Weg nach Kenaan, weshalb die Zählung (Musterung) auch einen militärischen Zweck erfüllte.

Die modernen jüdischen Bibel-Ausleger, wie beispielsweise Benno Jacob (1862–1945), haben sich den Kopf darüber zerbrochen, was die Zahlenangaben zu den Stämmen bedeuten sollen. Nach Jacob sind die Zahlen im Buch Bemidbar zwar irgendwie bedeutungsvoll, aber dennoch „nichts als reine

Arithmetik" (Benno Jacob, *Der Pentateuch*, Leipzig 1905, 100). Sie spiegeln nicht etwa reale Verhältnisse wider. In dieser Parascha werden diejenigen gezählt, die aus Mizrajim ausgewandert sind. Die nochmalige Zählung des gesamten Volkes in Paraschat Pinchas ist demgegenüber deshalb notwendig, um diejenigen zu erfassen, die ins Land einziehen dürfen.

Halacha und Religionspraxis
Minjan: Eine Zählung wird vor allem im Gottesdienst relevant, nämlich zur Einhaltung des vorgeschriebenen Quorums von Zehn (orthodox: nur Männer; konservativ/liberal: Frauen und Männer). Um zu zählen, ‚ohne zu zählen', wird hier zumeist Ps 5,8 rezitiert, der im Hebräischen zehn Worte umfasst. Kommt kein Minjan zusammen, kann man jedoch trotzdem beten; einige Gebetsabschnitte – Barechu, Qeduscha, Qaddisch – werden dann allerdings nicht gesagt.

Anordnung des Lagers

Das Zentrum des Lagers, wie es hier (Num 2) beschrieben wird, ist das Heiligtum. Um dieses herum werden die zwölf Stämme zu je drei Gruppen gelagert; der Stamm Lewi, der hier nicht zu den zwölf Stämmen gezählt wird, lagert sich direkt um das Heiligtum, weil er für den Dienst am Heiligtum und für den Transport durch die Wüste verantwortlich ist. Die zwölf Stämme lagern sich folgendermaßen. Diese Anordnung wird noch einmal bei der Erzählung des Aufbruchs der Jisraeliten in Num 10,11–28 aufgeführt.

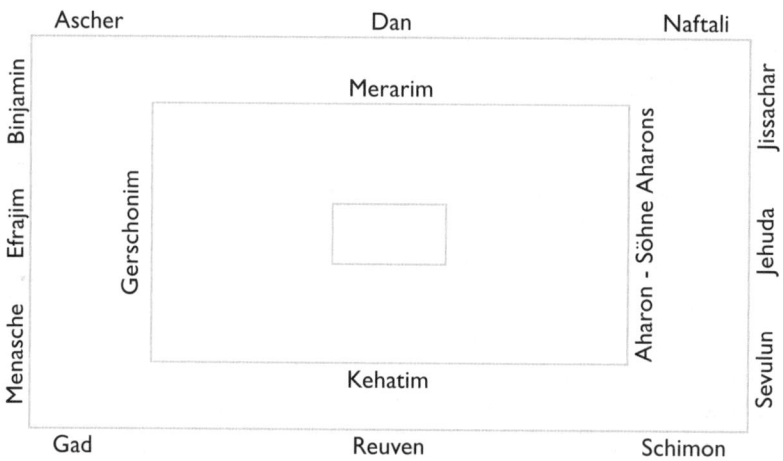

Darstellung nach Benno Jacob, Der Pentateuch. Exegetich-kritische Forschungen, Leipzig 1905, 253

notabene: Die Lewiten

Der Opferdienst der Priester (d.h. der Lewiten aus der Abstammungslinie des Aharon) wurde bereits in den Paraschijjot Tezawwe (Ex 27,20 – 30,10) und Pequde (Ex 38,21 – 40,38) beschrieben. Im Zusammenhang der Erzählung vom Stiergussbild (Ex 32,26–29) werden nur die Lewiten als besonders Gesegnete hervorgehoben, als diejenigen, die sich als einzige in der Krise bewährt haben. In Paraschat Bemidbar werden die Lewiten in besonderer Weise behandelt:

- Die Lewiten sind ein Ersatz für alle Erstgeborenen der Jisraeliten, die Gott gehören (Ex 13,15; Num 3,40–51). Deshalb unterscheiden sie sich von den anderen Stämmen und werden stets unterschiedlich behandelt (z.B. erhalten sie kein Land).
- Die Lewiten lagern direkt um das Heiligtum, also anders als die übrigen Stämme, die weiter entfernt um das Heiligtum lagern (Num 1,50).
- Die Lewiten sind während der Wüstenwanderung für das Heiligtum verantwortlich, sie tun hier ihren Dienst, bauen das Heiligtum ab und auf (Num 1,48–54; vgl. auch Paraschat Naso).
- Die Lewiten sind den Priestern als Gehilfen zur Seite gestellt (Num 3,5–10; 8,13; 18,2–4).

Eine andere Konzeption der Lewiten findet sich im Buch Devarim: Dtn 17,8–13 und 18,1–8 beschreibt die Lewiten und deren Aufgaben und Privilegien. Devarim unterscheidet nicht zwischen Lewiten und Priestern (als den Abkömmlingen Aharons). Aus dem Stamm Lewi werden insgesamt die Priester rekrutiert, wohingegen in den Büchern Wajjiqra und Bemidbar die Priester eine kleine Untergruppe innerhalb des Stammes Lewi darstellen. Bezüglich der Aufgaben und Privilegien decken sich die unterschiedlichen Beschreibungen weitgehend: Der Stamm Lewi hat kein eigenes Land (Dtn 18,2, vgl. Lev 25,32–34) und erhält von den Schlachttieren und von landwirtschaftlichen Produkten seinen Anteil (Dtn 18,3f.). Allerdings streicht Devarim eine Aufgabe der lewitischen Priester besonders heraus: die Rechtsprechung (Dtn 17,8–13). Die Priester bilden die kompetente Anlaufstelle für richterliche Entscheidungen in komplizierten Fällen.

Elasar und Itamar

Elasar und Itamar sind Söhne Aharons (Ex 6,23). Sie werden zusammen mit ihren Brüdern Nadav und Avihu zum Priesterdienst bestellt (Ex 28,1). Da Nadav und Avihu wegen des „fremden Feuers" sterben, sind Elasar und Itamar die einzigen priesterlichen Nachfolger (Lev 10,12; Num 3,4). Nach Aharons Tod geht das Amt des Hohepriesters auf Elasar über (Num 20,25–29). Er gilt auch als Partner Mosches bei der Musterung der Jisraeliten (Num 26,3f.) und unterstützt Jehoschua bei der Aufteilung des Landes (Num 34,17; Jos

14,1; 19,51). Elasar stirbt nach der Besiedelung des Landes und wird im Gebirge Efrajim beigesetzt (Jos 24,33). Nach der Überlieferung im Buch Divre ha-Jamim ist Elasar der Ahnherr der Priester bis zum babylonischen Exil, unter ihnen auch Zadoq ben Achitov (1 Chr 5,27–41; letzter Priester war Jehozadaq), dessen Nachkommen bei Jecheskel als das einzig legitime Priestergeschlecht ausgezeichnet werden (Ez 44,15).

Gottesdienst und häusliche Feier

Haftara

Paraschat Bemidbar wird mit der Haftara Hos 2,1–22 beendet, die inhaltlich das Motiv des Zählens aufnimmt, denn dieser Text verheißt, dass die Kinder Jisraels in Zukunft so zahlreich wie der Sand am Meer sein werden, den man nicht misst und nicht zählt.

נשא
Naso (Num 4,21 – 7,89)

Leitfragen
- Welche Gesetze werden im Zusammenhang mit dem Lager genannt? Welche Bedeutung haben sie?
- Das sog. „Eiferordal": ein Fall von Magie in der Bibel?
- Worin liegt die Besonderheit des kultischen Status des Nasiräers?

Inhalt
- Der Dienst der Familien von Gerschon, Merari und Kehat
- Absonderung nicht-reiner Personen
- Ersatzleistung für Schaden
- Das Eiferordal
- Die Nasiräer
- Birkat Kohanim
- Opfergeschenke für die Weihe

Aufgaben der Lewiten

» Lewiten S. 236

Es gibt drei lewitische Familien, denen besondere Aufgaben zugewiesen sind, die den Dienst am Heiligtum betreffen. Dabei geht es zum einen um den Ab- und Aufbau der entsprechenden Gegenstände, zum anderen auch um die Verantwortung während der Reise. Eine Besonderheit ergibt sich bei den Kehatitern, die für die Gerätschaften des Allerheiligsten zuständig sind: Sie dürfen, weil sie keine Priester sind, diese Gerätschaften nicht unmittelbar

Söhne Lewis	Familien	Aufgaben
Gerschon	Gerschoniter	Decken, Teppiche, Vorhänge
Kehat	Kehatiter	Das Allerheiligste
Merari	Merariter	Bretter und Latten

berühren, weshalb die Priester alles abdecken müssen, bevor die Kehatiter tätig werden können.

Eiferordal

In der Überlieferung des Eiferordals (Num 5,11–31) finden wir die Beschreibung eines Rituals, das auf den ersten Blick eine Reihe magischer Implikationen enthält (Beschwörungsformel; Trinken einer Wasserlösung, in die hinein die fluchbringende Formel von einem Buch [Pergamentrolle?] abgewaschen wird). Das Eiferordal (*inyan sota; torat ha-qena'ot*) mit Gerstenmehlopfer ist ein Ordal, das ein Mann mit Blick auf eine des Ehebruchs verdächtigte Frau durchführen lässt. Es handelt sich bei diesem Ritual allerdings nicht um eine biblische „Wasserprobe", bei der ein Mann seine Frau auf die Probe stellen will. Die Bedeutung des Eiferordals ist jedoch vom Motiv des ‚Geistes des Eiferns' (*ruach ha qin'ah*) her zu ermitteln und dem Rechtsfall, der dann eintritt, wenn eine Frau sich in irgendeiner Weise unkeusch verhalten hat: Ein Mann weiß darum, und so wäre sie ihm fortan verboten (Dtn 24,1; siehe unten Paraschat Ki Teze), aber er möchte weiterhin mit ihr verkehren. Sein Interesse besteht mithin darin, mit Hilfe des Ordals diese halachische Zwickmühle aus dem Weg zu schaffen. Das Ritual hat dann nicht die Funktion, die Untreue der Frau oder ihre Unschuld aufzudecken, sondern seine Schuld (V. 31!), die im verbotenen ehelichen Verkehr mit ihr bestünde, straflos zu belassen.

In der jüdischen Tradition

Die rabbinische Exegese hat den Text dahingehend ausgelegt, dass eine der Untreue verdächtigte Frau ihrem Mann verboten ist und erst, „wenn er ihr zu trinken gegeben hat, darf sie bei ihm bleiben, und er ist frei von Schuld, denn die der Untreue Verdächtige ist ihrem Mann verboten" (Raschi zu Num 5,31). Auch nach dieser Erklärung läge der Eifer des Mannes in dem Problem der verbotenen Geschlechtsbeziehung mit seiner Ehefrau begründet, der zweite Eifer, Gottes Eifer, ergibt sich im Hinblick auf das Delikt der verbotenen Geschlechtsbeziehungen insgesamt, das sowohl den Verkehr der Frau mit einem fremden Mann als auch den unerlaubten Verkehr mit ihrem eigenen Mann umfasst.

Das Eiferordal (*injan sota*) hat sich bis in das mittelalterliche jüdische Volksbrauchtum hinein gehalten, obwohl die rabbinische Überlieferung seine Durchführung schon sehr früh mit dem Hinweis auf den Verlust des Tempels, aber auch auf die moralische Fragwürdigkeit der Ehemänner abgeschafft hatte (mSot IX,9; tSot XIV,2; bSot 47b). Auch Nachmanides (Ramban; 1194–1270) insistiert darauf, dass das Eiferordal zu den ausschließlich für die Wüstenzeit in Geltung stehenden Gesetzen gehörte und deshalb für alle nachkommenden Generationen abgeschafft worden sei.

Nasiräer

» Nasiräer S. 278

Hinsichtlich des Nasiräers (hebr. *nasir; nesir elohim*) bietet Paraschat Naso die ausführlichste biblische Darstellung (*torat ha-nasir*). Ein Nasiräer ist eine Person, die sich durch ein Gelübde, das auf einen begrenzten Zeitraum hin ausgesprochen wird, an bestimmte Vorschriften bindet. Dieses Gelübde kann von Männern wie von Frauen ausgesprochen werden (Num 6,2). Die Anordnungen für dieses Gelübde sind im Einzelnen:
- Verzicht auf den Genuss jeglicher Traubenprodukte (frische Trauben; Most; Wein; Essig u.a.)
- Verzicht auf Rasur (Haupthaar; bei Männern auch Bart)
- kein Kontakt mit Leichen (auch keine nahen Verwandten)

Während der Zeit seines Gelübdes gilt der Nasiräer als heilig (*qadosch*); er wird damit in einen ähnlichen kultischen Status erhoben, wie ihn sonst nur noch die Priester, insbesondere der gesalbte Priester, innehaben.

Der ordnungsgemäße Abschluss des Nasiräertums besteht in einem eigenen Opferritual:
- Aufstiegsopfer (Lamm)
- Verfehlungsopfer (weibliches Schaf)
- Gemeinschaftsschlachtopfer (Widder)
- Mehlopfer und Gussspende und Schwingung

Darüber hinaus schert sich die Person den Kopf und verbrennt die während der Abstinenzperiode gewachsenen Haare zusammen mit dem Gemeinschaftsschlachtopfer.

In der Bibel

Außerhalb der Tora werden lediglich männliche Nasiräer vorgestellt. Nach den Darstellungen in den Vorderen Propheten war der Status des Nasiräers lebenslang, so z.B. bei Schimschon und Schemuel, und konnte bereits über das noch nicht gezeugte Kind ausgesprochen werden (Ri 13,5; 1Sam 1,22, vgl. das Thema Schimschon, S. 276).

In der jüdischen Tradition
Das Nasiräer-Gelübde wurde bis in die rabbinische Zeit hinein noch befolgt; die Rabbinen selbst betrachteten es jedoch mit Misstrauen und bekämpften es sogar als Sünde, weil ihnen diese Form der Askese als nicht mit den Grundsätzen des Judentums übereinzustimmen schien.

Halacha und Religionspraxis
Hinsichtlich der biblischen Bestimmungen zum Nasiräertum hat Maimonides festgestellt, dass sich niemand mehr dieses Gelübde auferlegen solle, da man, weil es keinen Tempel mehr gibt, kein Opfer zum Abschluss seines Nasiräertums darbringen könne.

Wiedergutmachung und Entschädigung

Paraschat Naso nimmt das bereits in Lev 5,20–26 behandelte Thema der Wiedergutmachung und Entschädigung nochmals auf: Hat jemand etwas Unrechtes getan, z.B. einem anderen etwas geraubt, so soll er das Unrecht deutlich bekennen und den angerichteten Schaden wiedergutmachen. Hat derjenige, der das Unrecht getan hat, nicht mehr die Möglichkeit, den Schaden wiedergutzumachen (zum Beispiel, weil der Geschädigte gestorben ist), dann soll er zum Priester gehen und ihm das zurückgeben, was ihm nicht gehört.

In der jüdischen Tradition
Raschi betont (zu Num 5,6–8), dass der Abschnitt in dieser Parascha die Bestimmungen aus Lev 5,20–26 in zwei Punkten ergänzt: 1. Derjenige, der das Unrecht verübt hat, muss seine Schuld bekennen und daraufhin das Schuldopfer und den um ein Fünftel vermehrten Wert leisten (Lev 5,24), 2. die Ersatzleistung für das einem Fremden geraubte Gut ist dem Priester zuzuführen, wenn der Geschädigte keine Erben hat (*gesel ha-ger*).

Heilighaltung des Tempels

» Heiligtum S. 113
Nach Num 5,1–4 (vgl. auch Dtn 23,11) ist das Lager ein reiner Ort, der durch keinen nicht-rein gewordenen Menschen (ein Aussätziger, ein an Samenfluss Leidender oder ein durch die Berührung mit einer Leiche Verunreinigter) verunreinigt werden darf. Deshalb schreibt diese Parascha vor, dass

nicht-reine Männer und Frauen das Lager verlassen müssen (*schilluach teme'im*). Später wurde diese Bestimmung auf den Tempel und die ummauerte Stadt Jeruschalajim ausgeweitet.

Gottesdienst und häusliche Feier

Priestersegen
Num 6,24–27 enthält die sogenannte Birkat Kohanim, den Priestersegen. Er wird traditionell bei der Wiederholung der täglichen Amida nach der 18. Beracha vom Chasan eingeschaltet, ebenso nach der Wiederholung der Amida an Schabbat und den Feiertagen – sowohl im Schacharit als auch im Musaf – nach der 6. Beracha. In der Regel rezitiert der Chasan die Birkat Kohanim anstelle der Kohanim. In einigen Synagogen ist es jedoch noch Brauch, dass an Feiertagen die anwesenden Kohanim die Gemeinde segnen. Im liberalen Ritus, in dem die Wiederholung der Amida nicht üblich ist, rückte der Priestersegen an das Ende des Gottesdienstes und wird vom Rabbiner gesprochen.

Traditionell gehört Num 6,24–27 zu den Studientexten in den Birchot ha-Schachar des Morgengebets. Es ist eine religiöse Pflicht, jeden Tag Tora zu studieren. Durch die im aschkenasischen Judentum übliche tägliche Rezitation von Num 6,24–27, mPea I,1 und einem Text, der auf bShab 127a basiert, als eine der ersten Tätigkeiten am Morgen, ist gewährleistet, dass ein Jude seine tägliche Pflicht des Lernens erfüllt.

Die Birkat Kohanim wird am Schabbat-Abend von den Eltern über ihre Kinder gesprochen.

Qeriat ha-Tora
Der Abschnitt Num 7,1–8,4 wird an Chanukka, verteilt auf die acht Tage, im Schacharit als Qeriat ha-Tora gelesen: 1. Tag: Num 7,1–17; 2. Tag: Num 7,18–29; 3. Tag: 7,24–35; 4. Tag: Num 7,30–41; 5. Tag: 7,36–47; 6. Tag: Num 7,42–53; 7. Tag: Num 7,48–59; 8. Tag: Num 7,54–8,4. An Rosch Chodesch wird zusätzlich Num 28,1–15 gelesen.

Haftara
Als Haftara zu dieser Parascha wird Ri 13,2–25, die Geburt Schimschons des Nasiräers, gelesen.

» Weitere Themen: Priester S. 120; 128; 236; Zählungen und Auflistungen S. 175

בהעלתך
Behaalotcha (Num 8,1 – 12,16)

Leitfragen
- Was ist das „zweite Pesach"? Warum wurde es eingerichtet?
- Welche Aufgabe übernehmen die Priester im Krieg?
- Welche Unterschiede gibt es zwischen der Erzählung von der Klage in Tav'era und der ähnlichen Episode über die Gabe des Man und der Wachteln in Ex 16?
- Welche Kritik steckt hinter Mirjams und Aharons ‚Lästerrede' gegen Mosche?

Inhalt
- Das Licht der Menora
- Heiligung der Lewiten
- Das Pesachfest
- Pesach Scheni
- Wanderung
- Signal der Trompeten
- Die Ordnung für die Wanderung
- Mosche und Chovav
- Der Aufbruch
- Tav'era
- Die Wachteln
- Auflehnung von Mirjam und Aharon

Pesach Scheni

» Pesach S. 85; 265

Nach der Schilderung der ersten Vorbereitungen für den Aufbruch wird davon berichtet, dass Gott das Pesachfest anordnet, und dass er auch die Möglichkeit eines „Ersatz"-Pesach, eines zweiten Pesachfestes, für all diejenigen eingeräumt habe, die das erste nicht feiern können. Ist ein Jisraelit am 14. Nisan nicht in der Lage, sein Pesach-Opfer darzubringen (z.B. weil er auf Reisen oder weil er nicht-rein war), so hat er die Möglichkeit (und Pflicht), das Pesach-Opfer einen Monat später, am 14. Ijjar, darzubringen. Diese Vorschrift findet heute keine Anwendung mehr, da kein Opfer mehr gebracht werden kann.

In der jüdischen Tradition

Bereits die Ausleger haben darauf hingewiesen, dass die Zeitangabe dieser Anordnung (Num 9,1: *...im zweiten Jahr ... im ersten Monat*) nicht zu der textchronologisch früheren Zeitangabe am Anfang des Buches (Num 1,1: *... am Ersten des zweiten Monats, im zweiten Jahr...*) zu passen scheint, so dass die chronologische Reihenfolge gestört ist (was allerdings für Raschi kein Problem darstellte: „Es gibt kein Früher oder Später in der Tora", *en muqdam u-me'uchar ba-tora*, bPes 6b u.ö.). Zumindest motivisch wird der Aufbruch vom Sinai mit diesem Zwischenstück noch einmal mit dem Aufbruch aus Mizrajim in Verbindung gebracht.

In der jüdischen Tradition wird das hier angeordnete Pesach-Fest als das einzige betrachtet, das in der 40-jährigen Wüstenwanderung je gefeiert wurde. Nach jüdischer Überlieferung war Jisrael daher auch nicht würdig, sofort in das Land Jisrael zu kommen (nach Raschi ad loc. auf der Basis des Midrasch). Eine andere Überlieferung erklärt, dass es in der Wüste zu gefährlich war, seine Kinder zu beschneiden, so dass das Pesach-Fest nicht gefeiert werden konnte, da Unbeschnittene nicht zum Fest zugelassen waren (bYev 71b).

Jisraels Unzufriedenheit

» Jisraels Unzufriedenheit S. 94, Qorach S. 191

Wie vor dem Geschehen am Sinai stehen auch nach dem Aufbruch vom Sinai gleich zu Beginn der Wanderung die Unzufriedenheit und die Klagen Jisraels im Mittelpunkt.

In dieser Geschichte (Num 11,4–34) wird das Motiv des Murrens erstmals mit einer Dezentralisation der Macht verbunden, insofern Mosche nun auch 70 Älteste zur Seite gestellt werden, damit er die Verantwortung nicht allein tragen muss. Dies ist allerdings kein rein technisches Delegieren, wie in Paraschat Jitro beschrieben (Ex 18), sondern ein „inspiriertes", insofern die 70 Ältesten (einen Anteil) vom Geist Mosches erhalten und sie dadurch zur Weissagung fähig werden. Die Bedeutung des Mosche wird dadurch jedoch nicht geschmälert. Auch die göttliche Antwort auf das Aufbehren Mirjams und Aharons gegen Mosche (Num 12,6–8) zeigt dieses Bemühen deutlich: Zwar gibt es nun Propheten, doch keiner gleicht Mosche.

Prophetie

» Prophetie S. 238; 289

In der Tora finden sich nur wenig Hinweise auf Stellung und Funktion von Propheten. Avraham wird als Prophet (*navi*) ausgezeichnet (Gen 20,7); ebenso Mirjam (Ex 15,20). Ausführlicher wird das Thema Prophetie in Paraschat Behaalotcha beschrieben, und zwar als Geistverleihung (Num 11,24–30). Dabei wird vor allem die unmittelbare Abhängigkeit von Mosche betont (vgl. auch Num 12,6–8). Auch das Buch Devarim spricht ausführlich von Propheten.

In der jüdischen Tradition

Die rabbinische Exegese erklärte, dass von dem Tag an, da der Tempel zerstört wurde, die Prophetie den Propheten genommen und den Weisen gegeben wurde (bBB 12a). Insgesamt betrachteten die Rabbinen die biblischen Propheten eher kritisch, weil sie Jisrael kritisierten. Ihre Aufgabe ist es jedoch gewesen, das von Gott über Jisrael verhängte Unheil abzuwenden oder zumindest abzumildern. Einzig Mosche und Danijel seien aufgetreten, um für Jisrael um Erbarmen zu flehen (ShemR 43,11). Der Prophet wird hier zum Fürsprecher Jisraels.

Mirjam

Mirjam gilt als die Schwester von Mosche und Aharon (Ex 2,4.8; 6,20). In der Tora wird sie als Prophetin ausgezeichnet (Ex 15,20). Gemeinsam mit Aharon lästert sie gegen Mosches dunkelhäutige Frau (Num 12,1–3) und pocht auf Gleichrangigkeit mit Mosche. Anders als in der Tora wird Mirjam beim Propheten Micha (Mi 6,4) in Leitungsfunktion gegenüber dem Volk auf einer Ebene mit Mosche und Aharon genannt.

In der jüdischen Tradition

Trotz der in der Tora genannten Bestrafung wegen des Aufbegehrens gegen Mosche wird das Bild von Mirjam in der jüdischen Tradition positiv gezeichnet. Der Midrasch stellt Mirjam als diejenige vor, die ihren Vater und ihre Mutter wieder zusammenführte, damit sie, trotz des Edikts des Pharao, einen Sohn (Mosche) bekommen konnten, der für das Volk eine große Rolle spielen sollte (bSot 12a). Auch die Bestrafung Mirjams mit Aussatz wird im Talmud abgemildert, denn es war Gott selbst (und nicht ein Priester), der ihren Aussatz für beendet erklärte (bZev 102a). Ein anderer Midrasch überliefert, dass aufgrund des Verdienstes von Mirjam Jisrael in der Wüste ein Brunnen gefolgt sei, der erst mit ihrem Tod versiegt sei (bTaan 9a; BamR 13,20). Möglicherweise basiert diese Vorstellung auf Num 21,16–18.

Die Frau(en) des Mosche

Die Überlieferung von Mosches kuschitischer (äthiopischer) Frau gehört sowohl sprachlich als auch inhaltlich zu den merkwürdigsten Episoden in der Tora und wird auch in der jüdischen Auslegungstradition sehr kontrovers diskutiert. Inhaltlich ist da zum einen das Motiv der „kuschitischen Frau", das die Frage aufwirft, um welche Frau(en) es sich denn handelt, zum anderen der Anspruch von Mirjam und Aharon auf göttliche Wortoffenbarung. Und schließlich stellt sich auch die Frage, ob und wie beide Reden zusammenhängen.

In der jüdischen Tradition
Schon die rabbinische Exegese beschäftigt die Frage, ob sich Mosche neben Zippora noch eine weitere – eine kuschitische – Frau, genommen habe, oder ob sich der Ausdruck auf Zippora beziehe (SifreBam 99). Das Problem wird zugunsten Zipporas entschieden: Mit „kuschit" sei eine schöne Frau gemeint, „schön nach ihrem Aussehen und nach ihren Taten". Auf derselben Linie liegt es daher, dass nach Raschi die lästerliche Rede Mirjams (und Aharons) den Vorwurf beinhaltet habe, er habe sich von seiner Frau getrennt (schon die Rabbinen haben Ex 18,2 in der Weise verstanden, dass Mosche sich von seiner Frau getrennt habe; MekhY, Amaleq 3). Anders Raschbam: Sein Kommentar insistiert darauf, dass es sich bei der kuschitischen Frau um eine andere Frau von Mosche gehandelt habe (*... denn Kusch war ein Abkömmling von Cham [Gen 10,6], Midjan aber stammt von den Söhnen der Ketura ab, die sie dem Avraham geboren hatte [Gen 25,2]*).

Trompetenblasen

» Schofar S. 205

Das Trompetenblasen (Num 10,10), zu unterscheiden vom Schofarblasen, war bei allen Festen geboten, aber auch bei Kriegshandlungen und in Krisenzeiten. Das Gebot des Trompetenblasens galt nur, solange der Tempel stand. In Krisen- und Kriegssituationen wird heute stattdessen der Schofar geblasen. Aus diesem Text und den im hebräischen Text unterschiedlichen Ausdrücken für ‚(Lärm)-Blasen' leiten sich auch die Töne für den Schofar ab (bRHSh 34a).

Gottesdienst und häusliche Feier

Ladesprüche
Num 10,35 wird traditionell beim Ausheben der Tora rezitiert, nachdem der Aron geöffnet worden ist. Num 10,36 wird traditionell beim Einheben der Tora zitiert. Die Toralesung wird auf diese Weise durch die beiden Ladesprüche gerahmt.

Qeriat ha-Tora
Am 4. Tag Chol ha-Moed Pesach wird als Toralesung der Abschnitt Num 9,1–14 gewählt.

Haftara

Man beschließt die Lesung von Behaalotcha mit Secharja 2,14 – 4,7, denn beide Texte sprechen über reine bzw. nicht-reine Kleider eines Priesters und den einen siebenarmigen Leuchter.

» Weitere Themen: Jisraels Unzufriedenheit S. 94; 184; Heiliger Kasten S. 115; 225; 264; 290; 307; Anordnung des Lagers S. 176; Menora S. 117; Priester S. 120; notabene: Lewiten S. 177; notabene: Geist Gottes S. 279; notabene: Lieder außerhalb von Tehillim S. 424

שלח לך
Schelach Lecha (Num 13,1 – 15,41)

Leitfragen
- Was genau erspähen die Landspäher, und wie interpretieren sie das, was sie gesehen haben? Was bringen sie mit? Wo findet dieser Gegenstand heute als Symbol Verwendung?
- Wie wird das Murren Jisraels im Anschluss an den Bericht der Landspäher interpretiert? Welche Strafe wird verhängt? Vergleichen Sie diese Episode mit der ‚Sünde' und der Bestrafung nach der Episode mit dem Stiergussbild.

Inhalt
- Das Aussenden der Landspäher
- Der Bericht der Landspäher
- Reaktion des Volkes
- Reaktion Gottes
- Mehlopfer als zusätzliches Opfer
- Opfer für versehentliche Übertretungen
- Die Absonderung der Hebe
- Die Übertretung an Schabbat
- Zizit

Jehoschua

» Jehoschua S. 253; 262

Die Figur des Jehoschua (bin Nun, auch Hoschea genannt: Num 13,8) findet sich nicht nur innerhalb der Tora, sondern auch darüber hinaus im Buch Jehoschua. Jehoschua spielt vor allem für die Durchführung der Eroberung des Landes eine entscheidende Rolle, wo er im Wesentlichen die Funktionen Mosches einnimmt. Jehoschua macht sich bereits während des Krieges gegen Amaleq als Heerführer unentbehrlich (Ex 17,8–16) und ist neben Kalev ben Jefunne der einzige der zwölf Landspäher, der eine ermutigende Berichterstattung über das einzunehmende Land abgibt (Num 13,6–8;

13,25 – 14,8). Aus diesem Grund dürfen diese beiden Männer als Einzige der über 20-jährigen aus der Wüstengeneration das versprochene Land betreten (Num 14,30.38; 26,65; 32,12).

Landspäher

» Rückbezüge im Buch Jehoschua S. 262; Kalev S. 267

Die Erzählung von den Landspähern gehört zwar zu den „Murre-Überlieferungen", hat aber eine besondere Funktion, insofern erst mit diesem Ereignis der 40-jährige Aufenthalt der Jisraeliten in der Wüste begründet und die Nachfolge Mosches durch das vorbildliche Verhalten von Jehoschua und Kalev gesichert wird. Die parallele Erzählung in Dtn 1,20–29 akzentuiert die Geschichte jedoch deutlich anders: Während die Überlieferung im Buch Bemidbar die Aussendung der Landspäher auf direkte Anweisung Gottes zurückführt (Num 13,1), berichtet die Überlieferung im Buch Devarim, dass der Vorschlag von den Jisraeliten selbst kam und von Mosche abgesegnet wurde (Dtn 1,22f.).

In der jüdischen Tradition

Die jüdische Tradition datiert die Ereignisse aus Num 14 auf Tischa be-Av (bTaan 29a), dem Tag, an dem nach dem rabbinischen Kalender an die Zerstörung des ersten und zweiten Tempels und viele weitere Katastrophen des jüdischen Volkes erinnert wird. An diesem Tag habe Gott auch beschlossen, dass niemand außer Jehoschua und Kalev das Land betreten dürfe.

Im heutigen Israel ist die riesige Traube, die die Landspäher nach biblischer Überlieferung aus dem Tal Eschkol mitgebracht haben (Num 13,23–24), das Logo der Carmel Weinkellereien sowie des israelischen Ministeriums für Tourismus.

Zizit

Das Gebot, Fransen bzw. Quasten (Sg. *zizit*; Pl. *zizijjot*) an der Bekleidung anzubringen, findet sich in der Tora zweimal, in Num 15,37–41 und in Dtn 22,12. Die *zizijjot* dienen als Mahnzeichen für die Einhaltung der göttlichen Gebote. Nach biblischer Darstellung soll jede Quaste auch einen blauen Faden enthalten. Raschi addiert zu dem Zahlwert von *zizit* (600) acht Fäden und fünf Knoten, was insgesamt die Zahl 613 ergibt, die Anzahl der Gebote (Raschi zu Num 15,39; TanB Qorach 12).

Halacha und Religionspraxis
Num 15,37–41 begründen die Mizwa, einen Gebetsschal (Tallit) zu tragen. Das Gebot, Zizijjot zu tragen, ist in der halachischen Praxis zu einem der wichtigsten Gebote geworden, weil mit ihm an alle anderen erinnert wird. Ursprünglich bestand diese Verordnung darin, jedes viereckige Kleidungsstück mit Zizijjot zu versehen (Num 15,38), doch ist es Praxis geworden, das Gebot auf das Tragen selbst zu beziehen, so dass heute üblicherweise die Zizijjot am Gebetsmantel (Tallit) bzw. am „kleinen Gebetsmantel" (*tallit katan, arba kanfot*) angebracht sind.

Den Tallit trägt man nur während des Morgengebetes (einzige Ausnahme ist der Kol-Nidre-Gottesdienst an Jom Kippur, in dem der Tallit auch am Abend getragen wird). Das wichtigste am Tallit sind die vier Zizijjot, die aus jeweils acht Fäden mit fünf Knoten nach sieben, acht, elf bzw. dreizehn Umwindungen bestehen. Im konservativen und liberalen Judentum tragen auch Frauen einen Tallit.

Hebe (Challa)

Die Challa (Num 15,20) gehört zu den Abgaben, die die Jisraeliten den Priestern bringen mussten und die den Priestern selbst zustand, da sie ja über kein eigenes Land verfügten und deshalb auf solche Abgaben angewiesen waren.

Halacha und Religionspraxis
Nach der Zerstörung des Tempels wurde die Challa auf den Teig des Einzelnen oder des Bäckers (mHal 1,1) bezogen. Die Rabbinen haben mit Blick auf die Abgabe der Hebe gefordert, dass man ab einer bestimmten Teigmenge (heute umgerechnet ca. 1¾ kg) auch nach der Tempelzerstörung von seinem Teig ein mindestens olivengroßes Stück Challa nehmen und es verbrennen muss. Bevor man die Challa entnimmt, sagt man eine entsprechende Beracha. Die sogenannte Hafraschat Challa (das Abtrennen der Hebe) gehört nach orthodoxem Verständnis zu den drei religiösen Pflichten, denen Frauen unterworfen sind (die beiden anderen: *hadlaqat ha-nerot*, Anzünden der Schabatkerzen, und der Besuch der Miqwe).

Gottesdienst und häusliche Feier

Sündenbekenntnis
Num 14,40 und Num 21,7 (vgl. auch Dtn 1,41) überliefern Sündenbekenntnisse (weitere Sündebekenntisse finden sich in Ps 106,6–7; Dan 9,5–11; Neh 1,5–7; 2Chr 6,37). In der jüdischen Liturgie hat das Sündenbekenntnis im

Tachanun nach der Amida in den meisten Wochentagsgottesdiensten seinen Ort sowie – in einer erweiterten Form als Widui – nach bzw. in der Amida für die Hohen Feiertage. Diese Bekenntnisse enthalten die Bitten um Beendigung des Exils und der Wiedererrichtung des Tempels, sind also als Klagen über die Situation der Gegenwart gestaltet.

Kol Nidre
Die Verse Num 14,19f. und Num 15,26 werden traditionell am Ende des Kol Nidre am Erev Jom Kippur dreimal vom Chasan rezitiert. Die beiden Verse betreffen die Bitte um Vergebung und die Zusage Gottes zur Vergebung. Sie wurden der jüdischen Tradition zufolge zum ersten Mal am 10. Tischri im zweiten Jahr nach dem Auszug gesprochen.

Num 14,20 wird darüberhinaus verschiedentlich in den Selichot-Gebeten zitiert. Es ist neben Ex 34,6–7 der zweite Beleg der Tora für Gottes Willen zur Vergebung.

Sch^ema Jisrael
» Sch^ema Jisrael S. 220
Der Abschnitt Num 15,37–41, der Abschnitt über die Zizijjot, ist der dritte Teil des Sch^ema Jisrael, das im Schacharit in traditionellen Synagogen gebetet wird.

Haftara
Entsprechend der Landspäher-Geschichte wird als Haftara zu dieser Parascha Jos 2,1–14 gelesen, da auch dort von Landspähern erzählt wird.

» Weitere Themen: Namensänderungen S. 37; Kriege S. 207; 266; Jisraels Unzufriedenheit S. 94; 184; Kavod Gottes S. 109; 357; Dreizehn Eigenschaften Gottes S. 126; Rückbezüge auf die Tora S. 262; Geschichtsrückblicke bei Micha S. 391; Übersicht Schabbat in der Bibel S. 101; notabene: Lieder außerhalb von Tehillim S. 424

קרח
Qorach (Num 16,1 – 18,32)

Leitfragen
- Was waren die Anliegen der Aufrührer?
- Gibt es Unterschiede zwischen Qorach und Datan/Aviram?
- Von welchen Strafmaßnahmen berichtet der Text? Bleiben Spuren des Aufstandes dauerhaft im Volk erhalten? Wenn ja, warum?
- Wie wird der ‚Gottesschlag' gebändigt? Welche Bedeutung hat diese Erzählung?
- Was ist der ‚Salzbund' mit den Lewiten? Welche Bedeutung hat der Zehnt?

Inhalt
- Qorach, Datan und Aviram
- Die Räucherpfannen der Aufrührer
- Auflehnung des Volkes und der ‚Gottesschlag'
- Die Autorität des Aharon
- Die Funktion der Priester und Lewiten
- Die Opferanteile für die Priester
- Die Opferanteile für die Lewiten
- Der Zehnt

Qorach

» Jisraels Unzufriedenheit S. 94, 184

Gleich den Erzählungen vom Aufbegehren Aharons und Mirjams gegen Mosche und von den Landspähern ist auch die Geschichte vom Aufstand Qorachs sowie Datans und Avirams eine ausführliche Darstellung vom Widerstand gegen Mosches und Aharons Machtpositionen. Dabei sind die Vorwürfe Qorachs auf der einen und Datans und Avirams auf der anderen Seite je unterschiedlich: Qorach geht von der kultischen Egalität der Gruppe aus (*Die ganze Gemeinde, alle, sind heilig ...*), weshalb sich keiner (kultische) Sonderrechte einräumen dürfe (Num 16,3). Datan und Aviram weisen (wie in anderen ‚Murre-Überlieferungen' auch, vgl. die nachfolgende Geschichte Num 17,6–15) darauf hin, dass Mosche dafür verantwortlich sei, dass Jisrael in der Wüste darben muss, weshalb es ihm keinesfalls zustehe, als Herrscher aufzutreten (Num 16,13f.). Dieser Vorwurf ist also politisch-gesellschaftlicher Natur. Entsprechend unterschiedlich fallen auch die Strafen aus: Die Gruppe um Qorach (250 Männer), die eigentlich ein ‚fremdes Räucherwerk' darbringt, wird vom göttlichen Feuer verzehrt (Num 16,35; vgl. die Erzählung über Nadav und Avihu, Lev 10,1–3). Datan und Aviram und ihre Leute werden von der Erde verschlungen (Num 16,31–33).

Die Geschichte von Qorachs Aufstand und dessen Austilgung ist eine Überlieferung zur Stabilisierung der Autorität Mosches, die allerdings nichts daran ändern kann, dass das Volk unmittelbar nach diesen Geschehnissen wieder gegen Mosche und Aharon murrt (Num 17,6–15). Diesmal wird aber nicht Mosches Autorität erzählerisch gestützt, sondern die Aharons, da es diesmal Aharon ist, der für das Volk ein Wort bei Gott einlegt (Num 17,16–28).

In der Bibel

In der Bibel wird vereinzelt auf die Geschichte von Qorach, Datan und Aviram rückverwiesen, wobei deutlich zwischen Qorach auf der einen und Datan und Aviram auf der anderen Seite unterschieden wird: Num 26,9–11, Dtn 11,6 (ohne Qorach zu erwähnen) und Ps 106,16–19. Auch die Töchter des Zelofchad, die ihren Erbbesitz einklagen, weisen darauf hin, dass ihr Vater nicht zu den Anhängern Qorachs gehörte (Num 27,3). Anderseits werden den Söhnen Qorachs etliche Tehillim gewidmet: Ps 42, 44–49; 84–85; 87–88.

In der jüdischen Tradition

Obwohl die Beurteilung der Tat Qorachs in der Bibel überwiegend negativ ausfällt, bemüht sich die jüdische Tradition darum, der Erzählung auch positive Aspekte abzugewinnen: So wird Qorach im Midrasch Tehillim (zu Ps 1) als eifernder Vorkämpfer für die sozial Benachteiligten dargestellt. Auch R. Naftali Zvi Jehuda Berlin (Neziv) weist in seinem Kommentar (*Ha'ameq Davar* ad loc.) darauf hin, dass sich Qorach nicht aus Selbstsucht gegen Mosche auflehnte, sondern aus Liebe zu Gott, die ihn zum priesterlichen Dienst drängte, um Gott näher zu sein, was ihm aber verwehrt blieb.

Priester und Lewiten

» Priester S. 120; 128; 146; 166; 236; Lewiten S. 236

Diese Parascha beschreibt klar definierte Aufgaben von Priestern und Lewiten. Dabei war jeder Einzelne verpflichtet, genau das zu tun, wofür er bestimmt war; die Übernahme der Aufgabe eines anderen war nicht erlaubt (Num 18,3). Zu den Aufgaben der Priester gehört demnach der unmittelbare Dienst im Heiligtum, während den Lewiten der Dienst an den heiligen Geräten untersagt ist. Sie sind für Hilfstätigkeiten, die am Heiligtum anfallen, vorgesehen, sie sollen den Priestern zur Hand gehen.

Halacha und Religionspraxis

Obwohl es keinen Tempel mehr gibt, und damit die Aufgaben der Priester und Lewiten obsolet geworden sind, hat das traditionelle Judentum am Status des Kohen und Lewi festgehalten. Allerdings ist es unmöglich, historisch eine durchgehende Linie vom biblischen Priestertum bis in die Jetztzeit zu

Qorach (Num 16,1 – 18,32)

behaupten. Heute spielen diese beiden Status auch nur noch insofern eine besondere Rolle, als beim Toraaufruf in orthodoxen Gemeinden stets zuerst ein Kohen, dann ein Lewi und erst danach ein ‚gewöhnlicher' Jisrael aufgerufen wird.

Auslösung

» Erstgeburt S. 90

Auch in dieser Parascha gibt es wieder Regelungen zur Erstgeburt und hier vor allem: zur Auslösung der Erstgeburt, die ja notwendig ist, damit die männlichen Erstgeborenen aus dem ‚Eigentum Gottes' wieder ins ‚normale Leben' rückgeführt werden können.

Halacha und Religionspraxis

Num 18,15 ist die biblische Quelle für die Pidjon ha-Ben-Zeremonie im orthodoxen Judentum, in der ein erstgeborener Junge am 31. Tag seines Lebens und wenig später (falls der 31. Tag auf einen Schabbat oder Feiertag fällt) symbolisch von einem Kohen ausgelöst wird. Die Zeremonie hat ein festes Formular. Auch sind nur Münzen erlaubt (vgl. Num 18,16, wo fü Silberschekel vorgeschrieben werden). Da die Umrechnung in zeitgenössische Währung schon immer kompliziert war (vgl. Maimonides, *Hilchot Eruvin* 1,12; *Schulchan Aruch*, Jore Dea 305; Ovadia Yosef, *Yalkut Yosef* ad loc.), hat man sich geeinigt, dass der ‚Schekel-Wert' mindestens 93 Gramm Silber enthalten muss. Heute wird zumeist entsprechend einem Wert von etwa 5 US-$ ausgelöst. In Israel werden dafür eigens Münzen geprägt. Da im liberalen Judentum jeder spezifische Status, und damit auch der Status des Erstgeborenen, abgeschafft wurde, gibt es auch keine Pidjon ha-Ben-Zeremonie mehr.

Gottesdienst und häusliche Feier

Haftara

Als Haftara wird zu dieser Parascha 1Sam 11,14 – 12,22 gelesen, ein Abschnitt, der den Wunsch des Volkes nach einem König thematisiert. In dieser Zusammenstellung von Parascha und Haftara wird mithin der Königswunsch mit dem Aufstand der Jisraeliten gegen Mosche und Aharon parallelisiert.

» Weitere Themen: Jisraels Unzufriedenheit S. 94; 184; Kavod Gottes S. 109; 357; Abgaben und Zehnt S. 249

חקת
Chuqqat (Num 19,1 – 22,1)

Leitfragen

- Wozu diente das Ritual der roten Kuh?
- Vergleichen Sie die Erzählung über die Wasserklage in der Wüste Zin mit der ähnlichen Episode in Ex 17. Warum werden Mosche und Aharon bestraft?
- Welche ‚Impfung' verabreicht Mosche dem Volk gegen den Biss der Brandschlangen? Gibt es einen Unterschied zwischen dem von Gott gebotenen *saraf* und der von Mosche gemachten Schlange (*nachasch*)?

Inhalt

- Die Asche der Roten Kuh
- Waschung mit dem Reinigungswasser
- Der Tod Mirjams
- Meriva
- Mosches und Aharons Bestrafung
- Edom gegen Jisrael
- Der Tod Aharons
- Die Niederlage der Kenaaniter
- Die kupferne Schlange
- Wegbeschreibung
- Die Eroberung des Landes der Amoriter

Rote Kuh

Erwähnt bereits Lev 21,1 das Verbot für Priester, sich an einer Leiche zu verunreinigen, so führt Paraschat Chuqqat aus, wie die Unreinheit, die durch Berühren einer Leiche entsteht, nach sieben Tagen aufzuheben ist (Reinigungswasser). Nach biblischer Überlieferung müssen sich aber nicht nur Priester, sondern alle Jisraeliten diesem Ritual zur Reinigung nach Verunreinigung an einer Leiche unterziehen. Der rituelle Ablauf für die Rote Kuh (*para aduma*) vollzieht sich wie folgt:

- Aussonderung einer Roten Kuh (analog zu den übrigen Opfern muss das Tier vollständig und unversehrt sein und darf keinen körperlichen Defekt aufweisen)
- Übergabe an den Priester(sohn) Elasar (als dem stellvertretenden Hohepriester; bYom 42b)
- Schlachtung außerhalb des Lagers mit anschließendem Blutritus
- Verbrennen der Kuh unter Hinzufügung von Zedernholz, Ysop u.a.
- Sammlung der Asche durch eine zweite Person und Verwahrung *außerhalb* des Lagers an einem *reinen* Ort

- Vermengung der Asche mit ‚lebendem' Wasser (*majjim chajjim*) zur Herstellung des Reinigungswassers (*me nidda*)
- Sprengung der Asche auf alle Personen und/oder Gegenstände, die mit einem Leichnam in Berührung gekommen sind. Die Sprengung soll am dritten und siebten Tag einer siebentägigen Periode der Nicht-Reinheit vorgenommen und kann von jedem Privatmann durchgeführt werden.

Sowohl der Priester, der die Schlachtung beaufsichtigt (bYom 42a), als auch die Priester, die die Sammlung der Asche und ihre Sprengung vornehmen, müssen sich im Zustand kultischer Reinheit befinden. Nach Abschluss ihres Dienstes sind sie bis zum Abend nicht-rein und müssen diesen Zustand durch Kleider- und Körperwaschung beenden (*tevul jom*).

In der jüdischen Tradition
In der jüdischen Tradition wird zwischen Chuqqim/-ot und Mischpatim dergestalt unterschieden (bYom 67b), dass Mischpatim für jene Gebote stehen, die auf einem Rechtsspruch basieren, während Chuqqim/-ot unveränderliche Satzungen Gottes sind, die darin zunächst einmal unabhängig von jeder halachischen Praxis fortbestehen (vgl. oben S. 106). Im Rahmen der Anweisung zur Herstellung der Asche der roten Kuh wird daher die Festsetzung, wonach ein reiner Mensch, der mit einem Toten in Berührung kommt, unrein wird, als Choq vorgestellt, was zur Folge hat, dass diese Bestimmung bis heute gültig ist, obwohl kein Reinigungswasser mehr hergestellt und damit auch der Status der rituellen Nicht-Reinheit nicht aufgehoben werden kann. In der Konsequenz bedeutet dies, dass sich heute beinahe jeder jüdische Mensch im Status ritueller Nicht-Reinheit befindet, gegen die jedoch nichts unternommen werden kann und muss, weil es kein Heiligtum bzw. keinen Tempel mehr gibt. Auch hieran wird nochmals deutlich, dass die in der Tora beschriebene Nicht-Reinheit sich ausschließlich auf kultische Zusammenhänge bezieht (vgl. oben das Thema Rein und Nicht-Rein, S. 146).

Die Rabbinen diskutieren ausführlich und kontrovers (z.B. Sifre Chuqqat 123; bYom 42a.b), warum dieses (erste) Ritual der Roten Kuh von Elasar vollzogen wird, und ob in späteren Generationen auch ein gemeiner Priester oder nur der gesalbte Priester diesen Dienst verrichten kann. Nach Ramban führt Elasar diesen Dienst aus, weil Aharon das Stiergussbild angefertigt hat (Raschi zu Num 19,22; Ramban zu Num 19,3).

Halacha und Religionspraxis
Da es heute keinen Opferdienst (und auch keine vollständig rote Kuh) mehr gibt, sind die Bestimmungen zur Roten Kuh außer Kraft gesetzt, d.h. der Zustand ritueller Nicht-Reinheit kann faktisch nicht aufgehoben werden. Die alle Jahre wieder erscheinenden Neuigkeiten über die Geburt einer kosche-

ren Roten Kuh entpuppen sich schlussendlich immer wieder als ‚fake news', was dem Frieden in der Region sicher förderlich ist. Allerdings sollen sich Kohanim bis heute von Beerdigungen und Friedhöfen fern halten: eine symbolische Erinnerung an dieses Gesetz (vgl. auch das Thema Priester, S. 166).

Das Vergehen Mosches

Nachdem im Buch Bemidbar bereits davon berichtet wurde, dass alle Jisraeliten wegen ihres Murrens damit bestraft werden, dass sie nicht in das Land einziehen können, sondern vorher sterben (Num 14,21–25), wird diese Strafe nun auch (Num 20,12f.) über Mosche und Aharon verhängt mit der Begründung, dass Mosche und Aharon Gott nicht *als den Heiligen bezeugen* wollten. Vom Tod Aharons wird denn auch bereits in Num 20,22–29 berichtet. Mosches Tod wird in Num 27,12–14 angekündigt und in Dtn 34,1–12 beschrieben. Das Motiv der Bestrafung Mosches und Aharons wird darüber hinaus in Dtn 1,37; 3,26f.; 32,50–52; Ps 106,32 erwähnt.

In der jüdischen Tradition

Die jüdische Tradition diskutiert, worin eigentlich die ‚Sünde' Mosches und Aharons lag. Nach Raschi lag ihr Vergehen darin, dass Mosche und Aharon den Felsen schlugen (Num 20,11), statt mit ihm zu reden, wie es geboten war (Num 20,8). Nach Maimonides habe es einem Mann wie Mosche nicht angestanden, in Zorn zu geraten. Dagegen verwirft Nachmanides alle diese Erklärungen und weist darauf hin, dass die Sünde darin bestand, dass Mosche und Aharon anstatt auf Gott auf sich verwiesen haben (... *werden wir euch wohl aus diesem Felsen Wasser hervorbringen?* Num 20,10).

Kupferne Schlange

In der Überlieferung von Paraschat Chuqqat wird die kupferne Schlange (*nachasch nechoschet*) als geflügelte (Feuer-)Schlange geschildert (*saraf*). In späteren Zeiten war die kupferne Schlange (*nechuschtan*) wahrscheinlich ein Kultsymbol, das im äußeren Hof des Tempels von Jeruschalajim stand und von dem man sich Heilung von Krankheiten oder Wunden (Schlangenbissen) erwartete. Im Buch Melachim wird berichtet, dass Chisqijjahu den Nechuschtan aus dem Tempel entfernen ließ (2Kön 18,4).

Trauerzeit (Scheloschim)

Halacha und Religionspraxis
Nach Num 20,29 betrauern die Jisraeliten Aharon dreißig Tage lang. Dieser Vers sowie Dtn 34,8, der von der dreißigtägigen Trauer des Volkes um Mosche berichtet, bilden die halachische Grundlage für die Trauerzeit im Judentum (*scheloschim*). In den dreißig Tagen nach der Beerdigung besuchen die Verwandten des/der Verstorbenen keine Parties (eine Hochzeit ist jedoch eine Ausnahme). Die Angehörigen sagen über die Scheloschim hinaus noch elf Monate lang in jedem Gottesdienst den Qaddisch Jatom (Waisenkaddisch).

Gottesdienst und häusliche Feier

Paraschat Para
Paraschat Para (Num 19,1–22) wird am Schabbat nach Purim gelesen. Dazu wird als Haftara Ez 36,16–38 (aschkenasisch) bzw. Ez 36,16–36 (sefardisch) gewählt (vgl. auch die Übersicht Die vier besonderen Abschnitte (Arba Paraschijjot) / Schabbatot, S. 87).

Haftara
Als Haftara zu dieser Parascha wird Ri 11,1–33 (Jiftach) gelesen. Wenn Chuqqat und Balaq zusammen gelesen werden, wird Haftarat Balaq genommen.

» Weitere Themen: Kriege S. 207; 266; Jisraels Unzufriedenheit S. 94; 184; Kavod Gottes S. 109; 357; Fluchandrohungen S. 446; Zählungen und Auflistungen S. 175; Edom S. 385; notabene: Trauer S. 392; notabene: Lieder außerhalb von Tehillim S. 424

Balaq (Num 22,2 – 25,9)

Leitfragen
- Verbietet Gott Bil'am, zu Balaq zu reisen?
- Wie viele Spruchworte sagt Bil'am? Welchen Inhalts sind sie?
- Welches Ereignis verbindet sich mit Baal Peor? In welchem Zusammenhang steht es mit Bil'am?
- Wer bändigt die von Gott entflammte ‚Plage'? Wodurch?

Inhalt
- Balaq und Bil'am
- Bil'ams Spruchreden
- Jisrael und Baal Peor
- Pinchas

Bil'am

Die Figur des ausländischen Sehers Bil'am hat in der Bibel eine ambivalente Überlieferung: Vom König von Moav Balaq ursprünglich gegen Bezahlung zur Verfluchung Jisraels angeheuert, segnet er das Volk stattdessen auf Geheiß Gottes. Es finden sich vier Spruchreden des Bil'am:

- *Von Aram her führt mich Balaq (...)*: Num 23,7–10
- *Auf, Balaq, und höre (...)!*: Num 23,18–24
- *Spruch Bil'ams, des Sohns Beor (...)*: Num 24,3–9
- *Spruch Bil'ams (...) Spruch des Manns erschlossnen Blicks (...)*: Num 24,15–24

Obwohl Bil'am mehrere Segens-Spruchreden über Jisrael rezitiert, ist seine Bewertung in der Tora sehr negativ. Nach Num 31,8.16 gilt er sogar als der Verführer zum Götzendienst (Baal Peor), weshalb er dem Tod anheimfällt (vgl. auch Jos 13,22).

In der Bibel

In der Bibel wird die Figur des Bil'am öfter erwähnt: Jos 24,9f.; Mi 6,5; Neh 13,2. Darüber hinaus findet sich in Jos 13,22 die Notiz, dass Bil'am durch die Jisraeliten getötet wurde. Auf dem Tell Deir Alla, nördlich des Flusses Jabboq, wurden 1967 Wandinschriften aus dem 9./10. Jh. v.d.Z. entdeckt, die eine „Schrift (*spr*) von Bil'am, Sohn des Be'or" präsentieren und darin eine Erzählung über diesen Seher bieten. Die bei aller Verschiedenheit von Inhalt und Genre vorliegenden Parallelen in der Figur des Sehers und seiner Verbindung mit Aram (Num 23,7; vgl. auch Dtn 23,5) stellen die Überlieferung in Num 22 – 24 eindrucksvoll in den Kontext von Schul- bzw. Weisheitstraditionen im damaligen aramäischen Herrschaftsgebiet.

In der jüdischen Tradition

Innerhalb der rabbinischen Rezeption finden sich unterschiedliche Aspekte zu Bil'am: Manche sehen ihn als Propheten für die Völker auf einer Stufe mit Mosche; für andere ist er der Inbegriff der Boshaftigkeit und Niedertracht gegenüber Jisrael. Der Talmud (bSan 106a) erwähnt ihn als einen der pharaonischen Berater, die dem Pharao den Vorschlag unterbreiteten, alle neugeborenen männlichen Jisraeliten in den Nil zu werfen. Mehr noch als der Pharao gilt Bil'am als derjeinge, der Jisrael ohne Grund zu verfolgen und zu vernichten suchte (BamR 20,1).

Balaq (Num 22,2 – 25,9)

Baal Peor

» Polemik gegen die Baale bei Hoschea S. 372; Unzufriedenheit Jisraels S. 184

Die Erzählung von der Unzucht der Jisraeliten mit den Moabiterinnen (die Pinchas zu seinem Eifer motiviert, siehe Paraschat Pinchas) und der Anschluss an Baal Peor, stellt eine Verschärfung der bisherigen ‚Murre-Überlieferungen' dar. Haben die Jisraeliten bisher nur über ihre Situation geklagt, so verhalten sie sich nun ganz gegen die Vorstellungen, die ihnen Mosche einzuschärfen versucht: Sie vermischen sich mit einem anderen Volk und dienen anderen Göttern. Entsprechend wird die Episode von Baal Peor in der Bibel öfter reflektiert, so z.B. in Num 31,16, wo der Abfall von Gott dem Magier Bil'am angerechnet wird, oder in Ps 106,28–29, der die Episode als Abfall in den Götzendienst erwähnt. Nicht zufällig beginnen die scharfen Forderungen nach Gehorsam gegenüber Gott im Buch Devarim mit dem Hinweis: *Dies sind die Bezeugungen, Gesetze und Rechtsvorschriften, die Mosche den Kindern Jisrael (…) jenseits des Jarden im Tal, nach Bet-Peor zu, verkündete* (Dtn 4,45f.).

Gottesdienst und häusliche Feier

Ma tovu

Mit Num 24,5 (*Ma Tovu*) beginnt ein ursprünglich privates Gebet, das heute beim Betreten einer Synagoge gesagt wird. In manchen orthodoxen Gebetbüchern ist der zweite Satz dieses Gebets, Ps 5,8 (*wa-ani be-rov chasdecha*), vorangestellt, um das Gebet nicht mit Worten eines Nichtjuden (Bil'am) zu beginnen.

Namens-Paraschijjot

Fünf Paraschijjot heißen nach Personen (Noach, Jitro, Qorach, Balaq und Pinchas). Zwei von ihnen – Jitro und Balaq – werden in der biblischen Überlieferung als Nichtjuden ausgezeichnet. Die Figur des Noach gehört noch in die Urgeschichte.

Haftara

Paraschat Balaq wird mit Mi 5,6–6,8 als Haftara abgeschlossen, ein Text, in dem Bil'am, Sohn Beors, erwähnt wird (Mi 6,5). Mit Mi 5,6 beginnt die Haftara zudem mit Segenssprüchen über Jisrael, vergleichbar den Sprüchen Bil'ams sowie einem Hinweis auf die endgültige Ausrottung von Zauberkünsten (Sg. *keschef*) und Schnitzbildern (Sg. *pesel*).

» Weitere Themen: Pinchas S. 200; Magie und Zauberei S. 237; Geschichtsrückblicke bei Micha S. 391; Satan S. 435; notabene: Geist Gottes S. 279; Edom S. 385

פינחס
Pinchas (Num 25,10 – 30,1)

Leitfragen
- Was wird Pinchas zugesagt? Warum? Wird die Tat des Pinchas im Text positiv oder negativ bewertet?
- Welches Problem sprechen die Töchter des Zelofchad an? Wie wird es gelöst?
- Welche Feste werden in Kapitel Num 28 – 29 erwähnt? Wie sind ihre Bezeichnungen? Worauf kommt es in diesem Abschnitt an? Gibt es Unterschiede zu der Auflistung in Paraschat Emor (Lev 23)?

Inhalt
- Pinchas
- Erneute Zählung der Stämme
- Die Zählung der Lewiten
- Der Erbbesitz der Töchter Zelofchads
- Jehoschua
- Das tägliche Opfer
- Opfer für Schabbat
- Opfer für Rosch Chodesch
- Opfer für Mazzot
- Opfer für Schavuot
- Opfer für Jom Teqia
- Opfer für Jom Kippur
- Opfer für Sukkot

Pinchas

Die Erzählung von Pinchas (Num 25,6–18) schließt sich unmittelbar an diejenige von der Verfehlung in Baal Peor an. Danach ist es Pinchas, der durch seinen ‚Eifer' die Plage, die ausgebrochen war (Num 25,8), zu einem Ende bringt. Für seinen Einsatz, der nach Num 25,13 für die Jisraeliten Sühne bewirkt, wird ihm ein ‚Friedensbund' (*berit schalom*) und der Bund des ewigen Priestertums (*berit kehunna*) zugesprochen.

In der Bibel
In der Bibel wird die Figur des Pinchas einige Male aufgenommen: In Ex 6,25 werden die verwandtschaftlichen Verhältnisse aufgelistet: Pinchas ist ein Enkel Aharons (1Chr 5,30). Ps 106,30f. rühmt die Tat des Pinchas. In Jos 22,13–34 wird die Figur des Pinchas dort zentral, wo es um die Auseinandersetzung mit den ostjordanischen Stämmen und deren Bau eines Altars geht. Selbst im Kampf der Stämme gegen die Binjaminiter wird Pinchas als Priester erwähnt (Ri 20,28).

In der jüdischen Tradition
Die jüdische Tradition hingegen zeichnet von Pinchas ein ambivalentes Bild: Es wird betont, dass es Pinchas ist, der das halachische Verbot, einer Nichtjüdin beizuwohnen, wieder in Erinnerung ruft, nachdem Mosche, der selbst

eine Nichtjüdin zur Frau genommen hatte, diese Halacha in Vergessenheit hatte geraten lassen (bSan 82a.b). Auf der anderen Seite wird lapidar festgestellt, dass Pinchas „nicht im Sinne der Weisen handelte" (ySan 9,7). Auch Maimonides schränkt den Totschlag aus Eifer halachisch stark ein. Diese kritische Haltung der Ausleger gegenüber Pinchas im Besonderen und religiösen Eiferern im Allgemeinen zieht sich durch bis zu Naftali Zvi Jehuda Berlin (Neziv), der feststellt (ad loc.), dass Pinchas nur deshalb einen Friedensbund zugesagt bekommt, weil ein Eiferer besänftigt werden muss. Raschi dagegen sieht die Zusicherung des Friedensbundes an Pinchas deshalb als notwendig an, weil Pinchas – als ein Enkel von Aharon – noch nicht gesalbt und damit auch noch nicht in den Dienst der Priester eingeführt worden war (bZev 101b).

Halacha und Religionspraxis

Im Text der Torarolle ist das hebräische Wort *schalom* („Frieden') in Num 25,12 mit einem zerbrochenen Waw geschrieben. Der Midrasch erklärt dies damit, dass der Friedensbund nicht wirklich unversehrt und vollkommen war.

Erbbesitz der Töchter

Nach Num 27,1–11 und 36,1–12 erhalten die Töchter des Zelofchad den Bodenbesitz ihres Vaters, da dieser nach seinem Tod keinen Sohn hinterlässt. Dieser Erbbesitz hat für die Töchter eine eingeschränkte Ehegattenwahl zur Folge, dergestalt, dass sie nur einen Angehörigen aus dem eigenen Stamm (hier: Menasche) ehelichen dürfen, um zu verhindern, dass Bodenbesitz aus einem Stamm in den Grundbesitz eines anderen Stammes übergeht.

Der historische Prozess, der hinter dem Stämmesystem und der hier idealtypisch geschilderten Erbfolge- und Bodenbesitzregelung steht, lässt sich nicht mehr eruieren. Aus literarischer Sicht ist es jedoch bemerkenswert, welcher Stellenwert hier auch den Töchtern in der Erbfolge eingeräumt wird (zum Ganzen vgl. auch die Institution der Schwagerehe (*jibbum*), siehe oben S. 52).

Halacha und Religionspraxis

Die Halacha leitet aus den biblischen Vorschriften eine klare Erbschaftsfolge ab. Danach sind in erster Linie die Söhne die Erben, dann die Töchter, der Vater, die Brüder und deren Nachkommen. Die spätere Halacha hat festgelegt, dass die Söhne als Erben verpflichtet waren, für ihre Schwestern und für die Witwen zu sorgen, so dass auch die Töchter und die Frau des Verstorbenen nicht leer ausgingen. Im 16. Jh. erlaubte Moses Isserles den jüdischen Vätern, ihren Töchtern eine Erbschaft zu hinterlassen, die die Hälfte von der eines Sohnes ausmachte. Das Oberrabbinat in Israel legte 1943 fest, dass Töchter denselben Anteil erben wie Söhne.

Die Ordnung der Opfer

» Opfer S. 122; 137; 141; Opfer bei den Propheten S. 410

Diese Parascha bietet eine Auflistung, in der die Opfer zu den unterschiedlichen Tagen – Wochentage, Schabbat, Rosch Chodesch, Pilgerfeste sowie Jom Terua – festgelegt werden. Zu den einzelnen Opfern, die an den entsprechenden Festtagen dargebracht werden (vgl. nebenstehende Übersicht).

Halacha und Religionspraxis

Das tägliche Gebet

Die Halachot dieser Parascha beziehen sich auf das tägliche Opfer (*qorban tamid*) und auf das zusätzliche Opfer (*qorban musaf*).

Die Rabbinen ersetzten die Opfer durch die Amida. Die Zeiten für Schacharit und Mincha basieren auf den Zeiten für das tägliche Opfer in Num 28,4: *am Morgen (…) gegen Abend*. Zur Diskussion stand allerdings, welche Zeitspanne mit diesen Begriffen gemeint sei.

Weil zu den Festen ein Zusatzopfer geboten ist (Musaf), ordneten die Rabbinen für die Feste eine Musaf-Amida an. Sie besteht traditionell in ihrem Kern aus Zitaten aus Num 28 – 29, siehe dazu unten Musaf-Gebet.

Der Abschnitt Num 28,1–8 zum täglichen Opfer wird in der orthodoxen Liturgie im täglichen Schacharit im Seder ha-Qorbanot rezitiert.

Das Musaf-Gebet

Das zusätzliche Gebet an Schabbat und an den Feiertagen integriert die biblischen Opfertexte, um die in der Bibel aufgeführten zusätzlichen Opfer liturgisch zu ersetzen. Dabei werden die biblischen Verse zum jeweiligen Fest in der vierten Beracha des Musaf-Gebetes rezitiert. Es sind dies im Einzelnen:
- An Schabbat: Num 28,9–10. Fällt ein Feiertag auf Schabbat, so wird dieser Abschnitt zusätzlich zu den Abschnitten des entsprechenden Feiertages gebetet
- an Pesach: Num 28,16–18 in verkürzter Form
- an Schavuot: Num 28,26–27 in verkürzter Form
- an Rosch ha-Schana: Num 29,1–6 in leicht verkürzter Form
- an Jom Kippur: Num 29,7–11 in leicht verkürzter Form
- an Sukkot: Num 29,12–16 in leicht verkürzter Form
- an Schemini Azeret: Num 29,35 – 30,1 in verkürzter Form

Pinchas (Num 25,10 – 30,1)

Übersicht über die Opfer an den Festen

	Aufstiegsopfer	Mehlopfer	Gussopfer
Tägliches Opfer	2 einjährige, fehlerfreie Schafe	1/10 Efa Mehl, 1/4 Hin Öl aus Oliven je Schaf	1/4 Hin Wein je Schaf
Schabbat (zusätzl. tägl. Opfer)	2 einjährige, fehlerfreie Schafe	2/10 Efa Mehl, Öl	1/4 Hin Wein je Schaf
Rosch Chodesch	2 junge Stiere 1 Widder 7 einjährige, fehlerfreie Schafe	3/10 Efa Mehl, Öl je Stier 2/10 Efa Mehl, Öl 1/10 Efa Mehl, Öl je Schaf	1/2 Hin Wein je Stier 1/3 Hin Wein 1/4 Hin Wein je Schaf
(zusätzlich tägl. Opfer mit Gussopfer, 1 Ziegenbock als Verfehlungsopfer)			
Pesach	2 junge Stiere 1 Widder 7 einjährige, fehlerfreie Schafe	3/10 Efa Mehl, Öl je Stier 2/10 Efa Mehl, Öl 1/10 Efa Mehl, Öl je Schaf	entsprechendes Gussopfer
(zusätzlich tägl. Opfer, 1 Bock als Verfehlungsopfer)			
Jom ha-Bikkurim [Schavuot]	2 junge Stiere 1 Widder 7 einjährige, fehlerfreie Schafe	3/10 Efa Mehl, Öl je Stier 2/10 Efa Mehl, Öl 1/10 Efa Mehl, Öl je Schaf	entsprechendes Gussopfer
(zusätzlich tägl. Opfer, 1 Ziegenbock als Verfehlungsopfer und entsprechendes Gussopfer)			

	Aufstiegsopfer	Mehlopfer	Gussopfer
Jom Terua [Rosch ha-Schana]	1 junger Stier 1 Widder 7 einjährige, fehlerfreie Schafe	3/10 Efa Mehl, Öl 2/10 Efa Mehl, Öl 1/10 Efa Mehl, Öl je Schaf	
(zusätzlich tägl. Opfer, monatliches Opfer, 1 Ziegenbock als Verfehlungsopfer)			
10. Tag des 7. Monats [Jom Kippur]	1 junger Stier 1 Widder 7 einjährige, fehlerfreie Schafe	3/10 Efa Mehl, Öl 2/10 Efa Mehl, Öl 1/10 Efa Mehl, Öl je Schaf	
(zusätzlich tägl. Opfer, 1 Ziegenbock als Verfehlungsopfer und entsprechendes Gussopfer)			
Das Fest (Chag) [Sukkot] 1. Tag	13 junge Stiere 2 Widder 14 einjährige, fehlerfreie Schafe	3/10 Efa Mehl, Öl je Stier 2/10 Efa Mehl, Öl je Widder 1/10 Efa Mehl, Öl je Schaf	entsprechendes Gussopfer
(zusätzlich tägl. Opfer, 1 Ziegenbock als Verfehlungsopfer und entsprechendes Gussopfer)			
Fest, 2. – 7. Tag wie 1. Tag, nur nimmt die Anzahl der Stiere jeden Tag um einen Stier ab: 12, 11, 10, 9, 8, 7 Stiere			
[Schemini] Azeret	1 junger Stier 1 Widder 7 einjährige, fehlerfreie Schafe	3/10 Efa Mehl, Öl 2/10 Efa Mehl, Öl 1/10 Efa Mehl, Öl je Schaf	entsprechendes Gussopfer
(zusätzlich tägl. Opfer, 1 Ziegenbock als Verfehlungsopfer und entsprechendes Gussopfer)			

Pinchas (Num 25,10 – 30,1)

Gottesdienst und häusliche Feier

Schofar
≫ Trompetenblasen S. 186; Schofarblasen S. 167

Aus Num 29,1 wird die Mizwa hergeleitet, nach der Juden und Jüdinnen an Rosch ha-Schana den Ton des Schofars hören müssen. Nach rabbinischer Festlegung entfällt das Schofarblasen, wenn der erste Tag Rosch ha-Schana auf einen Schabbat fällt. Diese Vorschrift wird in orthodoxen Gemeinden bis heute beachtet.

Die heutige Ordnung für das Schofarblasen	
dreimal:	Teqia – Schevarim – Terua – Teqia
dreimal:	Teqia – Schevarim – Teqia
dreimal:	Teqia – Terua – Teqia (der letzte Stoßton gedehnt als Teqia gedola)

Maftirlesungen
Die Maftirlesungen (der letzte Abschnitt in der Toralesung für den Aufgerufenen, der die Haftara liest) werden an Feiertagen aus einer zweiten Rolle gelesen und auf den Feiertag abgestimmt. Sie werden dem Opferkalender von Bemidbar entnommen.

Qeriat ha-Tora
Num 28,1–5 bildet die spezielle Toralesung zu Rosch Chodesch (Neumond), wenn Neumond nicht auf einen Schabbat fällt. Gehen Rosch Chodesch und Schabbat zusammen, dann wird die wöchentliche Parascha genommen und Num 28,9–15 als Maftir gelesen.

Haftara
Als Haftara wird zu dieser Parascha 1Kön 18,46–19,21 gelesen, die Erzählung von Elijahu, der zum Berg Chorev flieht und dort Gott trifft. Die Ge-

Die Maftirlesungen
- An Pesach (erster und, in der Diaspora, zweiter Tag): Num 28,16–25
- An Pesach (siebter, achter Tag in der Diaspora und Schabbat Chol ha-Moed): Num 28,19–25
- An Schavuot (in der Diaspora an beiden Tagen): Num 28,26–31
- An Rosch ha-Schana (beide Tage): Num 29,1–6
- An Jom Kippur: Num 29,7–11
- An Sukkot (1. und 2. Feiertag): Num 29,12–16
- An Schemini Azeret und Simchat Tora: Num 29,35–30,1

meinsamkeit beider Texte liegt im ‚Eifern' für Gott, denn beide, Elijahu und Pinchas, waren ‚Eiferer für Gott'. Fällt der Schabbat von Paraschat Pinchas auf die Zeit zwischen den Fasttag am 17. Tammus und Tischa be-Av, wird Jer 1,1–2,3 gelesen, die erste der drei ‚Haftarot der Drangsal' (*telata de-furanuta*). In diesem Fall werden stets die nachfolgenden Paraschijjot Mattot-Mas'e zu einer zusammengezogen, damit der Schabbat nach Tischa be-Av auf den Schabbat Nachamu fällt, also den Schabbat, an dem Paraschat Waetchanan gelesen wird. Zu den besonderen Haftarot vgl. unten den Anhang Die synagogalen Lesungen aus dem Tanach, S. 465.

» Weitere Themen: Zählungen und Auflistungen S. 175; Qorach S. 191; Los S. 292; Neumond / Rosch Chodesch S. 90; notabene: Geist Gottes S. 279; Übersicht Biblische Feste S. 163

מטות
Mattot (Num 30,2 – 32,42)

Leitfragen
- Was ordnet der Text bezüglich der Gelübde von Frauen (im Gegensatz zu denen der Männer) an?
- Welche Personengruppe wird von der Vollstreckung der göttlichen ‚Rache' (*neqama*) ausgenommen?
- Welche Stämme wünschen ihr Land östlich des Jardens? Warum? Unter welchen Bedingungen bekommen sie es zugesagt?

Inhalt
- Gelübde
- Krieg gegen Midjan
- Die Beute und die Abgabe für Gott
- Land für die Stämme Reuven und Gad

Gelübde

» Gelübde S. 171

Das Thema Gelübde wird in der Tora an mehreren Stellen behandelt. So werden bereits in Lev 27 die Schätzwerte für die Einlösung von Gelübden aufgelistet. Dtn 23,22–24 schärft die Tragweite von Gelübden ein und fordert, ausgesprochene Gelübde auch einzuhalten. Diese Tendenz ist auch in dieser Parascha (Num 30,3) zu erkennen. Allerdings werden hier über diese allgemeine Feststellung hinaus auch Einzelfälle behandelt, die den Zwang zur Einhaltung von Gelübden einschränken. Vor allem bezüglich Frauen, die nicht unabhängig leben (also noch bei ihrem Vater oder beim Ehemann), werden

Mattot (Num 30,2 – 32,42)

Einschränkungen formuliert und dem Vater oder Ehemann Einspruchsrechte zuerkannt.

Halacha und Religionspraxis

Die halachische Betrachtung der Gelübde gründet in der Einsicht, möglichst so zu handeln, dass man extremer Mittel nicht bedarf, d.h. Gelübde sind zu meiden. Dies liegt schon darin begründet, dass die Folgen eines Gelübdes oft nicht einzuschätzen sind. Num 30,3 und Dtn 23,22–24 lehren, dass die Erfüllung eines Schwurs nicht verzögert werden darf. Die Rabbinen unternahmen verschiedene Versuche, die Auflösung zu ermöglichen und schufen ein Formular, das man zu Beginn des Jahres sagen sollte: „Jedes Gelübde, das ich tun werde, sei nichtig" (bNed 23b). Diese Nichtigkeitserklärung entsprang der Sorge, ein gegebenes Gelübde unbedacht zu übertreten.

Gottesdienst und häusliche Feier: Kol Nidre

Vor dem Hintergrund, dass die Möglichkeit, Schwüre auflösen zu können, einer eidesstattlichen Vorab-Erklärung zu Beginn des Jahres bedarf (bNed 23b), erklärt man vor dem Abendgebet zu Jom Kippur eine Nichtigkeitserklärung aller Schwüre, um so reinen Gewissens vor Gott treten zu können (Kol Nidre).

Kriege

» Kriege der Stämme Jisraels S. 266; Krieg S. 239

Vor allem in der Darstellung der frühen Geschichte Jisraels (in der Tora und in den Büchern Jehoschua und Schoftim) sind die erzählten Kriege, die Jisrael führt, Kriege, die von Gott selbst initiiert und geführt werden (manchmal missverständlich als ‚Heilige Kriege' bezeichnet). Gott kann den Krieg erklären, wie in dieser Parascha (Num 31,2, vgl. auch Ex 17,16: Amaleq). Er leitet den Krieg ein und führt sein Volk auf den Feldzügen (so bei den berich-

Kriege in der Tora

- Krieg gegen Amaleq: Ex 17,8–16
- Krieg gegen Amaleqiter und Kenaaniter: Num 14,43–45 (allerdings ist Gott hier nicht mit Jisrael, weil es sich von ihm abgewendet hat)
- Krieg gegen Arad, dem kenaanitischen König: Num 21,1–3
- Krieg gegen Amoriterkönig Sichon: Num 21,21–31
- Krieg gegen Og, König von Baschan: Num 21,33–35
- Krieg gegen die Midjaniter: Num 31,1–47
- Krieg bei der Eroberung Kenaans: Num 33,50–56

teten Eroberungsfeldzügen im Buch Jehoschua). Gott kann vor dem Krieg (durch Los oder andere Orakel) befragt werden (Ri 6,36–40; 1Sam 28,6; 30,7–10 u.ö.). Er kann sich aber auch in die Geschicke der Politik dergestalt einmischen, dass er charismatische Führer beruft, die eine Schlacht erfolgreich für Jisrael ausgehen lassen (v.a. das Buch Schoftim; Ri 4,6–7; 6,14.34, vgl. aber auch Num 27,12–23: Jehoschua).

Entsühnung und Reinigung von Kriegsgerät (kelim)

Halacha und Religionspraxis

Num 31,22f. ist die Grundlage dafür, dass Utensilien aus Metall durch Feuer gekaschert werden können (bAZ 75b). Dies ist vor allem heute für die Praxis der Pesach-Kaschrut wichtig, da nur Küchengerätschaften, die ganz aus Metall sind, so gekaschert werden können, dass sie auch während der Pesachtage verwendet werden können. Man sieht daher vor allem in den ultra-orthodoxen Wohngebieten israelischer Städte vor Pesach in der Öffentlichkeit große Zuber, in denen Küchengerätschaften für Pesach gekaschert werden.

Gottesdienst und häusliche Feier

Haftara

Als Haftara wird Jer 1,1–2,3 gelesen, da der Schabbat dieser Parascha stets auf die Trauerzeit zwischen 17. Tammus und Tischa be-Av fällt und diese Haftara einen klagenden Grundton hat. Wenn Mattot und Mas'e zusammenfallen werden, wird Haftarat Mas'e gelesen.

» Weitere Themen: Zählungen und Auflistungen S. 175; Bil'am S. 198; Baal Peor S. 199; Landverteilung S. 209

מסעי
Mas'e (Num 33,1 – 36,13)

Leitfragen
- Welche Funktion erfüllen die Zufluchtsstädte? Wer muss in eine solche Zufluchtsstadt ziehen? Für wie lange? Worin begründet sich die Dauer des Aufenthaltes?
- Welche Sachparallele hat dieses Gesetz im Bundesbuch?
- Wer verteilt das Land? Welchem Zweck dient diese minutiöse Auflistung?

Inhalt
- Wegbeschreibung
- Anweisung für die Verteilung des Landes
- Die Grenzen Kenaans
- Die für die Landverteilung Verantwortlichen
- Die Städte für die Lewiten
- Die Zufluchtsstädte
- Der Bodenbesitz der Stämme

Landverteilung

In der Bibel

Die Verteilung des Landes und die Festlegung seiner Grenzen beginnt bereits in der vorhergehenden Parascha Num 32, wo die Reuveniter und Gaditer das Land östlich des Jarden für sich in Anspruch nehmen (hinzu kommt später der halbe Stamm Menasche, der sich ebenfalls östlich des Jarden niederlässt, Num 34,14). Die eigentliche Landverteilung wird in dieser Parascha, Num 34, erzählt, allerdings ohne dabei bereits einzelne Gebiete bestimmten Stämmen zuzuordnen. Nach dieser Erzählung wird die Verteilung durch Los und nach der Größe der Stämme entschieden: Num 33,54 (Num 26,52–56). Die Zuordnung wird erst in Jos 13,8 – 19,51 vorgenommen, wie überhaupt das Buch Jehoschua die Erorberung und Verteilung des Landes sehr viel ausführlicher schildert.

Die Grenzen des Landes: Die Beschreibung der geografischen Grenzen, die das Land Kenaan umreißen, ist nicht ganz einfach: West- und Ostgrenze werden mit dem Mittelmeer einerseits (Num 34,6) und dem Jarden andererseits (Num 34,11f.) angegeben. Schwieriger und nach dieser Beschreibung nicht eindeutig zu bestimmen sind die Süd- und Nordgrenzen des Landes: Mit dem südlichen Teil wird heute zumeist ein Gebiet südlich von Beerscheva im Norden der Negev-Wüste angenommen, der nördliche Teil endet irgendwo in der Gegend um das heutige Metulla herum.

In der jüdischen Tradition
Darin, dass das Land durch Los und durch Zuordnung entsprechend der Größe des Stammes verteilt werden sollte, sah man in der jüdischen Bibelauslegung keinen Widerspruch: Nach Raschi wurde das Los mit dem heiligen Geist gezogen, so dass der größere Stamm das größere Gebiet bekam. Aber das Los sollte vermeiden, dass die Stämme um das Land diskutierten oder sich ein Stamm einfach am fruchtbarsten Land bereicherte. Aus diesem Grund wurde die Landverteilung vorgenommen, bevor es überhaupt erobert wurde.

Zufluchtsstädte

» Zufluchtsstädte S. 268

Die Tora nimmt an mehreren Stellen Bezug auf die Einrichtung der sog. Zufluchtsstädte (*are miqlat*): Num 35,9–34; Dtn 4,43; 19,9; Jos 20,1–9; vgl. auch Ex 21,12–14. In eine Zufluchtsstadt flüchtet sich derjenige, der einen anderen ohne Vorsatz und ohne böse Absicht versehentlich (*bischgaga*) erschlagen und dadurch die Vollstreckung der Blutstrafe an sich zu befürchten hat (Num 35,12). Nach der Aufnahme in einer dieser Städte hat er dort bis zum Tod des amtierenden gesalbten Priesters zu verbleiben und kann erst dann zu seinem Bodenbesitz zurückkehren. So wie der gesalbte Kohen an Jom Kippur das gesamte Volk wieder entsühnt, so sühnt er durch seinen Tod alle diejenigen, die in Zufluchtsstädten festsitzen. Dadurch wird ein objektiver Zeitpunkt gewählt, mit dem ein Totschläger sich wieder frei bewegen durfte, denn der Tod des gesalbten Kohen war ein öffentliches Ereignis, von dem auch der Bluträcher Kenntnis erhielt, und dem Totschläger von diesem Moment an nicht mehr nachstellen durfte. Der *Sefer ha-Chinnuch* weist darauf hin, dass die Zufluchtsstädte deshalb notwendig sind, weil auch jemand, der unbeabsichtigt getötet hat, einer Strafe bedarf und deshalb in einer Zufluchtsstadt eingesperrt sein muss. Insgesamt berichtet die biblische Überlieferung von sechs Zufluchtsstädten:

- von Mosche ausgewählte Städte östlich des Jarden (von Nord nach Süd): Golan; Ramot; Bezer: Dtn 4,43f.
- von Jehoschua festgesetzte Städte westlich des Jarden (von Nord nach Süd): Qedesch; Schechem; Chevron: Jos 20,1–9

Das Buch des Bundes sieht anstelle der Zufluchtsstadt die Schlachtstätte (Gottes) vor, die dort als Zufluchtsort für den Totschläger ausgezeichnet wird: Ex 21,12–14.

Im Buch Melachim wird mehrfach auf die Praxis der Zufluchtsstädte Bezug genommen: 1Kön 1,50; 2,28–29.

Neben den ausgewiesenen sechs Zufluchtsstädten kommt auch den Lewitenstädten diese Funktion zu. Wer einen Mörder innerhalb des Schutzes der Zufluchtsstädte tötete, wurde selbst wiederum vor Gericht gestellt und hingerichtet.

Zeugen

≫ Zeugenschaft S. 140; Zeugen S. 240

Immer wieder betont die Tora die Relevanz eines gerechten Gerichts. Hierzu gehören auch die Zeugen, die in der damaligen Rechtssprechung eine wesentliche Bedeutung innehatten. Um ein Verfahren vor Gericht korrekt durchführen zu können, genügt es deshalb nicht, nur einen Zeugen zu haben, sollte es im Schuldspruch zur Todesstrafe kommen (Num 35,30, Dtn 19,15).

Städte für die Lewiten

Die Lewiten erhalten achtundvierzig Städte, die über alle Stammesgebiete verteilt sind, sowie Weideland im Umkreis von 1.000 Ellen um die Städte herum. Jeder Stamm muss Städte für die Lewiten abgeben. Anordnungen dazu finden sich bereits im Buch Wajjiqra in Paraschat Behar Sinai (Lev 25,32ff.). Nach Raschi sind von den 2.000 Ellen Umgebungsland nur die äußeren 1.000 Ellen für Landwirtschaft (Felder und Weinberge) vorgesehen (bSot 27b).

Gottesdienst und häusliche Feier

Haftara

Als Haftara wird zu dieser Parascha Jer 2,4–28 und 3,4 (aschkenasisch) bzw. Jer 2,4–28 und 4,1–2 (sefardisch) gelesen, da dieser Schabbat stets in die Trauerzeit zwischen 17. Tammus und Tischa be-Av fällt. Es ist die zweite von ‚drei Haftarot der Drangsal' (*telata de-furanuta*) vor Tischa be-Av.

≫ Weitere Themen: Kriege S. 207; 266; Zählungen und Auflistungen S. 175; Erbbesitz der Töchter S. 201; Jericho S. 264; Lewitenstädte S. 268; Los S. 292

דברים
Das Buch Devarim (Deuteronomium)

Devarim	1,1 – 3,22	Erste Rede Mosches: Rückblicke auf die Wüstenwanderung
Waetchanan	3,23 – 7,11	Rückblick (Fortsetzung) – Beginn der 2. Rede Mosches: Das 2. Zehnwort – Warnung vor Götzendienst
Eqev	7,12 – 11,25	Gottes Fürsorge in der Wüste und die Gabe des Landes – Rückblick auf das Stiergussbild
Re'eh	11,26 – 16,17	Zentrale Kultstätte – Verbot der Zauberei, falsche Prophetie – Reine und nicht-reine Tiere – Der Zehnt – Schabbatjahr – Sklaven – Die Erstgeburt – Feste
Schoftim	16,18 – 21,9	Richter und Könige – Priester – Propheten – Zufluchtsstädte – Freistellungen im Kriegsfall – Der unbekannte Mörder
Ki Teze	21,10 – 25,19	Ungeliebte Frauen und störrische Söhne – Totenbestattung – Tierschutz – Zinsverbot – Ehebruch – Scheidung – Schwagerehe – Bestimmungen zum Schutz von gesellschaftlich Schwächeren
Ki Tavo	26,1 – 29,8	Erstlingsgabe und Bikkurim-Bekenntnis (*arami oved avi*) – Der Zehnt – 3. Rede Mosches: Segen und Fluch – Bund in Moav – Ermahnung zur Bundestreue
Nizzavim	29,9 – 30,20	Mahnung vor dem Einzug in das Land
Wajjelech	31,1–30	Jehoschua – Die Verlesung der Tora
Haasinu	32,1–52	Das Lied Mosches
We-sot ha-Beracha	33,1 – 34,12	Der Segen Mosches – Mosches Tod

Umfang und Inhalt

11 Paraschijjot, 34 Kapitel. Das Buch Devarim enthält, neben einer kurzen geografischen Einleitung über Wüstenwanderung und Landeroberung im Ostjordanland, in seinem Kern eine Fülle von Gesetzesbestimmungen, die sich zum Teil auch in den vorangehenden Büchern der Tora finden, sich jedoch in vielen Details von den vorhergehenden Gesetzessammlungen unterscheiden. Zentral hierbei sind die Forderung nach der Zentralisation der Opferstätte sowie die Vorschriften zum Königtum und zur Prophetie. Am

Schluss des Buches finden sich verschiedene poetische Stücke (Mosches Lied; der Segen des Mosche) und der Bericht über Mosches Tod.

Charakteristik

Literarisch ist das Buch Devarim als Mahn- bzw. Abschiedsrede Mosches stilisiert und bis auf wenige Ausnahmen in der 1. Pers. Sg. formuliert. Dabei wird insbesondere die Rolle Mosches als Prophet betont und ihm darin eine ganz eigene Autorität zugestanden, die dem Buch eine besondere didaktisch-pädagogische Prägung verleiht. Dies gilt besonders für die Mahnreden und (kritischen) Rückblicke. Der Midrasch zum Buch Devarim (DeutR 1,6) erklärt, ausgehend von der sprachlichen Nähe von *devarim* ‚Worte' und *devorim* ‚Bienen', dass die Worte von Mosche wie die Stiche einer Biene gewesen seien. Den inhaltlichen Kern konstituiert der eigentliche Gesetzesvortrag. Im Buch selbst werden die Reden und die in sie eingeflochtenen Gesetzessammlungen als *mischne ha-tora* (‚Gesetzesabschrift'; ‚Zweitschrift' Dtn 17,18) oder auch als *sefer ha-tora* bezeichnet (Dtn 30,10; 31,26). Der Name Deuteronomium ist die latinisierte Form des griechischen Buchtitels ‚deuteronomion' (‚zweites Gesetz'), welcher eine Übersetzung des Begriffes *mischne ha-tora* aus Dtn 17,18 darstellt: ‚Zweitschrift der Tora'. Zwei große Themen – Erwählung und Bundestreue – werden in diesem Buch immer wieder angesprochen und bilden sozusagen das Leitmotiv von Devarim. Dabei geht es nicht einfach darum, die gesetzliche Grundlage für das Leben des Volkes nochmals darzutun; vielmehr wird betont, dass jeder Einzelne aus dem Volk dazu beitragen muss, dass das Leben unter dem Gesetz auch bleibend gelingt. Die Gebote werden daher immer wieder mit der Zukunft Jisraels im Land Kenaan (aber auch mit einer Zukunft außerhalb dieses Landes) verbunden.

Ein weiteres Charakteristikum von Devarim ist, dass das Volk nicht einfach abstrakt als (kultische) Gemeinde (*eda*; Ex 12,3) angesprochen wird, sondern als jeweils Einzelne in ihren sozialen Kontexten: Männer, Frauen, Kinder, Fremde. Die in Schemot bis Bemidbar herausgehobenen Priester ebenso wie die im Buch Devarim eingeführten Richter und Könige büßen an Sonderstatus ein.

Bedeutung

Devarim nimmt unter den fünf Büchern der Tora eine besondere Rolle ein, insofern nur dieses Buch als Ganzes eine Rezeption in den nachfolgenden Büchern des Tanach vorweisen kann. Zentral für die theologische Botschaft des Buches ist das Sch‘ma Jisrael (*Höre Jisrael, der Ewige, unser Gott, ist einer*). Es ist das theologische Leitmotiv des Judentums. Die Theologie des Buches Devarim, die in seiner Bundesvorstellung gründet, wonach die Treue zum Gesetz belohnt bzw. dessen Übertretung bestraft wird, prägt die Theologie der jüdischen Liturgie bis heute (obwohl diese Vorstellung von Anfang an nie unumstritten war).

דברים
Devarim (Dtn 1,1– 3,22)

Leitfrage
- Nach welchem Kriterium wurden die Episoden über die Wüstenzeit im Buch Devarim ausgewählt? Wo liegt ihr inhaltlicher Schwerpunkt? Worin weichen diese Berichte von den Erzählungen in den Büchern Schemot und Bemidbar ab?

Inhalt
- Einleitung
- Der Aufbruch vom Chorev
- Der Aufstand durch die Landspäher
- Die weitere Wanderung
- Der Kampf mit den Ammonitern
- Der Kampf mit Og, König von Baschan
- Die Verteilung des eroberten Landes

Reden Mosches

Im Buch Devarim lassen sich mehrere Erzähl-Komplexe als Mosche-Reden herausheben:
- Erste Rede: Geografischer Rückblick und ‚Strafpredigt': Dtn 1,6–4,40: *Dies sind die Worte (…)*
- zweite Rede: Rückschau; Zehnwort; Sch^ema Jisrael; Satzungen und Gebote: Dtn 4,44 – 26,19: *Und dies ist die Weisung (tora) (…)*
- dritte Rede: Segen und Fluch; Bund in Moav: Dtn 27,9 – 30,20: *Worte des Bundes* (Dtn 28,69)
- das Lied des Mosche: Dtn 32
- der Segen Mosches: Dtn 33 (mit abschließendem Bericht über Mosches Tod)

Die literarische Charakteristik der Mosche-Reden korrespondiert mit deren sachlichem Ziel: der Ermahnung und Anleitung des Volkes vor dem Eintritt in das verheißene Land. Analog zu jeder anderen pädagogischen Praxis werden Gebots-Anweisungen oder inhaltliche Themen, wie beispielsweise die Verheißung Gottes an die Stammväter, das Einschärfen des Einhaltens der Gebote und der damit verbundene Segen oder Fluch, verschiedentlich umschrieben und wiederholt. Darin unterscheiden sich die Ausführungen im Buch Devarim erheblich von den vorangehenden Büchern. Devarim gibt sich stilistisch deutlich als ‚gesellschaftspolitische' Rede zu erkennen. Dies zeigen auch die rhetorischen Aufmerksamkeitsformeln, wie die Zwischenbemerkung *Höre Jisrael* (Dtn 5,1; 6,4; 9,1; 20,3) sowie die Appelle wie *Vergiss nicht!*, *Hüte dich!*, *Gedenke...* u.a.

Geschichtsrückblicke

» Geschichtsrückblicke (Jirmejahu) S. 346; (Jechesqel) S. 360; (Hoschea) S. 372; (Amos) S. 382; (Micha) S. 391

Die erste Rede Mosches (Dtn 1,6 – 4,40) enthält einen geschichtlichen Rückblick, der auf die bisherige Wanderung zurückschaut. Diese erste Rede, die das Buch damit insgesamt geografisch und chronologisch positioniert, wird jenseits des Jarden, also dem Erzählverlauf nach kurz vor der Eroberung des Landes (Dtn 1,1), gehalten. Sie stellt nicht einfach einen Rückblick dar, sondern ist als schonungslose Auflistung allen Ungehorsams und aller Aufstände gegenüber Gott und gegenüber Mosche während der Wanderung stilisiert. Erst nach Abschluss dieses ‚Sündenregisters' werden in einer zweiten Rede die Gesetze und Vorschriften nochmals dargelegt (Dtn 5,1 – 26,19).

Der Rückblick enthält Parallelüberlieferungen einzelner Episoden aus anderen Kontexten, die im Buch Bemidbar beschrieben sind:
- Landspäher: Dtn 1,19–46; Num 13,1 – 14,9; 14,21–35; 14,39–45. Die Darstellung in Devarim betont, dass schon die Forderung nach einem Spähtrupp ein Hinweis auf das mangelnde Vertrauen auf Gott sei, und dass es auch Mosche an Vertrauen mangelte (Dtn 1,23: *Gut war in meinen Augen die Rede*).
- Krieg gegen Sichon, König von Cheschvon: Dtn 2,26–37; Num 21,21–25
- Krieg gegen Og, König von Baschan: Dtn 3,1–11; Num 21,33–35
- Aufteilung des Ostjordanlandes: Dtn 3,12–17; Num 32

Richter

» Richter S. 272

Ein wichtiges Thema durchzieht das ganze Buch Devarim, wie es auch schon andere Teile der Tora bestimmt hat: die Rechtsprechung, die auf Gerechtigkeit aufbauen muss. Hierzu gehört in erster Linie die Integrität des Richters. Dies wird bereits in Dtn 1,17 formuliert, indem die Unabhängigkeit der Richter gefordert wird. Richter, die über andere zu Gericht sitzen und auch schwere Strafen bis zur Todesstrafe verhängen können, dürfen sich nicht durch den Stand der Person (Angeklagter; Zeuge) beeinflussen lassen (bSan 8a).

Waetchanan (Dtn 3,23 – 7,11)

Gottesdienst und häusliche Feier

Haftara

Als Haftara zu dieser Parascha wird Jes 1,1–27 gelesen. Analog zur Parascha enthält auch dieser Text eine Art ‚Sündenregister'. Dies ist jedoch eine zufällige Parallele, denn die Haftara bezieht sich hier nicht auf den Text, sondern auf den Tag: Es ist der letzte Schabbat zur Vorbereitung auf Tischa be-Av, und die Haftara somit die letzte der drei Haftarot, die in der Zeit zwischen den Fasttagen 17. Tammus und Tischa be-Av gelesen werden (*telata de furanuta* ‚Drei Haftarot der Vergeltung'). Am Schabbat nach Tischa be-Av wird immer Paraschat Waetchanan gelesen (Schabbat Nachamu), beide Paraschijjot sind liturgisch fixiert. Die drei Schabbatot vor Tischa be-Av sollen dabei zum Nachdenken über Jisraels Sünden anleiten. Der Schabbat, an dem die Parascha zu Devarim gelesen wird, trägt seinen Namen daher auch nicht nach der Parascha, sondern nach der Haftara: Schabbat Chason (zum Ganzen vgl. auch unten zum Buch Jeschajahu, das Thema Haftarot, S. 337).

» Weitere Themen: Landspäher S. 188; Kriege (der Stämme Jisraels) S. 207; 266; Landverteilung S. 209; Beistandsorakel S. 334; Fluchandrohung S. 446

ואתחנן
Waetchanan (Dtn 3,23 – 7,11)

Leitfragen
- Wo findet sich die sog. ‚Kanonformel'? Welche Bedeutung hat sie in diesem Kontext?
- Welche Rolle spielen Kinder in diesem Abschnitt?
- Worin unterscheidet sich das zweite Zehnwort vom ersten in Paraschat Jitro (Ex 20,2–17)?
- Wie begründet der Text die Erwählung Jisraels?

Inhalt
- Die Strafe für Mosche
- Die Verpflichtung auf die Weisung
- Der Bundesschluss am Chorev
- Bilderverbot
- Die Erwählung Jisraels
- Die Zufluchtsstädte
- Einleitung zur zweiten Rede
- Das Zehnwort
- Die Furcht des Volks und Mosche als Vermittler
- Das Sch^ema Jisrael
- Bedeutung der Gebote
- Jisrael als Gottes Eigentum

Bund / Berit

» Berit S. 30; 41; 58; 110; 125; 251; 336; 410; Versammlung in Schechem S. 269

Auch das Buch Devarim kennt die Überlieferung des Bundesschlusses am Sinai, bzw. wie es in diesem Buch stets heißt: am Chorev. Dem Duktus des Buches gemäß wird wiederholt auf die Einhaltung der verkündeten Gesetze insistiert, um den Bund zwischen Gott und Jisrael nicht zu gefährden (Dtn 6,17f.).

Bild-Verbot

» Übersicht: Bild-Verbot in der Tora S. 102

Das Buch Devarim formuliert das Bildverbot nicht nur im Zehnwort (Dtn 5,7f.), sondern verbindet dieses Verbot mit der Offenbarung am Chorev: Weil die Jisraeliten am Chorev Gott nicht ‚gesehen', sondern nur ‚gehört' haben, sollen sie auch keine Gottesbilder, Statuen oder andere (menschliche oder tierische) Abbilder machen (Dtn 4,16–20). Auch der Dienst für die Gestirne ist den anderen Völkern vorbehalten, als ‚Eigenvolk' Gottes hat sich Jisrael hingegen davon fernzuhalten (Dtn 4,19f.). Demgegenüber findet sich im Buch Schemot stärker der Aspekt des Verbotes der Fremdgötterverehrung und ihren kultischen Repräsentationen.

Halacha und Religionspraxis

Hinsichtlich des Bilderverbotes kursieren bis heute die abenteuerlichsten Vorstellungen unter (Nicht-)Juden/(Nicht-)Jüdinnen, bei denen manchmal das Bilderverbot als generelle Kunstlosigkeit (miss-)verstanden wird. Aber schon bei der Darstellung vom Bau der Wohnung (Ex 25ff.) zeigt sich, dass dies so nicht stimmt, denn immerhin sind für die Herstellung beim Kasten (*aron*) dreidimensionale und bei den Teppichen die Darstellung zweidimensionaler *Keruvim* vorgesehen. Bereits die Rabbinen (babylonischer Talmud Traktat Avoda Sara) schränkten das Bilderverbot dahingehend ein, dass nur Standbilder und Bilder zur göttlichen Verehrung verboten waren. Selbst Rabban Gamliel nahm keinen Anstoß am Standbild der Aphrodite im Bad von Akko, weil sie dort lediglich das Bad verschönere, aber nicht verehrt würde, denn schließlich seien dort alle Anwesenden nackt und erleichterten sich sogar vor ihr (bAZ 44b). Das rabbinische Bilderverbot richtet sich vor allem gegen die eigenständige menschliche (begrenzte!) Imagination bei der Darstellung heiliger Gegenstände (vgl. Ex 25,9 spricht vom göttlichen ‚Modell' *tavnit* der Wohnung). Darstellende Kunst als Mittel zur Erinnerung an den Tempelkult war daher nicht verboten und sogar erwünscht. Dies wurde im jüdischen Mittelalter in West- und Südeuropa teilweise eingeschränkt, da gerade der christliche Kulturraum der Bilderverehrung bezichtigt wurde. Dennoch zeichnen sich gerade mittelalterliche Bibelhandschriften und Gebetbücher durch eine prächtige Buchmalerei aus, die auch der Unterweisung der Betenden diente. In jedem Fall gehört die Auseinandersetzung um und das Ringen mit dem Bilderverbot bis heute zu den Grundkomponenten jüdischer Identitätsdiskurse.

Sefer ha-Berit

Hinsichtlich der Gebote, die im Buch Devarim folgen, zeigen sich Parallelen, aber auch Abweichungen zum Bundesbuch *Sefer ha-Berit* (siehe die Übersicht: Rechtssammlungen in der Tora, S. 107). Manche Gesetze bilden darin eine Neu- oder Weiterinterpretation des dortigen Gesetzesmaterials.

Gemeinsame Gesetze im Buch Devarim und im Sefer ha-Berit (Auswahl)
- Zehnwort: Dtn 5,6–21 // Ex 20,1–17
- Altargesetz: Dtn 12 // Ex 20,24–26
- Sklavengesetz: Dtn 15,12–18 // Ex 21,1–11
- Pesach und Mazzot: Dtn 16,1–8 // Ex 23,15
- Wochenfest: Dtn 16,9–12 // Ex 23,16
- Laubhüttenfest: Dtn 16,13–15 // Ex 23,16
- Drei Pilgerfeste: Dtn 16,16f. // Ex 23,17
- Tierschutz: Dtn 22,1–4 // Ex 23,4f.
- Geschlechtsverkehr mit einem jungen Mädchen: Dtn 22,28f. // Ex 22,15f.
- Pfandrecht: Dtn 24,10–13 // Ex 22,24–26
- Verbot, das Böcklein in der Milch seiner Mutter zu kochen: Dtn 14,21 // Ex 23,19

Zehnwort

» Zehnwort S. 100

Von den Unterschieden zwischen den beiden Versionen ist als wichtigste die unterschiedliche Begründung des Schabbatgebotes hervorzuheben. Das Buch Devarim macht einen deutlichen Unterschied zwischen dem Zehnwort und den übrigen Gesetzen und Vorschriften, die es allerdings gleichermaßen am Chorev verkündet sein lässt. Auch das Motiv der zweiten Steintafeln des Zehnwortes wird wieder aufgenommen. Im Gegensatz jedoch zur Überlieferung in Ex 34,28, wo es heißt, dass Mosche die Tafeln schrieb, war es nach

Dtn 10,2–4 Gott selbst (zu den beiden Überlieferungen des Zehnwortes in Dtn 5,6–21//Ex 20,1–17 vgl. oben S. 100).

Sch^{e}ma Jisrael

» Sch^{e}ma Jisrael S. 190; 227

Höre, Jisrael, der Ewige ist unser Gott; der Ewige, ist einer: Mit Dtn 6,4 beginnt eine Rede über die Gottesvorstellung, verbunden mit der Aufforderung, Gott zu ‚lieben'. Gleich im Anschluss steht der Verweis auf die Gebote, auf die die Jisraeliten verpflichtet werden, also eine nähere Ausführung dessen, was unter ‚lieben' zu verstehen ist. Diese Gebote soll sich das Volk ganz zu eigen machen. Man soll sie der nachfolgenden Generation beständig weitergeben und sie an verschiedenen Orten sichtbar anbringen. Dtn 6 bildet den Auftakt zu einer Reihe von Geboten, die die Verehrung eines einzigen Gottes für Jisrael gebieten.

In der jüdischen Tradition

Während Dtn 6,4 innerhalb der Bibel keine größere Rolle spielt (im Gegensatz beispielsweise zu den Schelosch Esre Middot in Ex 34,6–7; vgl. oben S. 126), wird das Sch^{e}ma Jisrael zum zentralen theologischen Leitmotiv des jüdischen Volkes. Wie ernst das Judentum das Sch^{e}ma genommen hat (und nimmt), zeigt sich an seiner zentralen Stellung als Gebet in der Liturgie (vgl. unten). Von R. Aqiva als einem der ersten von vielen nachfolgenden Märtyrern wird berichtet, dass er mit dem Sch^{e}ma auf den Lippen starb (bBer 61a), was die hochrangige Bedeutung dieses Gebetes unterstreichen soll. Eine besondere Stellung erhielt das Sch^{e}ma in der späteren jüdischen Philosophie, insofern in seinem ersten Satz die Einzigkeit und Einheit Gottes festgestellt wird, ein Thema, das von jüdischen Philosophen und theologischen Gelehrten seit dem Mittelalter vielfach erörtert wurde.

Halacha und Religionspraxis

Das Sch^{e}ma Jisrael enthält unter halachischem Gesichtspunkt einige Mizwot, die für das tägliche jüdische Leben entscheidend sind:
- Die Einheit Gottes: Es ist eine Mizwa, an die Einheit und Einzigkeit Gottes als der inhaltlichen Grundlage des Judentums zu glauben. Für diesen Glauben müssen Jüdinnen und Juden auch bereit sein zu sterben.
- Die Weitergabe der Tora an die nachfolgende Generation: Diese Mizwa umschließt zunächst das eigene Lernen der Tora. Jeder, ob gebildet oder nicht und unabhängig von seiner sonstigen beruflichen Tätigkeit, ist zu *talmud tora*, zum Lernen der Tora, verpflichtet. Ferner schließt das Gebot auch die Verpflichtung ein, die eigenen (und andere) Kinder in der

Tora zu unterweisen (Eltern; Lehrer). Wenn die Eltern ihrer Pflicht, die Kinder zu lehren, nicht nachkommen, haben die Kinder selbst die Pflicht, sich Lehrer zu suchen (bQid 29b). Jüdisches Lernen ist ein Prozess und lebenslange Verpflichtung.
- Das Rezitieren des Sch^ema (vgl. auch unten): Die Verpflichtung, das Sch^ema zu rezitieren, erstreckt sich auf die morgendliche und abendliche Rezitation. Die Halacha legt einen Zeitraum fest, innerhalb dessen diese Pflicht erfüllt werden darf (mBer I,1–2).
- Die Tefillin (Gebetsriemen mit Kapseln): Die Gebetsriemen sind nur wochentags (also weder am Schabbat noch an jüdischen Feiertagen) am Morgen zu legen, eine Kapsel am Arm (sie wird zuerst angelegt) und eine am Kopf. Die Kapseln sind schwarz lackiert und, ebenso wie die an ihnen angebrachten Riemen, aus Leder von koscheren Tieren hergestellt. In den Kapseln sind unterschiedliche Bibelverse auf Pergament geschrieben:
  – *Tefillin schel jad* (an der Hand): Ex 13,1–10; 13,11–16; Dtn 6,4–9; 11,13–21
  – *Tefillin schel rosch* (am Kopf): Diese Kapsel ist in vier Kammern unterteilt, in denen je ein Pergamentröllchen enthalten ist, auf denen einer der genannten Abschnitte geschrieben ist. Die Reihenfolge der Abschnitte ist umstritten. Nach Maimonides und Raschi soll die Reihenfolge der biblischen Ordnung folgen; Raschis Enkel, Rabbenu Tam, stellte jedoch Dtn 11 dem Abschnitt Dtn 6 voran. Sehr fromme Juden benutzen sowohl Raschi- als auch Rabbenu Tam-Tefillin, allerdings ohne zuvor eine Beracha zu sprechen (zur biblischen Begründung vgl. das Thema Tefillin, S. 91).
- Die Mesusa: In jedem jüdischen Haus (und ebenso auch an Wohnungen) ist an den Türpfosten zu allen Räumen (außer Toiletten und Badezimmern) eine Mesusa angebracht. Die Mesusa enthält, wiederum auf Pergament (*qelaf*) und handgeschrieben, die ersten beiden Abschnitte des Sch^ema (Dtn 6,4–9; 11,13–21). Sie ist normalerweise binnen 30 Tagen anzubringen und nur abzunehmen, wenn kein jüdischer Eigentümer/Mieter folgt.
- Notation des Sch^ema in der Torarolle: Die Buchstaben *Ajjin* (des Wortes *sch^ema*) und *Dalet* (des Wortes *echad*) in Dtn 6,4 sind in aschkenasischen Bibelhandschriften und den meisten heutigen Torarollen größer geschrieben als der Rest des Textes. Die Midraschim bieten verschiedene Gründe dafür an, z.B., dass diese beiden Buchstaben das Wort *ed* ('Zeuge') bilden (die Rezitation des Sch^emas bezeugt die Einheit Gottes). Eine andere Begründung war, man solle hier in keinem Fall versehentlich *acher* (ein anderer) statt *echad* (einer) lesen. Umgekehrt findet sich in Ex 34,14 im Wort

acher (ein anderer [Gott]) ein vergrößertes *Resch*, um keine Verwechslung mit dem Wort *echad* (einer) aufkommen zu lassen.

Gottesdienst und häusliche Feier
Das Gebet Sch^{e}ma Jisrael ist zweimal in das tägliche Gebet eingebunden. Das zweimalige tägliche Lesen des Sch^{e}ma (*qeriat sch^{e}ma*) ist zu einem festen Bestandteil des jüdischen Gebetes geworden. Das Sch^{e}ma-Gebet besteht traditionell aus folgenden Textgruppen:
1. *Höre, Jisrael (...)* (*Sch^{e}ma Jisrael*): Dtn 6,4–9
2. *Und es wird sein, wenn ihr hören werdet (...)*: Dtn 11,13–21
3. *Und der Ewige sprach zu Mosche (...)*: Num 15,37–41

Diese drei Tora-Zitate werden durch Berachot gerahmt.

Zitate aus den ersten beiden Textgruppen (Dtn 6,8; 11,18) finden sich (neben den Versen Ex 13,9.16) auch in den Kapseln der Gebetsriemen (Tefillin); die Texte aus Devarim finden sich vollständig in der Mesusa. Das Sch^{e}ma wird sowohl morgens im Schacharit (vor der Amida) als auch abends im Maariv (ebenfalls vor der Amida) gelesen.

Kinder

Kinder spielen in dieser Parascha eine große Rolle. Ihr durch stetes Lernen begleitetes Hineinwachsen in die jüdische Gemeinschaft und ihre Geschichte bildet ein zentrales Thema im Buch Devarim (Dtn 4,9–10.40; 6,2.7.20f.; 11,19; 30,2; 32,46). Dies zeigen bereits der zuredend-ermahnende Stil der Reden des Mosche und die von vielen formelhaften Wendungen geprägte und darin einprägsame Sprache: Die Eltern werden eindringlich ermahnt, ihre Kinder zu unterweisen und zu lehren, sie auf die Gebote zu verpflichten und ihnen auch die Gründe für die Gebotsausübung darzutun. Die Überlieferung rechnet aber umgekehrt auch mit der Aufmerksamkeit der Kinder (Dtn 6,20f.): *Wenn dich künftig dein Sohn fragt und spricht: ‚Was sollen die Bezeugungen, Gesetze und Rechtsvorschriften, die der Ewige, unser Gott, euch gegeben?', so sollst du zu deinem Sohn sprechen: ‚Knechte waren wir beim Pharao in Mizrajim, und der Ewige führte uns aus Mizrajim mit starker Hand (...)'.* Die Unterweisung der Kinder und das Halten der Gebote wird an die Ereignisse des Auszuges aus Mizrajim und die Führung in der Wüste rückgebunden. So wird bereits der kleine jüdische Mensch (Söhne und Töchter gleichermaßen!) zum Fragen und Nachfragen ermutigt und erfährt, dass seine Eltern sich und ihm über ihr Tun Rechenschaft abgeben. Gleichzeitig erlebt das jüdische Kind, dass es in eine Geschichte eingebunden ist, die es gleichzeitig auch für sein Leben wiederum verpflichtet. Deshalb verweist auch Paraschat Nizzavim darauf, dass der Bund Gottes nicht nur mit den Anwesenden geschlossen, sondern auch mit denen, die (noch) nicht da sind, was in traditioneller Auslegung stets auf die Kinder und Kindeskinder bezogen wird (siehe die Themen Berit in Moav, S. 251, und Pesach-Haggada, S. 88).

Mischehen

Gemäß Dtn 7,3 ist die Mischehe zwischen Juden und Nichtjuden bis heute verboten. Eine jüdische Ehe kann nur von zwei jüdischen Partnern geschlossen werden. Dies gilt auch im liberalen Judentum, wo man sich jedoch um Ersatzfeiern für gemischte Paare bemüht.

Dtn 7,1 erwähnt die im Land lebenden sieben Völker, mit denen Jisrael sich nicht zusammentun oder einen Bund schließen darf: Chitti, Girgaschi, Emori, Knaani, Prisi, Chiwi und Jevusi.

Gottesdienst und häusliche Feier

Pesach-Haggada

Die Bedeutung der Kinder und ihre Unterweisung fällt insbesondere in der Pesach-Haggada ins Auge, die die Seder-Feier beinahe programmatisch nach dem Qiddusch und dem Abschnitt *Ha Lachma Anja* (‚Dies ist das Brot des Elends…') mit dem *Ma-Nischtanna* (‚Wodurch unterscheidet sich diese Nacht von allen anderen Nächten?') einsetzen lässt. Der oder die Jüngste der Tischgesellschaft stellt die vier Fragen, die im weiteren Verlauf des Abends – einsetzend mit Dtn 6,21 – beantwortet werden. Die Haggada stellt darüber hinaus die vier ‚Söhne' (Kinder) vor, die entsprechend ihrem Wissensstand belehrt und ausgebildet werden sollen:
- Das verständige Kind (*chacham*)
- das ‚böse' (unbelehrbare) Kind (*rascha*)

Ma Nischtana: Die 4 Fragen

1. In allen anderen Nächten essen wir Gesäuertes und Ungesäuertes – in dieser Nacht nur Ungesäuertes.
2. In allen anderen Nächten essen wir beliebige Kräuter – in dieser Nacht nur Bitterkraut.
3. In allen anderen Nächten brauchen wir nicht einzutauchen, auch nicht ein einziges Mal – in dieser Nacht zweimal.
4. In allen anderen Nächten essen wir frei sitzend oder hingelehnt – in dieser Nacht nur hingelehnt.

- das einfältige Kind (*tam*)
- das kleine Kind, das noch gar nicht zu fragen versteht (... *sche-eno jodea lisch'ol*).

Man sieht daran, dass dem Judentum insbesondere auch das kindgerechte Lernen sehr am Herzen gelegen hat und liegt. So berichten schon mittelalterliche Quellen, dass der kleine ‚Alef-Bet-Schütze' in einen Tallit gehüllt zur ‚Schul' (der Synagoge als dem Lehr-Haus – Bet Midrasch) getragen wurde und dort ein mit Honig bestrichenes Gebetbuch ablecken durfte, um ihm das künftige Lernen süß erscheinen zu lassen.

Weitere wichtige Elemente der Haggada, die alle eine deutlich pädagogische Ausrichtung zeigen, sind neben den Abschnitten *Ha Lachma Anja* (‚Dies ist das Brot des Elends...') und das *Ma-Nischtana* (‚Wodurch unterscheidet sich diese Nacht von allen anderen Nächten?') das *Avadim Hajinu* (‚Sklaven waren wir...'), die Baraita über die vier Kinder, der tannaitische Midrasch über *Arami oved Avi* (‚Der Aramäer [Lavan] wollte meinen Vater vernichten') sowie weitere tannaitische Auslegungen zu den zehn Plagen und dem Meerwunder (vgl. MekhY, Wajehi Beschallach 6).

Qeriat ha-Tora

Der Abschnitt Dtn 4,25–40 (Ankündigung von Bestrafung) wird im Schacharit von Tischa be-Av als Qeriat ha-Tora gelesen. Die Lesung wird durch die Haftara Jer 8,13 – 9,23 abgeschlossen.

Haftara

Diese Parascha fällt stets auf Schabbat Nachamu, das ist der Schabbat, der auf Tischa be-Av folgt. Als Haftara wird der Abschnitt Jes 40,1–26 gelesen, der mit *nachamu nachamu ammi* ‚Tröstet, tröstet mein Volk' beginnt. Mit diesem Schabbat beginnt nach Tischa be-Av eine siebenwöchige Periode (bis Rosch ha-Schana), die liturgisch als die Zeit der Tröstungen (*schiv'a de-nechemata*) ausgezeichnet ist. Entsprechend sind die Haftarot in dieser Zeit nicht auf die Paraschijjot abgestimmt, sondern auf diese besondere Trost-Zeit (vgl. hierzu die Auflistung der besonderen Haftarot im Anhang Die synagogalen Lesungen aus dem Tanach, S. 465).

» Weitere Themen: Auszug S. 84; 336; Zufluchtsstädte S. 210; 268; Baal Peor S. 199; Exil S. 251; Rückbezüge auf die Tora S. 262; Fluchandrohung S. 446; Übersicht Schabbat in der Bibel S. 101

עֵקֶב
Eqev (Dtn 7,12 – 11,25)

Leitfragen
- Wie wird Gottes ‚Erziehung' in diesem Abschnitt beschrieben? Welche Erziehungsmittel verwendet er? Welche Ziele verfolgt er?
- Wie wird Jisrael charakterisiert?
- Wie beschreibt der Text die Funktion des Aron ha-Qodesch?

Inhalt
- Zusagen Gottes
- Die Prüfungen in der Wüste
- Gefahr der Untreue in der Zukunft
- Landnahme als Werk Gottes
- Das Stiergussbild und andere Verfehlungen
- Der Aron ha-Qodesch
- Ermahnungen

Die sieben Arten

Dtn 8,8 erwähnt die sieben (Frucht-)Arten, die im Land Jisrael wachsen und die Fülle des Landes symbolisieren sollen: Weizen, Gerste, Weinrebe, Feige, Granatapfel, Oliven(öl) und Datteln.

Stiergussbild

» Stiergussbild S. 123, Jisraels Unzufriedenheit S. 94; 184
Die Episode vom Stiergussbild (Dtn 9,7–21) wird auch im Buch Devarim erwähnt, analog zu den anderen ‚Murre-Überlieferungen' (Dtn 9,22–29). Die Überlieferung umfasst sämtliche Elemente der Erzählung im Buch Schemot, wird allerdings aus der Sicht Mosches erzählt.

Der heilige Kasten

» Der heilige Kasten S. 115; 264; 290; 307
Auch der Aron ha-Qodesch, der heilige Kasten, wird im Buch Devarim erwähnt. Allerdings wird hier erzählt, dass Mosche selbst den Kasten angefertigt und die steinernen Tafeln dort hineingelegt habe (Dtn 10,1–5). Der Kasten wird also im Buch Devarim zu einem reinen Aufbewahrungsbehälter; zur unterschiedlichen theologischen Ausdeutung des Kastens vgl. unten das Thema Gottespräsenz und der göttliche Name (ha-Schem), S. 229.

Tod Aharons

Nach Dtn 10,6 starb Aharon in Mosera, was der Darstellung im Buch Bemidbar widerspricht, wonach Aharon auf dem Berg Hor starb (Num 20,22–29). Raschi verweist darauf, dass diese Ortsangabe noch zum Rückblick Mosches gehört: Weil die Trauerfeier in Mosera veranstaltet wurde, schien es dem Volk so, als sei Aharon in Mosera verstorben.

Götzenbilder

» Götzendienst S. 170; 230; 238
Nach Dtn 7,25f. sind nicht nur ‚Götzenbilder' als solche untersagt, sondern auch jeder Nutzen von Götzenbildern und heidnischen Kultgegenständen.

Liebe zum Fremden

Dtn 10,19 schreibt vor, den Fremden zu lieben, weil die Jisraeliten selbst Fremde in Mizrajim gewesen seien, eine Aussage, die sich sehr ähnlich schon in Paraschat Qedoschim findet (Lev 19,34).

Halacha und Religionspraxis

In der Halacha bezieht sich dieses Gebot einschränkend auf den Proselyten/die Proselytin, der/die, ursprünglich nicht zum Volk gehörend, in die jüdische Gemeinschaft eintritt. Ihnen gegenüber soll nie auf die nicht-jüdische Herkunft hingewiesen werden.

Schwören

Nach Dtn 10,20 ist das Schwören im Namen Gottes nicht verboten, da auch beim Schwören das Bekenntnis zu dem einzigen Gott enthalten ist.

Halacha und Religionspraxis

Dessen ungeachtet hat jedoch bereits das rabbinische Judentum festgelegt, dass das Schwören nicht ausarten dürfe, da sonst der Name Gottes unnütz ausgesprochen werden könnte. Zum Problem des Schwörens (Num 30,3) siehe oben S. 206 (Gelübde).

Eqev (Dtn 7,12 – 11,25)

Gottesdienst und häusliche Feier

Dankgebet nach dem Essen (Birkat ha-Mason)

Dtn 8,10 bildet die biblische Grundlage für die halachische Verpflichtung auf ein Dankgebet nach Tisch. Nach einem Essen, das mit dem Segen über das Brot (ha-mozi) und dem Verzehr von Brot begann, muss das Tischgebet (Birkat ha-Mason) gesprochen werden, in deren zweiter Beracha u.a. auch Dtn 8,10 zitiert wird. Die Birkat ha-Mason, die aus insgesamt vier Berachot besteht (bBer 48b) – Birkat ha-San ‚der ernährt', Birkat ha-Arez ‚für das Land', Bone Jeruschalajim ‚der Jeruschalajim erbaut' und Ha-Tov we-ha-Metiv ‚der Gute und der Gütige' – besteht in ihrem Kern aus dem Dank für die Speisen und für das Land und integriert dabei auch unterschiedliche Bibelverse aus Tora, Neviim und Ketuvim (v.a. Tehillim). Weitere Themen wurden im Zusammenhang damit ergänzt, sogar z.T. persönliche Bitten angehängt. Es gibt besondere Einschaltungen zu Schabbat, den Festen und bei besonderen persönlichen Feiern wie Bar/Bat Mizwa und Hochzeiten. Die Rabbinen haben darüber hinaus auch verfügt, dass vor (und teilweise auch nach) dem Verzehr bestimmter Lebensmittel eine Beracha zu sprechen ist. Dabei gibt es unterschiedliche Segenssprüche, je nachdem, was gegessen wird. Aus Dtn 8,8 und Dtn 26,2 (Raschi ad loc.) folgerte man, dass man nach dem Verzehr der sieben (Frucht-)Arten, die im Land Jisrael wachsen (siehe oben Die sieben Arten), einen kurzen Dank sagen soll (Birkat me'en schalosch). Wenn sie jedoch Bestandteil eines vollständigen Essens waren, sagt man lediglich die Birkat ha-Mason.

Sch^ema Jisrael

» Sch^ema Jisrael S. 190; 220

Dtn 11,13–21 ist der zweite Teil des Sch^ema. Er wird, wie die anderen Teile auch, traditionell morgens und abends rezitiert.

Haftara

Als Haftara wird zu dieser Parascha Jes 49,14 – 51,3 gelesen. Diese Haftara hat tröstlichen Charakter und ist deshalb die zweite von sieben tröstenden Haftarot, die auf Tischa be-Av folgen (vgl. oben S. 224). Diese Trostserie endet am Schabbat vor Rosch ha-Schana.

» Weitere Themen: Qorach S. 191; Gottespräsenz und der göttliche Name (ha-Schem) S. 229; Rückbezüge auf die Tora S. 262; Beistandsorakel S. 334; notabene: Lieder außerhalb von Tehillim S. 424

ראה
Re'eh (Dtn 11,26 – 16,17)

Leitfragen
- Welche Konsequenzen hat die Forderung nach einer zentralen Kultstätte?
- Welches Gottesbild vermittelt das Buch Devarim? Was sagen die Texte über den Namen Gottes?
- Welche Maßnahmen werden für Verführer zum Götzendienst erwähnt?
- Welcher zusätzliche und für das Buch Devarim charakteristische inhaltliche Akzent wird insbesondere an der Sklavengesetzgebung deutlich?
- Welche Feste werden in dieser Parascha genannt? Gibt es Unterschiede zu den Festkalendern in Schemot, Wajjiqra und Bemidbar?
- Wozu dient nach diesem Textabschnitt die Abgabe des Zehnten?

Inhalt
- Ankündigung von Segen und Fluch
- Erwählung des Kultortes
- Opfer
- Fremde Kulte
- Zauberei und Götzendienst
- Reine und unreine Tiere
- Der Zehnt
- Schabbatjahr
- Der hebräische Sklave
- Die Erstgeburt
- Die Feste

Rechtssammlungen

» Gebote S. 106

Der große Komplex der sog. ‚deuteronomischen' Gesetze (Dtn 12–26) unterscheidet sich stilistisch, aber auch inhaltlich von den in den anderen Büchern der Tora überlieferten Gesetzestexten: Die Gebote sind zumeist in paränetische Ausführungen eingekleidet und münden in ausführliche Segen- und Fluch-Schemata, die das Einhalten der Gebote in einen unmittelbaren Tun-Ergehens-Zusammenhang stellen (Dtn 27; 28; 30,15–20). Die Gesetzgebung im Buch Devarim kreist dabei hauptsächlich um folgende Themen:
- Ablehnung fremder Kulte
- lokale Zentralisation des eigenen Kultes
- Bewahrung der Gebote
- Historisierung der Feste

Die göttliche Erwählung eines Kultortes wird im Buch Devarim mehrfach betont: Dtn 12,5f.11.14; 15,19–23; 16,1–17; 17,8–13; 18,1–8. Die Konzentration auf eine Kultstätte, an der die Opfer dargebracht und Abgaben abgeliefert werden, und die zu den Pilgerfesten besucht wird, geht dabei zumeist mit einer kompromisslosen Ablehnung und Vernichtung überkommener Kultstätten und fremder Kulte einher: ‚Höhen', Standbilder/Mazzevot u.a. sollten zerstört (Dtn 12,2f.; 16,21f.), kenaanitische Bräuche wie beispielsweise Traumdeuterei oder bestimmte Trauer-Riten eliminiert werden (Dtn 12,29–14,1).

Gottespräsenz und der göttliche Name (ha-Schem)

» Namen Gottes S. 38; Vierbuchstabiger Name S. 76

Mit Blick auf die Frage nach der Präsenz Gottes (im Heiligtum oder bei seinem Volk) zeichnet sich im Buch Devarim das Bestreben aus, anthropomorphe Aspekte von Gott fernzuhalten und eine lediglich vermittelte und vor allem unkörperliche göttliche Gegenwart zu formulieren: Die Gegenwart Gottes wird jetzt als Gegenwart seines Namens expliziert. Nicht mehr Gott ‚wohnt' im Heiligtum bzw. im Tempel, sondern sein Name (Dtn 12,5.11.21; 14,23f.; 16,2.6.11; 26,2). Damit zusammenhängend wird auch die Offenbarung Gottes am Chorev als (‚verzehrendes') Feuer oder Wolken- und Feuersäule dargestellt (Dtn 1,32f.; 4,11.15.24; 5,22–24). Besonders eindrücklich zeigt sich das Bemühen, eine konkret-körperliche Anwesenheit Gottes abzuwehren, in der Überlieferung über den (heiligen) Kasten (*Aron ha-Qodesch*). So steht der Aron ha-Qodesch in den Büchern Schemot und Wajjiqra für den Ort der Präsenz Gottes über der Kapporet (Ex 25,21f.; Lev 16,13f.). Im Buch Bemidbar repräsentiert er die stellvertretende Gegenwart Gottes auf der Wanderung und bei kriegerischen Auseinandersetzungen (Num 10,33–36; 14,42–45; vgl. dagegen Dtn 1,42f.). Im Buch Devarim hingegen dient er ausschließlich als Behältnis für die Gesetzestafeln (Dtn 10,1–5; Dtn 31,24–26; vgl. auch 1Kön 8,9: *Im Aron befanden sich nur...*).

Der Aspekt des Namens Gottes wird vor allem in der Überlieferung vom Tempelbau und seiner Einweihung durch Schelomo ausführlich rezipiert: Gottes Name wohnt im Tempel – Gott selbst thront im Himmel (1Kön 3,2; 5,17.19; 8,17–20.39.43f.48f.).

Gerisim und Eval

Dtn 11,29 erwähnt erstmals diese jenseits des Jarden gelegenen Berge, die in der Nähe der Stadt Schechem (heute: Nablus) liegen, und in Paraschat Ki Tavo ausführlich als die Berge beschrieben werden, von denen aus die verschiedenen Stämme die Segens- und Fluchworte sprechen sollen. Auch das Buch Jehoschua schildert, wo die verschiedenen Stämme jeweils dem Berg Gerisim und dem Berg Eval zugewandt den Segen beziehungsweise den Fluch sprechen, während Jehoschua die Tora vorliest (Jos 8,30–35).Den Samaritanern gilt der Berg Gerisim bis heute als der heilige Ort, wo Jehoschua im Auftrag Mosches den Altar gebaut haben soll (Dtn 27,4; Jos 8,30).

Götzendienst

» Götzendienst S. 170; 238

Nach Dtn 12,2 ist man grundsätzlich verpflichtet, auch außerhalb des Landes Jisrael ‚Götzenbilder' und kultische Stätten zu vernichten (vgl. hierzu auch Dtn 13,17f.). Die Verse Dtn 13,7–12 legen fest, wie mit jemandem zu verfahren sei, der einen anderen zum Götzendienst verführt.

Halacha und Religionspraxis

Was allerdings als ‚Götzendienst' zu gelten habe, wurde im Judentum jeweils neu bestimmt. Das Christentum und der Islam fallen spätestens seit dem Mittelalter nicht (mehr) darunter.

Aus dem Gebot, Götzenbilder zu zerstören, leiteten die Rabbinen auch das Verbot ab, heilige Gegenstände zu zerstören (Dtn 12,4). Dies bezieht sich auf die (antiken) Steine des Tempels ebenso wie auf heilige Schriften und sogar auf den geschriebenen Gottesnamen, der nicht ausradiert werden darf. Deshalb werden bis heute Torarollen, gedruckte Bibelausgaben, Gebetbücher u.a., die nicht mehr benutzt werden können, nicht vernichtet, sondern in einer Genisa gesammelt oder auf dem Friedhof begraben.

Kaschrut: Schächten

» Kaschrut S. 62; 110; 142

Das Schächten und der Schächtvorgang selbst werden in der Tora an keiner Stelle beschrieben, ergeben sich jedoch indirekt aus dem Verbot des Blutgenusses.

Halacha und Religionspraxis

Aus diesem Verbot entnahmen die Rabbinen in Anlehnung an Dtn 12,21 (... *so wie ich dir befohlen habe*), dass das Schächten ein Tora-Gebot ist, und haben einige Regeln aufgestellt, die bis heute im orthodoxen Judentum streng eingehalten werden: Das Messer, mit dem geschächtet wird, muss scharf sein und vor jedem Schächten überprüft werden; es muss mindestens doppelt so lang sein wie die Breite des Tierhalses; der Schnitt durch die Kehle des Tieres muss schnell mit einer Handbewegung erfolgen und derjenige, der schächtet, der sog. ‚Schochet', muss ein gesetzestreuer Jude sein.

Auf der Basis von Dtn 14,21 wurde festgelegt, dass alle Tiere, die nicht halachisch korrkt geschächtet wurden, ebenso wie verendete oder gerissene Tiere, nicht gegessen werden dürfen.

Das Verbot, ein Glied von einem lebendigen Tier zu essen (Dtn 12,23), gilt auch als eine Vorschrift der Noachidischen Gesetze und wurde von den Rabbinen damit als nicht nur für die Juden, sondern auch für die Nichtjuden geltend bestimmt.

Kaschrut: Koschere Tiere

» Kaschrut S. 62; 110; 142

In Dtn 14,6; 14,9 und 14,11–21 werden die koscheren Säugetiere, Fische und Vögel beschrieben. Säugetiere müssen gespaltene Hufe haben und wiederkäuen, Fische müssen Schuppen und Flossen haben. Die reinen Vögel werden in Dtn 14,11–18 im Einzelnen aufgelistet. Diese Regeln stimmen weitgehend mit denen in Lev 11 überein, sind aber insgesamt pragmatischer gestaltet, weil nur der Verzicht auf den Verzehr geboten ist und das nicht-koschere Tier verkauft (und/oder weiterverarbeitet) werden kann.

Die hier aufgelisteten Antilopen-, Schaf- und Ziegenarten wie *Dischon*, *Jachmur*, *Teo* oder *Semer* sind heute nicht mehr eindeutig zu identifizieren. Dies war wohl schon zu Raschis Zeit der Fall (12. Jh.), denn bereits in seinem Kommentar finden sich an dieser Stelle altfranzösische Übersetzungen, die seinen interessierten Zeitgenossen Klarheit verschaffen sollten.

In Dtn 14,21 wird erneut geboten, ein Böckchen nicht in der Milch seiner Mutter zu kochen; ein Vers, der für die spätere halachische Unterscheidung von ‚milchig' und ‚fleischig' wichtig ist.

Umfang der Tora

Nach Dtn 13,1 (sog. ‚Kanonformel'; Dtn 4,2) ist es untersagt, den Vorschriften der Tora etwas hinzuzufügen oder wegzunehmen. Im Bibeltext stellt dies eine typische (altorientalische) Vertragsfloskel dar.

Halacha und Religionspraxis

Diese Vorschrift ist nach rabbinischer Vorstellung nicht etwa so zu lesen, als ob man nur das auszuführen habe, was die Tora gebietet (und nur auf diese Weise). Die Rabbinen haben stets Gebote an die Aktualität der Situation angepasst, Gesetze hinzugefügt oder Strafmaßnahmen uminterpretiert. Sie suchten damit nicht nur die Gesetze in der Tora zu schützen (‚Zaun um die Tora'), sondern sie auch entwicklungsfähig zu gestalten (vgl. auch oben in der Einleitung Vom Umgang mit der Bibel [Hermeneutik], S. 14). Raschi erklärt an dieser Stelle, dass das Verbot des Hinzufügens sich auf quantitative Aussagen in der Tora bezieht: So dürfe man beispielsweise nicht fünf anstelle der üblichen vier Zizijjot am Gebetsmantel anbringen und keine fünf anstelle der üblichen vier Arten zu einem Feststrauß an Sukkot zusammenfügen. Darin formuliert diese Vorschrift gleichzeitig ein Gebot der Mäßigung und die Warnung vor jedweder Übertreibung bei der Ausübung der Gebote.

Falsche Propheten

» Wahre / Falsche Propheten S. 344; 376

Dtn 13,4 ermahnt, nicht auf falsche Propheten zu hören. Als ‚falsche' Propheten gelten solche, die von einem fremden oder unbekannten Gott berichten (Dtn 18,20.22). Dagegen muss auf einen ‚wahren' Propheten gehört werden (Dtn 18,15).

Halacha und Religionspraxis

Dieses Konzept ist in der rabbinischen Zeit grundlegend modifiziert worden. Die Rabbinen suchten nach dem Verlust der Eigenstaatlichkeit und des Tempels eine jüdische Nation zu etablieren, die auf einem anderen als dem bisherigen Fundament stehen sollte: der (schriftlichen und mündlichen) Tora. An ihrer Spitze standen daher nicht mehr Könige, Priester und Propheten, sondern die Tora-Weisen (*Talmide Chacham*). Deshalb hatte in dieser einzig auf der Tora und ihrer Autorität zu gründenden jüdischen Gemeinschaft die Prophetie keinen Platz mehr, wie es in bBB 12a heißt: *Es sagte Rabbi Abdimi von Haifa: Von dem Tag an, da der Tempel zerstört wurde, wurde die Prophetie den Propheten genommen und den Weisen gegeben.*

Trauer

» Tätowieren S. 161

Trauerbräuche dürfen zwar die Trauer um einen Menschen zum Ausdruck bringen, die Tora schreibt jedoch vor, Trauerriten nicht zu übertreiben, schon deshalb nicht, um nicht in die Nähe zu anderen Völkern zu rücken. In Dtn 14,1 werden das Einschneiden der Haut und die Kahlschur als Trauerbrauch untersagt, ein Brauch, an dem jedoch in Mi 4,14 (noch) kein Anstoß genommen wird.

Wohltätigkeit

Die Pflicht zur Wohltätigkeit (Dtn 15,7–8) wird im Rahmen der Sozialgesetzgebung immer wieder betont. Dabei sind stets die Armen (meist auch konkretisiert in den ‚Witwen und Waisen') im Blickfeld.

Halacha und Religionspraxis

In der späteren halachischen Diskussion wird dies genauer gefasst. So ist bei der Ausübung von Wohltätigkeit nicht nur darauf zu achten, dass ein armer Mensch das Nötigste zum Essen hat, sondern auch darauf, dass sein gewohnter Lebensstandard beibehalten werden kann. Auf der anderen Seite darf sich jemand, der in die Verarmung geraten ist, nicht an die Institutionen der Wohltätigkeit wenden, wenn er/sie noch genügend Vorräte besitzt. Man unterscheidet begrifflich zwischen finanzieller ‚Wohltätigkeit' = *zedaqa* (Gerechtigkeit; Spenden) und zwischenmenschlicher ‚Wohltätigkeit' = *gemilut chasadim* (gute Werke). Maimonides formulierte acht Stufen der Zedaqa.

Schmitta und Schuldenerlass

» Schabbatjahr S. 168

Dtn 15,1 regelt, dass nach sieben Jahren alle Schulden aufgehoben werden. Wer verarmt ist, kann daher in einem bestimmten zeitlichen Intervall wieder zu finanzieller Unabhängigkeit kommen. Deshalb wird auch eigens darauf hingewiesen, dass der Schuldner nicht kurz vor dem Schabbatjahr noch zur Rückzahlung gedrängt werden darf.

In der jüdischen Tradition

Die Regelungen zum Erlassjahr (Schmitta) sind eine soziale Maßnahme gegenüber Bedürftigen. Bereits die Gesetzgebung in der Tora warnt allerdings vor den Konsequenzen, die darin lagen, dass weniger Kredite vergeben wurden, sobald das Erlass-Jahr näher rückte. Die rabbinische Regelung legte daher fest, dass man mittels einer eigenen Klausel (einem sogenannten ‚Prosbul') vereinbaren konnte, dass Schulden auch nach dem Schmitta-Jahr zurückgefordert werden können. Diese Bestimmung gilt auch heute noch, um grundsätzlich das Kreditwesen zu ermöglichen.

Chamez (Gesäuertes)

» Halachot zu Pesach S. 86

Dtn 16,3 wiederholt das Verbot, an Pesach Gesäuertes zu essen, das bereits aus dem Buch Schemot bekannt ist.

Halacha und Religionspraxis

Die Rabbinen leiteten daraus das Verbot ab, dass bereits der Besitz von Chamez an Pesach verboten ist. Dieses Verbot gilt vom Mittag am Tag vor Pesach an (14. Nisan; bPes 28b). Das Chamez soll spätestens eine Stunde vor Mittag verbrannt werden (Schulchan Aruch, Or. Ch. 434,2). Bereits zwei Stunden vor Mittag darf kein Chamez mehr verzehrt werden. In traditionellen und orthodoxen Kreisen wird dies bis heute eingehalten. Üblicherweise wird an einer geeigneten Stelle in den Örtlichkeiten der jüdischen Gemeinde ein großes Feuer gemacht, in dem die Gemeindemitglieder ihre verbliebenen Chamez-Reste verbrennen können.

Gottesdienst und häusliche Feier

Qeriat ha-Tora
Der Abschnitt Dtn 14,22–16,17 wird als Qeriat ha-Tora in orthodoxen Synagogen außerhalb Israels am achten Tag von Pesach, am zweiten Tag Schavuot und an Schemini Azeret gelesen.

Haftara
Die Haftara, mit der der Text abgeschlossen wird, bezieht sich jeweils auf den Tag, und daher sind vier verschiedene Texte möglich:

Als Haftara zur Parascha an Schabbat Re'eh wird Jes 54,11 – 55,5 gelesen. Diese Haftara ist die dritte von sieben Haftarot, die nach Tischa be-Av gelesen werden und einen trostspendenden Charakter haben (vgl. zur Haftara Nachamu S. 224).

Weiterhin sind möglich:
- Für den 8. Tag Pesach (die Beschreibung der Rettung durch Gott): Jes 10,32–12,6
- für Schavuot 2. Tag (der Text berichtet von einer Gotteserscheinung, die zu Schavuot als dem Fest der Gabe der Tora passt): Hab 2,20–3,19
- für Schemini Azeret (Lobpreis auf Gott am Ende der Weihung von Schelomos Tempel an Sukkot): 1 Kön 8,54–66

» Weitere Themen: Übersicht Speisegesetze S. 145; Abgaben und Zehnt S. 192; 249; Schabbat- und Joveljahr S. 168; Wahre/Falsche Propheten S. 344; Fluchandrohung S. 446; Pesach S. 85; Kaschrut S. 62; 110; 142; 145; Der Sklave S. 170; notabene: Trauer S. 392; Übersicht Biblische Feste S. 163

שפטים
Schoftim (Dtn 16,18 – 21,9)

Leitfragen
- Welche Auflagen setzt dieser Abschnitt für Richter und Vorsteher fest? Was beinhaltet das sog. Königsgesetz?
- Vergleichen Sie diese Vorgaben mit dem Königsgesetz in 1Sam 8.
- In welchem Verhältnis stehen nach dem Buch Devarim die Priester (Kohanim) zu den Lewiten? Welche Aufgaben übernehmen die Lewiten?
- Was lehrt diese Parascha über Propheten?
- Welche Gründe gibt es, vom Militärdienst befreit zu werden? Welche Arten von Kriegen werden dadurch faktisch erschwert?
- Welche Bedeutung hat der Satz ‚Leben um Leben, Auge um Auge...' im Kontext dieser Parascha?

Inhalt
- Die Richter
- Verschiedene Vergehen
- Die Lewiten
- Königsgesetze
- Die Priester
- Die Propheten
- Die Zufluchtsstädte
- Bestimmungen zum Krieg
- Der unbekannte Mörder

Richter

» Richter S. 216; 272

Dtn 16,18–20 erwähnt Richter und Vorsteher, zu deren Aufgaben Rechtsprechung und ‚gerechte Urteile' gehören. Zum Richten, den verschiedenen Rechtsverfahren und Richt-Standards vgl. Ex 23,1–9; Lev 19,15f. Auch Paraschat Jitro kennt bereits die Einsetzung von Richtern (Ex 18,13–26). Die Episode Num 11,16–30 erzählt von der Aufgaben- bzw. Lastenverteilung, doch ist dieses Amt, das mit einer ‚Geistausgießung' verbunden ist, kein spezifisches Richteramt. Zum ‚Richter', der als ‚Retter' agiert, vgl. unten das Thema Richter, S. 272.

Halacha und Religionspraxis

Dtn 17,11 – die Vorschrift, zu befolgen, was die Priester und Richter vorschreiben – wurde in der rabbinischen Literatur auf die rabbinischen Autoritäten als Ausleger des Gesetzes bezogen.

Lewiten und Priester

» notabene: Lewiten S. 177; Priester S. 120; 128; 146; 166

In Dtn 17,8–13 und 18,1–8 werden die Lewiten, ihre Aufgaben und Privilegien genauer beschrieben. Im Vergleich mit den Darstellungen der Bücher Wajjiqra und Bemidbar fällt auf, dass im Buch Devarim nicht zwischen Lewiten und Kohanim differenziert wird: Der Stamm Lewi *in toto* entsendet die Priester, wohingegen in Wajjiqra und Bemidbar die Priester eine Untergruppe innerhalb des Stammes Lewi darstellen und als Priester nur die Lewiten aus der Abstammungslinie des Aharon amtieren dürfen. Bezüglich der Aufgaben und Privilegien decken sich die unterschiedlichen Beschreibungen weitgehend: Der Stamm Lewi hat kein eigenes Land (Dtn 18,2; Lev 25,32–34) und erhält seinen Anteil sowohl an den Schlachttieren als auch an den landwirtschaftlichen Erzeugnissen (Dtn 18,3f.). Dagegen betont Devarim eine Aufgabe der Priester, die in Wajjiqra und Bemidbar kaum zum Tragen kommt: die Rechtsprechung (Dtn 17,8–13). Die Priester sind die Anlaufstelle für richterliche Entscheidungen in komplizierten Fällen. Sie sind diejenigen, die Gottes ‚Tora' (konkrete Lebensweisung) auf konkrete Fragen anwenden. Als Mittel zur priesterlichen Entscheidungsfindung werden im Buch Schemot hingegen die Losorakel Urim und Tummim (Tur-Sinai: Schlecht-Recht-Entscheid; Ex 28,30) vorgestellt.

Königtum

» Königskritik im Buch Schoftim S. 278; Beginn des Königtums S. 291; Könige Jisraels und Jehudas S. 308; Königtum bei Hoschea S. 372

Anders als in den Büchern Schemot, Wajjiqra und Bemidbar behandelt das Buch Devarim in seinem gesetzlichen Teil auch das Amt des Königs (Dtn 17,14–20), den einzusetzen dem Volk erlaubt sei, sobald es ins Land kommt. Allerdings wird betont, dass das Amt des Königs in keiner Weise dem der Völker entsprechen solle. Auch sollte der König weniger den materiellen Gewinn im Auge haben, als die Weisung Gottes, die er täglich zu studieren habe. Diese Beschreibung steht in sachlicher Korrespondenz zur Beurteilung des Königtums in 1Sam 8 – 12 (vor allem 1Sam 8), wo das Königtum als Zugeständnis an das Volk eingerichtet, gleichzeitig aber auch vor den Auswüchsen dieser Institution gewarnt wird.

Halacha und Religionspraxis

In der jüdischen Tradition wurde darum gerungen, ob das Einsetzen eines Königs als religiöses Gebot (Mizwa), oder lediglich als ein Zugeständnis an eine reale Situation zu begreifen sei. Während Maimonides von einer Verpflichtung ausgeht, sehen die meisten das Königtum kritischer (vgl. Avraham Ibn Esra und Abravanel zu Dtn 17 und 1Sam 8) und dem Judentum eigentlich wesensfremd, weil die Tora dem König weder die Gesetzgebung (› Gott) noch die Kriegsführung (› Priester) zugesteht. Nach Abravanel führt Gott die Kriege (Dtn 33,29), erlässt die Gesetze, die er durch Mosche lehren lässt (Dtn 4,5.8), und legt die Judikative in die Hände der Richter (Abravanel verweist dabei auch auf den Sanhedrin).

Magie und Zauberei

≫ Aberglaube S. 160

Der Tanach formuliert eine ausdrückliche Absage an jede Form von Magie, unter die auch Geister- und Totenbeschwörungen, Wahrsagerei oder andere geheime Künste fallen. Sie entspringt vor allem dem Bestreben einer konsequenten Abgrenzung zu den religiösen Praktiken der Umweltkulturen in Kenaan.

In der jüdischen Tradition

Der Talmud (bSan 63a – 67b) diskutiert ausführlich die Bestimmungen über Wahrsagerei, Wolkenzauber oder Zauberei. An anderer Stelle werden die verbotenen magischen Praktiken ‚Amoriterbräuche' (*darche ha-emori*) genannt (bShab 67a).

Magie und Zauberei in der Bibel

- Todesstrafe für eine Zauberin: Ex 22,17
- Wahrsagerei mittels Lospfeilorakeln (*qosem / qesamim*): Num 22,7; 23,23; Dtn 18,10; 1Sam 15,23; Ez 13,6; Mi 3,6
- Wahrsagerei und Wolkenzauber (*menachesch*): Lev 19,26; Num 22,7; 23,23; Dtn 18,10; 2Kön 21,6
- Befragung der Geister von Verstorbenen (*ov*): Lev 20,27; Dtn 18,11; 1Sam 28,3; 2Kön 21,6
- Wahrsagerei mittels des Wahrsagegeistes (*jid'oni*): Lev 20,27; Dtn 18,11; 1Sam 28,3; 2Kön 21,6
- Totenbefragungen: Dtn 18,11
- Wahrsagerei mittels *terafim*: 1Sam 15,23
- Schlangenbeschwörung: Jer 8,17; Jes 3,3

Prophetie

≫ Prophetie S. 184; 289; Falsche Propheten S. 232; Wahre/Falsche Propheten S. 344

Am ausführlichsten setzt sich innerhalb der Tora das Buch Devarim mit prophetischen Phänomenen auseinander. Dort wird die Prophetie zumeist im engen Zusammenhang mit Wahrsagekünsten, Traumgesicht- oder Zeichendeuterei und Beschwörungen erwähnt (Dtn 13,2.4.6 und 18,9–22), als eine Kunst also, die den ‚Abfall' von Gott nach sich zieht. Diesen (falschen) Propheten wird das Prophetentum des Mosche als einzig legitime Form der Prophetie gegenübergestellt (Dtn 18,9–21). Wesentliches Funktionsmerkmal der Prophetie ist danach die unmittelbare Weitergabe der Worte Gottes an das Volk sowie die Unterordnung der Prophetie unter das Gesetz (Tora). Dabei formuliert das Buch Devarim als Erkennungs-Kriterium die Kongruenz zwischen prophetischer Vorhersage und eintretendem Ereignis, verbleibt also noch ganz im Schema der (wahren vs. falschen) Wahrsagekunst. Mit diesem Prophetenverständnis unterscheidet sich Devarim deutlich von der in den Hinteren Propheten (Acharonim) formulierten prophetischen Aufgabe, die sich weder in einer reinen Zukunfts-Vorhersage noch in der Übermittlung des Gesetzes erschöpft.

Götzendienst

≫ Götzendienst S. 170; 230

Um sich vom Götzendienst fern zu halten, ist es auch untersagt, Bäume oder Säulen in der Nähe des Altars aufzustellen (Dtn 16,22).

Ägypten

≫ Mizrajim/Ägypten S. 82

Nach Dtn 17,16 ist es Juden untersagt, nach Mizrajim zurückzukehren und dort dauerhaft zu leben.

Halacha und Religionspraxis

Da es allerdings in Mizrajim stets eine jüdische Gemeinde gab (vgl. nur die berühmte Genisa von Fustat/Altkairo) und auch ein Gelehrter wie Maimonides dort lebte, setzte sich die Meinung durch, dass dieses Verbot nur für biblische Zeiten gegolten habe (Bachja ben Ascher).

Eigentum

» Sozialgesetze S. 112; 158; 247; Eigentum S. 246

Das Verbot, die Grenzmarkierungen zum Nachbarn zu verrücken (Dtn 19,14; 27,17), soll zum einen gewährleisten, dass der einmal festgelegte Landbesitz nicht verändert wird (vgl. die Regelungen der Töchter von Zelofchad in Num 27,1–11 und 36,1–12); zum anderen, dass sich nicht einzelne ihren Grundbesitz auf Kosten anderer vergrößern. Auch in der prophetischen Literatur werden ‚Grenzverrücker' mit scharfen Worten an den Pranger gestellt (Hos 5,10; vgl. auch Jes 5,8).

Halacha und Religionspraxis

Raschi (zu Dtn 19,14) argumentiert mit Lev 19,13, dass außerhalb des Landes Jisrael die Grenzsteinverrückung nur einem Eigentumsdelikt gleichkomme, während im Land Jisrael noch zusätzlich die Übertretung der Erbland-Verteilung hinzukäme.

Krieg

» Krieg S. 207; 245; 266

Im Buch Devarim werden einige Vorschriften vorgestellt, die den Krieg und den Militärdienst betreffen. So verweist Dtn 20,19 darauf, dass während eines Krieges keine absichtliche Zerstörung von Bäumen erfolgen darf, um sinnlose Zerstörungen zu vermeiden. In der halachischen Weiterführung wurde dieses Verbot dahingehend ausgeweitet, dass grundsätzlich keine sinnlose Vernichtung oder Verschwendung von Ressourcen erlaubt ist. Dtn 20,10f. regelt darüber hinaus den Umgang mit dem kriegerischen Feind: Bevor es überhaupt zu kriegerischen Auseinandersetzungen kommen kann, ist ein Friedensangebot an den Feind zu unterbreiten. Allerdings ist ein solcher Friede an bestimmte Bedingungen geknüpft.

Halacha und Religionspraxis: Bal Taschchit

Dtn 20,19–20 wurde im zeitgenössischen Judentum die zentrale Belegstelle für Umweltschutz im Judentum. Man kennt diese Verpflichtung unter dem Ausdruck *bal taschchit* ‚du sollst nicht unnötig zerstören' – gemeint sind die Obstbäume, die heute stellvertretend für alle Pflanzen stehen (bHul 7b). Heutzutage steht *bal taschchit* insgesamt für den pfleglichen Umgang mit den natürlichen Ressourcen und für den Umweltschutz.

Mörder

Die Tora formuliert an mehreren Stellen den Grundsatz, dass ein Mord zu sühnen sei, um ‚göttliche Strafmaßnahmen' vom Volk abzuwehren. Ist ein Mörder nicht zu ermitteln, treten formale Leitlinien für das Sühnegeschehen in Kraft. Danach ist stets jene Stadt für den Mord ‚verantwortlich', in deren Nähe der Ermordete gefunden wurde (Dtn 21,3). Über einer jungen Kuh, deren Genick gebrochen wird (*egla arufa*), waschen sich die Ältesten, deren Stadt die Verantwortung zu übernehmen hatte, ‚ihre Hände in Unschuld' (Dtn 21,6–8). Anstelle des Mörders übernimmt die Kuh die Schuld und sühnt den Tod an einem Unschuldigen durch ihren eigenen Tod. Nach Ramban ist dieses Opfer der Jungkuh mit dem Verfehlungsopfer zu vergleichen.

Zeugen

» Zeugenschaft S. 140; Zeugen S. 211
Aus Dtn 17,6 leitet sich die Bestimmung her, für fast alle öffentlichen religiösen Rechtsentscheide mindestens zwei Zeugen aufbieten zu müssen.

Halacha und Religionspraxis
Im orthodoxen Judentum können nur jüdische Männer als Zeugen fungieren, im konservativen und liberalen Judentum Männer und Frauen.

Gottesdienst und häusliche Feier

Haftara
Als Haftara zu dieser Parascha wird Jes 51,12 – 52,12 gelesen, ein prophetischer Abschnitt der Tröstung, der zu den sieben Trost verheißenden Schabbatot nach Tischa be-Av gelesen wird (vgl. oben die Haftara zu Paraschat Waetchanan, S. 224).

» Weitere Themen: Priester S. 120; 128; 146; Zufluchtsstädte S. 210; 268; Beistandsorakel S. 334; Berit mit Lewi S. 410; Fluchandrohung S. 446; notabene: Kinderopfer S. 366; Übersicht Bildverbot S. 102

כי תצא
Ki Teze (Dtn 21,10 – 25,19)

Leitfragen
- Lässt sich eine logische Struktur für die Zusammenstellung der Einzelverordnungen ausmachen?
- Welche gesetzlichen Regelungen für Frauen formuliert dieser Abschnitt? Welche (anderen) gesellschaftlich schwachen Gruppen werden in dieser Parascha sozial und rechtlich geschützt?

Inhalt
- Die Kriegsgefangene
- Erstgeburtsrecht
- Der störrische Sohn
- Einzelne Vorschriften
- Jungfräulichkeit
- Ehebruch
- Vergewaltigung
- Zugehörigkeit zur Gemeinde
- Die Heiligkeit des Lagers
- Weitere Bestimmungen
- Ehescheidung
- Weitere Bestimmungen
- Schwagerehe
- Weitere Bestimmungen

Die kriegsgefangene Frau

Das Buch Devarim regelt, dass man(n) eine kriegsgefangene Frau unter bestimmten Umständen und unter Beachtung gewisser Regeln und Fristen auch ehelichen dürfe. Dabei wird angeordnet, dass die Frau Haar und Nägel schneiden (wörtl: ‚Nägel machen') und ihre Gefangenenkleidung ablegen sowie einen Trauermonat einhalten solle (dürfe!), bevor ein Mann zu ihr eingehen darf.

In der jüdischen Tradition
Der Talmud (bYev 48a) verstand den Ausdruck ‚Nägel machen' im Sinne von ‚Nägel wachsen lassen', um die Frau möglichst unattraktiv wirken zu lassen (Raschi zu Dtn 21,12). Möglicherweise störte man sich an dieser Regelung, die eine Eheschließung mit einer nicht-jisraelitischen Frau erlaubte. Moderne Erklärungen verweisen darauf, dass einer weiblichen Gefangenen hier die Möglichkeit gegeben wird, den Verlust ihres bisherigen Lebens und ihrer Familie zu verarbeiten, ohne dass sich ihr gleich ein Mann (nicht einmal im Kriegsfall!) ungezügelt nähert.

Erstgeburtsrecht

» Erstgeburtsrecht S. 51; Erbbesitz der Töchter S. 201

Geht es im Buch Schemot (Ex 13,11–13) um das matriarchale (und darin kultisch relevante Erstgeburtsrecht), so befasst sich Dtn 21,15–17 mit dem patriarchalen Erstgeburtsrecht, das vor allem Auswirkungen auf die Erbfolge und Erbschaft hat. Dabei wird klar geregelt, dass der dem Vater Erstgeborene stets sein Recht innehat, selbst wenn der Vater persönlich einen nachgeborenen Sohn bevorzugen würde. Diese Regel wird allerdings in den Erzählungen der Stammväter fast durchgehend gebrochen, vgl. die Erzählungen von Jischmael/Jizchaq, Esaw/Jaaqov und Menasche/Efrajim.

Ehescheidung

Die Tora berichtet an mehreren Stellen von der Möglichkeit zur Ehescheidung. In der Tora wird sie als gängige Praxis vorausgesetzt und akzeptiert: Lev 21,7.14; 22,13; Num 30,10; Dtn 22,19.29. Zu den Scheidungs-Erzählungen im weiteren Sinne zählt auch die Überlieferung von der Verstoßung Hagars durch Avraham (Gen 21,10–14). Als gängige Praxis wird beschrieben, dass der Mann die Ehe entweder mündlich (vor Zeugen) auflöst und die Frau wegschickt (Dtn 21,14; 24,1f.) oder ihr eine Scheidungsurkunde überreicht (*sefer keritut*: Dtn 24,1) und sie danach aus seinem Haus entlässt. Ein Mann kann seine geschiedene Ehefrau nur dann nochmals zur Frau nehmen, wenn sie in der Zwischenzeit keinen anderen Mann geehelicht hat. Ebenso wie ein Mann hat auch die geschiedene Frau das Recht, sich wieder zu verheiraten, allerdings darf sie keinen Priester ehelichen (Lev 21,7). Eine Frau kann nach der Scheidung in das Haus ihres Vaters zurückkehren (Lev 22,13). Von Ehescheidungen in großem Umfang berichtet Esr 10, wonach alle nicht-jisraelitischen Frauen und sogar deren Kinder fortgeschickt werden sollen (siehe auch das notabene: Ehe, auf der nächsten Seite).

Mamser

» Übersicht Verbotene Geschlechtsbeziehungen S. 156

Einen Mamser/eine Mamseret (Tur-Sinai: ‚Unreingeborener' Dtn 23,3, Sach 9,6) zu heiraten bzw. ihn (durch Heirat) in die Gemeinde aufzunehmen (bYev 77b), ist einem Juden/einer Jüdin verboten.

Halacha und Religionspraxis

In der halachischen Literatur meint Mamser einen Sprössling aus einer illegitimen Verbindung, auf die nach der Tora die Ausrottungsstrafe (*karet*) steht (z.B. das Kind einer verheirateten Frau von einem anderen als ihrem Ehemann; Dtn 22,22). Ein Mamser ist damit nicht einfach ein ‚Bastard', ein ‚uneheliches' Kind (oder gar ein ‚Mischling', wie die Lutherbibel ed. 1984 übersetzt), sondern ein Kind, das in einer nicht ehefähigen Beziehung gezeugt wurde. Dazu zählen z.B. auch Inzestbeziehungen. Relevant werden diese Bestimmungen dort, wo beispielsweise eine Ehe zivilrechtlich, aber nicht auch nach jüdischem Recht (durch *get*) geschieden wird, und eine Frau nach einer solchen Scheidung in einer zweiten Ehe Kinder bekommt. Halachisch gelten solche Kinder als Mamserim, und das orthodoxe Judentum sah sich gezwungen, eine Reihe von Bestimmungen zu erlassen, die diese Regelung in der einen oder anderen Weise entschärfen können (vgl. bereits Mosche ben Jisrael Isserles in seinem *ha-Mappa, Even ha-Eser* 2, der festsetzte, dass man einen Mamser nicht enttarnen dürfe). Das Kind einer (unverheirateten) Jüdin und eines Nichtjuden ist kein Mamser, weil eine solche Beziehung in der Tora und der nachbiblischen Literatur nicht mit einer *karet*-Strafe ausgezeichnet ist. Das liberale Judentum hat bereits im 19. Jh. die ‚Stände' im Judentum abgeschafft, so dass hier auch die Bestimmungen zu den Mamserim keine Anwendung mehr finden.

notabene: Ehe

Im Buch Devarim finden sich eine Vielzahl von Regelungen, die das eheliche Leben insgesamt betreffen und die die Grundlage für die rabbinische Ehegesetzgebung bilden. Dies sind vor allem: Eheschließung, der (falsche) Verdacht des Ehebruchs, Eheverbote, Ehescheidung, die ‚Gebundene', Jibbum (Schwagerehe).

1. Eheschließung: Die Vorschriften für die Eheschließung sind in der Bibel noch nicht ausdifferenziert, dies hat erst die halachische Entwicklung mit sich gebracht. Danach erfolgt eine Eheschließung (in Anlehnung an Dtn 22,13) nach klaren, rechtsverbindlichen Regeln (Antrauung: *qidduschin*; Heiratsurkunde: *ketubba*; erstes Alleinsein des Paares: *jichud*). Die in der Antike getrennten Zeremonien von Verlobung (*erusin*) und Antrauung (*qidduschin*), die bis zu einem Jahr auseinander liegen konnten, sind heute zu einer einzigen Zeremonie verschmolzen. Die Eheschließung hat im Judentum einen rechtsverbindlichen Charakter und kann nur durch eine (halachisch korrekte) Scheidung aufgelöst werden.

2. Der falsche Verdacht: Da der Ehebruch nach der Vorstellung des Buches Devarim ein todeswürdiges Vergehen ist, wird der falsche Verdacht des Ehebruchs gleichermaßen unter Strafe gestellt, um keine leichtfertigen Beschuldigungen zu tolerieren (Dtn 22,13–21).

3. Eheverbot: Während das Buch Wajjiqra (Paraschat Achare Mot) vor allem Inzestverbindungen sowie (männliche) Homosexualität unter den verbotenen Geschlechtsbeziehungen abhandelt, behandelt Devarim das Eheverbot zwischen Mamser und Nicht-Mamser. Mamserim können nur untereinander oder einen Proselyten/eine Proselytin heiraten; Dtn 23,3.

4. Ehescheidung: Anders als im Katholizismus ist die Ehescheidung im Judentum für den Fall einer gescheiterten Ehe möglich (Dtn 24,3f.). Und wie die Eheschließung ein Rechtsakt ist, so muss auch die Ehescheidung in einer rechtsverbindlichen Weise stattfinden. Dabei ist der *get*, (biblisch: *sefer keritut*) der Scheidebrief, unabdingbar, in dem der Mann die Frau für vollkommen frei erklärt. Nach orthodoxem jüdischem Recht ist es allein der Mann, der einen *get* ausstellt. Wünscht die Frau die Scheidung, so kann ein Mann durch ein Gericht gezwungen werden, einen Scheidebrief auszustellen.

5. Aguna (iggun) in der rabbinischen Tradition: Weigert sich der Mann, der Frau einen *get* auszustellen, oder ist der Mann – aus welchem Grund auch immer – verschollen, so dass kein Scheidebrief ausgestellt werden kann, befindet sich die Frau halachisch im Status einer Aguna, d.h. einer ‚gebundenen' Frau. Solange dieser Zustand nicht aufgehoben wird, ist sie nicht frei und kann nach rabbinischem Recht keine weitere Ehe eingehen. Heute kann ein Mann von einem rabbinischen Gericht gezwungen werden, einen *get* auszustellen. Ebenso können auch zwei Zeugen den Tod eines Mannes bezeugen, um damit den Aguna-Zustand (*iggun*) der überlebenden Ehefrau aufzuheben. Dramatisch war das Problem nach der Schoa: Es konnte Jahre dauern, bis ein von den Nazis umgebrachter Ehemann endgültig für tot erklärt werden konnte. Umgekehrt suchen heute immer wieder jüdische Männer sich der Scheidung und eventuell damit verbundener Unterhaltspflichten durch einfaches ‚Untertauchen' zu entziehen und hinterlassen damit eine Frau im Status einer Aguna. Das Problem wird vor allem in der Orthodoxie lebhaft diskutiert.

6. Jibbum (vgl. oben das Thema Jibbum/Schwagerehe, S. 65): Nach Dtn 25,5–10 ist der Bruder eines kinderlos verstorbenen Mannes verpflichtet, dessen Witwe zu ehelichen, um anstelle seines Bruders mit ihr Kinder zu zeugen, damit sein Name weiterhin Bestand habe. Ist der Bruder nicht bereit, die Witwe zu heiraten, so war das Ritual der *chaliza* vorgesehen, mit dem die Witwe ihre Verachtung für ihren Schwager ausdrückt und sich von ihm freimacht, um gegebenenfalls anderweitig wieder heiraten zu können. Diese Bestimmungen finden heute praktisch keine Anwendungen mehr, weil auch das Judentum seit dem halachischen Verbot der Polygamie durch den (aschkenasischen) Gelehrten R. Gershom ben Jehuda (c. 960–1028, der sog. Me'or ha-Gola), dieses Gebot nur zu oft nicht mehr ausführen konnte. Im heutigen Israel hat das Rabbinat auf die Schwagerehe gänzlich verzichtet.

Ki Teze (Dtn 21,10 – 25,19)

Störrischer Sohn

In Dtn 21,18–21 wird die Verfügungsgewalt der Eltern über ihren Sohn eingeschränkt. Eltern dürfen nicht eigenmächtig strafen, sondern müssen die Sache gemeinsam vor ein öffentliches Gericht bringen. Während in Dtn 21,18–21 der störrische Sohn (*ben sorer*) geschützt wird, ist es in Dtn 22,13–21 parallel dazu die verleumdete Tochter. Zwischen beiden steht eine Liste kleinerer Schutzbestimmungen.

In der Bibel

Das Bild vom störrischen Sohn wird auch von den Propheten als Bild für Jisrael gewählt (Jes 1,2; 30,1; 65,2; 30,9; Jer 3,14.22; 5,23).

Halacha und Religionspraxis

Die Rabbinen fügten diesem Gesetz eine ganze Reihe einschränkender Ausführungsbestimmungen zu, die zu einer faktischen Abschaffung der Todesstrafe für den störrischen Sohn führten. So erklärten sie (bSan 71a), dass man nur dann von einem störrischen Sohn (*ben sorer*) sprechen könne, wenn die Eltern genau gleich aussähen, da sie ja auch mit einer Stimme sprächen (Dtn 21,20). Darüber hinaus konstatierten sie, dass es in Jisrael nie den Fall des widerspenstigen Sohnes gegeben habe, und diese Bestimmungen lediglich dazu verfasst wurden, dass sich die Gelehrten darüber den Kopf zerbrechen sollten. Man sieht auch hier das deutliche Bemühen, die biblischen Bestimmungen mittels der Auslegung zu entschärfen.

Krieg

» Krieg S. 239; Kriege S. 207; 266

Neben den Vorschriften, wie mit weiblichen Kriegsgefangenen umzugehen sei (Dtn 21,10–14), stellt Dtn 24,5 verschiedene Möglichkeiten vor, unter denen ein Mann sich vom Militärdienst befreien lassen kann.

Halacha und Religionspraxis

In der halachischen Diskussion wird in diesem Zusammenhang zwischen einem ‚freiwilligen' Krieg (*milchemet reschut*) und einem von Gott gebotenen Krieg (*milchemet mizwa*) unterschieden und festgelegt, dass die Möglichkeiten zur Befreiung vom Militärdienst nur für den erstgenannten Krieg gelten. Dies wird gemeinhin so ausgelegt, dass diese Regelungen nur bei einem Angriffskrieg, nicht jedoch bei einem Verteidigungskrieg zur Anwendung kommen.

Eigentum

» Eigentum S. 239

Dtn 22,1–7 formuliert nicht nur Tierschutzbestimmungen, sondern legt in diesem Zusammenhang fest, dass auch bewegliches verlorenes Gut geschützt ist und zurückerstattet werden muss.

Halacha und Religionspraxis

In der halachischen Diskussion wurde diese Mizwa so verstanden, dass der Mensch den Besitz eines anderen aktiv schützen muss.

Kleidervorschriften

Da der Mensch als Mann und Frau geschaffen worden ist, ist es nach biblischer Vorstellung untersagt, dass Männer und Frauen diesen Unterschied nivellieren. Das betrifft nach Dtn 22,5 vor allem die Kleidung: Männer sollen sich nicht wie Frauen kleiden, Frauen nicht wie Männer. Im charedischen Milieu ist es daher bis heute Sitte, dass Frauen keine Hosen tragen.

Gefahrenvermeidung

Nach Dtn 22,8 ist es geboten, ein Geländer um das (flache!) Dach herum anzubringen. Dieses Gebot soll Gefahren vermeiden, sowohl für sich als auch für andere.

Vergewaltigung

Wird eine Frau der Unzucht verdächtigt, so kann sie sich, wenn der Geschlechtsakt außerhalb eines bewohnten Gebietes entdeckt wird, als Opfer einer Vergewaltigung des Verdachtes auf Unzucht entziehen: Nach Dtn 22,25–27 ist das Opfer einer Vergewaltigung als schuldfrei zu betrachten, wenn potentiell davon auszugehen ist, dass das Mädchen um Hilfe geschrien hat, aber niemand da war, der die Hilfeschreie gehört hat (...*auf dem Feld*). Die Regelung gilt dort nicht, wo durch Hilfeschreie andere hätten aufmerksam werden können (...*in der Stadt*). Diese Differenzierung ergibt sich vor dem weiteren Hintergrund der halachischen Diskussion, wonach man eher den Tod erleiden solle als Mord, Götzendienst und Unzucht zu begehen.

Im liberalen Judentum gibt es inzwischen religiöse Rituale für eine Frau nach einer Vergewaltigung, z.B. eine kleine Zeremonie in der Miqwe, die ihr helfen sollen, die psychischen Folgen dieses Erlebnisses zu verarbeiten.

Ki Teze (Dtn 21,10 – 25,19)

Soziale Gesetze

» Sozialgesetze S. 112; 158
Wie schon in den Paraschijjot Mischpatim und Qedoschim führt auch diese Parascha einige Gesetze auf, die den sozialen Ausgleich zwischen Arbeitnehmern und -gebern (Dtn 23,25.26; 25,4), zwischen Arm und Reich (Dtn 24,19), zwischen Schuldner und Gläubiger regeln (Dtn 24,6.10.12.13.17).

Gottesdienst und häusliche Feier

Paraschat Sachor
Die in Dtn 25,17–19 formulierte Mahnung, die Erinnerung an Amaleq auszulöschen, wird als besondere Parascha am ersten Schabbat des Monats Adar (bzw. Adar II in einem Schaltjahr) als Maftir gelesen. In diesem Monat wird das Purimfest gefeiert. Die inhaltliche Verbindung ergibt sich aufgrund von Est 3,1, wo Haman als Nachkomme Agags, des Amaleqiters, eingeführt wird. Zu diesem besonderen Schabbat gehört traditionell als Haftara 1Sam 15,2–34 (sefardisch: 1Sam 15,1–34): der Befehl, Amaleq zu vernichten. Im liberalen Ritus wird stattdessen 1Sam 30,1–18 gelesen. Auch hier kommen die Amaleqiter vor: Dawid pflegt den verwundeten Knecht eines Amaleqiters und rettet alles, was Amaleq genommen hatte.

Haftara
Als Haftara wird Jes 54,1–10 gelesen. Diese Haftara gehört zu den sieben besonderen Haftarot, die nach Tischa be-Av folgen und trostspendenden Charakter haben (vgl. dazu S. 224).

» Weitere Themen: Schwagerehe S. 65; Amaleq S. 95; 293; Zizit S. 188; Vermischung S. 159; Edom S. 385

כי תבוא
Ki Tavo (Dtn 26,1 – 29,8)

Leitfragen
- Welche literarische Rolle spielen die Segnungen und Flüche im Rahmen des Buches Devarim? Steht jedem Segen ein paralleler Fluch gegenüber?
- Vergleichen Sie die Fluchandrohung der Belagerung durch Feinde, der Städtezerstörungen und der Kriegsfolgen mit den Klage des Buches Echa.

Inhalt
- Erstlingsgabe
- Der Zehnt
- Die Verpflichtung auf die Weisung
- Die Aufzeichnung der Weisung
- Die Akklamation
- Segen und Fluch
- Die Zukunft
- Rückblick auf die Wanderung

Erstlinge

Das Gesetz über die Erstlinge (*bikkurim*), das in Dtn 26,1–11 erwähnt wird, hat in der Tora keine weitere Parallele. Es sind landwirtschaftliche Erstlinge, die der (bereits sesshafte) Landwirt zum Priester bringt. Diese Gabe ist von einem geschichtlichen Rückblick begleitet, in dem der Darbringende auf die Geschichte mit Gott von Mizrajim bis zur Landnahme verweist.

Gottesdienst und häusliche Feier

Das Bikkurim-Bekenntnis des Landwirtes in Dtn 26,5–10 (*arami oved avi* ‚Der Aramäer [Lavan] wollte meinen Vater vernichten…'; Tur-Sinai: ‚Ein umherirrender Aramäer war mein Vater'; Luther 1984: ‚Mein Vater war ein Aramäer, dem Umkommen nahe') spielt eine zentrale Rolle in der Haggada schel Pesach. Der Abschnitt in der Haggada ist eine Zusammenstellung verschiedener Midraschim zu diesen Versen (bes. SifDev ad loc.), die diese Textstelle mit anderen Überlieferungen aus der Tora zusammenbindet. Nach mPes X,4 ist jeder verpflichtet, diesen Abschnitt (ausführlich) ‚auszulegen' (Derash), d.h. seinen Kindern zu erklären, traditionelle und eigene Auslegungen hinzuzufügen. Im Ablauf des Seder geht dem *Arami oved Avi* die Beracha *baruch schomer haftachato* (‚Gepriesen sei der, der seine Versprechung hält') und der Abschnitt *ze u-lemad* ‚Geh und lerne, was Lavan, der Aramäer, unserem Vater Jaaqov antun wollte') voraus. Es folgen die Auslegungen zu den zehn Plagen und dem Meerwunder (vgl. das Thema Pesach-Haggada, S. 88; 223).

Ki Tavo (Dtn 26,1 – 29,8)

Abgaben und Zehnt

≫ Abgaben S. 192

Anders als in Paraschat Qorach werden in Dtn 14,28f.; 26,12–15 lediglich die Abgaben und der Zehnt behandelt, die den Lewiten und den Armen zugute kommen. Der priesterliche Zehnt findet hier keine Erwähnung, da im Buch Devarim nicht zwischen Priestern und Lewiten unterschieden wird.

In der jüdischen Tradition

Die rabbinische Überlieferung regelte die Halacha bezüglich der Abgaben von *teruma* und *ma'aser* folgendermaßen: Es wird eine (beliebig hohe) Abgabe vom landwirtschaftlichen Ertrag (Wein; Most; Öl) für den Priester abgesondert (*teruma*). Von dem Rest des Ertrages wird ein Zehntel für die Lewiten abgesondert: erster Zehnt (*ma'aser rischon*). Die Lewiten sondern ihrerseits vom ersten Zehnten ein Zehntel aus, das an die Priester rückgeführt wird (*terumat ma'aser; ma'aser min hama'aser*). Nach Absonderung von *teruma* und *ma'aser rischon* wird vom verbleibenden Resterstag ein zweiter Zehnt abgesondert (*ma'aser scheni*). Diese Abgabe gilt im ersten, zweiten, vierten und fünften Jahr des Schemitta-Zyklus als sog. zweiter Zehnt (vgl. Paraschat Behar Sinai). Im dritten und sechsten Jahr erfüllt er die Bedingungen für den sog. ‚Armen-Zehnt' (*ma'aser ani*). Auf diesen zweiten Zehnten/Armen-Zehnt finden die Bestimmungen in Dtn 14,22–26 Anwendung.

Segen und Fluch

≫ Segen S. 54; Segen und Fluch S. 171; Fluchandrohung S. 446

Wie bereits in Paraschat Bechuqqotai (Lev 26,3–46) wird nach den Einzelbestimmungen des Gesetzes eine ausführliche Segens- und Fluchaufzählung angehängt, die den göttlichen Segen und Fluch als unmittelbare Reaktion auf das Verhalten des Volkes darstellt. Noch einmal wird auf die gegenseitige Verpflichtung Gottes und des Volkes vor den Segens- und Fluchsprüchen hingewiesen (Dtn 26,16–19). Dabei wird eigens betont, dass das Volk diesen Gesetzen zugestimmt hat (Dtn 26,17).

In der jüdischen Tradition

Die rabbinische Tradition (bSot 32a; vgl. auch Raschi ad loc.) erklärt hinsichtlich der Performanz der Segens- und Fluchworte, dass sich die Lewiten zum Berg Gerisim wandten und den Segen sprachen, gefolgt vom ‚Amen' des Volkes. Im zweiten Schritt wandten sie sich zum Berg Eval und sprachen die Verwünschung. Die Rabbinen betonen, dass jeder Verwünschung zunächst das entsprechende Segenspendant vorangestellt wird (also: ‚Gesegnet bist du, wenn du kein gehauenes Bild anfertigst', ‚Verflucht der Mann, der ein gehauenes Bild anfertigt'). Dem Fluch geht also stets der Segen voran (entsprechend der Darstellung in Lev 26,3–13). Hinter den Segens- und Fluchworten steht die Vorstellung, dass der Sprache eine wirkmächtige Funktion zukommt und hierin auch jene Verfehlungen geahndet werden können, die nach außen hin nicht sichtbar sind (und deshalb von den Rechts-Instanzen auch nicht verfolgt werden können).

Halacha und Religionspraxis

Haussegen
Der Vers Dtn 28,6 (*Gesegnet bist du bei deinem Eingang, und gesegnet bist du bei deinem Ausgang*) wird in jüdischen Häusern oft als Haussegen im Eingangsbereich aufgehängt.

Gottesdienst und häusliche Feier

Haftara
Als Haftara wird zu dieser Parascha Jes 60,1–22 gelesen, wiederum eine Haftara, die zu den sieben Schabbatot nach Tischa be-Av gehört, die trostspendenden Charakter haben (vgl. oben Haftara S. 224).

» Weitere Themen: Auszug S. 84; 336; Exil S. 251; Rückbezüge auf die Tora S. 262; Übersicht Bildverbot S. 102

נצבים
Nizzavim (Dtn 29,9 – 30,20)

Leitfragen
- Welche Funktion hat der Bundesschluss in dieser Parascha? Mit wem wird dieser Bund geschlossen?
- Auf welches ‚Gebot' (*mizwa*) wird Jisrael verpflichtet? Was zeichnet es aus?

Inhalt
- Der Bund in Moav
- Exil als Androhung
- Die mögliche Rückkehr
- Das Verhalten der Jisraeliten

Berit in Moav

» Berit S. 30; 41; 58; 110; 125; 218; 336; 410; Versammlung in Schechem S. 269

Das Buch Devarim kennt neben dem Bundesschluss am Sinai bzw. Chorev auch den Bundesschluss in Moav (Dtn 28,69), und dieser bildet gleichzeitig den Kulminationspunkt in der Erzählung vor der Landnahme. Wie schon in der Darstellung des Bundesschlusses am Chorev wird betont, dass *alle* Jisraeliten nun vor dem Ewigen stehen (Dtn 29,9f.). Der biblische Text formuliert hier nicht einfach allgemein, sondern nennt im Bewusstsein der Verschiedenheit der gesellschaftlichen Gruppen: *Ihr (...) alle* (Dtn 29,9) Führungskräfte ebenso wie einfache Berufsgruppen, erwähnt aber auch Männer, Frauen mit Kindern und Fremde eigens. Dahinter steht die Vorstellung, dass für das erfolgreiche Bestehen der jüdischen Gemeinschaft nicht allein eine Führungsriege verantwortlich sein kann, sondern jede/r Einzelne, unabhängig davon, zu welcher gesellschaftlichen Gruppierung sie oder er gehört. Dabei, so der Text, wird der Bund nicht nur mit den Anwesenden geschlossen, sondern auch mit dem, *der heute nicht mit uns hier ist* (Dtn 29,14), nach traditioneller Auslegung also auch mit den künftigen Geschlechtern (Tanchuma und Raschi ad loc.). In diesem Bundesschluss wird die Vermittlerrolle Mosches deutlich herausgestellt (Dtn 29,13.14). Es entspricht auch dem Duktus des Buches Devarim, dass im Anschluss an die Schilderung des Bundesschlusses die Gefahr der Zerstreuung (Exil) beschworen wird (Dtn 29,21–28).

Exil

An mehreren Stellen wird in der Tora explizit Bezug auf die Exilsthematik genommen. Sie findet sich dort zumeist im Kontext der Gabe der Gebote und droht das Exil als Verlust des Landes und der Zerstreuung unter andere Völker für den Fall ihrer Nichteinhaltung an: Lev 26,33–39; Dtn 4,27f.; 28,63–68. Das Exil wird als Strafe Gottes für den Abfall von seinen Geboten interpretiert. Das Exilsthema nimmt auch in den prophetischen Büchern einen breiten Raum ein.

Weitere Texte zum Exil
- Klage über Jeruschalajim: Jer 9,15
- Prophetische Drohworte: Ez 4,13; 5,10; 12,14ff.; 22,15 u.ö.
- Drohankündigungen (Mizrajim/Aschschur): Hos 8,13; 9,3; 11,5
- Sterben im ‚unreinen Land': Am 7,17
- Ps 44 (Klagepsalm)
- Echa (Klagelieder)

Gottesdienst und häusliche Feier

Haftara
Als Haftara wird an Schabbat Nizzavim, der noch zu den sieben trostspendenden Schabbatot nach Tischa be-Av gehört (vgl. oben Haftara, S. 224), Jes 61,10 – 63,9 gelesen. In manchen Jahren fallen Nizzavim und Wajjelech zusammen, aber auch in diesem Fall bleibt es bei der genannten Haftara (dies ist der einzige Fall, wo auch bei einer Doppel-Parascha die Haftara des ersten Textes gelesen wird; sonst wird immer die der zweiten Parascha gewählt).

Wajjelech (Dtn 31)

Leitfragen
- Wann soll die Weisung verlesen werden? Von wem? Wo soll sie aufbewahrt werden?
- Welche besonderen ‚Zeugen' werden aufgeboten?

Inhalt
- Jehoschua
- Die Verlesung der Weisung
- Die Bedeutung des Liedes Mosches
- Die Urkunde des Mosche
- Versammlung der Jisraeliten

Jehoschua

» Jehoschua S. 187; 262

Wurde Jehoschua bislang stets nur knapp erwähnt (Num 13f.; Dtn 1,38; 3,21.28), so wird in dieser Parascha ausführlich von seiner Einsetzung zum künftigen Anführer berichtet. Mosche, der weiß, dass er das Land selbst nicht wird betreten können, setzt Jehoschua vor dem ganzen Volk als seinen Nachfolger ein.

In der Bibel

In der Tora wird die Figur des Jehoschua als Heerführer im Krieg gegen Amaleq (Ex 17,8–16) und als einer der zwölf Landspäher erwähnt (Num 13,6–8; 13,25–14,8). Darüber hinaus erfährt Jehoschua im Buch Jehoschua eine ausführliche Behandlung. Auch in Schoftim und Melachim wird er vereinzelt erwähnt.

In der jüdischen Tradition

In der jüdischen Tradition steht Jehoschua an exponierter Stelle, weil er die Tora unmittelbar von Mosche empfangen hat (mAv I,1). Auch wird Jehoschua mit Mosche verglichen, wobei Mosche allerdings als ranghöher ausgezeichnet wird: ‚Das Gesicht des Mosche gleicht der Sonne, das Gesicht des Jehoschua gleicht dem Mond' (bBB 75a).

Versammlung

Nach Dtn 31,12 versammelt sich das ganze Volk alle sieben Jahre nach dem Sukkotfest, um die Lesung aus der Tora zu hören. Das Buch Devarim verpflichtet Männer, Frauen und Kinder sowie den Fremdling, die Tora zu lernen. Auf der Basis dieses Verses gibt es selbst in modern-orthodoxen Kreisen zunehmend mehr Frauengebetsgruppen (Frauen-Minjan) mit eigener Toralesung, einschließlich der Prozession mit der Torarolle sowie Bat Mizwa Feiern, bei denen ein Mädchen die entsprechenden Abschnitte aus Tora und Haftara vorträgt und den Wochenabschnitt erklärt.

Schreiben der Tora

Im Buch Devarim wird selbst berichtet, wie Mosche die *Worte der Tora* vollendet und in ein Buch schreibt (Dtn 31,24).

Halacha und Religionspraxis

Auf diesem Vers basiert die letzte Mizwa in der Tora, die sich auf das Schreiben eines Sefer Tora (Torarolle) bezieht. Danach ist jede/r verpflichtet, eine

Torarolle nach halachischen Regeln (Pergament aus Leder von reinen Tieren, fehlerfrei) zu schreiben bzw. schreiben zu lassen.

Gottesdienst und häusliche Feier

Haftara
Wenn nicht ohnehin die Haftara zu Schabbat Schuva (i.e. der Schabbat zwischen Rosch ha-Schana und Jom Kippur) gelesen wird, wird Jes 55,6 – 56,8 als Haftara gelesen. Diese Haftara erklingt äußerst selten, da oftmals Schabbat Schuva mit dieser Parascha zusammenfällt, oder aber Nizzavim-Wajjelech als Doppel-Parascha zusammengezogen werden, wobei dann die Haftara von Paraschat Nizzavim gelesen wird.

An Schabbat Schuva wird die Haftara Schuva gelesen: Hos 14,2–10, Joel 2,11–27 und Mi 7,18–20. Sie beginnt mit dem Aufruf *Kehr um!* (hebr.: *schuva!*) und unterstreicht die Mahnung zur Umkehr in den 10 Tagen der Buße (*aseret jeme teschuva*) zwischen Rosch ha-Schana und Jom Kippur.

» Weiteres Thema: Gottespräsenz und der göttliche Name (ha-Schem) S. 229

האזינו
Haasinu (Dtn 32)

Leitfrage
- Wie wird Jisrael in diesem Lied charakterisiert? Was wirft das Lied ihm vor? Welches Gottesbild vermittelt das Lied?

Inhalt
- Das Lied des Mosche

Lieder des Mosche

» Moschelied S. 97; Lied der Devora S. 274; notabene: Lieder außerhalb von Tehillim S. 424

In der Tora werden Mosche zwei Lieder zugeschrieben: Ex 15,1–21 und Dtn 32. Während das erste ein Dank- und Siegeslied über das Meerwunder ist und als wichtige Akteurin auch Mirjam genannt wird (Ex 15,20–21 mit 15,1), ist Dtn 32 ein poetischer Text über die Macht Gottes. Die Besonderheit dieses großen Mosche-Liedes liegt darin, dass es nicht nur die Privilegien des Bundes mit Gott und die Pflichten des Volkes benennt, sondern auch das

Abweichen des Volkes von diesem Weg in einer Weise schildert, die zum Ausdruck bringt, dass sich die Beziehung zwischen Gott und Volk bereits in einer ernsten Krise befindet, und darin so etwas wie eine erste Gesamt-Rückschau bietet. Insofern findet sich in dieser Parascha eine umfassende geschichtstheologische Zusammenschau, in der Jisrael und die Völker gemeinsam betrachtet werden.

Die in Dtn 32,39 formulierte meta-historische Unheilsschau (*Seht nun, daß ich, ichs bin / Und kein Gott neben mir / Ich töte und belebe / Verwunde und ich heile / Und keiner kann aus meiner Hand erretten*) findet sich an zahlreichen Stellen und in ähnlichen Worten bereits in den prophetischen Schriften formuliert (Hos 5,14; 6,2; Am 5,4; Mi 5,7 u.ö.) Ein drittes Lied Mosches überliefert das Buch Tehillim: Psalm 90.

Gottesdienst und häusliche Feier

Haftara
Zu Paraschat Haasinu wird – wenn es nach Jom Kippur fällt – die Haftara 2Sam 22,1–51 gelesen.

» Weitere Themen: Jericho S. 264; Beistandsorakel S. 334; Berit mit Lewi S. 410; Auferstehung der Toten S. 458; notabene: Trauer S. 392

וזאת הברכה
We-sot ha-Beracha (Dtn 33,1–34,12)

Leitfragen
- Vergleichen Sie die Segenssprüche über die Stämme mit denen an die Söhne Jaaqovs in Paraschat Wajjechi (Gen 49). Wo liegen Unterschiede?
- Was erfahren wir in dieser Parascha über Mosche?

Inhalt
- Der Segen des Mosche
- Mosches Tod

Stämme Jisraels

» Die Söhne/Stämme S. 59; Stämme Jisraels S. 263

Gegenüber den Stammeslisten, die an anderer Stelle der Bibel aufgelistet werden, besteht die Besonderheit dieser Stammesliste darin, dass sie sowohl Josef (Dtn 33,13) als auch Efrajim und Menasche aufführt (Dtn 33,17).

Gottesdienst und häusliche Feier

Qeriat ha-Tora
Paraschat We-sot ha-Beracha, die letzte Parascha im Lesezyklus, wird nicht an einem gewöhnlichen Schabbat gelesen, sondern stets an Simchat Tora.

Haftara
Die Haftara, die zu Simchat Tora gelesen wird, ist Jos 1,1–18 (aschkenasisch) bzw. Jos 1,1–9 (sefardisch).

PROPHETEN (NEVIIM)

Einleitung: Die Bücher der Propheten

R. Ada bar R. Chanina sagte: Hätten die Jisraeliten nicht gesündigt, so hätte er ihnen nur die fünf Bücher der Tora gegeben und das Buch Jehoschua (...) (bNed 22b).

Es wird gelehrt: Viele Propheten erstanden in Jisrael, doppelt so viele wie die, die aus Mizrajim ausgezogen waren, aber aufgeschrieben wurde nur die Prophezeiung, die für spätere Generationen nötig war. Die, die nicht nötig war, wurde auch nicht aufgeschrieben (bMeg 14a).

Die jüdische Tradition unterscheidet heute zwischen der Tora, den Vorderen und Hinteren Propheten (Neviim Rischonim und Neviim Acharonim) sowie den Schriften (Ketuvim). Es sind dies jedoch späte Auszeichnungen, die sich in dieser expliziten Zuschreibung und Bedeutung weder in den biblischen noch in den rabbinischen und/oder mittelalterlichen Quellen finden. Sach 1,4 nennt zwar ‚frühere Propheten' (Neviim Rischonim), versteht darunter jedoch all jene, die ihm als Propheten vorausgegangen waren. Das (deuterokanonische) Buch Ben Sira (zwischen 190–175 v.d.Z.) nennt in seinem Prolog (I,8) das ‚Gesetz, die Propheten und die übrigen Bücher', kennt also zwar eine Einteilung in verschiedene Büchergruppen, nennt aber die Propheten gemeinsam. Die rabbinischen Literaturen (bSot 48b; bBer 31a; bYom 53b; tKippurim 2,12) diskutieren, wer zu den ‚früheren Propheten' (Neviim Rischonim) gehöre. Hier können von Dawid über Schemuel und Schelomo alle Propheten (d.h. die Propheten der früheren Generationen) genannt sein; manchmal werden von dieser Auflistung allerdings Chaggai, Secharja und Malachi ausgeschlossen, weil nach ihnen die Prophetie an ihr Ende kam. Das rabbinische Judentum kennt also weder eine Aufteilung der Prophetenbücher in zwei Gruppen noch eine fest umrissene literarische Entität von ‚Vorderen Propheten'. Diese ergibt sich tatsächlich erst mit der Zusammenstellung jener vier Bücher zu den ‚Vorderen Propheten' (Jehoschua, Schoftim, Schemuel und Melachim), die sich explizit erst in den frühen Bibeldrucken und Kommentaren findet (editio princeps der Neviim von Soncino 1485 mit dem Kommentar des Radaq), und erst im Bibelkommentar des Abravanel auch so erwähnt wird. Die frühen Drucke nehmen damit die chronologische Unterscheidung der Rabbinen in frühere und hintere = spätere Propheten auf, wenden sie aber auf die Zusammenstellung der biblischen Bücher in den Bibel-Codices an.

Den fünf Büchern der Tora stehen damit zwei Vierer-Gruppen von Prophetenbüchern gegenüber: die vier Vorderen Propheten (Rischonim: Jehoschua, Schoftim, Schemuel und Melachim) und die vier Hinteren Propheten (Acharonim: Jeschajahu, Jirmejahu, Jechesqel sowie das Zwölfprophetenbuch Tere Asar, i.e. eine Schrift mit den Worten von zwölf verschiedenen Propheten von Hoschea bis Malachi). Aus diesen insgesamt acht Büchern werden die Texte ausgewählt, mit denen die öffentliche Toralesung am Schabbat und an Festtagen abgeschlossen wird, die sogenannte ‚Haftara' (zu den synagogalen Lesungen siehe unten Anhang).

Den Rabbinen galten die Propheten als weniger verbindlich als die Tora, sind aber wichtiger als die Ketuvim, der dritte Teil des Tanach. Die jüdische Tradition hat ihnen zu verschiedenen Zeiten unterschiedliche Bedeutung zugemessen. Dies gilt insbesondere für die Acharonim: Vor allem im 19. Jh., als dem Sittlichkeitsideal ein höherer Stellenwert eingeräumt wurde als kultisch-ritueller Performanz, und ohnehin geistige Führungspersönlichkeiten eine hohe Wertschätzung genossen, betonten besonders die Vertreter des liberalen Judentums die Lehre der Propheten und das prophetische Erbe für die jüdische Gemeinschaft.

Die eingangs zitierten Überlieferungen aus dem babylonischen Talmud spiegeln die Ambivalenz wider, mit der das Judentum seine prophetischen Überlieferungen betrachtet hat. Die prophetischen Schriften werden hier sozusagen als sekundäres Ergebnis permanenter ‚Arbeitsunfälle' des sündigen Jisrael charakterisiert. Sowohl die Neviim Rischonim als auch die Neviim Acharonim zeigen, dass und wie prophetische Figuren die Geschichte Jisraels von den Anfängen bis zum Untergang des Staatswesens durch die Babylonier im Jahr 586/5 v.d.Z. durchgehend kommentierend begleitet haben. Spätere Generationen entschieden dabei, was auslegungsbedürftig und -fähig war und haben dies auch durchaus selbstkritisch bestimmt. Dabei haben sich die jüdischen Tradenten in der Annahme der prophetischen Drohworte und Schuldzuweisungen nichts geschenkt.

Bereits in den Rischonim finden sich Überlieferungen von einzelnen Propheten oder Prophetengruppen in lose aneinandergefügten Erzählkreisen, aber diese Zusammenstellungen bilden noch keine einem spezifischen Propheten zugeschriebene und darin auch sprachlich individuell ausgestaltete Schrift. Allerdings stellen auch die Acharonim keine (autobiographisch verfassten) ‚Prophetentraktate' dar. Sie enthalten neben biografischen Berichten vor allem Spruchworte (oftmals ohne jede metakommunikative Einleitung), die den Propheten zugeschrieben, von Späteren ausgedeutet und durch anderes Material angereichert wurde. Die Bibeltextüberlieferung (Qumran; Josephus) kennt dabei vier Prophetenbücher bzw. Propheten-Rollen: Jes, Jer, Ez und Tere Asar = XII. Die Einteilung in (3) *prophetae maiores* und (12) *minores* entstammt der Vulgata. In dieser Schriftprophetie lassen sich einige stilistisch klar erkennbare Textsorten ausmachen, die für diese Bücher charakteristisch sind, z.B. Berufungs- und Visionserzählungen, Berichte über prophetische Zeichenhandlungen, Droh- oder Unheilsankündigungen, Weissagungen, Mahnworte (vor allem Kritik am bestehenden Kultus) sowie Geschichtsrückblicke. Manche Einleitungsformeln, die in der modernen Forschung zumeist mit den Begriffen ‚Botenformel' oder ‚Wort-Geschehens-Formel' umschrieben werden, lassen mündliche Überlieferung und Gesprächssituationen erahnen.

Sowohl die Rischonim mit ihren überlieferten Berichten über die Prophetengruppen als auch die Acharonim zeichnet aus, dass die in ihnen beschriebenen Prophetenfiguren die (weltpolitischen) Ereignisse, d.h. also die anthropologischen Geschichts- und Handlungsräume durchgehend in theologischen Kategorien deuten und kritisch hinterfragen. Die Propheten mischten sich ein, und die Bibel macht deutlich, dass sie sich damit bei den damaligen Herrschenden nicht eben beliebt machten! Die Schärfe, mit der Elija und Elischa, Hoschea oder Jeschajahu die Ereignisse – zuächst die Bedrohung durch die Aramäer, dann die Bedrohung durch Aschschur – als Ergebnis eines Prozesses der Entfremdung und des Abfalls Jisraels von Gott interpretieren, sucht ihresgleichen in den anderen Büchern des Tanach. Hierin liegt gleichzeitig auch die Größe des jüdischen ‚kulturellen Gedächtnisses', dass es die Brüche, Krisen und Diskontinuitäten der Geschichte Gottes mit seinem Volk nicht nachträglich geglättet, sondern die prophetische Kritik in ihrem vollen Umfang weitergegeben, und so auch dieser Teil der Geschichte Jisraels seinen Platz (und seine bleibende Gültigkeit!) im und mittels des Tanach gefunden hat.

Überblick

Jehoschua	Schoftim	Schemuel (I)			Schemuel (II)	
Jehoschua Eroberung Landverteilung	Richter- erzählungen	Schemuel	Schaul	Schaul und Dawid	Dawids Herrschaft	Aufstände gegen Dawid

Melachim (I)			Melachim (II)		
Nachfolge Dawids	Schelomo	Jisrael und Jehuda	Der Prophet Elijahu	Der Prophet Elischa	Bis zum Ende Jisraels	Bis zum Ende Jehudas

			Tere Asaar
Jeschajahu	Jirmejahu	Jechesqel	Hoschea, Joel, Amos, Ovadja, Jona, Micha, Nachum, Chavaquq, Zefanja, Chaggai, Secharja, Malachi

יהושע
Das Buch Jehoschua (Josua)

Landeroberung (1 – 12)
  1 Anweisung zur Eroberung
  2 Die Landspäher
  3 Durchquerung des Jarden
  5 Beschneidung und Pesach
  5 Erscheinung vor Jehoschua
  6 Eroberung Jerichos
  7 Veruntreuung am Banngut
  7 Eroberung von ha-Ai
  8 Altarbau und Verlesung der Weisung (Eval; Gerisim)
  9 Die List der Giv'oniter
10 – 11 Kämpfe und Eroberungen
  12 Liste der eroberten Gebiete

Landverteilung (13 – 19)
13 – 14 Landverteilung nach Mosches Plan
  14 Der Anspruch Kalevs
  15 Das Gebiet für Jehuda
16 – 17 Efrajim und Menasche
18 – 19 Die übrigen Stämme
  19 Jehoschuas Stadt

Abschluss (20 – 24)
  20 Die Zufluchtsstädte
  21 Die Städte der Lewiten
  22 Entlassung der Stämme des Ostjordanlandes
  22 Der Altarbau der Stämme des Ostjordanlandes
  23 Die Rede Jehoschuas
  24 Rückblick
  24 Der Bund zwischen dem Volk und Jehoschua
  24 Jehoschuas Tod
  24 Das Begräbnis Josefs

Umfang und Inhalt

24 Kapitel. Das Buch Jehoschua nimmt den Erzählfaden, der das Buch Devarim mit dem Tod Mosches schließen lässt, auf und schildert die Landeroberung Kenaans sowie die Verteilung des Landes unter den einzelnen Stämmen. Ist in der Erzählung vom Auszug der Jisraeliten und der Wüstenwanderung Mosche die eigentliche Leitfigur, so agiert hier Jehoschua als Nachfolger Mosches und als Anführer der Stämme Jisraels.

Charakteristik

Das Buch Jehoschua zeigt ein starkes Bemühen um inhaltliche und literarische Kontinuität zur Tora. Dies gilt insbesondere für die Figur des Jehoschua als dem Nachfolger Mosches. So finden sich immer wieder Berichte über Jehoschua, die den Erzählungen über Mosche innerhalb der Tora nachempfunden sind, z.B. die Gotteserscheinung in Jericho, der Kampf um ha-Ai oder die Verlesung des Gesetzes.

Bedeutung

Die Bedeutung des Buches liegt in seiner umfassenden Aufzählung geografischer Details: Neben der Liste der eroberten Gebiete, finden sich ausführliche Aufzählungen der Grenzstädte, der Zufluchts- und Lewitenstädte sowie die Verteilung der einzelnen Stammesgebiete.

Leitfragen

- Welche Erzählungen im Buch Jehoschua erinnern an Überlieferungen in der Tora? Inwieweit wird Jehoschua mit Mosche verglichen?
- Welche Städte nehmen die Kinder Jisraels ein, und auf welche Weise geschieht dies? Welche Zufluchtsstädte werden erwähnt? Was sind Lewitenstädte?
- Welche Rolle spielt der Aron ha-Qodesch in diesem Buch? Gibt es eine inhaltliche Unterscheidung?

Jehoschua

» Jehoschua S. 187; 253

Nachdem Jehoschua in der Tora bereits eingeführt und in die Nähe des Mosche gerückt worden ist, erzählt nun das Buch Jehoschua, wie er als Anführer der Jisraeliten militärisch das Land einnimmt und anschließend das Land unter den einzelnen Stämmen verteilt. Dabei stilisiert dieses Buch Jehoschua als eine Art Moses Redivivus: Auch Jehoschua wird als ‚Diener des Ewigen' bezeichnet (Jos 24,29); der Ewige gibt auch an Jehoschua direkte Anweisungen, die er den Jisraeliten weitergeben soll (Jos 20,1). Die deutlich als Motiv-Parallelen gestalteten Erzählungen von Jehoschuas Wirken (Pesach; Gotteserscheinung) lehnen sich eng an die Mosche-Überlieferungen an.

Rückbezüge auf die Tora

Das Buch Jehoschua setzt nicht nur die erzählte Geschichte der Bücher Bemidbar und Devarim fort, sondern weist darüber hinaus auch stilistische und motivische Parallelen zu den Büchern der Tora auf. Damit wird die nun erzählte Geschichte über Jehoschua eng an die Geschichte Mosches gebunden und Jehoschuas Autorität der Autorität Mosches angeglichen. Zu den einzelnen stilistischen und motivischen Parallelen zwischen dem Buch Jehoschua und der Tora vgl. den Kasten auf der folgenden Seite.

Das Buch Jehoschua (Josua)

Die Rückbezüge auf die Tora
- Landspäher: Jos 2 > Num 13: Landspäher
- Durchzug durch den Jarden: Jos 3,14–17 > Ex 14: Durchzug durch das Meer
- Frage der Söhne: Jos 4,6f. > Ex 12,26; 13,14; Dtn 6,20: Frage der Söhne
- Pesach in Gilgal und Beschneidung Jisraels: Jos 5,2 – 5.10f. > Ex 12: Pesach in Mizrajim
- Gotteserscheinung in Jericho: Jos 5,13–15 > Ex 3: Gotteserscheinung aus dem brennenden Dornbusch
- Jehoschuas Fürbitte für das Volk nach Achans Diebstahl: Jos 7,7–9 > Ex 32,11–14; Dtn 9,26–29: Mosches Fürbitte für das Volk nach der Sünde durch das Stiergussbild > Num 14,13–19: Mosches Fürbitte nach dem Murren des Volkes als Folge des Berichtes der Landspäher
- Kampf um ha-Ai: Jos 8,14–19 > Ex 17: Kampf gegen Amaleq
- Gesetzesabschrift (*Mischne Torat Mosche*) und Verlesung des Gesetzes an Eval und Gerisim: Jos 8,32–35 > Dtn 27 – 28: Segen und Fluch von Eval und Gerisim
- Wunderhafte Siege über die Amoriter (Stillstand der Sonne): Jos 10,12–13 > Ex 17,11f: Wunderhafter Sieg über Amaleq (die erhobenen Arme Mosches)
- Könige stehen Jehoschua mit verhärtetem Herz gegenüber: Jos 11,20 > Ex 4,21: verhärtetes Herz des Pharao in Mizrajim
- Bund in Schechem mit der Niederschrift eines Buches: Jos 24,25f. > Ex 24,7; Dtn 31,9; u.ö.: Bund am Sinai mit der Niederschrift eines Buches
- Tod Jehoschuas mit 110 Jahren: Jos 24,29 > Mosches Tod mit 120 Jahren, Dtn 34,7

Stämme des Ostjordanlandes

» Die Söhne/Stämme S. 59; Stämme Jisraels S. 255; 267 und die Übersicht über die Stämme S. 69

Bereits in der Tora wird berichtet, dass die Stämme Reuven, Gad und der halbe Stamm Menasche sich von den anderen lösen und bereits vor der eigentlichen Landnahme ihr Land östlich des Jarden zugesprochen bekommen (Num 32; Dtn 3,12–17). In Jos 1,10–18 wird nun auf das Versprechen dieser Stämme rekurriert, bei der Landnahme mitzuhelfen. Damit wird auch der für das Buch Jehoschua zentrale Gedanke fortgeführt, dass die Eroberung des Landes eine gemeinsame Aktion des ganzen Volkes sein soll. Dennoch bleiben diese Stämme im Buch Jehoschua von den anderen Stämmen getrennt (Jos 13,8–33). Dass diese Stämme in der weiteren Darstellung der Geschichte eine besondere Stellung zugewiesen bekommen, zeigt auch das Lied der Devora (Ri 5,15–16). Dort wird erzählt, dass die Stämme Reuven und Gad beim Kampf gegen Sisera sehr zögerlich gewesen seien. Das Buch Melachim berichtet, dass die Ostjordanstämme während der Regierungszeit Jehus (ca. 841–814 v.d.Z.) vernichtet wurden (2Kön 10,32f.).

Der heilige Kasten

» Der heilige Kasten S. 115; 225; 290; 307

Der heilige Kasten (*aron ha-qodesch*), in dem die Gesetzestafeln liegen und dessen Kapporet („Deckel") die Gegenwart Gottes symbolisiert, wird auf der Wanderung durch die Wüste stets an der Spitze der Marschordnung von Priestern/Lewiten getragen (Num 4,5–48). Bereits in den Überlieferungen der Tora kommen dem heiligen Kasten für die Erkundung des Weges und für den Kampf mit anderen Völkern besondere, wirkmächtige Funktionen zu (Num 10,33; 14,39–45). Diese Funktionen werden im Buch Jehoschua besonders hervorgehoben, zunächst bei der Durchquerung des Jarden, aber auch bei der Eroberung Jerichos:

- Der Kasten zieht dem Volk voran: Jos 3,6
- Der Kasten bewirkt, dass die Wasser des Jarden wie ein Wall stehen bleiben: Jos 3,13.15
- Der Kasten zieht bei der Eroberung Jerichos mit und bewirkt, zusammen dem Lärm der Widderposaunen, dass die Mauern Jerichos fallen: Jos 6
- Der Kasten steht zwischen Eval und Gerisim, während die Weisung gelesen wird: Jos 8,33

Jericho

Die ausführlichste Behandlung erfährt die Stadt Jericho im Buch Jehoschua: Hier wird die Landspähergeschichte mit der Erzählung von der Hure Rachav (Jos 2,1–21; 6,22–25) verbunden. Jericho ist die erste Stadt, die bei der Landnahme erobert wird (Jos 6,1–21), und zwar nicht einfach durch kriegerische Handlungen, sondern durch ein besonderes Wunder (Widderhörner). Jericho wird von Jehoschua mit einem besonderen Fluch belegt (Jos 6,26f., vgl. aber 1Kön 16,34). Literarisch bildet die Stadt Jericho einen geografischen Anknüpfungspunkt an die Tora, denn die letzte Rede Mosches, von der das Buch Bemidbar berichtet, wird an die Stadt Jericho gebunden (Num 33,50; 36,13). Das Buch Devarim verweist dort auf Jericho, wo es den Berg Nevo beschreibt („gegenüber Jericho"), auf dem Mosche stirbt (Dtn 34,1).

Beschneidung

» Beschneidung S. 41

Die Erzählung der Beschneidung des Volkes durch Jehoschua nimmt zwei Elemente der Tora auf:

- Die Ansage Gottes, dass kein Jisraelit (über 20 Jahre), der aus Mizrajim ausgewandert ist, das zu erobernde Land je sehen wird (Num 14,20–38)
- die halachische Bestimmung, dass kein Unbeschnittener am Pesach teilnehmen darf (Ex 12,48). Das Buch Jehoschua berichtet, dass während der Wüstenwanderung selbst keine Beschneidungen stattfanden (Jos 5,7). Die Schilderung von der Beschneidung wird daher konsequent direkt vor die Erzählung vom ersten Pesach im Land eingeschaltet.

Pesach

» Pesach S. 85; 183

Bevor die Jisraeliten mit der Eroberung des Landes beginnen, lässt das Buch Jehoschua die Zeit der Wüstenwanderung endgültig durch die Feier eines Pesach zu ihrem Abschluss kommen (Jos 5,10–12). Die Schilderungen des Pesach bilden damit den literarischen Rahmen der Wüstenwanderung insgesamt, denn diese wird in der Tora mit einem Pesachfest eingeleitet (Ex 12). Parallel dazu wird auch davon berichtet (Jos 5,12), dass von diesem Pesachfest an das *Man*, das die Hauptnahrung während der Wüstenwanderung gewesen war, ausblieb.

Gotteserscheinung

» Gotteserscheinungen S. 74

Die Erzählung von der Gotteserscheinung, die Jehoschua zuteil wird, wird der Eroberung Jerichos vorangestellt (Jos 5,13–15) und möchte damit vor allem die Autorität des Jehoschua unterstreichen. An dieses Visionserlebnis ist erzählerisch der Hinweis auf den heiligen Ort und die Anweisung zum Schuheausziehen geknüpft (Jos 5,15, vgl. Ex 3,5: Dornbusch!). Der Mann, der Jehoschua mit einem Schwert in der Hand erscheint, weist auf die künftigen kriegerischen Auseinandersetzungen hin. Darüber hinaus hat Jehoschua bereits Anweisungen und einen klaren Auftrag von Gott (ohne Gotteserscheinung) erhalten: Jos 1,1–9.

Schriftliches Gesetz

» Esra und die Verpflichtung auf die Weisung Mosches S. 460

Das Buch Jehoschua bezieht sich immer wieder auf ‚die' Tora. Es zitiert die ‚Weisung Mosches' auch wörtlich (z.B. Jos 8,31; 23,6). Jehoschua liest die ‚Weisung Mosches' dem ganzen Volk vor: Jos 8,32–35. Auf die Weisung Mosches verpflichtet Jehoschua das ganze Volk (Jos 23,6).

Kriege der Stämme Jisraels

» Kriege S. 207; Krieg S. 239

Das Motiv eines von Gott geführten Krieges Jisraels gegen seine Feinde ist ein Thema, das bereits in der Tora eingeführt worden ist und im Buch Jehoschua aufgenommen wird, vor allem bei der Schilderung der Eroberung Jerichos (Jos 6,1–16), wo die Eroberung geradezu als kultischer Akt geschildert wird (Priester ziehen mit Widderhörnern und dem Aron voran; siebenmalige Umkreisung der Stadt). Dagegen wird der Krieg gegen ha-Ai (Jos 8,1–29) von Gott angeordnet, der auch den Sieg voraussagt (Jos 8,1), doch ist die Durchführung des Krieges und der Sieg nicht einem Wunder zu verdanken, sondern der militärischen Planung (List!) des Jehoschua. Verhalten sich die Jisraeliten nicht so, wie Gott es von ihnen erwartet, so kann dadurch eine kriegerische Auseinandersetzung verloren werden (Jos 7,1–15; vgl. bereits Num 14,39–45).

> **Kriege im Buch Jehoschua**
> - Gegen die Amoriterkönige: Jos 10,1–15, von Gott angeordnet (Jos 10,8), mit Hilfe Gottes auch siegreich geführt (Jos 10,10.11)
> - Gegen die Südstädte: Jos 10,28–43; meist werden lediglich die reinen Kriegshandlungen dargestellt (Jos 10,32.40.42)
> - Gegen die Könige im Norden: Jos 11,1–9; von Gott angeordnet (Jos 11,6) und unter seiner Einwirkung zu Ende gebracht (Jos 11,8.9)
> - Gegen Chazor: Jos 11,10–14; Jehoschua handelt so, wie Mosche es befohlen hatte (Jos 11,12); Gott wirkt hier nicht mit
> - Gegen die Anakiter: Jos 11,21f.

Landnahmeerzählung

Es gab wohl kaum ein Thema, das die historisch-archäologische Forschung so beschäftigt hat wie die biblischen (und durchaus disparaten) Darstellungen

der Landeroberung (Frevel 2018, 67–96). Das im Buch Jehoschua beschriebene militärische Modell der Landeroberung gilt in der bibelwissenschaftlichen Forschung heute als das historisch unwahrscheinlichste. Als Merksätze sei hier auf die von Frevel gestaltete Vergleichsdarstellung verwiesen (ebd. S. 75):
- Jos 1 – 12: Jisrael entsteht gegen Kenaan ('Invasionsmodell').
- Ri 1,27–34: Jisrael entsteht neben Kenaan ('Infiltrationsmodell').
- Amarnabriefe: Jisrael entsteht aus Kenaan ('Revolutionsmodell').
- Archäologische Befunde: Jisrael entsteht in Kenaan ('Evolutionsmodell').

Gerade in seiner stilisierten Darstellung der Landeroberung und -verteilung ('Posaunen vor Jericho'!) verweist aber das Buch Jeschoschua seine Leser und Leserinnen sehr konsequent auf die literaturgestaltende Deutung der Geschichte.

Stämme Jisraels

≫ Die Stämme S. 69

Da es im Buch Jehoschua um die Aufteilung des Landes geht, werden auch die Stämme Jisraels aufgezählt und bestimmten Gebieten zugeordnet. Die Aufzählung der Stämme weist keine Besonderheiten auf. Der Stamm Lewi wird, da er kein Land zugewiesen bekommt, nicht mitgezählt, der Stamm Josef dagegen wird in die beiden Stämme Efrajim und Menasche unterteilt (Jos 17,14–18).

Kalev

Kalev wird bereits in der Tora erwähnt: Er ist einer der zwölf Landspäher und neben Jehoschua der einzige, der das Volk nach der Erkundung des Landes wieder beruhigt (Num 13,6.30; 14,6). Deshalb erhält auch er die Zusage, in das Land einziehen zu können, während die anderen Landspäher und alle Jisraeliten für ihr Verhalten bestraft werden, indem ihnen der Einzug in das Land verwehrt wird (Num 26,65, Dtn 1,36; zur Genealogie 1Chr 2,18f.42.48–50). Im Buch Jehoschua wird nun an diese Tat erinnert und davon berichtet, wie Kalev aufgrund dessen einen besonderen Anteil am Land einfordert (Jos 14,6–15) und dafür die Stadt Chevron erhält. In Jos 15,13–19 (vgl. auch Ri 1,10–15) wird davon berichtet, wie Kalev diesen Teil, der ihm von Jehoschua zugesagt worden ist, einnimmt und besetzt. Weil allerdings Chevron gleichzeitig auch als Lewitenstadt ausgezeichnet ist (Jos 21,11), wird in Jos 21,12 die Einschränkung notwendig, dass Kalev nicht die ganze Stadt Chevron erhält, sondern lediglich das Ackerland und die Höfe um Chevron herum.

In der jüdischen Tradition

In der jüdischen Tradition wird dieser besondere Landanteil des Kalev, der durch göttliche Bestimmung und nicht durch Losverfahren ermittelt wird, auf die Tat des Kalev zurückgeführt. Auch gilt Kalev, der Mirjam heiratet, als Stammvater Dawids (bSot 11b).

Zufluchtsstädte

» Zufluchtsstädte S. 210

Die Einrichtung der Zufluchtsstädte wird in der Tora neben Dtn 4,41–43 an zwei weiteren Stellen erwähnt (Num 35,9–34 und Dtn 19,1–13). Dem Buch Devarim zufolge bestimmt Mosche die ostjordanischen Städte, weil auch das Ostjordangebiet bereits von Mosche aufgeteilt wird. Die westjordanischen Zufluchtsstädte werden von Jehoschua bestimmt (Jos 20). Die Städte im Einzelnen sind:
- Von Mosche ausgewählte Städte östlich des Jarden (von Nord nach Süd): Golan; Ramot; Bezer: Dtn 4,43f.
- Von Jehoschua festgesetzte Städte westlich des Jarden (von Nord nach Süd): Qedesch; Schechem; Chevron: Jos 20,1–9.

Auch die Überlieferung der Zufluchtsstädte im Buch Jehoschua insistiert also darauf, dass Jehoschua Anweisungen, die in der Tora gegeben werden, zur Ausführung bringt.

Lewitenstädte

Da die Lewiten kein eigenes Gebiet zugeordnet bekommen, werden ihnen bereits von Mosche 48 Städte zugesagt (Num 35,1–8). Diese Zusage wird von den Lewiten nun eingefordert (Jos 21; vgl. auch 1Chr 6,39–66). Wie bereits anhand anderer Motive dokumentiert (Landverteilung; Zufluchtsstädte u.a.), zeigt sich auch hieran beispielhaft das Bemühen einer *literarischen* Kontinuität zwischen der Tora und dem Buch Jehoschua:
- Kehatiter: 13 Städte von den Stämmen Jehuda, Schimon und Binjamin; 10 Städte von den Stämmen Efrajim, Dan und Halb-Menasche
- Gerschoniter: 13 Städte von den Stämmen Jissachar, Ascher, Naftali und Halb-Menasche
- Merariter: 12 Städte von den Stämmen Reuven, Gad, Sevulun.

Die einzelnen Städte werden in Jos 21,9–42 aufgezählt und bestimmt.

Das Buch Jehoschua (Josua) 269

Versammlung in Schechem

» Berit S. 30; 41; 58; 110; 125; 218; 251; 410

Das Buch Jehoschua schließt mit der Erzählung, wonach Jehoschua die Jisraeliten in Schechem versammelt, um sie noch einmal auf Gott zu verpflichten (Jos 24): Nochmals wird ein Bund zwischen Gott und Jisrael geschlossen. Der Bundesschluss wird als Zeremonie in sieben Schritten beschrieben:
- Geschichtlicher Rückblick und Mahnung (Jos 24,2–15)
- Akklamation durch das Volk (Jos 24,16–18)
- nochmalige Konsequenzen aus dem Bund (Jos 24,19f.)
- nochmalige Akklamation durch das Volk (Jos 24,21)
- Akklamation der Zeugenschaft des Volkes (Jos 24,22)
- Niederschrift des Gesetzes und des Rechts (Jos 24,25f.)
- Akklamation der Zeugenschaft durch einen Stein (Jos 24,27).

Gottesdienst und häusliche Feier

Talmud Tora

In der Tora wird geboten, seine Kinder religiös zu unterweisen. Es findet sich jedoch nirgends eine Anweisung, auch selbst stetig zu lernen. Daher führt Maimonides in *Mischne Tora, Hilchot Talmud Tora* 1 neben Dtn 6,9 auch Jos 1,8 als biblischen Beleg für das Lernen an: *Nicht weiche dieses Buch der Weisung von deinem Mund, und murmle daraus Tag und Nacht (...)*.

Haftarot

Aus dem Buch Jehoschua werden als Haftara folgende Abschnitte gelesen:
- Jos 1,1–18 (aschkenasisch); Jos 1,1–9 (sefardisch) wird zu Paraschat Sot ha-Beracha an Simchat Tora gelesen, zu der Parascha also, die den Abschluss der Tora bildet. Damit werden Tora und Neviim auch im Gottesdienst miteinander verbunden.
- Jos 2,1–24 wird zu Paraschat Schelach gelesen, das verbindende Glied zwischen Haftara und Qeriat ha-Tora ist die Landspähergeschichte.
- Jos 3,5–7; 5,2 – 6,1; 6,27 wird wegen des Rückbezugs auf das erste Pesach nach der Wüstenwanderung als Haftara zum ersten Tag des Pesachfestes gelesen.

» Weitere Themen: Avraham S. 35; Jaaqov S. 52; Mosche S. 73; Gotteserscheinungen S. 74; 265; Auszug aus Mizrajim S. 84; 336; Heiligtum S. 113; 130; Der heilige Kasten S. 115; 225; 290; 307; Priester S. 120; 146; Elasar S. 177; Bil'am S. 198; Pinchas S. 200; Otniel S. 273; Los S. 292; Jeruschalajim S. 272; Schilo S. 286; Sesshaftwerdung S. 271; Beistandsorakel S. 334; Fluchandrohung S. 446; notabene: Trauer S. 392

שׁוֹפְטִים
Das Buch Schoftim (Richter)

Vorspann (1,1 – 3,6)
1 – 2 Landeroberung
2 Der falsche Weg Jisraels
3 Einsetzung von Richtern

Die Richter (3,7 – 16,31)
3 Die nicht vertriebenen Völker
3 Otniel
3 Ehud
3 Schamgar
4 Devora und Baraq
5 Das Lied der Devora
Gid'on
6 Gid'ons Berufung
7 Sieg gegen Midjan
8 Der Königswunsch
8 Gid'ons Tod
9 Avimelech als Stadtkönig von Schechem
9 Jotamfabel
9 Avimelechs Herrschaft
10 Tola und Jaïr

10 Der falsche Weg Jisraels
11 – 12 Jiftach
12 Ivzan, Elon und Avdon
Schimschon
13 Geburt des Schimschon
14 – 15 Schimschon und die Pelischtäer
16 Schimschon und Delila
16 Schimschons Gefangenschaft und Tod

Michajehu, Dan und Binjamins Schandtat (17 – 21)
17 Das Heiligtum des Michajehu und der Lewit als Priester
18 Der Lewit und die Danite
19 Die Schandtat an der Frau eines Lewiten durch die Bewohner Giv'as
20 Die Bestrafung
21 Krieg gegen Javesch-Gil'ad
21 Raub der Mädchen von Schilo

Umfang und Inhalt

21 Kapitel. Das Buch Schoftim befasst sich mit den charismatischen Stammesführern (,Retter'; ,Richter'), die die militärischen Geschicke Jisraels nach dem Tod Jehoschuas bis zur Etablierung der Monarchie in Jisrael lenken.

Charakteristik

Ebenso wie in den nachfolgenden Büchern Schemuel und Melachim die Königszeit wird in Schoftim die frühe Periode des Landbesitzes und die Auseinandersetzungen mit den im Land bereits ansässigen Völkern (Pelischtäer, Kenaanäer, Zodonier und Hiwwiter; Ri 3) geschichtlich gedeutet. Dabei spielt das Motiv des ,Abfalls' der Jisraeliten von Gott eine zentrale Rolle. Das Buch

Das Buch Schoftim (Richter)

Schoftim beschreibt die Ereignisse dabei nach einem gleichmäßigen Erzählmuster (sog. ‚Richterschema'): ‚Götzendienst' (*Aber die Kinder Jisraels taten weiter, was übel war in den Augen des Ewigen*; Ri 3,12; 4,1; 10,6; 13,1) führt zur Unterdrückung; die Unterdrückung evoziert den Hilfeschrei zu Gott, der wiederum einen Retter schickt. Geht es dem Volk dann wieder gut, fällt es wieder in alte (schlechte) Gewohnheiten zurück. Dies führt zu Unterdrückung usw.

Bedeutung

Die Bedeutung des Buches liegt vor allem in der Darstellung der jeweiligen charismatischen Helden, auf denen der Geist des Ewigen ruhte. Mit Ausnahme von Devora sind diese Retter keine Richter im judikativen Sinne, sondern charismatische Heerführer (jeweils einzelner Stämme), die die Jisraeliten von verschiedenen Fremdunterdrückern befreien und deren ‚Amt' auch nur von begrenzter Dauer ist. Mit den Erzählungen um Gid'on/Jerubaal (Fabel des Jotam; Ri 9) zeigt auch das Buch Schoftim die literarische Auseinandersetzung um das Königtum. Dass in der traditionellen Liturgie (Amida, 11. Bitte) die Bitte ausgesprochen wird, dass wieder ‚Richter' erstehen mögen, zeigt das hohe Ansehen der Richter in der jüdischen Tradition.

Leitfragen

- Von wie vielen ‚Richtern' und ‚Rettern' erzählt das Buch Schoftim? Wie sind ihre Namen? Für welche Gebiete sind sie jeweils zuständig? Von welchen Richtern werden besondere Ereignisse erzählt?
- Welche Völker sind die Feinde Jisraels in der Zeit der Richter? Wo liegen ihre Gebiete?
- Von welchen Stämmen erzählt das Buch Schoftim? Welche nennt das Lied der Devora?
- Welche (starken) Frauen kommen im Buch Schoftim vor? Was waren ihre Leistungen?

Sesshaftwerdung / Landnahme

Wird die Landeroberung nach dem Buch Jehoschua als konzertierte Aktion aller Stämme erzählt (vgl. auch oben S. 266), so findet sich eine andere Darstellung im Buch Schoftim: Die Stämme erobern einzeln und erst allmählich verschiedene Gebiete und bewohnen zunächst nur das Bergland. Das Buch Schoftim listet auch auf, welche Gebiete *nicht* erobert werden können (Ri 1,21–36). Dies betrifft die Stämme Binjamin, Menasche, Efrajim, Sevulun, Ascher, Naftali und Dan.

> **Landeroberung und Sesshaftwerdung**
> - Im Süden ansässig: Jehuda (Eroberung Jeruschalajims in Ri 1,8; dagegen Ri 1,21: Nichteroberung Jeruschalajims durch Binjamin) und Schimon
> - Josef und Binjamim, die mittelpalästinischen Stämme
> - Dan versucht zunächst, westlich von Jeruschalajim Fuß zu fassen, kann sich hier aber nicht halten (Ri 13 – 16); seine endgültige Niederlassung findet er im Norden bei den Jardenquellen (Jos 19,40–48; Ri 17)
> - Die Nordstämme: Sevulun, Jissachar, Ascher und Naftali
> - Reuven und Gad: Ostjordanland

Jeruschalajim

» Jeruschalajim S. 298; Zijjon S. 334; 376

Auf die Stadt Jeruschalajim wird in der Tora niemals explizit verwiesen. Manche Ausleger (Ibn Esra; Ramban) sahen jedoch in dem in Gen 14,18–20 erwähnten Schalem (Malki-Zedeq, König von Schalem; Gen 14,18) einen Hinweis auf Jeruschalajim. Erst im Buch Jehoschua findet Jeruschalajim Erwähnung (Jos 10,1–5). Allerdings wird hier nichts davon berichtet, dass die Stadt von den Jisraeliten eingenommen worden wäre. Dagegen sprechen schon die Notizen in Ri 1,8.21. Bleiben die literarischen Aussagen über Jeruschalajim vielfach im Dunkeln (vgl. auch 2Sam 5,6–9; 1Chr 11,4–7), so gilt dies auch für die historische Rekonstruktion (Frevel 2018, 142–149).

Richter (*schoftim*)

» Richter S. 216

Die Richter (Sg. *schofet*; Pl. *schoftim*) sind so etwas wie Häuptlinge oder Stammesfürsten (Gertz 2016, 293), die zum einen richterliche Funktionen ausüben, zum anderen aber auch militärische Aufgaben wahrnehmen und darin zu ‚Rettern' (Sg. *moschia*; Ri 3,9.15; 6,9; 6,36; 12,3) werden können. Dabei werden sie bisweilen als charismatische Führer dargestellt, die Bedrohungen von außen abwenden können, weil sie durch den ‚Geist Gottes' ergriffen und damit ausgewählt wurden, diese militärische Aufgabe für einen begrenzten Zeitraum zu übernehmen. Sie üben diese Funktion auch zumeist nicht für ‚ganz Jisrael' aus, sondern agieren in aller Regel in und für einen einzelnen Stamm. Das Erzählschema umfasst dabei zumeist folgende Elemente:
- Jisrael handelt übel in den Augen des Ewigen.
- Jisrael wird durch ein fremdes Volk unterdrückt.
- Jisrael schreit zu Gott.

Richter	Retter
• Tola (Ri 10,1–2)	• Schamgar (Ri 3,31)
• Jaïr (Ri 10,3–5)	• Otniel (Ri 3,7–11)
• Ivzan (Ri 12,8–10)	• Ehud (Ri 3,12–30
• Elon (Ri 12,11–12)	• Devora (mit Baraq) (Ri 4,1 – 5,31)
• Avdon (Ri 12,13–15)	• Gid'on (Ri 6,1 – 8,32)
	• Jiftach (Ri 10,6 – 12,7)
	• Schimschon (Ri 13,1 – 16,31)

- Gott begeistet einen Richter und schickt ihn den Jisraeliten.
- Jisrael befreit sich durch den Retter/Richter von der Bedrohung.

Otniel

Otniel wirkt als begeisteter Retter (Ri 3,9–11). Er wird bereits im Buch Jehoschua (Jos 15,17) als der Eroberer der Stadt Devir/Qirjat Sefer erwähnt (vgl. auch Ri 1,13). Er ist ein Bruder Kalevs (dagegen 1Chr 4,13) und erhält als Belohnung für die Eroberung der Stadt Kalevs Tochter Achsa zur Frau (zu diesem Motiv vgl. auch 1Sam 17,25).

In der jüdischen Tradition

In der jüdischen Tradition wird Otniel als derjenige betrachtet, der nach dem Tod Mosches das Studium der Tora, vor allem der mündlichen Tora, wieder eingeführt hat (bTem 16a).

Ehud

Auch Ehud wirkt als Retter, und zwar im Gebiet Binjamin (Ri 3,15). Die Geschichte ist als Heldensage stilisiert und wirkt an manchen Stellen fast komisch: So wird berichtet, wie Ehud den moabitischen fett-feisten König Eglon im gebälkten Obergemach ('Donnerbalken') ersticht. Ähnliche Heldensagen finden sich noch in Ri 4,17–22 (Jael und Sisera); 1Sam 11 (Schaul); 1Sam 14 (Jonatan/Jehonatan).

Devora

Devora ist unter den Richtern die einzige Frau, die darüber hinaus auch als Prophetin bezeichnet wird. Sie richtet unter der Deborapalme (Ri 4,4f.). Daneben wird sie als Dichterin geschildert (Ri 5,1) und führt den Titel ‚Mutter in Jisrael' (Ri 5,7). Obwohl Devora weiß, was Gott befiehlt (Ri 4,6), wird sie nicht explizit als begeistet ausgezeichnet. Devora wird auch nicht als die alleinige Feldherrin gegen Sisera, den kenaanitischen Feldherrn, geschildert, vielmehr steht ihr stets Baraq zur Seite. Dennoch ist die gesamte Erzählung auf die zentrale Rolle Devoras hin angelegt (Ri 4,8f.).

In der jüdischen Tradition
In der jüdischen Tradition gilt Devora als eine der sieben Prophetinnen (neben Sara, Mirjam, Channa, Avigajil, Chulda und Ester; bMeg 14a). Allerdings kritisieren die Rabbinen Devora als eine der beiden hochmütigen Prophetinnen (die andere war Channa), da sie nach Baraq schickt (Ri 4,6) und nicht selbst zu ihm geht (bMeg 14b). Den Titel, den sich Devora beilegt („Mutter in Jisrael'), verstehen die Rabbinen als pure Prahlerei, weshalb ihr die Prophetie nur solange blieb, wie sie ihr Lied sang (bPes 66b).

Lied der Devora

» Lieder des Mosche S. 254; notabene: Lieder außerhalb von Tehillim S. 424
Das Lied der Devora gilt als eines der ältesten poetischen Stücke im Tanach und ist auch der einzige poetische Text im Buch Schoftim. Es ist ein Siegeslied, und beschreibt – ähnlich wie das Lied Mosches (Ex 15,1–18) – die wunderbare Errettung aus der Hand der Feinde.

Gid'on

Auch die Erzählung von Gid'on (auch: Jerubbaal; Ri 7,1) nimmt das Richter-Schema auf (Ri 6,1–7). Gid'on wirkt im Gebiet Menasche (Ri 6,35), aber seine Einsetzung ist erzählerisch durch erweiternde Elemente ausgeschmückt, z.B. prophetisches Berufungsschema, Zeichenforderung oder Traumdeutung, die sich in anderen Erzählungen so nicht finden: So kündigt ein Bote des Ewigen Hilfe an, und Gid'ons Einsetzung zum Richter wird als Berufungserzählung ausgestaltet (Ri 6,11–24). Der ‚Geist Gottes' kommt über Gid'on erst unmittelbar vor den Kampfhandlungen (Ri 6,34), und wiederholt lässt sich Gid'on von Gott seinen Auftrag und Gottes Treue gegenüber Jisrael durch Zeichen bestätigen (Ri 6,17.20–24; Ri 6,36–40; vgl. Ex 4,1–9). Der Kampf gegen die Feinde in dieser Erzählung ist ausdrücklich als Kampf Gottes gegen Midjan vorgestellt, indem Gid'ons Heer mit Hilfe einer Wasser-‚Schlapper'-Probe truppenmäßig reduziert wird (Ri 7,1–8). Gid'on darf auch den Sieg über die Feinde erlauschen (Ri 7,9–14: der erlauschte Traum).

Die Besonderheit der Gidʿon-Überlieferung liegt darin, dass mittels des Motives der Herrschaftsanfrage durch Einbeziehung der Söhne Gidʿons erstmals eine mögliche Erbfolge angesprochen wird (vgl. nachfolgendes Thema Avimelech in Ri 9,2–6). Die Rede Schemuels (1Sam 12,11) verweist ebenfalls auf das Wirken Gidʿons als Richter.

In der jüdischen Tradition
Der jüdischen Tradition gelten die drei Richter Gidʿon, Jiftach und Schimschon als Führer für ihre eigene Zeit als ebenso bedeutend wie Mosche und Aharon zur Zeit der Wüstenwanderung (bRHSh 25a.b). Von Gidʿon wird zudem berichtet, dass er aus dem Stamm Menasche stammt und einen neuen Efod gefertigt habe, da der alte nur auf den Stamm Efrajim verweise, nicht aber auf Menasche (Yalq Ri 64).

Avimelech

» Königskritik S. 278; 291; Beginn des Königtums S. 291; Fabeln S. 277
In dem Bericht über Avimelech, dem Sohn Gidʿons, wird bereits im Buch Schoftim die Tendenz eingetragen, dass ein König eine der schlechtesten politischen Möglichkeiten für Jisrael sei. Der Bericht ist entsprechend königsfeindlich formuliert (Ri 9,4 – 6.20.24 u.ö.) und mit der Jotamfabel im Zentrum auch deutlich dahingehend akzentuiert.

Jiftach

» Feindliche Brüder S. 28; Starke Frauen S. 279; Bindung Jizchaqs S. 45
Auch die Erzählung von Jiftach, der im Gebiet Gilʿad auftritt (Ri 11,1.5), weist gegenüber den anderen Richter-Erzählungen eigene Akzente auf, die über das normale Retter-Motiv hinaus Dramatik in die Erzählung eintragen: Jiftachs Berufung zum Richter wird verbunden mit einer Bruderhass-Geschichte: Er, der Ausgestoßene, avanciert zum Anführer (Ri 11,1–11), aber es wird nicht begründet, warum Jiftach zum Anführer für den Kampf gegen die Ammoniter ausgewählt wird. Jiftach ist der einzige Richter, der vor dem Kampf mit seinem Feind verhandelt und dabei auf die gemeinsame feindliche Geschichte verweist (Ri 11,12–28, vgl. Num 20 – 21). Berühmt ist die Erzählung von Jiftach und seinem Sieg über die Ammoniter vor allem deshalb, weil in ihr von (s)einem tragischen Gelübde berichtet wird, das dazu führt, dass Jiftach seine einzige(!) Tochter opfern lässt. Ebenso wie Gidʿon wird auch Jiftach in der Rede Schemuels vor dem Volk als Richter in die Geschichte Jisraels eingereiht (1Sam 12,11).

In der jüdischen Tradition

In der jüdischen Tradition wird Jiftach vor allem für sein unbedachtes Gelübde getadelt. Nach BerR 60,3 (Parallele in bTaan 4a) wurde Jiftach für seine ungehörige Bitte bestraft.

Schimschon

Auch die Geschichte Schimschons aus dem Gebiet Dans (Ri 13,25) weist gegenüber den anderen Richter-Geschichten sehr eigene Akzente und Nuancen auf:

Durch die Kinderlosigkeit seiner Mutter und die Ankündigung seiner Geburt durch einen Engel wird die wunderhafte Geburt Schimschons unterstrichen (Ri 13,1–25, vgl. hierzu die Übersicht Kinderlosigkeit im Tanach S. 43). Schimschon wird als Nasiräer ausgezeichnet, mit einem Status also, zu dem er schon vorgeburtlich verpflichtet wird (Ri 13,5, vgl. hierzu das Thema Nasiräer, S. 278). Seine Heldentaten sind sagenhaft, und neben dem göttlichen Geist werden seine Haare (sieben Flechtlocken!) als Grund für seine besondere Stärke angegeben und damit auch seine Schwäche offenbart. Durch den Verrat einer Frau (Delila) wird Schimschon von den Pelischtäern besiegt (Ri 16,4–22), kann aber noch ein letztes Mal Rache an ihnen nehmen (Ri 16,23–31).

In der jüdischen Tradition

In der jüdischen Tradition wird das Bild, das bereits im Tanach von Schimschon gezeichnet wird, fortgeführt. Er ist nicht nur übermenschlich stark, sondern riesenhaft groß (bSot 10a). Mit der übermenschlichen Kraft assoziierten die Rabbinen auch eine gigantische sexuelle Potenz (bSot 10a).

Die heldenhaften Taten Schimschons
- Er zerreißt einen Löwen: Ri 14,6
- Er erschlägt 30 Mann: Ri 14,19
- Er zerreißt seine Stricke und erschlägt tausend Mann: Ri 15,14.15
- Er zerstört das Stadttor von Assa: Ri 16,3
- Er zerstört das Haus der Pelischtäer und lässt dadurch Tausende sterben: Ri 16,30

Geist Gottes

» notabene: Geist Gottes S. 279
Das Buch Schoftim betont, dass die handelnden Personen vom Geist Gottes erfasst werden, bevor sie zu einer militärischen Tat schreiten (Otniel: Ri 3,10; Gid'on: Ri 6,34; Jiftach: Ri 11,29; Schimschon: Ri 13,25; 14,6.19; 15,14).

Fabeln

1Kön 5,13 berichtet von dichterischen Tätigkeiten Schelomos (mehr als 3.000 Spruchwörter, *maschal*; und 1.005 Lieder, *schir*), die auch Fabeln über Bäume und Tiere umfasst haben sollen. Die literarische Gattung der Fabel findet sich jedoch nur zweimal im Tanach:
- Die Fabel des Jotam (Ri 9,7–15; vgl. auch oben Thema Avimelech, S. 275) vermittelt die Kritik am Königtum auf sehr subtile Weise: Die königsuchenden Bäume tragen in stereotyper Formulierung dem Ölbaum, der Dattelpalme und dem Weinstock das Königsamt an, die allesamt ablehnen. Mit der Aufforderung an den Dornstrauch und dessen Erwiderung (...*berget euch in meinem Schatten*) wird auf witzige Art und Weise der Königswunsch selbst karikiert und der Prätendent als untauglich desavouiert.
- Die Fabel des Jehoasch (2Kön 14,9) handelt vom Dornstrauch, der bei der Zeder um die Hand ihrer Tochter für seinen Sohn anhielt.

Rätsel

Die Erzählung von Schimschon überliefert sogar ein Rätsel (Ri 14,12–20): *Vom Fresser kam Fraß, und vom Starken kam Süßes* (Ri 14,14). Weitere Rätsel oder Erwähnungen von Rätseln finden sich in 1Kön 10,1; Ez 17,2; Spr 6,16–19.

Kinderlosigkeit

» Kinderlosigkeit S. 43; 286
Eine ausführliche Geschichte zur Kinderlosigkeit findet sich in der Erzählung von der Geburt Schimschons (Ri 13,1–25). Anders jedoch als die anderen Erzählungen in der Bibel zur Kinderlosigkeit, weitet sich das Motiv des trotz Unfruchtbarkeit Geborenen noch aus: Schimschon ist nicht nur ein Nasiräer (und insofern etwas Herausgehobenes), sondern er verfügt über übernatürliche Kräfte. Dieses Motiv findet sich bei den anderen Figuren (Jizchaq, Josef

und Binjamin u.a.) so nicht. Außergewöhnlich ist zudem, dass Schimschons Mutter als einzige der unfruchtbaren Frauen von einem Boten/Engel angesprochen wird. Den anderen Frauen begegnet Gott nicht so unmittelbar; sie werden auch nicht direkt angesprochen.

Nasiräer

» Nasiräer S. 180
Die Überlieferung stellt Schimschon als Nasiräer vor (Ri 13,5.7). Die geschilderten Enthaltungen entsprechen allerdings nicht dem Nasiräergesetz in Num 6. Lediglich das Verbot des Haarescherens wird auch hier eingefordert. Überdies bleiben erzählerische Ungereimtheiten: So wird nicht problematisiert, dass Schimschon das Berühren von Leichen nicht umgehen kann, da er seine Feinde umbringt. Ebenso beantwortet der Text nicht, ob er sich von berauschenden Getränken fernhält, da er selbst ein Trinkgelage ausgibt.

Königskritik

» Königtum im Buch Devarim S. 236; Beginn des Königtums S. 291
Die Auseinandersetzung um das Königtum wird zwar erst im Buch Schemuel behandelt, doch tragen die Erzählungen von der Ablehnung des dynastischen Herrscher-Prinzips durch Gid'on und den selbsternannten König Avimelech einschließlich der in diesem Kontext überlieferten Jotamfabel (Ri 9) dieses Thema bereits in das Buch Schoftim ein. Die Aussage in der Jotamfabel ist deutlich: Ein König ist unnötig und würde nur Unglück über Jisrael bringen. Diese Tendenz wird später im Buch Schemuel differenziert und sogar durch eine entgegengesetzte Meinung ergänzt.

Freitod

Die Bibel erzählt insgesamt an fünf Stellen davon, dass jemand eine eigene Entscheidung über seinen Tod trifft:
- Avimelech lässt sich von seinem Waffenträger umbringen: Ri 9,54.
- Schimschon nimmt seinen eigenen Tod in Kauf, um die Pelischtäer töten zu können: Ri 16,30.
- Schaul lässt sich von seinem Waffenträger umbringen: 1Sam 31,4f. (vgl. dagegen die Darstellung in 2Sam 1,9f.: Tötung auf Verlangen durch den Amaleqiter).
- Achitofel erhängt sich: 2Sam 17,23.
- Simri steckt den Palast in Brand und kommt so um: 1Kön 16,18.

(Starke) Frauen

» Eschet Chajil S. 431; Frauen S. 441; antagonistische Frauenpaare S. 40

Das Buch Schoftim enthält viele Erzählungen über Frauen, von denen zum Teil entscheidende Wendungen der Geschichte abhängen. Häufig sind nicht die berühmten Richter, sondern Frauen im Hintergrund diejenigen, die die Geschichte vorantreiben oder bestimmen. Die Frauen sind außergewöhnlich stark, sei es körperlich wie Jael, intellektuell wie Delila oder mutig wie Jiftachs Tochter. Wichtige Frauen im Buch Schoftim sind:

- Jael (Ri 4,21–22; 5,24–27): Jael tötet Sisera, indem sie ihm, während er schläft, einen Zeltpflock mit einem Hammer durch die Schläfe schlägt.
- Devora (Ri 4,4 – 5,31) amtiert selbstbewusst als Richterin und ‚Mutter in Jisrael'. Ein Lied wird ihr zugeschrieben.
- Jiftachs Tochter (Ri 11,29–40): Jiftach verspricht, das erste, was ihm entgegenkommt, Gott zu opfern; es kommt seine Tochter. Sie bittet um zwei Monate Trauerzeit, um sich dann der Entscheidung ihres Vaters zu stellen.
- Schimschons Mutter (Ri 13,3–5) ist die einzige Frau im Tanach, der ein Engel erscheint.
- Delila, eine von Schimschons Geliebten (Ri 16,4–21; vgl. auch die Frau aus Timnata: Ri 14,1 – 15,20). Sie verrät das Geheimnis seiner großen Kraft: seine langen Haare.
- Die Mutter von Michajehu (Ri 17,1–4) lässt von ihrem eigenen Geld ein Schnitz- und Gussbild anfertigen.

notabene: Geist Gottes

1. Vorstellungen: Im Tanach ist die Vorstellung von einem „Geist Gottes" oder einem „heiligen Geist" (*ruach elohim* oder *ruach ha-qodesch*) sehr disparat und kann unterschiedlich verstanden sein. In erster Linie ist mit der Vorstellung von einem ‚Geist Gottes' die Beziehung zwischen Mensch und Gott näher bestimmt: Durch den ‚Geist Gottes' erhält der Mensch eine besondere, göttlich geleitete Einsicht, oftmals auch nur als eine Verstärkung menschlicher Begabung verstanden:

- Der Pharao sagt über Josef, er sei ein Mann, in dem sich Gottes Geist findet (Gen 41,38).
- Bezalel, der Erbauer des Zeltheiligtums, ist mit dem Geist Gottes, mit Weisheit und Verstand erfüllt (Ex 31,3 und 35,31).
- Das Bild vom Spross, der aus dem Baumstumpf Jischais hervorgeht, parallelisiert den Geist Gottes mit dem Geist der Weisheit und Einsicht (Jes 11,2). Hierher gehört wohl auch die ganz allgemeine Feststellung, wonach im Menschen grundsätzlich der Geist Gottes ist (Gen 6,3).
- Die Psalmen kennen auch die Bitte,

dass der heilige Geist nicht vom Menschen weichen oder weggenommen werden möge (Ps 51,13) bzw. dass der gute Geist Gottes den Menschen leiten soll (Ps 143,10).

2. Geist Gottes und Einsicht: Der Aspekt der göttlich geleiteten Einsicht, die durch den heiligen Geist auf einen Menschen kommt, wird dort besonders betont, wo führende Persönlichkeiten charakterisiert und autorisiert werden sollen. Dies trifft vor allem auf Mosche und seinen nächsten Umkreis zu:
- Auf die Ältesten wird etwas vom Geist Gottes, der auf Mosche ruht, übertragen, damit auch sie an der Führung des Volkes teilnehmen können (Num 11,17–29); auch Eldad und Medad erhalten den Geist und geraten in prophetische Verzückung (Num 11,26.29), und schließlich ist auch Jehoschua, der Nachfolger Mosches, mit dem Geist Gottes begabt (Num 27,18).
- Bil'am erhält den Geist Gottes, um Jisrael segnen zu können (Num 24,2).
- Die charismatischen Führungspersönlichkeiten während der Richterzeit werden als mit dem Geist Gottes begabt charakterisiert: Damit sie ihre (militärischen) Heldentaten vollbringen können, werden sie zunächst vom Geist Gottes erfasst: so Otniel Ri 3,10; Gid'on Ri 6,34; Jiftach Ri 11,29; Schimschon Ri 13,25; 14,6.19; 15,14.
- Dieses Charakteristikum der Richterfiguren findet sich auch noch bei Schaul, der zwar schon zum König gemacht wurde, aber in vielen Facetten doch noch den Richtern gleicht (1Sam 10,6.10; 11,6; 19,23).
- Auch von Dawid wird vereinzelt berichtet, dass er den Geist Gottes besessen habe (1Sam 16,13; 2Sam 23,2).

3. Propheten sind geistbegabt: Auch die Propheten gelten als geistbegabt, damit sie ihre Aufgabe, die Sicht Gottes ins Gespräch zu bringen (gegen die menschliche Einsicht), wahrnehmen können (nicht vergessen werden darf, dass die Zuhörer nicht geistbegabt sind, so dass es zwischen Propheten und ‚normalem' Volk daher auch immer wieder zu ‚Kommunikationsstörungen' kommt).
- Der Geist Gottes liegt auf dem Auserwählten Gottesknecht (Jes 42,1).
- Der unbekannte Prophet im Buch Jeschajahu spricht davon, dass der Geist Gottes auf ihm liege, so wie er auch gesalbt worden ist (Jes 61,1).
- Jechesqel berichtet davon, wie er vom Geist Gottes erfüllt worden ist (Ez 11,5; 37,1).
- Micha ist voll mit dem Geist Gottes und voller Kraft und kann daher auch gegen das Volk reden (Mi 3,8).
- Das Buch Secharja reflektiert darüber, wie der Geist Gottes auf die Propheten kam (Sach 7,12).

4. Geist Gottes und Wunder: In diesem ‚prophetischen Rahmen', wo die göttliche Welt sehr stark in die menschliche einbricht, kann der Geist Gottes geradezu wunderhaft wirken:
- So traut man dem Geist Gottes zu, dass er Elijahu und Elischa fortnehmen und sie ungesehen zu einem anderen Ort bringen kann (1Kön 18,12; 2Kön

2,16).
- Auch Jechesqel spricht davon, wie ihn die Hand Gottes packt und ihn mit Hilfe des Geistes Gottes in das Tal der Gebeine bringt (Ez 37,1).

5. ‚Geistausgießung': Die Propheten sprechen aber auch davon, dass sich der Geist Gottes auf ganz Jisrael ‚ausgießen' werde:
- Über die Nachkommen wird der Geist ausgegossen werden (Jes 44,3). Dieser ausgegossene Geist bewirkt, dass selbst aus der Wüste ein Garten wird (Jes 32,15).
- Jechesqel spricht davon, dass das Volk einen neuen Geist und ein neues Herz erhalten werde, bzw. dass sich der Geist Gottes auf das Volk legen werde, damit das Volk die Gesetze befolgen kann (Ez 11,19; 36,27; 39,29).
- Auch der Prophet Joel kennt die Metapher von der ‚Geistausgießung' (Joel 3,1) und redet auch davon, dass über Mägde und Knechte der Geist ausgegossen werde (Joel 3,2).
- Demgegenüber kennt Secharja neben dem Geist Gottes auch den Geist des Mitleids und des Gebetes, der ausgegossen werden soll (Sach 4,6).

6. *Bei Erschaffung der Welt:* Der Geist Gottes ist schon bei der Erschaffung der Welt dabei:
- Der Geist Gottes schwebt bei der Erschaffung der Welt über den Wassern (Gen 1,2).
- Der Geist Gottes wird bei Ijov als Erschaffer verstanden (Hi 33,4).
- Der Geist Gottes wird von Jeschajahu als so stark charakterisiert, dass er jenseits der menschlichen Einflusssphäre steht (Jes 40,13; 63,10.11.14).
- Dies sehen auch die Tehillim ähnlich: Vor dem Geist Gottes kann man nicht fliehen (Ps 139,7).
- In negativer Konnotation formuliert Gen 6,3, dass den Menschen der Geist entzogen wird, damit sie nicht ewig leben.

7. ‚Böser Geist': Daneben gibt es aber auch einen ‚bösen Geist', der ebenfalls als auf Gott zurückgehend beschrieben wird:
- Gott schickt einen bösen Geist zwischen Avimelech und die Städter (Ri 9,23).
- Schaul hat von Gott den bösen Geist erhalten (1Sam 16,14–23).
- Gott schickt einen Geist der Lüge zu den Propheten, weil er Unheil ankündigt (1Kön 22,23f.).

Gottesdienst und häusliche Feier

Aus dem Buch Schoftim werden folgende Haftarot gelesen:
- Ri 4,4 – 5,31 (Devora) zu Paraschat Beschallach. Beide – das Mosche-/Mirjam-Lied und das Devora-Lied – sind Siegeslieder, die sich im Kontext der Erzählung über das siegreiche Handeln Gottes über Jisraels Feinde finden. Nach sefardischer Tradition wird lediglich Ri 5,1–31 als Haftara gelesen.

- Ri 11,1–33 (Jiftach) zu Paraschat Chuqqat. Jiftach rekurriert in seiner Botschaft an den König Ammons auf die Wanderung der Jisraeliten, wie sie in Paraschat Chuqqat geschildert ist.
- Ri 13,2–25 (Geburt des Schimschon) zu Paraschat Naso. In beiden Lesungen wird der Nasiräer thematisiert: In Paraschat Naso als Anweisung, wie sich der Nasiräer zu verhalten hat, in der Haftara wird Schimschon bereits vor seiner Geburt zum Nasiräer bestimmt.

》 Weitere Themen: Feindliche Bruderpaare S. 28; Träume S. 56; Bet-El S. 60; Gotteserscheinungen S. 74; 265; Jitro S. 98; Pinchas S. 200; Kalev S. 267; Schilo S. 286; Efod S. 289; Prophetie S. 289; Los S. 292; Bet-Lechem S. 392; notabene: Sprichwörter außerhalb von Mischle S. 431; Fluchandrohung S. 446; notabene: Fasten S. 376; notabene: Lieder außerhalb von Tehillim S. 431

שמואל
Das Buch Schemuel (Samuel I und II)

Schemuel (I)
Schemuel und der Aron ha-Qodesch (1 – 7)
  1 Gebet der Channa;
     Schemuels Geburt
  2 Die Söhne Elis
  3 Die Berufung Schemuels
  4 Sieg der Pelischtäer und
     Verlust des Aron
  5 Der Aron im Tempel des
     Dagon
  5 Rückkehr des Aron nach
     Eqron
  6 – 7 Der Aron in Qirjat Jearim

Schemuel und Schaul (7 – 15)
  7 Die Königsforderung
  8 Das Königsgesetz
  9 Schaul und Schemuel
  10 Salbung und Auslosung
     Schauls
  11 Kampf gegen Ammon
  11 Erneuerung des Königtums in
     Gilgal
  12 Abschiedsrede Schemuels
  13 Kampf gegen die Pelischtäer
  14 Jehonatans Übertretung
  15 Krieg gegen Amaleq
  15 Schauls Verwerfung
  15 Tod Agags

Schaul und Dawid (16 – 31)
  16 Salbung Dawids
  17 Dawid und Goljat
  18 Jehonatan und Dawid
  18 Dawid und Michal
  19 Schauls Mordversuch
  19 Dawids Rettung
  20 Jehonatans Beistand
  21 Dawid bei Achimelech
  21 Schauls Rache
  21 Dawid bei Achisch
  22 Dawid als ‚Bandenboss'
  23 Dawids Flucht vor Schaul
  24 Schauls Verschonung
  25 Schemuels Tod
  25 Nadav und Avigajil
  26 2. Verschonung Schauls
  27 Dawid bei den Pelischtäern
  27 Ziqlag als Geschenk von
     Achisch
  28 Schauls Krieg gegen die
     Pelischtäer
  28 Die Totenbeschwörerin von
     En-Dor
  29 Entlassung Dawids bei den
     Pelischtäern
  30 Krieg gegen Amaleq
  31 Schlacht bei Gilboa
  31 Schauls Tod

Schemuel (II)
König Dawid (1 – 10)
  1 Dawids Klage über Schaul
     und Jehonatan
  2 Dawid als König über
     Chevron

2 Dawid und Ischbaal	12 Tod von Bat-Schevas Kind
3 Avners Seitenwechsel	12 Geburt des Schelomo
3 Ermordung Avners durch Joav	(=Jedidja)
4 Ermordung Ischbaals	13 Die Schändung der Tamar
5 Dawid als König über Jisrael	13 Avschaloms Rache
5 Eroberung Jeruschalajims	14 Die Frau aus Teqoa
5 Sieg über die Pelischtäer	15 – 17 Avschaloms Revolte
6 Überführung des Aron nach Jeruschalajim	18 Avschaloms Tod
	19 Dawids Reaktionen
7 Natan und das Tempelbauverbot	20 Schevas Aufstand und Tod
7 Dawids Gebet	*Schlussüberlieferungen (21 – 24)*
8 Kriege und Siege Dawids gegen die Pelischtäer, Moav, Aram, Edom	21 Hungersnot
	21 Blutrache an den Nachkommen Schauls
9 Jehonatans Sohn Mefiboschet	22 Ein Psalm Dawids
10 Krieg und Sieg Dawids gegen Ammon	23 Dawids Helden
	24 Volkszählung
	24 Die Pest als Strafe
Thronfolge und Intrigen (11 – 20)	24 Die Tenne Arawnas und der Altarbau
11 Dawid und Bat-Scheva	
12 Gleichnis vom armen Mann und seinem Schaf	

Umfang und Inhalt

31 und 24 Kapitel. Findet sich in der Septuaginta die Einteilung der Bücher Schemuel und Könige als ‚Vier Bücher der Königtümer‘, so ist die Teilung der Schriften Schemuel und Melachim in jeweils zwei Bücher nicht in der hebräischen Handschriften- und Codex-Tradition belegt und findet sich auch noch nicht in den frühen Bibelausgaben Bomberg 1517 und 1521. Bereits mit der Bibelausgabe Bomberg² 1525 und Bomberg 1547 liegt jedoch diese Aufteilung vor und ist wahrscheinlich von dort in die späteren jüdischen Editionen (z.B. Letteris 1866) und in die hebräisch-deutschen Bibelübersetzungen (Philippson; Zunz) geraten. Der besseren Übersicht halber und vor allem für ein deutschsprachiges Publikum wird auch in diesem Buch mit der Einteilung in 1/2 Sam und 1/2 Kön gearbeitet. Die Teilung in zwei Bücher geht auf die Septuaginta zurück, die die Bücher Schemuel bis Melachim in vier ‚Bücher der Königreiche‘ unterteilt.

Das erste Buch Schemuel setzt bei den Kämpfen mit den Pelischtäern (Philistern) ein und berichtet von der Regierungszeit Schauls und den Anfängen Dawids bis zum Tod Schauls. Im Mittelpunkt steht die Kampf um die Vorherrschaft zwischen Schaul und Dawid. Das Buch endet mit dem Tod dreier Söhne Schauls im Kampf gegen die Pelischtäer sowie mit Schauls Tod. Das zweite Buch Schemuel knüpft daran an und berichtet über das entstehende dawidische Großreich, dem auch die umliegenden Völker (Ammon; Edom) unterworfen sind.

Charakteristik

Die Bücher Schemuel und Melachim zählen in der Forschung zur sog. ‚deuteronomistischen Komposition' (Gertz 2016, 285–312), die sich (u.a.) durch eine kritische Haltung gegenüber dem Königtum auszeichnet, in der das Verlangen nach einem König als Abfall von Gott interpretiert wird. In den Büchern Melachim I/II werden deshalb die Könige ausschließlich nach ihrer ‚Frömmigkeit' beurteilt.

Bedeutung

Wie kaum ein zweiter Text hat die Verheißung des Natan auf das spätere jüdische Denken eingewirkt. Sie lebt von der Erwartung auf den zukünftigen Abkömmling des Hauses Dawid, der (ewigen) Frieden, Recht und Gerechtigkeit bringen soll. Auf sie stützte sich die Hoffnung, dass Gott das Volk des jehudäischen Königs, dem er ewige Treue geschworen hat, niemals verlassen würde.

Leitfragen zu Schemuel I
- Welche Funktion(en) hat Schemuel inne?
- Wie wird Schaul König? Welcher Art war sein Königtum? Warum wird er von Gott verworfen?
- Gegen welche Feinde kämpfen Schaul und Dawid?

Leitfragen zu Schemuel II
- Welche Talente und Fähigkeiten hat Dawid? Wie wird er charakterlich gezeichnet? Wie wird er König? Über welche Gebiete herrscht er?
- Worin besteht der grundsätzliche Unterschied zwischen Schauls und Dawids Königtum?
- Was unterscheidet sein Königtum von dem Schauls?
- Was erfahren wir über den Tempelbau?
- Welche Frauen sind handlungsbestimmend?
- Welche Rolle spielt der Prophet Natan?

Kinderlosigkeit

» Kinderlosigkeit S. 43; 277

Auch in der Erzählung über Schemuel wird mit Hilfe des Motivs der Kinderlosigkeit bzw. der Unfruchtbarkeit eine herausragende Figur in den biblischen Handlungsverlauf eingeführt. Die sehr ausführliche Geschichte von Channa und der Geburt ihres Sohnes Schemuel (1Sam 1) vereint unterschiedliche Motive, die auch aus anderen Geschichten über unfruchtbare Frauen bekannt sind:

- Die Rivalität zweier Frauen, eine fruchtbar, die andere unfruchtbar (1Sam 1,2 mit Gen 29,31f.: Lea und Rachel; vgl. auch das Verhältnis von Magd und Ehefrau in Gen 16 u. 21: Hagar und Sara), wobei die unfruchtbare vom Mann geliebt und ihr spät geborenes Kind zur zentralen und handlungsbestimmenden Figur der weiteren Geschichte wird
- das Kind wird noch vor seiner Geburt zum Nasiräer geweiht (vgl. 1Sam 1,11 mit Ri 13,5, Schimschon). Es ist Channa selbst, die ihren Sohn Gott verspricht.

Schilo

Das Buch Schemuel spricht Schilo eine besondere Bedeutung als jisraelitisches Heiligtum zu:
- Elqana pilgert mit seiner Familie jährlich nach Schilo, um dort Opfer darzubringen: 1Sam 1,3.21.
- Schemuel wächst im Heiligtum von Schilo auf: 1Sam 2,18–21.
- Der Aron ha-Qodesch befindet sich in Schilo: 1Sam 4,3.

Diese Bedeutung von Schilo wird erzählerisch bereits im Buch Jehoschua angelegt:
- Ganz Jisrael versammelt sich in Schilo, um den letzten sieben Stämmen ihr Gebiet zuzuweisen: Jos 18,1.
- Die Lewiten versammeln sich in Schilo, um Städte für sich zu reklamieren: Jos 21,1.
- Erwähnung eines jährlichen (Pilger-)Festes in Schilo: Ri 21,19.

Der Prophet Jirmejahu erwähnt die Zerstörung Schilos als Warnung und Strafandrohung für die Bewohner Jeruschalajims (Jer 7,12.14). Jer 41,5 berichtet von Leuten aus Schechem, Schilo und Schomron, die ihre Opfergaben nach Jeruschalajim bringen.

Channa

Sind auch die Geburtsgeschichten um Schimschon und Schemuel sehr ähnlich gestaltet, so besteht der wesentliche Unterschied darin, dass die Mutter Schemuels, Channa, innerhalb der Geschichte eine viel aktivere Rolle spielt als die Mutter Schimschons. Die Bedeutung der Channa wird auch dadurch unterstrichen, dass ihr ein Gebet in den Mund gelegt wird (1Sam 2,1–10).

In der jüdischen Tradition
Auch in der jüdischen Tradition wird Channa positiv beurteilt. Sie gehört zu den sieben Prophetinnen (neben Sara, Mirjam, Devora, Avigajil, Chulda und Ester; bMeg 14a). Aus der Art und Weise, wie Channa betet (leise, aber mit artikulierender Lippenbewegung; 1Sam 1,13–16)), leitete die rabbinische Tradition Bestimmungen bezüglich des Gebetes ab (bBer 31a.b). Von ihr wird auch gesagt, dass sie der erste Mensch war, der Gott im Gebet mit JHWH Zevaot (*Der Ewige der Scharen*) ansprach. Nach der späteren Deutung der jüdischen Tradition sind in ihrem Namen die drei Verpflichtungen der Frau enthalten: *challa* (Teighebe), *nidda* (Reinheitsgebote) und *hadlaqat ha-nerot* (Anzünden der Schabbatlichter). Die jeweiligen Anfangsbuchstaben (*Chet, Nun, He*) ergeben im Hebräischen den Namen CHaNNaH (bBer 31b).

Im 19. und beginnenden 20. Jh. erschienen Gebetbücher für Frauen, die zum großen Teil Meditationen zu den drei Verpflichtungen der Frauen enthielten und die als Titel oftmals Channas Namen trugen (vgl. z.B. *Hanna – Gebet und Andachtsbuch fuer israelitische Frauen und Maedchen* von Jacob Freund, 1867).

Eli

Die Erzählungen um den Priester Eli weisen ihm unterschiedliche Funktionen zu:
- Richter (1Sam 4,18): Elis Richteramt ist hier ganz offensichtlich nicht auf die Funktion des Heerführers bezogen, denn selbst im Kampf gegen die Pelischtäer spielt Eli keine aktive Rolle (1Sam 4,1–18).
- Priester (1Sam 2,11.28): Eli ist zusammen mit seinen Söhnen Chofni und Pinchas Priester am Heiligtum von Schilo und verrichtet dort den Opferdienst.
- Prophet: Zwar tritt Eli gegenüber ein ‚Gottesmann' auf, um ihm Gottes Strafandrohungen zu verkünden (1Sam 2,27–36), doch scheint auch Eli selbst prophetische Gaben zu besitzen (1Sam 3,1.8f.).

Von Eli gibt es keine Genealogie, doch ist seine Familie der Erzählung nach schon von Mizrajim her zum Priestertum ausersehen (1Sam 2,27). Allerdings sind seine Söhne des Amtes nicht würdig (1Sam 2,12–17.22–26.29), weshalb dem Haus Eli die schwere Strafe des frühen Todes der Söhne zukommt (1Sam 2,34; 3,13; 4,11). Dennoch lässt die Tradition auch später noch Nachkommen Elis im priesterlichen Dienst eine Rolle spielen: Nach 1Sam 14,3 trägt ein Nachkomme Elis (Achija) zur Zeit Schauls den Efod. Auch Evjatar, der von Schelomo abgesetzte Priester, wird als Nachkomme Elis vorgestellt (1Kön 2,26f.) und seine Absetzung im Kontext der Strafandrohung an Eli interpretiert.

Schemuel

Die Figur des Schemuel bildet ein wichtiges erzählerisches Bindeglied für den Übergang Jisraels von der Richter- in die Königszeit. Er selbst fungiert noch als Richter (1Sam 7,15) und ist gleichzeitig derjenige, der Schaul als König einsetzt (1Sam 10,1 u.ö.), ihn aus dem Amt wieder vertreibt (1Sam 15,10–23) und Dawid als König einsetzt (1Sam 16,1–13). Wie Schimschon wird er von Kindheit an Gott geweiht und lebt als Nasiräer beim Priester Eli (1Sam 2,18–21). Auch in Schemuel vereinen sich mehrere Funktionen:
- Richter: 1Sam 7,6.15. Als Richter (*schofet*) ist er an verschiedenen Orten tätig, um Recht zu sprechen (1Sam 7,16). Aber auch die Funktion des Retters scheint bei ihm noch durch (1Sam 7,2–14), wenn auch seine Aufgabe im Kampf gegen die Pelischtäer darin besteht, mit Opfern auf Gott einzuwirken und so das Geschehen im Kampf zu beeinflussen. Ein ausgesprochener Heerführer, der die Jisraeliten in den Kampf führt, ist Schemuel allerdings nicht.
- Prophet: 1Sam 3,20. Schemuel tritt vor allem auch als Prophet auf. Er hat Auditionen (1Sam 3,4.21; 8,7 u.ö.), er ermahnt die Leute im Namen Gottes (1Sam 7,3), und er fungiert bei der Königsforderung des Volkes als Mittler zwischen den Jisraeliten und Gott (1Sam 8,1–22). Wie sich Schemuel zu dem ‚Schwarm der Gottbegeisteten' verhält, wird nicht wirklich deutlich (1Sam 19,20).
- Priester: Schemuel wird nie als Priester bezeichnet, doch ist die Darstellung in den Erzählungen eindeutig: Er wohnt im Tempel (1Sam 3,3), er lernt beim Priester Eli (1Sam 2,11), er trägt den Efod (1Sam 2,18) und er schlachtet Opfertiere und bringt sie im Heiligtum dar (1Sam 7,9f.).

In der Bibel

In der Bibel wird die Figur des Schemuel selten, aber an pointierten Stellen aufgegriffen. In Ps 99,6 erscheint Schemuel neben Mosche und Aharon (ähnlich auch in Jer 15,1). 1Chr 6,12 listet ihn als Nachkomme Lewis auf. Auch wird er, zusammen mit Dawid, dort erwähnt, wo es um die Einsetzung der Torwächter am Tempel geht (1 Chr 9,22) und wo Dawid zum König gesalbt wird (1 Chr 11,3). In Divre ha-Jamim wird Schemuel öfter als ‚Seher' bezeichnet (1 Chr 9,22; 26,28).

In der jüdischen Tradition
In der jüdischen Tradition hat Schemuel ein eher ambivalentes Echo gefunden. Es wird betont, dass Schemuel stets direkt und ohne ein Heiligtum mit Gott reden konnte (ShemR 16,4). Der Talmud (bNed 38a) weist darauf hin, dass Schemuel als Richter nie korrumpierbar war. Auf der anderen Seite wirft ihm die rabbinische Tradition Scheinheiligkeit und Heuchelei vor (WaR 26,7). Auch habe er sich angemaßt, ein Opfer zu bringen, obwohl er kein Priester war; das Opfer sei überdies nicht gemäß der Opfertora gebracht worden (MTeh 27,6).

Efod

» Priesterkleidung S. 118; Übersicht Priesterkleidung S. 119

Eine ausführliche Beschreibung erhält der Efod innerhalb der Tora (Ex 28,6–14; 39,2–7; Lev 8,7). Dort wird er als Teil der Kleidung für den gesalbten Priester (Aharon) ausgezeichnet. Der Efod ist eng mit dem Brustschild (*choschen mischpat*) verbunden, welches die Urim und Tummin-Lose enthält (vgl. auch das Thema Los, S. 292). Im Buch Schemuel ist der Efod aus Leinen, gilt jedoch auch als Bekleidungsstück des gewöhnlichen Priesters (1 Sam 2,18.28; 14,3; vgl. auch 1 Sam 22,18). 2 Sam 6,14 berichtet davon, dass Dawid mit dem Efod tanzt. Dawid verwendet den Efod auch, um Gott zu befragen (1 Sam 30,7f.). Nach 1 Sam 21,10 befindet sich das große Schwert Goljats eingehüllt im Tuch hinter dem Efod. Diese Beschreibung passt zu der Überlieferung in Ri 8,24–27, wo berichtet wird, dass Gid'on aus (goldenen) Ohrringen und Gehängen einen Efod anfertigt und diesen in Ofra aufstellen lässt. Hier scheint also eher eine Art Standbild gemeint zu sein. In diesem Sinne nennt auch Ri 17,5 den Efod gemeinsam mit *terafim* (Tur-Sinai: ‚Schandpuppen').

Prophetie

» Prophetie S. 184; 238; Propheten/Gottesmänner S. 313

Das Buch Schemuel erzählt von einer Reihe prophetisch-charismatischer Persönlichkeiten. Schemuel wird als Prophet ausgegeben (1 Sam 3,20). Auch der ‚Gottesmann', der vor Eli erscheint und ihm das Ende seines Hauses voraussagt, kann als Prophet gelten (1 Sam 2,27–36). Neben *navi* (Prophet, ‚Gottbegeisterter') sind die Bezeichnungen *ro'e* (Seher), *chose* (Späher) oder *isch ha-elohim* (Gottesmann) gebräuchlich. Der Prophet verkündet einen Gottesspruch (1Sam 2,27.30), wie es auch von den (späteren) Schriftpropheten überliefert wird (sog. ‚Botenformel').

Neben Schemuel und dem Gottesmann berichten 1Sam 10,5.10 von einer ganzen Gruppe von Propheten, die in der Nähe von Kulthöhen angesiedelt zu sein scheinen (1Sam 10,5) und ekstatisch begabt sind. 1Sam 9,6–9 zufolge war der ‚Gottesmann' oder ‚Seher' ein üblicher Beruf, der dazu diente, einfachen Leuten Auskünfte über die Zukunft zu erteilen (1Sam 28,6).

Der heilige Kasten

» Der heilige Kasten S. 115; 225; 265; 307

Nach 1Sam 4,3 (vgl. bereits Jos 18,1) wird der heilige Kasten (*aron ha-qodesch*) im Heiligtum von Schilo aufbewahrt. Die Jisraeliten wollen im Kampf gegen die Pelischtäer mit Hilfe des Aron ha-Qodesch den Sieg erringen (vgl. die Überlieferung von der Einnahme Jerichos in Jos 6), doch dieser fällt in die Hände der Pelischtäer (1Sam 4,1–11). Nach einigen Umwegen gelangt er jedoch wieder in die Hände der Jisraeliten und wird schlussendlich nach Qirjat-Jearim in das Haus Avinadavs gebracht (1Sam 7,1; 2Sam 6,3).

Der Gesalbte

Die Königssalbung wird in den Vorderen Propheten vorausgesetzt. So findet sich schon in der Jotamfabel der Ausdruck, *einen König zu salben* (Ri 9,8.15). Im Buch Schemuel wird König Schaul als ‚Gesalbter' (*maschiach*) vorgestellt (1Sam 10,1; 12,3.5; 24,7.11; 2Sam 1,14.16; vgl. aber bereits 1Sam 2,10 [Gebet der Channa] und 1Sam 2,35 [Spruch des Gottesmannes]). Später erhält auch Dawid diesen Titel (2Sam 19,22; 22,51). Die Erzählung lässt die ersten Könige wie später auch Schelomo mit Öl gesalbt sein. (1Kön 1,39).

In der Bibel

Die Tora berichtet von der Salbung ausschließlich im kultischen und nicht im profanen (politischen) Rahmen. Dort finden sich ausführliche Anleitungen, wie das Salböl herzustellen und zu verwenden sei (Ex 30,22–25). Gesalbt

---

Königssalbungen

- Schaul: 1Sam 10,1
- Dawid: 1Sam 16,13; 2Sam 2,4; 5,3; 1Chr 11,3
- Schelomo: 1Kön 1,39.45; 2Chr 29,22
- Jehojada: 2Kön 11,12; 2Chr 23,11
- Jehoachas: 2Kön 23,30

Das Buch Schemuel (Samuel I und II)

werden der Altar und die heiligen Geräte der Wohnung ebenso die Wohnung selbst (Ex 30,26–29; Lev 8,10f.; Num 7,1.10). Auch Aharon und die Priester werden gesalbt (Lev 8,12 und Lev 6,13). Ex 30,32f. setzt fest, dass das Salböl ausschließlich für diese kultischen Zwecke hergestellt und verwendet werden darf.

Beginn des Königtums

» Königtum S. 236; Königskritik S. 278; 291; Königtum Jisraels S. 297; Königtum bei Hoschea S. 372

Das Thema Königtum wird erzählerisch bereits im Buch Schoftim behandelt. Von der Durchsetzung und Einführung des Königtums wird erst im Buch Schemuel berichtet: Schemuel salbt Schaul zum ersten König Jisraels. Die Erzählungen über den Beginn von Schauls Königtum (1 Sam 8–12) divergieren allerdings erheblich und formulieren darin eine durchgehend ambivalente Haltung gegenüber dem Königtum:

- Das Volk verlangt einen König, um gleich allen Völkern zu werden. Schemuel, der als ‚Königsmacher' angefragt wird, sträubt sich dagegen und warnt das Volk mittels einer Aufzählung königlicher Rechte: 1 Sam 8,1–22
- Schemuel und Schaul werden durch Gott zusammengeführt. Gott selbst hat Schaul zum König auserwählt. Schaul wird von Schemuel zum *nagid* ‚Fürst' gesalbt: 1 Sam 9,1–10,8.
- Schemuel versammelt das Volk in Mizpa und lässt den König durch Los ermitteln. Das Los fällt auf Schaul: 1 Sam 10,17–26.
- Schaul wird zum Heerführer im Kampf gegen Ammon, sein Königtum wird daraufhin ‚erneuert': 1 Sam 11,1–15.

Königskritik

» Königskritik S. 278

Einige Texte in der Bibel zeugen von einer ausgesprochen kritischen Haltung gegenüber der Institution des Königtums. In der prophetischen Literatur findet sich zum Teil sogar grundsätzliche Königskritik. Wichtige königskritische Texte sind:

- Das Königsgesetz im Buch Devarim: Dtn 17,14–20
- Die Zurückweisung eines dynastischen Herrscherprinzips durch Gid'on: Ri 8,22f.
- Die Fabel des Jotam im Kontext der Erzählung vom Stadtkönigtum Avimelechs: Ri 9
- Schemuel listet die Nachteile der königlichen Privilegien auf: 1 Sam 8

- Die Charakterisierung des Königtums als Abfall von Gott in der Rede des Schemuel: Sam 10,17–19
- Die Kritik am Königtum im Buch Hoschea: Hos 8,4–6; 13,9–11

Einige Überlieferungen bilden daher so etwas wie Kompromiss-Texte: Auch der König ist Gott unterworfen, auch er hat sich an die Gebote Gottes zu halten (1Sam 12,14f., vgl. auch Dtn 17,14–20).

Los

» Efod S. 289

Das Losorakel spielt in der Bibel immer wieder eine wichtige Rolle. Der erste König Jisraels, Schaul, verdankt seine Königswürde u.a. dem Losorakel (1Sam 10,21). Das Losorakel wird eingesetzt, um den göttlichen Willen zu erkennen. Nach Ex 28,30 befinden sich die Losorakel Urim und Tummim in der Lostasche (Brustschild). Sie gelten in der Tora als ein Mittel priesterlicher Entscheidungsfindung (Ex 28,30: ‚Schlecht-Recht-Entscheid').

Schaul

Schaul gilt als erster König Jisraels. Seine Herrschaft ist jedoch außerhalb der biblischen Literatur nicht belegt (Frevel 2018, 129–134). Er wird auf Wunsch des Volkes und gegen den Willen Schemuels (bzw. Gottes: Königskritik) zum König erhoben. Allerdings ist sein Königtum nicht von Bestand. Auch fehlen ihm (noch) wichtige Elemente institutioneller Monarchie wie ein stehendes Heer oder ein politisches und kultisches Zentrum. Schauls Königtum wird deshalb auch als eine Art ‚Übergangskönigtum' hin zum König-

Losentscheide in der Bibel

- Die Auslosung des Asasel-Bockes im Jom-Kippur-Ritual: Lev 16,8
- Die Landverteilung: Num 26,55; 34,13; 36,2; Jos 14,2; Ri 1,3; Jes 34,17; Ez 45,1; 1Chr 6,39, poetisch Ps 16,5
- Die Lewitenstädte: Jos 21,4–11
- Auslosung kampffähiger Männer für die Schlacht gegen die Binjaminiter: Ri 20,10
- Das Königs-Los für Schaul: 1Sam 10,21; 28,6
- Die Auslosung (und Auslösung) Jonatans/Jehonatans: 1Sam 14,41f.
- Die Neubesiedlung Jeruschalajims: Neh 11,1
- Losentscheid für den Tag, an dem das Dekret gegen die Juden in Geltung treten soll (Purim): Est 3,7; 9,24

tum Dawids dargestellt. Schaul wird bald nach seinem Antritt als König von Gott wieder ‚verworfen' (1Sam 15,10–23).

In der Bibel
In der Bibel wird Schaul in der Parallelüberlieferung von 1Chr erwähnt, und es wird von seinen Feldzügen berichtet (1Chr 8,33; 9,35 – 10,14); daneben wird nur noch an die Epoche seiner Königsherrschaft (*in den Tagen Schauls...*) erinnert (1Chr 5,10; 13,3).

In der jüdischen Tradition
Trotz oder vielleicht gerade wegen der harten biblischen Beurteilung wird Schaul in der jüdischen Tradition überwiegend positiv dargestellt: Er gilt als bescheiden (tBer 4,18; TanB Lev 2b:4), gottesfürchtig und mitfühlend (1Sam 15,9). Dem Abschnitt 1Sam 14,32–35 entnahmen die Rabbinen, dass sich Schaul auch an die Opfergesetze hielt (bZev 120a). Nach bYom 22b wurde Schaul zum ersten König ausgewählt, weil er makellos wie ein einjähriges Kind zum König erhoben wurde (Auslegung von 1Sam 13,1). Gegenüber Dawid galt Schaul als sittlich reifer, da er einer Frau die Treue hielt, während Dawid viele Frauen hatte.

Amaleq

» Amaleq S. 95
Wie schon in der Tora wird Amaleq auch im Buch Schemuel als ein Feind besonderer Qualität vorgestellt, da Gott nur beim Kampf gegen Amaleq einen vollständigen Bann anordnet (1Sam 15,3). Begründet wird dies mit dem Rückgriff auf das Verhalten Amaleqs beim Auszug aus Mizrajim (1Sam 15,2).

Jonatan / Jehonatan

Jonatan/Jehonatan, der älteste Sohn Schauls, steht zwischen Schaul und Dawid. Zwar ist er als Sohn Schauls dafür prädestiniert, König über Jisrael zu werden, doch verbündet und befreundet er sich mit Dawid, wissend, dass dieser König werden würde (1Sam 23,17). Jonatan rettet Dawid wiederholt vor den Attacken seines Vaters Schaul (1Sam 19,1–7; 20). Die besondere Liebe zwischen Dawid und Jonatan galt auch in den rabbinischen Schriften als Prototyp einer reinen Liebe, die von nichts abhängig ist.

Dawid

» Dawidischer Friedensherrscher S. 331; Übersicht Anlässe für Lieder S. 423

Auch die Historizität von Dawid und seiner Herrschaft wird in der Forschung sehr kontrovers diskutiert (Frevel 2018, 135–148). Er gilt als der zweite und gleichzeitig einflussreichste König über Jisrael und Jehuda. Dawid stammt der Überlieferung nach von Boas und Rut ab (Rut 4,16–22). Er ist zunächst Hirte (1Sam 16,11) und wird von Schemuel noch zur Amtszeit Schauls zum König gesalbt (1Sam 16,13) und darin bestätigt (1Sam 17: Dawid und Goljat), weshalb Schaul auch sehr früh auf Dawid eifersüchtig wird. Erzählerisch wird also eine bleibende Rivalität zwischen beiden von Beginn an eingeführt. Dawid fungiert aber zunächst nicht als König, sondern lebt dem biblischen Bericht nach zunächst ein unstetes Leben (1Sam 22), wird Bandenführer (1Sam 22; 23; 25; Frevel: war-lord; Milizenführer; Mafioso; Desperado) und verweilt eine Zeitlang sogar bei den Pelischtäern (1Sam 27,5–12). Erst mit dem Tod Schauls ist der Weg für die Einsetzung Dawids zum König frei (2Sam 2,1–4). Dawid ist der erste, der sich einen festen Machtbereich ausbaut: zum einen durch institutionelle Fundierung, zum anderen durch territoriale Absicherungen. Zunächst gelingt es ihm, nicht nur in Jehuda als König anerkannt zu sein, sondern, nach dem Intermezzo von Ischbaal, auch unter den Stämmen des Nordens, so dass Jisrael nun insgesamt unter einer einheitlichen Führung steht (2Sam 2 – 5). Nach der Eroberung Jeruschalajims verlegt er seinen Amtssitz von Chevron nach Jeruschalajim und errichtet dort auch ein religiöses Zentrum (Überführung des Aron ha-Qodesch), so dass es nun erstmals eine kultische und politische Machtzentrale gibt. Der biblischen Darstellung nach baut Dawid seine Herrschaft sukzessive aus, indem er Nachbarvölker seinem Machtbereich unterwirft (Moav: 2Sam 8,2; Edom: 2Sam 8,14; Ammon: 2Sam 12,26). Auch gewinnt er Vasallenstaaten hinzu (Zova und Dammeseq: 2Sam 8,3–8). Führt Dawid am Anfang seiner Regierung die beiden geografischen Teile Jisraels (Jisrael und Jehuda) zusammen, so lassen die Rivalitäten um die Thronnachfolge schon bald die alten Differenzen zwischen Süd und Nord wieder aufflammen (vgl. Avschaloms Aufstand 2Sam 15 und Schevas Aufstand 2Sam 20). Allerdings gelingt es Dawid, die Thronfolge eindeutig zu bestimmen, indem er seinen Sohn Schelomo zum König salben lässt (1Kön 1,39). Dies geschieht weniger aus eigenem Antrieb, sondern dank des Engagements von Bat-Scheva, der Mutter Schelomos.

Aus historisch-archäologischer Perspektive sind die biblischen Darstellungen der Königsherrschaften Schauls, Dawids und Schelomos idealisierte literarische Konstruktionen, die darin aber gleichwohl auf die große Bedeutung dieser Überlieferungen verweisen.

In der Bibel

In der Bibel ragt die Figur des Dawid über die Bücher Schemuel und Melachim hinaus in andere biblische Bücher. Vor allem die Tehillim, die teilweise eine dawidische Autorschaft für sich reklamieren, stellen Dawid nicht nur als mächtigen König, sondern als Poeten mit einer sehr eigenen religiösen Diktion vor (zu den Tehillim Dawids siehe unten das Thema Fiktive Autoren, S. 421, vgl. auch Esr 3,10; Neh 12,24). Die prophetischen Bücher sehen in Dawid und seinem Haus vor allem die zukünftigen Friedensherrscher, auf denen die Zukunft Jisraels aufgebaut werden kann (Jes 9,6; 16,5; 37,35; 38,5; 55,3; Jer 23,5; 30,9; 33,15 u.ö. – zur Figur Dawids in den Prophetenbüchern vgl. unten das Thema Dawidischer Friedensherrscher, S. 332).

In der jüdischen Tradition

In der jüdischen Tradition ist Dawid reich und sehr breit illustriert worden. Auf der Wiederherstellung seines Reiches lagen alle Hoffnungen. Die Figur Dawids wurde dabei legendär ausgestaltet und teilweise wunderhaft verklärt. Etliche (biblische) Szenen in Dawids Leben werden im Midrasch breit ausgeschmückt: Als Dawid gegen Goljat kämpfte und dabei den Riesen anschaute, erstarrte dieser mit Aussatz und konnte sich nicht mehr bewegen (Pesiqta, ed. Buber, 175), und als Dawid Jeruschalajim einnahm, erniedrigten sich die Stadtmauern, so dass es leicht möglich war einzuziehen (MTeh 18) u.v.m. Komplementär zur Bescheidenheit Schauls konnten die Rabbinen Dawid aber auch kritisieren und dabei auf sehr humorvolle Weise seine Überheblichkeit herausstellen. Als Dawid die Sammlung der Preislieder vollendet und neue verfasst hatte (bBB 14b – 15a; MTeh 18,1), habe er sich damit gerühmt, dass keine Kreatur Gott mehr gepriesen habe als er. Daraufhin habe Gott ihm einen Frosch gesandt und ihn wissen lassen, dass dieses Geschöpf ihn ununterbrochen vom frühen Morgen bis in die späte Nacht quakend preisen würde (Yalq II, 889). Der Überlieferung nach widmete Dawid sein Leben ganz dem Studium der Tora (bSuk 26b). Viele weitere Legenden ranken sich um sein Leben und seinen Tod. Nach bShab 56a starb Dawid sogar sündlos.

Goljat

Der Kampf Dawids gegen Goljat (1Sam 17,1–54 ; in 2Sam 21,19; in 1Chr 20,5 heißt der Sieger über den Riesen Goljat Elchanan!) ist literarisch der Erzählung von Dawids Salbung zum König nachgestellt, um sein Königtum zu bestätigen. Die Antagonisten Goljat und Dawid könnten kaum gegensätzlicher gezeichnet werden:

- Körpergröße: Goljat ist ein Riese, Dawid ein (kleiner) Schönling (1 Sam 16,12).
- Rüstung: Goljat trägt eine schwere Rüstung, Dawid ist nicht gewohnt, mit Rüstung zu gehen und legt sie daher bald wieder ab.
- Waffen: Goljat trägt ein sehr schweres Schwert, Dawid dagegen nur eine Steinschleuder.
- Kriegserfahrung: Goljat ist ein von Jugend an erfahrener Krieger, Dawid dagegen ist jung und noch nicht kampferprobt. Eigentlich ist er überhaupt noch zu jung für den Kampf (1 Sam 17,12–19), in den nur seine älteren Brüder ziehen dürfen.

Die Totenbeschwörerin von En Dor

Um Gott zu befragen, bedient sich Schaul unterschiedlicher mantischer Praktiken (1 Sam 28,6): Träume, Los, Prophetie. Erst als alle drei Möglichkeiten keine Antworten erbringen, greift er zu einem Mittel, das er zuvor selbst untersagt hatte (1 Sam 28,3.9): zur Totenbeschwörung. Die Geschichte von der Beschwörerin (*baalat ov*) von En-Dor schildert detailliert die Totenbeschwörung, in der Schemuel noch einmal zurückgeholt wird. Allerdings bringt sie für Schaul keine neue Erkenntnis, denn Schemuel sagt ihm nur, was er schon weiß: er sei bereits von Gott verworfen und habe deshalb auch keine göttliche Antwort mehr zu erwarten.

In der jüdischen Tradition

In der jüdischen Tradition wird die Episode von der Beschwörerin von En-Dor ausführlich behandelt (WaR 26,7; bShab 152b). Man diskutierte, warum sie überhaupt Macht über Schemuel ausüben konnte, der doch schon im Reich des Thrones des Kavod verweilte. In diesem Zusammenhang wird gelehrt, dass die Seele in den ersten zwölf Monaten immer wieder auf- und niedersteige. Erst nach zwölf Monaten, wenn der Körper aufhört zu existieren, steigt die Seele auf, um nicht mehr zurückzukehren. WaR 26,7 entnimmt der biblischen Erzählung, dass die Beschwörerin Schemuel zwar sehen, nicht aber hören konnte, während Schaul, der seiner bedurft habe, ihn lediglich hören, aber nicht sehen konnte. Die Beschwörerin habe überdies Schaul sofort daran erkannt, dass Schemuel für ihn, den König, mit dem Gesicht nach oben aufgestiegen sei.

Das Buch Schemuel (Samuel I und II)

Genealogie Schauls

Der Stammbaum Schauls ist nicht ganz eindeutig. Er ist der Sohn von Kisch (1Chr 8,33), sein Großvater wird jedoch unterschiedlich angegeben (Aviel: 1Sam 9,1; Meïr Jeïel: 1Chr 9,35f.; Ner: 1Chr 8,33). Auch bei Schauls Kindern gibt es Ungereimtheiten.

Die Kinder Schauls
- Die Söhne Schauls: J(eh)onatan, Avinadav, Malkischua. Diese Söhne sterben: 1Sam 31,2.
- Nach 1Chr 8,33; 9,39 sind die Söhne Schauls Jehonatan, Malkischua, Avinadav und Eschbaal. Die Töchter sind Merav und Michal: 1Sam 14,49.
- Ein Sohn Schauls, Ischbaal (Ischboschet), wird zum König eingesetzt: 2Sam 2,8.

Söhne Dawids

Noch unübersichtlicher ist die Lage bei Dawids Nachkommen. Mehrere Listen sind überliefert, in denen die Kinder (Söhne) Dawids aufgelistet werden: 2Sam 3,2–5 // 1Chr 3,1–4; 2Sam 5,13–16 // 1Chr 3,5–9; vgl. auch 1Chr 14,3–7. Allerdings weichen die Listen in 2Sam und 1Chr voneinander ab. Von den Töchtern Dawids erfahren wir nur wenig. Dass er Töchter hat, berichtet 1Chr 14,3, aber nur eine ist namentlich bekannt (Tamar: 1Chr 3,9) und spielt in der Auseinandersetzung zwischen den beiden Dawidssöhnen Amnon und Avschalom eine wichtige Rolle (2Sam 13,1–37), vgl. Kasten nächste Seite.

Natan

Das Buch Schemuel stellt Natan als (Hof-)Propheten zur Zeit Dawids und Schelomos vor. Er tritt erstmals im Zusammenhang mit der Erzählung von Dawids Tempelbauvorhaben auf, wo er dem König nach einem nächtlichen Gottesspruch die Zustimmung Gottes zu dieser Unternehmung verweigert und ihm ansagt, dass erst sein Sohn das Gotteshaus bauen und dafür die ewige Thronzusage zugesichert bekommen werde (2Sam 7; 1Chr 17). 1Chr 22,7–10 bietet Gründe für die Verweigerung Gottes an: So habe Dawid zuviel Blut vergossen, eine Erklärung, die der Midrasch später umfassend zurücknimmt (PesR 2): Danach habe Gott Dawid alles vergossene Blut als Opferblut angerechnet, habe ihm jedoch nicht gestattet, den Tempel zu bauen, weil dieser

Die Kinder Dawids

Söhne Dawids, die ihm in Chevron geboren wurden:

- Amnon (von Achinoam): 2Sam 13,1–37 (Vergewaltigung seiner Schwester Tamar)
- Danijel (von Avigajil): nach 2Sam 3,3 hieß er Kilav
- Avschalom (von Maacha, nach 1Kön 1,6 von Chaggit): 2Sam 13,1–37 (rächt seine Schwester Tamar und tötet seinen Halbbruder Amnon); 2Sam 15,1–12 (Verschwörung gegen seinen Vater); 2Sam 16,15–23 (Avschalom als König); 2Sam 18,1–18 (Niederlage und Tod Avschaloms)
- Adonija (von Chaggit): 1Kön 1,1–10 (Adonija versucht, König zu werden); 1Kön 2,13–25 (Adonijas Tod)
- Schefatja (von Avital)
- Jitream (von Egla)

Söhne Dawids, die ihm in Jeruschalajim geboren wurden (2Sam 5,14f. // 1Chr 14,3–7):

- Schima (von Bat-Scheva)
- Schovav (von Bat-Scheva)
- Natan (von Bat-Scheva)
- Schelomo (von Bat-Scheva): der spätere König Jisraels
- Jivchar (unbekannte Mutter)
- Elischama (unbekannte Mutter)
- Elijada (unbekannte Mutter)
- Elifelet (unbekannte Mutter)
- Elischua (unbekannte Mutter)
- Nogah (unbekannte Mutter) (1Chr 14,6)
- Nefeg (unbekannte Mutter)
- Jafia (unbekannte Mutter)

dann als ewiges Bauwerk gestanden und Gott damit die Möglichkeit genommen hätte, seinen *Zorn im Zelt der Tochter Zijjon wie Feuer auszugießen* (Klgl 2,4).

Nach Dawids Freveltat an Urija, dem Mann Bat-Schevas, zeigt Natan Dawid mit Hilfe des Gleichnisses vom armen Mann seine Sünde gegenüber Urija auf (2Sam 12). Durch seine Intrige, die er gemeinsam mit Bat-Scheva plant und durchführt, gelingt es Natan, Bat-Schevas Sohn Schelomo als Thronfolger bei Dawid durchzusetzen (1Kön 1). 1Chr 29,29 (ähnlich 2Chr 9,29) erwähnt die ‚Chronik Natans des Propheten' (*divre Natan ha-navi*) zusammen mit der ‚Chronik Gads des Sehers' und betont darin die Funktion eines (prophetischen) Berichterstatters.

Jeruschalajim

» Jeruschalajim S. 272; Zijjon S. 334; 376

Gemäß der biblischen Darstellung wird Jeruschalajim erst unter Dawid erobert (2Sam 5,6–12; 1Chr 11,4–7) und danach zum Amtssitz des Königs erhoben. Dawid erbaut sich einen eigenen Palast (2Sam 5,11; 7,2). Die häufige

Das Buch Schemuel (Samuel I und II)

Bezeichnung Jeruschalajims als ‚Stadt Dawids', vor allem auch in der prophetischen Literatur, weist auf die Bedeutung Dawids und die mit seinem Namen verbundene Verheißung der ewigen und universalen Königsherrschaft in dieser Stadt hin.

Gottesdienst und häusliche Feier

Birkat ha-Mason
2Sam 22,51 (*migdol jeschuot malko...*) wird am Schabbat und an Festen in den Bitten und Liedern zum Abschluss der Birkat ha-Mason (Tischgebet) zitiert. An Wochentagen wird hingegen die Parallele aus Ps 18,51 gesungen (*magdil jeschuot...*).

Haftarot
Folgende Haftarot werden im Laufe des jüdischen Jahres aus den Büchern Schemuel I/II gelesen:
- 1Sam 1,1 – 2,10: Gebet und Lobgesang der Channa am 1. Tag Rosch ha-Schana. Motivparallelen sind hier die Erinnerung Gottes (Jom ha-Sikkaron) an die beiden unfruchtbaren Frauen Sara (Toralesung: Gen 21) und Channa.
- 1Sam 11,14 – 12,22 (Schauls Sieg über Ammon) zu Paraschat Qorach (Num 16–18). In dieser Haftara werden Mosche und Schemuel in ähnlicher Weise dargestellt: Sowohl Mosche als auch Schemuel verweisen darauf, dass sie dem Volk gegenüber nie ungerecht waren (vgl. Num 16,15 und 1Sam 12,3). Um ihre (von Gott kommende) Autorität zu stützen, kündigen beide ein Zeichen von Gott an (vgl. Num 16,28–35 und 1Sam 12,17–22).
- 1Sam 15,2–34 (sefardisch: 1Sam 15,1–34) zu Paraschat Sachor (Dtn 25,17–19); eine der vier besonderen Paraschijjot vor Pesach, vgl. die Übersicht zu den vier besonderen Abschnitten (Arba Paraschijjot / Schabbatot) S. 87. Sowohl Parascha als auch Haftara beziehen sich auf Amaleq: Die Parascha schärft das Gedenken an die Untaten Amaleqs ein, die traditionelle Haftara schildert das Vergehen Schauls in seinem Kampf gegen Amaleq. Im Reformritus wird oftmals 1Sam 30,1–18 als Haftara gelesen. Dieser Text erzählt von der Hilfe am Knecht eines Amaleqiters.
- 1Sam 20,18–42. Diese Haftara wird an dem Schabbat gelesen, der auf Erev Rosch Chodesch fällt. Entsprechend beginnt auch die Haftara mit *Morgen ist Neumond*.
- 2Sam 6,1 – 7,17 (sefardisch: 1Sam 6,1–19) zu Paraschat Schemini (Lev 9,1–11,47). In der Parascha wird vom ersten Opferdienst der Priester

sowie vom Tod der Söhne Aharons, Nadav und Avihu, berichtet. Die Haftara umfasst die Erzählung von der Überführung des Aron ha-Qodesch (Heiliger Kasten) Richtung Jeruschalajim sowie dem Tod des Ussa.
- 2Sam 22,1–51 zu Paraschat Haasinu (Dtn 32), sofern diese Parascha nach Jom Kippur gelesen wird. Mosche (Parascha) und Dawid (Haftara) singen ein Lied zum Lobpreis Gottes. Diese Haftara wird auch am 7. Tag Pesach gelesen.

» Weitere Themen: Namensänderungen S. 37; Boten Gottes S. 43; Träume S. 56; Bet-El S. 60; Hungersnot S. 66; Heiligtum S. 113; 130; Heiliger Kasten S. 115; 225; 265; 290; 307; Priester S. 120; Zählungen und Auflistungen S. 175; Nasiräer S. 180; 278; Magie und Zauberei S. 237; Geist Gottes S. 277; notabene: Geist Gottes S. 279; Freitod S. 278; Reue Gottes S. 387; Bet Lechem S. 392; notabene: Sprichwörter außerhalb von Mischle S. 431; Satan S. 435; Fluchandrohung S. 446; Auferstehung der Toten S. 458; notabene: Keruvim S. 365; notabene: Fasten S. 376; Edom S. 385; notabene: Trauer S. 392; notabene: Lieder außerhalb von Tehillim S. 424

מלכים
Das Buch Melachim (Könige I und II)

Melachim (I)

Thronfolge (1 – 2)
- 1 Adonijas Intrigen
- 1 Schelomos Salbung zum König
- 2 Dawids letzter Wille und sein Tod
- 2 Schelomos Abrechnung mit Adonija

Schelomos Herrschaft (3 – 11)
- 3 Erste Erscheinung Gottes vor Schelomo; Schelomos Heirat mit der Tochter des Pharao
- 3 Das salomonische Urteil
- 4 Die Verwaltung des Reiches
- 5 Schelomos Wohlstand und Weisheit
- 6 Schelomos Tempelbau
- 7 Schelomos Palastbau
- 8 Das Tempeleinweihungsfest
- 9 Zweite Erscheinung Gottes
- 9 Bautätigkeit und Fronarbeit
- 10 Die Königin von Scheva
- 11 Die Frauen Schelomos
- 11 Schelomos Feinde
- 11 Schelomos Tod
- 11 Der Prophet Achijja von Schilo

Zwei Königtümer (12 – 16)
- 12 Die Versammlung in Schechem
- 12 Jarovam in Jisrael
- 12 Rechavam in Jehuda
- 13 Der Mann Gottes in Bet-El
- 14 Der Tod Avijjas
- 15 Avijam in Jehuda
- 15 Asa in Jehuda
- 15 Nadav in Jisrael
- 15 Bascha in Jisrael
- 16 Ela in Jisrael
- 16 Simri in Jisrael
- 16 Omri in Jisrael
- 16 Achav in Jisrael

Elijahu ha-Tischbi (17 – 22)
- 17 Die Hungersnot
- 17 Mehl- und Ölwunder
- 17 Die Totenerweckung
- 18 Elijahu und Ovadjahu
- 18 Elijahu und Achav
- 18 Das Opfer auf dem Karmel
- 19 Elijahu am Chorev
- 19 Elischa
- 20 Krieg gegen die Aramäer
- 21 Navots Weinberg
- 22 Michajhu und die falschen Propheten
- 22 Tod Achavs
- 22 Jehoschafat in Jehuda
- 22 Achasjahu in Jisrael

Melachim (II)

Elischa (1 – 13)

- 1 Joram in Jisrael
- 2 Die Entrückung Elijahus
- 2 Verfluchung und Tod der Kinder
- 3 Krieg gegen Moav
- 4 Die Erweckung des toten Jungen
- 4 Tod im Topf
- 5 Die Heilung des Naaman
- 6 Die schwimmende Axt
- 6 Belagerung Schomrons, Hungersnot
- 7 Flucht der Aramäer
- 8 Ermordung Ben Hadads
- 8 Joram und Achasjahu in Jehuda
- 9 Jehus Salbung in Jisrael
- 10 Ausrottung der Dynastie Achavs
- 11 Ataljas Regierung und ihr Sturz
- 12 Königtum Joaschs
- 13 Jehoachas und Joasch in Jisrael
- 13 Tod Elischas

Bis zum Fall Schomrons (14 – 17)

- 13 Jehoaschs Sieg über die Aramäer
- 14 Amazjahu in Jehuda
- 14 Jarovam II. in Jisrael
- 15 Asarjahu in Jehuda
- 15 Secharjahu und Schallum in Jisrael
- 15 Menachem, Peqachja, Peqach in Jisrael
- 15 – 16 Jotam und Achas in Jehuda
- 17 Hoschea in Jisrael
- 17 Der Fall Schomrons und Deportationen
- 17 Die Deportierten aus Kuta und Bavel (,Samaritaner')

Bis zum Fall Jehudas (18 – 25)

- 18 Chisqijjahu in Jehuda
- 19 Der Prophet Jeschajahu
- 20 Abzug Aschschurs
- 20 Krankheit und Heilung Chisqijjahus
- 21 Menasche und Amon in Jehuda
- 22 Joschijahu in Jehuda: Das Auffinden des Buches Die Prophetin Chulda
- 23 Kultzentralisation und Kultreinigung
- 23 Verlesung des Gesetzes und Pesach
- 23 Joschijahus Tod bei Megiddo
- 23 Jehoachas
- 23 Jehojaqim (Eljaqim)
- 24 Jehojachin und Zidqijjahu (Mattanja)
- 24 Belagerung Jeruschalajims durch Nebuchadnezzar
- 24 Blendung Zidqijjahus
- 25 Die Zerstörung des Tempels
- 25 Gedaljahu als babylonischer Verwalter
- 25 Begnadigung Jehojachins durch Ewil Merodachs

Das Buch Melachim (Könige I und II)

Umfang und Inhalt
22 und 25 Kapitel (zur Zweiteilung von Melachim vgl. auch die Einleitung zu den Propheten, S. 257).

Melachim I setzt die Geschichte der Bücher Schemuel nahtlos fort. So werden zu Beginn von Melachim I die Auseinandersetzungen um die Thronnachfolge Dawids berichtet, die in Schemuel II bereits erzählerisch vorbereitet werden. Die in Melachim I und II erzählte Geschichte spannt einen Bogen vom Tod Dawids über die Herrschaft Schelomos und die sog. Zweiteilung des Reiches in Jisrael und Jehuda bis zum Untergang Jisraels und Jehudas. Neben den eigentlichen Hauptfiguren der Bücher Melachim – den Königen – treten vor allem die Propheten Elijahu, Elischa sowie Jeschajahu deutlich profiliert hervor.

Charakteristik
Obwohl das Buch Melachim einzelne Könige (und Propheten) ins Zentrum der Darstellung rückt, soll doch vor allem eine ganze Epoche (ähnlich wie im Buch Schoftim) charakterisiert und literarisch qualifiziert werden. Die Darstellung der einzelnen Regierungszeiten der Könige erfolgt in einem nahezu durchgehenden Formular mit feststehenden Elementen in der Einleitung und im Schluss der jeweiligen Darstellung. Besonders die durchgehende Beurteilung einer Regierungszeit nach der ‚Frömmigkeit' des Königs fällt als feststehendes Element auf.

Bedeutung
In der jüdischen Tradition werden vor allem die (wunderhaften) Erzählungen über Elijahu rezipiert. Bereits beim Propheten Malachi wird Elijahu als Wegbereiter des Maschiach ausgezeichnet. Seine Rettungswunder im Tanach, verbunden mit seiner Entrückung zum Himmel, beflügelten die Hoffnung, er könne in großen Nöten und Leidenssituationen wieder auf die Erde kommen. Vor allem die rabbinische Tradition charakterisiert Elijahu als Vorboten des messianischen Friedensreiches.

Leitfragen zu Melachim I
- Wodurch wird Schelomo König? Was zeichnet seine Herrschaft aus?
- Welche Gründe nennt das Buch Melachim für die Ausgliederung Jisraels aus dem Herrschaftsbereich Rechavams des Reiches nach Schelomos Tod?
- In 1Kön 6–8 wird der Tempel und sein Bau sowie die Einweihung beschrieben. Vergleichen Sie diesen Tempelbaubericht mit den Anweisungen zum Bau des Heiligtums in der Wüste. Gibt es Gemeinsamkeiten? Wo liegen die Unterschiede?
- Welche Implikationen hat der zweifache Hinweis darauf, dass sich Schelomo eine Pharaonentochter zur Frau nahm (1Kön 3,1; 9,16)?

- Welches waren die ‚Sünden' Jarovams? Lässt sich ein literarisches Schema entdecken, nach dem über die Könige berichtet wird? Wodurch zeichnen sich ‚gute Könige' aus?

Leitfragen zu Melachim II
- Wie gelangen nach der biblischen Darstellung die Könige in Jisrael, wie in Jehuda auf den Thron? Von welchen Herrscherdynastien wird berichtet?
- Wo und was wird im Buch Melachim über das ‚Buch der Weisung' (Sefer Tora) berichtet? Welche Bedeutung hat dieser Erzählkomplex?
- Welche Propheten und welche Prophetin werden in Melachim erwähnt? Was unterscheidet diese Prophetenerzählungen von den Prophetenbüchern der ‚Hinteren Propheten'?
- Worin unterscheidet sich die Überlieferung über den Propheten Jeschajahu in 2Kön 18 – 20//Jes 36 – 39 von den Spruchworten und Fremdberichten in Jes 1 – 31?

Schelomo

Weitgehend einig ist man sich heute darin, dass die Bibel mit Schelomo eine historische Gestalt beschreibt. Umstritten ist aber vor allem die Machtfülle und der politische Einfluss, den dieser Herrscher innegehabt hat. Die Ergebnisse der Archäologie deuten eher darauf hin, dass er als Lokalherrscher nur über ein begrenztes Gebiet geherrscht hat (Frevel 2018, 148–151).

In der Bibel

Schelomo (ca. 970–931) ist nach der biblischen Überlieferung der dritte jisraelitische König, ein Sohn von Dawid und Bat-Scheva. Seine Geschichte wird hauptsächlich in den Büchern Melachim (I) und Divre ha-Jamim (II) erzählt (1Kön 1,28 – 11,43; 2Chr 1,1 – 9,31). Nach vergeblichen Versuchen von Dawids Sohn Adonija, selbst König zu werden, wird Schelomo von Dawid zum König ernannt und durch den Propheten Natan und den Priester Zadoq eingesetzt (1Kön 1,28–40). Das Königtum Schelomos wird in seinen Schilderungen vor allem durch Weisheit und eine starke Bautätigkeit geprägt dargestellt. Nach dem Bericht von der Ausschaltung der innenpolitisch-jisraelitischen Opposition (1Kön 2,13–46) beginnt die Geschichte Schelomos deshalb mit der Schilderung seiner Weisheit (beispielhaft das ‚salomonische Urteil' 1Kön 3,16–28) und der Angabe, dass Schelomo über 3000 Sprichwörter und 1.005 Lieder geschrieben habe (1Kön 5,12).

In der griechischen Bibel gibt es eine Zusammenstellung von ‚Psalmen Salomos' (eine Schrift aus dem 1. Jh. v.d.Z.). Die Erzählung von der Königin aus Scheva/Saba (1Kön 10,1–13), die Schelomo besucht, um dessen Weisheit auf die Probe zu stellen, unterstreicht erzählerisch die Weisheit Schelomos.

Auch als Bauherr ist Schelomo sehr erfolgreich. Er lässt zunächst den Tempel in Jeruschalajim erbauen (1Kön 6: Bauzeit: 7 Jahre), ein wichtiger Schritt, die religiöse Vielfalt des damaligen Jisrael (1Kön 3,2.4) zurückzudrängen und ein religiöses Zentrum zu schaffen. Aber auch mit dem Palastbau (1Kön 7,1–12: Bauzeit 13 Jahre) und dem Bau verschiedener heidnischer Heiligtümer für seine ausländischen Frauen (1Kön 11,7–8) soll Schelomo das Stadtbild von Jeruschalajim geprägt haben. Außenpolitisch wird insbesondere von Schelomos gezielter Heiratspolitik berichtet (1Kön 3,1; Heirat ironischerweise mit einer Tochter des Pharao; 1Kön 11,1). Gleichzeitig baut er durch die Befestigungsanlagen Chazor, Megiddo und Geser (1Kön 9,15) seine Verteidigungsfähigkeit aus, befestigt Jeruschalajim und verstärkt seine Armee (2Chr 9,25). Das Königtum Schelomos gilt als ausschweifend und luxuriös. Diese Darstellung wird durch weitere Erzählungen ergänzt, nach denen nicht nur Nichtjisraeliten zu Sklavenarbeit rekrutiert werden, sondern auch Jisraeliten selbst Frondienste ableisten müssen und einer hohen Steuerlast ausgesetzt sind (1Kön 5,27; 12,9–11). Darin verleiht die biblische Darstellung dem Königtum Schelomos eine durchgehende Ambivalenz, die auch am Ende der Erzählung nochmals unterstrichen wird: Seine Ehen mit ausländischen Frauen und der damit verbundene Kult fremder Götter, den er fördert, sind verantwortlich für die Teilung des Königreiches nach seinem Tod (1Kön 11).

In der jüdischen Tradition

Auch in der jüdischen Tradition wird die Figur des Schelomo ambivalent gezeichnet. Zwar wird die besondere Weisheit Schelomos herausgestellt, die auch dadurch gekrönt gewesen sei, dass Schelomo vom *ruach ha-qodesch* (Heiliger Geist) inspiriert wurde und drei biblische Bücher verfasst habe (Mischle, Qohelet, Hohelied) (ShirR 1,1). Auf der anderen Seite werden jedoch seine ‚Sünden' nicht unterschlagen: So schlägt es negativ zu Buche, dass sich Schelomo mehr als 18 Frauen nahm, die einem König nach rabbinischer Auslegung erlaubt sind (vgl. Dtn 17,17 in Verbindung mit bSan 21a). Schelomo habe damit gegen die Tora verstoßen. Auch wird überliefert, dass der Fluch, den Dawid auf Joav wegen der Ermordung Avners gelegt hat, auf Schelomo und seine Nachkommen gefallen sei (yQid 61a). Im Fehlverhalten Schelomos liegt der Tradition zufolge schlussendlich auch der Untergang des jisraelitischen Reiches begründet: Als Schelomo die Tochter des Pharao zu sich nahm, habe der Erzengel Gabriel die Stadt Rom begründet (bSan 21b; bShab 56b).

Tempelbau und Einweihung

» Heiligtum S. 113; 130; 161; Der Tempel in den Tehillim S. 422; Neuer Tempel S. 362

Erzählerisch werden mit der Einnahme und Befestigung Jeruschalajims durch König Dawid (2Sam 5,6–11) sowie der Überführung des Aron ha-Qodesch nach Jeruschalajim (2Sam 6) die Voraussetzungen geschaffen, um ein zentrales Heiligtum zu errichten. Historisch-archäologisch ist auch hinsichtlich Schelomos Bauprojekten eher Zurückhaltung geboten, sowohl, was den Tempelbau, seine Lage und seine architektonische Beschreibung angeht, als auch hinsichtlich der Stadtmauer, des Palastes und des sog. Libanonwaldhauses (1Kön 7,2; zum Ganzen Frevel 2018, 151–175).

Der Tempel Schelomos wird in 1Kön 5 – 8 und 2Chr 2 – 7 (im Detail unterschiedlich) beschrieben. Die Erzählung in 1Kön 5 – 8 bietet dabei nicht nur eine Beschreibung des Tempels und Angaben zu seiner Innenausstattung (einschließlich einer Reihe von heute nicht mehr ganz durchsichtigen Maßangaben), sondern erzählt auch die Umstände, unter denen der Tempel unter Schelomos Aufsicht erbaut worden sein soll: So seien z.B. die Hölzer für die Vertäfelungen von Chiram, dem König von Zor (Tyrus), geliefert worden (1Kön 5,15–25), der bereits für den Palast des Dawid ein wichtiger Lieferant gewesen war (2Sam 5,11). Schelomo rekrutiert Fronarbeiter auch aus den eigenen Reihen, um den Bau fertigstellen zu können (1Kön 5,27–32). Einzelne Artefaktdarstellungen entsprechen nicht den Anweisungen zum Bau der Wohnung in Ex 25–27; 30. So ist dort beispielsweise nur ein siebenarmi-

Weitere Tempel in der Bibel

- Lokalheiligtümer in Schilo (1Sam 19; 3,3) – Dan (Ri 18,28–31; 1Kön 12,29) – Bet-El (1Kön 12,29; Am 4,4; 5,5; 7,13) – Gilgal (Am 4,4; 5,5; Hos 4,15; 9,15; 12,12) – Nov (1Sam 21,2; 22,11) – Beerscheva (1Sam 8,2; Am 5,5)
- Der Tempel Serubbavels oder der zweite Tempel: Wiederaufbau des Tempels (zwischen 520 und 515 v.d.Z.). Von den Umständen dieses Tempelwiederaufbaus zeugen die Propheten Chaggai und Secharja sowie das Buch Esra/Nechemja, das mit dem Tempelbau auch eine Rückkehr der Leute aus dem babylonischen Exil einhergehen lässt.
- Der visionäre Tempel des Jechesqel: Eine Vision von einem neuen Tempel und einer neuen Stadt (Jeruschalajim, die dann *Der Ewige ist dort* heißen soll; Ez 48,35) bietet Ez 40 – 48 (vgl. unten S. 362).
- Das Zeltheiligtum der Wüstenzeit, beschrieben in Ex 25 – 30; 36 – 40, welches kein Tempel im eigentlichen Sinne ist, aber viele Elemente mit dem Tempel gemeinsam hat (vgl. oben S. 90; 103).

Das Buch Melachim (Könige I und II) 307

ger Leuchter vor dem Vorhang zum Allerheiligsten vorgesehen, im salomonischen Tempel wird jedoch von zehn siebenarmigen Leuchtern berichtet, fünf an jeder Längsseite. Außerdem gibt es im Tempel Schelomos ein riesiges kupfernes Becken für die Waschungen, das im Buch Schemot ebensowenig erwähnt wird wie die beiden Säulen Boas und Jachin am Tempeleingang sowie die zehn Fahrgestelle (zum Ganzen ausführlich Wolfgang Zwickel, *Der Salomonische Tempel*, Mainz 1999).

Das Fest, mit dem der Tempel eingeweiht wurde, wird als ein großes Ereignis dargestellt, zu dem sich ‚ganz Jisrael' unter Schelomo versammelt (1Kön 8,62–66; 2Chr 7,4–10). Auffällig ist, dass bei der Schlachtung der Opfer nicht nur die Priester agierten, sondern vor allem der König selbst (1Kön 8,64). Die Erzählung lässt dabei das Tempelweihfest mit Sukkot, dem Laubhüttenfest, zusammenfallen (1Kön 8,65f.). Noch heute ist eine der Deutungen der Sukka als einer provisorischen Hütte die Erinnerung an den zerstörten Tempel (vgl. auch Am 9,11).

Der heilige Kasten

» Der heilige Kasten S. 115; 225; 265; 290; notabene: Keruvim S. 365

Nach Fertigstellung des Tempels wird der heilige Kasten, der Aron ha-Qodesch, zusammen mit dem Ohel Moed (Zelt der Zusammenkunft) von der Dawidstadt in den Tempel und dort in das Allerheiligste (*qodesch qodaschim*), den *devir*, überführt (1Kön 8,1–9). Die Erzählung lässt dabei den wichtigsten religiös-kultischen Gegenstand in einer feierlichen Prozession zum Tempel gelangen (1Kön 8,14–21) und fügt mehrere Gebete Schelomos an (1Kön 8,14.21.22–30.31–40.41–51.52–61), in denen der geschichtliche Rückgriff auf die Zeit in der Wüste und die Erneuerung des Bundes reflektiert, aber auch die Bedeutung Dawids betont wird.

Die Beschreibung des heiligen Kastens in 1Kön 8 stimmt mit derjenigen in Ex 25 nicht überein. Nach Ex 25 hatte der Kasten eine Art ‚Deckel', die Kapporet (‚Sühnplatte'), mit zwei aus ihr herausgetriebenen Keruvim (Ex 25,17–22). In 1Kön 8,7 steht der Kasten zwischen den Keruvim, unter ihren Flügeln. Seine Tragestangen sind so lang, dass sie durch den Vorhang hindurch hinausragen (1Kön 8,8). Die Funktion des Kastens ist nach Ex 25,22 der Ort, von dem aus Gott mit Mosche redet, nach 1Kön 8,9 ist er lediglich eine Aufbewahrungstruhe für die Steintafeln (so auch Dtn 10,1–5). Gott ‚wohnt' ohnehin nicht in dem Haus, denn *die Himmel und der Himmel Himmel fassen dich nicht* (1Kön 8,27), und das Haus Gottes dient dem Menschen vor allem als Ort zum Gebet (1Kön 8,28). Ein Opferaltar wird zwar erwähnt (1Kön 8,31.54.62–64), betont wird in der Erzählung aber das Beten im Tempel.

Tempeldienst

Nach dem Bericht in 1Kön 8,62–65 (2Chr 8,12) bringt Schelomo die ersten Opfer im neuerbauten Tempel dar. 2Chr 8,13 berichtet von regelmäßigen Opfern durch Schelomo am Schabbat und Rosch Chodesch sowie an den Pilgerfesten. Darüber hinaus finden sich in 2Chr 8,14–16 die Anordnungen Schelomos für die verschiedenen Aufgaben der Priester und Lewiten beim Tempeldienst. Damit steht die Darstellung in Melachim und Divre ha-Jamim im Gegensatz zu den Vorschriften des Buches Wajjiqra (Lev 1 – 7).

Die Nachfolger Schelomos

Der Tod Schelomos leitet literarisch die Schilderung des ‚Aufstandes' Jarovams ein (1Kön 11,26–40): Der Prophet Achija zerteilt seinen Mantel in zwölf Stücke (für die zwölf Stämme) und gibt Jarovam zehn davon zum Zeichen, dass dieser über die Nordstämme regieren werde. Noch bevor er die Macht übernehmen kann, muss er nach Mizrajim fliehen. Nach dem Tod Schelomos steht Rechavam als ein Sohn Schelomos bereit, die Macht in Jeruschalajim zu übernehmen, doch, so die literarische Schilderung, nutzt Jarovam die Versammlung von Schechem dazu, die Nordstämme für sich zu gewinnen (1Kön 12,1–19; 2Chr 13). Allein die Stämme Jehuda und Binjamin bleiben dem Thronfolger Rechavam treu (1Kön 12,20–25).

Könige Jisraels und Jehudas

Historisch bewegt man sich hinsichtlich der biblischen Darstellung der frühen Königszeit auf dünnem Eis: Dies gilt für die sog. Teilung des Reiches ebenso wie für die nachfolgenden Berichte über die Könige des Nord- und Südreiches, bei denen darüber hinaus auffällige Namensgleichheiten vermuten lassen, dass hinter nicht wenigen dieselben Personen stecken. Die biblischen Berichte können daher von der historischen Rekonstruktion erheblich abweichen. So vermutet die Forschung in der Darstellung der Entwicklung von einer ‚Unions-Monarchie' (Nord- und Südreich) zu einer sog. ‚Reichs-Teilung' eine idealisierte Geschichtsdarstellung aus dem 7. Jh., der historisch für das 9. und 8. Jh. ein vom Norden abhängiges Filialkönigtum Jehudas entspricht. Überhaupt lassen erst die außerbiblischen Quellen ab dem 9. Jh. historisch gesichertere Annahmen zu (zum Ganzen Frevel 2018, 176–214; 221–266; vgl. besonders die Königstabellen, 163;181). Die nachfolgende bibelkundliche Darstellung wird sich daher auch ausschließlich auf die wichtigsten Punkte der biblischen Erzählung konzentrieren und auf das

Referat historisch-archäologischer Forschung weitgehend verzichten. Literarisch gestaltet das Buch Melachim die Königserzählungen in der Weise, dass in Jisrael stets ein König herrschte, der tat, was dem Ewigen missfiel und deshalb keinen Bestand haben konnte, während in Jehuda viele positiv gewürdigt wurden und auch jene eher negativ beurteilten Könige um der Verdienste Dawids willen Bestand hatten. – Die Darstellung unterliegt einem ganz bestimmten Schema:

- Die Synchronisation mit dem König des anderen Reiches: Im Xten Jahr des XY von Jehuda wurde XY König von Jisrael
- die Dauer der Regierungszeit, oft auch Angabe, in welchem Alter der Thron bestiegen wurde
- der Verweis auf die Eltern (bei jehudäischen Königen)
- allgemeine Beurteilung: XY tat, ‚was dem Ewigen missfiel' (1 Kön 15,26.34; 22,53 u.ö.), bzw. XY ‚tat, was recht war in den Augen des Ewigen' (1 Kön 15,5.11; 22,43 u.ö.). Während manche Könige mit nur wenigen Zeilen Erwähnung finden, widmet die Bibel einigen – darunter auch immerhin eine Königin – ausführlichere Berichte

Könige von Jisrael

- *Jarovam (I)* (1 Kön 12): einer der Nachfolger Schelomos. Jarovam hat seinen Regierungssitz in Schechem und Penuël (1 Kön 12,25). Um sich auch kultisch unabhängig von Jeruschalajim zu machen, richtet Jarov'am im Norden religiöse Zentren ein, zu denen das Volk pilgern kann (als Alternative zum Tempel in Jeruschalajim; 1 Kön 12,26–33). In Bet-El und Dan lässt er Heiligtümer mit je einem Stiergussbild (!) errichten, was in der biblischen Darstellung als ‚Abfall' Jisraels vom Ewigen gewertet wird (1 Kön 13,1–6; vor allem 1 Kön 13,34; vgl. auch Ex 32).
- *Nadav* (1 Kön 15,25–32): wird von Bascha ermordet.
- *Bascha* (1 Kön 15,33 – 16,7): regiert in Tirza.
- *Ela* (1 Kön 16,8–14): wird während eines Trinkgelages von Simri ermordet. Alle Familienangehörigen Baschas kommen dabei um.
- *Simri* (1 Kön 16,15–20): hat nach biblischer Überlieferung die kürzeste Regierungszeit (7 Tage!). Als Omri die Stadt Tirza einnimmt, steckt Simri seinen Palast selbst in Brand.
- *Tivni* (1 Kön 16,21–28): Königsrivale von Omri.
- *Omri* (1 Kön 16,21–28): regiert sechs Jahre in Tirza, kauft den Berg Schomron von Schemer und macht Schomron zur neuen Hauptstadt des Nord-

reiches. Bedeutend ist Omri auch darin, dass er auf der moabitischen Mescha-Stele erwähnt ist.
- *Achav* (1Kön 16,29 – 22,40): Sohn des Omri. In seiner Zeit lässt die Bibel die Erzählungen um den Propheten Elijahu, spielen, mit dem er in harten Auseinandersetzungen steht. Seine Tochter Atalja heiratet Joram, einen späteren König Jehudas/Jisraels. Achav wird in einer Schlacht gegen die Aramäer getötet.
- *Achasja* (1Kön 22,52–54): Namensgleich mit Achasja von Jehuda (König zunächst in Jeruschalajim/Jehuda [‚Filialkönigtum'; Frevel 2018, 190f.], dann in Schomron/Jisrael).
- *Joram* (2Kön 8,16–24): Namensgleich mit Joram von Jehuda (König zunächst in Jeruschalajim/Jehuda [‚Filialkönigtum'], dann in Schomron/Jisrael).
- *Jehu ben Joschafat ben Nimschi* (2Kön 9–10): Stürzt Joram und damit die Omri-Dynastie. Wird durch einen Propheten aus dem Kreis Elischas eingesetzt. Jehu begründet seinerseits wieder eine Dynastie, die immerhin insgesamt fünf Könige (von Jehu bis Secharjahu) aufzuweisen hat. Er wird im Schwarzen Obelisken des Salmanassar III (fälschlich als Sohn Omris) als Tributbringer erwähnt.
- *Jehoachas* (2Kön 13,1–9): verliert die Kriege gegen Chasaël und Ben-Hadad II. von Dammeseq.
- *Joasch* (2Kön 13,10–25): Namensgleich mit Joasch von Jehuda (König zunächst in Jeruschalajim/Jehuda [‚Filialkönigtum'; Frevel 2018, 190f.], dann in Schomron/Jisrael). Joasch wird bei einer gegen ihn gerichteten Verschwörung umgebracht.
- *Jarovam* (II; 2Kön 14,23–29): gilt als der bedeutendste König der Jehu-Dynastie. Mit seinem Namen verbindet der biblische Bericht eine Zeit wirtschaftlichen Wohlstands und politischen Friedens.
- *Secharjahu* (2Kön 15,8–12): wird von Schallum ermordet.
- *Schallum* (2Kön 15,13–16): wird von Menachem ermordet.
- *Menachem* (2Kön 15,17–22): zahlt Tribute an ‚Pul' (= Tiglat-Pilesar III.).
- *Peqachja* (2Kön 15,23–26): wird von Peqach ermordet.
- *Peqach* (2Kön 15,27–31): wird von Hoschea ben Ela ermordet.
- *Hoschea ben Ela* (732–724; 2Kön 17): letzter König Jisraels.

Könige von Jehuda
- *Rechavam* (1Kön 14,21–31; 2Chr 10 – 12): lehnt die Bitte um Erleichterung der Fron ab, was zum Abfall der Nordstämme führt.
- *Avija* (1Kön 15,1–8; 2Chr 13).
- *Asa* (1Kön 15,9–24; 2Chr 14 – 16): steht im Krieg mit Bascha aus Jisrael, verbündet sich dafür sogar mit Dammeseq.
- *Jehoschafat* (1Kön 22; 2Chr 17 – 20): Krieg mit Achav gegen Dammeseq (Befragung durch 400 Propheten und den Propheten Michajhu ben Jimla).
- *J(eh)oram* (1Kön 22,51; 2Chr 21): Namensgleich mit Joram von Jisrael (König zunächst in Jeruschalajim/Jehuda

[‚Filialkönigtum'; Frevel 2018, 190f.], dann in Schomron/Jisrael).
- *Achasja* (1Kön 22,52–54; 2Chr 22,1–9): Namensgleich mit Achasja von Jisrael (König zunächst in Jeruschalajim/Jehuda [‚Filialkönigtum'], dann in Schomron/Jisrael).
- *Atalja* (2Kön 11,1–20; 2Chr 22,10–23,21): Tochter von Achav, Mutter von Achasja, übernimmt die Macht nach dem Tod ihres Sohn Achasja. Atalja wird ihrerseits umgebracht und Joasch (aus der Jehu Dynastie) auf den Thron gehoben.
- *Jehoasch/Joasch* (2Kön 12; 2Chr 24): Namensgleich mit Joasch von Jisrael (König zunächst in Jeruschalajim/Jehuda [‚Filialkönigtum'; Frevel 2018, 190f.], dann in Schomron/Jisrael). Joasch lässt den Tempel renovieren.
- *Amazja(hu)* (2Kön 14,1–20; 2Chr 25): Sohn des Joasch, der seinen Vater rächt, indem er dessen Mörder töten lässt; wird seinerseits bei einer gegen ihn gerichteten Verschwörung umgebracht.
- *Asarja/Usija(hu)* (2Kön 14,21f.; 15,1–7; 2Chr 26): Sohn des Amazja, seine lange Regierungszeit verläuft teilweise in Ko-Regentschaft mit Jotam, da er an Aussatz leidet. In die Regierungszeit Asarjas/Usija(hu)s lässt der biblische Bericht das Wirken der Propheten Jeschajahu (Jes 1,1; 6,1), Hoschea (Hos 1,1) und Amos (Am 1,1) fallen.
- *Jotam* (2Kön 15,32–38; 2Chr 27): Ausbau der Mauer des Tempels.
- *Achas* (2Kön 16; 2Chr 28): Enkel des Asarja/Usijahu. Er gilt als einer der Könige, der nicht tat, was dem Ewigen gefiel. Den biblischen Berichten zufolge huldigt er fremden Göttern, lässt sogar seinen Sohn durchs Feuer gehen (2Kön 16,3). Auch in Achas' Regierungszeit fällt das Wirken der Propheten Jeschajahu (Jes 1,1; 7,1) und Hoschea (Hos 1,1). Während seiner Regierungszeit sucht Aram zusammen mit Jisrael gegen Jehuda vorzugehen (Jes 7).
- *Chisqijja(hu)/Jechisqijja* (2Kön 18–20; 2Chr 29–32): Sohn des Achas, der in den biblischen Berichten – auch gegenüber seinem Vater – positiv gewürdigt wird. Sein Aufstand gegen Sancheriv 701 v.d.Z. lässt seinen Staat zu einem Stadtstaat zusammenschrumpfen: Er verliert weite Teile des Landes, kann aber Jeruschalajim noch halten (nach den assyrischen Quellen saß Chisqijjahu in seiner Stadt *wie ein Vogel im Käfig*). Ihm werden religiöse Reformen zugeschrieben. Vor allem der Prophet Jeschajahu wirkt in der Zeit des Chisqijjahu, was nicht nur der Bericht im Buch Melachim bezeugt, sondern auch zahlreiche Spruchworte Jeschajahus, die sich auf Chisqijjahu und seine Politik beziehen.
- *Menasche* (2Kön 21,1–18; 2Chr 33,1–20): erfährt eine sehr negative Bewertung (Wiedereinführung der Kulthöhen und andere religiöse Vergehen). Über Menasches offenbar sehr geglückte politisch-wirtschaftliche Restitution schweigt sich das Buch Melachim aus.
- *Amon* (2Kön 21,19–26; 2Chr 33,21–

25): starb durch eine Verschwörung seiner Diener.
- *Joschija(hu)* (2Kön 22,1 – 23,30; 2Chr 34 – 35): besteigt den Thron mit acht Jahren. Ihm werden ebenfalls kultische Reformen zugeschrieben (Kultzentralisation und Kultreinigung). Der biblischen Darstellung nach kommt Joschijahu durch Pharao Necho (II.) ums Leben, wahrscheinlich durch einen Meuchelmord.
- *Jehoachas* (2Kön 23,31–33; 2Chr 36,1–4): wird nach Mizrajim deportiert.
- *Jehojaqim/Eljaqim* (608–598; 2Kön 23,34 – 24,7; 2Chr 36,5–8): Vasallenkönig, erst unter Ägypten, dann unter Nebuchadnezzar.
- *Jehojachin* (2Kön 24,8–16; 2Chr 36,9–10): In seine Regierungszeit fällt die (erste) Belagerung Jeruschalajims (598/7) und die erste judäische Deportationswelle.
- *Zidqijjahu/Mattanja* (2Kön 24,18 – 25,7; 2Chr 36,11–20): unter ihm kommt es zu nochmaliger babylonischer Belagerung (588/7) und der endgültigen Zerstörung der Stadt und des Tempels. Zidqijjahus Söhne werden ermordet, er selbst wird geblendet und deportiert. Gedaljahu wird Statthalter in Mizpa (wird ermordet), Jehojachin wird von Ewil-Merodach begnadigt.

Reform des Joschijahu

Der Name Joschijahus wird zumeist mit (s)einer sog. ‚Kult-Reform' (Kultzentralisation und -reinigung) verbunden, von der in 2Kön 22 – 23 ausführlich berichtet wird. Als Auslöser dafür wird die Auffindung eines ‚Buches der Weisung' (*sefer ha-tora*) durch den Hohepriester Chilqijahu (2Kön 22,8) vorgestellt, die als eine umfassende Neuordnung des Kultes am Tempel beschrieben wird. So habe er Höhenheiligtümer und Mazzevot vernichtet (2Kön 23,14; vgl. Dtn 12,3; 16,22), religiöse Fremdbräuche und astrale Kulte sowie die Tempelprostitution (2Kön 23,7; vgl. Dtn 23,18) und das Opfern von Säuglingen (2Kön 23,10; vgl. Dtn 12,31; 18,10) abgeschafft sowie das Pesachfest als Pilgerfest an den Jerusalemer Tempel verlegt (2Kön 23,21–23; vgl. Dtn 16,1–8). Historische Beurteilungen gehen heute von einer maßvollen Kultreinigung aus, bei der vor allem Elemente und Symbole beseitigt wurden, die in der assyrischen Divinationspraxis relevant waren (Frevel 2018, 307–309).

Propheten / Gottesmänner

» Propheten S. 376; Thema Prophetie S. 238; 289; 313

Das Buch Melachim widmet einen großen Teil seines erzählenden Stoffes den Prophetenüberlieferungen, die sich insbesondere um die Erzählzyklen zu Elijahu und Elischa konzentrieren (1Kön 17 – 19; 2Kön 2 – 9.13), aber auch einzelne prophetische Personen wie Achija von Schilo (1Kön 11,26–40) oder Michajhu (1Kön 22,13–28) in den Blick nehmen. Charakteristisch für diese frühen prophetischen Überlieferungen ist, dass sie noch keinen festgefügten Begriff für ‚Prophet' (*navi;* Tur-Sinai: ‚Gottbegeisteter') kennen. Neben *navi* finden wir auch die Bezeichnung ‚Seher' (*ro'eh*) oder ‚Gottesmann' (*isch ha-elohim*). Zu eigenen Prophetenbüchern sind diese Erzählungen allerdings noch nicht ausgestaltet worden.

Prophetenerzählungen in den Büchern Schemuel und Melachim

- Der Richter und Prophet Schemuel: 1Sam 3,4.21; 19,20
- Der Prophet Achija von Schilo: 1Kön 11,26–40; 14,1–18
- Gottesmann Schemaja an Rechavam: 1Kön 12,22
- Gottesmann gegen den Altar von Bet-El: 1Kön 13,1–10
- Der lügnerische Prophet in Bet-El und der Tod des Gottesmannes: 1Kön 13,11–33
- Ovadjahu und die hundert Propheten: 1Kön 18,4
- Elijahu und Elischa: 1Kön 17 – 19; 2Kön 2 – 9.13
- Der namenlose Prophet vor Achav: 1Kön 20,13.22.(28)
- Der geschlagene Prophet: 1Kön 20,35–43
- 400 Propheten und Michajhu ben Jimla (Krieg Achavs gegen Aram): 1Kön 22,13–38
- Die Salbung Jehus durch einen Propheten: 2Kön 9,1–10
- Jeschajahu und Chisqijjahu: 2Kön 19 – 20
- Die Prophetin Chulda: 2Kön 22,11–20

Elijahu

» Elijahu im Buch Malachi S. 411; notabene: Elijahu in der nachbiblischen Tradition S. 411

Die Geschichten von Elijahu (ha-Tischbi) aus Gil'ad finden sich in 1Kön 17 – 19; 21; 2Kön 1. Auffällig ist, dass er nicht mit dem Namen seines Vaters bezeichnet wird, sondern mit dem Ort, aus dem er kommt. Nach biblischer Darstellung fällt sein Wirken in die Zeit der Könige Achav, Achasja und Joram. Er steht dauerhaft in Auseinandersetzung mit den Königen des Nord-

Elijahus Taten

- Die wunderhafte Mehrung von Mehl und Öl: 1Kön 17,7–16
- Die Wiederbelebung des Sohnes der Witwe aus Zarefat: 1Kön 17,17–24
- Elijahu und Achav; das Ende der Dürre-Periode: 1Kön 18
- Die Propheten des Baal und das Stieropfer auf dem Berg Karmel: 1Kön 18,20–40
- Die Salbung des Elischa durch Elijahu: 1Kön 19,16.19
- Elijahu am Berg Chorev: 1Kön 19,1–18
- Elijahu und Achav nach der Ermordung Navots: 1Kön 21,17–29
- Elijahu und Achasja: 2Kön 1
- Die Himmelsauffahrt Elijahus: 2Kön 2,1–13

reiches um den Baal-Synkretismus, den die sidonische Gemahlin des Königs Achav (Isevel) eingeführt hat (1Kön 16,31). Entscheidend ist Elijahus Sieg über die Baals-Propheten auf dem Berg Karmel, in dessen Anschluss er aber vor Isevel zum Berg Chorev fliehen muss. Die Erzählungen, die sich um Elijahu (und Elischa) ranken, sind voll von wunderhaften Begebenheiten. Von Elijahu wird eine wundersame Himmelauffahrt erzählt (dies beflügelt später die Hoffnungen auf eine mögliche Wiederkunft).

In der Bibel

Außerhalb der Bücher Melachim und Divre ha-Jamim wird Elijahu nur noch in Mal 3,23 erwähnt, dort allerdings als der wiederkommende Vorläufer des ‚Tages des Ewigen' (siehe unten das Thema Elijahu bei Malachi, S. 411; zur Rezeption des Elijahu in der jüdischen Tradition vgl. das notabene: Elijahu in der nachbiblischen Tradition, S. 411).

Gottesdienst und häusliche Feier

In der jüdischen Tradition wird die Verbindung von Elijahu und dem Kommen des Maschiach besonders betont. In den (häuslichen) Riten und Bräuchen werden drei Ereignisse, an denen sein Kommen und damit die Beendigung aller Not der Juden als besonders wahrscheinlich gilt, hervorgehoben:

- Bei der Beschneidung (*Berit Mila*): Bei jeder Beschneidungsfeier wird ein eigener Stuhl oder Sessel bereitgestellt, der sog. Stuhl des Elijahu (*kisse schel Elijahu*), auf dem symbolisch Elijahu Platz nimmt, der in Anlehnung an Mal 3,1ff. auch ‚Bote des Bundes' (*mal'ach ha-berit*) genannt wird. Die Verknüpfung der Figur des Elijahu mit der Beschneidungszeremonie stammt wohl schon aus gaonäischer Zeit. Ein Grund bestand darin, dass Elijahu wegen der Erweckung des toten Kindes (1Kön 17) als ‚Schutzpatron' des Kindes bei der Beschneidung fungieren sollte. Aus diesem Grund gab es auch immer wieder Amulette, die den Namen Elijahus enthielten.

Nach einer zweiten Erklärung ist die Anwesenheit Elijahus bei der Berit Mila als Strafe zu verstehen: Als Gott ihn auf dem Weg zum Chorev nach seinem Ansinnen gefragt habe, habe Elijahu die Kinder Jisraels als untreue Söhne und Töchter und Bundesbrecher denunziert (ShirR I,6). Zur Strafe müsse er daher immer dann, wenn der Bund eingehalten werde, diesen Akt bezeugen.

- Am Sederabend: Es ist ein traditioneller Brauch, zur Sederfeier in der Eingangsnacht des Pesachfestes einen Becher für den Propheten Elijahu (*koso schel Elijahu*) bereitzustellen, der zu Beginn der Zeremonie auf den Tisch gestellt, jedoch nicht getrunken wird (vgl. auch oben das Thema Fünf Becher Wein, S. 83). Nach dem Tischdank und vor dem abschließenden Hallel wird gemäß dem aschkenasischen Ritus das Glas gefüllt, die Tür geöffnet und das Gebet ‚Schefoch' gesprochen (ein zusammengesetztes Gebet aus Ps 79,6f.; 69,25 und Klgl 3,66; siehe unten im Buch Tehillim das Thema Schefoch, S. 428). Im Midrasch (ShemR 18,12) wird diese ‚Nacht des Wachens' mit der messianischen Zeit verbunden.
- Eine dritte prominente Erwähnung findet Elijahu in den Gesängen im Anschluss an die Havdala-Zeremonie. Diese beginnt mit den Worten *Hinne El Jeschuati* (‚Hier ist der Gott meiner Hilfe'). In den Gesängen zu Schabbat-Ausgang (*Moza'e Schabbat*) hat das Lied *Elijahu ha-Navi, Elijahu ha-Tischbi, Elijahu ha-Gil'adi* einen zentralen Platz erhalten.
- Daneben wird Elijahu im Tischgebet (Birkat ha-Mason), im synagogalen Gottesdienst in der dritten Beracha nach der Prophetenlesung (Haftara) und im Bittgebet um den Regen an jeweils exponierter Stelle erwähnt.

Elischa

Elischa ist ein Prophet des Nordreichs, der während der Regierungszeit der Könige Joram, Jehu, Joachas und Joasch tätig ist (1Kön 19,19–21; 2Kön 2 – 13). Nach 1Kön 19,19–21 ist er ein Schüler des Propheten Elijahu (vgl. oben) und wird von diesem zum Propheten berufen (Überwurf mit seinem Mantel). Gleich Elijahu tritt Elischa als Prophet immer wieder gegen die Könige auf. Auch der Erzählzyklus um Elischa zeichnet sich durch zahlreiche Wundererzählungen aus:

- Die wirkmächtigen Taten des Elischa (Wasserwunder; negatives Wunder: Verfluchung und Tod der Kinder): 2Kön 2,19–25
- weitere Wundererzählungen 2Kön 4 – 6: Die Erweckung des toten Jungen; Tod im Topf; die Heilung des Naaman; das wiedergefundene Beil

In der Bibel

In der Bibel wird Elischa außerhalb des Buches Melachim nicht weiter erwähnt, übrigens nicht einmal in den Divre ha-Jamim.

In der jüdischen Tradition

In der jüdischen Tradition genießt auch Elischa eine hohe Wertschätzung: Nach BamR 7,5 habe er Gottes Namen darin besonders geheiligt, dass er keinen Lohn von dem Aussätzigen Naaman für dessen Heilung verlangt habe (2Kön 5). Die Bitte Elischas an Elijahu (*Fiele doch ein Doppelteil von deinem Geist mir zu...*; 2Kön 2,9f.) wurde in der späteren Tradition auf die Anzahl der Wunder bezogen: Elischa vollbringt doppelt so viele Wunder wie Elijahu (bHul 7b; R. Dawid Qimchi zu 2Kön 2,14). Auch wird berichtet, dass die Frau von Schunem ein Séparée für ihn einrichtet, um andere (Frauen!) vor seinem Blick zu schützen (PRE 33). Seine Wunderkraft ist so gewaltig, dass sie sogar nach seinem Tod wirksam ist: Ein Toter wird nach dem Kontakt mit seiner Totenbahre wieder lebendig (bSan 47a; PRE 33). Kritik üben die Rabbinen an seinem harschen Umgehen mit seinem Schüler Gechasi (bSot 46bf.). Wegen seines aufbrausenden Wesens kann ihm die prophetische Begabung sogar zeitweilig abhanden kommen (bPes 66b).

Jeschajahu

Die Überlieferung zum Propheten Jeschajahu im Buch Melachim ist auch im Prophetenbuch Jeschajahu selbst übernommen (2Kön 18,13 – 20,19 ist parallel zu Jes 36,1 – 39,8); die hier berichteten Ereignisse zeichnen ein völlig anderes Prophetenbild als das, was im ersten Teil des Buches Jeschajahu (Jes 1 – 31) vermittelt wird; siehe unten S. 324.

Samaritaner

Der Tanach erwähnt die sog. Schomronim („Samaritaner') in 2Kön 17,29 (und nur dort!) im Zusammenhang mit der assyrischen Umsiedlungspolitik (2Kön 17,24–41). Der Erzählung zufolge siedelt der assyrische Großkönig Salmanassar V. nach der politischen Zerschlagung des Nordreiches (Jisrael) Menschen aus Persien und Babylonien (Kuta) an, damit sie sich mit den dort verbliebenen Bewohnern vermischen und den JHWH-Glauben aufweichen. Diese Darstellung der Herkunft der Samaritaner findet sich schon bei Josephus und in der rabbinischen Literatur, entspricht aber wohl nicht den historischen Gegebenheiten: Danach lässt sich auf dem Berg Gerisim bereits in persischer Zeit ein samaritanischer kultischer Bezirk nachweisen. Manche

Das Buch Melachim (Könige I und II)

setzen heute das sog. ‚samaritanische Schisma' nicht vor dem ausgehenden zweiten Jh. an (Eroberung von Schechem durch Johannes Hyrkanus und Zerstörung des samaritanischen Tempels i.J. 128 v.d.Z.).

Die heilige Schrift der Samaritaner umfasst bis heute nur die Tora, deren Textgrundlage nur wenig vom masoretischen Konsonantentext abweicht.

In der rabbinischen Literatur werden die Samaritaner zumeist als Kutäer (*kutim*) erwähnt.

Quellen und Annalen

Im Buch Melachim wird oft auf schriftliche Quellen Bezug genommen. Erwähnt werden:
- *das Buch der Geschichte Schelomos* (*Sefer Divre Schelomo*: 1Kön 11,41)
- *das Tagebuch der Könige Jisraels* (*Sefer Divre ha-Jamim le-Malche Jisrael*: 1Kön 14,19)
- *das Tagebuch der Könige Jehudas* (*Sefer Divre ha-Jamim le-Malche Jehuda*: 1Kön 14,29).

Die Chroniken dokumentieren kriegerische Unternehmungen ebenso wie besondere Angaben über einzelne Könige (Handelsbeziehungen, Beamtenlisten etc.). Es gilt als sicher, dass diese Annalen die Grundlage für den chronologischen Aufbau, die synoptische Auflistung der jeweiligen Könige, ihrer Kriege und ihrer hervorstechenden Merkmale des Buches Melachim gebildet haben. Erhalten ist von diesen Büchern aber keines.

Gottesdienst und häusliche Feier

Haftarot
Aus den Büchern Melachim werden folgende Haftarot gelesen:
- 1Kön 1,1–31 (Adonija contra Schelomo als Königsprätendenten) zu Paraschat Chajje Sara (Gen 23,1 – 25,18). Sowohl in der Parascha als auch in der Haftara ordnen Oberhäupter (Avraham und Dawid) ihre Nachfolge.
- 1Kön 2,1–12 (Dawids letzte Worte und sein Tod) zu Paraschat Wajjechi (Gen 47,28 – 50,26). Parascha und Haftara werden durch die beiden Figuren Jaaqov und Dawid miteinander verbunden, die beide kurz vor ihrem Tod ihr Vermächtnis hinterlegen.
- 1Kön 3,15 – 4,1 (Das salomonische Urteil) zu Paraschat Miqqez (Gen 41,1 – 44,17). Hier werden die Figuren Josef und Schelomo parallelisiert, deren Weisheit und Weitsicht bedeutend ist.

- 1 Kön 5,26 – 6,13 (Vorbereitungen zum Tempelbau und der Bau des Tempels unter Schelomo) zu Paraschat Teruma (Ex 25,1 – 27,19). Thema sind hier die Vorbereitungen zum Bau des Heiligtums.
- 1 Kön 7,13–26 (Die Ausführung der Arbeiten am Tempel durch Chiram) zu Paraschat Wajjaqhel (Ex 35,1 – 38,20; sefardischer Ritus). Gemeinsames Thema von Parascha und Haftara ist der Tempelbau selbst, der von Bezalel bzw. von Chiram ausgeführt wird.
- 1 Kön 7,40–50 (Herstellung der Geräte für den Tempel) zu Paraschat Wajjaqhel (Ex 35,1 – 38,20; aschkenasischer Ritus), am 2. Schabbat Chanukka und zu Paraschat Pequde (sefardisch).
- 1 Kön 7,51 – 8,21 (Vollendung des Tempelbaus) zu Paraschat Pequde (Ex 38,21 – 40,38; aschkenasischer Ritus). Durch die Zusammenstellung dieser Parascha mit dieser Haftara wird die Vollendung des Heiligtums und seine jeweilige ‚Inbesitznahme' durch Gott parallelisiert.
- 1 Kön 8,2–21 zum 2. Tag von Sukkot.
- 1 Kön 8,54 – 9,1 (aschkenasisch); 1 Kön 8,54–66 (sefardisch) (das Sukkot-Fest als Ende des Tempelbaus) zu Schemini Azeret außerhalb Israels.
- 1 Kön 18,1–39 (aschkenasisch); 1 Kön 18,20–39 (sefardisch) (Elijahu und die Propheten des Baal ringen miteinander auf dem Berg Karmel) zu Paraschat Ki Tissa (Ex 30,11 – 34,35). Hier werden die Baals-Propheten und das Stiergussbild am Berg Sinai thematisch in Beziehung gebracht.
- 1 Kön 18,46 – 19,21 (Elijahu am Chorev) zu Paraschat Pinchas (Num 25,10 – 30,1). Hier wird jeweils der ‚Eifer' von Pinchas und Elijahu thematisiert. Fällt allerdings der Schabbat Paraschat Pinchas auf die Zeit nach dem Fasttag 17. Tammus, dann wird als Haftara Jer 1,1 – 2,3 gelesen.
- 2 Kön 4,1–37 (aschkenasisch); 2 Kön 4,1–23 (sefardisch) (Elischa prophezeit einer Frau einen Sohn) zu Paraschat Wajjera (Gen 18,1 – 22,24). Gemeinsames Thema ist die Unfruchtbarkeit von Sara bzw. der schunemitischen Frau und die Ankündigung eines Sohnes.
- 2 Kön 4,42 – 5,19 (Die Heilung des aussätzigen Naaman, der durch Elischa geheilt wird) zu Paraschat Tasria (Lev 12,1 – 13, 59). Gemeinsames Thema von Parascha und Haftara ist der Aussatz.
- 2 Kön 7,3–20 (Die Aussätzigen im Lager der Aramäer) zu Paraschat Mezora (Lev 14,1 – 15,33). Gemeinsam ist hier das Motiv der Aussätzigen.
- 2 Kön 11,17 – 12,17 (sefardisch); 2 Kön 12,1–17 (aschkenasisch) zu Paraschat Scheqalim (besondere Parascha).
- 2 Kön 23,1–9.21–25 zum 2. Tag Pesach.

» Weitere Themen: Namensänderungen S. 37; Boten Gottes S. 43; Träume S. 56; Bet-El S. 60; Hungersnot S. 66; Gotteserscheinungen S. 74; 265; Berufungserzählungen S. 76; Pesach S. 85; 183; 265; Gegenwart Gottes

Das Buch Melachim (Könige I und II)

S. 99; Menora S. 117; 407; Priester S. 120; Stiergussbild S. 123; 225; Zufluchtsstädte S. 210; 268; Gottespräsenz und göttlicher Name S. 229; Magie und Zauberei S. 237; Fabeln S. 277; Rätsel S. 277; Freitod S. 278; Satan S. 435; Fluchandrohung S. 446; Auferstehung der Toten S. 458; notabene: Geist Gottes S. 279; notabene: Keruvim S. 365; notabene: Kinderopfer S. 366; notabene: Fasten S. 376; Edom S. 385; notabene: Trauer S. 392; notabene: Lieder außerhalb von Tehillim S. 424; Übersicht Bildverbot S. 102; Übersicht Schabbat S. 101; Übersicht Herrlichkeit Gottes (Kavod) S. 109

ישעיהו
Das Buch Jeschajahu (Jesaja)

Umfang

66 Kapitel. Das Buch Jeschajahu präsentiert sich als eine Zusammenstellung unterschiedlicher Textkomplexe, die nur zu einem kleinen Teil auf einen historischen Propheten namens Jeschajahu ben Amoz (ca. 746–701 v.d.Z.) zurückgehen. Schon Raschi bemerkte, dass mit Kap. 40 ein Einschnitt vorliege, insofern die bisher vorherrschenden Unheilsworte im restlichen Teil des Buches durch Verheißungen und Trostworte abgelöst werden. Deutlicher noch formulierten R. Avraham Ibn Esra (1089–1164) und Mosche Ibn Gikatilla (11. Jh.): Nach ihnen stammt der gesamte zweite Teil des Buches (Kap. 40–66) aus der Feder eines anonymen Propheten, der während des babylonischen Exils lebte und wirkte (Ibn Esra zu Jes 40,1). Auch in der modernen Forschung hat sich eine solche Zweiteilung durchgesetzt (IJes: Jes 1 – 39; IIJes: Jes 40 – 66; Gertz 2016, 326–328).

Inhalt

Bereits der erste Teil des Buches Jeschajahu vereinigt eine Vielzahl unterschiedlicher Prophetenworte und Textsammlungen. Er enthält zu Beginn viele verschiedene Unheilsworte, die den Untergang Jisraels und Jehudas ankündigen und die innen- und außenpolitischen Verfehlungen der herrschenden Oberschicht anprangern. Daneben finden sich jedoch bereits hier auch Heilsperspektiven, die sich vor allem auf die Uneinnehmbarkeit des Zijjon gründen. IJes enthält darüber hinaus biografische Notizen über Jeschajahu (Berufung Jeschajahus; seine Familienverhältnisse) sowie zeitgeschichtliche Details (z.B. über die Könige Jehudas, die aramäisch-jisraelitische Bedrohung im Jahr 733 und die assyrische Bedrückung). Neben den Unheilsankündigungen gegen die eigenen Landsleute in Jehuda formuliert das Buch Jeschajahu auch Droh-Reden gegen andere Völker, einschließlich des jisraelitischen Bruderstaates, in die eine Sammlung endzeitlicher Verheißungsworte eingewoben ist. Den Schluss des ersten Abschnittes bilden Propheten-Erzählungen, die auch im Buch Melachim überliefert sind.

Der zweite Teil des Buches enthält Verheißungen für die Exulanten (die Rückkehr aus dem Exil; die Wiederherstellung einer intakten Gottesbeziehung), Textsammlungen zum sog. ‚Knecht Gottes', Klagen und Ermahnungen sowie zum Schluss einen großen endzeitlichen Ausblick auf die neue Schöpfung.

Über Jehuda und Jisrael (1 – 12)
  1 Klage über Jehuda und Jeruschalajim
  2 Wallfahrt der Völker zum Zijjon
  3 Verkehrte Ordnung
  4 Der Rest auf dem Zijjon
  5 Lied vom Weinberg
  6 Vision und Berufung
  7 Begegnung mit Achas
  7 Immanu-El
  8 1. Zeichenhandlung: Maher-Schalal-Chasch-Bas
  9 Der neue Sohn als Friedensherrscher
  10 Gegen Aschschur
  11 Der dawidische Herrscher
  12 Danklied

Gegen fremde Völker (13 – 23)
  13 Gegen Bavel
  14 Gegen Aschschur
  14 Gegen die Pelischtäer
  15 – 16 Gegen Moav
  17 Gegen Dammeseq und Jisrael
  18 Gegen Kusch
  19 Gegen Mizrajim
  20 2. Zeichenhandlung: Nacktgehen
  21 Bavels Ende
  22 Gegen den Jubel in Jeruschalajim
  23 Gegen Zor (Tyrus)

Das Ende der Zeit (24 – 27)
  24 Verödung der Erde
  25 – 26 Lieder (Zijjon; Gott als Richter)
  27 Der Weinberg

Über Jisrael und Jehuda (28 – 35)
  28 Drohworte
  29 Dunkelmänner
  30 – 31 Gegen Mizrajim
  32 Gerechter König
  33 Heilsworte
  34 Gegen Edom
  35 Heimkehr nach Zijjon

36 – 39 // 2Kön 18 – 20; 2Chr 32
  36 Sancherivs Feldzug
  37 Jeschajahu
  38 Chisqijjahu
  39 Die Gesandtschaft aus Bavel

Trostworte (40 – 55)
  40 Trostworte
  41 Gegen Götzen
  42 1. Lied vom Gottesknecht
  42 – 44 Gegen Götzen
  45 Koresch, der ‚Gesalbte'
  45 – 46 Gegen Götzen
  47 Untergang Bavels
  49 – 52 2. bis 4. Lied vom Gottesknecht
  54 Gottes Erbarmen über Jeruschalajim
  55 Der ewige Bund

Anklagen, Klagen und Ausblick (56 – 66)
  56 – 58 Der aufrichtige Gottesdienst
  59 Sünden des Volkes: Giftspinne und Otter
  60 – 62 Künftige Herrlichkeit Zijjons
  63 Edom wird zerstampft
  64 Rückblick: Schilfmeer und neue Zuwendung
  65 Das störrische Volk
  66 Neuer Himmel, neue Erde
  66 Sammlung der Völker

Das Buch Jeschajahu (Jesaja)

Charakteristik

Bezeichnend für den ersten Teil des Buches Jeschajahu (Jes 1 – 39) ist die Schärfe, mit der dieser Prophet die zeitgenössische Politik und Gesellschaft angreift und einer metahistorischen Deutung unterzieht: Das Zerbrechen der politischen Macht wird auf den Abfall von Gott zurückgeführt. Der falschen Bündnispolitik der jehudäischen Könige und der gesellschaftlichen Korruption werden drohend die politischen Konsequenzen entgegengehalten. Dabei zeigen die Spruchworte und Lieder in diesem Buch eine sprachliche und rhetorische Brillanz, die von kaum einem der sog. ‚klassischen' Propheten wieder erreicht wurde.

Jeschajahu II (Jes 40 – 66) zeigt deutlich exilisch/nachexilische Provenienz. Thematisch steht nun vor allem der mentale Aufbau des Volkes, das sich noch im Exil befindet, im Vordergrund: Trostworte an die Exulanten, die Verheißung eines neuen und wunderhaften Auszuges, die Rückkehr nach Jeruschalajim sowie der Wiederaufbau der Stadt. Die hier formulierten Zukunftshoffnungen gründeten sich insbesondere auf den politischen Aufstieg des Perserkönigs Koresch (Kyros), der sogar als ‚Gesalbter' (*maschiach*) Gottes vorgestellt wird. Die Schlusskapitel des Buches Jeschajahu richten sich an die bereits Zurückgekehrten: Die Freude über die Rückkehr ist einer ersten Ernüchterung gewichen, der der Prophet mit der thematischen Anbindung und Erinnerung an die früheren Verheißungen im Buch Jeschajahu zu begegnen sucht.

Bedeutung

Das Buch Jeschajahu umfaßt einen Zeitraum von mindestens dreieinhalb Jahrhunderten. Wie auch bei den übrigen Büchern der Schriftprophetie liegt seine Bedeutung vor allem in der literarischen Fixierung der theologisch gedeuteten Geschichte Jisraels.

Leitfragen

- Welche Bedeutung hat der ‚Verstockungs-Auftrag'? Wie spiegelt er sich in der Buch-Überlieferung wider?
- Von welchen Zeichenhandlungen wird berichtet? Welche Funktion haben sie, und welche Bedeutung kommt ihnen zu?
- Welche Bedeutung hat der Ausdruck ‚der Heilige Jisraels' im Buch Jeschajahu?
- Welche Bedeutungen verbinden sich mit der Rede vom ‚Plan' und ‚Werk' Gottes? Lässt sich eine inhaltliche Entwicklung ausmachen?
- Welche Erwartungen verbinden sich mit dem dawidischen Friedensherrscher, welche mit dem Zijjon?

- Was kündigt das Buch Jeschajahu über den ‚Knecht' Gottes an? Welche Deutemöglichkeiten gibt es dafür?
- Welche Bedeutung kommt dem Motiv des ‚Auszuges' zu? Welchen Auszug hat das Buch Jeschajahu vor Augen?
- Welche Rolle spielen fremde Völker im Buch Jeschajahu? Gibt es Unterschiede zwischen ihnen? Zeigt das Buch eine Entwicklung auf?
- Welche Bedeutung kommt dem Perserkönig Kyros (Koresch) zu?
- Welche Funktion haben die Stammväter-Traditionen im Buch Jeschajahu?

Biografische Notizen zu Jeschajahu

≫ Berufungserzählungen S. 76

Die biografischen Notizen zu Jeschajahu (‚JHWH schenkt Heil') ben Amoz sind spärlich: Über seinen Vater Amoz erfahren wir außer dessen Namen nichts. Die rabbinische Tradition lässt ihn aus Jeruschalajim kommen (EkhaR 24). Der Tanach berichtet von einer prophetisch begabten Frau (Jes 8,3), mit der er (mindestens) zwei Söhne hat: Schear-Jaschuv (Jes 7,3) und Maher-Schalal-Chasch-Bas (Jes 8,3). Ob der in Jes 7,14 genannte Immanu-El (‚Gott mit uns') ein Sohn Jeschajahus war, haben schon die Ausleger unterschiedlich beantwortet: Nach Raschi und Ibn Esra war es ein Sohn Jeschajahus (Raschi und Ibn Esra zu Jes 7,14; 8,8 bzw. 8,10), Radaq sieht in ihm einen Sohn des Achas (Radaq zu 7,14; 8,8). Jeschajahu verfügt über gute Kontakte zum Tempel und zum königlichen Hof: Er trifft (ohne Protokoll) mit König Achas zusammen (Jes 7,1–3); er kann sich einflussreiche Persönlichkeiten zu Zeugen seiner Zeichenhandlung bestellen, den (Hohe-)Priester Urijja (Jes 8,2; 2Kön 16,10–16) sowie Secharjahu ben Jeverechjahu (Jes 8,2; 2Kön 18,2), und er hat offensichtlich auch Zutritt zu priesterlichen Zusammenkünften (Jes 28,7–9). Jeschajahus Berufung fällt in das Todesjahr des jehudäischen Königs Usija (Asarja, Jes 6,1). Seine prophetische Wirksamkeit endet nach den Ereignissen um die Zerstörung Jehudas (und die Verschonung Jeruschalajims) durch Sancheriv im Jahr 701 v.d.Z. Außerhalb des Buches wird Jeschajahu noch in 2Kön 19 – 20 (Jes 37 – 38) und in 2Chr 26,22; 32,20.32 erwähnt.

In der jüdischen Tradition

Der rabbinischen Überlieferung nach (bMeg 10b) war Jeschajahus Vater Amoz Bruder des jehudäischen Königs Amazja und sei ebenfalls schon Prophet gewesen (PRE 117f.; WaR 6,6). Danach wäre Jeschajahu also ein Mitglied des königlichen Hauses gewesen. Die aggadische Überlieferung lässt Jeschajahu den Märtyrertod durch den Nachfolger Chisqijjahus, Menasche, erleiden – er wurde zersägt –, weil er es nicht verdient hatte, gerettet zu werden. Er hatte nämlich sein Volk angesichts des Heiligen schlecht gemacht und dem göttlichen König gegenüber als unwürdig dargestellt (Jes 6,5!), was ihm in der rabbinischen Literatur durchgehend als Verrat am eigenen Volk übelgenommen wurde (bYev 49b; ySan 10,2, 28c; ShirR I,6). Als Verfasser des Buches Jeschajahu gilt der rabbinischen Überlieferung Chisqijjahu und sein Kreis (bBB 14bf.).

Vision des Jeschajahu

≫ Visionen S. 344; 357

Der Visionsbericht in Jes 6 beschreibt Jeschajahus (erste) Konfrontation mit dem Heiligen: Das Motivspektrum von Jes 6 birgt eine Fülle unterschiedlicher Vorstellungen und Bilder (Königtum Gottes, der hoch aufragende Thron, die Gottesprädikationen, die Serafim u.a.). Im Zentrum des Visionsberichtes steht das visionäre Erleben vom thronenden Gott. Der Eingangsteil des Visionsberichtes ist in besonderem Maß auf die Schilderung der Heiligkeit des Ewigen konzentriert und die ganze Szene – der Prophet nimmt lediglich beobachtend teil – von der Dialektik zwischen der Unmittelbarkeit Gottes und ihrer gleichzeitigen Distanz zum Betrachter geprägt. Die nachfolgende Szene beschreibt die Reaktion Jeschajahus und die anschließende ‚Reinigung' durch einen der Serafim (Jes 6,5–7). Die majestätische Schau führt bei Jeschajahu zu einem ‚Weh!'-Ruf als Ausdruck des Schmerzes über seine und des Volkes ‚unreine Lippen'. Insgesamt vermittelt der Visionsbericht in Jes 6 den Eindruck eines nahezu unüberbrückbaren Gegensatzes zwischen der menschlich-profanen und der heiligen Sphäre.

Die sogenannte Verstockung

≫ Verstockung des Pharao S. 81; Berufungserzählungen S. 76

Der sog. ‚Verstockungs'-Befehl des Jeschajahu (Jes 6) stellt wohl gleichzeitig seine Berufung zum Propheten dar. Der Auftrag Gottes scheint auf den ersten Blick widersinnig: Das Volk soll die Worte (und Zeichenhandlungen) des Propheten zwar hören (und sehen), sie aber nicht verstehen. Jeschajahus prophetisches Reden soll bei seinen Zuhörern solange nicht auf fruchtbaren Boden fallen, bis die Verwüstung der Städte und des Ackerlandes vollendet sein werden. Die Besonderheit des ‚Verstockungs'-Auftrages liegt darin, dass das Unvermögen des Volkes zur Erkenntnis des prophetischen Wortes und die daraus resultierende Ablehnung Jeschajahus durch das Volk als ein von Gott selbst ausgelöstes Geschehen beschrieben werden. Die Konfrontation der menschlichen (,unreinen') Sphäre mit dem Heiligen konstituiert eine Konfliktsituation insofern, als die Erscheinung Gottes stets eine kommunikative Nicht-Entsprechung auslöst (vgl. oben das Thema Vision des Jeschajahu), die jedoch bei Jeschajahu durch den Reinigungsakt (Jes 6,6f.) aufgehoben werden kann: Jeschajahu rückt damit enger an Gott heran und tritt gleichzeitig in eine Distanz zum Volk. Der ‚Verstockungs'-Befehl weist also prophetische Rede und ihre Ablehnung als komplementäre Größen aus. Erzählerisch ist daher im Visionsbericht eine für Jeschajahu und das Volk je eigene Gotteserfahrung angelegt, insofern das Volk während der Begegnung mit dem Propheten im Status des Nicht-Begreifen-Könnens verbleibt. Das bis heute in der Forschung vorausgesetzte Verständnis, wonach das Nicht-Verstehen Jisraels als Ungehorsam gegen Gott dargestellt wird, lässt sich daher so nicht aufrechterhalten. Der ‚Verstockungs'-Befehl in Jes 6 thematisiert auf grundsätzliche Art und Weise die Frage nach Bedeutung und Funktion der prophetischen Rede(n) unter Jisrael.

Jeruschalajim / Zijjon

» Zijjon (Joel) S. 376; Zijjon (Micha) S. 391; Jeruschalajim S. 272; 298

Der Berg Zijjon und der von Schelomo erbaute Tempel bilden ein wichtiges Motiv nicht nur im ersten Teil der Spruchworte Jeschajahus. Die Stadt Jeruschalajim wird oftmals mit ‚Tochter Zijjon' betitelt (Jes 1,8; 10,32;16,1; 37,22; 52,2; 62,11; Jer 4,31; 6,2.23; Klgl 1,6; 2,1.4.8.10.13 u.ö.; Mich 4,8.10.13 u.ö.). Sie ist der Ort des Rechts (*mischpat*; Jes 1,21), der Ort, an dem Gott Wohnung genommen hat (Jes 8,17f.). Jeschajahus Prophezeiungen setzen darauf, dass Gott seinen Berg schützt (Jes 29,1–8; 22). Die Armen des Volkes werden auf dem Zijjon Zuflucht suchen (Jes 14,32; Jer 7,4). Auch der von Jeschajahu angesagte Schlag Gottes gegen Aschschur wird auf dem Zijjon vollstreckt werden: Auf dem Zijjon wird Gott herabfahren und Aschschur ein Ende machen (Jes 10,12; 14,24–27; 31,4–9). Eng mit dem Motiv vom Zijjon, der allein übrigbleibt (vgl. auch Jeschajahus Bild von der ‚Wächterhütte im Gurkenfeld'; Jes 1,8), hängt wiederum die Rede vom ‚Rest', der das Unheil überstehen wird, zusammen (Jes 4,3; 6,13; 7,3–6; 10,20–23; 11,11–16; 28,5, vgl. unten das Thema Der ‚Rest' Jisraels, S. 331). Auch der Neubeginn geht vom Zijjon aus: Einen ‚Eckblock' wird Gott auf dem Zijjon gründen (Jes 28,16f.), ein heiliger Rest wird übrigbleiben (Jes 4,3). Der zweite Teil des Buches Jeschajahu wird dieses Motiv ausbauen und in einem großen Bild von der Rückkehr Gottes nach Zijjon (Jes 52,7–10; 60,1–7) und dem Wiederaufbau des Zijjon in Herrlichkeit (Jes 54,11f.; 61,1–4) schildern. Jes 2,2–4 schließlich beschreibt das endzeitliche Hinaufziehen der Völker auf den Zijjon. In diesem Zusammenhang findet sich auch das heute

Das Buch Jeschajahu (Jesaja)

noch berühmte Wort von den ‚Schwertern, die zu Pflügen werden' sollen (Jes 2,2–4; Mi 4,1–4; vgl. aber Joel 4,10).

In der Bibel
Jeruschalajim / Zjjion erhält vor allem im Buch Echa eine gewichtige Stimme: Sie ist die Beklagte und die Klagende, sie ist vergewaltigt und missbraucht (Klgl 1,9.20), und sie repräsentiert das ganze Volk (Klgl 3,40–47; 4,17–20), das unter der politisch-nationalen Katastrophe mit der Zerstörung des ersten Tempels leidet (vgl. unten Buch Echa).

Sozial- und Kultkritik

» Sozialkritik bei Jechesqel S. 362; Kult- und Sozialkritik bei Amos S. 383

Der erste Teil des Jeschajahu-Buches enthält mehrere Spruchsammlungen (Jes 3,1–15; 5,8–24; 10,1–4), die die damaligen gesellschaftlichen Zustände beschreiben, die der Prophet scharf angreift: Ausbeutung, Genuss- und vor allem Trunksucht, Beugung des Rechts der Schwachen (Witwen und Waisen). Es gibt kaum einen Bereich des gesellschaftlichen Lebens, der nicht im Brennpunkt prophetischer Kritik steht. Dazu gehört auch die entschiedene Zurückweisung der bestehenden Opferpraxis, das Einfordern aufrichtiger Gottesverehrung und persönlich integren kultischen Personals (Jes 1,10–17; 28; 29): Eine Fülle von Schlachtungen, lallende Priester, ausschweifende Opfermahlzeiten, während gleichzeitig außerhalb des Tempelareals die ‚kleine Witwe' um ihr Recht gebracht wird, passen für Jeschajahu nicht zusammen. Wie schon vor ihm bei Hoschea (Hos 6,6) und Amos (Am 5,21–23), später auch bei Jirmejahu (Jer 6,20), geht es Jeschajahu jedoch nicht um eine grundsätzliche Infragestellung des Opfers als solchem.

Das Motiv einer dekadenten Opferpraxis wird auch in Jeschajahu II immer wieder aufgenommen. Es zeigt sich beispielsweise in der textlichen Zusammenbindung der Opferkritik mit der Götzenbildpolemik, die auch (oder gerade!) in die Haftara-Lesung zu Paraschat Wajjiqra (Thema: Opfer) übernommen wurde (Jes 43,21 – 44,23). Die liturgische Praxis spiegelt damit eine Art Selbstkritik wider: Jisrael hat sich trotz seiner Opfer nicht wirklich um seinen Gott bemüht. Eine solch unaufrichtige Kultpraxis wird – beinahe wie zur Plakatierung – mit den Schnitzwerkbildnern und der Anrufung der Holzklötze zusammengebracht. Jeschajahu II (Jes 58) fordert darüber hinaus eine Entsprechung zwischen der religiösen Praxis (das rechte Fasten; Schabbat) und dem gesellschaftlichen Engagement: Das religiöse Fasten soll von sozialen Taten (z.B. Teilen des Brotes mit dem Hungrigen; Bekleiden derer, die nackt sind; Aufnahme Obdachloser) begleitet werden.

Der Weh-Ruf

≫ notabene: Trauer S. 392

Der ‚Weh!'-Ruf stellt ein Charakteristikum besonders für die Drohworte Jeschajahus dar, findet sich aber auch in anderen prophetischen Büchern (Jes 5,8.11.18.20.21.22; 10.1.5; Jer 22,13; 23,1; 30,7; 47,6; Ez 13,3.18; 34,2; Am 5,18; 6,1; Mi 2,1; Nah 3,1; Hab 2,9; Zef 2,5 u.ö.). Der ‚Weh!'-Ruf stammt ursprünglich aus der Totenklage. Im Kontext prophetischer Drohworte kann es so interpretiert werden, als wollten die Propheten mit der Übernahme dieses Rufes aus der Totenklage zum Ausdruck bringen, dass die Frevler bereits dem Tod anheimgefallen sind. In jedem Fall ist der ‚Weh!'-Ruf ein durchgehendes Stilelement der prophetischen Trauermetaphorik, mit dem die Propheten bei ihren Zeitgenossen Aufsehen zu erregen suchten, denn die im Unheilswort Gescholtenen leben ja noch, werden aber wie in einem performativen Sprechakt als bereits Tote vorgestellt.

Zeichenhandlungen

≫ Zeichenhandlungen S. 344; 358; 370

Von Jeschajahu werden mehrere Zeichenhandlungen (manchmal auch prophetische Demonstrationen oder Symbolhandlungen genannt) überliefert: So soll Jeschajahu auf Gottes Geheiß hin seinen Sohn Schear-Jaschuv (*ein Rest kehrt um/kehrt zurück*; vgl. unten Der Rest Jisraels S. 331) zum Treffen mit König Achas mitnehmen (Jes 7,1–9). Eine weitere Zeichenhandlung besteht darin, dass Jeschajahu vor zwei Zeugen die Wendung *Le-Maher-Schalal-Chasch-Bas* (*[Für] Bald-Beute-Rasch-Raub*) auf eine Tafel schreibt (Jes 8). Daraufhin erteilt ihm Gott Weisung, dem zweiten Sohn den Namen Maher-Schalal-Chasch-Bas zu geben. Die Anweisung zur Namensgebung mündet in die Androhung des bevorstehenden Unterganges von Dammeseq und Jisrael ein. In Jes 20 wird eine weitere Zeichenhandlung des Propheten beschrieben: Drei Jahre vor dem Aufstand und der Eroberung Aschdods beginnt Jeschajahu, nackt und barfuß umherzugehen. Mit der Eroberung der Stadt (711 v.d.Z.) beendet er dieses Verhalten, allerdings ohne seiner Umgebung eine Deutung dafür zu bieten. Die prophetischen Zeichenhandlungen gehören unmittelbar zur prophetischen Rede dazu und sind ‚Wahr'-Zeichen für noch in der Zukunft liegende geschichtliche Ereignisse: Das zukünftige Geschehen wird in ihnen nicht nur äußerlich sichtbar angekündigt, sondern bereits in die Gegenwart hineingeholt. Den Zeitgenossen des Propheten ist damit jede Verstehensmöglichkeit genommen. Erst die Späteren können das Zeichen auflösen und deuten. Auch die Zeichenhandlungen gehören damit zur Durchführung

Aschschur

» Aschschur bei Nachum S. 396

Mehr noch als Mizrajim und Bavel zieht sich Aschschur als ‚Erzfeind' Jisraels und Jehudas durch die Hinteren Prophetenbücher. Aschschurs militärische Stärke wird immer wieder thematisiert: So findet sich bei Jeschajahu ein großes ‚Weh'-Wort gegen Aschschur (Jes 10,5–34), in dem einzelne Aspekte der assyrischen Westexpansion ganz konkret beschrieben werden. Jeschajahu verwendet dort das auch schon aus den assyrischen Annalen bekannte Bild vom Vogelnest (Jes 10,14), das eindrücklich die Situation der Kleinstaaten im syro-palästinischen Raum angesichts der assyrischen Bedrohung widerspiegelt, die der Kriegsmaschinerie Aschschurs faktisch nichts entgegenzusetzen hatten.

notabene: Aschschur

Vor allem die Periode des sog. ‚neuassyrischen Reiches' sollte für die außen- und innenpolitische sowie theologische Entwicklung von Jisrael/Jehuda von größter Wichtigkeit werden. 745 v.d.Z. bestieg in Aschschur Tiglat-Pilesar III. (Tukulti-apil-Ešarra) den Thron. Dieser durch eine Revolte an die Macht gekommene Herrscher verfolgte eine aggressive und expansive politische Linie. Unter seiner Regentschaft sollte sich die geografische und politische Landkarte im gesamten vorderasiatischen Raum radikal verändern. Bereits 738 legte er Rezin aus Dammeseq und Menachem aus Jisrael Tribute auf. 734 unternahm Tiglat-Pilesar III. von Nordsyrien aus einen Feldzug, der ihn über die philistäischen Küstenstädte und Assa (Gaza) bis nach Mizrajim vordringen ließ. Die assyrische Großmacht ging dabei mit den Peripheriemächten sehr unterschiedlich um. Seit Tiglat-Pilesar III. verfolgte man die Politik der partikularen Anbindung einzelner Territorien. Diese heterogene Behandlung der einzelnen Gebiete (partikulare Anbindung, direkter administrativer Anschluss an Aschschur) erschwerte eine anti-assyrische Koalitionsbildung der Gebiete untereinander. Dennoch wurden die Städte (Stadtstaaten) früher oder später in das assyrische Provinzsystem eingegliedert und büßten darin ihre nationale Unabhängigkeit ein. Schomron (Samaria) verblieb zunächst (732) als Rumpfstaat des Nordreiches und wurde unter Salmanassar V. erobert. Bekannt und gefürchtet war Aschschur schon damals für seine grausame Deportationspolitik: Bis 730 wurde ein großer Teil der Population des

Nordreiches deportiert. Unter Sargon II. wurden nochmals mehr als 27.000 Menschen weggeführt. Insgesamt war das assyrische Großreich nicht nur in militärisch-logistischer, sondern auch in administrativer Hinsicht den kleinen Staaten bis weit ins 7. Jh. hinein deutlich überlegen. Und so konnten auch Koalitionsbildungen unter den Kleinstaaten, wenn sie überhaupt eine gewisse Beständigkeit aufwiesen, aus der Sicht Aschschurs allenfalls als aufgeregtes Vogel-Piepsen vor dem Nesträuber betrachtet werden (Jes 10,14): War König Chisqijjahu zunächst darum bemüht gewesen, sich aus den seit 716 immer wieder aufflackernden Aufstandsbewegungen gegen die assyrische Großmacht herauszuhalten, so nutzte er doch die nach Sargons Tod i. J. 705 eingetretene (kurzfristige) innenpolitische Schwächung Aschschurs und initiierte ein anti-assyrisches Bündnis (ab 703), dem sich auch Aschqelon und Eqron anschlossen (bzw. unter Druck dazu gebracht wurden), und das von Mizrajim und der dort herrschenden nubischen Dynastie unterstützt wurde (vgl. Jes 30,1–5; 31,1–3; 2Kön 20,12–19). Daneben scheint es auch einen engen Schulterschluss mit dem chaldäischen König Merodach-Baladan (Marduk-apla-iddina; 722–710; 703–702) in Babylon gegeben zu haben (vgl. auch Jes 39), der nach Sargons Tod als Erster das assyrische Joch abgeschüttelt hatte. Ungeachtet aller Unstimmigkeiten der biblischen Quellen wie der assyrischen Annalen und der damit verbundenen offenen historischen Details, ist doch soviel sicher, dass diese Aufstandsbewegungen von Sargons Sohn Sancheriv (704–681) mit aller Härte zerschlagen wurden und dieser damit die Politik seines Vaters nahtlos fortsetzte: Nachdem er Babylonien zurückerobert hatte (i. J. 703 v.d.Z.), zog er in seinem 3. Feldzug nach Westen, besetzte Aschqelon und Eqron und setzte von der Küstenebene her (sein Hauptquartier lag in Lachisch) auf Jehuda an. Jehuda erlitt eine schwere Niederlage. Die assyrischen Nachrichten berichten über die Eroberung und Verwüstung von 46 befestigten Städten (vgl. auch Jes 1,4–9; 7,18–25); Landstriche wurden verödet, seine Bewohner deportiert. Dann wandte sich Sancheriv nach Jeruschalajim und belagerte es. Nach den assyrischen Quellen saß Chisqijjahu in seiner Stadt ‚wie ein Vogel im Käfig'. Aus historisch nach wie vor nicht restlos geklärten Umständen brach Sancheriv die Belagerung ab. Die Stadt war noch einmal ‚verschont' geblieben. Es lässt sich jedoch sowohl den assyrischen Nachrichten als auch den biblischen Zeugnissen entnehmen, dass der Abzug Sancherivs mit hohen Tributleistungen und territorialen Einbußen erkauft werden musste; darüber hinaus kam es zu umfangreichen Deportationen. Ein Großteil des judäischen Staatsgebietes wurde verwüstet und Aschdod, Eqron und Assa zugeschlagen (vgl. Jes 1,7–9), die als aschschurtreue Philisterstädte galten.

Aber das neuassyrische Großreich wies spätestens seit dem Regierungsantritt Asarhaddons (681–669) und Assurbanipals (668–626) deutliche Spuren innerer Zerrüttung auf und hatte nicht mehr die Kraft, sich gegen die erstarkenden Babylonier und Meder zu wehren. I. J. 614 fiel zunächst die Stadt Aschschur, 612 Nineweh in die Hände der Meder. Der letzte König, Aššur-ubal-lit II., fiel 610/9 im mesopotamischen Harran (zum Ganzen Frevel 2018, 266–303).

Der Heilige Jisraels

Im Buch Jeschajahu wird Gott vielfach als der ‚Heilige Jisraels' tituliert: Jes 1,4; 5,19.24; 12,6; 17,7; 29,19.23; 30,11f.; 41,14.16.20; 43,3.14; 45,11; 54,5 u.ö. Mit dieser Gottesbezeichnung wird zunächst die Erhabenheit Gottes herausgestellt. Im ersten Teil des Buches kommt dieser Begriff vor allem dort zum Tragen, wo es um die Konfrontation von Jeschajahus Zeitgenossen mit dem prophetischen Wort geht, in dem der Prophet wiederholt auf einer grundlegenden Inkompatibilität zwischen dem Wirken des Heiligen und dem menschlichen Tun insistiert (Jes 31,1): In der Umdeutung traditioneller religiöser Erfahrungshorizonte macht die Rede vom ‚Heiligen Jisraels' deutlich, dass sich Gott dem Menschen dort entzieht, wo dieser ihn für seine Zwecke missbrauchen will.

Plan und Werk Gottes

Einen gewichtigen Raum in Jeschajahus Prophezeiungen nehmen seine Verweise auf den ‚Plan' und das ‚Werk' Gottes ein (Jes 1,10–15.16f.21–28; 3,12–15.16–24; 5,8.13b; 10,1f.; 28,14–22; 30,1–5.9–11; 31,1). Gemeint sind damit zukünftige und unabwendbare Ereignisse, die in metaphorischer Sprache geschildert sind. Diese allein von Gott geplanten Ereignisse werden am eigenen Volk, aber auch an anderen Völkern (Aschschur, Mizrajim) vollzogen (Jes 2,9–17; 3,1–15.16–26; 4,1.2–6; 5,15f.; 10,5–15; 14,24–27 u.ö.): Gott wird ‚verwunderlich handeln' (Jes 29,14), er wird sein ‚befremdliches Werk vollenden' (Jes 28,21). Der anonyme Prophet im zweiten Teil des Buches transformiert den Ausdruck vom ‚Plan Gottes', der beim ersten Jeschajahu überwiegend unheilvolle und bedrohliche Ereignisse umfasste, in eine positive Zukunftsaussicht: Rettung und (erneuter) Glanz für Zijjon (Jes 46,9–13; vgl. auch Jes 40,13).

Der ‚Rest' Jisraels

Bereits der Prophet Amos kennt die Vorstellung vom ‚Rest' (‚Rest Josefs': Am 5,15), dem Gnade gewährt wird, aber der Gedanke vom ‚Rest Jisraels' spielt erst im Buch Jeschajahu eine große Rolle, hat dort jedoch unterschiedliche Konnotationen. Jes 4,3 erwähnt den heiligen ‚Rest von Zijjon', der zum

Heil und zum Leben eingetragen ist (vgl. auch notabene: Aschschur, S. 329). In Jes 10,20–22 steht der ‚Rest' (*schear Jisrael*) für diejenigen des Volkes Jisrael, die zu Gott umkehren, während Jes 11,11 mit dem Hinweis auf den ‚übriggebliebenen Rest seines Volkes' vor allem die endzeitliche Sammlung der Zerstreuten ansagt. Eine besondere Bedeutung kommt dem Rest-Gedanken im Kontext der ersten Zeichenhandlung zu (Jes 7; vgl. oben Zeichenhandlungen S. 328). Beinahe durchgängig wird die Auffassung vertreten, die Mitnahme des Sohnes Jeschajahus mit diesem signifikanten Namen hätte für Achas Grund genug sein müssen, der nachfolgenden Zusage unbedingten Glauben zu schenken. Diese Auffassung ist problematisch, denn der Name ist unter semantischem Gesichtspunkt gerade nicht eindeutig zu bestimmen. Es lassen sich immerhin vier Bedeutungsmodi aufstellen, von denen zwei den politischen und zwei den religiösen Aspekt dieses Verbalsatz-Namens aufnehmen: 1. Ein Rest wird sicher (aus der Schlacht/dem Exil) zurückkehren 2. Nur ein kleiner Rest wird (aus der Schlacht/dem Exil) zurückkehren 3. Ein Rest wird sicher zum Ewigen umkehren 4. Nur ein kleiner Rest wird zum Ewigen umkehren. Damit bleibt das prophetische Wort vom ‚Rest' im Buch Jeschajahu immer ambivalent: Es kann zum einen zur Chiffre für die Schar der Überlebenden (nach der Katastrophe von 701; in Jer 24,8: nach dem Untergang Jehudas 586), zum anderen auch zum ‚Samen des Heiligen' (Jes 6,13) werden, dem eine neue Zukunft verheißen ist, wenn die Zerstreuten wieder in ihr Land zurückkehren werden (Jes 11,12).

Dawidischer Friedensherrscher

» Dawid S. 294

Jes 9 und 11 (vgl. auch Jes 32) beschreiben einen zukünftigen Friedensherrscher aus dem dawidischen Königshaus. Jes 9 sagt das Ende der (assyrischen) Fremdherrschaft, die Geburt und Thronbesteigung eines dawidischen Herrschers sowie einen ewigen Frieden voraus (dieser Passus wird heute oftmals im Zusammenhang mit der Immanu-El-Prophetie aus Jes 7,14–17 verstanden). Jes 11 entfaltet eine universale Heilszeit, die die Natur mit einschließt (‚paradiesische Zustände': Wolf liegt beim Lamm; Kuh weidet mit Bärin usw.). Diese Heilsaussage mündet in das Wort von der endzeitlichen Sammlung der Versprengten Jisraels ein.

In der jüdischen Tradition

In der jüdischen Tradition ist für das Verständnis von Jes 9 vor allem die im aschkenasischen Minhag zusammengestellte Haftara-Lesung zu Paraschat Jitro aufschlussreich. Den Anfang bildet Jes 6,1–7,6 (*Im Todesjahr des Königs Usijahu ... den Sohn Tavals*), woran sich unmittelbar Jes 9,5f. (*Denn ein Kind ist uns*

Das Buch Jeschajahu (Jesaja)

geboren...) anschließt: Nicht Ben-Taval wird in Jeruschalajim König sein, sondern das neugeborene Kind (aus dem dawidischen Königshaus), das die Namen Pele-Joez/El-Gibbor/Aviad/Sar-Schalom (*Der Wunderbares plant/mächtiger Gott/ Vater-auf-ewig/ Fürst des Friedens*) trägt. Diese Zusammenstellung nimmt die traditionelle jüdische Auslegung auf (Raschi, Ibn Esra und Radaq zu Jes 9,5), die das neugeborene Kind mit dem Sohn des Achas, Chisqijjahu, identifiziert. Die Ausleger betonen also die zeitgeschichtliche Dimension des Textes (hier: die aramäisch-jisraelitische Bedrohung und ihre Abwendung), um eine endzeitlich-messianische Lesart zu vermeiden.

‚Tag des Ewigen'

Der Ausdruck ‚Tag des Ewigen' (Tag JHWHs) findet sich nur in der prophetischen Literatur. Er bezeichnet eine Zukunft, die von den Propheten angekündigt wird: Jes 13,6–13; Ez 7,7.10 (hier nur als ‚der Tag' bezeichnet); 13,5; Joel 1,15; 2,1; 3,4; 4,14; Am 5,18–20; Ob 1,15; Zef 1,17–18; Mal 3,23. Obwohl die Propheten je eigene Vorstellungen vom ‚Tag des Ewigen' haben, so lassen sich doch Gemeinsamkeiten entdecken:
- Der ‚Tag des Ewigen' ist nahe: Was die Propheten ankündigen, steht unmittelbar bevor.
- Der ‚Tag des Ewigen' geht mit Katastrophen einher (Naturkatastrophen; kosmische und/oder kriegerische Ereignisse).
- Am ‚Tag des Ewigen' werden die Sünder bestraft.

Götzenbilder

» Götzendienst S. 170; 230; 238; Gesetz und Götzendienst S. 359

Ein wichtiges Thema im zweiten Großabschnitt des Buches Jeschajahu ist seine Auseinandersetzung mit den Göttern bzw. Götter-Schnitzbildern anderer Nationen, vor denen sich auch Jisrael niedergeworfen hat (Jes 40 – 46). Dabei formuliert das Buch beißende Polemik gegen die ‚Schnitzwerkbildner' und Metallarbeiter, die aus Holz geschnitzte Bilder (*pesel*) und Gussbilder (*massecha*) als Götter verehren (Jes 42,17; 44,9–20; 45,16). Diesen sogenannten Göttern, die sich nicht von ihrem Platz bewegen und auch nicht antworten können (Jes 46,5–7), stellt der Prophet den Gott Jisraels, den Heiligen, als alleinigen Gott gegenüber: *Ich bin der Erste, ich der Letzte, und außer mir gibts keinen Gott* (Jes 44,6; vgl. auch Jes 41,1–5; 46,8–13). In dieser Auseinandersetzung mit den ‚hölzernen Wackelbildern' kommt es regelrecht zum Rechtsstreit, in dem Gott seine universale Schöpfermacht offenbart (Jes 41,1–5; 42,5–9; 43,1–7; 44,1–5; 45,1–8 u.ö.). Entscheidend in dieser Auseinandersetzung ist für Jeschajahu II die Macht des Wortes Gottes, das die Geschichte gestaltet: Diese Reden vom wirkmächtigen Wort korrespondieren unmittelbar mit dem Motiv von Jeschajahu I, wonach Gott allein seinen ‚Plan' und sein ‚Werk' vollendet: Bei dieser göttlichen Gestaltung des Geschichtswerkes kommt also faktisch den Propheten eine Schlüsselrolle zu: *Tut kund, was später kommen wird, dass wir erkennen, dass ihr Götter seid!* (Jes 41,23; Jes 43,10–13; 44,6–8; 46,8–13). Die Macht Gottes manifestiert sich in der umfassenden Geschichtsschau und -deutung. Hierin formuliert Jeschajahu II erstmals einen exklusiven Monotheismus.

Knecht Gottes

Das Buch Jeschajahu enthält in seinem zweiten Teil vier Lieder über den ‚Knecht' (*eved*: Jes 42,1–4 [5–7]; 49,1–6 [7]; 50,4–9 und 52,13 – 53,12). Die biblischen Beschreibungen dieses ‚Knechtes' tragen individuelle wie auch kollektive Züge. Umstritten in der Auslegung dieser Passagen war daher vor allem die Frage, auf wen sich die Texte beziehen. Die jüdische Bibelauslegung hat, ausgehend von Jes 49,3, zumeist einen kollektiven Bezug auf Jisrael als dem Knecht Gottes hergestellt (Raschi ad loc.; vgl. auch Jes 41,8; 44,1f.21; 45,4). Manche Ausleger haben dabei ein ‚ideales' zukünftiges Jisrael vor Augen (Raschi zu Jes 52,13); andere sehen im ‚Knecht' die Exilsgeneration repräsentiert (Ibn Esra und Radaq zu Jes 52,13), wieder andere eine besondere Gruppe innerhalb Jisraels (Propheten; Priester; vgl. Eliezer aus Beaugency ad loc.). Die bereits vom Targum vorgeschlagene Lesart, wonach mit dem ‚Knecht' auf Gottes ‚Erwählten' (*bechir*; Targum Jes 42,1) oder gar den Messias (*meschiach*; Targum Jes 52,13) angespielt wird, wurde (und wird) in der jüdischen Auslegungsliteratur wegen der Auseinandersetzung mit der christlichen Theologie nur zögerlich rezipiert.

Beistandsorakel

Insbesondere Jes 40 – 55 zeichnet sich durch eine Reihe von Ermutigungs- oder Beistandsorakeln aus, die auch als ‚Heilsorakel' bezeichnet werden. Sie beginnen mit der Formel *Fürchte dich nicht...* (Jes 41,10.13; 43,1.5; 44,2) und ähneln darin auch den älteren neuassyrischen Königsorakeln, deren konstitutive Elemente der Schutz und das Wohlergehen des Königs durch die Götter, die Dynastiezusage und oftmals auch die Bestätigung der militärischen Stärke eines Monarchen war. In diesem Teil des Buches Jeschajahu ist es Gott, der die Beistandszusage ausspricht, z.B. Jes 41,13: *Fürchte dich nicht, ich werde dir helfen*, oder Jes 43,5: *Fürchte dich nicht, denn ich bin mit dir*. Angesprochen ist zumeist Jisrael/Jaaqov (Jeschurun). Das Orakel schließt mit einer Heilszusage, in der Gott sein Eingreifen zu Gunsten des Angesprochenen verspricht.

Solche Ermutigungs- oder Beistandsformeln finden sich auch im Buch Bereschit: Avraham, Jizchaq und Jaaqov erhalten die göttliche Zusage auf Nachkommenschaft (Gen 15,1; 26,24; 46,3). Im Buch Devarim ergeht die Ermutigungsformel an Jisrael, das Land zuversichtlich in Besitz zu nehmen und vor den Feinden nicht ängstlich zurückzuweichen (Dtn 1,21; 3,2; 7,18; 20,1; 31,8). Auch im Buch Jehoschua wird Jehoschua mit der göttlichen Zusage auf Beistand in den Kriegen um die Landeroberungen ausgestattet (Jos 8,1; 10,8; 11,6).

Der neue Auszug

» Auszug aus Mizrajim S. 84

Jeschajahu II beruft sich ausdrücklich auf den Beginn der Geschichte Gottes mit seinem Volk: den Durchzug durch das Meer und die Wanderung in der Wüste (Jes 43,16–21). Aber das Neue wird das Vormalige noch übertreffen: Die Wüste wird Wasser führen und aufsprossen (Jes 43,19f.; Jes 48,21). Ein erneuter Auszug wird stattfinden, nun aber nicht mehr aus Mizrajim, sondern aus Bavel. Man wird auch nicht mehr in Hast flüchten wie beim ersten Mal (Jes 52,12; vgl. Ex 12,11; Dtn 16,3). Während beim Auszug aus Mizrajim eine Wolken- bzw. Feuersäule vor dem Volk hergezogen war (Ex 13,22), so geht nun beim Auszug aus Bavel Gott selbst voran und bildet auch selbst die ‚Nachhut' des Zuges (Jes 52,12). Diese Rückkehr nach Zijjon und den Wiederaufbau beschreibt Jeschajahu II als Auslösung; Gott wird zum Auslöser Jisraels (*goel Jisrael*; Jes 41,14; 43,1.14; 44,6.22f.; 47,4; 48,17.20; 49,7; 52,9 u.ö.).

Die fremden Völker

» Fremde Völker S. 362; Die Völker (Jechesqel) S. 362; Die Völker (Amos) S. 382

Im ersten Teil des Buches Jeschajahu spielen vor allem die Worte über Aschschur und Mizrajim eine besondere Rolle. Sie beschreiben diese Völker als in die Geschichte Jisraels mit Gott eingebunden: So werden Aschschur und Mizrajim zu ‚Werkzeugen' Gottes, die er gegen sein Volk richtet (Jes 7,18f.; 8,5–8; 10,5–11). Mittels dieser Werkzeuge Gottes (in Jes 10,5.15: Aschschur als ‚Rute', ‚Axt' oder ‚Säge') werden die umliegenden Völker in die prophetische Tiefenschau der Geschichte Jisraels (‚Meta-Historie') eingebunden: Die Völker (erst Aschschur; später Bavel) handeln also aus der Sicht des Propheten nicht einfach von sich aus, werden aber gleichzeitig durch

> **Völkerworte**
> - Gegen Bavel: Jes 13,1–14,23
> - Gegen Aschschur: Jes 14,24–27
> - Gegen die Pelischtäer: Jes 14,28–32
> - Gegen Moav: Jes 15f.
> - Gegen Dammeseq und Schomeron: Jes 17,1–11
> - Gegen ‚viele Völker': Jes 17,12–14
> - Gegen Kusch (Äthiopien): Jes 18
> - Gegen Mizrajim: Jes 19,1ff. (in 20: gegen Mizrajim im Rahmen des Berichtes über Jeschajahus Zeichenhandlung)
> - Gegen Bavel: Jes 21,1–10
> - Gegen Edom: Jes 21,11–17
> - Gegen Zor (Tyrus): Jes 23

Gott in Schach gehalten (*Rühmt sich die Axt ob dem, der mit ihr haut?...*; Jes 10,15). Im Verlauf des Buches wird das Motiv des fremden Volkes/Königs als Werkzeug mehrfach auf den Perserkönig Koresch (Kyros) positiv angewandt (Jes 41,1–5; 44,24–28; 45,1–8; 48,12–16). Darüber hinaus enthält Jes 13 – 23 einen umfangreichen Zyklus von Worten gegen fremde Völker. Sie sind mit der Überschrift ‚Ausspruch...' (*massa*) versehen und bilden daher eine Sammlung für sich.

Der neue Bund / Schöpfung

» Bund S. 30; 41; 58; 110; 125; 218; 251; 410; Schöpfung S. 24; 422

Jes 49,8 und 55,3 sprechen von einem neuen Bund (so auch Jer 31,31) als künftiger Heilsverheißung. Ebenso werden mit der Ankündigung eines neuen Himmels und einer neuen Erde (Jes 65,17–25) paradiesische Zustände vorweggenommen, die den Verzagten Mut machen und ihnen den Blick nach vorne eröffnen sollen.

Gottesdienst und häusliche Feier

Qeduscha

» Qeduscha S. 366

Das Zitat der Engel in Jes 6,3 *qadosch, qadosch, qadosch* (*Heilig, heilig, heilig...*) wird in der dritten Beracha der Amida im Schacharit sowie in der Musaf-Amida zitiert, traditionell auch in der ersten Beracha vor dem Sch°ma am Morgen (Jozer). Man nennt diesen Teil Qeduscha. Die Qeduscha gehört zu den wenigen Teilen des jüdischen Gebets, die traditionell nur innerhalb eines Minjan gesagt werden können, weil Gott nur innerhalb einer Gemeinde geheiligt werden kann (Lev 22,32; bBer 21b). Daher wird die Qeduscha nur bei der lauten Wiederholung der Amida vom Vorbeter gesagt.

Das Buch Jeschajahu (Jesaja)

Lecha Dodi

Das wichtigste Lied zur Begrüßung des Schabbat, ‚Lecha Dodi', verfasst von dem Kabbalisten Schelomo Alkabez (16. Jh.), ist ein Patchwork aus biblischen Phrasen. Besonders viele Zitate und Anlehnungen entstammen dem Buch Jeschajahu:
- *Entschüttle dich vom Staub, steh auf!* (Jes 52,2), *zieh an die Prachtgewänder (...)* (Jes 52,1), *mein Volk!*
- *Raff auf dich, raff dich auf* (Jes 51,17), *denn es kommt dein Licht* (Jes 60,1). *Auf, leuchte!* (ebd.) *(...) Da tut sich auf des Ewgen Herrlichkeit* (Jes 40,5).
- *Nie trifft euch Scham noch Schande!* (Jes 45,17).
- *(...) und fort sind deine Verderber* (Jes 49,19).
- *Und wie der Bräutigam sich freut mit seiner Braut, freut deiner sich dein Gott* (Jes 62,5).
- *Denn rechts und links hin brichst du aus (...)* (Jes 54,3).

Ausheben der Tora

Im aschkenasischen Ritus werden beim Ausheben der Tora Verse aus der Tora, den Propheten und den Schriften zitiert. Auf Num 10,35 (*wajehi binsoa haaron ...*) folgt: *Ki mi-Zijjon teze Tora...*, dies ist ein Zitat aus Jes 2,3: *Denn von Zijjon geht Weisung aus und von Jeruschalajim Wort des Ewigen*. Es folgt ein weiteres Torazitat (Sch^ema: Dtn 6,4) und dann Verse aus dem Buch Tehillim.

Haftarot

Liturgisch gesehen ist Jeschajahu der bedeutsamste Prophet, denn die meisten Haftarot entstammen seinem Buch. Doch die Bedeutung Jeschajahus ergibt sich nicht nur rein quantitativ, sondern auch aufgrund der liturgischen Bedeutung einzelner Texte. Die sieben Haftarot des Trostes (*schiv'a de-nechemata*) zwischen Tischa be-Av und Rosch ha-Schana entstammen sämtlich dem Buch Jeschajahu. Auch die letzte ‚Haftara der Vergeltung' vor Tischa be-Av wurde dem Buch Jeschajahu entnommen. Diese Haftarot haben keinen Bezug zur Parascha, sondern beziehen sich auf Tischa be-Av. Einige dieser Haftarot sind so wichtig, dass der Schabbat nach dem Jeschajahu-Text benannt wird, nicht nach der Parascha (Schabbat Chason: Jes 1,1–27 = der Schabbat vor Tischa be-Av; Schabbat Nachamu: Jes 40,1–26).
Die Haftarot im Einzelnen:
- Jes 1,1–27 (Klage über die Untreue Jisraels) ist die letzte dieser drei Haftarot. Der Schabbat, an dem Paraschat Devarim gelesen wird, wird nach dem ersten Wort der Haftara benannt: Schabbat Chason. Die Zeit nach dem 17. Tammus bis zu Tischa be-Av gilt als eine besondere Trauerzeit, in der spezielle Haftarot gelesen werden (vgl. auch die Haftarot aus Jirme-

jahu). Diese Haftarot heißen *telata de-furanuta* (aramäisch ‚drei [Haftarot] der Vergeltung'), vgl. auch die Haftara zu Paraschat Devarim, S. 217.

- Jes 6,1 – 7,6 und 9,5–6 (aschkenasisch); Jes 6,1–13 (sefardisch) (Die Berufung des Propheten und Schear-Jaschuv; der künftige Herrscher) zu Paraschat Jitro (Ex 18,1 – 20,26). Beide Texte handeln von Gotteserscheinungen.
- Jes 10,32 – 12,6 traditionell außerhalb Israels zum 8. Tag Pesach.
- Jes 27,6 – 28,13 und 29,22–23 (aschkenasisch) zu Paraschat Schemot (Ex 1,1 – 6,1). Die Haftara erwähnt die Rückkehr der Jisraeliten aus der Gefangenschaft, wie auch Paraschat Schemot die Erzählung vom Auszug aus Mizrajim einleitet.
- Jes 40,1–27. Der Schabbat wird nach dem ersten Wort der Haftara benannt: Schabbat Nachamu (‚Tröstet…!'). Es ist stets der Schabbat nach Tischa be-Av. Diese Haftara bildet den Auftakt von sieben Haftarot des Trostes bis Rosch ha-Schana. An diesem Schabbat wird stets Paraschat Waetchanan (Dtn 3,23 – 7,11) gelesen, doch die Haftara wurde nicht aufgrund eines Bezuges zu diesem Abschnitt gewählt.
- Jes 40,27 – 41,16 zu Paraschat Lech Lecha (Gen 12,1 – 17,27). In der Haftara wird darauf hingewiesen, dass Gott Avraham aus ‚dem letzten Winkel der Erde geholt hat'.
- Jes 42,5 – 43,10 (aschkenasisch); Jes 42,5–21 (sefardisch) zu Paraschat Bereschit (Gen 1,1–6,8). Die Haftara nimmt mit dem Lob auf die Schöpfung Bezug zur Parascha.
- Jes 43,21 – 44,23 zu Paraschat Wajjiqra (Lev 1,1 – 5,26). Der Bezugspunkt sind die Opferdienste.
- Jes 49,14 – 51,4. Diese Haftara ist die zweite in einem Zyklus von sieben trostspendenden Haftarot, die zwischen Tischa be-Av und Rosch ha-Schana gelesen werden, und am Schabbat Paraschat Eqev zum Vortrag kommt.
- Jes 51,12 – 52,12. Diese Haftara von Schabbat Paraschat Schoftim ist die vierte in einem Zyklus von sieben trostspendenden Haftarot, die zwischen Tischa be-Av und Rosch ha-Schana gelesen werden.
- Jes 54,1–10. Diese Haftara ist die fünfte in einem Zyklus von sieben trostspendenden Haftarot, die zwischen Tischa be-Av und Rosch ha-Schana gelesen werden. Im sefardischen Ritus ist es auch die Haftara zu Paraschat Noach.
- Jes 54,1 – 55,5 (aschkenasisch) zu Paraschat Noach (Gen 6,9 – 11,32). In dieser Haftara wird in positivem Sinn auf Noach zurückgegriffen (Jes 54,9).

Das Buch Jeschajahu (Jesaja)

- Jes 54,11 – 55,5. Diese Haftara ist die dritte in einem Zyklus von sieben trostspendenden Haftarot, die zwischen Tischa be-Av und Rosch ha-Schana gelesen werden.
- Jes 55,6 – 56,8 wird zu Mincha eines Fasttages gelesen, mit Ausnahme von Jom Kippur, sowie zu Schacharit eines gewöhnlichen Fasttages (also mit Ausnahme von Tischa be-Av und Jom Kippur).
- Jes 55,6 – 56,8 zu Paraschat Wajjelech (Dtn 31).
- Jes 57,14 – 58,14 wird zu Jom Kippur im Schacharit gelesen.
- Jes 60,1–22. Diese Haftara von Schabbat Paraschat Ki Tavo ist die sechste in einem Zyklus von sieben trostspendenden Haftarot, die zwischen Tischa be-Av und Rosch ha-Schana gelesen werden.
- Jes 61,10 – 63,9. Diese Haftara von Schabbat Paraschat Nizzavim ist die siebte in einem Zyklus von sieben trostspendenden Haftarot, die zwischen Tischa be-Av und Rosch ha-Schana gelesen werden.
- Jes 66,1–24 wird an einem Schabbat gelesen, der mit Rosch Chodesch zusammenfällt.

» Weitere Themen: Gan Eden S. 27; Avraham S. 35; Sara S. 36; Neumond S. 90; Gegenwart Gottes S. 99; Ägypten/Mizrajim S. 82; Magie und Zauberei S. 237; Eigentum S. 239; Los S. 292; Auferstehung der Toten S. 458; notabene: Geist Gottes S. 279; notabene: Fasten 376; Edom S. 385; notabene: Lieder außerhalb von Tehillim S. 424; Übersicht Bildverbot S. 102; Übersicht Schabbat S. 101

ירמיהו
Das Buch Jirmejahu (Jeremia)

Umfang und Inhalt

52 Kapitel. Mehr noch als das Buch Jeschajahu bildet die prophetische Überlieferung des Jirmejahu ein Buch, in dem die Spruchworte des Propheten in einer umfassenden Gesamtredaktion bearbeitet wurden, die es späteren Tradenten unmöglich machen sollte, ‚Original-Worte' Jirmejahus zu bestimmen. Das Buch Jirmejahu ist in seiner hebräischen Textfassung formal dadurch gegliedert, dass sein erster Teil (Jer 1 – 25) als eine Sammlung von Reden und Spruchworten Jirmejahus ausgegeben wird, während sein zweiter Teil (Jer 26 – 45) aus verschiedenen Fremdberichten besteht. Im dritten Teil (Jer 46 – 51) finden sich vor allem Worte gegen andere Völker. Den Abschluss (Jer 52) bildet ein geschichtlicher Nachtrag, der mit 2Kön 24,18 – 25,30 parallel läuft. In der Septuaginta (vgl. S. 11), deren Textfassung mittlerweile auch durch (hebräische) Qumranhandschriften belegt ist, findet sich demgegenüber ein kürzerer Text, dessen größte Abweichung darin besteht, dass die Völkerorakel unmittelbar an den ersten Teil (nach Jer 25,13) anschließen.

Während in der ersten Hälfte des Buches Unheilsvisionen und Drohworte gegen Jehuda sowie eine Reihe als Klage-Reden des Propheten gestaltete Worte vorherrschen, enthalten die erzählenden Passagen im zweiten Teil des Buches vor allem Berichte über das Schicksal Jirmejahus (Auseinandersetzung mit dem falschen Propheten Chananja; Inhaftierung Jirmejahus; Zusammenkunft mit dem König Zidqijjahu; erzwungene Auswanderung nach Mizrajim).

Charakteristik

Der Grundton des Buches besteht aus Klageworten (über die Zerstörung Jeruschalajims; über das Schicksal des sündigen Volkes; über den Zorn Gottes). Darüber hinaus sind die biografischen Notizen viel ausführlicher gestaltet als dies in den anderen Prophetenbüchern der Fall ist. Berichtet wird über Jirmejahus Hadern mit seinem prophetischen Auftrag, den Anfeindungen, denen er ausgesetzt war und seine persönliche Isolierung unter seinen Zeitgenossen. Zudem wird erstmals im Buch Jirmejahu das Problem der ‚echten' und ‚falschen' Propheten in aller Schärfe thematisiert (Auseinandersetzung mit Chananja).

Das Buch Jirmejahu (Jeremia)

Zornworte und Klagen (1 – 25)

1 Visionen: Mandelbaum und Kessel, Berufung Jirmejahus
2 Wüstenzeit und Hurerei
3 – 4 Die Ehebrecherin und der Ruf zur Umkehr
5 Lüge – Frevel – Gewalt
6 Unheil vom Norden
7 Tempelrede
8 Gräberschändung
9 (Toten-)Klagen
10 Von Götzenbildern und Vogelscheuchen
11 Der Bund
11 Anschlag gegen Jirmejahu
12 Klage Jirmejahus
13 Zeichenhandlungen: Gürtel; Weinkrüge
14 – 15 Klageworte und persönliche Klage
16 Jirmejahu als Zeichen
17 Klage Jirmejahus
18 Gleichnis vom Töpfer
18 Klage Jirmejahus
19 Zeichenhandlung: Der Tonkrug
20 Klage Jirmejahus
21 – 22 Königsworte
23 Gegen falsche Propheten
24 Vision: Feigenkörbe
25 Der Taumelbecher

Berichte über Jirmejahu (26 – 45)

26 Tempelrede und Verhaftung
27 Zeichenhandlung: Das Joch
28 Auseinandersetzung mit Chananja und das Joch aus Eisen
29 Brief an die Verbannten
30 Vom neuen Dawididen und dem Wiederaufbau
31 Der neue Bund
32 Zeichenhandlung: Der Kauf des Feldes in Anatot
33 Wiederherstellung Jeruschalajims
34 Zidqijjahu
34 Sklavenfreilassung
35 Die Rechabiten
36 Jehojaqim, die Buchrolle und Baruch
37 Jirmejahus Gefangennahme
38 Jirmejahu in der Zisterne
38 Rettung Jirmejahus
39 Eroberung Jeruschalajims
40 Der Statthalter Gedalja
41 Gedaljas Ermordung
42 – 44 Erzwungene Flucht nach Mizrajim
45 Tröstung für Baruch

Über Fremdvölker (46 – 51; 52)

46 Über Mizrajim
47 Über die Pelischtäer
48 Über Moav
49 Über Ammon
49 Über Edom
49 Über Dammeseq
49 Über Elam
50 Über Bavel
50 Über das Land Meratajim
51 Die Rolle im Perat (Euphrat)
52 Anhang: Der Untergang Jeruschalajims

Bedeutung

Innerhalb des Tanach finden sich viele Topoi der Botschaft Jirmejahus auch im Buch Devarim. Unter anderem wird auch das Problem der Unterscheidung zwischen echter und falscher Prophetie ausführlich thematisiert: Während jedoch im Buch Jirmejahu die Frage nach dem objektiven Kriterium für ein echtes Gotteswort unbeantwortet bleibt – Jirmejahu hat dem Propheten Chananja in der aktuellen Auseinandersetzung nichts entgegenzusetzen –, gibt das Buch Devarim als Lösung des Problems das Kriterium des Eintreffens der vorhergesagten Ereignisse an die Hand.

Leitfragen

- Welche Visionen bestimmen das Buch Jirmejahu?
- Wie beschreibt das Buch Jirmejahu die (Anfänge der) Geschichte Gottes mit seinem Volk?
- Warum wird Jirmejahu auch der ‚klagende Prophet' genannt? Welche Klagen werden überliefert?
- Was berichtet das Buch Jirmejahu über die Auseinandersetzungen zwischen Jirmejahu und seinen Propheten-Kollegen? In welchem Buch der Tora wird das Thema ‚wahre und falsche Prophetie' aufgenommen? Welche Kriterien zur Unterscheidung zwischen wahrer und falscher Prophetie werden hier wie dort vorgestellt?
- Wie viele Zeichenhandlungen werden im Buch Jirmejahu erwähnt? Welche sind es?
- Was sagt das Buch über den ‚Feind aus dem Norden'?
- Welche Informationen über die (schriftliche) Niederlegung und Tradierung von Prophetenworten bietet das Buch Jirmejahu?

Biografische Notizen

» Berufungserzählungen S. 76

Wie in kaum einem anderen Prophetenbuch sind im Buch Jirmejahu eine Fülle von biografischen Details enthalten. Gleichzeitig lässt sich jedoch beobachten, dass ein ‚historischer' Jirmejahu immer wieder hinter ‚seinem' Buch, d.h. hinter dem Bild, das sich spätere Tradenten von ihm machten und das uns aufgezeichnet ist, verschwindet. Jirmejahu, aus priesterlichem Geschlecht, stammt aus dem kleinen Dorf Anatot (heute Anata), 4,5 km nordöstlich von Jeruschalajim. Er darf keine Familie gründen (Jer 16,2). Der biblische Bericht datiert seine Berufung in das 13. Jahr der Regierungszeit des Königs Joschijahu, lässt ihn jedoch noch mit Jehojaqim und Zidqijjahu in unmittelbarer Auseinandersetzung stehen (vgl. oben Könige, S. 308) Seine Spuren verlieren sich in Tachpanches in Mizrajim, in das er gegen seinen

Willen verschleppt wird (Jer 42 – 44). Die biografischen Berichte lassen ihn als einen einsamen Mann erscheinen, der unter seinem Amt und den damit verbundenen Anfeindungen gelitten hat. Anders als bei seinen prophetischen Vorgängern steht Jirmejahu nicht einfach in Opposition zu seinen Zeitgenossen. Seine (Tod-)Feinde versuchen wiederholt, ihn um sein Leben zu bringen (Jer 11,21–23; 20; 26; 36; 43f. u.ö.).

In der jüdischen Tradition
Die jüdische Tradition zeigt das Bemühen, Jirmejahu in die Nähe der Reformpolitik Joschijahus (2Kön 22) zu rücken und damit biografische Ungereimtheiten zu harmonisieren oder zu klären. So gilt Jirmejahu als Verwandter der Prophetin Chulda (2Kön 22,13–20). Als sein besonderes Verdienst gilt, dass er die zehn seit der Katastrophe von 722 im Exil befindlichen Stämme des Nordreiches wieder zu Jisrael zurückgebracht habe (bAr 33a). Die traditionelle Deutung postuliert damit für die nationale und religiöse Erneuerungsbewegung unter Joschijahu eine stärkere religiöse Bindung als dies in den biblischen Quellen bezeugt ist. Daneben gilt Jirmejahu (neben Avraham) als Prototyp gottgefälliger Frömmigkeit. Einen Beweis dafür sahen die Rabbinen auch darin, dass Jirmejahu bereits beschnitten zur Welt gekommen sein soll (ARN 12,12). Der biblische Text beschreibt ihn als ‚vom Mutterleib an auserwählt'. Daher wurde ihm später nachgesagt, er habe bereits als Säugling seine Mutter stellvertretend für die Bewohner Jeruschalajims gescholten. In der Auslegungsliteratur wurde auch Jirmejahus Rolle als Fürbitter für das jüdische Volk stark betont (EkhaR, Peticha 34). Wird ihm nach der biblischen Überlieferung die Fürbitte sogar verboten (Jer 7,16; 11,14; 14,11), so ist gerade diese Funktion in der rabbinischen Literatur betont und ausgeweitet worden. Danach sei Jirmejahu zunächst in Mizrajim gewesen und später nach Bavel mitgenommen worden, wo er sich seinen exilierten Brüdern angeschlossen habe.

Klagereden

» Klagereden bei Joel S. 375
Das Buch Jirmejahu enthält insgesamt fünf Textkomplexe, die die Auseinandersetzung des Propheten mit seinen Zeitgenossen (dem einfachen Volk wie den Priestern und Propheten) sowie die Schwierigkeiten und persönlichen Belastungen beschreiben, denen sich Jirmejahu in seinem Prophetenamt ausgesetzt sieht: Jer 11,18 – 12,6; 15,10–21; 17,14–18; 18,19–23; 20,7–13.14–18. In Inhalt und Duktus erinnern sie an die biblischen (Klage-) Tehillim und sind deshalb auch immer wieder mit den Tehillim verglichen worden.

Wahre / falsche Propheten

» Falsche Propheten S. 232

Das Buch Jirmejahu zeigt eine intensive Auseinandersetzung mit dem Thema der ‚wahren' und ‚falschen' Prophetie. In Jer 23,9–32 werden zum einen sittliche Maßstäbe an das prophetische Amt geknüpft (*Doch bei Jeruschalajims Begeisteten sah ich Grauenvolles: Ehebruch, Wandeln im Lug...;* Jer 23,14), zum anderen werden Traumgesichter als ‚Lügenträume' gegen das Wort Gottes gestellt (Jer 23,25–28), oder es heißt einfach, dass Gott nicht mit ihnen geredet habe (Jer 23,21). Hierin zeigt sich eine enge Verwandtschaft mit dem im Buch Devarim formulierten Prophetengesetz. Danach wird jemand als falscher Prophet entlarvt, wenn seine Worte sich nicht erfüllen oder er im Namen anderer Götter weissagt (Dtn 18,20–22). Allerdings zeigt die in Jer 27 – 28 überlieferte Auseinandersetzung Jirmejahus mit Chananja, dass auch der ‚wahre' Prophet keine unmittelbare Handhabe gegen den falschen hat (vgl. bes. Jer 28,5–11.15–17: Wort steht gegen Wort, und Chananja stirbt erst zwei Monate nach der Auseinandersetzung). Das Thema der wahren und falschen Propheten wird bereits beim Propheten Micha angesprochen (Mi 3,5ff.). Auch das Buch Jechesqel setzt sich intensiv mit diesem Problem auseinander (Ez 13f.).

Zeichenhandlungen

» Zeichenhandlungen S. 328; 358; 370

Auch von Jirmejahu werden Zeichenhandlungen berichtet, die teilweise als Demonstrationen stilisiert sind. Wie auch bei Jeschajahu sind diese Zeichenhandlungen die symbolische Vorwegnahme eines angekündigten Geschehens (Heil oder Unheil) und immer von Gott angeordnet. Ob die Ausführung der Zeichenhandlungen und die Deutung (für die prophetische Umwelt) unmittelbar aufeinander folg(t)en oder ob zunächst nur der Prophet Aufschluss über den tieferen Sinn seines Auftrages erhält, lässt sich bei den meisten Erzählungen gar nicht entscheiden (vgl. die Übersicht, S. 345).

Visionen

» Vision (Jeschajahu) S. 325; Visionen (Jechesqel) S. 357; Gotteserscheinungen S. 74; 229; 265

Neben den Zeichenhandlungen gibt es auch Visionsschilderungen im Buch Jirmejahu:
- Jirmejahu sieht einen Mandelzweig (*maqqel schaqed*), er weist darauf hin, dass Gott sein Wort tatsächlich ausführen wird (*schoqed*): Jer 1,11–12.

Die Zeichenhandlungen des Jirmejahu

- Jirmejahu legt einen Leinengürtel an, den er danach versteckt, um ihn verderben zu lassen: Der (verdorbene) Gürtel repräsentiert Jisrael: Jer 13,1–11.
- Jirmejahu füllt Weinkrüge: Die (zerschmetterten) Krüge repräsentieren die Bewohner Jeruschalajims und ihre kultischen und politischen Repräsentanten: Jer 13,12–14.
- Jirmejahu darf keine Familie gründen: Seine Familie soll nicht den von Gott angesagten qualvollen Tod sterben: Jer 16,1–4.
- Jirmejahu darf keine Totenklage halten als Zeichen, dass die Toten nach dem von Gott angesagten Unheil nicht bestattet und beklagt werden: Jer 16,5–7 (vgl. auch unten zu Jechesqel das Thema Zeichenhandlungen, S. 358).
- Jirmejahu darf keinem Festgelage beiwohnen als Zeichen für die noch ausstehende Trauer: Jer 16,8.
- Jirmejahu zerschlägt eine Tonflasche: Die zerschmetterte (Tonflasche) repräsentiert Jeruschalajim und seine Bewohner: Jer 19.
- Jirmejahu trägt ein Holzjoch: Das Holzjoch repräsentiert Nebuchadnezzar, den König von Bavel (Babylonien): Jer 27.
- Chananja zerbricht das Holzjoch, aber Jirmejahu trägt ein Joch aus Eisen: Das Eisenjoch repräsentiert wiederum Nebuchadnezzar: Jer 28.
- Jirmejahu kauft von seinem Vetter ein Feld in Anatot: Der Kauf ist Symbol für eine Zukunftshoffnung im Land Jisrael: Jer 32.
- Jirmejahu mauert Steine im Boden vor dem Palast des Pharaos ein: Die eingemauerten Steine symbolisieren Mizrajim in der Niederlage gegen Nebuchadnezzar: Jer 43,8–13.
- Jirmejahu lässt durch Baruchs Bruder Seraja eine Buchrolle mit Sprüchworten über Bavel im Perat (Euphrat) versenken: Das Untergehen der Buchrolle symbolisiert den Untergang Bavels: Jer 51,59–64.

- Jirmejahu sieht einen Kessel über einem Feuer, das von Norden her entfacht ist: Jer 1,13–19. Der Kessel symbolisiert das kommende Unheil.
- Jirmejahu sieht zwei Körbe mit Feigen. In dem einen liegen sehr gute, frische Feigen, in dem anderen faule. Die guten Feigen symbolisieren die Verbannten in Bavel, die faulen Feigen die in Jeruschalajim Zurückgebliebenen: Jer 24,1–10.

Gleichnisreden

» Gleichnisreden bei Jechesqel S. 361

Verglichen mit Jechesqel verwendet Jirmejahu die sprachliche Form der Gleichnisrede (*maschal*) recht selten, sein Töpfergleichnis aber wurde wirkungsgeschichtlich bedeutsam: Jirmejahu beobachtete die Arbeit eines Töpfers, der aus Ton verschiedene Gefäße herstellt. Wenn ihm etwas nicht gefällt, formt er etwas Neues. So lehrt das Gleichnis, dass Jisrael umgeformt werden wird, wenn es nicht umkehrt. Die Gleichnisse im Buch Jirmejahu sind im Einzelnen:

- Jisrael als Hure: Jer 2 – 3 (Hos 1 – 3; 4,11–19 und Ez 16; 20; 23)
- die Vergewaltigung Jeruschalajims: Jer 13,20–27
- das Gleichnis vom Töpfer: Jer 18.

Geschichtsrückblicke

» Geschichtsrückblicke (Devarim) S. 216; (Jechesqel) S. 360; (Hoschea) S. 372; (Amos) S. 382; (Micha) S. 391

Das Buch Jirmejahu enthält eine ganze Reihe von Geschichtsrückblicken, die auf die Anfänge der Geschichte Gottes mit seinem Volk verweisen, die aber auch eine Schuldgeschichte dokumentieren sollen. Wie die Propheten vor ihm (und nach ihm) nimmt Jirmejahu dabei kein Blatt vor den Mund. Die Zeit Jisraels in der Wüste beschreibt er als (liebende) Verbundenheit (*chesed*), als Zeit der Brautliebe (*ahava*). Aber, so die Sicht Jirmejahus, die Erinnerung an den Auszug aus Mizrajim und die göttliche Führung in der Wüste hält nicht lange an. Die beiden ‚hurenden Schwestern' Jisrael und Jehuda werden scharf angegriffen: Jirmejahu beklagt, dass Jisrael seinen Liebhabern *wie eine Jungkamelin (…) in ihrem Paarungsmonat* (Jer 2,24) nachgelaufen sei. Dieses Bild von den *Buhlschwestern* (Jer 3) hat übrigens auch bei Jechesqel eine breite (und schon nicht mehr ganz jugendfreie!) Ausmalung gefunden (Ez 16; 23). Auffallend ist, dass das Buch Jirmejahu die Wüstenzeit als opferlose Zeit skizziert. Anstelle von Aufstiegs- und Schlachtopfern solle Jisrael sich seinem Gott bedingungslos zuwenden. Aber auch das Wissen um die gemeinsame Geschichte und die Weisung Gottes ist verlorengegangen; mehr noch: das Volk hat seinen Gott gegen einen *Nichtsnutz* eingetauscht (Jer 2,11). Jisrael hat seinen Gott *vergessen* (Jer 18,15). Dennoch ist bei Jirmejahu das Bewusstsein vom Auszug aus Mizrajim so stark ausgeprägt, dass er die Auszugstradition modifiziert und für seine Zeitumstände aktualisiert: Gott wird die Versprengten aus dem Land des Nordens (Bavel) und aus allen anderen Exils-Ländern zurückführen (Jer 16,14f.; 23,7). Jer 30 formuliert sogar einen Ausblick auf die Rückkehr der Verbannten nach (Nord-)Jisrael (Jer 30f.); Jer 33,26 insistiert auf der bleibenden Verheißung des Landes an die Väter.

Der Schreiber Baruch

In Jer 19 – 20, 26 – 29 und 36 – 45 liegen sogenannte Fremd-Berichte über Jirmejahu vor. Diese Erzählungen wurden traditionell und in der älteren Forschung zumeist dem Anhänger und Schüler Jirmejahus, Baruch ben Nerija (Jer 32,12.16; 36,4.8 u.ö.), zugeschrieben, der auch als Schreiber (*sofer*) vorgestellt wird (Jer 36,26.32). Dem biblischen Bericht zufolge bekommt Jirmejahu den göttlichen Auftrag, alle Spruchworte, die er seit seiner Berufung zur Regierungszeit Joschijahus bis in die Regierungszeit Jehojaqims hinein gesprochen hatte, aufzuschreiben (Jer 36). Jirmejahu diktiert seinem Freund Baruch alle Prophetenworte, die dieser in eine Buchrolle schreibt. König Jehojaqim ist empört, weil sich viele Einzelworte gegen ihn und seine religiöse und politische Haltung richten, und verbrennt das corpus delicti in seinem Winterpalast (Jer 36,23). Jirmejahu lässt unverzüglich eine neue, umfangreichere Rolle anfertigen (Jer 36,32). Ob diese Erzählungen wirklich alle aus der Feder Baruchs stammen, lässt sich nicht entscheiden. Als sicher gilt heute, dass ein Schreiber Baruch ebenso wie sein Bruder Seraja ben Nerija (Jes 51,59–64) als historische Persönlichkeiten existiert haben: Zwei Siegel (die Echtheit der Artefakte einmal vorausgesetzt!) haben sich erhalten, die einem Berekjahu, dem Sohn Nerijahus, dem Schreiber gehört haben sollen.

Parallelen mit anderen prophetischen Büchern

Das Buch Jirmejahu zeigt eine doppelte Anlehnung an andere prophetische Schriften, implizit durch die Aufnahme religiöser Traditionen älterer Propheten, ohne dass ein Name genannt wird, und explizit in der Berufung auf prophetische Vorläufer.

Das Buch Jirmejahu zeigt große Übereinstimmung mit dem Buch Hoschea. Vier der wichtigsten Themen Hoscheas finden wir auch bei Jirmejahu wieder, ohne dass sich der Text explizit auf Hoschea beruft:
- Die Ehe-Bild-Symbolik und der Vorwurf der ‚Hurerei' als Bild für synkretistische Religionspraktiken (Hos 1 – 3; 4,11–14)
- die Hochschätzung der Wüstenzeit (Hos 2; 11)
- die besondere Beziehung Gottes zu Efrajim (Hos 9,10 – 13; 11)
- das Wort von einer neuen Beziehung (Hos 2,3: aus ‚Nicht-mein-Volk' wird ‚Mein-Volk').

Auch die prophetische Auseinandersetzung Jirmejahus mit seinen Zeitgenossen ähnelt deutlich denen Hoscheas. So enthält auch das Buch eine Vielzahl von Drohworten, die sich vornehmlich an die kultischen und politischen Repräsentanten des Volkes richten. Den Priestern wird zur Last gelegt, dass sie die Weisung Gottes nicht mehr ordnungsgemäß lehren (Jer 2,7f.). Hierbei nimmt Jirmejahu auch das hoscheanische Motiv vom *Wissen um Gott* (Hos 2,22; 4,1.6; 6,3.6) wieder auf (Jer 10,14; 22,16; 51,17). Und wie Hoschea hat auch Jirmejahu in seinen Reden das Königtum wegen seiner (falschen) Bündnispolitik (hier: Mizrajim) immer wieder kritisiert.

Daneben beruft sich das Buch Jirmejahu an zwei Stellen ausdrücklich auf prophetische Vorgänger:
- Im Zusammenhang des Berichtes über die Auseinandersetzungen, die Jirmejahus Rede am Tempel auslöst, erinnern die Ältesten an den Propheten Micha aus Moreschet, der ebenfalls die Zerstörung des Tempels vorausgesagt habe (Jer 26,17–19; vgl. Mi 3,12),
- der Bericht enthält weiterhin einen Hinweis auf einen Propheten namens Urijahu ben Schemajahu aus Qirjat-Jearim, der von Jehojaqim bis nach Mizrajim verfolgt und wegen seiner königs- und kultkritischen Drohworte schlussendlich umgebracht wurde.

Beide Erwähnungen früherer Propheten zeigen zumindest, dass das Buch Jirmejahu bereits eine Vorstellung von ‚Prophetensukzession' entwickelt hat, die sich nicht aufgrund eines Amtes, sondern aufgrund der inhaltlichen Übereinstimmung der Prophetenworte ergibt.

Gottesdienst und häusliche Feier

Reprisen im Siddur

Die jüdische Liturgie greift Sätze aus dem Buch Jirmejahu auf, um sie in neue Kontexte einzubauen. Dazu wird gelegentlich die ursprüngliche biblische Form leicht verändert:
- *Heile uns Ewiger, dann sind wir geheilt. Hilf uns, dann ist uns geholfen!* Mit diesem Satz beginnt die achte Beracha der Wochentags-Amida. Er ist eine Aufnahme von Jer 17,14 (aus 1. Pers. Sg. im Original wurde im Gebet jedoch 1. Pers. Pl.).
- Die Geullah (die Beracha nach dem Sch^ema) endet im Abendgebet mit einem Zitat aus Jer 31,11: *Weil ausgelöst der Ewge Jaaqov, befreit ihn aus der Stärkern Hand,* dann folgt: *Baruch atta adonai, gaal Jisrael.*
- Der Beginn der siebten Strophe der traditionellen Version von Lecha Dodi (*Wehaju limschissa schosajich*) ist eine Anspielung auf Jer 30,16: *...die dich geplündert, geb ich all der Plünderung preis.*
- In Maos Zur, dem bekanntesten Chanukkalied, wird die Versklavung durch das Reich der Jungkuh erwähnt (*malchut egla*): Diese Metapher stammt aus Jer 46,20 und meint Mizrajim.

Das Buch Jirmejahu (Jeremia)

Gebet für die Regierung

Jüdische Gebetbücher enthalten unter den Gebeten nach der öffentlichen Toralesung auch ein Gebet für die Regierung des jeweiligen Landes dieser Gemeinde und heute zumeist auch ein Gebet für den Staat Israel. Dies basiert auf Jer 29,7: *Und strebt nach dem Wohl der Stadt, dahin ich euch fortgeführt habe, und betet für sie zu dem Ewigen, denn mit ihrem Wohl wird auch euch wohl sein.*

Haftarot

Folgende Haftarot werden aus dem Buch Jirmejahu gelesen:

- Jer 1,1 – 2,3 zu Paraschat Pinchas (Num 25,10 – 30,1) oder Mattot (Num 30,2 – 32,42), je nachdem, ob Paraschat Pinchas auf den Schabbat vor oder nach dem Fasttag 17. Tammus fällt. Die Zeit nach dem 17. Tammus bis zu Tischa be-Av gilt als eine besondere Trauerzeit, in der spezielle Haftarot gelesen werden, meist aus dem Buch Jirmejahu. Diese Haftarot heißen *telata de-furanuta* (aramäisch, ‚drei [Haftarot] der Vergeltung'). Jer 1,1 – 2,3 ist die erste dieser drei Haftarot der Vergeltung. Sefardisch wird Jer 1,1 – 2,3 zu Paraschat Schemot (Ex 1,1 – 6,1) gelesen.
- Jer 2,4–28; 3,4 (aschkenasisch) bzw. Jer 2,4–28; 4,1–2 (sefardisch) zu Paraschat Mas'e (Num 33,1 – 36,13). Diese Haftara ist die zweite Haftara der drei Haftarot der Vergeltung zwischen den Fasttagen 17. Tammus und Tischa be-Av. (die dritte Haftara der Vergeltung ist ein Text aus Jeschajahu, siehe oben, S. 217).
- Jer 7,21 – 8,3; 9,22–23 zu Paraschat Zaw (Lev 6,1 – 8,36), beide Texte handeln von Opfern.
- Jer 8,13 – 9,23 wird als Haftara zu Tischa be-Av gelesen.
- Jer 16,19 – 17,14 wird zu Paraschat Bechuqqotai (Lev 26,3 – 27,34) gelesen und formuliert darin die Hoffnung, dass aus der Möglichkeit von Segen oder Fluch, die die Parascha aufzeigt, nur Segen kommen möge.
- Jer 31,1–19 wird zum zweiten Tag Rosch ha-Schana gelesen.
- Jer 32,6–27 (aschkenasisch) bzw. Jer 32, 6–22 (sefardisch) wird zu Paraschat Behar Sinai (Lev 25,1 – 26,2) gelesen. Hier wird das Rückkaufsrecht von Grundstücken aus der Parascha mit dem Kauf des Grundstücks in Anatot in Beziehung gebracht.
- Jer 34,8–22; 33,25–26 zu Paraschat Mischpatim (Ex 21,1 – 24,18). Beide Texte verbindet das Thema der Sklavenbehandlung.
- Jer 46,13–28 zu Paraschat Bo (Ex 10,1 – 13,16). Hier werden die Worte Jirmejahus gegen Mizrajim mit dem Auszug aus Mizrajim in Beziehung gesetzt.

» Weitere Themen: Esaw S. 54; Träume S. 56; Mizrajim S. 82; Auszug aus Mizrajim S. 84; 336; Menora S. 117; Dreizehn Eigenschaften S. 126; Rein und Nicht-Rein S. 146; Joveljahr S. 168; Magie und Zauberei S. 237; Exil S. 251; Dawidischer Friedensherrscher S. 331; Weh-Ruf S. 336; Die neue Berit (Bund) S. 336; Edom S. 385; Reue Gottes S. 387; notabene: Sprichwörter außerhalb von Mischle S. 431; notabene: Kinderopfer S. 366; notabene: Fasten S. 376; notabene: Trauer S. 392; notabene: Lieder außerhalb von Tehillim S. 424; Übersicht Schabbat S. 101

יחזקאל
Das Buch Jechesqel (Ezechiel)

Umfang und Inhalt
48 Kapitel. Bereits Flavius Josephus und nach ihm auch die rabbinische Überlieferung sahen in dem Buch Jechesqel eigentlich zwei Bücher, deren erstes fast ausschließlich Drohworte gegen Jisrael sowie unheilversprechende Geschichtsrückblicke umfasst, wohingegen das zweite neben den Völkerworten auch Heilszusagen und Zukunftsperspektiven enthält. Tatsächlich lassen sich bei den prophetischen Reden gegenüber Jisrael diese beiden Tendenzen ausmachen, die durch einen Block Fremdvölkerworte literarisch gleichsam voneinander abgeriegelt werden. Der erste Teil des Buches Jechesqel enthält neben einer imposanten Berufungs-Vision vor allem Droh-Reden gegen Jehuda/Jeruschalajim, die von einer Vielzahl von Zeichenhandlungen begleitet werden, die den drohenden Schlag gegen die Stadt plastisch (und drastisch!) demonstrieren und präfigurieren sollen. Das Sündenregister, das dieser Priesterprophet insbesondere an den kultisch-sakralen Verfehlungen festmacht, ist so groß, dass Gott seine Herrlichkeit (kavod) und damit seine Präsenz vom Tempel in Jeruschalajim abzieht. Für Jechesqel ist der Tempel nicht länger der Ort der Gegenwart Gottes. Diesen Unheils-Reden stehen im zweiten Teil, vor allem am Schluss des Buches, Heilsweissagungen gegenüber: die Wiederbelebung des Hauses Jisrael (Bild-Rede von den verdorrten Gebeinen) und der Bau des neuen Tempels mit der Rückkehr der Herrlichkeit Gottes.

Charakteristik
Das Buch Jechesqel zeigt sowohl in inhaltlicher als auch in formaler Hinsicht eine sehr eigene und unverwechselbare Diktion. Es enthält markante Zeichenhandlungen (Verschlucken einer Buchrolle; tagelanges Schweigen; Liegen auf einer Seite; Verzehr von auf Rinderfladen gebackenem Essen usw.) und ausführlich erzählte Visionen (z.B. vom Thronwagen; von der Wiederbelebung von Toten; vom zukünftigen Tempel). Seine Bildreden sind drastisch bis an die Grenze der Obszönität (Kap 16). Anders als bei den älteren Propheten, bei denen punktuelle Ereignisse der prophetischen Kritik unterzogen wurden, dominieren bei Jechesqel umfassende Geschichtsrückblicke, die einen weiten Bogen von den Anfängen der Geschichte Jisraels bis zum babylonischen Exil spannen. Entsprechend finden sich bei ihm anstelle kurzer prophetischer Einzelworte zumeist weit ausladende und literarisch an-

Über Jehuda und Jeruschalajim (1 – 24)
 1 Vision: Die 4 Tiere, die Räder und der Kavod
 2 Die Sendung
 3 Das Aufessen der Schriftrolle und die harte Stirn; (visionäre) Entrückung zu den Exilierten
 3 Bindung Jechesqels durch die Exilierten und von Gott verursachte Stummheit
 4 – 5 Zeichenhandlungen: Belagerung Jeruschalajims; Liegen auf der rechten und linken Seite; Essen einer bestimmten Brotmischung (390 Tage), auf Kuhmist gebacken; Drittelung der Haare und ihre unterschiedliche Vernichtung
 6 – 7 Worte gegen die Berge Jisraels und wegen der Sünden; das nahe Ende (Visionäre Entrückung nach Jeruschalajim)
 8 Gräueltaten am Tempel
 9 Sechs Männer (mit ‚Verderberwaffe') und ein Mann im leinernen Gewand mit Schreibzeug
 10 Das Räderwerk; der Kavod verlässt den Tempel
 11 25 Männer und der Tod Pelatjahus
 11 Zusage an die Exilierten (zurück im Exil)
 12 Zeichenhandlungen: Das gepackte Bündel; Essen in Angst
 13 – 14 Gegen falsche Propheten und gegen Götzendiener
 14 Noach, Danijel und Ijov
 15 Der Weinstock
 16 Das Findelkind Jeruschalajim
 17 Rätsel- und Gleichniswort vom Adler und Weinstock
 18 Verantwortung für eigenes Tun (*Väter essen saure Trauben*)
 19 Die Löwin und der Weinstock
 20 Rückblick: Mizrajim und Wüstenzeit
 21 Unheilsworte gegen Jeruschalajim
 21 Zeichenhandlungen: Aufstöhnen und Zeichen von zwei Wegen
 23 Die zwei Schwestern Ohola und Oholiva
 24 Zeichenhandlungen: Kessel mit Fleischstücken; Verbot der Totenklage um seine Frau
 24 Ankündigung der Aufhebung der Stummheit

Über fremde Völker (25 – 32)
 25 Über Ammon, Moav, Edom und die Pelischtäer
 26 – 28 Über Zor; Klage um Zor
 28 Über Zidon
 29 – 30 Über Mizrajim
 31 Die hochmütige Zeder
 32 Das Krokodil
 32 Der Pharao in der Unterwelt

Ausblicke (33 – 48)
 33 Der Prophet als Spähter
 33 Der Fall Jeruschalajims und die Wiedergewinnung der Sprache

34	Von Hirten und Schafen		den Tempel; Anweisung für den Tempelbereich (*torat ha-bajit*)
35	Gegen Edom – für Jisrael		
36	Fruchtbares Land und Sammlung des Volkes („neues Herz und neuer Geist')	43	Weihe des Altars und Vorschriften für die *chattat*
37	Vision: Die verdorrten Gebeine und die Wiederbelebung der Skelette	44	Die Zadoqiden
		45	Aufteilung des Landes, Abgaben und Opferbestimmungen
37	Zeichenhandlung: Die zwei Hölzer	46	Der Fürst (*nasi*) und sein Opfer
38–39	Kampf Gottes gegen König Gog und das Land Magog	47	Die Quelle des Tempels und die Grenzen des Landes
40–42	Vision vom Tempel und seinem Bauplan	48	Aufteilung des Landes unter den zwölf Stämmen
43	Die Rückkehr des Kavod in	48	Der neue Name der Stadt

spruchsvolle Schilderungen (Berufung; Tempel-Gräuel; Ohola und Oholiva). Im Gegensatz zu Jirmejahu zeigt das Buch Jechesqel eine viel engere Bindung an den kultischen und sakralrechtlichen Rahmen des Tempeldienstes. Daher nehmen die ‚Tempel-Gräuel', d.h. die Schilderung kultischer Vergehen am und im Tempel, und die Droh-Reden über das Nicht-Einhalten der Gebote ebenfalls einen breiten Raum ein. In seinem Rekurs auf die göttlichen Satzungen (*chuqqot*) und Rechtssätze (*mischpatim*) und seinem Angriff auf die (kultische) ‚Nicht-Reinheit' seiner Zeitgenossen geht das Buch Jechesqel weit über seine prophetischen Vorläufer hinaus.

Bedeutung

Das Buch Jechesqel wurde in der jüdischen Tradition ebenso intensiv rezipiert wie es auch umstritten war, und zeigt daher eine sehr ambivalente Rezeption. Die im Buch Jechesqel formulierte Halacha weicht an bestimmten Punkten von der Tora ab. Daher berichtet bMen 45a, dass Chananja ben Chisqijjahu in der oberen Kammer saß und das Buch Jechesqel, das eigentlich aus dem Verkehr gezogen werden sollte, ‚auslegte', d.h. jene Widersprüche zu glätten suchte, die nicht ohnehin Elijahu am Ende der Tage zur Erklärung und Entscheidung vorgelegt werden würden (ARN 1,4). Neben manchen Bestimmungen zum Priesterdienst (Ez 44) wird vor allem Jechesqels Diktum von der Eigenverantwortlichkeit des Menschen (Ez 18,1–20) problematisiert (*Ein Sohn soll nicht tragen an des Vaters Schuld…*; Ez 18,20), das sich nicht mit der in der Tora formulierten Lehre in Ex 34,7 zu vertragen scheint, wonach Gott die Schuld der Väter bedenkt an den Kindern und Kindeskindern bis in das dritte und vierte Geschlecht (bMak 24a). Problematisch erschien weiterhin auch Jechesqels Vision des zukünftigen Tempels wegen der dort formulierten halachischen Bestimmungen (Priesterdienst u.a.), von denen einige als nicht mit der Tora vereinbar galten (bShab 13b; bMen 45a). Wegen der offensichtlichen Unterschiede des jechesqelischen Tempels mit dem sog. Zweiten Tempel Serubbavels sah sich die jüdische Rezeptionsgeschichte schon sehr früh genötigt, den Tempel Jechesqels in das messianische Zeitalter zu verlegen.

Die Diskussion darüber, ob das Buch Jechesqel aus dem Verkehr zu ziehen sei, wird in der rabbinischen Diskussion auch an den Spekulationen um die Thronwagenvision (*maase merkava*: Ez 1;10) festgemacht (mHag II,1; tHag II,1; bHag 13a), die in der jüdischen Mystik eine zentrale Rolle spielen, aber von den rabbinischen Autoritäten mit äußerstem Misstrauen beäugt wurden. Es sei gefährlich, sich damit zu befassen: Schon so manches ‚Bübchen' habe die Thronwagenvision studiert (Ez 1,4.27; 8,2) und sei dabei vom göttlichen Feuer verzehrt worden. Die Probleme mit dem Buch muten umso erstaunlicher an, als die Rabbinen als seinen Verfasser nicht den Priesterpropheten selbst, sondern die Männer der Großen Synagoge (*ansche knesset ha-gedola*) vorstellen (bBB 14bf.).

Die rabbinische Tradition zeigt darüber hinaus das Bemühen, die Bedeutung der Visionen eher gering zu halten. So führt bSan 92b aus, dass es sich in Ez 37 nicht eigentlich um eine Wiederbelebung der Skelette gehandelt habe. Vielmehr seien die Toten nur zur Rezitation eines Lobpreises auferstanden und im Anschluss daran sofort wieder gestorben. Mit Blick auf seine Vision der Herrlichkeit Gottes (Ez 1,26–28) stellen die Rabbinen fest, dass Jechesqel zwar dasselbe gesehen habe, seine Vision erinnere jedoch an einen Dörfler, der den König zum ersten Mal gesehen habe, während die Schau Jeschajahus einem Städter gleiche, der regelmäßig einen Blick auf den König wirft (bHag 13b). Überhaupt habe jede einfache Magd beim Durchzug durch das Schilfmeer mehr (von Gott) zu sehen bekommen als Jechesqel, obwohl sich bei seiner Vision sogar die Himmel öffneten (MekhY, Shira 3).

Auf der Menora vor der Knesset in Jeruschalajim ist Jechesqels Totenfeldvision an markanter Stelle genau im Zentrum – über dem Aufstand im Warschauer Ghetto – abgebildet.

Leitfragen

- Welche literarischen Merkmale kennzeichnen das Buch Jechesqel? Welche Bedeutung haben die chronologischen Angaben im Buch?
- Was erfahren wir über den Priesterpropheten Jechesqel?

- Welche Visionen beschreibt das Buch Jechesqel? Welche Stimmung herrscht in ihnen vor?
- Wie viele Zeichenhandlungen werden im Buch Jechesqel erwähnt? Welche sind es? Worin unterscheiden sie sich von denjenigen des Jeschajahu oder Jirmejahu?
- Was sind die sog. ‚Tempel-Gräuel?‘
- Worin besteht Gottes ‚Säuglingspflege‘ am Findelkind Jeruschalajim? Wie sorgt er für seine spätere Frau?
- Auf welche Ereignisse verweisen die Geschichtsrückblicke im Buch Jechesqel? Was ist ihre Funktion?
- Wie stellt das Buch Jechesqel den neuen Tempel vor? Worin unterscheidet er sich vom Tempel Schelomos? Wie verlaufen die Grenzen des neu zu verteilenden Landes? Welche Stämme erhalten ein Stück Land? Wo ist es gelegen?
- In welchen Zusammenhängen verwendet das Buch Jechesqel den Begriff der ‚Hurerei‘? Wer wird alles als ‚Hure‘ vorgestellt? Was geschieht mit ihnen?
- Warum wird das Buch Jechesqel manchmal als ‚Survivor-Literatur‘ charakterisiert?

Biografische Notizen zu Jechesqel

» Berufungserzählungen S. 76

Die biografischen Notizen im Buch sind durch mehrere chronologische Angaben strukturiert. Zu Beginn erfahren wir, dass Jechesqel ben Busi, ein Priester, im 5. Exiljahr des Königs Jehojachin zum Propheten berufen wird. Jehojachin gehörte der ersten Gruppe an, die durch Nebuchadnezzar nach Bavel verschleppt wurde (597 v.d.Z.), elf Jahre vor der Zerstörung des ersten Tempels im Jahr 586 v.d.Z. Der Berufungsbericht lässt auch Jechseqel zu dieser Gruppe gehören. Seine Berufung ereignet sich am Fluss Kevar in Bavel. Direkt im Anschluss an seine erste Berufung wird Jechesqel gefesselt und verfällt in eine von Gott verhängte Stummheit (Ez 3,26), die sich erst löst, als ein Bote die Nachricht vom Fall Jeruschalajims überbringt (Ez 24,24–27; 33,21f.). Darüber hinaus wird berichtet, dass es Jechesqel von Gott verboten wurde, den Tod seiner Frau zu beklagen (s. auch Zeichenhandlungen S. 358).

Die Frage, ob hinter dem (literarischen) Charakter des Priesterpropheten Jechesqel tatsächlich eine historische Figur steht, lässt sich nicht beantworten, ist aber auch wenig wahrscheinlich. Auffällig und ein besonderes Charakteristikum gerade dieses Buches sind die Fülle emblematischer Namen, allen voran der Name des Propheten selbst: ‚Jechesqel' – ‚möge Gott (ihn) stärken' (√חזק; Ez 2,4; 3,7–9.14; 13,22; 16,49; 22,14 u.ö.) oder ‚Pelatjahu' – ‚Der Ewige hat in Sicherheit gebracht' (Ez 11,1.13; √פלט; Ez 6,8f.; 7,16; 14,22; 24,26f.; 33,21f.).

In der jüdischen Tradition

In der rabbinischen Literatur und im Midrasch finden sich nur spärliche Hinweise zu der in diesem Buch beschriebenen Figur des Priesterpropheten. Nach R. Schimon ben Jochai wurde Jechesqel von Chananja, Asarja und Mischael befragt, ob sie sich vor Nebuchadnezzars Bild niederwerfen oder lieber den Märtyrertod sterben sollten. Jechesqel habe (halachisch die realpolitischen Möglichkeiten ausnutzend!) auf der Basis von Jes 26,20 geraten unterzutauchen, was von den Dreien jedoch abgelehnt wurde. Daraufhin habe Jechesqel bei Gott (erfolgreich) um Erbarmen gefleht (ShirR 7,8).

Datierungen

» Datierungen bei Chaggai S. 403

Charakteristisch für das Buch Jechesqel sind insgesamt vierzehn Datierungen, die von der ersten bis zur letzten Vision das gesamte Buch und darin einen Zeitraum von zwanzig Jahren zu umspannen vorgeben: Ez 1,1; 3,16; 8,1; 20,1; 24,1; 26,1; 29,1.17; 30,20; 31,1; 32,1.17; 33,21; 40,1. Diese Kalenderangaben stellen weit mehr als historische data oder die nüchterne Angabe eines bestimmten Zeitpunktes im Leben des Priesterpropheten dar. Sie spielen symbolisch mit verschiedenen Zahlen und -gruppen, bei denen die Zahl 25 eine große Rolle spielt, und weisen gleichzeitig auf verschiedene liturgische und ideologisch-politische Ereignisse hin. So stehen beispielsweise die Chronologien der vier Prophezeiungen gegen Mizrajim (Ez 30,20 und 31,1 gegen den Pharao; Ez 31,1.17: Grabgesang über den Pharao bzw. der Pharao in der Unterwelt) in der einen oder anderen Weise im Zusammenhang mit den Vorbereitungen und der Begehung des Pesachfestes bzw. mit den Vorbereitungen für das Wochenfest (Schavuot). Auch die letzte Datumsangabe – Ez 40,1: *Im fünfundzwanzigsten Jahr unserer Verschleppung, am Jahresanfang, am zehnten Tag des Monats (...)* – weist mit dem Ausdruck ‚am zehnten Tag des Monats' einen doppelten Bezug auf: zum einen auf den in Lev 25,9 eigens betonten Jom Kippur, zum anderen auf die Tradition in Jos 4,19, in der berichtet wird, dass das Volk den Jarden am zehnten Tag des ersten Monats durchzog. Wie es für das Buch Jechesqel immer wieder zu beobachten ist, ‚spielt' Ez 40,1 auch hier mit diesen vielfachen Referenzen: mit der Bezugnahme auf den Versöhnungstag ebenso wie mit der Situation des bevorstehenden Eintritts in das Land und das erste Pesachfest außerhalb Mizrajims.

Das Buch Jechesqel (Ezechiel)

Visionen

» Visionen bei Jirmejahu S. 344; Gotteserscheinungen S. 74; 229; 265

Nahezu das gesamte Buch Jechesqel ist als autobiografische Wiedergabe dessen, was der Prophet von Gott gehört oder gesehen hat, stilisiert. Darüber hinaus werden aber auch einzelne Visionen beschrieben, die meist auch sprachlich deutlich markiert sind (*Ich sah – die Hand des Ewigen lag auf mir – der Geist kam in mich und stellte mich auf die Füße*). Erzähltechnisch gehen dabei die Visionen bisweilen nahtlos ineinander über.

Das Charakteristische der Visionen Jechesqels ist, dass sie nicht wie ein Film vor dem Propheten ablaufen, sondern die Distanz zum Propheten selbst aufheben. Der Prophet ist selbst ein Akteur in der Vision (zu vergleichen mit der Vision Jes 6). Vision und erzählte Realität fallen erzählerisch zusammen. Darüber hinaus reflektiert Jechesqel selbst über die Visionen:

- Seine Visionen werden bald Realität: Ez 12,21–28
- Es gibt auch ‚nichtige' Visionen: Ez 13,6f.

Die Visionen Jechesqels

- Von den vier Tieren: vier Gestalten mit jeweils vier Gesichtern; (Mensch, Löwe, Stier, Adler); vier Räder, Gewölk und Lichtglanz; der Kavod Gottes: Ez 1,4–28
- Von der Buchrolle: Ez 2,1 – 3,15
- Vom Gefesseltsein und Verstummen: Ez 3,22–27
- Im Tempel von Jeruschalajim: Ez 8,1–18
- Die fünf Männer mit Schwertern und der Mann in den Leinengewändern (mit Schreibzeug): Ez 9,1–11
- Das Räderwerk: Ez 10,1–22, wird fortgesetzt in: 11,22–25
- Die 25 Männer: Ez 11,1–13
- Das Räderwerk (Fortsetzung): Ez 11,22–25
- Die verdorrten Gebeine und die Wiederbelebung der Skelette: Ez 37,1–14
- Die neue Vision vom Tempel und sein Bauplan: Ez 40,1 – 42,20; die Tempelquelle: Ez 47,1–12 sowie die neue Landverteilung unter den zwölf Stämmen: Ez 47,13 – 48,35

Der Kavod Gottes

» Der Kavod Gottes S. 109

Der Kavod Gottes (,Herrlichkeit') spielt für das Verständnis der Präsenz Gottes im Buch Jechesqel eine entscheidende Rolle. Gottes Gegenwart, vor allem im Tempel, ist vermittels des Kavod gewährleistet (Ez 10,3f.). Bereits in der ausführlich geschilderten Eingangsvision (Ez 1,4–28) schaut der Prophet den im Sturmwind heranziehenden Kavod, der auf dem Thron sitzend in Menschengestalt geschildert wird. Eng damit verbunden ist die zweite Vision Jechesqels (Ez 10,1–22), die er in einer visionären Entrückung nach Jeruschalajim schaut, denn dort wird der Auszug des Kavod aus dem Tempel in Jeruschalajim geschildert: Die kultischen Vergehen am und im Tempelbereich machen ein Verbleiben der göttlichen Gegenwart im Tempel unmöglich. Nicht zufällig wird der Auszug des Kavod in östlicher Richtung (also Richtung Bavel) geschildert. Erst in der Endzeit wird die Herrlichkeit nach Jeruschalajim zurückkehren und in den neuen Tempel einziehen (Ez 43,2f.).

In der jüdischen Tradition
Diese Schilderungen bilden die Grundlage für die spätere rabbinische Vorstellung, nach der die Gegenwart Gottes (*schechina*) mit Jisrael ins Exil zieht und am Ende der Tage nach Zijjon/Jeruschalajim zurückkehren wird.

Zeichenhandlungen

» Zeichenhandlungen S. 328; 344; 370
Das Buch Jechesqel berichtet von einer Vielzahl von Zeichenhandlungen, die, ebenso wie auch bei den anderen Propheten, das persönliche Dasein Jechesqels eminent berühren. Erzähltechnisch fließen sie manchmal sogar zusammen.

Die Zeichenhandlungen oder prophetischen Demonstrationen sollen in ihrem Kern die zeichenhafte Vorwegnahme geschichtlicher Ereignisse abbilden (z.B. Dauer der Schuld Jisraels und Jehudas; Hungersnot in Jeruschala-

Zeichenhandlungen im Buch Jechesqel
- Belagerung Jeruschalajims: Ez 4,1–3
- Liegen auf der linken Seite (390 Tage) und Liegen auf der rechten Seite (40 Tage), mit von Gott angelegten Fesseln (Stricken), das Gesicht in Richtung Jeruschalajim gewandt: Ez 4,4–8
- 390 Tage nur eine bestimmte Brotmischung aus Weizen, Gerste, Viehbohnen, Linsen, Hirse und Dinkel essen: Ez 4,9–11 sowie
- (Eigene Zeichenhandlung?) Nicht-Reines – auf Kuhmist gebackenes – Brot essen: Ez 4,12–17
- Abgeschnittene Haare werden zu je einem Drittel verbrannt, zerhauen und zerstreut: Ez 5,1–13
- Das gepackte Bündel und der Durchbruch in der Wand: Ez 12,1–16
- Essen und Trinken, zittrig und in Angst: Ez 12,17–20
- Das Aufstöhnen des Propheten: Ez 21,11f.
- Zeichnen von zwei Wegen: Ez 21,23–37
- Kessel mit Fleischstücken: Ez 24,1–14
- Verbot der Trauer und Totenklage um seine Frau: Ez 24,15–24
- Das Zusammenfügen der zwei Hölzer Jisrael und Jehuda: Ez 37,15–28

jim; Schicksal der Bevölkerung Jeruschalajims). Erst am Ende (teilweise erst nach Generationen!) steht dann die Erkenntnis, *dass ein Prophet unter ihnen gewesen ist* (Ez 2,5). Das Buch lässt dabei sogar den Propheten und sein absonderliches Tun von seinen Zeitgenossen für verrückt erklären: *Und ich mache dich zum Schauder und zum Schimpf (...) vor den Augen eines jeden, der vorbeikommt* (Ez 5,14f.). So wird also nicht nur das prophetische Reden, sondern das Leben des Propheten als ‚Mahnzeichen' (*mofet*) für Jisrael vorgestellt (Ez 12,6.11; 24,24.27). Anders jedoch als bei Jirmejahu (vgl. oben S. 344) wird von Jechesqel berichtet, Gott habe ihn mit einem ‚harten Gesicht' (*panim chasaqim*) und einer ‚harten Stirn' ausgestattet (Ez 3,7–9). In dieser von Gott (*el*) gewährten Stärke gewinnt daher der Name des Propheten (Jechesqel) seine zeichenhafte Bedeutung (vgl. auch oben Thema Biografische Notizen, S. 355). Auch das über ihn von Gott verhängte Verstummen (Ez 3,24–26) und die Wiedergewinnung der Sprache nach dem Fall Jeruschalajims (Ez 24,24–27; 33,21f.) gehören zur Zeichenhaftigkeit von Jechesqels Leben.

Gesetz / Götzendienst / Hurerei

» Götzendienst S. 170; 230; 238; Hurerei S. 371

Jechesqel nimmt sehr häufig Bezug auf das ‚Gesetz'. Dabei kann er sowohl von Rechtsvorschriften (*mischpatim*), Gesetzen (*chuqqim*) oder auch von Weisung (*tora*) sprechen. Gesetz und Weisung werden dabei sehr stark auf den kultischen Bereich (und damit auf die kultischen Vergehen seiner Zeitgenossen) bezogen. Die kultischen Vergehen, so die Botschaft des Buches, hätten Gott dazu bewogen, gegen Jehuda/Jeruschalajim anzugehen. Die Anklagen erwähnen Kulthöhen und Altäre sowie Opfermahlzeiten auf den Bergen (Ez 6,1–5; 6,13; 18,11.15) und gehen gegen Götzenbilder im Tempel vor (das ‚Eiferbild'; Ez 8,5–18). Das Motiv der Hurerei bzw. der Unzucht ist mit

Die Ambivalenz des Gesetzes

- Jisrael lebt nicht nach den Gesetzen und Rechtsvorschriften: Ez 5,6–8; 11,12
- Jisrael soll nach den Gesetzen und Rechtsvorschriften leben: Ez 11,20; 20,19
- Der Gerechte lebt nach Gottes Gesetzen und Rechtsvorschriften: Ez 18,9

- Gott gab Jisrael seine Gesetze in der Wüste: Ez 20,10f., aber es waren Gesetze, die nicht gut sind und die es unmöglich machen, am Leben zu bleiben: Ez 20,25
- Selbst die Priester brechen das Gesetz: Ez 22,26

Götzendienst und Hurerei

- Drohwort: Kulthöhen und Altäre werden zerstört: Ez 6,1–7
- Gräuelbilder und Scheusale: Ez 7,20
- Tiere und Abscheulichkeiten in die Wände des Heiligtums geritzt: Ez 8,10
- Tammustrauer, solarer Kult: Ez 8,16
- Sammlung der Verstreuten und Entfernen der Götzen und Scheusale: Ez 11,18
- Gegen Zauber(-Utensilien) der Frauen: Ez 13,17–22
- Redeverbot Jechesqels gegenüber Götzendienern: Ez 14,1–11
- Gegen Hurerei und Götzendienerei: Ez 16,36
- Verbindung von Opfermahlzeiten auf den Bergen mit Sozialvergehen und Unzucht: Ez 18,11.15
- Rückblick: Vergehen gegen die Satzungen des Ewigen schon in Mizrajim: Ez 20,7f.
- Götzendienst und Blutvergehen/Blutvergießen: Ez 22,3
- Hurerei/Unzucht und Götzendienerei (Ohola und Oholiva): Ez 23
- Zerstörung von Memphis: Ez 30,13
- ‚Essen auf Blut' (Blutschuld?): Ez 33,25

dem Götzendienst verbunden und zum Teil mit sehr drastischen Bildern von ‚hurenden Frauen' erzählerisch ausgestaltet (Ez 23).

Geschichtsrückblicke

» Geschichtsrückblicke (Devarim) S. 216; (Jirmejahu) S. 346; (Hoschea) S. 372; (Amos) S. 382; (Micha) S. 391

Im Buch Jechesqel finden sich drei große Geschichtsrückblicke, die in breit ausladenden Schilderungen von der Frühzeit Jisraels/Jehudas bzw. Jeruschalajims berichten und einen Eindruck von der geschichtlichen Weitsichtigkeit des Priesterpropheten vermitteln: Ez 16 zu Jeruschalajims Herkunft (das ‚Findelkind'), Ez 20 zu Mizrajim und der Wüstenzeit und Ez 23 in der Schilderung der zwei Schwestern Ohola (=Schomron) und Oholiva (=Jeruschalajim.

Jechesqel schildert die Geschichtsrückblicke in sehr starken und allegorisierenden Bildern, die vielfach, wie auch bei Jirmejahu, auf dem Motiv der ‚Hurerei' basieren: Schomron oder Jeruschalajim werden als Huren dargestellt, die von Anfang an (dies anders bei Jirmejahu!) den eigenen Gatten verlassen und anderen Liebhabern nacheilen. In Ez 16 wird Jeruschalajim als Findelkind vorgestellt, dessen ‚Eltern', der amoritische Vater und die hethitische Mutter, es nach der Geburt sich selbst überlassen (Ez 16). Das Findelkind, dessen sich Gott in Liebe annimmt (ohne es zu berühren!; Ez 16,4–6 mit Ez 16,9) und später sogar zur Frau nimmt, dankt es ihm jedoch nicht und ‚hurt' stattdessen mit *Mizrajims Söhnen, deinen Nachbarn, großen Glieds* (Ez 16,26). In ebenso nachdrücklichen Worten ist die Hurerei der Schwestern Ohola (Schomron) und Oholiva (Jeruschalajim) in Ez 23 ausgeführt. Eine Zeit der ersten Liebe, in der die Beziehung zwischen Gott und seinem Volk noch intakt war, wie dies beispielsweise bei Hoschea beschrieben ist, kennt Jechesqel nicht (Ez 20,5–9).

Gleichnisreden

» Gleichnisreden bei Jirmejahu S. 345

Das Buch Jechesqel verwendet häufig Bild- oder Gleichnisreden, in denen die Sicht des Propheten auf eine Bildebene projiziert wird. Nicht immer wird das Bild oder das Gleichnis aufgelöst. Das Buch Jechesqel reflektiert selbst über die ungewöhnliche Sprache: ‚Sie sagen von mir: Spricht er nicht in Gleichnissprüchen?' Auffallend und gleichzeitig beeindruckend sind die Totenklagen über die Fürsten Jisraels (Ez 19) und die fremden Völker (Zor: Ez 26,15–21; 27; 28,11–19; Mizrajim: Ez 32). Auch die Geschichtsrückblicke zu den ‚Huren' Jeruschalajim und Schomron (Ez 16;23) gehören zu den Gleichnisreden.

Gleichnisreden im Buch Jechesqel

- Das Holz des Weinstocks (die Bewohner Jeruschalajims; Ez 15,6): Ez 15
- Die Hure Jeruschalajim: Ez 16
- Der Adler. Diese Gleichnisrede wird zwar auch als ein Rätsel vorgestellt (Ez 17,2), doch wird auch dieses Gleichnis den Hörern/Lesern aufgelöst: Ez 17
- Die Löwin und ihre Jungen. Dieses Gleichnis wird nicht direkt aufgelöst, sondern mit einem weiteren Gleichnis verbunden: Ez 19,1–9
- Der Weinstock. Beide Gleichnisreden werden aufgelöst, indem sie als Totenklage vorgestellt werden: Ez 19,10–14
- Das Feuer im Wald des Südlandes und das Schwert gegen Jeruschalajim: Ez 21,1–10
- Jisrael als ‚Schlacke': Ez 22,17–22
- Die hurerischen Schwestern Ohola-Schomron und Oholiva-Jeruschalajim: Ez 23
- Der verrostete Topf: Ez 24,1–14
- Tod ohne Klagen und ohne Trauerriten: Ez 24,15–27
- Die Zeder. Dieses Bild soll Mizrajim charakterisieren: Ez 31,1–18
- Das Krokodil. Auch dieses Bild soll Mizrajim charakterisieren: Ez 32,1–8.

Sozialkritik

» Sozial- und Kultkritik bei Jeschajahu S. 327 und bei Amos S. 383

Das Aufzeigen gesellschaftlicher Missstände (meist auch verbunden mit Kultkritik) ist ein Grundmotiv in der klassischen Schriftprophetie. Allerdings ist diese Sozialkritik (als horizontale Ebene) bei Jechesqel stets auch als (kultisches) Vergehen gegen Gott (vertikale Ebene) formuliert.

Sozialkritk bei Jechesqel
- Verachtung von Vater und Mutter; Ausbeutung von Fremden; Unterdrückung von Witwen und Waisen; Schabbatentheiligung; Mord und Totschlag; Frauenschändung; Inzest; Bestechung: Ez 22,7–12
- Mahnung zur Rückgabe von Pfand; Ersatz des Geraubten: Ez 33,15
- Gegen Blutvergießen, kultische Gräuel und sexuelle Vergehen (Schändung der Frau des Nachbarn): Ez 33,25f.

Fremde Völker

» Jeschajahu und die Völker S. 336; Amos und die Völker S. 362

Auch das Buch Jechesqel enthält einen ganzen Abschnitt, der ausschließlich Fremdvölkersprüche umfasst (Ez 25 – 32). Vor allem die Spruchworte gegen Zor und gegen Mizrajim sind sehr ausführlich und verarbeiten auch andere literarische Gattungen wie Klagelieder (über Zor: Ez 26,15–21; 27,1–36) oder Gleichnisreden (über Mizrajim: Ez 31,1–9).

Fremdvölkersprüche
- Über Ammon: Ez 25,1–7
- Über Moav: Ez 25,8–11
- Über Edom: Ez 25,12–14
- Über die Pelischtäer: Ez 25,15–17
- Über Zor (Tyrus): Ez 26,1 – 28,19
- Über Zidon: Ez 28,20–23
- Über Mizrajim: Ez 29,1 – 32,32 (die Zeder; das Krokodil)
- Der Pharao in der Unterwelt (Ez 32,1–32)

Der neue Tempel

» Tempelbau S. 306

Die Tempel- und Landverteilungsvision in Ez 40 – 48 schildert die letzte, große Vision des Propheten. Diese Vision entrückt ihn ‚auf einen sehr hohen Berg' (Ez 40,2). Ein Deuteengel, in der Vision stets als ‚der Mann' vorgestellt, führt ihn zunächst durch das gesamte Tempelareal und im Anschluss daran an die Eingänge des Tempelgeländes, um ihn abschließend das neu verteilte Land erschauen zu lassen.

Die architektonische Darstellung dieses visionären Tempels weicht in vielen Punkten von den verschiedenen innerhalb und außerhalb der Bibel beschriebenen Heiligtümern Jisraels ab: von der Wohnung in der Wüste (Ex 25 – 30) ebenso wie vom (ersten) Tempel Schelomos (1Kön 6 – 8) und dem Zweiten Tempel Serubbavels (2Chr 36; Hag 1f.; Sach 4), aber auch von den Beschreibungen in der Tempelrolle und dem ‚Neuen Jerusalem' in Qumran (z.B. 11Q19; 11Q20; 1Q32; 2Q24). Dabei enthält die Beschreibung des neuen Tempels eine Vielzahl von Anspielungen und Symbolen, die mit Hilfe eines komplizierten Zahlensystems angedeutet werden und einen ersten Hinweis darauf geben, dass hier keine Baubeschreibung sensu stricto vorliegt. Die architektonische Grundstruktur der Anlage ist das Quadrat (500 x 500 Ellen = 25 Quadrate à 100 x 100 Ellen), das kosmische Dimensionen symbolisiert. Man betritt den Innenhof über insgesamt 7 Stufen der äußeren Tore (Ez 40,6.22.26). Die Toranlagen zum äußeren wie auch zum inneren Hof (Nord-, Süd- und Ostseite) sind jeweils 50 Ellen tief und 25 Ellen breit (Ez 40,13.15.21.25; Ez 40,29.33.35), d.h. doppelt so tief wie breit (2 x 25). Auf weiteren acht Stufen (Ez 40,31.34.37) gelangt man durch die spiegelbildlich angelegten Tore in den Innenhof. Zum Tempel selbst, einem Langhaus-Tempel mit drei Räumen (Vorhalle, Hauptraum und Allerheiligstes), steigt man auf weiteren zehn Stufen hinauf (Ez 40,49), die damit die Summe der Stufen von außen nach innen auf wiederum 25 aufaddieren lassen. Es ist also die Zahl 25 und ihr Vielfaches (50; 100; 500), die der Struktur des Tempels und seiner Höfe zugrunde liegt. Obwohl nicht einmal der Prophet selbst das Gelände betreten darf und die ganze Schilderung den Eindruck eines unzugänglichen Ortes vermittelt (Tore!), wird den Leserinnen und Lesern doch aus dem Text heraus und gleichsam wie auf einer detaillierten Karte der Tempel eindrücklich visualisiert. Der erste Teil dieser Vision endet damit, dass die Herrlichkeit Gottes diesen Tempel erneut in Besitz nimmt. Für das Konzept dieses neuen Tempels und der neuen Stadt, die nun nicht mehr Jeru-

Die Beschreibung des neuen Tempels
- Der neue Tempel: Ez 40,1 – 42,20
- Die Rückkehr der Herrlichkeit Gottes: Ez 43,1–12
- Einzelsatzungen für den Tempel: Ez 43,13 – 46,24, darin auch: Betonung der Vorrangstellung der Zadoqiden: Ez 44,15f.
- Die Tempelquelle: Ez 47,1–12
- Das neue Land: Ez 47,13 – 48,35 mit dem neuen Namen der Stadt (aus Jeruschalajim wird: *Der Ewige ist dort*): Ez 48,35

schalajim, sondern *Der Ewige ist dort* (i.S.v. ‚nicht hier [am Tempel]'!) heißen soll (Ez 48,35), ist grundlegend, dass die bisherige architektonische Zusammenarbeit von Tempel, Palast und Stadt aufgebrochen und das Tempel- vom Stadtareal vollkommen getrennt werden soll (Ez 48,8–22).

Zadoq / Zadoqiden

» Priester S. 120

1 Chr 5,29–34 führt den Stammbaum Zadoqs auf Aharon zurück (insgesamt zwölf Generationen). Die unmittelbar nachfolgende genealogische Liste von Zadoqs Sohn Achimaaz (2 Sam 15,36) bis Jehozadaq umfasst wiederum zwölf Generationen, die den Zeitraum von der Erbauung des Tempels unter Schelomo bis zu seinem Wiederaufbau nach dem Exil umfassen. Diese Listen wollen weniger historische Tatbestände nachzeichnen als vielmehr ideologische Schneisen in die (nacherzählte) Geschichte des Priestertums schlagen. Eine davon betont die (ausschließliche) Abkunft der im Tempel dienenden Priesterschaft von Zadoq. Damit korrespondiert die bereits im Buch Jechesqel vorgenommene Sonderstellung der Zadoqiden, die allein im Tempel Dienst tun dürfen (Ez 44,10–27).

In den Büchern Schemuel und Melachim amtiert Zadoq (‚der Gerechte') als Priester zur Zeit des Königs Dawid. 2 Sam 8,17 stellt ihn als Sohn Achituvs vor. Er tritt als Priester zum ersten Mal – gemeinsam mit Evjatar – nach der Rückführung des Aron ha-Qodesch nach Jeruschalajim auf und wird auch immer wieder für politische Belange in Anspruch genommen: Verlassen Zadoq und Evjatar gemeinsam mit Dawid während Avschaloms Aufstand vorübergehend die Stadt, so werden sie bald zurückgeschickt, um den König über den neuesten Stand der politischen Entwicklung zu unterrichten (2 Sam 15,24–35; 17,15). Im Streit um die Thronnachfolge Dawids kann sich Zadoq, der für Schelomo optiert und ihn zum König salbt (1 Kön 1,44f.), gegen Evjatar, der Adonija protegiert, durchsetzen: Adonija wird getötet, Evjatar darf sein Leben behalten, muss sich aber dauerhaft auf sein Landgut nach Anatot zurückziehen (1 Kön 2,26f.). Zadoq wird als (oberster) Priester eingesetzt (1 Kön 2,35; 1 Chr 29,22).

In der jüdischen Tradition und Qumran

Während der zweiten Tempelperiode hatten die Zadoqiden das Priesteramt kontinuierlich bis zur Revolte durch die Chaschmonaim (Hasmonäer) inne (vgl. die Liste in Neh 12,10f.). Der in Neh 12,22 genannte Jochanan wird in den Papyri von Elephantine als Hohepriester für die Jahre 411 und 408 erwähnt. In Qumran sehen sich die priesterlichen Mitglieder der Gemeinschaft als Nachfolger der Zadoqiden und nennen sich entsprechend *bene Za-*

Das Buch Jechesqel (Ezechiel)

doq (‚Söhne Zadoqs'). Die sog. Damaskusschrift (CD 3,21 – 4,4) nimmt dabei ausdrücklich Bezug auf Ez 44,15: Die wahre Priesterschaft wird der seit 171 v.d.Z. amtierenden nicht-zadoqidischen (hasmonäischen) Priesterschaft ausdrücklich entgegengestellt. Die Söhne Zadoqs verstehen sich als die einzig legitimen Priester, die ‚den (neuen) Bund halten' und der Interpretation des mosaischen Rechtes (Tora) folgen, wie es ihnen offenbart worden ist.

notabene: Keruvim

In der antiken mesopotamischen Ikonografie markieren Mischwesen den Übergang zwischen Profanem und Heiligem. Auch die Visionen vom Kavod und dem Räderwerk im Buch Jechesqel (Ez 1; 10 – 11) stellen Keruvim als Mischwesen (vierflügelige Wesen mit Stierfüßen) dar, die die Himmelsplatte tragen.

Keruvim oder geflügelte Wesen werden im Tanach häufiger beschrieben:
- Die Keruvim, die den Gan Eden zusammen mit dem Flammenschwert bewachen sollen: Gen 3,24. Diese Keruvim werden nicht weiter beschrieben, ihr Aussehen und ihre Funktion wird offensichtlich in der Gan-Eden-Geschichte vorausgesetzt. Der schützende Keruv in Ez 28,14, der den König von Zor im Garten Gottes beschützt, ist eine Anlehnung an diese Vorstellung.
- Die Keruvim, die aus der Kapporet (‚Sühnplatte') des Aron getrieben sind und diese auch schützend bedecken sollen: Ex 25,18–20 und 37,7–9 (vgl. das Thema Der heilige Kasten, S. 115). Auf diese Keruvim wird Bezug genommen in Num 7,89; 1Sam 4,4; 2Sam 6,2; 2Kön 19,16; Jes 37,16; Ps 80,2; 99,1.
- Keruvim als Bildmotiv für den kultischen Bereich: Ex 26,1; 36,8 (in den Zeltplanen); 26,31; 36,35 (im Vorhang); 1Kön 6,29 (an den Wänden des salomonischen Tempels); 1Kön 6,32.35 (an den Türflügeln des salomonischen Tempels); 1Kön 7,29.36 (auf Bildern an den Gestellen). Diese dekorative Funktion übernimmt auch Jechesqel für die Vorstellung seines Tempels: Ez 41,18–25: Keruvim (mit nur zwei Gesichtern: Menschen- und Löwengesicht) auf den Wänden und an den Türen. Auch an den Türen sind Keruvim (Ez 41,25).
- Der Keruv, auf dem Gott fährt: 2Sam 22,11 parallel zu Ps 18,11. Hier wird der Keruv mit den ‚Flügeln des Windes' parallelisiert.
- Die geflügelten Mischwesen der Thronwagenvision des Jechesqel: Ez 1,5–12. Diese Wesen, die zunächst nicht ausdrücklich als Keruvim bezeichnet werden, sind verschiedengesichtig und haben ebenfalls Flügel. Sie werden erst in der späteren Vision vom Räderwerk in Ez 10,1–7 als Keruv/Keruvim bezeichnet.

In der jüdischen Tradition waren die Keruvim eines von fünf Dingen, die sich noch im ersten Tempel befanden, im zweiten aber nicht mehr (bYom 21a). Die unterschiedliche Überlieferung, in welche Richtung die Keruvim auf der Kapporet schauen (Ex 25,20: schauen sich gegenseitig an; 2Chr 3,13: schauen in den Innenraum), wird in der rabbinischen Literatur situativ verstanden und dahingehend aufgelöst, dass die erste Version dafür steht, dass die Jisraeliten den Willen Gottes tun, während die zweite meint, dass die Jisraeliten den Willen Gottes nicht tun (bBB 99a).

notabene: Kinderopfer

Das Kinderopfer (nicht unbedingt identisch mit dem sog. ‚Molechkult') wird im Tanach häufiger und meist in eher pejorativem Sinn erwähnt. 1Kön 36,34 verweist auf die Bauarbeiten des Chiel aus Bet El, der die Stadt Jericho auf Kosten seiner erst- und letztgeborenen Söhne (Aviram und Sgiv) ausbaute (vgl. den Fluch Jehoschuas in Jos 6,26!). In 2Kön 3,26f. bringt der moabitische König seinen Erstgeborenen (seinem Gott [Kemosch; Num 21,29 Ri 11,24; Jer 48,7.46]) dar, was ihm zum Sieg verhilft. Auch das Buch Jechesqel erwähnt Kinder-(Erstlings-)opfer (Ez 16,20f; 20,25f; 23,37–39).

Im Zusammenhang mit dem ‚Molech'-Kult gibt es unterschiedliche Ausdrücke und Vorstellungen: zum einen wird die Vorstellung, seinen Sohn, seine Tochter durchs Feuer gehen zu lassen, zurückgewiesen: Dtn 18,10; 2Kön 17,17; 21,6; 23,10; Jer 7,31; 19,5; 32,35; zum anderen wird explizit die Kindergabe an Molech verurteilt: Lev 18,21; 20,2–5.

Gottesdienst und häusliche Feier

Qeduscha
» Qeduscha S. 336

Die Formulierung in Ez 3,12, die das Rauschen und die Bewegung der Herrlichkeit (*kavod*) beschreibt (*baruch kevod adonai mimkomo*), wird im täglichen Gemeindegebet zitiert, nach einer kurzen Überleitung nach dem Zitat von Jes 6,3 *Qadosch, Qadosch, Qadosch*, sowohl in der Qeduscha im traditionellen Jozer (= 1. Beracha vor dem Sch‘ma am Morgen) als auch in der Qeduscha in der dritten Beracha der Amida.

El Adon

Zum Duktus des Jozers passend erwähnt auch der Pijjut *El Adon*, der am Schabbat in traditionellen Gemeinden in das Jozer-Gebet (1. Beracha vor dem Sch‘ma am Morgen) eingeschaltet wird, am Anfang und am Ende die heiligen Wesen aus Ez 1: *ofannim* (‚Räder') und *chajjot ha-qodesch* (‚Heilige Wesen') sowie den *kavod* über dem Thronwagen (*merkava*).

Das Buch Jechesqel (Ezechiel)

Haftarot

Folgende Haftarot werden aus dem Buch Jechesqel genommen:
- Ez 1,1–28; 3,12 (Thronwagenvision) wird als Haftara zum ersten Tag Schavuot gelesen (am zweiten Tag wird das Gebet des Chavaqquq Hab 2,20 – 3,19 gelesen). Verbindende Glieder sind jeweils die Theophaniebeschreibungen.
- Ez 17,22 – 18,32 zu Paraschat Haasinu (Dtn 32; nur im jemenitischen Ritus; nach aschkenasischem Ritus wird zu dieser Parascha 2Sam 22,1–51 gelesen.
- Ez 20,2–20 wird nach sefardischer Tradition zu Paraschat Qedoschim (Lev 19,1 – 20,27) gelesen.
- Ez 22,1–19 (bzw. Ez 22, 1–16: sefardisch) wird zu Paraschat Achare Mot (Lev 16,1 – 18,30) gelesen.
- Ez 28,25 – 29,21 wird zu Paraschat Waera (Ex 6,2 – 9,35) gelesen und damit das Thema Mizrajim parallelisiert.
- Ez 36,16–38 (aschkenasisch) bzw. Ez 36,16–36 (sefardisch) wird zu der besonderen Parascha Para vor Pesach (Num 19) gelesen, weil es auch in der Haftara um die kultische Reinigung geht.
- Ez 37,1–14 (sefardisch) bzw. Ez 36,37 – 37,14 (aschkenasisch) ist die Haftara zu Schabbat Chol ha-Moed Pesach.
- Ez 37,15–28 wird zu Paraschat Wajjigasch (Gen 44,18 – 47,27) gelesen. Die Haftara stellt einen Bezug zu Josef her.
- Ez 38,18 – 39,16 wird am Schabbat Chol ha-Moed zu Sukkot gelesen.
- Ez 43,10–27 wird zu Paraschat Tezawwe (Ex 27,20 – 30,10) gelesen. Hier werden die Wohnung in der Wüste und der neue jechesqelische Tempel, vor allem dessen Altar, parallelisiert.
- Ez 44,15–31 wird zu Paraschat Emor (Lev 21,1 – 24,23) gelesen, um die beiden Betrachtungen zu den Priestern zu parallelisieren.
- Ez 45,16 – 46,18 (aschkenasisch) bzw. Ez 45,18 – 46,16 (sefardisch) wird zu Paraschat ha-Chodesch, der Parascha am Schabbat vor dem Monatsanfang Nisan, gelesen (Ex 12,1–20). Hier wird vom Neumond, von Pesach und von Sukkot gesprochen.

» Weitere Themen: Gan Eden S. 27; Schabbat S. 27; Jaaqov S. 52; Josef S. 63; Mizrajim S. 67; 82; Auszug aus Mizrajim S. 84; 336; Pesach S. 85; Der Kavod Gottes S. 109; Priester S. 120; Rein und Nicht-Rein S. 146; Magie und Zauberei S. 237; Exil S. 251; Rätsel S. 277; Los S. 292; Der Tag des Ewigen S. 333; Wahre/falsche Propheten S. 344; Weh-Ruf S. 336; Edom S. 385; Deuteengel S. 407; notabene: Sprichwörter außerhalb von Mischle S. 431; Fluchandrohung S. 446; Auferstehung der Toten S. 458; notabene: Geist Gottes S. 279; notabene: Trauer S. 392; Übersicht Schabbat S. 101

תרי עשר
Das Buch Tere Asar (Zwölf-Prophetenbuch)

Das sog. Zwölf-Prophetenbuch oder auch Tere Asar (XII) wird in der christlichen Tradition (Vulgata) manchmal auch als Sammlung der ‚kleinen Propheten' (prophetae minores) ausgezeichnet; nach der hebräischen und griechisch-jüdischen Tradition (Qumran; Josephus, Contra Apionem I,8; Prolog des Ben Sira Sir 1,8) wurde es jedoch stets als ein Buch / eine Buchrolle geschrieben und rezipiert. Sir 49,10 nennt die Zwölf Propheten als ein Buch nach Jeschajahu, Jirmejahu und Jechesqel. Dabei zeigt jedoch die hebräische masoretische Anordnung (wie nachfolgend) eine andere Reihenfolge als die Septuaginta, die zwischen Joel und Micha eine abweichende Reihenfolge aufweist (Hos; Am; Mi; Joel; Ob; Jona; Nah; Hab; Zef; Chag; Sach; Mal). Die Bibelforschung sieht in der masoretischen Reihenfolge vor allem das Bemühen, Hos–Mi in die Zeit Jeschajahus, Nah–Zef in die Zeit Jirmejahus, und Hag–Mal in die Zeit Jechesqels zu verorten (Buchüberschriften; Gertz 2016, 373). Auch die rabbinische Überlieferung in bBB 14b – 15a behandelt die 12 Propheten – Tere Asar – als ein Buch und schreibt es den ‚Männern der großen Synagoge' (ansche knesset ha-gedola) zu. Darüber hinaus stellt bBB 14b aufgrund von Hoschea 1,2 (*Beginn dessen, was der Ewige zu Hoschea redete...*) fest, dass Hoschea zwar eigentlich an den Anfang der Viererguppe Hoschea, Jeschajahu, Amos und Micha gehört hätte. Da aber Hoscheas Prophezeiungen zusammen mit der des Chaggai, Secharja und Malachi aufgeschrieben wurde, wurde er eben mit ihnen zusammen genannt.

הושע
Hoschea (Hosea)

Umfang und Inhalt
14 Kapitel. Das Buch Hoschea enthält Worte und Spruch-Sammlungen des einzigen Propheten aus dem Nordreich Jisrael. Zu Beginn wird geschildert, wie Hoschea von Gott zur Ehe mit einer ‚hurerischen Frau' aufgefordert wird, um ‚Hurenkinder' zu zeugen, die, ebenso wie die Söhne Jeschajahus (Jes 7,3; 8,3), Symbolnamen tragen. Eingebettet in diese Erzählung ist ein geschichtlicher Rückblick auf die Wüstenzeit Jisraels und die Verheißung der

Zeichenhandlungen (1–3)
1 Hoscheas Ehe mit Gomer
1 Die Kinder Hoscheas
2 Bild-Wort über Jisrael in der Wüste
3 Die Ehebrecherin

Drohworte (4 – 14,1)
4 Worte gegen die Priester
5 Drohwort gegen die ‚Grenzverrücker'
5 Der Löwe für Efrajim
6 Umkehraufruf des Volkes
7 Worte gegen die Königsmörder und gegen falsche Bündnisse
8 Worte gegen falsches Königsmachen
9 Rückblick: Jisrael in Baal Peor
10 Der Jungstier von Bet-El (Bet-Awen)
11 Rückblick: Jisrael in der Wüste
12 Jaaqov, der Betrüger
13 Die Schuld Efrajims
14 Heilsverheißung

zukünftigen Beziehung zwischen Gott und Jisrael als eines geglückten Neuanfangs in der Wüste (Wadi Achor als Tal der Hoffnung!) wie zu Beginn der Geschichte Jisraels. Den Großteil der Überlieferungen von Hoschea bilden Drohworte vornehmlich an die kultischen und politischen Repräsentanten des Volkes, eine grundsätzliche Ablehnung der Übernahme fremder Sakralriten (Fruchtbarkeits-Riten; Rauchopfer auf den Höhen) sowie schneidende Kritik am Königtum und der von den Königen verfolgten Bündnispolitik.

Charakteristik
Die Hoschea-Überlieferung beginnt mit der Thematik des ‚Ehebruches' (*... denn buhlend kehrt sich das Land vom Ewigen ab*: Hos 1,2), die mehrfach aufgenommen und abgewandelt wird. Um seinen Unheilsdrohungen Nachdruck zu verleihen, verwendet Hoschea oftmals Bild-Symbole aus dem Tierreich (*Denn wie ein Raubtier komme ich an Efrajim, und wie der Löwe an Jehudas Haus...*; Hos 5,14). Bei aller Schärfe ist seine Geschichts-Rückschau teilweise von entwaffnender Milde (*Als Jisrael ein Kind war, liebt' ich es...*; Hos 11,1). Typisch für ihn als einem Nordreich-Propheten ist die mehrfache Aufnahme der Auszugs- und Wüstentradition (Jaaqov!) und das völlige Fehlen der Erwähnung Jeruschalajims/Zijjons.

Bedeutung
Innerhalb der prophetischen Schriften zeigt sich die starke Wirkung der Prophetie Hoscheas auf den Propheten Jirmejahu sowie das Buch Devarim. Auch hier spielen Themen wie die Ehe-Bild-Symbolik, die Hochschätzung der Wüstenzeit und die besondere Liebe Gottes zu Efrajim eine wichtige Rolle. Die Ehe-Bild-Symbolik hat auch in der nachbiblischen Aggada eine breite Rezeption gefunden.

In der jüdischen Tradition

In der jüdischen Tradition (bPes 87a.b) erfährt Hoschea eine ambivalente Beurteilung. Er wird an seinem prophetischen Lehrer Mosche gemessen, dessen wichtigste Aufgabe in der prophetischen Fürbitte für Jisrael gesehen wird. Anders als nach der biblischen Beschreibung werden die Zeichenhandlungen (Eheschließung, Namen der Kinder) daher auch nicht als zeichenhafte Vorwegnahme zukünftiger negativer Ereignisse und als Strafandrohung verstanden, sondern als pädagogische Maßnahme, um den Propheten an seine eigentliche Aufgabe, die Fürbitte, zu erinnern.

Leitfragen

- Wie viele Zeichenhandlungen werden in der Hoschea-Überlieferung erwähnt? Welche sind es?
- In welchen Zusammenhängen wird der Begriff der ‚Hurerei' verwendet? Was meint bei Hoschea der Dienst an den ‚Baalen'? Was versteht Hoschea unter (richtiger) Gotteserkenntnis (*daat elohim*)?
- Worauf bezieht sich die Kritik am Königtum?
- Welche Überlieferungen, die zur Frühzeit Jisraels gehören, kennt Hoschea?

Biografische Notizen zu Hoschea

Hos 1,1 lässt den Propheten *in den Tagen Usijas, Jotams, Achas, Jechisqijjas (...) und Jarovams* (II.) prophezeien, und die Überschrift zeigt damit, dass die Schrift an judäische Menschen gerichtet ist. Hoschea (‚Er [Gott] hat Rettung gebracht') wird als Sohn des Beeri vorgestellt, der nach rabbinischer Auffassung ebenfalls ein Prophet war und dessen Spruchworte in Jes 8,19–20 überliefert wurden (WaR 6,6). Seine Ehe mit Gomer bat Diblaim (*Tochter des zwei-Feigenkuchens*) wird ihm von Gott auferlegt. Ob die in Hos 3 erwähnte Frau mit Gomer identisch sein soll, ist kaum zu entscheiden.

Zeichenhandlungen

» Zeichenhandlungen S. 328; 344; 358

Von Hoschea sind zwei (drei) Zeichenhandlungen überliefert: Die erste (Hos 1: Fremdbericht) besteht im göttlichen Auftrag zu einer ehelichen Verbindung mit der ‚hurerischen' Frau (Gomer), die zweite in den Namensgebungen der Kinder, denn die drei aus dieser Verbindung hervorgehenden Kinder tragen Symbolnamen: Jisreel (*Gott gibt Samen*), Lo-Ruchama (*Nicht-Zu-Erbarmen*) und Lo-Ammi (*Nicht-Mein-Volk*), die die Verfügungen Gottes über

Jisrael symbolisieren sollen. Ob man in Hos 3 – der Auftrag zur Heirat einer Frau, die von einem anderen geliebt wird (Ich-Bericht) – eine eigene Zeichenhandlung sehen kann, ist umstritten.

In der jüdischen Tradition
Nach der rabbinischen Überlieferung (bPes 87a) sind die über Jisrael verhängten Verfügungen, wie sie in Hos 1 beschrieben sind, nie Realität geworden, weil die Propheten (hier: Mosche und Hoschea) erfolgreich um Erbarmen gefleht haben (ShemR 46,4; DevR 3,15), und weil sich die Kinder auf die Verdienste der Väter berufen können (TanB Wajjera 23; BerR 56,9). Die Rabbinen konnten sich hier bereits auf die innerbiblische Fortschreibung und Zusage berufen, die aus *Lo-Ruchama* (‚Nicht-Zu-Erbarmen') *Ruchama* (‚Erbarmen') und aus *Lo-Ammi* (‚Nicht-Mein-Volk') *Ammi* (‚Mein Volk') werden ließ (Hos 2,3).

Hurerei

» Gesetz, Götzendienst, Hurerei bei Jechesqel S. 359

Das Thema der Hurerei wird in einer Vielzahl von Variationen auf die (gestörte) Beziehung zwischen Gott und seinem Volk (manchmal auch dem Land) angewandt (Hos 1,2; 2,6; 4,12; 5,4): Der Ehebruch, so wird es immer wieder dargestellt, vollzieht sich im (falschen) Kult: *Ein Ende mach ich aller ihrer Lust: Wallfeier, Neumondstag (...)* (Hos 2,13). *Denn Geist der Hurerei ließ es irren (...) sie halten Schlachtung auf der Berge Gipfeln (...) drum buhlen eure Töchter und ehebrechen eurer Söhne Fraun* (Hos 4,12f.). Für Hoschea sind es vor allem die Priester, die auf ganzer Linie versagen. Mit ihnen geht er am härtesten ins Gericht; ihnen lastet er das Straucheln des ‚unwissenden Volkes' an (Hos 4,14). Es sind die Priester, die die Weisung Gottes und damit auch die Gotteserkenntnis als das Wissen um Gottes Handeln an Jisrael vergessen ließen.

Erkenntnis Gottes

Den komplementären Begriff zum ‚Geist der Hurerei' und dem Vergessen von Gottes Handeln bildet die Erkenntnis Gottes (*daat elohim*: Hos 2,22; 4,1.6; 6,3.6; 13,4). Sie beinhaltet vor allem das Wissen um den Auszug aus Mizrajim und die Führung Gottes in der Wüste, also Jisraels Frühzeit mit Gott: *Und ich, ich bin der Ewige, dein Gott, vom Land Mizrajim, und Gottheit außer mir erkennst du nicht (...)* (Hos 13,4; vgl. auch Hos 12,10: die Formel erinnert an die Selbstvorstellung im Zehnwort!). Hoschea klagt darin das bundesgemäße Verhalten und die rechte Hingabe Jisraels gegenüber Gott ein.

Polemik gegen die Baale

» Baal Peor S. 177

Das Erkennen Gottes bedeutet gleichzeitig die Abschaffung der ‚Baale' (Sg. *baal*; Pl. *bealim*). Der Begriff steht dabei weniger für den phönizischen Baalskult, als vielmehr als Chiffre für die Polemik gegen die Sünden im Kulturland (Hos 2,10.15–19; 9,9; 11,2; 13,1): *(...) sie schlachteten den Baalen und räucherten den Bildern* (Hos 11,2). Baalsdienst ist nicht die Form des Gottes- und Opferdienstes, die nach Hoschea dem Dienst an Gott angemessen wäre. Allerdings bietet die Überlieferung neben einer Menge Kritik an keiner Stelle positive Vorschläge für einen ‚richtigen' Gottes- und Opferdienst an.

Königtum

» Siehe oben Königtum S. 180; 220; Dynastien S. 242

Hoschea scheut auch für den Bereich der Politik nicht vor dem Vergleich mit dem Ehebruch zurück (Hos 7,4). Scharfe Anklage erhebt er gegen Korruption und Meuchelmord (Hos 7,1–8; 8,4–6): *Da fraß man ihre Richter, all ihre Könige, sie fielen (...)* (Hos 7,7). *Sie setzen Könige ein, ohne dass es durch mich (geschah); sie setzten (sie) ab, ohne dass ich es wusste* (Hos 8,4; zur Übersetzung vgl. auch Raschi und Qara ad loc.). Daneben verweist er auf die Nutzlosigkeit politischer Bündnisse (mit Aschschur; mit Mizrajim): *Da ging Efrajim nach Aschschur (...) doch er, er kann euch nimmer heilen (...)* (Hos 5,13).

Geschichtsrückblicke

» Geschichtsrückblicke (Devarim) S. 216; (Jirmejahu) S. 346; (Jechesqel) S. 360; (Amos) S. 382; (Micha) S. 391

Die Hoschea-Überlieferung enthält einige Rückblicke auf die Frühzeit Jisraels: den Auszug aus Mizrajim (Hos 2,17; 11,1–3; 12,10–15) sowie die Wüstenwanderung (Hos 9,10; 12,10; 13,4–6). Daneben wird auch der Bundesschluss erwähnt (Hos 8,1–3). Im Gegensatz zur Überlieferung in der Tora und im Buch Jechesqel schildert Hoschea die Wüstenzeit als Zeit der ‚ersten Liebe', in der die Beziehung zwischen Volk und Gott noch intakt war. Hoschea kennt darüber hinaus auch die Überlieferung von Jaaqov, der seinen Bruder schon im Mutterleib betrog (Hos 12).

Das Buch Tere Asar (Zwölf-Prophetenbuch)

Gottesvorstellung

≫ Gottesvorstellungen in den Tehillim S. 422

Hoschea stellt Gott in einer Reihe unterschiedlicher Bilder vor. Bei den Tierbildern dominieren die starken Raubtiere: Raubtier und (Jung-)Löwe (Hos 5,10–15; 11,10; 13,7), Panther und Bärin (Hos 13,7f.). Aber auch der Vergleich mit Wurmfraß und Fäulnis wird nicht gescheut (Hos 5,12). Daneben findet sich jedoch öfter das Motiv von Gott als demjenigen, der heilt (Hos 5,13; 6,1; 7,1; 11,3; 14,5).

Auch Jisrael wird durch Bilder charakterisiert: es ist wie Trauben in der Wüste (Hos 9,10), wie ein Bäumchen in einer Oase (Hos 9,13), ein Weinstock (Hos 10,1), eine junge Kuh (Hos 10,11), Gottes Sohn (Hos 11,1; vgl. Ex 4,22) und wie eine Mutter (Hos 9,14–17); es wird aber auch als untreue Ehefrau vorgestellt (Hos 1 – 3).

Gottesdienst und häusliche Feier

Schabbat Schuva

Hos 14,2–10 – die einzige größere Heilsverheißung in dem Buch – wird im Gottesdienst zwischen den Hohen Feiertagen gelesen und erhält damit ein besonderes Gewicht:

- Am Schabbat zwischen Rosch ha-Schana und Jom Kippur werden Hos 14,2–10 und Mi 7,18–20 als Haftara gelesen (manche traditionellen aschkenasischen Juden lesen außerdem Joel 2,11–27). Diese Haftara gehört zu denjenigen, die sich nicht auf die Parascha beziehen, sondern auf den Zeitpunkt im Kalender. Der Schabbat wird außerdem nicht nach dem Wochenabschnitt benannt, sondern heißt Schabbat Schuva, nach dem ersten Wort der Haftara: *Schuva Jisrael*... ,Kehr um, Jisrael!'
- Aus Hos 14,3 schlossen die Rabbinen, dass zur Umkehr keine Opfer nötig sind, sondern Worte, d. h. ein Bekenntnis (*Widui*). In bYom 86b heißt es: „Nehmt Worte mit euch und kehrt damit zum Ewigen zurück (Hos 14,3). (…) Die Schrift rechnet es ihm an, als habe er Stiere dargebracht, denn es heißt: *Wir wollen die Stiere mit unseren Lippen entrichten* (ebd.)."

Tefillin

≫ Tefillin S. 91; Sch‘ma Jisrael S. 220

Hos 2,21–22 sind die begleitenden Bibelverse beim Anlegen der Tefillin: *Und ich verlob dich mir auf ewig, verlob dich mir in Redlichkeit und Recht, in Liebe und Erbarmen. Und ich verlob dich mir in Treue und du erkennst den Ewigen.* Man sagt diese Sätze, während man sich den Riemen der Tefillin dreimal um den Mittelfinger wickelt. Dadurch erinnern die Tefillin auch an die Liebesbeziehung zwischen Gott und dem Volk Jisrael.

Haftarot
Einige wenige Haftarot werden aus dem Buch Hoschea gelesen:
- Hos 2,1–22 zu Paraschat Bemidbar (Num 1,1 – 4,20); Vergleichspunkt ist die Wüstenzeit.
- Hos 11,7 – 12,12 sefardisch, Hos 12,13 – 14,10 (zusätzlich: Joel 2,26–27) aschkenasisch zu Paraschat Wajjeze (Gen 28,10 – 32,3), in Parascha und Haftara geht es um Jaaqov.
- Hos 14,2–10 wird sefardisch als Mincha-Haftara zu Tischa be-Av gelesen, sowie zu Schabbat Schuva.

» Weitere Themen: Namensänderungen S. 37; Jaaqov S. 52; Bet-El S. 60; Auszug aus Mizrajim S. 84; 336; Eigentum S. 239; Exil S. 251; Königskritik S. 278; 291; Übersicht Schabbat S. 101

Joel

Umfang und Inhalt
4 Kapitel. Joel schildert eine große Hungersnot, die durch eine Heuschreckenplage ausgelöst worden ist und durch eine Volksklage abgewendet werden soll. Daran hängt der Ausblick auf den ‚Tag des Ewigen', der für Jisrael zum heilvollen Tag werden kann, wenn es umkehrt.

Charakteristik
Die Joel-Überlieferung wird vor allem durch den Ton der Klage bzw. den Aufruf zur Klage bestimmt. Klage und ‚Buße tun' werden als Möglichkeit vorgestellt, das drohende Unheil abzuwenden.

Bedeutung
Zentral für das Buch Joel ist der Gedanke der Wiederherstellung von Jeruschalajim und Jehuda und die Rache an den anderen Nationen (Joel 4). Zusammen mit der Vorstellung von der endzeitlichen Geistausgießung bildet er einen Grundstock der späteren Apokalyptik.

Das Buch Tere Asar (Zwölf-Prophetenbuch)

1 Klage über die Verwüstung	3 Geistausgießung
1 Aufruf zu Trauer, Fasten und Gebet	4 Wiederherstellung Jeruschalajims und Jehudas
2 Der Tag des Ewigen	4 Kampf gegen die Völker
2 Nochmaliger Aufruf zum Fasten und zur Buße	

Leitfragen
- Welches Thema dominiert in Joel?
- Welche Zusage macht Joel hinsichtlich der prophetischen Gaben?
- Welche Zukunft verbindet sich mit dem Zijjon?

Biografische Notizen zu Joel

Zur Person oder zum Leben des Propheten Joel ('JHWH ist Gott') ist nichts bekannt außer dem Namen seines Vaters Petuel (Joel 1,1).

In der Bibel
In der Bibel wird der Prophet Joel kein weiteres Mal mehr bezeugt.

In der jüdischen Tradition
In der jüdischen Tradition (Raschi ad loc.) gibt es drei Möglichkeiten, Joel zu identifizieren:
- Er ist der Sohn von Schemuel (1Sam 8,2).
- Er ist ein Zeitgenosse von Elischa (so bTaan 5a).
- Joel, Nachum und Chavaqquq prophezeiten alle in der Zeit von Menasche (siehe oben das Thema Könige, S. 308).

Klagereden

» Klagereden bei Jirmejahu S. 343

Im Buch Joel dominieren die Klage und der Ruf zur Umkehr. Zu Beginn steht eine umfassende Klage über eine große Heuschreckenplage, eine Dürreperiode und den ‚Tag des Ewigen‘. Die Angesprochenen werden aufgefordert, zu trauern und zu klagen (Joel 1,13). Joel kennt hierfür eine Reihe von rituellen Handlungen, wie z.B. Fasten oder das Anlegen entsprechender Gewänder (Joel 1,13–14). Das Buch erweckt fast den Eindruck einer Liturgie für einen Trauertag. Allerdings macht die Überlieferung deutlich, dass die Angesprochenen selbst für die missliche Situation verantwortlich sind (Joel 2,12–17). Opfer, die wegen der Hungersnot nicht mehr dargebracht werden können, müssen fortan durch Trauern, Klagen und Fasten ersetzt werden (Joel 1,13). Es ist zuerst die Pflicht der Priester und Diener am Altar, die Trauer, Klage und das Fasten zu begehen (Joel 1,13). Auch spricht Joel von der Hoffnung, dass Gott, wenn er sich bedenkt, den Jisraeliten die Möglichkeit erneuter Opferspenden einräumt (Joel 2,14).

Propheten

» Propheten S. 313; Geist Gottes S. 277; notabene: Geist Gottes S.279

In der Verheißung über die Geistausgießung (vgl. oben Thema und notabene: Geist Gottes, S. 277; 279) formuliert Joel die Zusage, dass ganz Jisrael prophezeien könne und Träume und Visionen haben werde (Joel 3,1–5). Prophetsein in dieser verallgemeinerten Weise ist also ein zukünftiger Zustand des Heils, der aber bei Joel noch vor dem ‚Tag des Ewigen' versprochen wird (Joel 3,4).

Zijjon

» Zijjon bei Jeschajahu S. 376; Zijjon bei Micha S. 391

Die Vorstellung von Zijjon als dem Berg Gottes deutet auch der Prophet Joel an. Er verbindet den Zijjon mit einer glänzenden Zukunft: Am Gerichtstag über die Völker bietet Gott, der auf dem Zijjon wohnt, Jisrael Schutz. In diesem Zusammenhang findet das berühmte Wort von den *Schwertern, die zu Pflügen werden sollen* (Jes 2,2–4; Mi 4,1–4), eine harte Umkehrung (Joel 4,10): *Zu Schwertern schmiedet eure Pflüge, die Rebenmesser zu Speeren!* Fremde sollen nie mehr durch die Stadt hindurchziehen (Joel 2,1.15; 3,5; 4,16.17.21). In Joel 4,18 wird auch das Motiv der Tempelquelle (Ez 47,1–12) wieder aufgenommen.

notabene: Fasten

In unterschiedlichen Zusammenhängen kommt im Tanach das Thema Fasten zum Tragen: Es kann ein Ausdruck der Trauer oder der Umkehr sein. Auch angesichts drohender Gefahren konnte oder sollte gefastet werden. Das Fasten diente auch dazu, an Gottes Erbarmen zu appellieren und damit sein Eingreifen in das Geschehen zu beeinflussen. Das Fasten kann von Einzelnen praktiziert oder auch als öffentliches Fasten verordnet werden (siehe auch unten das notabene: Trauer, S. 392):

• Mosche fastet vierzig Tage und Nächte, während er auf dem Berg Sinai ist; vgl. dagegen aber Elijahu, der sich mit Speise und Trank stärkt, bevor er am Chorev ankommt (1Kön 19,8): Ex 34,28.

• Ein öffentlicher Fasttag ist der Jom

Das Buch Tere Asar (Zwölf-Prophetenbuch)

Kippur. An ihm soll nicht nur nicht gegessen werden, vielmehr soll man sich an ihm in einem weiteren Sinne von Annehmlichkeiten enthalten (nach der Halacha: keine Lederschuhe, nicht essen und trinken, kein Geschlechtsverkehr, nicht waschen oder parfümieren): Lev 16,29.
- Die Jisraeliten klagen und fasten in Bet-El vor dem Kampf gegen die Binjaminiter: Ri 20,26.
- Nach der Predigt von Schemuel bekehren sich die Jisraeliten und fasten: 1Sam 7,6.
- Die Leute von Javesch trauern und fasten, als sie die Leichen von Schaul und seinen Söhnen begraben: 1Sam 31,13.
- Dawid klagt und fastet, als er vom Tod Schauls und Jonatans hört: 2Sam 1,12.
- Dawid fastet, als er vom Tod Avners hört: 2Sam 3,35.
- Dawid fastet um Gottes Erbarmen für sein krankes Kind: 2Sam 12,16–23. Das Fasten wird beendet, als man die Todesnachricht des Kindes meldet: ... *Jetzt aber, da es tot ist, wozu soll ich fasten?* (2Sam 12,23).
- Achav tut Buße und fastet, als er von der göttlichen Strafe erfährt: 1Kön 21,27.
- Jeschajahu fordert aufrichtiges Fasten und Buße: Jes 58,1–5.
- Gott weigert sich, auf Fasten und Buße tun zu reagieren: Jer 14,12.
- Joel fordert ein öffentliches Fasten, um der Trauer und der Klage Ausdruck zu geben: Joel 1,14; 2,12.
- Die Leute von Ninewe rufen ein öffentliches Fasten aus, um die Strafe Gottes abzuwenden und der Buße Ausdruck zu geben. Selbst der König fastet und trauert: Jona 3,5–9.
- Eine kritische Auseinandersetzung mit öffentlichen Fasttagen formuliert der Prophet Secharja: Sach 7,5; 8,19.
- Fasten zur Buße und Selbstzucht: Ps 35,13; 69,11; 109,24.
- Die Juden fasten, als sie vom Beschluss des Haman hören. Auch Ester fastet: Est 4,3.16.
- Danijel fastet: Dan 9,3; 10,2f.
- Die Leute um Esra fasten, um Gottes Hilfe zu erbitten: Esr 8,23.
- Nechemja fastet, als er von der Situation Jeruschalajims erfährt: Neh 1,4.
- Das Buch Nechemja berichtet von einem öffentlichen Fasten: Neh 9,1.

Von der *jüdischen Tradition* werden heute folgende Fasttage angeordnet und von traditionellen Juden und Jüdinnen auch eingehalten:
- Jom Kippur: wird bereits in Lev 16,29–31; 23,27–32; Num 29,7 erwähnt. Dieser Fasttag (einschließlich umfangreicher körperlicher Kasteiung und Werkverbot) ist der einzige, der in der Tora angeordnet wird (Fasten vom Vorabend an).
- Tischa be-Av: ist ein Fast- und Trauertag (Fasten und körperliche Kasteiung vom Vorabend an, aber kein Werkverbot), der im Andenken an die Zerstörung des Ersten und Zweiten Tempels eingerichtet ist. Dieser Fasttag wird auf Jer 52,12f. zurückgeführt, wo die Zerstörung des Tempels auf den 10. Av datiert wird (nach bTaan 29a wurde das Feuer aber schon am Nachmittag des Neunten gelegt).

- Fasttag 17. Tammus (Fasten nur von Sonnenaufgang bis Sonnenuntergang): ein Fasttag im Andenken an das Niederbrechen der Mauern von Jeruschalajim durch Nebuchadnezzar zur Zeit des ersten und an das Niederbrechen der Mauern Jeruschalajims durch Titus zur Zeit des Zweiten Tempels (Jer 39,2; bTaan 28b).
- Fasttag 10. Tevet (Fasten nur von Sonnenaufgang bis Sonnenuntergang): ein Fasttag im Andenken an den Beginn der Eroberung Jeruschalajims durch Nebuchadnezzar (2Kön 25,1–2; Jer 52,4–7 und Ez 24,1–2).
- (Taanit) Fasten Ester (Fasten nur von Sonnenaufgang bis Sonnenuntergang): der 13. Adar (oder in einem Schaltjahr der 13. Tag des zweiten Adar) ist ein Fasttag zum Andenken an das von Königin Ester angeordnete Fasten im persischen Reich, um beim König Gnade zu erwirken (Est 4,16).
- Zom Gedalja am 3. Tischri (Fasten nur von Sonnenaufgang bis Sonnenuntergang): Fasttag im Andenken an die Ermordung des Statthalters Gedalja (2Kön 25,25 bzw. Jer 41,1–2).

Gottesdienst und häusliche Feier

El rachum we-channun
» Dreizehn Eigenschaften Gottes S. 126

Gott ist gnädig und barmherzig (...). Diese Wendung aus den sogenannten Schelosch Esre (13) Middot (*Adonai adonai el rachum we-channun...*; Ex 34,6–7) wird in der biblischen Literatur, vor allem in den Tere Asar und in den Ketuvim, erstaunlich oft aufgegriffen, zum Teil sogar parodiert (Jona 4,2) oder gar ins Gegenteil verkehrt (Nah 1,2). Zum ersten Mal außerhalb der Tora erscheint diese Aussage als liturgisch gebrauchte Wendung in Joel 2,13: *gnädig und erbarmend ist er [Gott], langmütig, reich an Liebe, er bedenkt sich des Unheils*. Im Buch Malachi wird schon vor dem Missbrauch dieser Gewissheit gewarnt (Mal 2,17). In der jüdischen Liturgie wurde vor allem die Wendung aus Ex 34,6–7, die Gott selbst beim Vorüberziehen an Mosche hören ließ, bedeutsam. Die rabbinische Tradition entdeckte hier die 13 Eigenschaften Gottes (siehe oben zu Ex 34 S. 126).

Der barmherzige und gnädige Gott in der Bibel
- Ex 34,6–7 (nach der Sünde mit dem Stiergussbild)
- Num 14,18 (nach der Sünde mit den Landspähern)
- Joel 2,13
- Jona 4,2 (als Parodie)
- Nah 1,3 (ins Gegenteil verkehrt)
- Ps 86,15; Ps 103,8; Ps 145,8
- 2Chr 30,9 (als Begründung der Möglichkeit der Umkehr)

Haftara

Als Haftara wird nach aschkenasischer Tradition nur der Abschnitt Joel 2,11–27 gelesen, und zwar als ein Teilstück der Haftara zu Schabbat Schuva, die sich aus mehreren Prophetenabschnitten zusammensetzt (Hos 14,2–10; Joel 2,11–27; Mi 7,18–20; siehe auch oben Schabbat Schuva S. 373). Die sefardische Tradition lässt den Abschnitt aus dem Buch Joel aus.

» Weitere Themen: Gan Eden S. 27; Hungersnot S. 66; Der vierbuchstabige Name S. 76; Die 13 Eigenschaften Gottes S. 126; Tag des Ewigen S. 333; Reue Gottes S. 387; notabene: Geist Gottes S. 279; Edom S. 385; notabene: Lieder außerhalb von Tehillim S. 424

Amos

Umfang und Inhalt

9 Kapitel. Die Amos-Überlieferung enthält vornehmlich Spruchworte gegen kultische und politische Repräsentanten des Nordreiches: Schomron und Bet-El sowie einen (Unheils-)Zyklus von fünf Visionen. Zu Beginn steht ein Strophengedicht mit Unheilsansagen über verschiedene Völker, das deren kriegerische Offensiven und ihren brutalen Umgang mit den Nachbarvölkern geißelt. Der Hauptteil des Buches enthält verschiedene Spruchsammlungen, die vor allem innenpolitische und soziale Belange betreffen (Worte gegen Luxus und Völlerei in den Palästen; Sprüche gegen ausschweifende Kult- und Opferfeiern). Der Visionenzyklus enthält fünf Visionen, bei denen lediglich das in den ersten beiden Visionen angesagte Unheil (Kahlfraß durch Heuschrecken und Feuer) noch durch den Propheten abgewendet werden kann, während die in den verbleibenden drei Visionen angesagten Katastrophen (Zinnlot, Sommerobstkorb und das Zerschlagen des Knaufes) als unabänderliches Geschick ausgezeichnet werden.

Charakteristik

Das Buch Amos thematisiert die politische Krise im ostmediterranen Raum, die nicht nur kriegerische Auseinandersetzungen mit sich brachte (Am 1,3–2,3), sondern auch innenpolitische Krisen, bedingt durch rasches Bevölkerungswachstum und soziale Differenzierung, eine Situation, die man heute wohl als ‚Modernisierungskrise' beschreiben würde. Der Umgang der gesellschaftlichen Eliten mit den sozial Schwachen nimmt dabei thematisch einen breiten Raum ein. Die prophetischen Anklagen wenden sich gegen ge-

Kehrversgedicht über verschiedene Völker (1 – 2)
1 – 2 Unheils-Worte gegen Dammeseq, Assa (Gasa), Zor, Edom, Ammon, Moav, Jehuda und Jisrael

Weitere Unheilsworte (3 – 6)
3 Der Prophet
3 Wort gegen die Paläste und die Altäre von Bet-El
4 Gegen die ,Baschankühe' von Schomron
4 Gegen den Kult in Bet-El und Gilgal
5 *qina* ,Leichenlied' und Leichenklage, verschiedene Schuldaufweise
5 ,Weh!'-Ruf und Ankündigung vom ,Tag des Ewigen'
5 Gegen Feste, Opfer und Musikgeplärr
6 ,Weh!'-Ruf gegen die sorglosen Schlemmer in Zijjon und Schomron, gegen den Prunk der Paläste und Häuser

Visionen (7 – 9)
7 1. Vision: Heuschrecken
7 2. Vision: Feuer
7 3. Vision: Zinn(lot)
7 Die Erzählung vom Zusammenstoß zwischen Amos und Amazja in Bet-El
8 4. Vision: Sommerobstkorb
9 5. Vision: Gott am Altar; Zerschlagen des Knaufes
9 Austilgung des Königtums

Schluss: Hymnus und Heilswort (9,11–15)
9 Heilswort: Aufrichtung der zerfallenen Hütte Dawids; Wiederaufbau der verwüsteten Städte; Ernte in Garten und Weinberg

dankenlosen Luxus, wie ihn die städtische Zivilisation vorführt, und grollen gegen Elfenbeinschnitzarbeiten und Quaderhäuser, gegen Getreidespekulation, Rechtsbeugung oder Korruption. Die Polemik gegen die rücksichtslose Durchsetzung des Pfand- und Kreditrechts (Am 2,8) zeigt, dass die Kritik am Umgang mit den ,kleinen Leuten' des eigenen Volkes eingebettet ist in das Ringen um die grundsätzliche Frage nach der Identität des Volkes Gottes. Die Heraufführung aus Mizrajim (Am 2,10; 3,1; 9,7) alleine reicht noch nicht aus: Der Anspruch, ein Volk Gottes zu werden, muss auch von seiten Jisraels eingelöst werden. Daher findet sich auch immer wieder Kritik am bestehenden Kult. Die Unheilsankündigungen des Amos (vgl. z.B. die Neudefinition vom ,Tag des Ewigen'; Am 5,18–20) stellen dabei aber die traditionellen Heilszusagen für Jisrael immer wieder in Frage.

Bedeutung

Schon innerbiblisch zeigt sich eine starke Verbindung zwischen den Forderungen des Amos und der Gesetzgebung in der Tora. Die letzte Strophe des

Das Buch Tere Asar (Zwölf-Prophetenbuch)

Kehrversgedichtes, in der der Prophet die Ahndung für die vier Freveltaten Jisraels ankündigt, birgt eine Reihe von Themen, die sich auch im sog. Bundesbuch (Ex 20,22 – 23,33) wiederfinden, so beispielsweise das Problem des hebräischen (Schuld-)Sklaven (Am 2,6; vgl. Ex 21,1–11), die Rechtsstellung der Sklavin (Am 2,7b; vgl. Ex 21,9) oder das Pfand- und Schuldrecht (Am 2,8; vgl. Ex 22,24–26). Werden diese sozialen Vergehen im Buch Amos als Schändung des göttlichen Namens angeprangert und auf die Verantwortung hingewiesen, die Jisrael durch die Errettung aus Mizrajim für die sozial Schwachen hat, so sind diese Gesetze im Buch Schemot deutlich als Gottes Gesetze ausgezeichnet (eingebettet in die Überlieferung der Erscheinung auf dem Berg Sinai und dem Bundesschluss) und stehen damit unmittelbar im Zusammenhang der Begründung Jisraels als Gottesvolk.

In der jüdischen Tradition

In der jüdischen Tradition erfährt Amos eine positive Würdigung. In bSuk 52 erscheint er als einer von acht Fürsten (der ganzen Menschheit), zu denen neben Jischai, Schaul und Schemuel auch Amos, Zefanja, Zidqijjahu, der Maschiach und Elijahu zählen. Er gilt als sehr vermögend (bNed 38a), aber auch als gottesfürchtig: In bMak 23b – 24a wird über die Basis aller 613 Gebote diskutiert. Die Propheten treten vor und präsentieren ihre Vorschläge. Jeschajahu habe die Grundlage der Tora in sechs Geboten gefunden (Jes 33,15–16), Micha in dreien (Mi 6,8); schließlich sei Amos gekommen und habe ein einziges Grundprinzip für die gesamte Tora aufgedeckt: *Mich suchet auf und lebet!* (Amos 5,4). In der rabbinischen Literatur trägt Amos den Beinamen ‚der Stotterer' (ein Wortspiel mit seinem Namen und dem Adjektiv *amus* = beladen, d.h. seine Zunge war schwer; WaR 10,1; QohR 1,2). Eine populäre mittelalterliche Legende lässt ihn als Märtyrer enden: Einer Tradition zufolge starb er durch König Usija, der ihn mit einem glühenden Eisen auf die Stirn schlug, nach einer anderen tötete ihn Amazja, der Priester aus Bet-El.

Leitfragen

- Wie geht Amos mit Jisraels Nachbarn um? Welche werden genannt? Worin unterscheidet sich Jisrael von ihnen?
- Welche Bedeutung haben der Auszug aus Mizrajim und die Wüstenwanderung mit anschließender Landnahme?
- In welchem Verhältnis stehen Sozial- und Kultkritik zueinander?
- Welche Zukunft sagt Amos für Jisrael an?

Biografische Notizen zu Amos

» Bet-El S. 60; Berufungserzählungen S. 76

Nach der biblischen Darstellung (Am 1,1; 7,12–15) wirkt Amos (Der [von JHWH] Getragene') in den Tagen Usijas (aus Jehuda) und Jarovams II. (aus Jisrael), ‚zwei Jahre vor dem Erdbeben'. Er war Viehzüchter und Maulbeerfeigenritzer (Sykomorenritzer). Über seine Herkunft ist nichts bekannt. Seinen Wohnort, Teqoa, lokalisiert Dawid Qimchi in Obergaliläa (die rabbinische Literatur kennt ein obergaliläisches Dorf Teqoa). Amos sah sich selbst nicht als Prophet (Am 7,14: *Ich war kein Gottbegeisteter [navi]*). Das Buch berichtet von einem Zusammenstoß zwischen Amazja, dem Priester von Bet-El, der in den Diensten Jarovams (II.) stand, und Amos, bei dem Amazja ihn, den Seher (*chose*), wegen Landesverrats und Beleidigung des Reichstempels des Landes nach Jehuda verweist. Hier weist Amos jede Verbindung mit (kult-?) prophetischen Gruppen zurück.

Fremde Völker

» Jeschajahu und die Völker S. 362; Jechesqel und die Völker S. 382

Die Fremdvölkersprüche stehen betont zu Beginn des Buches Amos und verweisen gleich zu Anfang darauf, dass Jisrael nicht im luftleeren Raum, sondern im geopolitischen Raum einer Geschichte mit seinen Nachbarn beurteilt wird, die dabei gleichfalls einer schneidenden Kritik unterzogen werden: Die Eisenschlitten Dammeseqs (Am 1,3) werden ebenso verurteilt wie die Tatsache, dass der König von Edom, der seinerseits nicht zimperlich mit den Jisraeliten umgegangen war (Am 1,11), von Moav brutal ausgelöscht wurde (Am 2,1). Die Nennung der Nachbarn folgt dabei der geografischen Orientierung von Nordost (Dammeseq) über Südwest (Assa, Pelischtäer) über Nordwest (Zor) nach Südost (Edom, Ammon, Moav) vor Jehuda und Jisrael, ein Zickzackkurs, der darin die Nachbarn Jisraels und Jehudas stets abwechselnd nennt. Das Jisrael-Orakel (Am 2,6–16) fällt aus dem Rahmen, denn es enthält eine lange Anschuldigung (Am 2,6b–12) und die Ankündigung der Katastrophe (Am 2,13–16). Auch stehen jetzt keine ‚internationalen' Themen mehr im Zentrum, sondern innenpolitische und soziale Belange.

Geschichtsrückblicke

» Geschichtsrückblicke (Devarim) S. 216; (Jirmejahu) S. 346; (Jechesqel) S. 360; (Hoschea) S. 372; (Micha) S. 391

Das Buch Amos kennt als Reminiszenz an die gemeinsame Geschichte die Heraufführung aus Mizrajim (Am 2,10; 3,1; 9,7), die Wanderung in der Wüste

Das Buch Tere Asar (Zwölf-Prophetenbuch)

(Am 2,10) und die Ausrottung der Amoriter (Am 2,9f.). Dabei insisitiert es unerbittlich darauf, dass eine Familiensippe nicht automatisch zu einem Gottesvolk wird, sondern erst darin, dass Gott diese Sippe als sein Volk erkennt (Am 3,2). Aber diese Besonderheit hat ihren Preis: Gottes Volk wird besonders zur Rechenschaft gezogen (Am 3,2; 7,8; 8,2; 9,10). Amos kann umgekehrt sogar soweit gehen, diese Aussonderung Jisraels aus der Völkerwelt zu nivellieren: Gott hat allen Völkern ihren Platz zugewiesen (die Pelischtäer aus Kaftor, Aram aus Kir; Am 9,7). Die bloße Heraufführung aus Mizrajim mit anschließender Landnahme sichert noch nicht den Bestand in der Besonderung. Die Erwählungstradition wird also dahingehend neu interpretiert, dass sie eine besondere Haftung und Verantwortlichkeit bedeutet (Am 3,2).

Neben der Auszugstradition kennt das Buch Amos auch den Stammvater Jaaqov bzw. das Haus Jaaqov (Am 3,13; 6,8; 7,2.5; 8,7; 9,8).

Sozial- und Kultkritik

» Sozial- und Kultkritik S. 327; Sozialkritik S. 362

Das Buch Amos will keine scharfe Trennung zwischen Kult- und Sozialkritik etablieren. Soziale Vergehen werden dort zu kultischen Fehlschlägen, wo Gott sich dadurch geschändet sieht (Am 2,7b.8) oder selbst die kultische Beziehung aufkündigt (Am 3,14; 9,1). Das Spruchwort von der Ahndung der Altäre Bet-Els und dem Abschlagen der Hörner des Altars als Folge der (innen-)politischen und sozialen Missstände formuliert dabei den zentralen Gedanken: Sind die (vier) Hörner eines Altars (vgl. Ex 27,2) erst einmal abgehauen, gibt es keine Stätte der Zuflucht (vgl. Ex 21,12–14; 1Kön 1,50; 2,28) und keine Sühne mehr (vgl. Ex 30,10; Lev 4,7–35).

Gottesdienst und häusliche Feier

Haftarot

Aus dem Buch Amos werden als Haftarot folgende Textabschnitte gelesen:
- Am 2,6 – 3,8 zu Paraschat Wajjeschev (Gen 37,1 – 40,23). Das Bindeglied zwischen Parascha und Haftara liegt im Motiv des Verkaufs eines Gerechten, sowie insgesamt im Thema Schuldsklaverei.
- Am 9,7–15 wird in der aschkenasischen Tradition zu Paraschat Qedoschim gelesen (Lev 19,1 – 20,28). Der Text, der Jisrael mit Kusch, den Pelischtäern und Aram vergleicht, unterstreicht mit der Haftara den Anspruch, wonach das ‚heilige Volk' immer wieder an seiner Gottesbeziehung arbeiten muss.

» Weitere Themen: Bet-El S. 60; Auszug aus Mizrajim S. 84; Neumond S. 90; Rein und Nicht-Rein S. 146; 147; Exil S. 251; Tag des Ewigen S. 333; Weh-Ruf S. 336; Reue Gottes S. 387; Edom S. 385; notabene: Trauer S. 392; notabene: Lieder außerhalb von Tehillim S. 424; Übersicht Schabbat S. 101

עבדיה
Ovadja (Obadja)

Umfang und Inhalt
1 Kapitel in 21 Versen. Das Buch Ovadja ist der kürzeste Text des Zwölf-Prophetenbuches und enthält im Wesentlichen auch nur Worte gegen Edom, die lediglich in zwei Versen auf alle Völker ausgeweitet und zum Schluss mit rettenden Worten für Jisrael abgeschlossen werden.

1 – 14	Worte gegen Edoms Schadenfreude	17 – 21	Zusage der Rettung und erneute Landnahme durch Gesamt-Jisrael
15 – 16	Worte gegen alle Völker		

Charakteristik und Bedeutung
Die Besonderheit Ovadjas liegt darin, dass sich der Hauptteil des Textes mit Edom beschäftigt, also eigentlich den Blick nach außen richtet. Insgesamt spiegelt sich in dem kurzen Text die lange Geschichte eines spannungsreichen Verhältnisses der zwei Bruderstaaten wider, an deren Ende schließlich die Umkehrung der Machtverhältnisse (Sieg Jehudas und Wiedergewinnung des Landes) steht.

Leitfrage
• Welche Bedeutung hat Edom bei Ovadja?

Biografische Notizen zu Ovadja
Die Figur des Ovadja („Knecht JHWHs') ist nicht weiter bekannt, es liegen keine biografischen Informationen vor.

Das Buch Tere Asar (Zwölf-Prophetenbuch)

In der jüdischen Tradition
Die jüdische Tradition identifiziert den Autor dieses Buches mit Ovadja, dem Palastvorsteher von 1Kön 18,3–4 und weiß ergänzend zu berichten, dass Ovadja ein edomitischer(!) und frommer Proselyt war (bSan 39b).

Edom

Edom, jenes den Jiraeliten südlich gelegene Nachbar- und Brudervolk, wird gerade im Buch Ovadja hart angegriffen. Ihm wird sogar die Vernichtung vorausgesagt (V. 10). Ovadja begründet diese harschen Worte mit dem Ver-

notabene: Edom

Es beginnt bereits mit dem Buch Bereschit, in dem Esaw, der Bruder Jaaqovs, als Stammvater Edoms bezeichnet (Gen 25,30) und die Rivalität zwischen Edom und Jisrael und damit eine pejorative Sicht auf Edom begründet wird (vgl. auch die Genealogie von Esaw/Edom in Gen 36). Das Buch Bemidbar berichtet von der vergeblichen Bitte der Jisraeliten um Durchreise durch das Gebiet Edoms (Num 20,14–21; vgl. auch den Rückblick Ri 11,17–18). Auch der Seher Bil'am verweist auf Edom und sieht dieses Volk als Eigentum Jisraels (Num 24,18).

Dagegen geht das Buch Devarim mit Edom (und mit Mizrajim) glimpflicher um: Anders als ein Ammoniter oder Moabiter darf ein Edomiter in der dritten Generation in die ‚Versammlung (*qahal*) des Ewigen' aufgenommen werden (Dtn 23,8–9).

Immer wieder wird von Kriegen zwischen Jisrael und Edom erzählt: Schaul kämpft gegen Edom (1Sam 14,47) ebenso wie Dawid (2Sam 8,13–14) und Schelomo (1Kön 11,14–22). Vom jehudäischen König Joschafat wird dagegen berichtet, dass er gemeinsam mit dem König Edoms und dem König Jisraels gegen Moav vorging (2Kön 3,9–12). Entsprechend bedauernd wird nachfolgend erzählt, dass Edom von Jisrael abgefallen sei (2Kön 8,20–22).

Amazja, König von Jehuda, führt wieder Krieg gegen Edom (2Kön 14,7). Auch die Tehillim sehen Edom als eine feindliche Macht gegen Jisrael: Ps 83,7; 108,10–11; 137,7.

Die Propheten sprechen gegen Edom harte Worte aus: Jes 34; Jer 49,7–22; Ez 25,12–14; Joel 4,19; Am 1,11–12; Mal 1,2–5.

Demgegenüber neutral werden die Genealogie Edoms (von Esaw abstammend; Gen 36,1–30) sowie die Königsliste Edoms und die Liste seiner Vasallenfürsten (Gen 36,31–42; 1Chr 1,43–54) überliefert.

In der rabbinischen Tradition wurde Edom zunächst auf Rom gedeutet und später, nachdem das Christentum zur römischen Staatsreligion geworden war, auf die Christen bezogen.

halten Edoms, das nur zugeschaut hätte, während ‚sein Bruder Jaaqov' von Fremden angegriffen wurde (V. 10–12). Damit bringt das Buch Ovadja das ambivalente Verhältnis Jisraels zu seinem Nachbarn zum Ausdruck, wie es im Tanach immer wieder thematisiert wird.

Gottesdienst und häusliche Feier

Haftara
Das gesamte Buch Ovadja wird als Haftara zu Paraschat Wajjischlach (Gen 32,1 – 36,43) gelesen, wo die Geschichte Esaws erzählt und der Stammbaum Edoms aufgelistet wird.

» Weiteres Thema: Tag des Ewigen S. 333

Jona

Umfang und Inhalt
4 Kapitel. Die Überlieferung von Jona erzählt vom Auftrag Gottes an Jona, der Stadt Ninewe den Untergang anzusagen, und davon, wie sich Jona diesem Auftrag entziehen möchte, indem er sich nach Tarschisch absetzt. Doch Jona entkommt Gott nicht und muss den Auftrag ausführen. Kaum hat Jona den Untergang angekündigt, da bekehren sich die Einwohner Ninewes reumütig, wodurch sich Gott die harsche Ankündigung des Untergangs gereuen lässt, und die Stadt dadurch vor der Zerstörung bewahrt wird.

Charakteristik
Anders als die anderen Prophetenüberlieferungen beinhaltet Jona keine Spruchsammlung, sondern ist eine Erzählung über die Prophetie des Jona. Lediglich Jona 3,4 ist als Zitat eines Prophetenspruches von Jona stilisiert. Thematisch steht die Frage nach der Funktion von Prophetie im Zentrum (Unheilsprophetie oder Prophetie als Umkehrpredigt?) und das Problem der Sühnung nach der Bosheit Ninewes. Ein weiteres wichtiges Motiv ist der Ärger des Propheten über die Reue Gottes und die geglückte Rettung der Stadt, die er nicht als Erfolg seiner Botschaft, sondern gerade umgekehrt als Desavouierung seiner Unheilsdrohung interpretiert. Unter einem verdorrten Rizinusstrauch sitzend muss sich Jona von Gott eines Besseren be-

1 Die Berufung	3 Jona in Ninewe
1 Jonas Flucht	4 Jona wird belehrt
2 Jona im Bauch des Fisches	

lehren lassen. Das Buch, das auch humoristische Einlagen bietet (Jon 3,7; 4,7), thematisiert damit nicht nur die Bedeutung der sog. ‚klassischen' Unheilsprophetie für den damaligen Leser, sondern stellt auch eine Kritik an der Selbstgerechtigkeit der Unheilspropheten dar, ein Motiv, das später in der rabbinischen Literatur eine breite Rezeption finden wird. Diese Kritik an Jona zeigt sich auch darin, dass ihm nach der abschließenden Gottesrede in Jona 4,10f. nicht noch einmal das Wort erteilt wird. Ob es sich hier allerdings um demütiges oder trotziges Schweigen handelt, lässt der Text bewusst offen. Hier möge der heutige Leser selbst entscheiden.

Bedeutung
Da die erfolgreiche Umkehr der Bewohner von Ninewe im Mittelpunkt steht, die die Reue Gottes bewirkt, ist dieses Buch in die Jom Kippur Liturgie eingegangen (Haftara zum Mincha-Gebet) und erhielt dadurch in der jüdischen Tradition eine herausragende Stellung.

Leitfragen
- Was unterscheidet die Jona-Überlieferung von anderen Texten aus dem Buch Tere Asar?
- Warum ärgert sich Jona über die Verschonung Ninewes?
- Gebührt Jona Kritik an seinem Verhalten?
- Was sagt das Buch Jona über die ‚Reue Gottes'?

Biografische Notizen zu Jona

Zwar wird die Geschichte des Propheten Jona (‚Taube') erzählt, über ihn selbst wird aber nichts berichtet. 2Kön 14,25 zufolge trat er unter Jarovam II. aus Jisrael auf. Allerdings decken sich die Angaben in der Erzählung im Buch Jona nicht mit denen aus dem Buch Melachim.

Reue Gottes

Ex 34,6f. zählt die dreizehn Attribute Gottes auf (*Schelosch Esre Middot*, vgl. oben S. 126), unter denen die Barmherzigkeit an erster Stelle genannt wird. Daneben kennt der Tanach auch das Motiv von der ‚Reue Gottes', zumeist ausgedrückt in dem Satz: ‚Und es reute Gott, das Unheil verhängt zu haben.'

Dieses Motiv kann dann auch negativ verstanden sein, indem es Gott reut, dass er etwas (Positives) gemacht hat:
- Es reute Gott, den Menschen gemacht zu haben: Gen 6,6.
- Es reute Gott, Schaul als König eingesetzt zu haben: 1Sam 15,11.35.
- Gott reut das Gute, das er zugesagt hat: Jer 18,10.

Aber Gott lässt sich auch in die Abhängigkeit menschlichen Verhaltens bringen. Dann lässt er sich angekündigtes Unheil gereuen, wenn die Menschen Buße tun und auf den richtigen Weg umkehren:
- Es reut Gott, Jeruschalajim ins Verderben zu schicken: 2Sam 24,16 // 1Chr 21,15.
- Im Falle der Umkehr des Volkes lässt Gott sich das Unheil gereuen: Jer 18,8; 26,3.
- Gott ist langmütig und gnädig, es reut ihn, wenn der Mensch umkehrt: Joel 2,13.

Manche Propheten wissen darum und appellieren gezielt an das Volk umzukehren, damit Gott es sich gereuen lässt:
- Jirmejahu ermahnt dazu, auf die Stimme Gottes zu hören, damit es ihn reue: Jer 26,13.19.
- Es reut Gott, und das Unheil soll nicht geschehen: Am 7,3.6.
- Früher reute es Gott nicht, und er plante Böses gegen das Volk, jetzt kehrt er um und plant Gutes: Sach 8,14.
- Der Prophet Malachi kritisiert umgekehrt ‚Vergebungsgewissheit' in Jisrael, wo die Gebote nicht mehr so streng genommen werden in der Gewissheit, dass Gott, wenn man zu ihm umkehrt, das geplante Unheil reut: Mal 2,17.

Jona formuliert die Gewissheit, dass auch Gott von seinem Zorn umkehren kann. Auch das Volk von Ninewe weiß darum, dass Gott sich Unheil gereuen lässt (Jon 3,9: *Wer weiß, es mag Gott sich wieder bedenken und umkehren von seiner Zornglut, dass wir nicht zugrundegehen*) und beschließt, umzukehren und zu fasten, um das Unheil abzuwenden. Und tatsächlich ‚reut' Gott das Unheil, das er angekündigt hat (Jona 3,10). Die Besonderheit liegt natürlich darin, dass Gottes Reue und die Aufhebung eines Strafgerichtes auch durch andere Völker motiviert sein kann. Allerdings trägt das Buch Jona darin eine neue Wendung in den Gedanken der Reue Gottes ein, dass die Frage aufgeworfen wird, wie ein Prophet verlässlich prophezeien und Unheilsandrohungen aussprechen kann, wenn Gottes Reue als unwägbarer Faktor im Raum steht: Jona habe um die Reue Gottes gewusst und wollte deshalb vor dem Auftrag, Ninewe den Untergang anzukündigen, fliehen (Jon 4,2–4).

Gottesdienst und häusliche Feier

Haftara
Als Haftara wird Jona zum Minchagebet am Jom Kippur gelesen. Es symbolisiert darin die Macht der Umkehr der Gläubigen durch ihr Fasten und Gebet am Jom Kippur. Abgeschlossen wird diese Haftara mit Mi 7,18–20.

» Weitere Themen: Eigenschaften Gottes S. 126; notabene: Fasten S. 376; notabene: Trauer S. 392; notabene: Lieder außerhalb von Tehillim S. 424

Micha

Umfang und Inhalt
7 Kapitel. In der Septuaginta steht die Micha-Überlieferung unmittelbar im Anschluss an Hoschea und Amos. Micha enthält Prophetenworte sowohl gegen Schomron als auch gegen Jeruschalajim. Ähnlich wie schon Amos und Jeschajahu solidarisiert sich Micha vor allem mit den Kleinbauern. Es sind vor allem ein ausartendes Pfand- und Kreditrechtsystem sowie Bestechung,

Drohworte (1 – 3)
- 1 Gegen Schomron und Jeruschalajim
- 1 Klage des Propheten über Jisrael
- 2 Gegen Ungerechtigkeit der Boden- und Häuserspekulanten
- 2 Aussicht auf Rettung; Sammlung Jaaqovs
- 3 Gegen Rechtsbrecher, gegen Propheten und gegen die politische Elite

Worte der Verheißung (4 – 5)
- 4 Die Völker ziehen zum Zijjon und die Sammlung vom ‚Rest Jisraels'
- 5 Der künftige Herrscher über Jisrael aus Bet-Lechem Efrata

Worte der Anklage (6 – 7)
- 6 Der Rechtsstreit zwischen Gott und seinem Volk
- 6 Anprangern von Jeruschalajims Lug und Betrug; falsche Maße und Gewichte
- 7 Trauerrede des Propheten
- 7 Worte der Verheißung
- 7 Das Lied Jeruschalajims: Der Wiederaufbau der Stadt, Klage und Lob

die der Prophet anprangert (Mi 1 – 3; 6 – 7). In drastischen Worten schildert er Ausbeutung und Niederdrückung des Rechts (*mischpat*) durch die ‚Häupter Jaaqovs' (Mi 3,1–4) und macht die politische Elite zu Kannibalen ihrer eigenen Landsleute: Mi 3,3 beschreibt das *Fressen meines Volkes Fleisch und das Abziehen ihrer Haut*. Der satten Selbstzufriedenheit bestochener Richter und Heilspropheten schleudert er das Wort vom ‚Trümmerhaufen Jeruschalajims' entgegen (Mi 3,12).

Charakteristik

„Das Michabuch ist dramatisch. Gott tritt auf. Die Höhen der Erde bilden seine Bühne (…). Nackt, barfuß und schrill heulend läuft der Prophet über Straßen und Plätze der Hauptstadt (…). Fulminante Szenen und spektakuläre Kontraste – in Worte gefasst und zu Literatur geworden!" (Helmut Utzschneider, *Micha*, Zürich 2005, 11). Die Besonderheit der Überlieferungen bei Micha besteht darin, dass Unheilsworte und Heilsansagen einander abwechseln. Die Unheilsworte werden dabei jeweils als Rechtsstreit zwischen Gott und seinem Volk ausgegeben, zu dem Berge und Hügel als Zeugen geladen werden (Mi 1,2; 6,1; vgl. Dtn 32,1). Dem Drohwort des Untergangs von Jeruschalajim und Zijjon (Mi 3,12) werden zwei Heilsverheißungen zur Seite gestellt: das endzeitliche Hinaufziehen der Völker zum Berg Zijjon (Mi 4,1–5: *Schwerter zu Pflügen*) und die Verheißung der Wiederkehr des Herrschers der Urzeit ausgerechnet aus der Kleinstadt Bet-Lechem Efrata (Mi 5,1–5). Das Buch endet mit einem Hymnus, der von Gottes Vergeben und Erbarmen erzählt: Mi 7,18–20. Diese Verse bilden das sog. Taschlich-Gebet.

Bedeutung

Nach bMak 24a stellt die Aufforderung Michas *Er hat dir angesagt, Mensch, was gut ist, und was der Ewige von dir verlangt: Nur Recht zu tun und treue Liebe, und demütig mit deinem Gott zu wandeln* (Mi 6,8) eine mögliche Quintessenz der 613 Gebote dar. Das Heilswort vom Friedensherrscher aus Bet-Lechem, das einen Dawid redivivus zu erwarten scheint, begründet im Judentum die Vorstellung des Dawididen als zukünftigen Friedensherrscher, auf dem die Zukunft Jisraels aufgebaut werden kann (vgl. oben das Thema Dawidischer Friedensherrscher, S. 331).

Leitfragen

- Worin besteht nach Micha die Ausbeutung und Unterschlagung des Rechts? Wie wird dies geschildert?
- Welche geschichtlichen Überlieferungen kennt Micha?
- Welche Bedeutung hat Bet-Lechem Efrata?
- Welche Trauerbräuche werden vorgestellt?

Biografische Notizen zu Micha

Ähnlich wie in Hoschea werden bei Micha die Könige Jotam, Achas und Jechisqijja (= Chisqijjahu; siehe oben Könige Jehudas, S. 308) als Zeitgenossen Michas angegeben und damit deutlich gemacht, dass die Schrift an judäische Menschen gerichtet ist. Micha („Wer ist wie JHWH?") stammt aus Moreschet Gat (Mi 1,14), vermutlich eine Kleinstadt in der Schefela, südwestlich von Jeruschalajim. Nach bPes 87b war Micha ein Zeitgenosse Jeschajahus, eine andere Überlieferung zählt ihn allerdings zu den nachexilischen Propheten (PdRK 16, 128b).

Zijjon

» Zijjon bei Jeschajahu S. 334; Zijjon bei Joel S. 376

Auch im Buch Micha spielt die Stadt Jeruschalajim mit dem Berg Zijjon eine wichtige Rolle. Micha höhnt gegen die Selbstzufriedenheit und Selbstsicherheit der politischen Elite, die sich unangreifbar wähnt (*Ist nicht der Ewige in unsrer Mitte? Nichts Böses kann uns überkommen*; vgl. auch Jer 7,4). Aber Micha verbindet mit Jeruschalajim auch die zukünftige Wallfahrt der Völker auf den Zijjon. Hier findet sich das auch bei Jeschajahu (Jes 2,2–4) vorliegende Wort von den ‚Schwertern, die zu Pflügen werden' sollen (Mi 4,1–4; vgl. aber Joel 4,10).

Geschichtsrückblicke

» Bil'am S. 198; Geschichtsrückblicke (Devarim) S. 216; (Jirmejahu) S. 346; (Jechesqel) S. 360; (Hoschea) S. 372; (Amos) S. 382

In Mi 4,6 wird auf die Szene vom Kampf Jaaqovs am Jabboq (Gen 32,31f.) angespielt (*An jenem Tag, ist des Ewigen Spruch, werde ich das Hinkende und das Verstoßene zusammenholen, und denen ich wehtat! Und ich mache das Hinkende zum Rest…*). Im Kontext der zweiten großen Anklagerede erwähnt Mi 6 weitere Überlieferungstraditionen aus der Geschichte Jisraels: die Tradition vom Auszug aus Mizrajim (Ex 1 – 14), die hervorgehobene Stellung von Mosche, Aharon und Mirjam beim Auszug und der Wanderung in der Wüste (Ex 4 – 19; Num 10 – 20), die Bil'am-Episode sowie Gilgal und Schittim (Num 22 – 24; Jos 3f.). Aus all dem ergibt sich für Micha, ähnlich wie schon bei Hoschea und Amos, der Anspruch zur Umsetzung des Rechts *mischpat* untereinander und der Bundestreue *ahavat chesed* gegenüber Gott (Mi 6,8) durch das Haus Jaaqov.

Bet-Lechem Efrata

Bet-Lechem Efrata, die kleine Stadt aus Jehuda (8 km südlich von Jeruschalajim), spielt eine wichtige Rolle im Zusammenhang der Erwartung des zukünftigen Herrschers in Jisrael (Mi 5,1–5). Es ist signifikant, dass Micha diese Erwartung nicht mit Jeruschalajim und dem Zijjon verbindet, sondern mit einer kleinen Stadt auf dem Land, die politisch und kultisch nicht negativ belastet ist, sondern im Gegenteil einen positiven Neuanfang verspricht, da doch das Geschlecht Dawids aus Bet-Lechem stammte (1Sam 16). Das Buch Micha stellt diesen zukünftigen Herrscher als dawidischen Friedensfürsten vor.

Bet-Lechem in der Bibel

- Bet-Lechem wird als der Ort vorgestellt, in dessen näherer Umgebung Rachel begraben wird (Gen 35,19).
- Die Erzählung von Rut und Boas (Rut 1; 2,4; 4,11) spielt in Bet-Lechem.
- Der in Ri 17,7–9 erwähnte Lewit (Erzählung über das Götterbild des Micha) sowie die Konkubine des Lewiten in Ri 19,1f. (Erzählung über die Schandtat an der Frau des Lewiten) stammen aus Bet-Lechem.
- Dawids Vater Jischai stammt aus Bet-Lechem. An diesem Ort wird Dawid von Schemuel zum König gesalbt (1Sam 16,1–13). Vor allem aus diesem Grund erhält die Stadt ihre biblische Relevanz.

notabene: Trauer

Der Tanach beschreibt eine Vielzahl unterschiedlicher Trauer- und Klagebräuche. Der wichtigste und bis heute in Geltung stehende Brauch im Zusammenhang mit der Nachricht vom Tod eines Verwandten oder Freundes ist das Zerreißen oder Einreißen des (Ober-)Gewandes, das Anlegen von Trauerkleidern (‚Sackzeug') oder auch Asche auf den Kopf zu streuen. Daneben beschreibt der Tanach eine Reihe von Gesten, die für Trauernde charakteristisch sind:

- Reuven zerreißt seine Kleider beim Anblick der leeren Zisterne (Gen 37,29).
- Jaaqov zerreißt seine Kleider und legt Trauerkleider (‚Sackkleider') aus Trauer um seinen Sohn Josef an (Gen 37,34).
- Nach der Niederlage bei der Stadt ha-Ai und dem Tod von 36 Männern zerreißt Jehoschua seine Kleider und streut sich Asche auf seinen Kopf (Jos 7,6; vgl. auch 2Sam 13,19; Jer 6,26; Ez 27,30; Klgl 2,10; siehe später auch bTaan 15b).
- Nach dem Tod Avners ordnet Dawid

an, die Kleider zu zerreißen und Trauerkleidung anzulegen (2Sam 3,31).

- Die als Trauernde verstellte Frau aus Teqoa wird dadurch als Trauernde ausgezeichnet, dass sie Trauerkleider anlegt und sich nicht einölt (2Sam 14,2).
- Zu den Trauerbräuchen zählt auch, sich eine (Teil-)Glatze zu scheren (Jes 22,12; Jer 16,6; Ez 7,18; Am 8,10).
- Der Prophet Micha beschreibt unter den Trauerbräuchen nicht nur ‚Geheule wie Schakale', sondern auch die (zumindest teilweise) Entblößung und das Nackt- und Barfußgehen: Mi 1,8 (vgl. auch Jes 20,2–4).
- Jeschajahu kennt das Klagen, bei dem sich der Trauernde an die Brust schlägt (Jes 32,12).
- Die Propheten kennen auch den Brauch, sich zum Zeichen der Trauer die Haut einzuritzen (Mi 4,14; Jer 16,6; 41,5), eine Praxis, die von der Tora ausdrücklich verboten wird (Lev 19,27–28; 21,5; Dtn 14,1).
- Ijov zerreißt nach dem Tod seiner Söhne und Töchter sein Obergewand und schert den Kopf kahl (Hi 1,20).

Was die Körperhaltung betrifft, so wird berichtet, dass sich der/die Trauernde auf den Boden niederlässt und dort eine Weile sitzend oder sogar liegend verharrt (Ez 26,16; Jona 3,6; Hi 1,20; 2,13; 2Sam 13,31; Klgl 2,21).

Manchmal gehört auch das Fasten (siehe oben das notabene: Fasten, S. 376) zu den Trauerbräuchen dazu.

In den prophetischen Büchern findet sich die Trauermetaphorik, um die Kritik an den politischen und kultischen Repräsentanten wirkungsvoll zu unterstreichen:

- Eingebettet in Katastrophenschilderungen und Kriegsnot finden sich Klage- und Trauerschilderungen (Am 5,16f.; Jer 4,8; 16,4–8; 22,18; Ez 26,16 u.ö.).
- Den Propheten werden (fiktive) Leichenlieder (prophetische *qina*; Am 5,2; vgl. auch Jes 1,21–24; 3,25–4,1; Mi 1,8–16) in den Mund gelegt, eine Gattungsparodie insofern, als die ‚Leiche' eine noch weitgehend intakte politische Größe ist.
- Ein besonderes Stilmittel prophetischer Trauermetaphorik ist der ‚Weh!'-Ruf (Jes 1,4; 5,8.11.18.20–22; 10,12.33; 14,24–27; 19,12; 22,11b; 28,21.22; u.ö.; Jer 22,18; 23,1; 30,7; 47,6 u.ö.; Ez 13,3.18; 34,2 Am 5,18; 6,1; Mi 2,1 u.ö.; siehe das Thema Der Weh-Ruf, S. 328). Manche meinen, dass die Propheten damit zum Ausdruck bringen wollten, dass der genannte Frevler bereits dem Tod anheim gefallen sei, andere sehen in diesem Ruf ein rhetorisches Mittel, um Aufsehen zu erregen.

Der Tanach kennt unterschiedliche Zeiten für Trauerperioden. So wird berichtet, dass Aharon 30 Tage lang betrauert wird (Num 20,29). Dieser Vers sowie Dtn 34,8 liefern die halachische Grundlage für die 30tägige Trauerzeit im Judentum (siehe oben Trauerzeit S. 197).

Nach rabbinischem Verständnis gilt bis heute die Omer-Zeit (bis mindestens zum 33. Tag Lag ba-Omer) als Trauerperiode, in der keine Eheschließungen oder andere Vergnügungen stattfinden dürfen.

Gottesdienst und häusliche Feier

Taschlich

Die sog. ‚Taschlich'-Zeremonie hat ihren Namen von Mi 7,18–20: *In Meerestiefen schleuderst du (we-taschlich bimzulot jam...) all ihre Schuld* (Mi 7,19). Unter Taschlich versteht man den Brauch, am Nachmittag des ersten Tages von Rosch ha-Schana (allerdings nicht an einem Schabbat) zu einem Fluss zu gehen, dort die Taschen seiner Kleider umzudrehen und Brotkrümel ins Wasser zu werfen, um die Aussage aus Mi 7,19 zeichenhaft zu verstärken. Neben Mi 7,18–20 werden weitere Bibelverse rezitiert (Ps 118,5 u.a.). Der Taschlich-Brauch findet sich noch nicht in den talmudischen und gaonäischen Quellen. Der erste, der ihn erwähnt, ist Jaaqov ben Mosche ha-Levi Molin (‚Maharil', 1375–1427, Mainz/Worms) in seinem *Sefer Maharil*. Das Ausschütten der Taschen steht symbolisch für das unumkehrbare Wegwerfen der Sünden und stellt deshalb auch eine Art Eliminationsritual dar. Der Maharil verbietet allerdings ein explizites Füttern der Fische während der Taschlich-Zeremonie, was darauf schließen lässt, dass das Fischefüttern offenbar auch damals schon ein beliebtes Vergnügen an Teichen und Gewässern gewesen sein muss.

Haftarot

Folgende zwei Haftarot werden dem Buch Micha entnommen:
- Mi 5,6 – 6,8 wird als Haftara zu Paraschat Balaq gelesen (Erwähnung von Bil'am im Geschichtsrückblick).
- Mi 7,18–20 ist ein Teil der Haftara zu Schabbat Schuva (siehe oben zu Hoschea S. 374) und der Abschluss der Haftara zu Mincha am Jom Kippur (siehe oben Jona, S. 389).

» Weitere Themen: Mirjam S. 185; Bil'am S. 198; Magie und Zauberei S. 237; Weh-Ruf S. 336; Wahre / Falsche Propheten S. 344; notabene: Geist Gottes S. 279; notabene: Lieder außerhalb von Tehillim S. 424

נחום
Nachum (Nahum)

Umfang und Inhalt
3 Kapitel. Die Spruchworte Nachums beschreiben in drastischen Worten und sehr einseitig antiassyrisch die Bosheiten Aschschurs, seiner Könige und seiner Städte. Angesichts des Niedergangs der assyrischen Vorherrschaft sind die poetischen Spruchworte Nachums geprägt von Rachsucht und Schadenfreude. Eine triumphierende Unheilsrede gegen Ninewe kündigt in kräftigen Bildern die Eroberung der Stadt und ihren endgültigen Untergang an.

Charakteristik
Im Gegensatz zu seinen älteren Vorgängern fehlt bei Nachum die Kritik an Jisrael/Jehuda. Für ihn teilt sich die Welt einseitig in ‚Weiß-Schwarz'/‚Gut-Böse' (Jehuda gegen Aschschur) auf.

Bedeutung
In der rabbinischen Tradition spielte Nachum eine geringe Rolle. Die Schriftfunde aus Qumran (vor allem der Nachum-Kommentar; sog. *pescher*) zeigen jedoch, dass die Schrift in der römischen Zeit für bestimmte Gruppen wichtig wurde. Die sehr polarisierende Sicht der Überlieferung ließ sie für die Qumrangemeinde zur Kampfschrift gegen Feinde avancieren. Der biblische Gegner Ninewe stand als Chiffre für die Pharisäer. In No-Amon erkannte man die Sadduzäer.

Leitfragen
- Welche Eigenschaften Gottes nennt Nachum (Nah 1,2–8)? Woran erinnert diese Aufzählung?
- Wie wird der Fall Ninewes beschrieben?

1,2–8 Hymnus gegen Ninewe (als Akrostichon gestaltet: Alef bis Kaf): Theophanie des rächenden Gottes	2,4 – 3,19 Unheilswort gegen Ninewe und Schadenfreude über ihren Fall
1,9 – 2,3 Streitrede gegen Aschschur und Jehuda	

Biografische Notizen zu Nachum

≫ Aschschur bei Jeschajahu S. 329; notabene: Aschschur S. 329

Die Überschrift stellt den Propheten als Nachum (‚Tröster'), den Elqoschiten, vor. Ein Ort dieses Namens ist unbekannt, weiterführende familiäre Verbindungen fehlen.

In der jüdischen Tradition

Bei den mittelalterlichen Auslegern (Raschi; Qara) bestimmt tatsächlich die hebräische Vokalisation des hebräischen Ausdrucks *chason* ‚Vision/Schauung' (in BHS mit chatef patach und damit als Status constructus vokalisiert!) die Identität des Nachum und die Qualität der Prophezeiung: Der heutige zumeist verwendete Bibeltext (BHS) liest *Ausspruch über Ninive. Das Buch der Vision des Nahum, des Elkoschiters* (Nah 1,1). Die Ausleger haben demgegenüber das Wort mit qamaz vokalisiert (und verweisen auf seine Akzentuierung [i.e. *tevir* unter dem *zajin*]) und insistieren darauf, dass einzig der Prophet Jona, der Sohn des Amittai, über Ninewe prophezeit habe. Raschi und R. Josef Qara lesen daher *Sefer Chason Nachum* als eine schon als Schrift vorliegende ‚Vision', d.h. eine ‚Nach-Lesung' des Buches Jona, die der Prophet Nachum nochmals artikuliert. Wie auch in der modernen Exegese wird hier die prophetische Figur des Nachum zu einem anonymen ‚Schreibtischtäter'.

Aschschur

≫ notabene: Aschschur S. 329

Nach den Erfahrungen, die das Nord- und Südreich vom ausgehenden 8. Jh. v.d.Z. an mit Aschschur machen musste, wundert es nicht, dass angesichts der politischen Schwäche des Großreiches so etwas wie prophetische Schadenfreude aufkommt. Die Unheilsrede klingt aus mit einem fulminanten Spottlied des Propheten, das eine unbändige Schadenfreude über den Fall Ninewes und damit das Ende der assyrischen Vorherrschaft zum Ausdruck bringt: *Es schlummern, König Aschschurs, deine Hirten, wo sie da hausen, deine Mächtigen. Zersprengt hin auf den Bergen ist dein Volk, und keiner sammelts. Kein Heilen gibt's für deinen Bruch, es schmerzt deine Wunde. Allwer die Kunde von dir hört, klatscht ob dir in die Hände, denn über wen ging nicht deine Bosheit ständig?* (Nah 3,18f.). Das Großreich Aschschur, das spätestens seit dem Regierungsantritt Asarhaddons (681–669) deutliche Spuren innerer Zerrüttung aufwies, hatte nicht mehr die Kraft, sich gegen die erstarkenden Babylonier und Meder zu wehren. I. J. 614 fiel zunächst die Stadt Aschschur, i. J. 612 Ninewe in die Hände der Meder. Der letzte König, Assur-uballit II., fiel 610/9 im mesopotamischen Harran. Aber Nachum spricht in seinem Wort gegen Ninewe (Nah 3,8ff.)

nicht einfach vom politischen Zerfall und Untergang des assyrischen Reiches; er wusste auch, wer für die Zerstörung Ninewes verantwortlich war: Gott selbst sollte gegen Ninewe vorgehen. Das Buch Nachum behauptet darin vor allem eines: Gegen die mächtigen Götter Aschschurs hatte der judäische Gott den längeren Atem bewiesen, denn mit dem Fall Harrans wurde nicht nur der letzte assyrische König, sondern auch der Reichsgott Aschschur zu Grabe getragen.

Gottesdienst und häusliche Feier

Haftara
Das Buch Nachum wird in der Liturgie nicht rezipiert, ein Schicksal, das es innerhalb der Tere Asar mit Zefanja und Chaggai teilt.

» Weitere Themen: Dreizehn Eigenschaften Gottes S. 126; Weh-Ruf S. 336

חבקוק
Chavaqquq (Habakuk)

Umfang und Inhalt
3 Kapitel. Chavaqquq kennt im Wesentlichen zwei Themen: Kritik gegen Wucher und Gewinnsucht, die willkürliche Brutalität des jehudäischen Königtums und – angefügt durch ‚Weh!'-Rufe – die brutale neubabylonische Invasion der ‚Kasdim' (Chaldäer).

Charakteristik
Die Besonderheit der ‚Weh!'-Rufe des Chavaqquq gegen die Chaldäer besteht darin, dass hier die von den Babyloniern unterdrückten Völker zu Wort kommen, die Raub und Gewalttat, Unterdrückung und Ausbeutung (‚Stadt auf Blut gebaut') anprangern. Bedeutsam für das Chavaqquq-Buch ist die gleich zu Beginn gestellte kritische Frage nach der unterlassenen Hilfe durch Gott: *Wie lange schrei ich auf, o Ewiger, und hörst du's nicht, ruf zu Dir: ‚Raub!', und hilfst du nicht!*

Bedeutung
Auch Chavaqquq hat eine ausführliche Kommentierung durch die Qumran-Gemeinde erfahren (*Pescher Chavaqquq*), die – analog zum *Pescher Nachum* – die im Text genannten Feinde auf die zeitgenössischen Gegner, vor allem

> *Das Hadern des Chavaqquq mit Gott (1,2 – 2,4)*
> 1 Chavaqquqs Klage über Gewalt und Unrecht
> 1 Gottes Ankündigung der Chaldäer/Babylonier
> 1 Zwischenfrage Chavaqquqs zur Gewalttätigkeit des babylonischen Frevlers
>
> 2 Gottes Schreibbefehl an den Propheten
>
> *Weh-Rufe (2,5–20)*
> 2 ‚Weh!'-Rufe gegen Habgier und Rücksichtslosigkeit
> 3 Gebet des Chavaqquq

die Römer, bezog. Im Talmud (bMak 23bf.) heißt es von Chavaqquq, er habe die 613 Gebote auf die Basis seines in Hab 2,4 formulierten Grundsatzes gestellt, wonach der Gerechte durch seine Treue am Leben bleibt. Das Motto in Hab 2,11 (*Denn aus der Mauer schreit der Stein...*) wurde zum Symbol für die durch die Jahrhunderte immer wieder vorkommenden Schändungen von jüdischen Friedhöfen, bei denen Grabsteine für den Bau von Gebäuden zweckentfremdet und darin entweiht wurden.

Leitfragen
- Wen stellt Chavaquqq an den gesellschaftlichen ‚Pranger'? Warum?
- Wie schildert das Gebet Chavaqquqs die Ankunft Gottes? Wo finden sich ähnliche Beschreibungen?

Biografische Notizen zu Chavaqquq

Chavaqquq wird in der Überschrift (Hab 1,1) als ‚Gottbegeisterter' (*navi*) ausgezeichnet. Über seine Herkunft ist nichts bekannt. Die spätere kabbalistische Tradition stellt Chavaqquq als Sohn der Frau aus Schunem vor (2Kön 4,8–37), weil man die in der Ankündigung des Propheten Elischa verwendete Verbform (*du wirst liebkosen, choveqet*: 2Kön 4,16) als Hinweis auf den Namen des Propheten (*Chavaqquq*) interpretierte (Das Buch Sohar 1,7; 2,44).

Das Gebet

Chavaqquqs Klage über Gewalt und Unrecht und sein Erschrecken darüber, welche brutalen Mittel Gott zur Strafe einsetzt, münden in ein Gebet. Es beginnt mit einer typischen Beschreibung einer Erscheinung Gottes mit Licht, Erdbeben, Donner und Blitzen. Die Bezeichnung *al schigjonot* (Hab 3,1) stellt dieses Gebet literarisch neben Ps 7, das als einziger Text im Tanach denselben Titel trägt. Auch dort preist ein Beter Gott im Zusammenhang mit Zorn über

Feinde. Der Targum – ihm folgt auch Raschi – entnahm dieser Wendung, dass Chavaqquq um Erbarmen fleht, weil er die schrecklichen Worte zuvor bereue (Raschi zu 3,1). Nach R. Dawid Qimchi bezieht sich *schigjon* nicht auf den Inhalt, sondern auf die Melodie (Niggun) (R. Dawid Qimchi zu Ps 7,1).

Gottesdienst und häusliche Feier

Haftara
Hab 2,20 – 3,19 (Chavaqquqs Gebet) ist in traditionellen Gemeinden außerhalb Israels die Haftara für den zweiten Tag Schavuot. Die Verbindung zu Schavuot ist durch die Theophaniebeschreibung zu Beginn des Gebets gegeben, die der Theophanie am Sinai (Ex 19,16–19) ähnelt.

» Weitere Themen: Gegenwart Gottes S. 99; Der Kavod Gottes S. 109; 357; Weh-Ruf S. 336; notabene: Lieder außerhalb von Tehillim S. 424

צפניה
Zefanja

Umfang und Inhalt
3 Kapitel. Auch die unter dem Namen Zefanja überlieferten Worte sind als grundsätzliche Kritik gegen die kultische und politische Oberschicht stilisiert. Seine Kultkritik richtet sich vor allem gegen jede Form von astralen Kulten. Gesellschaftlich prangert Zefanja Selbstüberschätzung, Bestechung und soziale Ungleichbehandlung an. Seine religions- und sozialkritischen Worte drohen in drastischen Farben den ‚Tag der Schlachtung' an (Zef 1,7–13), der in grandioser Umkehrung der Vorstellung vom ‚Tag des Ewigen' sich nun gegen die Söhne des eigenen Volkes richtet. Gerettet wird lediglich ein kleiner ‚Rest', jene, die gesellschaftlich am Rand stehen: die ‚Armen'.

1	Drohwort: Unheil über Jeruschalajim, gegen Götzendienst (Astralkulte) und gegen den königlichen Hof		Ammon, Kusch, Aschschur, Assa, Aschdod, Aschqelon, Eqron
2	Drohrede gegen verschiedene Völker und Städte: Pelischtäer, Moav,	3	Unheilswort gegen das verbrecherische Jeruschalajim mit abschließendem Heilswort für den ‚Rest Jisraels', die Armen

Charakteristik

Zefanja weiß nicht nur um äußere, sondern auch um die inneren Feinde seines Volkes. Auch er sieht Aschschurs Stern am Sinken, was bei ihm jedoch nicht gleichbedeutend ist mit einer möglichen Erneuerung seiner eigenen Gesellschaft. Hierzu bedarf es, so die Schilderung in Zef 1,15–18, eines kosmischen Gerichtstages (,[Grimmes-]Tag des Ewigen'; Zef 1,14.18), der erst die endgültige Wende bringen wird.

Leitfragen

- Welches gesellschaftliche Fehlverhalten prangert Zefanja an?
- Welche Art von ,Götzendienst' wird hier verurteilt?
- Wie schildert Zefanja den ,Tag des Ewigen'? Was bringt er?

Biografische Notizen zu Zefanja

Die Überschrift (Zef 1,1) stellt den Propheten als Zefanja (,JHWH hat verborgen') ben Kuschi vor und benennt die Ahnenreihe der letzten vier Generationen, die über Gedalja und Amarja zu einem gewissen Chisqijjahu reichen. Dieser wird üblicherweise mit König Chisqijjahu gleichgesetzt, es muss aber auffallen, dass der Königstitel (im Gegensatz zum nachfolgend genannten Joschijahu) an dieser Stelle unterschlagen wird.

,Himmelsheer' / Astralkulte

Das ,Himmelsheer' bezeichnet im Tanach im militärischen Sinn die Begleitmannschaft des siegreichen Gottes oder Königs (vgl. z.B. die Vision des Propheten Micha ben Jimla gegen Achav in 1Kön 22,19f.). Oftmals wird Gott dieses Attribut beigelegt und er als JHWH-Zevaot vorgestellt (1Sam 1,11; 4,4; 15,2; 17,45; 2Sam 6,2.18; 7,8.26f.; 1Kön 18,15 u.ö.). Das ,Heer des Himmels' meint zumeist Sterne, manchmal noch eingeschränkter: die Astralgottheiten Sonne und Mond (Dtn 4,19; Jes 24,21–23; Jer 8,2). Die Bibel qualifiziert die Anbetung des Himmelsheeres wie überhaupt jede Form von Astralkult als Götzendienst und darin als gleichbedeutend mit dem Abfall von Gott (Zef 1,5; Dtn 4,19; 17,3; Jer 8,2). Die prophetischen Bücher verweisen auf astrale Gottheiten (Sonne, Mond, Sterne), die durch Räucherkulte verehrt wurden (Jer 19,4; Zef 1,5). Von Achas und Menasche berichtet die Überlieferung, sie hätten dem Himmelsheer gedient (2Kön 17,16; 21,3.5). Tatsächlich zeigt die Ikonographie des 8. und 7. Jh.s eine Vielzahl astraler und uranischer Symbole (Frevel 2018, 303f.). Demgegenüber habe Joschijahu in seiner Reform diese Kulte einschließlich des dazugehörigen Kultpersonals

(Höhenpriester) abgeschafft (2Kön 23,4–9). Heute nimmt man an, Joschija habe vor allem die für die assyrische Divinationspraxis relevanten Symbole wie Pferde und Sonnenwagen abgeschafft und die Alleinverehrung des Ewigen sukzessive durchzusetzen versucht (Frevel 2018, 307–309).

Gottesdienst und häusliche Feier

Haftara
Das Buch Zefanja wird in den Haftarot-Lesungen nicht rezipiert, ein Schicksal, das es mit den Büchern Nachum und Chaggai teilt.

» Weitere Themen: Rest Jisraels S. 333; Tag des Ewigen S. 333; Weh-Ruf S. 336

חגי

Chaggai (Haggai)

Umfang und Inhalt
2 Kapitel. Chaggai ist ein lebhaftes Zeugnis der ideologischen Auseinandersetzungen um den Wiederaufbau des Zweiten Tempels. Chaggais Spruchworte stellen ihn dabei als kultpolitischen ‚Stimmungsmacher' vor. Zunächst sucht er die inneren Widerstände gegen den Tempelbau zu bekämpfen. Unterschiedliche Stimmen sind hinter Chaggais kritischer Aufmunterung zu erkennen: jene der im Lande Verbliebenen, für die die Zeit für einen erneuten Tempel noch nicht reif zu sein scheint (Hag 1,4) sowie diejenigen der Heimgekehrten, die sich zunächst selbst einmal wieder eine Bleibe schaffen wollen (Hag 1,9). Kaum dass der Bau begonnen wird, so ist es wiederum Chaggai, der gegen eine allgemeine Niedergeschlagenheit ankämpfen muss, weil sich das Gebäude gegenüber seiner früheren Herrlichkeit in den Augen seiner Zeitgenossen eher bescheiden ausnimmt (Hag 2,3). Die übrigen Spruchworte befassen sich mit der Grundsteinlegung des Tempels und den damit verbundenen restaurativen Erwartungen an den dawidischen Heilskönig (Serubbavel).

Charakteristik
Im Zentrum der Spruchworte Chaggais steht die mit der Grundsteinlegung verbundene priesterliche Tora (Rechtsweisung) bezüglich der Übertragung

kultischer Rein- und Unreinheitszustände (vgl. Hag 2,12 mit Lev 6,20). Aus dem Kontext wird deutlich, dass Chaggai mittels der genannten symbolischen Handlungen und Anfragen die Nicht-Reinheit des Volkes versinnbildlichen will, um darin noch einmal zu unterstreichen, dass die Kultfähigkeit seiner Zeitgenossen am Wiederaufbau des Tempels hängt. Entsprechend sieht Chaggai in der Wiederherstellung nicht nur des Opferkultes, sondern des Tempels insgesamt eine neue Periode des Segens und der Fruchtbarkeit für das Land anbrechen (politisch-kultische Restauration und eine damit einhergehende neue Ära als einem die Natur einschließenden messianischen Neubeginn).

Bedeutung

In der Bibel erfährt der Prophet ein Echo beim Autor der Bücher Esra/Nechemja, der Chaggai zusammen mit Secharja als diejenigen Propheten nennt, die den Tempelbau nachdrücklich inspiriert und vorangetrieben haben (Esr 5,1; 6,14).

In der jüdischen Tradition gelten Chaggai, Secharja und Malachi als die letzten Propheten; nach ihnen hörte die Prophetie auf und der Heilige Geist wich von Jisrael. Seitdem ist (allenfalls!) eine *bat kol* (‚Echohall') vernehmbar (bYom 9b; bSot 48b; bSan 11a; bBB 14b). Chaggai, Secharja und Malachi gehörten zu den ‚Männern der großen Versammlung' um den Schreiber Esra. Als die letzten Propheten gelten sie gleichzeitig als das Bindeglied in der Weitergabe der Tora von den Propheten zu den Weisen (bBekh 58a). Der Tradition zufolge wurde daher auch die aramäische Übersetzung der Propheten (Targum Jonatan) unter der Leitung von Chaggai, Secharja und Malachi angefertigt (bMeg 3a). Im Talmud finden sich einige Bestimmungen, die auf Chaggai, Secharja und Malachi (bYev 16a; bHul 137b; bRHSh 19b), manche sogar nur auf Chaggai (bQid 43a), zurückgeführt werden.

Leitfragen

- Warum kommt nach Chaggai der Wiederaufbau des Tempels so zögerlich in Gang?

1	Ansporn und Anfachung des Chaggai zum Tempelbau		des bescheiden wirkenden Bauwerkes
1	Der Statthalter Serubbavel und der Hohepriester Jehoschua	2	Von der Nicht-Reinheit: Wort des Chaggai anlässlich der Grundsteinlegung
2	Wort an die Jehudäer zur Überwindung des Widerstandes gegen den Tempelbau	2	Wort des Chaggai über den neuen Heilskönig Serubbavel
2	Aufmunterung Chaggais anlässlich		

- Welche Erwartungen verbinden sich bei Chaggai mit dem (‚alt-neuen') Tempel?
- Welche Rolle spielt die Person Serubbavels?
- Welche Bedeutung hat die von Chaggai formulierte ‚Tora'-Anfrage hinsichtlich der Übertragung kultischer Reinheits- bzw. Nicht-Reinheitszustände? Wo findet sich eine sachliche Parallele dazu?

Biografische Notizen zu Chaggai

Auch Chaggai (‚der am Festtag Geborene') wird als Prophet (*navi*) vorgestellt (Hag 1,1). Biographisch gibt es keine weiteren Informationen. Erwähnt wird er noch in Esr 5,1 und 6,14. Die Einweihung des Tempels scheint Chaggai ebensowenig wie sein etwas später auftretender Propheten-Kollege Secharja erlebt zu haben. Zumindest fehlt darüber jedes schriftliche Zeugnis. Chaggai, sein jüngerer Zeitgenosse Secharja wie auch der Statthalter Serubbavel verschwinden sang- und klanglos von der biblischen Textfläche. Die Prophezeiungen Chaggais und Secharjas von einem universalen Umsturz und einer neuen Heilsordnung haben sich nicht erfüllt.

Datierungen

» Datierungen bei Jechesqel S. 356

Das Buch Chaggai weist insgesamt fünf Datierungen auf, die sein Wirken auf einen Zeitraum von knapp vier Monaten eingrenzen wollen. Chaggai prophezeite danach im 2. Jahr des Perserkönigs Darius I., und zwar zwischen dem 1. Elul und dem 24. Kislew.

Die genannten Datierungen sollen vor allem den überragenden prophetischen Einfluss Chaggais betonen, insofern sie zwischen dem kritischen Antreiben zum Tempelwiederaufbau und dessen Grundsteinlegung weniger als vier Monate verstreichen lassen.

Datierungen
- 1,1: Im zweiten Jahr des Königs Darjawesch (Darius), im sechsten Monat, am ersten Tag = 29. 8. 520 v.d.Z.
- 1,15b – 2,1: Am vierundzwanzigsten Tag des Monats, im sechsten Monat, im zweiten Jahr des Königs Darjawesch (Darius) bzw. im siebten Monat, am einundzwanzigsten Tag = 17. 10. 520 v.d.Z.
- 2,10: Im zweiten Jahr des Königs Darjawesch (Darius), im neunten Monat, am vierundzwanzigsten Tag = 18. 12. 520 v.d.Z.
- 2,20: Am vierundzwanzigsten Tag des Monats = 18. 12. 520 v.d.Z.

notabene: Zweiter Tempel

Bauzeit: Nach Esr 1,2–4; 6,3–5 erging (i.J. 538 v.d.Z.) ein Edikt des Koresch (Kyros) zur Wiedererrichtung des Tempels. Allerdings kam der Bau unter dem ersten Provinzstatthalter Scheschbazzar nicht richtig in Gang. Erst achtzehn Jahre später, im Spätherbst des Jahres 520 v.d.Z., sollte das Unternehmen, kräftig angeheizt durch die Prophezeiungen der etwa zeitgleich auftretenden Propheten Chaggai und Secharja, Gestalt annehmen. Die biblischen Quellen berichten, dass die Arbeit im zweiten Monat des zweiten Jahres nach der Rückkehr der Exulanten begann (Esr 3,8) und die Bauzeit des Zweiten Tempels fünf Jahre betrug. Am 24. Kislew des 2. Jahres der Regierungszeit des Darius (Hag 2,18) oder am 3. Adar (Esr 6,15) des sechsten Jahres Darius' (I.) wurde er eingeweiht. Dass diese Wiedereinweihung in das Jahr 515 fällt, ist zwar unter Bibelhistorikern weitgehend Konsens, aber quellenmäßig nicht wirklich ‚wasserdicht'. Nach Esr 3,2 wurde der Opferkult in der Weise wieder installiert, *wie geschrieben ist in der Weisung Mosches, des Gottesmannes*. Aufgrund der dürftigen Quellenlage liegen die Dinge historisch noch vielfach im Dunkeln und werden in der einschlägigen Forschung sehr unterschiedlich beurteilt (Frevel 2018, 345–350).

Architektur und Kult: Der Zweite Tempel wurde auf den Ruinen des ersten Tempels errichtet, stellte also keinen Neubau dar. Wie schon der Tempel Schelomos bestand auch er aus einem Hauptraum (*Hechal*), einer Vorhalle (*Ulam*) sowie dem in den Hauptraum integrierten Allerheiligsten (*devir*). Das Allerheiligste enthielt aber nun nicht mehr die beiden Keruvim und den Aron, da der heilige Kasten verschwunden war. Allerdings, so weiß es die rabbinische Überlieferung zu berichten (mYom 5,2, bYom 53b), ragte ein hoher Stein (*even schetijja*) aus dem Boden hervor. Der Überlieferung in 2Chr 4,1 lässt sich überdies entnehmen, dass der Aufstiegsopferaltar die Maße von 20x20x10 Ellen (l/b/h = 10x10x5 m) hatte und damit eine imposante Konstruktion im Priesterhof darstellte, was der Tatsache eines „bescheidenen Nachfolgebaus" (Frevel 2018, 350; vgl. Hag 2,3) durchaus widerspricht. Welcher Art der Kultbetrieb in diesem Zweiten Tempel war, lässt sich lediglich indirekt und darin auch nur mit gewissen Unsicherheiten aus den biblischen Quellen sowie der rabbinischen Literatur ermitteln. Nach Neh 13,29f. ist Nechemja hauptverantwortlich für die Organisation des Kultes und seiner Wiedereinrichtung. Aus den ernüchternden Worten des Propheten Malachi (Mal 1,7–8; 2,8; 3,8–10) lässt sich aber auch schließen, dass die kultischen Zustände im Kultbetrieb nicht selten dekadent gewesen sein dürften (fehlerhafte Opfergaben; Betrug bei den Abgaben des Zehnten und der Hebe etc.).

Gottesdienst und häusliche Feier

Haftara
Das Buch Chaggai wird in der Liturgie nicht rezipiert, ein Schicksal, das es innerhalb der Tere Asar mit Nachum und Zefanja teilt.

» Weitere Themen: Priester S. 120; 128; Serubbavel und Jehoschua S. 406

זכריה
Secharja (Sacharja)

Umfang und Inhalt
14 Kapitel. Die Secharja-Überlieferung lässt sich in zwei Teile gliedern, deren erster von der Beschreibung nächtlicher Visionen (Sach 1,7 – 6,8) geprägt ist, die auf die Krönung des Hohepriesters Jehoschua zielen. Ein prophetischer Bescheid zur Frage der Fastengottesdienste sowie ein Ausblick auf die künftige Heilszeit beschließen diese Sammlung (Sach 6,9 – 8,23). Der zweite Großteil (Sach 9 – 14) umfasst mehrere disparate Einzelabschnitte, die vom Kampf gegen Jisraels Nachbarn, der Rückführung des Volkes und dem endzeitlichen Kampf um Jeruschalajim handeln.

Die nächtlichen Visionen (1 – 8)			
1	1. Reiter und (rote, braune und weiße) Pferde	8	Rückkehr Gottes nach Zijjon und künftige Heilszeit
2	2. Vier Hörner und vier Schmiede		*Spruchsammlung (9 – 14)*
2	3. Der Mann mit der Messschnur	9	Unheilsansage gegen andere Nationen: gegen Aram, Zor, Zidon und die Pelischtäer
3	4. Der Hohepriester Jehoschua	9	Der König auf dem Esel reitend, die Rückführung aus der Gefangenschaft und der neue Auszug
4	5. Leuchter mit sieben Lichtern und zwei Ölzweigen		
5	6. Eine fliegende Buchrolle		
5	7. Frau im Efamaß	12 – 14	Der endzeitliche Kampf um Jeruschalajim
6	8. Vier Wagen mit (roten, schwarzen, weißen und gescheckten) Pferden		Gott als König Vernichtung der Feinde
7	Das Fasten und das gerechte Recht (*mischpat emet*)		Jährliche Völkerwallfahrt zum Zijjon

Charakteristik

Kennzeichnend für das Buch Secharja sind die acht nächtlichen Visionen, die jeweils analog strukturiert sind: Eröffnung (‚Was siehst du?'), Beschreibung und Deutung. In ihrem Zentrum steht die Vision von der Krönung des Hohepriesters Jehoschua mit den zwei Ölzweigen, die zwei Gesalbte vor Gott repräsentieren (König und Priester). In diesem Zusammenhang ergeht auch die Zusage an Serubbavel, den Tempelbau zu vollenden. An den Visionenzyklus schließt sich programmatisch die Krönung Jehoschuas an (Sach 6,9–15), nachdem Jehoschua schon zuvor als Garant für den künftigen Spross (aus dem Geschlecht der Dawididen) vorgestellt wird. Jehoschua wird nun als Verwalter des neuen Tempelbaus eingesetzt, eine Aufgabe, die an anderer Stelle Serubbavel zugedacht war (Sach 4,9). Die Erwartungen auf die neue Heilsordnung, die Secharja in kosmischen Dimensionen beschrieben hat (Sach 14,8f.), haben sich nicht erfüllt.

Leitfragen

- Welche Figuren, Objekte und Begebenheiten werden in den nächtlichen Visionen beschrieben? Worin unterscheiden sie sich von anderen prophetischen Visionsschilderungen? Welche Rolle spielt der ‚Deuteengel'?
- Was verbindet sich für Secharja mit dem Wiederaufbau des Tempels? Welche Rolle spielt Serubbavel? Welche Jehoschua?
- Warum werden Chaggai und Secharja manchmal auch ‚Zwillingspropheten' genannt?

Serubbavel und Jehoschua

In der Bibel

In Esr 5,14–16 wird Scheschbazzar als Statthalter von Jehuda vorgestellt und in diesem Amt von Koresch (Kyros) mit dem Wiederaufbau des Tempels beauftragt. In vergleichbarer Weise stellt nun Chaggai einen Enkel des exilierten Königs Jehojachin (1Chr 3,17–19) als Statthalter von Jehuda vor, einen gewissen Serubbavel ben Schealtiel (Hag 1,1.14; 2,2.21). Ihm wird die Aufgabe zugewiesen, den Tempel wieder aufzubauen. Serubbavel wird meist gemeinsam mit Jehoschua (Jeschua) ben Jehozadaq, dem Hohepriester erwähnt (Hag 1,1.12.14; 2,2.4; Sach 6,11; Esr 3,8). Daneben erscheinen Serubbavel und Jehoschua als Anführer der Gruppe der Heimkehrer aus dem Exil (Esr 2,2/Neh 7,7; 12,1). Wie schon im Buch Chaggai verbindet auch Secharja mit dem Wiederaufbau des Tempels (Sach 1,16) die konkrete Hoffnung auf eine nationale Restauration, die sich vor allem mit der Person Serubbavel verbindet (Sach 4,6–10). Geht Chaggai so weit, mit dem vollendeten Tempelbau

Das Buch Tere Asar (Zwölf-Prophetenbuch)

auch eine volle Wiederherstellung des Königtums Dawids anzukünden (Hag 2,23), so rückt die Textüberlieferung in Secharja Serubbavel in den Schatten Jehoschuas (Sach 3,8; 6,11f.), indem nur Jehoschua die Krone empfängt (nach mMid 3,5 verblieben beide Kronen im Tempel).

In der jüdischen Tradition

Das jüdische Schrifttum aus der Zeit des Zweiten Tempels (hellenistisch-römische Zeit) streicht die besondere Rolle Serubbavels heraus (Sir 49,11; 1Esd 3,1–5,6; Josephus, Ant. 11,31–74). Seine besondere Gottgefälligkeit habe sich auch bereits darin gezeigt, dass er schon beschnitten geboren wurde (ARN 1,12). Er war einer der Männer der großen Versammlung.

Deuteengel

Im Buch Secharja findet sich ein literarisches Stilmittel in auffallender Häufigkeit, das im jüdischen Schrifttum der hellenistisch-römischen Zeit, vor allem in den Apokalypsen typisch wird: der sog. Deuteengel. Ein Mensch schaut etwas, doch anders als die Propheten früherer Zeiten verkünden sie nicht das Geschaute und ihre eigene Deutung, sondern verstehen nicht, was sie sehen. Der Sinn wird ihnen durch ein höheres Wesen, einen Engel, erschlossen.

Menora

» Menora S. 117

In Sach 4,1–6 schaut Secharja (,JHWH hat erinnert') einen goldenen siebenarmigen Leuchter, dessen sieben Öllämpchen durch sieben Zufuhrröhrchen mit einer Schale mit Öl verbunden sind, die über dem Leuchter schwebt (so dass unaufhörlich das Öl in die Lämpchen nachtropft). Die Oliven für das Öl wachsen gleich rechts und links an zwei Ölbäumen neben dem Leuchter (Sach 4,2–3). Secharja begreift nicht, was er schaut. Der Engel erklärt (beinahe entrüstet über Secharjas Unverständnis): Die sieben Lichter stehen für: *Nicht durch Macht und nicht durch Kraft, allein durch meinen Geist* (Sach 4,6). Im Hebräischen besteht dieser Satz aus sieben Wörtern, die von den sieben Armen des Leuchters symbolisiert werden: *Lo bechajil welo be-koach ki im beruchi*. Der Leuchter steht für Jisrael. Die beiden Ölzweige neben dem Leuchter symbolisieren die beiden Gesalbten (Priester und dawidischer König). Diese Vision Secharjas gehört heute zu den bekanntesten Motiven des Judentums, denn der Leuchter bildet das Staatswappen des Staates Israel.

Gottesdienst und häusliche Feier

Alenu

Aus Secharja stammt ein sehr bekanntes Bibelzitat in der jüdischen Liturgie: *We-neemar: wehaja adonai lemelech al kol ha-arez (…) Und es ist gesagt: Und der Ewige wird König werden über die ganze Erde. An jenem Tag wird der Ewige einzig sein und sein Name einzig* (Sach 14,9). Mit dieser Aussage schließt das Alenu-Gebet den jüdischen Gottesdienst ab (es folgt noch ein Qaddisch Jatom). Schon Raschi fiel auf, dass diese Aussage im Widerspruch zum Sch°ma zu stehen scheint, aber er erklärt, Gott sei jetzt der eine Gott Jisraels und nicht auch der Gott der Nationen, in Zukunft aber werden auch die Nationen diesen Gott verehren, so dass es auch universal dann nur noch einen einzigen geben werde (Raschi zu Dtn 6,4).

Maos Zur

Serubbavel wird jedes Jahr zu Chanukka erwähnt. Die dritte Strophe des Chanukkaliedes Maos Zur beschreibt die Wegführung ins Exil. ‚Doch nicht lange, nachdem ich dort hingekommen war, kam mit Serubbavel das Ende von Bavel, und ich wurde nach 70 Jahren gerettet'. Serubbavel ist die einzige Person, die im Maos Zur mit Namen genannt wird.

Haftarot

Folgende Haftarot werden dem Buch Secharja entnommen:
- Sach 2,14 – 4,7 ist die traditionelle Haftara für den ersten Schabbat in der Chanukkawoche. Der Zusammenhang mit Chanukka ergibt sich aus dem Thema der Haftara: Tempel (Sach 2,14–17), Priesterschaft (Sach 3,1–10) und Menora (Sach 4,1–6).
- Derselbe Text wird auch als Haftara an Schabbat Behaalotcha zu Num 8,1 – 12,16 gelesen. Der Toratext beginnt mit Anweisungen über das Entzünden der Lichter im Heiligtum und den Aufgaben der Lewiten.
- Sach 14,1–21 ist die Haftara für den ersten Tag Sukkot, weil das Sukkotfest Sach 14,16–19 erwähnt wird.

≫ Weitere Themen: Träume S. 56; Priester S. 120; 128; Rein und Nicht-Rein S. 146; 147; Reue Gottes S. 387; Edom S. 385; Satan S. 435; notabene: Geist Gottes S. 279; notabene: Zweiter Tempel S. 404

מלאכי
Malachi

Umfang und Inhalt
3 Kapitel. Malachi behandelt in sechs Disputationsreden Verfehlungen seiner Zeitgenossen, die sich vor allem auf korruptes Verhalten der Priester, den Umgang mit Ehefrauen, soziale Ausbeutung und Betrug an heiligen Abgaben (der Zehnt; die Hebe/Teruma) beziehen. Die Mischehe wird zwar angeprangert, doch es kann nach Malachi nicht angehen, die ausländischen Frauen einfach zu verstoßen. Den so Handelnden wird ein ‚Tag des Ewigen' angekündigt, der nur den Gerechten eine Zukunft zusichert.

Charakteristik
Das Besondere an Malachi sind die Disputationsreden. Seine Anklagen werden dabei durch Fragen oder Einwände der Zeitgenossen provoziert, wodurch eine Art Disput entsteht.

Bedeutung
Nach der jüdischen Tradition ist Malachi (‚Mein Bote') der letzte Prophet. Mit seinem Ende endet überhaupt die Zeit der Prophetie, die Prophetie weicht von Jisrael und wird erst wieder für die Endzeit erwartet. Nicht unerheblich ist es daher, dass mit den letzten Versen (Mal 3,22–24) noch einmal auf die Tora des Mosche und auf Elijahu verwiesen wird. Gleichzeitig bildet dieser Verweis eine subtile Klammer auf den Beginn der Prophetenbücher, denn auch in Jos 1,7.13 wird prominent auf Mosche, den Knecht des Ewigen, verwiesen, der ‚Ruhe schafft und das Land gibt'.

1 Die Liebe Gottes zu Jisrael, gegen Edom	2 Mischehen und Scheidungsregelungen
1 Gegen das dekadente Opferwesen	3 Heilige Abgaben
2 Sozialbetrug und Ankündigung des ‚Tages des Ewigen'	3 Die Rettung der Gerechten
	3 Das Gesetz Mosches

Leitfragen
- Welche Bedeutung hat der Name dieses Propheten: ‚mein Bote'?
- Was sagt Malachi zum Thema Opfer? Vergleichen Sie seine Anklagen mit den Opferbestimmungen der Tora!

- Wie behandelt er das Thema Ehe?
- Welche Rolle nimmt der Prophet Elijahu ein?

Opfer bei den Propheten

» Opfer S. 122; 137; 141; 166; 202

Im Buch Malachi wird das Opfer nicht als solches kritisiert, sondern eine Praxis angeprangert, bei der nur noch wertlose und körperlich mangelhafte Tiere für die Opferschlachtungen verwendet werden (vgl. aber auch schon 1Sam 2,12–17). Diese Beschreibung geht sachlich mit vielen Ausführungsbestimmungen zu den Opfern in der Tora konform (Ex 12,5 Pesachlamm; Lev 1,3.10; 3,1.6; 4,3.23.28.32; 5,15.18; 6,6; 9,2; 14,10; 22,19.21.25; 23,12.18; Num 6,14; 28,19.31; 29,2.8.13.20.23.29.32.36; Dtn 17,1).

Berit mit Lewi

» Berit/Bund S. 30; 41; 58; 110; 125; 218; 251; 336

Nach dem Buch Devarim werden die Lewiten unter den Jisraeliten besonders ausgewählt, da sie die Priester stellen (Dtn 18,1–8; 33,8–11), doch wird dies nicht als eigener Lewi-Bund ('Berit mit Lewi') ausgezeichnet, wie dies Mal 2,4 formuliert. Nach Malachi besteht dieser Bund schon von alters her. Waren in der Vergangenheit die Lewiten als Priester vorbildlich (Mal 2,5–7), so seien die Nachkommen Lewis davon abgewichen (Mal 2,8f.). Erst mit dem 'Tag des Ewigen' werden die Söhne Lewis wieder korrekte und makellose Opfer in Gerechtigkeit (*zedaqa*) darbringen, und Gott wird die Opfer annehmen (Mal 3,3f.).

Ehe

Die Besonderheit der Überlieferung in Malachi liegt darin, dass die Ehe auch jenseits gesetzlicher Bestimmungen näher beleuchtet wird (Mal 2,10–16). Malachi klagt zwar die Praxis an, dass (jüdische) Männer nichtjüdische Partnerinnen haben, kritisiert jedoch aufs Schärfste, dass (solche) Frauen einfach 'verstoßen' werden und betrachtet eine solche Praxis als eine Gewalttat (*chamas*). Raschi (unter Rückgriff auf bGit 90b) verweist entsprechend der halachischen Möglichkeit zur Scheidung darauf, dass man sich scheiden lassen solle, um der Frau die Möglichkeit zur Wiederheirat zu geben. Interessant ist die grundsätzliche Betrachtung Malachis, dass Gott die Ehepartner zu Einem (*echad*) gemacht habe (vgl. Gen 2,24).

Elijahu

» Elijahu S. 313

Die Figur des Propheten Elijahu, die sonst nur in den Büchern Melachim und Divre ha-Jamim erscheint, erhält bei Malachi eine neue Deutung: Nach Mal 3,23 ist der Prophet Elijahu der Wegbereiter für den ‚Tag des Ewigen' (siehe oben S. 333). Er ist es, der die Katastrophen abwenden kann (die Rolle als überraschend auftretender Wunderheiler hat er in Ansätzen bereits im Buch Melachim inne; 1Kön 17,7–16), und er ist es, der Söhne und Väter wieder zusammenbringt (Mal 3,24).

notabene: Elijahu in der nachbiblischen Tradition

Stellt die biblische Überlieferung den Propheten Elijahu als kompromisslosen und impulsiven Eiferer für Gott dar, so wird er in allen nachbiblischen Quellen als sanfter Gottesmann und großer Friedensbringer präsentiert. Die Rabbinen taten sich anfangs schwer mit ihm. Dies hing vor allem damit zusammen, dass Elijahu schon früh von den christlichen und anderen frühjüdischen Gruppierungen apokalyptischer Färbung (vgl. auch Chanoch-Tradition) als zentrale Figur im Zusammenhang mit dem Eintreten des messianischen Zeitalters in Anspruch genommen wurde. In dem Bestreben, Elijahu von allen apokalyptischen Tendenzen abzugrenzen, ging man sogar so weit, dass man ihm den Himmelsaufstieg ganz absprach bzw. ihn zu einem ‚normalen Toten' machen wollte (bSuk 5a; bMQ 26a). Die rabbinischen Schriften kennen daneben auch eine Tradition, nach der Elijahu himmlische Geheimnisse gegenüber bereits verstorbenen Frommen ausgeplaudert und dafür eine harte Strafe von 60 Feuerhieben empfangen haben soll (bBM 85b). Weil Elijahu die Jisraeliten denunziert hat als diejenigen, die ihren Gott verlassen und den Bund gebrochen haben, wurde Gott so ärgerlich, dass er den Elischa an seiner Stelle zum Propheten salben ließ (ShirR I,6). Diese Relationsbestimmung zwischen Elijahu und Elischa hat sich bis in die mittelalterliche Bibelexegese gehalten. So verweist R. Dawid Qimchi (12. Jh. d.Z.) darauf, dass Elijahu nur acht, Elischa hingegen 16 Wunder vollbrachte; Elijahu habe eine Person wieder zum Leben erweckt, Elischa hingegen zwei (den Sohn der Frau aus Schunem und Naaman, denn ein Leprakranker galt in rabbinischer Zeit als ein Toter; R. Radaq zu 2Kön 2,14). Mit Blick auf seine zukünftige Rolle im messianischen Zeitalter sahen die Rabbinen Elijahu zum einen als denjenigen, der jene noch offenen halachischen Fragen beantworten sollte (z.B. die Fragen nach der Bedeutung des Asasel-Ritus, der Bedeutung der Roten Kuh oder Schaatnes), zum anderen, um Frieden unter den Menschen herzustellen. Mit dieser Charakterisierung bahnt sich bereits die für die spätere rabbinische Epoche kennzeichnende Darstellung des Elijahu als Friedensbringer in großen und kleinen Zusammenhängen an. Elijahu kümmert sich besonders um Notleidende und Unterdrückte. Dabei tritt er zumeist verkleidet auf (bQid 40a). Für das Wohl der Menschen setzt Elijahu sich nicht nur vor den Menschen, sondern auch vor Gott ein (WaR 34,8). Von hier aus ist dann der Weg nicht weit zu dem Verständnis des Elijahu als Beschützer und Erhalter der jüdischen Nation (bTaan 21a; Yalq II, § 448). In dieser Funktion als Erlöser Jisraels wurde Elijahu auch mit Mosche verglichen: ‚Alles, was Mosche und Jehoschua für sie (die Kinder Jisraels) taten, das werden Elijahu und der Maschiach, Sohn Josefs, für ihre Nachkommen tun' (bSuk 52a; PesR 4,2). Damit ist der inhaltliche Bogen zur messianischen Zeit geschlagen. Der Maschiach kommt nicht unerwartet, sondern nur nach vorheriger Ankündigung seines Erscheinens, eine Aufgabe, die schon früh Elijahu zugesprochen wurde (Targum zu Dtn 30,4).

Zur religionspraktischen Rezeption der Figur des Elijahu siehe oben S. 313.

Gottesdienst und häusliche Feier

Haftarot

Folgende Haftarot werden aus dem Buch Malachi genommen:
- Mal 1,1 – 2,7 zu Paraschat Toledot (Gen 25,19 – 28,9). Gemeinsames Thema beider Texte ist die Gegnerschaft Esaws und Jaaqovs.
- Mal 3,4–24 wird als Haftara zum sog. Schabbat ha-Gadol gelesen, dem Schabbat vor Pesach. Der Schabbat trägt seinen Namen nach dem letzten Satz dieser Haftara: *Jom adonai ha-gadol we-ha-nora* in Mal 3,23.

» Weitere Themen: Jaaqov S. 52; Esaw S. 54; Reue Gotes S. 387; El rachum we-channun S. 378; Tag des Ewigen S. 333; Edom S. 385; notabene: Zweiter Tempel S. 404

SCHRIFTEN (KETUVIM)

Einleitung: Die Bücher der Schriften

Den dritten Teil des hebräischen Kanons bilden die Ketuvim ‚Schriften'. Es sind insgesamt elf Bücher, Esra/Nechemja und Divre ha-Jamim (I und II) zählen als jeweils ein Buch. Die Schriften stellen unter literatur- und gattungsgeschichtlichen Aspekten eine bunte Sammlung aus dichterischen Werken (z.B. Tehillim; Mischle; Schir ha-Schirim; Echa; Qohelet; Teile von Ijov), fiktiven Erzählungen und Novellen (Ester; Rut), Geschichtsschreibung (Esra/Nechemja; Divre ha-Jamim) und einer Apokalypse (Danijel) dar und bilden darin eine Anthologie der Literaturen Jisraels, denen der Anspruch gemeinsam ist, ihre Leser*innen mit Hilfe nobler Vorbilder aus der Geschichte Jisraels religiös zu erziehen und in ihrer religiösen Identität zu festigen. Die Bücher Ijov, Mischle und Tehillim werden nach ihren Anfangsbuchstaben auch in dem Akrostichon *Alef, Mem* und *Taw* אמת ‚Beständigkeit, Wahrheit' zusammengefasst.

Chamesch Megillot

Fünf Bücher der Ketuvim nehmen seit dem frühen Mittelalter eine herausragende Position ein, weil sie in ihrer Gesamtheit liturgische Texte für die drei Pilgerfeste und zwei weitere besondere Tage darstellen. Die Bezeichnung Megillot (‚Rollen') erhielten diese Schriften erst in gaonäischer Zeit. Allerdings wird heute zumeist nur noch das Buch Ester tatsächlich als Megilla verwendet, d.h. aus einer Rolle gelesen. Alle übrigen ‚Megillot' werden aus Büchern gelesen bzw. sind Bestandteil des Machsors (Gebetbuch für Feiertage) für das betreffende Fest.

Die liturgische Funktion der Rollen ist unterschiedlich, und sie wurden den Festen zu unterschiedlichen Zeiten zugeordnet. Über Ester diskutierten bereits die Lehrer der Mischna; die Lesung von Echa wird im Talmud als mögliche Lektüre für Tischa be-Av erwähnt – neben Ijov und den Klageliedern Jirmejahus (bTaan 30a). Die Zuordnung der Megillot zu den Pilgerfes-

Die 5 Megillot und ihre Feste

Schir ha-Schirim:	Pesach
Rut:	Schavuot
Echa:	Tischa be-Av
Qohelet:	Sukkot
Ester:	Purim

ten hingegen stammt aus der gaonäischen Zeit (Mass. Sof. 14,18). Die heute üblichen liturgischen Verwendungsweisen der Megillot sind die folgenden:
- Megillat Ester wird aus einer Rolle vorgetragen, die gemäß denselben Regeln wie der Sefer Tora geschrieben wird. Ester wird abends und morgens nach der Amida mit einer eigenen Kantillation vorgetragen. Wenn keine Rolle vorhanden ist, kann der Text auch aus einem gedruckten Buch gelesen werden, dann aber ohne die dazugehörigen Berachot. Das Hören von Megillat Ester am Abend ist eine Mizwa.
- Echa wird im Abendgottesdienst des Tischa be-Av mit einer eigenen Kantillation gesungen. Im Morgengottesdienst werden nach der Toralesung aus Dtn 4,25–40 andere Qinot (Klagelieder) rezitiert.
- Schir ha-Schirim liest man nach aschkenasischem Ritus im Schacharit-Gottesdienst an Schabbat Chol ha-Moed Pesach.
- Qohelet liest man nach aschkenasischem Ritus im Schacharit-Gottesdienst an Chol ha-Moed Sukkot oder an Schemini Azeret, wenn diese Tage auf einen Schabbat fallen.
- Rut wird traditionell außerhalb Israels am 2. Tag Schavuot vor der Toralesung rezitiert (am 1. Tag liest man an dieser Stelle die mittelalterliche Dichtung Akdamut).

Anordnung der Ketuvim

Die Ketuvim weisen in der hebräischen und griechischen Bibelausgabe eine unterschiedliche Reihenfolge auf; auch unter den hebräischen Textausgaben finden sich immer wieder unterschiedliche Anordnungsprinzipien (vgl. auch oben das Thema Der Gesamtaufbau, S. 2).

Die Septuaginta kennt die Einteilung in Geschichts- und Lehrbücher und ordnet die Schriften chronologisch. Diese Reihenfolge haben auch christliche Bibelausgaben übernommen. Rut folgt daher auf das Buch Richter, weil seine Erzählung in jener Zeit spielt (Rut 1,1), Divre ha-Jamim folgt auf die Melachim, Ester folgt Esra/Nechemja (Perserzeit). Die poetischen Werke und die Propheten schließen sich an die Makkabäerbücher an, die Klagelieder folgen auf Jirmejahu (dazwischengeschaltet: das Buch Baruch), Danijel erscheint als Prophet.

Der Talmud bezeugt folgende Ordnung: Rut, Sefer Tehillim, Ijov, Klagelieder (*qinot*), Mischle, Qohelet, Schir ha-Schirim und Qinot [‚Klagelieder'], Danijel, Megillat Ester, Esra [mit Nechemja] sowie Divre ha-Jamim (bBB 14b). Diese interne Ordnung eines deutlich abgegrenzten dritten Kanonteils entspricht den fiktiven(!) Zeiten, die die Bücher selbst vorstellen bzw. die die jüdische Tradition ihnen zuschreibt.

Codex Leningradensis sowie Codex Aleppo beginnen mit Divre ha-Jamim, gefolgt von Tehillim, Ijov, Mischle, Rut, Schir ha-Schirim, Qohelet,

Echa, Ester, Danijel und Esra/Nechamja. Die fünf Megillot sind dabei gemäß der chronologischen Reihenfolge der in ihnen erzählten Ereignisse angeordnet: Manche hebräische gedruckte Bibelausgaben ordnen die Megillot entsprechend dem Zeitpunkt ihrer liturgischen Verwendung: Schir ha-Schirim, Rut, Echa, Qohelet und Ester. In den traditionellen Ausgaben der Miqraot Gedolot (z.B. Warschau 1860–66) werden die Megillot ans Ende desjenigen Buches aus der Tora gestellt, das gemäß der synagogalen Leseordnung dem Fest/Tag, an dem sie gelesen werden, am nächsten ist (z.B. Schir ha-Schirim zu Schemot; Echa zu Devarim).

Überblick

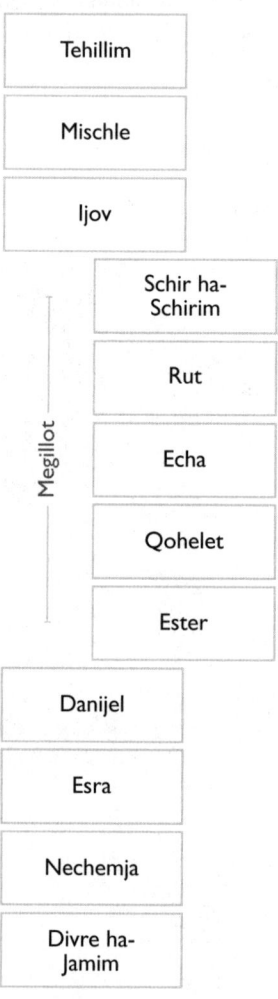

תהלים

Das Buch Tehillim (Psalmen)

Bezeichnung des Buches
Die in der jüdischen Tradition gebräuchliche Bezeichnung des Buches als (Sefer) *Tehillim* („Buch der Lobpreisungen'; bBB 14b) ist deshalb ungewöhnlich, weil die biblischen Schriften nur den Ausdruck *tehilla* (Preis-/Loblied; Pl. *tehillot*; Ps 9,15; 22,4.26; 33,1; 34,2; 40,4; 78,4 u.ö.) und vor allem *mismor* kennen (Ps 3,1; 4,1; 5,1; 6,1; 8,1 u.ö., nur in den Tehillim belegt). Ibn Esra bezeichnet das Buch sprachlich korrekt als Sefer *Tehillot*. Ein Psalm wird ausdrücklich als Tehilla ausgezeichnet: Ps 145,1 (vgl. auch Ps 145,21). Die im deutschen übliche Bezeichnung ‚Psalmen' stammt von dem griechischen Begriff: *Psalmoi*, d.h. ‚mit einem Saiteninstrument begleitete Lieder' (hebräisch: *mismor*).

Der Midrasch (MTeh 1,6; so auch Raschi Ps 1 und Radaq Ps 2) listet 10 verschiedene Sangesweisen (*leschonot semer*) auf, in denen die Tehillim gesagt wurden: *nizuach* (‚Dirigieren'), *niggun* (‚Instrumental'), *mismor* (‚Psalm'), *schir* (‚Lied'), *hallel* (‚Lobpreis'), *tefilla* (‚Gebet'), *beracha* (‚Segen'), *hodaah* (‚Dank'), *aschre* (‚Laudatio'), *hallelu-jah* (‚Hallelu-Jah').

Umfang
150 Lieder. Allerdings weist die hebräische Tradition unterschiedliche Zählungen auf, die sich nochmals von der Septuaginta unterscheiden können: So bezeugt der Talmud (bBer 9bf.) die Zusammengehörigkeit von Ps 1 und Ps 2 (dagegen Radaq zu Ps 2,1 mit Verweis auf einen Musterkodex); die Septuaginta zählt Pss 9/10 sowie 114/115 als jeweils einen Psalm, wohingegen Ps 116 und Ps 147 in je zwei Lieder aufgeteilt werden. Darüber hinaus weist die Septuaginta einen 151. Psalm auf.

Inhalt
Das Buch Tehillim ist als Sammlung von fünf Büchern geordnet, die jeweils einen deutlichen Buchabschluss erhalten haben. Die jüdische Tradition (MTeh, Ps 10) überliefert, dass Mosche die Tora in Fünf Bücher eingeteilt habe, und so habe Dawid auch die Tehillim in fünf Bücher gegliedert. Die Tehillim enthalten poetische Texte unterschiedlichen Charakters. Man unterscheidet heute Klage-Tehillim und Bitten, Lobpreisungen und Dankpsalmen sowie Tehillim, in denen Gott als König ausgezeichnet wird. Inhaltlich lassen sich Schöpfungs-, Tora-, Zijjons-, Rache-, Exils-, Aufstiegs-/Stufen- oder Königslieder

> 1. Buch (1 – 41)
>   1 – 2   Einleitung
>   3 – 41   Lieder Dawids
> Abschluss: *Gepriesen sei der Ewige, Gott Jisraels, von Ewigkeit zu Ewigkeit: Amen und Amen!*
>
> 2. Buch (42 – 72)
>   42 – 49 Lieder Qorachs
>   50   Lied Asafs
>   51 – 71 Lieder Dawids
>   72   Lied Schelomos
> Abschluss: *Gelobt sei Gott, der Ewige, Gott Jisraels, der Wunder wirkt allein! Gelobt sei der Name seiner Herrlichkeit für immer, dass voll sei seiner Herrlichkeit die ganze Erde. Amen und Amen. – Zu Ende sind die Gebete (Tehillot) Dawids, des Sohnes Jischais.*
>
> 3. Buch (73 – 89)
>   73 – 83 Lieder Asafs
>   84 – 85 Lieder Qorachs
>   86   Lied Dawids
>   87 – 88 Lieder Qorachs
>   89   Maskil von Etan
> Abschluss: *Gepriesen sei der Ewige in Ewigkeit. Amen und Amen.*
>
> 4. Buch (90 – 106)
>   90   Gebet Mosches
>   91   Weiteres Lied
>   92   Lied für den Schabbat
>   93 – 99 JHWH-Königs-Preislieder
>   100   Lied zum Dankopfer
>   101; 103 Lobpreisungen (von Dawid)
>   104 – 106 Einzelne Lieder
> Abschluss: *Gelobt sei der Ewige, Gott Jisraels, von Ewigkeit zu Ewigkeit. Und alles Volk sprach: Amen! Preist Jah!*
>
> 5. Buch (107 – 150)
>   107   Danklied
>   108 – 110 Lieder Dawids
>   111 – 118 Hallel-Preislieder
>   119   Tora-Lied
>   120 – 134 Aufstiegslieder (Maalot-Lieder)
>   135 – 136 Danklieder
>   137   Klage des Volkes
>   138 – 145 Lieder Dawids
>   146 – 150 Lobpreisungen
> Abschluss: *Den Ewigen preise aller Odem! Preist Jah!*

ausmachen (zum Ganzen sehr differenziert Gertz 2016, 415–417). Einige Tehillim bzw. Abschnitte werden im Buch Tehillim doppelt überliefert: Pss 14//53; Pss 31,2–4//71,1–3; Pss 40,14–18//70; Pss 57,8–12//108,2–6; Pss 60,7–14//108,7–14. Andere finden sich als Dublette (mit kleinen Unterschieden) auch außerhalb des Buches Tehillim: Ps 18// 2Sam 22; Ps 105; 96; 106// 1Chr 16.

Charakteristik

Schon das Buch Divre ha-Jamim (1Chr 16,4–10) berichtet von Sängern (Lewiten) unter dem Personal des Tempels. Es ist nicht ausgeschlossen, dass Musik in irgendeiner Form zum Kult Jisraels gehört hat (schon der Prophet

Das Buch Tehillim (Psalmen)

Amos hat das „Schallen der Lieder" und das Harfenspiel angegriffen (Am 5,23; 6,5). Die moderne Forschung lehnt aber eine Charakterisierung der Tehillim als „Gesangbuch des Zweiten Tempels" (Gertz 2016, 429) ab und sieht in der Tehillim-Sammlung eher ein „Lesebuch der persönlichen meditativen Frömmigkeit" (ebd.). Die fünf Bücher Tehillim versammeln individuelle wie kollektive Klagen und Bittlieder; manche Lieder, wie die „Gott-herrscht-als-König-Lieder" oder Ps 24 deuten eine Prozessionsliturgie an (z.B. Umzug oder Einzug mit dem heiligen Kasten), sehr viele sind aber ohnehin für mehrere Deutungen offen. Gotteslob und die Klage des Volkes gehören dabei am ehesten in den Festkult der Gemeinde. Darüber hinaus finden sich auch weisheitliche Dichtungen (teilweise nach dem Alef-Bet strukturiert).

Lied-Überschriften im Buch Tehillim

- *Tehilla:* Ps 145
- *Mismor:* Pss 3 – 6; 8; 9; 12 – 13; 15; 19 – 24; 29; 30; 31 u.ö.
- *Schir Mismor:* Pss 48; 66; 83; 88; 108 oder *Mismor Schir* 67; 68; 87; vgl. auch Pss 65; 76
- *Schir ha-Maalot:* Pss 120 – 134
- *Maskil:* Pss 32; 42; 44; 45; 52; 53; 54; 55; 74; 78; 89; 142
- *Michtam:* Pss 16; 56 – 60
- *Tefilla:* Pss 17; 86; 90; 102
- *Schigajon:* Ps 7 (vgl. Hab 3,1)
- *Edut:* Pss 60; 80
- *Aschre — Beglückt…:* Pss 1; 119
- *Hallelu-Jah — Preist Jah:* Pss 106; 111; 112; 113; 135; 146; 147; 148; 149; 150
- *Adonai malach — Gott-herrscht-als-König:* Pss 93; 97; 99
- *Lama — Warum…:* Pss 2; 10
- *Rannenu / Lechu Nerannena:* Pss 33; 52; 81; 95 u.ö.

Bedeutung

Die Lieder und Gebete des Buches Tehillim stellen bis heute einen unverzichtbaren Bestandteil der traditionellen jüdischen Liturgie dar. Dabei kommt der Zusammenstellung Pss 113–118, dem sog. Hallel, eine besondere Rolle zu. Es wird an den Feiertagen und (in Auszügen) an Rosch Chodesch (Neumond) jeweils nach Abschluss des Schacharit, d.h. vor dem Ausheben des Sefer Tora, gesungen (siehe unten Hallel S. 425; Tachanun S. 426). Das Morgengebet (Schacharit) umfasst mit den sog. Pesuqe de-Simra (Lobverse) eine Fülle von Preisliedern (entweder im Ganzen oder durch Zusammenstellung einzelner Verse).

Natürlich hat es auch nicht an Versuchen gefehlt, musikalische Vortragsweisen (anhand des Akzentsystems) zu rekonstruieren, aber obwohl insbesondere die Bücher Tehillim und Divre ha-Jamim eine Reihe von Instrumenten erwähnen (Saiteninstrumente, Flöten, Posaunen, Zithern, Zimbeln und

Pauken; unbekannt sind heute Vortragsweisen wie z.B. *gittit* Pss 8; 81; 84; *schiggajon* Ps 7,1 oder *alamot* Ps 46), ist eine musikalische Tradition nicht mehr auszumachen. Die musikalischen Weisen (*niggunim*), mit denen die Preislieder heute gesungen werden, stammen zumeist aus dem 18. und 19. Jh.

Neben der Liturgie spielen Verse aus Tehillim in der jüdischen Bibelauslegung eine wichtige Rolle. Sie werden oft in den Petichot (Eröffnungsteilen) von Midraschim zitiert.

In der Geschichte des jüdischen Volkes spielte das Buch Tehillim vor allem im Mittelalter eine besondere Rolle: Vor dem Hintergrund der Kreuzzüge und angesichts der Bedrohung und Verfolgung durch mordende (Ritter-) Horden gewannen die Klage- und Rachepsalmen im Mittelalter eine aktuelle Bedeutung. Auch viele Qinot sind im Stil der Tehillim verfasst. Und dienten die Tehillim den christlichen Theologen als ‚theologische Wurfgeschosse' gegen die jüdische Religion, da viele Lieder christologisch interpretiert wurden (z.B. Ps 2; 22; 110), so wehrten sich die mittelalterlichen Ausleger durch eine strikte Auslegung ad litteram (zuweilen durchaus polemisch), vielfach verbunden mit Anweisungen, welche Argumente gegen die christliche Auslegung vorzubringen seien.

Schließlich sei noch darauf verwiesen, dass die Psalmen in der jüdischen Volksfrömmigkeit stets eine herausragende Rolle spielten. Sie wurden schon früh nicht einfach (pflichtgemäß) rezitiert, sondern auch für magische Zwecke zur eigenen Heilung wie zum Schaden anderer eingesetzt. So gab es mit Schriften wie *Sefer Schimmusch Tehillim* (‚Buch vom magischen Gebrauch der Psalmen'; vgl. die Edition von Bill Rebiger, 2010) ganze Handbücher, die den/die Einzelnen mit Anweisungen ausstatteten, welcher Psalm in welcher Situation zu murmeln oder zu schreien sei, und wie man Psalmen als Beschwörungstexte auf Amulette oder Zauberschalen zu schreiben habe.

Leitfragen

- Welche Themen werden wiederholt in den Liedern besungen?
- Welchen Personen werden die Lieder zugeschrieben?
- Welche Funktionen haben Unschuldsbeteuerungen in einem Lied?
- Welche Bedeutung hat der Tempel, welche Jeruschalajim?
- Auf welche historische Ereignisse wird im Buch Tehillim angespielt?
- Welches ist die längste Tehilla, welches die kürzeste?
- Welche Gottesbilder vermitteln die Tehillim, welche Menschen- und Weltbilder?

Fiktive Autoren

Die jüdische Tradition nennt Dawid als Verfasser der Preislieder (bBB14bf.), der den Sefer Tehillim zusammen mit zehn Altvorderen verfasste: Adam, Malki-Zedeq, Avraham, Mosche, Heman, Jedutun, Asaf sowie den drei Söhnen Qorachs. Diese Zuordnung ergab sich wahrscheinlich aus der Tatsache, dass ein großer Teil der Preislieder mit den Überschriften *mismor le-Dawid; le-Dawid; la-menazeach Dawid; michtam le-Dawid; tefilla le-Dawid* u.a. versehen ist. Schon die Vorderen Propheten berichten von der ‚musikalischen Ader' Dawids (des Harfenspielers).

Außer an Dawid gibt es Zuschreibungen an Asaf (Pss 50; 73 – 83), Qorach (Pss 42 – 49; 84 – 88), Etan ha-Esrachi (Ps 89), Heman ha-Esrachi (Ps 88), Jedutun (Pss 39; 62; 77), Mosche (Ps 90), Schelomo (Pss 72; 127).

Die ‚Sänger' der Tehillim

- Asaf, Etan und Heman gelten als Sänger im Tempel Schelomos. Sie erscheinen als Mitglieder der Lewiten: Asaf zählt zur Familie Gerschons, Heman zur Familie Kehats, Etan zur Familie Meraris (vgl. Gen 46,11). Etan gilt als weiser Mensch, seine Weisheit wurde nur noch von Schelomo übertroffen (1Kön 5,11). Asaf, Heman und Jedutun gelten als Propheten durch Zithern, Harfen und Zimbeln (1Chr 25,1).
- Zu diesen Tempel-Sängern gehört auch Jedutun (1Chr 16,41–42; 25,1–3).
- Qorachs Familie ist in Num 26,58 eine von fünf lewitischen Familien, die eine führende Rolle im Tempel zugewiesen bekommen.
- Die Bedeutung der Bezeichnung *la-menazeach* (Pss 4 – 6; 8 – 9; 11 – 14; 18 – 22 und viele weitere) ist heute unklar. Außerhalb von Tehillim kommt sie nur noch in Hab 3,19 vor. Viele übersetzen mit den mittelalterlichen Kommentatoren ‚Chorleiter' oder ‚Sangmeister' (Mendelssohn), vgl. aber Tur Sinai: ‚mit dem Begleiter', Hirsch interpretierte: ‚Dem, der geistigen Sieg verleiht' (vgl. auch Vulgata: victori in psalmis canticum David).
- Zwei Lieder werden Schelomo zugeschrieben (Ps 72,1; 127,1).
- Auch in der weisheitlichen Literatur (in Mischle, Qohelet) werden ihm einige Lieder und Sprüchworte zugesprochen (vgl. oben das Thema Schelomo, S. 304).
- Die Rabbinen erweiterten den Kreis der Autoren noch um Adam und Malki-Zedeq (bBB 14b).

Gottesvorstellungen

» Gottesvorstellung bei Hoschea S. 373

Einige Tehillim beschreiben das Erscheinen Gottes (Theophanie), begleitet von Blitz, Donner, Feuer und anderen gewaltigen Naturerscheinungen (z.B. Pss 18; 50; 80; 94 u.ö.). Gottes Gegenwart wird als Herrschaft erfahren, die auch die Natur bezeugt (z.B. Pss 29; 96; 98 u.a.). Eine Reihe von Tehillim besingen ausdrücklich Gottes Königtum (Pss 93; 97; 99). Diesem König sind alle Völker der Welt untertan (Ps 47,4; 99,1) und alle Länder jubeln ihm zu (Ps 97,1). Als König ist Gott auch der höchste Richter (Ps 82,1; 96,10.13; 99,8) und daher befugt, Gerechtigkeit auf der Erde wieder herzustellen. Darauf hoffen die Leidenden, die ihre Klagen vor ihn bringen.

Tempel

» Tempelbau S. 306

Der Tempel ist der erwählte Ort der Gegenwart Gottes. Ihn besingen die Dichter, wenn sie seine Stadt Jeruschalajim erwähnen (z.B. Ps 128,5; 147,2) oder den heiligen Berg (z.B. Ps 2,6; 87,1) bzw. Zijjon (z.B. Ps 9,12; 20,3; 50,2; 99,2), oder sie sprechen konkret vom Tempel (z.B. Ps 27,4; 138,2), dem Haus Gottes (z.B. Ps 26,8; 36,9; 69,10) oder seiner Wohnstätte (Ps 132,13f.). Gelegentlich wird der Tempel auch bildhaft umschrieben als Wonne der Welt (Ps 48,3) und Krone der Schönheit (Ps 50,2). Dieser Ort der Gegenwart Gottes kann aufgesucht werden (Pss 15; 24), die Menschen freuen sich, wenn sie zu ihm gehen (z.B. Ps 122), er gilt als sichere und unbesiegbare Zufluchtsstätte (Ps 46,3–8; 48,4f.; 76,4; vgl. aber Jer 7,4–12!).

Schöpfung

» Schöpfung S. 24; Neue Schöpfung S. 336

Die Tehillim enthalten eine Fülle von Schöpfungsaussagen (Ps 19,1f.; 24,1f.; 65,7; 74,12–17; 75,4; 90,2; 96,5.10; 102,26f.; 104; 115,15; 121,2; 124,8; 134,3; 135,7; 136,5; 146,6; 147; 148,5f.) und sind oft hymnisch. An einigen Stellen bedeutet seine Schöpfertätigkeit konkret, sich fürsorgend um seine Geschöpfe zu kümmern (Ps 136,25; 145,15; 148,8f.).

Tora

Die Tora ist in drei Tehillim ein prominentes Thema: Pss 1, 19 und 119. Letzte ist mit 176 Versen die längste Tehilla überhaupt. Sie leitet zur Gruppe der

Aufstiegslieder (*Schire ha-Maalot*; Pss 120 – 134) über. Ps 119 ist nach dem Alef-Bet strukturiert (d.h. 22 Gruppen à 8 Zeilen).

Der Gerechte

» Leiden des Gerechten im Buch Ijov S. 434

Einige Tehillim ähneln inhaltlich darin dem Buch Mischle, dass sie den Menschen zum Guten erziehen wollen, indem sie den Gerechten dem Bösen gegenüber stellen und ihre Schicksale vergleichen (Pss 1; 34; 36; 37; 49; 73; 78; 112; 127; 128; 133). Der Mensch wird ermahnt zur Rechtschaffenheit und Gottesfurcht oder zum Halten der Tora (Pss 14; 24; 32; 40; 50). Ähnlich wie die Propheten gibt es auch Rückblicke in die sündhafte Vergangenheit Jisraels, aus der Lehren für die Gegenwart gezogen werden (Pss 78; 81; 105;

Anlässe für Lieder

Einige Lieder werden besonderen Anlässen zugeschrieben:
- Ps 30: Zur Einweihung eines Hauses
- Ps 92: Für den Schabbattag
- Ps 100: Zum Dankopfer

Die ersten beiden Bücher der Tehillim ordnen 13 Texte besonderen Episoden im Leben König Dawids zu. Dies entspricht der Tradition, die sich auch in 2Sam 22 spiegelt. Die Reihenfolge der Zuordnungen und einige Details entsprechen aber nicht der dortigen Abfolge (Radaq zu Ps 2,1).

- Ps 3: *als er floh vor Avschalom, seinem Sohn* (vgl. 2Sam 15 – 19).
- Ps 7: *wegen der Worte des Binjaminiten Kusch.*
- Ps 18: *am Tag, da Gott ihn gerettet aus der Hand aller seiner Feinde und aus der Hand Schauls* (kurz vor seinem Tod, vgl. 2Sam 22).
- Ps 34: *als er seinen Verstand vor Avimelech verstellte* (vgl. 1Sam 21,14f.).
- Ps 51: *da Natan, der Gottbegeistete, zu ihm kam, als er eingegangen war zu Bat-Scheva* (2Sam 11 – 12).
- Ps 52: *als der Edomite Doëg kam, es Schaul meldete und sprach: „Dawid ist ins Haus Achimelechs gekommen"* (vgl. 1Sam 21 – 22).
- Ps 54: *als die aus Sif kamen und zu Schaul sprachen: „Sieh, Dawid hält sich bei uns verborgen"* (vgl. 1Sam 23,19; 26,1).
- Ps 56: *als die Pelischtäer ihn in Gat ergriffen* (vgl. 1Sam 21,11–12; 27,2–7).
- Ps 57: *als er vor Schaul in die Höhle floh* (vgl. 1Sam 22,1; 24 und 26).
- Ps 59: *als Schaul aussandte und sie das Haus bewachten, um ihn zu töten* (vgl. 1Sam 19,9–12).
- Ps 60: *als er Aram-Naharaim und Aram-Zova verwüstete, und Joav zurückkehrte und Edom im Salztal schlug: Zwölftausend* (vgl. 2Sam 8).
- Ps 63: *als er in der Wüste Jehuda war* (vgl. 1Sam 22,5; 23,14; 24,1; 26,2).
- Ps 142: *als er in der Höhle war* (1Sam 22,1; 24,3).

106; 114). In vielen Klageliedern beteuert der gerechte Beter oft seine Unschuld im Vergleich zu den Menschen seiner Umgebung und hofft deshalb darauf, dass Gott ihm Recht schaffen wird (z.B. Pss 5; 7; 17; 26; 31 u.a.).

notabene: Lieder und Gebete außerhalb der Tehillim

Neben dem im Buch Tehillim gesammelten Liedgut, dem Buch Echa (Klagelieder) sowie dem Schir ha-Schirim (Lied der Lieder) finden sich eine Vielzahl von religiösen und profanen Liedern und Dichtungen über den ganzen Tanach verstreut, zum Beispiel:

- Protzlied (Lied des Lemech): Gen 4,23f.
- Schirat ha-Jam: Ex 15,1–18
- Lied der Mirjam: Ex 15,20f.
- Feldzeichenlied: Ex 17,16
- Lied vom Brunnen: Num 21,17f.
- Mosches Lied: Dtn 32
- Lied der Devora: Ri 5
- Siegeslied (für Schimschon): Ri 16,24
- Siegeslied auf Dawid: 1Sam 18,7
- Totenklage Dawids über Schaul und Jonatan („Bogenlied'): 2Sam 1,17–27
- Totenklage über Avner: 2Sam 3,33f.
- Dawids Loblied nach der Rettung vor Schaul: 2Sam 22
- Lied vom Weinberg: Jes 5
- Trinklied: Jes 22,13
- Jeschajahus Danklied: Jes 26
- Jeschajahus Danklied: Jes 30, 27–33
- Danklied Chisqijjahus: Jes 38,10–20
- Hymnus: Jes 42,10–13
- Klagelied: Jes 63,7 – 64,11
- Jirmejahus Loblied: Jer 17,12–18
- 1. Klagelied Jirmejahus: Jer 11,18 – 12,6
- 2. Klagelied Jirmejahus: Jer 15,10–21
- 3. Klagelied Jirmejahus: Jer 17,14–18
- 4. Klagelied Jirmejahus: Jer 18,18–23
- 5. Klagelied Jirmejahus: Jer 20,7–18
- Klagelied: Joel 1,8 – 2,17
- Totenklage über Jisrael: Am 5,1–3
- Jonas Gebet: Jona 2
- Chavaqquqs Gebet: Hab 3
- Klagelied: Mi 1,8–16
- Klagelied: Mi 7,8–20
- Die fünf Klagelieder im Buch Echa

Manche Gebete werden einfach im fortlaufenden Wortlaut zitiert und nicht eigens als Gebete ausgezeichnet. Andere könnten ebenso gut auch als Lieder gelten, denn die biblischen Schriften unterscheiden oftmals nicht zwischen Lied und Gebet:

- Beginn der Anrufung Gottes durch Enosch: Gen 4,26 (vgl. Adams Dialog Gen 3,8–13)
- Fürbitte Avrahams für Sedom: Gen 18,22–32
- Gebet von Avrahams Knecht: Gen 24,12–14
- Jaaqovs Gebet vor der Begegnung mit Esaw: Gen 32,10–13
- Fürbitte Mosches nach dem Kalb: Ex 33,12–13
- Fürbitte Mosches nach Rebellion: Num 11,11–15
- Fürbitte Mosches für Mirjam (*Heil sie doch!* ist das kürzeste Gebet): Num 12,13
- Fürbitte Mosches nach den Ereignissen mit den Landspähern: Num 14,13–19

- Rückblick auf Mosches Fürbitte für die Jisraeliten: Dtn 9,26–29
- Gebet der Channa: 1Sam 2,1–10
- Tempelweihgebet Schelomos: 1Kön 8,22–53 // 2Chr 6,14–42
- Gebet der Königin von Scheva: 1Kön 10,9
- Elijahus Gebet am Karmel: 1Kön 18,36–37
- Elijahus Bitte um Sterbehilfe: 1Kön 19,4
- Ijovs Gebet: Ijov 42,2–6
- Danijels Sündenbekenntnis: Dan 9,4–19
- Esras Gebet: Esr 7,27–28
- Esras Sündenbekenntnis: Esr 9,3–15
- Nechemjas Sündenbekenntnis: Neh 1,4–11
- Nechemjas Sündenbekenntnis: Neh 9,6–37
- Javez' Gebet: 1Chr 4,10

Gottesdienst und häusliche Feier

Hallel

Mit dem Namen Hallel („Lobpreis') werden verschiedene Tehillimgruppen bzw. eine bestimmte Tehilla bezeichnet. Bereits in talmudischer Zeit ist die Rezitation der Pss 113 – 118 an den Pilgerfesten und Chanukka bezeugt (bAr 10a). Schon die talmudische Überlieferung kennt die Tradition, wonach auch die großen biblischen Persönlichkeiten bereits ein Hallel rezitiert hätten, um an die wunderbare Errettung Jisraels aus Gefahr(en) zu erinnern: Mosche und Jisrael nach dem Meerwunder, Jehoschua nach dem Sieg über die Könige Kenaans, Devora und Baraq nach dem Sieg über Sisera, Chisqijjahu nach dem Sieg über Sancheriv… (bPes 117a). Allerdings sprechen die rabbinischen Quellen stets nur vom ‚(Vor-)Lesen' (*qore*) oder ‚Sagen' (*amar*) des Hallel. ‚Gesungen' wird nicht (mSot V,4; tSot VI,2). Heute werden im Allgemeinen drei Tehillim-Gruppen als Hallel verstanden:

- Das volle Hallel umfasst Pss 113 – 118 und wird an allen Pilgerfesten (Pesach: erster bzw. und zweiter Tag, Schavuot und Sukkot) und an Chanukka gesagt. An Rosch ha-Schana und Jom Kippur wird Hallel nicht gesagt, da hier über die Menschen gerichtet und es als nicht passend empfunden wird, einen Lobpreis zu rezitieren (bRHSh 32b; bAr 10b). Auch am Sederabend wird dieses Hallel als Lob über den Auszug rezitiert und deshalb auch als das ägyptische Hallel bezeichnet (*hallel ha-mizri*). Allerdings wird hier noch der Ps 136 (das ‚große Hallel', siehe nachfolgend), angehängt. Innerhalb des Schacharit-Gebets wird das Hallel nach der Amida und vor dem Ausheben der Tora gesungen. Für das Hallel bedarf es eines Minjan – außer am Sederabend.
- Das halbe Hallel ist um Ps 115,1–11 und Ps 116,1–11 gekürzt und wird an Rosch Chodesch und an den übrigen Tagen des Pesach-Festes gesagt.

Für Rosch Chodesch wird angegeben, dass dieser Tag weder ein Feiertag noch je durch ein besonderes Wunder ausgezeichnet worden sei, weshalb hier nur eine verkürzte Version des Hallel gesungen wird. An Purim wird Hallel nicht gesagt mit der Begründung, dass die Megillat-Ester (die Ester-Rolle) das Hallel ersetzt (bAr 10b; bMeg 14a).

- Ps 136 wird *Hallel ha-gadol* (‚großes Hallel') genannt (bPes 118a). Diese Tehilla wird nach alter Tradition am Sederabend zusätzlich zum Vollen Hallel gesungen, ebenso ist sie Bestandteil der Pesuqe de-Simra an Schabbat und Feiertagen.

Schire ha-Maalot (Aufstiegslieder)

Nach dem Schabbat Mincha Gebet sagt man im Winter die 15 Schire ha-Maalot (Pss 120 – 134) und Ps 104 (im Sommer liest man stattdessen Pirke Avot).

Tachanun

An vielen Tagen wird nach der Amida das Gebet Tachanun gesagt, d.h. ein privates Gebet, das das Leben in der Diaspora beklagt. Das Sündenbekenntnis wird inhaltlich zumeist mit dem Anspruch verbunden, in das Land Jisrael zurückzukehren. Der Brauch des Tachanun-Sagens basiert auf Dan 9,3: Danijel sagt ‚Tefilla und Tachanun'; in Dan 9,4–19 folgt Danijels Sündenbekenntnis. Im Zentrum von Tachanun steht Ps 6. An Montagen und Donnerstagen – d.h. Tagen mit Toralesung – wird Tachanun stark ausgeweitet (bBQ 82a). Tachanun wird nicht an Freudentagen (d.h. Schabbat oder Festtag) gebetet.

Pesuqe de Simra

» Pesuqe de-Simra (Divre ha-Jamim) S. 464

Die Aufnahme von Tehillim in die Liturgie ist eine späte und allmähliche Entwicklung in der gaonäischen Zeit. Die Mischna berichtet zwar von Tehillim für die Wochentage im Tempel, nicht aber als aktueller Brauch ihrer Zeit. Der Talmud kennt die Rezitation der Ps 145 – 150 als Zeichen besonderer Frömmigkeit (bShab 118b) sowie das Hallel an den Pilgerfesten und an Chanukka (bAr 10a). Die Tehillim kamen zunächst in Form von Pss 145 – 150 als Vorbereitung auf das Gebet auf und wuchsen im Laufe der Zeit zu einem eigenen Gottesdienstteil heran: den Pesuqe de-Simra. Es handelt sich hierbei um verschiedene Tehillim, Liedverse oder liedähnliche Texte. Im Zentrum stehen Pss 145 – 150. An Schabbat und an Jom Tov werden einige Preislieder zusätzlich eingeschaltet. Die Pesuqe de-Simra sind heutzutage im traditionellen Schacharitgottesdienst umrahmt von zwei Berachot (Segenssprüchen): *Baruch sche-amar* und *Jischtabach*, die Bestandteile der Pesuqe de-Simra sind.

Qabbalat Schabbat
Im 16. Jh. d.Z. führten die Kabbalisten in Sefat eine liturgische Begrüßung des Schabbat ein. Vor dem Aravit Schabbat studierten sie – in Analogie zu den Pesuqe de-Simra im Morgengebet – Pss 95 bis 99 und Ps 29. Diese sind Preislieder, die Gottes Schöpfung und Gottes Königsherrschaft besingen. Sie dienen darin der Erinnerung an die Schöpfung und an den Auszug aus Mizrajim. Die sechs Tehillim stehen gleichzeitig symbolisch für die sechs Wochentage als Vorbereitung auf den Schabbat. Das siebte Preislied ist Ps 92 (*Schir le-Jom ha-Schabbat*), der liturgische Beginn des Schabbat, das nach einem Begrüßungslied für den Schabbat (heute: *Lecha Dodi*) gesungen wird. Man singt den nächsten Psalm mit (Ps 93), um das Lob am Schabbat nicht zu knapp ausfallen zu lassen.

Aschre
Das Aschre (benannt nach dem ersten Wort der Einleitung: Ps 84,5) wird traditionell sowohl in den Pesuqe de-Simra als auch vor dem Einheben des Sefer Tora in den Aron ha-Qodesch rezitiert. Auch das Mincha-Gebet wird mit dem Aschre eingeleitet. Das Aschre umfasst in seinem Hauptteil Ps 145, umrahmt von Ps 84,5 / Ps 144,15 und von Ps 105,18. Auch das Aschre ist nach dem Alef-Bet strukturiert.

Gebetseinleitungen
Nach dem Vorbild der Pesuqe de-Simra wurden im Laufe der Zeit weitere Gebete oder rituelle Handlungen mit Tehillim eingeleitet. Die wichtigsten sind:
- Die öffentliche Toralesung nach dem aschkenasischen Ritus beginnt mit der Rezitation einiger Verse von Tehillim: Ps 86,8; Ps 145,13; Ps 29,11; Ps 51,20.
- Zur Vorbereitung auf die Havdala-Zeremonie am Schabbatausgang singt man in der aschkenasischen Tradition einen Einleitungssatz aus Schirat ha-Jam: *hinne el jeschuati* (*Gott ist meine Hilfe*; vgl. Ex 15,2), es folgen zumeist Tehillim-Verse, die Gottes Hilfe (*jeschua*) besingen, sie beginnen und enden mit Zitaten aus dem Hallel (verschiedene Traditionen haben hier verschiedene, auch unterschiedlich viele Verse). Am Ende steht ein Zitat aus Ester (Est 8,16) und Ps 116,13.
- Vor Birkat ha-Mason (Tischgebet nach dem Essen) betet man am Schabbat und an Festtagen Ps 126, an Wochentagen (nur traditionell) Ps 137. Dies basiert auf der Aussage der Weisen, dass es bei denjenigen, die zusammen essen und nicht Worte der Tora dabei sprechen, so sei, als hätten sie von den Opfern für die toten (Götzen) gegessen (mAv III,4).

Schefoch

Das Gebet ‚Schefoch' setzt sich zusammen aus Ps 79,6f.; 69,25 und Klgl 3,66: *Gieß deinen Grimm aus auf die Völker / die dich nicht kennen / und auf die Königreiche / die nicht bei deinem Namen rufen / weil Jaakob man gefressen und seine Trift verwüstet. Schütt deinen Grimm auf sie / es treffe sie das Flammen deines Angesichts. Jag nach im Grimm und tilge sie / unter des Ewigen Himmel!* (siehe auch oben das Thema Elijahu, S. 411). Es gehört zum Sederabend: Nach Beendigung des Tischgebetes (Birkat ha-Mason) werden diese Verse bei geöffneter Haustür rezitiert, um damit die Erwartung des Propheten Elijahu anzuzeigen. Erst danach wird der vierte Becher eingeschenkt und der durch das Abendessen unterbrochene Vortrag des Hallel beendet (Pss 115 – 118). Um den Inhalt dieser harschen Bitte(n) gegenüber den nicht-jüdischen Völkern abzumildern, wird dieses Gebet heute zumeist so ausgelegt, dass sich die in ihm formulierten Bitten auf jene Völker beziehen, die noch bei Anbruch des messianischen Zeitalters ihren Hass gegen Jisrael beibehalten und die Erlösung nicht anerkennen. Dahinter steht die Idee einer universalen Erlösung im Monat Nisan: Im Nisan wurden sie erlöst, im Nisan werden sie auch in Zukunft erlöst werden (bRHSh 11a).

» Weitere Themen: Avraham S. 35; Meerüberlieferung S. 93; Gegenwart Gottes S. 99; Der Kavod Gottes S. 109; 357; Dreizehn Eigenschaften Gottes S. 126; Rein und Nicht-Rein S. 146; 147; Qorach S. 191; Pinchas S. 200; Baal Peor S. 199; Dawid S. 294; Exil S. 251; Edom S. 385; Auferstehung der Toten S. 458; notabene: Fasten S. 376

משלי

Das Buch Mischle (Proverbia)

Bezeichnung des Buches

Der hebräische Name des Buches leitet sich von seinem ersten hebräischen Wort her. Die Übersetzung des Wortes *maschal* umfasst ein Beispiel (Dtn 28,37) ebenso wie ein Orakel (z.B. Num 23,7; Jes 14,4), eine Bildrede (z.B. Ez 17,2) oder eine Sentenz (z.B. Ez 16,44). Der Titel des Buches (*Sprüche Schelomos des Sohnes Dawids, des Königs von Jisrael*) leitet sich von 1Kön 5,12 her und wird in der Regel mit ‚Gleichsprüche' oder ‚Sprüche', lateinisch Proverbia, übersetzt.

Umfang und Inhalt

31 Kapitel. Das Buch Mischle ist eine Zusammenstellung von sieben Spruchsammlungen (vgl. auch die in Spr 9,1 genannten 7 Säulen der Weisheit) mit Lebensweisheiten, die verschiedenen Persönlichkeiten zugeschrieben werden: Schelomo, ‚Weise (Männer)' (*chachamim*), Agur und Lemuel. Jede Sammlung beginnt mit einer Überschrift (Spr 1,1; 10,1; 22,17; 24,23; 25,1; 30,1; 31,1). Das Buch stellt darin eine Anthologie der Weisheit Jisraels aus vielen Jahrhunderten dar. Die größten Sammlungen bestehen aus Sprüchen, die König Schelomo zugeschrieben werden (Spr 1 – 9; 10,1–22;16 und 25 – 29). Begründet wurde dies (auch noch in der mittelalterlichen Auslegung) mit Prov 30,1: *Worte Agurs des Sohnes des Jake (...)* (Tur-Sinai: ‚Begreif [*bin*] der Sammlung [*agur*] Worte, die Vermahnung [*jakeh*]...'). So schreibt Raschbam in seinem Kommentar zu Koh 1,1: Schelomo wurde ‚Qohelet' genannt, weil er die Weisheiten von allen Söhnen (= Völker) des Ostens sammelte (*qihel*); er wurde (aber auch) ‚Agur' genannt, weil er Weisheiten (von anderen Völkern) zusammentrug.

Charakteristik

Typisch für das Buch Mischle sind kurze Sentenzen, gewöhnlich in der Form eines zweigliedrigen Spruches. Außerdem finden sich Rätsel (Spr 6,16–19; 30,15–33), Lehransprachen (Spr 1 – 9), Zahlensprüche (Spr 30,18f.; 24 – 28) oder allgemeine Lebensweisheiten (Spr 22,17–23,11; 24,10–12; 26,27). Die Lebensweisheiten in diesem Buch sind nicht typisch jisraelitisch. Viele haben große Ähnlichkeit mit der Weisheitsliteratur aus Mesopotamien, Ägypten oder Griechenland. Typisch für das Buch Mischle ist auch, dass die

Weisheit (*chochma*) als Frau vorgestellt wird. Die Lehrreden der personifizierten Chochma finden sich in Spr 1,20–33; 8 – 9.

Bedeutung

In der Bibel überliefert 1Kön 5,12, König Schelomo habe 3.000 Sprüche verfasst und betont damit seine übergroße Weisheit.

In der jüdischen Tradition spielt das Buch Mischle so gut wie keine Rolle. Einzelne Sprüche dienen jedoch in homiletischen Midraschim als Ausgangsverse für Predigten, die dann in kunstvoller Weise zum Wochenabschnitt hinführen. Der Schluss des Buches Mischle (Spr 31,10–31), wird im traditionellen Judentum am Freitagabend bei der Begrüßung des Schabbat rezitiert.

1 – 9	Sprüche Schelomos	30	Worte Agurs
10,1 – 22,16	Sprichwörter Schelomos	31	Worte Lemuels
22,17 – 24,22	Worte der Weisen	31	Eschet Chajil: Lob
25 – 29	Weitere Sprüche Schelomos		auf die tüchtige Frau

Leitfragen

- Was ist im Buch Mischle mit der Weisheit gemeint?
- Welche Erziehungsideale lässt Mischle erkennen? Welche Erziehungsmethoden schlägt das Buch vor?

Weisheit

Die Weisheit ist nach dem Buch Mischle eine allgemeine Lebensweisheit, noch nicht, wie bei Ben Sira oder Pirke Avot, die Tora. Die Quelle der Weisheit ist Gott (Spr 2,6). Daher gilt die Ehrfurcht vor Gott als höchste Weisheit (Spr 1,7; 9,10; u.ö.). An keiner Stelle aber wird ihr Inhalt näher spezifiziert, vielmehr steht Weisheit als Synonym für Wissen (Spr 2,10 u.ö.). Lebensweisheit wird vor allem durch die elterliche Erziehung vermittelt. Das Buch Mischle mahnt daher wiederholt zum Gehorsam gegenüber dem Vater (seltener auch gegenüber der Mutter) und überliefert Ratschläge zur Erziehung des Sohnes. Allgemeine Bildung ist Mischle zufolge das hervorragende Merkmal eines Menschen und führt zu einem guten Leben.

In der jüdischen Tradition

Die jüdische Tradition identifizierte die Weisheit mit der Tora. Eine der wichtigsten Verse ist Spr 8,22. Hier bekennt Frau Weisheit, sie sei *reschit darko* (*der Erstling der Wege Gottes*), und da es am Anfang der Tora heißt, dass Gott *be-reschit* (*durch den Erstling*) Himmel und Erde schuf, formulierte die jüdische Tradition, dass Gott die Welt durch die Weisheit (= die Tora) schuf. Die Tora war also der Bauplan der Welt und bildet damit ihr Wesen ab (BerR 1,1).

Eschet Chajil

» Frauen S. 279; 441; Antagonistische Frauenpaare S. 40

Die Weisheit wird im Buch Mischle als Frau personifiziert. Sie ruft in den Gassen und wirbt für sich (Spr 1,20–33), sie umwirbt die Männer mit ihren Vorzügen (Spr 8,4). Sie erscheint sogar als Gespielin Gottes bei der Erschaffung der Welt (Spr 8,22–31). Dem Schüler (einem Mann: Spr 7,1) wird geraten: *Sprich zur Weisheit: Meine Schwester bist du!* (Spr 7,4), dies bewahrt dann vor der fremden Frau, die durch glatte Reden zum Unheil verführt (Spr 7,5). Es ist daher kaum überraschend, dass ein Buch, das sein Hauptthema als Frau personifiziert, mit einem Loblied auf die tüchtige Frau endet: *Eschet Chajil – mi jimza* …(Spr 31,10–31). Das Lied ist nach dem Alef-Bet strukturiert und preist die Kraft und den Fleiß einer Frau, die für ihren Mann sorgt, jedoch nicht nur für ihn, sondern auch für sich selbst (Spr 31,22–25) und für Arme allgemein (Spr 31,20). Auch sorgt sie für ihre eigene Bildung und öffnet ihren Mund voller Weisheit (Spr 26).

Gottesdienst und häusliche Feier

Das ‚Loblied auf die tüchtige Frau' – Eschet Chajil (Spr 31,10–31) – stellt einen festen Bestandteil der häuslichen Schabbatabend-Feier dar. Es wird nach dem Lied ‚Schalom Alechem' (Begrüßung der Schabbat-Engel) und vor dem Qiddusch angestimmt. Dieser Brauch geht auf kabbalistische Kreise zurück, die allerdings das Loblied auf die (Haus-) Frau allegorisch auf die Schechina (Gottes Gegenwart) ausdeuteten, die sie als die mystische Mutter und Frau verstanden.

notabene: Sprichwörter außerhalb von Mischle

Spruchwörter finden sich im Tanach auch außerhalb des Buches Mischle, an einigen Stellen werden sie mit dem Begriff *maschal* eingeführt. Im Folgenden seien einige bekannte Sprüche aufgeführt:

- *Einen Mann erschlug ich für meine Wunde, und einen Knaben für meine Strieme. Wird Kain siebenfach gerächt, so Lemech sieben- undsiebzigfach.* (Gen 4,23f.)
- *Wer Blut des Menschen vergießt, durch Menschen sei des Blut vergossen.* (Gen 9,6)
- *Vom Fresser kam Fraß, und vom Starken kam Süßes.* (Ri 14,14)
- *Ist auch Schaul unter den Begeisterten?* (1Sam 10,12)
- *Von Frevlern kommt Frevel.* (1Sam 24,14)

- *Da du mit Männern liefst, und sie dich machtlos zeigten, wie willst du mit Rossen dich verwetten? (Jer 12,5)*
- *Wie die Mutter, so die Tochter. (Ez 16,44)*
- *Die Väter haben die Herblinge (saure Trauben) gegessen, dass den Kindern die Zähne leer bleiben? (Ez 18,2)*
- *Ein lebender Hund ist besser als ein toter Löwe. (Koh 9,4)*

» Weiteres Thema: Rätsel S. 277

‚4 aus 1.000' Lebensweisheiten

- *Gut Grünkost und dabei die Liebe statt Ochs, gemästet, und dabei der Hass. (Spr 15,17)*
- *Ein frohes Herz macht heitres Antlitz. (Spr 17,22)*
- *Der Narr auch, schweigt er, wird für klug geachtet. (Spr 17,28)*
- *Wer Unrecht sät, wird Unheil ernten. (Spr 22,8)*

» Am besten, Sie stellen sich eine eigene Auswahl zusammen!

איוב
Das Buch Ijov (Hiob)

Bezeichnung des Buches
Das Buch ist nach seiner Hauptperson benannt: Ijov.

Umfang und Inhalt
42 Kapitel. Das Buch besteht in seinem Kern aus Lehrreden über das Thema ‚Warum leidet ein Gerechter?' Diese Reden sind in eine legendäre Geschichte eingebettet: Der ‚Widergeist' der Menschen (hebräisch *Satan*) meint, es sei kein Wunder, dass Ijov gottesfürchtig sei, da es ihm gut gehe. Sobald es ihm schlecht ergehen würde, würde er sich von Gott lossagen. Gott möchte dem Satan beweisen, dass dem nicht so sei. Er erlaubt Satan, Ijov ein Leid nach dem anderen zu schicken: Ijov wird arm, seine Kinder sterben und schließlich wird er selbst schwer krank. Freunde besuchen Ijov. Ihnen werden im Hauptteil des Buches Lehrreden in den Mund gelegt, die verschiedene Antworten auf die Frage nach dem Unglück eines Gerechten erwägen. Ijov bleibt Gott treu und wird dafür am Ende des Buches überreich belohnt.

Charakteristik
Das Ijov-Buch ist vor allem durch Lehrreden bestimmt, enthält aber auch Klagelieder und einen Hymnus. In den Dialogen wird jeweils das Selbstverständnis des Vorredners in Frage gestellt. In den Freunden begegnen Ijov Menschen, die unerschütterlich davon überzeugt sind, dass Gott einen Zusammenhang zwischen Tun und Ergehen garantiert. Leiden bedeutet dann entweder, dass Gott ungerecht handelt oder dass der Mensch gesündigt hat und sein Leiden eine Strafe darstellt. Ijov leugnet dies und bekommt Recht.

Das Buch Ijov zählt in rein sprachlicher Hinsicht zu den schwierigsten Texten in der Hebräischen Bibel. Viele hebräische Wörter sind selten oder unklar. Der Talmud (bBB 15ab – 15b), der Mosche als Verfasser des Buches Ijov vorstellt, überliefert gleichzeitig eine Diskussion der Rabbinen darüber, wann das Buch Ijov verfasst worden sei. Rabba erwog die Zeit der Landspäher, andere dachten an die Zeit der Stammväter, manche hielten ihn für einen der Exulanten. Es wird sogar in Erwägung gezogen, dass Ijov möglicherweise eine rein fiktive Figur sei. Man diskutierte außerdem, ob Ijov und seine Freunde den Rang von (nichtisraelitischen) Propheten hatten oder ob Ijov nur ein frommer Mensch war (bBB 15b).

Bedeutung

In der Bibel erscheint Ijov neben Noach und Danijel als Gerechter (Ez 14,12–20). Ansonsten findet er außerhalb des Ijov-Buches keine Erwähnung mehr. In der jüdischen Tradition gilt Ijov als einer der wenigen wahrhaft Gerechten (DevR 2,4); nach manchen übertraf er sogar Avraham (bBB 14b). Die Bindung Jizchaqs durch Avraham wird in Talmud und Midrasch mit ähnlichen Motiven erzählt wie das Leiden Ijovs und darin Avraham und Ijov parallelisiert. Nach mYom 1,6 soll der Hohepriester das Buch in der Nacht von Jom Kippur studieren, um sich wach zu halten. Der Talmud (bTaan 30a) schreibt für den Fasttag Tischa be-Av für die öffentliche Lesung neben der Lesung von Echa (Klagelieder) das Buch Ijov und die Unheilsworte aus dem Buch Jirmejahu (z.B. Jer 2,29 – 8,12; 9,24 – 10,17) vor.

Ijovs Leiden ist auf der Menora von Benno Elkan vor der Knesset in Jerusalem dargestellt.

1 – 2	Prolog: Gott und Satan		und zwei Freunden (Elifas und Bildad)
2	Die drei Freunde: Elifas von Teman, Bildad von Schua und Zofar von Naama	28	Lehrgedicht über die Weisheit
		29 – 31	Reden Ijovs
3	Ijovs Klage	32 – 37	Reden des vierten Freundes Elihu
4 – 14	Erster Dialog zwischen Ijov und seinen drei Freunden	38 – 42	Gottes Antwort und Ijovs Bekenntnis
15 – 21	Zweiter Dialog zwischen Ijov und seinen drei Freunden	42	Epilog: Ijovs neues Glück
22 – 27	Dritter Dialog zwischen Ijov		

Leitfragen

- Geben die Reden der Freunde Ijovs tatsächlich eine Antwort auf die Frage nach dem Warum des Leids?
- Was tun die Freunde, bevor sie reden? Lesen Sie hierzu Hi 2,10–13.

Leiden des Gerechten

» Gerechter S. 423

Das Buch Ijov durchzieht vor allem ein Thema: die Frage, warum ein Gerechter leidet. Lehrt das Buch Mischle zumeist einen reinen Tun-Ergehens-Zusammenhang, den Gott garantiert, so wurde in der Weisheitsliteratur schon bald problematisiert, dass es auch ausgesprochen bösen Menschen sehr gut gehen kann und umgekehrt. Das Ijov-Buch versucht in mehreren philosophischen Dialogen und Lehrreden, dieses Problem zu ergründen. Zwei Antworten werden verworfen: a) Gott ist ungerecht und b) Leid ist Strafe für Sünde. Die Antwort, die das Buch vorschlägt ist: Der Mensch versteht die Wege Gottes nicht und hat sich ihm zu fügen. Vor allem in Hi 38 – 42 wird die Winzigkeit des Menschen angesichts der Größe und Unerforschlichkeit Gottes deutlich gemacht.

Satan

Satan ist im Buch Ijov zwar bereits eine eigenständige Figur, aber noch nicht das personifizierte Böse, als das sie im abendländischen Kulturkreis bekannt und vor allem im mittelalterlichen Teufelsglauben manifest geworden ist. Das Buch Ijov stellt Satan als Mitglied des göttlichen Hofstaates vor, der den Anweisungen Gottes Folge leistet. Insofern ist Satan nicht der Widersacher Gottes, sondern allenfalls der Widersacher des Menschen, indem er den Menschen auf die Probe stellt und gegen ihn opponiert. In diesem Sinn ist der Satan auch in 1Chr 21,1 zu verstehen, wo Satan gegen Jisrael aufsteht und Dawid aufstachelt, Jisrael zu zählen; ebenso in Sach 3, wo Satan als Ankläger neben Gott steht.

In der Bibel
Auch in den übrigen Schriften der Bibel ist Satan keine eigenständige Figur, sondern eine allgemeine Bezeichnung für ‚Feind, Widersacher' (1Sam 29,4; 2Sam 19,23; 1Kön 5,18), wie z.B. Hadad oder Reson, die Widersacher Schelomos waren (1Kön 11,14.23.25). Auch der Engel, der sich Bil'am in den Weg gestellt hat, bezeichnet sich als Satan (Num 22,32).

In der jüdischen Tradition
In der rabbinischen Literatur kann Satan – ähnlich wie bei Ijov – als der Ankläger des Menschen verstanden werden. So ist es nach einer talmudischen Überlieferung auch Satan, der Gott auf die Idee bringt, den Avraham zu prüfen (bSan 89b). Es finden sich im Talmud auch Überlieferungen, nach denen Satan der personifizierte böse Trieb oder der Todesengel ist (bBB 16a).

» Weitere Themen: Boten Gottes S. 43; Auferstehung der Toten S. 458; notabene: Geist Gottes S. 279; notabene: Trauer S. 392; notabene: Lieder außerhalb von Tehillim S. 424

שיר השירים
Das Buch Schir ha-Schirim (Lied der Lieder)

Bezeichnung des Buches

Das Buch wird nach seinen ersten hebräischen Worten *schir ha-schirim* bezeichnet. Der hebräische Ausdruck bedeutet ‚das höchste/schönste/wichtigste Lied', gemeint ist ein Liebeslied. Der Liebhaber heißt in Hld 1,4.12 ‚König', in Hld 3,7.9 ‚Schelomo', die Geliebte ist Schulamit (Hld 7,1). 1Kön 5,12 berichtet, Schelomo habe 1.005 Lieder verfasst. 1Kön 11,3 zufolge hatte er 700 Frauen und 300 Nebenfrauen: eine Menge Anlässe für viele Liebeslieder. Wer die Lieder in diesem Buch tatsächlich verfasst hat, ist unklar. Der Talmud (bBB 15a) führt das Buch auf König Chisqijjahu zurück (vgl. oben die Übersicht zu den biblischen Verfassern nach dem Talmud, S. 5).

Umfang und Inhalt

8 Kapitel. Das Buch ist eine Sammlung von Liebesliedern, die durch stete Sprecherwechsel und Wechselgesänge leben (Lieder der Frau; Lieder des Mannes; Chor).

Charakteristik

Die Lieder sind eine Sammlung von (profanen) Liebesliedern, in denen ein Mann und eine Frau sich wechselseitig bewundern und begehren. Einige Lieder besingen diese Beziehung von außen wie ein Begleitchor. Die Besonderheit der Lieder liegt darin, dass der Schir ha-Schirim die erotisch-sexuelle Beziehung zwischen Mann und Frau als solche nicht nur zulässt, sondern positiv ausmalt und ihr ein Eigenleben zugesteht, wie es in dieser Form im Tanach einzigartig ist. Zudem bringt Schir ha-Schirim an mehreren Stellen deutlich zum Ausdruck, dass die Initiative zur Liebe auch ganz selbstbewusst von der Frau ausgeht (Hld 4,16; 7,12 – 8,4). Wie auch im Buch Ester, findet sich im ganzen Buch keine ausdrückliche Gottesbezeichnung (allerdings diskutieren die Ausleger, ob der Ausdruck *schalhevetjah* Hld 8,6 ein Kompositum darstellt und ein theophores Element mit theologischer Implikation enthält).

Bedeutung

Das Buch enthält Elemente orientalischer Liebeslyrik ebenso wie Parallelen zur griechischen Bukolik oder sogar zum griechischen Dithyrambos. Es redet nirgends von Gott, seinen Gesetzen oder seiner Beziehung zu Jisrael. Ob es in den Tanach aufgenommen werden konnte, weil es schon früh allegorisch auf die Beziehung zwischen Gott, dem König, und Jisrael gedeutet wurde oder ob die Allegorisierung nicht letztlich eine ‚kanonische' Geltung voraussetzte, ist heute umstritten.

In der jüdischen Tradition
Rabbi Akiva hielt den Schir ha-Schirim für die heiligste Schrift (mYad 3,5). Wohl kaum ein Text stellte für die jüdische wie für die christliche Exegese des Mittelalters eine größere Herausforderung dar wie der Schir ha-Schirim, und wie bei keinem anderen Text bestand wohl auf christlicher wie auf jüdischer Seite eine seltene Einmütigkeit darüber, wie dieser Text (natürlich allegorisch) auszulegen sei: Symbolisierte für die christliche Seite die hier thematisierte Liebesbeziehung zwischen Mann und Frau die Beziehung zwischen Christus (als dem Bräutigam) und der Kirche als seiner Braut, so versteht die jüdische Auslegung den Schir ha-Schirim als Allegorie für die geschichtlich einmalige Verbindung zwischen Gott und Jisrael in Bund und Gesetzgebung (‚Antrauung': Hos 2,21f.!). Schon der Targum sieht das Lied als kohärent durchkomponierte poetische ‚Geschichte Jisraels', beginnend mit dem Auszug aus Ägypten als dem Beginn der Liebe Gottes zu seinem Volk (Pesach). Ihm folgt der Aufenthalt am Sinai, wo der Ehevertrag unterzeichnet wurde (Schavuot), die Wüstenwanderung, die mit Sukkot als der Zeremonie unter

Überschrift: Das schönste Lied Schelomos (1,1)

Lieder der Frau und des Mannes (im Wechsel) (1,2 – 2,7)
    Zimmer des Königs
    Im Weinberg
    Stätte der Hirten
    Tafelrunde
    Im Wald
    Im Weinhaus

Lieder der Frau und eines Chores (im Wechsel) (2,8 – 3,11)
    Im Weinberg
    In der Stadt
    Von der Wüste her
    Schelomos Ruhebett

Lieder des Mannes (4,1 – 5,1)
    Vom Libanon
    Im Garten

Lieder der Frau und eines Chores (im Wechsel) (5,2 – 6,3)
    In der Stadt

Lieder des Mannes und eines Chores (im Wechsel) (6,4 – 7,10)
    Im Nusshain

Lieder der Frau (7,11 – 8,7)
    Auf dem Feld
    In den Weinbergen
    ‚Draußen'
    Von der Wüste

Lieder der Frau und eines Chores (im Wechsel) (8,8–10)

Lieder des Mannes und der Frau (im Wechsel) (8,11–14)
    In den Gärten

der Chuppa verglichen wurde, die Inbesitznahme des Landes und ihr Verlust (babylonisches Exil), die Eroberung des Landes durch die Römer sowie ein messianischer Ausblick auf die Sammlung der Zerstreuten. Auf der Basis des Targum sucht auch Raschis Kommentar, den Schir ha-Schirim als chronologische Allegorie zu präsentieren und verweist auf den geschichtlichen Bogen, den der Schir ha-Schirim umfasst (Raschi zu Hld 1,1; 2,7.17; 4,3 u.ö.).

Raschis Enkel Raschbam hingegen las den Schir ha-Schirim vor allem vor dem Hintergrund der beginnenden zeitgenössischen (französischen) Liebeslyrik (*chanson de femmes*) und verweist auch in seinem Kommentar zu Hld 3,5 ausdrücklich auf *die Art und Weise der Trouvères, dass sie ein Lied zur Aufführung bringen, das von der Liebe zweier Menschen erzählt, in der Weise, wie (eben) weltliche Liebeslieder sind.*

Leitfragen
- Welche Lieder singt ein Mann, welche eine Frau? Haben die beiden Geliebten Namen?
- Wie ist die Dynamik der Beziehung? Wie endet die Begegnung dieses Liebespaares?
- Welche Aussagen werden über das Aussehen der Frau gemacht?

Gottesdienst und häusliche Feier

Verwendung in der Synagoge
Die Zuordnung vom Schir ha-Schirim zu Pesach stammt aus der gaonäischen Zeit. Diese Zusammenbindung ergab sich aus der Midrasch-Exegese, wonach Gott dem Volk Jisrael beim Auszug aus Mizrajim als junger Mann (*na'ar*; vgl. im Hebräischen auch Ex 14,27!) erschien (bHag 14a; ShemR 23,8; PesR 21, 100b). Schir ha-Schirim wird in der aschkenasischen Tradition im Schacharitgottesdienst an Schabbat Chol ha-Moed Pesach nach dem Hallel auf eine besondere Melodie gesungen bzw. am siebten oder achten Tag Pesach, wenn er auf Schabbat fällt, in der sefardischen Tradition an denselben Tagen, jedoch vor dem Minchagebet. In einigen Familien ist es üblich, Schir ha-Schirim am Ende des Sederabends zu singen.

Im sefardischen Judentum wird Schir ha-Schirim jeden Schabbat zu Beginn des Schabbat nach dem Entzünden der Kerzen bzw. noch vor den Schabbat-Tehillim gelesen. Es erinnert hier zum einen an Gottes Liebesbeziehung zu Jisrael, zum anderen an Jisraels Liebesbeziehung zum Schabbat. Vorher und nachher wird ein Gebet gesagt, das die Bitte formuliert, dass die Schechina nach Jeruschalajim zurückkehren möge.

רות

Das Buch Rut

Bezeichnung des Buches

Der Name des Buches leitet sich von seiner Hauptperson her, die in Rut 1,4 zum ersten Mal erwähnt wird.

Umfang und Inhalt

4 Kapitel. Eine Kurzgeschichte, die erzählerisch in der Zeit der Richter spielt. Wegen einer Hungersnot in Bet-Lechem (‚Brothaus') zieht Elimelech (‚Mein Gott ist König') mit seiner Frau Noomi (‚Liebliche') und seinen beiden Söhnen Machlon (‚Kränkling') und Kiljon (‚Schwächling') nach Moav. Elimelech stirbt dort. Die Söhne verheiraten sich mit moabitischen Frauen, Orpa (‚die den Rücken Kehrende') und Rut (‚Freundin/Labsal'), sterben aber auch bald. Die verwitwete Noomi entscheidet sich zum Heimweg nach Bet-Lechem, rät jedoch ihren Schwiegertöchtern, in ihrer Heimat Moav zu bleiben, um sich dort neue Männer zu suchen. Orpa verabschiedet sich, Rut aber bleibt bei ihr (*Wo du hingehst, will ich hingehn...; Rut 1,16f.*). In Bet-Lechem kommt nun Rut für den Lebensunterhalt der beiden alleinstehenden Frauen auf. Sie sammelt die Ähren, die bei der Ernte stehen bleiben (Dtn 24,19). Bei der Arbeit wird der Besitzer des Feldes, Boas (‚In ihm ist Kraft'), auf sie aufmerksam. Boas ist ein Nachkomme von Perez (Gen 38,29), einem Sohn von Tamar, den diese sich auf selbstbewusste Weise hatte zeugen lassen (Gen 38), und der als naher Verwandter Elimelechs (Rut 4,3) ein möglicher Löser (*goel*; vgl. Dtn 25,5–7) für die Zurückgekehrte ist. Boas lädt Rut zum Essen ein und sorgt dafür, dass Rut Vorzüge erhält, z.B. auch zwischen den Garben sammeln kann. Auf den Rat ihrer Schwiegermutter hin macht sich Rut eines Nachts auf der Tenne an Boas heran, um ihn zu verführen und ihn zu einer Heirat mit ihr zu bringen, weil sie ihn als Löser für sich sieht. Boas ist nach Ruts Aufforderung auch bereit, Rut zu lösen, verweist aber auf einen näheren Verwandten, der Rut (aus-)lösen oder zur Lösung durch Boas freigeben müsse. Dieser Löser ist seinerseits am nächsten Tag zwar bereit, das angebotene Grundstück von Noomi zu erwerben, möchte jedoch die damit verbundene Verpflichtung, Rut zu heiraten, ‚um den Namen des Toten auf seinem Erbgut zu erhalten' (4,5), nicht eingehen. Es kommt zu einer Art ‚Chaliza-Zeremonie', bei der Löser seinen Schuh auszieht und Boas zum Kauf auffordert (4,8). Boas erwirbt damit ‚alles Eigentum Elimelechs' und Rut, die Moabiterin, die er nun zur Frau nimmt (4,9f.). Rut wird schwanger

und gebiert Oved (‚Knecht'). Das Buch Rut schließt mit dem Hinweis: *Oved, der ist der Vater Jischais, des Vaters Dawids.*

Charakteristik

Das Buch ist deutlich eine literarische Fiktion mit verschiedenen Erzählmitteln. Die Geschichte spielt in der Zeit der Richter, über die jedoch nichts weiter berichtet wird. Auch die für das Buch Schoftim typischen Phrasen zur Beschreibung der Richterzeit – Bedrohung durch Feinde, Rettung durch einen Helden – kommen nicht vor. Weitere Erzählmittel sind symbolische Namen, eine klare szenische Gliederung sowie die Konzentration auf wenige Charaktere. Eines der Leitwörter der Geschichte ist das Wort *chesed* ‚Liebe/Gunst' (als beständige Gütigkeitserweise zur Aufrechterhaltung einer engen Beziehung), es beschreibt im Buch Rut dreimal das Verhalten Gottes (Rut 1,8; 2:20; 3,10), aber auch das von Rut. Ein weiteres, wichtiges Thema in diesem Buch sind Frauen: Witwen, Schwiegertöchter und/oder ‚fremde Frauen', wobei das Motiv des Fremdseins in doppelter Weise aufgenommen wird: Eine Familie geht in die Fremde, um ihrerseits mit einer fremden Frau in die Heimat zurückzukehren.

Bedeutung

In der Bibel wird Rut außerhalb des Buches Rut nirgends mehr genannt. In der jüdischen Tradition dagegen wird Rut sehr häufig und durchgehend positiv erwähnt. Rut gilt als Tochter des moabitischen Königs Eglon (bSot 47a; bSan 105b), gegen den der Richter Ehud kämpfte. Eglon wiederum sei ein Enkel Balaqs gewesen (bNaz 23b; bHor 10b), jenes Königs, der einst Bil'am gegen Jisrael schickte. Dass Rut aus dieser Linie stammt, wird diesen Königen als Verdienst angerechnet. Rut ist die Urgroßmutter König Dawids und hat nach rabbinischer Tradition den Beginn der Regierungszeit ihres Ur-Ur-Enkels Schelomo noch miterlebt (bBB 91b). Die mittelalterlichen Ausleger (Qara) diskutieren vor allem das Thema der Konversion; nach ihnen war die Voraussetzung der Heirat zwischen Rut/Orpa und den Söhnen Noomis der Übertritt zum Judentum gewesen. Dabei wird auch darauf hingewiesen, dass Ruts Übertritt zum Judentum nicht durch die Heirat veranlasst war, sondern

1	Umzug der Familie Elimelechs nach Moav. Tod der Söhne. Noomi und ihre moabitische Schwiegertochter Rut gehen zurück nach Bet-Lechem	3	Ruts nächtliche Begegnung mit Boas
2	Rut liest Ähren auf dem Feld von Boas	4	Verhandlung am Tor und Lösung von Elimelechs Eigentum, Heirat und Geburt von Oved

aus unselbstsüchtigen Motiven erfolgte. Rut ist zusammen mit Rachel auf der Menora Benno Elkans vor der Knesset in Jerusalem dargestellt.

Leitfragen
- Welche Leitwörter finden sich in der Geschichte?
- Welche Personen sind die Hauptfiguren? Was ist das Hauptthema der Erzählung?
- Welchen Bezug gibt es zwischen dem Buch Rut und dem Fest, an dem dieses Buch studiert wird: Schavuot?

Chesed: Mitmenschlichkeit

Das Buch Rut lehrt anschaulich und mit erbaulichem Anspruch wichtige Aspekte, die in der jüdischen Religion als bedeutend erachtet wurden:
- Die Wichtigkeit der Sorge für Witwen und Arme und ihr Lohn.
- Die Würde des Zusammenhaltens in einer Familie und ihr Lohn. Dieser Aspekt schließt also auf der einen Seite die Altenpflege ein (Rut will bei Noomi bleiben), ohne dass dies jedoch als Anspruch für die Alten oder Verpflichtung für die Jungen formuliert würde (Noomi versucht Rut, von ihrem Vorhaben abzuhalten).
- Die Wichtigkeit von Mitmenschlichkeit. Dieser Aspekt wird auch im Midrasch betont: *Rabbi Seira sagte: Diese Megilla enthält weder Fragen über Unreinheit oder Reinheit, noch Ge- oder Verbote. Warum wurde sie dann geschrieben? Um den Lohn zu beschreiben, der denen bereit steht, die die Taten der Mitmenschlichkeit (chesed) tun* (RutR 2,16). Aus diesem Grund stellt die rabbinische Exegese der positiven Figur Rut ihren Schwiegervater Elimelech als mitleidlosen Geizkragen gegenüber, der sein Land in Richtung Moav nicht etwa aus Gründen materieller Not verlässt, sondern weil er Angst hat, als reicher Mann in schlechten Zeiten zuviel Almosen geben zu müssen.
- Die Wichtigkeit der Rückkehr nach Erez Jisrael, wo Gott die Rückkehrenden gut versorgen wird.

Frauen

» Frauen S. 279; Eschet Chajil S. 431; Antagonistische Frauenpaare S. 40

Das Buch Rut erzählt von Frauen und ihren Überlebensstrategien in einer patriarchalischen Welt, die sich umso feindlicher darstellt, wenn die Frauen arm sind. Dazu gehört auch das Ende der Erzählung, das sich weniger als Happy-End ausnimmt, wenn man sich klarmacht, dass das Buch Rut als Lösung die Heirat einer jungen Frau mit einem alten Mann anbietet, um soziale Sicherheit zu erlangen. Einzig die Beziehung zwischen Rut und Noomi wird eher positiv dargestellt. Es fehlt das in biblischen Frauenbeziehungen oftmals auftretende Motiv der Eifersucht, was jedoch auch darin begründet sein mag, dass die Frauen nicht in unmittelbarer Konkurrenz um einen Mann zueinander stehen. Am Ende des Buches (Rut 4,11–12) wird auf weitere biblische Frauen verwiesen: Lea und Rachel (siehe Gen 29 – 30) und Tamar (siehe Gen 38).

Löser/Lösung

» Schwagerehe S. 65

Das Buch Rut formuliert sehr eigenständige Überlegungen zur Schwagerehe und zur Auslösung. Eine klassische Schwagerehe (*Jibbum*) wie sie das Buch Devarim vorschreibt (Dtn 25,5–10), liegt nicht vor, denn Boas ist nicht der Schwager der Rut, sondern allenfalls ihr angeheirateter Onkel. Zudem müsste Noomi als diejenige vorgestellt werden, die der Löser bzw. Boas heiraten könnte. Und selbst, wenn Noomi noch weitere Söhne (von einem neuen Mann) bekommen könnte, so wären diese wiederum nicht die Söhne Elimelechs, denn nur diese könnten mit Rut eine Schwagerehe eingehen. Auch die Prozedur des Schuh-Ausziehens stellt keine Chaliza-Zeremonie im engeren Sinne dar, bei der die Frau demjenigen den Schuh vom Fuß zieht, der die Schwagerehe nicht eingehen möchte, sondern symbolisiert an dieser Stelle die Übertragung von Eigentum vor einem Quorum. Das Buch Rut verbindet darin die Idee der Schwagerehe mit dem Motiv der Lösung, d.h. der Verpflichtung des Rückkaufs von Erbbesitz und anderen Gütern eines nahen Verwandten, der seinen Besitz wegen Überschuldung veräußern musste (vgl. z.B. Lev 25; 27).

Moav

Das Buch Rut setzt die Szenerie in der Zeit der Richter in Moav an. Das Buch Schoftim erwähnt Moav zweimal als Angreifer Jisraels: In Ri 3,12–30 besiegt der Richter Ehud den fettleibigen moabitischen König Eglon. Ri 11 erzählt von Jiftachs Sieg über die Moabiter und dem Opfer seiner Tochter. Beides wird im Buch Rut (bewusst?) nicht aufgenommen. Nicht-Jisraeliten sollen nicht bekämpft werden. Die Schilderung des Schicksals der Moabiterin Rut steht in krassem Gegensatz zu der schroffen Warnung vor Mischehen im Esra-Nechemja-Buch mit dem expliziten Verbot, niemals dürfe je ein Moabiter *in die Versammlung Gottes* aufgenommen werden (Neh 13,1–3). Gleichwohl betont das Buch durchgehend die fremde (Rut 2,10) Herkunft Ruts als Moabiterin (Rut 2,2.21; 4,5).

Gottesdienst und häusliche Feier

Verwendung in der Synagoge

Rut ist die Megilla für Schavuot. Man liest das Buch in traditionellen Gemeinden außerhalb Israels am zweiten Tag Schavuot nach dem Hallel (am 1. Tag liest man an dieser Stelle die mittelalterliche Dichtung Akdamut), in der sefardischen Tradition liest man die erste Hälfte am ersten Tag, die zweite am zweiten. In einigen liberalen Gemeinden ist es Brauch, dieses Buch in der Lernnacht an Schavuot genauer zu studieren. Die jüdische Tradition kennt verschiedene Gründe für die Zuordnung von Rut zu Schavuot:

- Das Buch erzählt die Vorgeschichte von König Dawid, der der Tradition zufolge an Schavuot gestorben ist. Daher ist es in Jeruschalajim üblich, an Schavuot Dawids Grab zu besuchen.
- Das Buch spielt zur Zeit der Weizenernte, und Schavuot ist Chag ha-Bikkurim, das Fest der Erstlinge, bzw. Chag ha-Qazir ‚Fest der Getreideernte'.
- Schavuot wurde in nachtalmudischer Zeit s*eman mattan toratenu* (Zeit der Gabe unserer Tora) genannt. Rut wiederum wird in der jüdischen Tradition zum Vorbild einer Jüdin aus Entscheidung, indem sie sich zu Noomis Volk zählt und deren Gott als ihren annimmt.

» Weitere Themen: Namensänderungen S. 37; Schwagerehe/Jibbum S. 65; Hungersnot S. 66; Bet Lechem S. 392

איכה
Das Buch Echa (Klagelieder)

Bezeichnung des Buches
In der jüdischen Tradition heißt die Schrift nach ihrem ersten Wort: Echa – ‚Wehe!/Ach!' Der Talmud zitiert die Schrift als Sefer Qinot ‚Buch der Klagelieder' (bHag 5b; bMQ 26a) oder Qinot (bBB 14b); vgl. auch Megillat Qinot (yShab 16:15c). Die deutsche Bezeichnung ‚Klagelieder' geht auf den latinisierten griechischen Namen ‚Threni' zurück (griech.: *threnoi*).

Umfang und Inhalt
5 Kapitel (entspricht 5 Liedern). Das Buch enthält fünf voneinander unabhängige Lieder. Sie beklagen die Katastrophe des Exils und klagen Gott und sein Zerstörungswerk an.

Charakteristik
Die Lieder sind – mit Ausnahme von Lied 5 – nach dem Alef-Bet strukturiert. Allerdings entspricht die Reihenfolge der Buchstaben Ajin und Pe in den Liedern 2, 3 und 4 (Pe, Ajin und Zade) nicht der sonst üblichen im hebräischen Alef-Bet (Ajin, Pe, und Zade). Die Lieder zeichnen sich dadurch aus, dass sie nicht einfach über den Untergang Jeruschalajims und das Leid seiner Bewohner und Bewohnerinnen (auch der Kleinsten!) Klage (oder gar Selbst-Anklage) formulieren, sondern Gott Anklagen wegen seines zerstörerischen Werkes entgegenschleudern, fassungslos darüber, dass Derartiges geschehen konnte. Anders als in den Tehillim, die oftmals einen Entwicklungsgang von der Klage bis zum Gotteslob durchlaufen, gibt es eine solche Entwicklung in Echa nicht. Erneute Gottesnähe wird erbeten, nicht erfahren. In Echa werden unterschiedliche Stimmen laut: Die betrauerte Stadt (die hierin alles andere als tot ist!) kommt ebenso zu Wort wie Feinde oder jene, die schon immer alles besser wussten. Neben der Entfremdung von Gott (Klgl 2,1–8; 3,1–13) werden auch die Gegner skizziert (Feind-Klage v. a. in Klgl 2,16; 3,60–66; 4,18–21) sowie deutlich die persönliche Reaktion auf die Not geschildert (Klgl 1,11f.20; 2,20–22; 3,48f.).

Bedeutung
In der Bibel: Das Buch Echa setzt sich (kritisch) und auf ganz eigene Weise nicht nur mit der Zerstörung Jeruschalajims und dem Exil auseinander, sondern auch mit den in der Tora und den Propheten angekündigten Strafen und Fluchworten von Zerstörung und Verschleppung.

In der rabbinischen Literatur wird das Buch dem Propheten Jirmejahu zugesprochen, weil dieser Prophet nicht nur als unmittelbarer Zeitgenosse der Ereignisse um 587/6 v.d.Z. galt (die Verwüstung Jehudas und Jeruschalajims, die Zerstörung des Tempels, Elend und Schmach der in der Stadt Verbliebenen u.a.), sondern weil die Figur des Jirmejahu am ehesten als prophetischer ‚Empathie-Träger' in Anspruch genommen werden konnte. Im Gegensatz jedoch zur Überlieferung des Buches Jirmejahu, die dem Leser detailliert und minutiös bestimmte Vergehen als Ursache für die Katastrophe schildert, hält sich das Buch Echa in dieser Hinsicht auffallend zurück. Im Gegenteil: Echa setzt sogar Propheten neben Priestern auf die Anklagebank (Klgl 4,13).

Im 19. Jh. betrachtete das Reformjudentum in seiner Zurückweisung der Vorstellung von der Wiedererrichtung des Tempels auch (die Rezitation von) Echa eher ablehnend. Für die heutige Zeit lassen sich mehrere Bedeutungsebenen der Lieder ausmachen: Die weibliche Figur Zijjon kann als alternatives Modell zum männlichen Zerstörer, aber auch zum demütig-passiven Erleider werden. Mit Hilfe einer Vielzahl von Redewendungen der Zerstörung klagt sie an, und dies vor allem unter Verweis auf die Notlage der Unschuldigsten und Schwächsten einer Gesellschaft: der Säuglinge und Kinder (Klgl 1,5; 2,11.19f.; 4,4.10) und Greise (Klgl 1,19; 2,10.21; 4,16; 5,12 u.ö.), aber auch der jungen Mädchen und Männer (Klgl 1,15.18; 2,21 u.ö.). Einige der Beschreibungen der Schändung der Stadt lassen sich wie eine Metapher für eine vergewaltigte, verratene und öffentlich bloßgestellte Frau lesen (Klgl 1,8.10; 2,7.8.9.18 u.ö.). Das Buch Echa stellt darin einen Komplementärtext zum Buch Jechesqel dar, das die Zerstörung der Stadt Jeruschalajim (und Schomron; jeweils als hurerische Frauen vorgestellt) in ähnlich drastischen Bildern ausgestaltet (Ez 16; 23).

Das Buch Echa berührt vor allem die Frage nach sprachlicher Bewältigung von Verfolgung und Kriegs-Traumata. Es will darin nicht das Leid eines Volkes/einer Stadt als gerechtfertigte Züchtigung Gottes verstehen, mit der dieser den am Boden Liegenden zum Guten erzieht, sondern präsentiert mehr

Lied 1 (nach dem Alef-Bet): Anklagende Schilderung über die vereinsamte Stadt Jeruschalajim, Klage und Trauer Zijjons und der Aufruf zur Empathie. Schuldbekenntnis und Vergeltungswunsch

Lied 2 (nach dem Alef-Bet): Anklagende Schilderung des Zornes Gottes und seines Zerstörungswerkes

Lied 3 (nach dem Alef-Bet): Klagelied eines Mannes

Lied 4 (nach dem Alef-Bet): Klage über die zerstörte Stadt Zijjon, vor allem über das Schicksal kleiner Kinder

Lied 5: Klage über Unterdrückung und Vergewaltigungen. Bitte um göttliche Zuwendung, Sammlung und Rückführung

oder weniger unverhohlene Kritik an der (göttlichen) Destruktivität. Darin wird Echa zu einem eindrücklichen literarischen Zeugnis der ‚Überlebenden-Literatur' (survivor literature), denn ihre (An-)Klagen repräsentieren das Paradox des Todes inmitten des Lebens und das Leben inmitten des Todes.

Leitfragen

- Welche Ursachen werden für das Leid genannt? Wie wird das Leid gedeutet?
- Wie viele und welche Stimmen werden laut? In welcher Weise lässt sich Echa als Literatur von Überlebenden charakterisieren?
- Welche Bilder oder bildhaften Umschreibungen werden für Jeruschalajim verwendet?

Göttliche Zerstörung

Kaum ein biblisches Buch hat eine so differenzierte Sprache der Zerstörung entwickelt wie das Buch Echa. Die Durchführung wie die Folgen des göttlichen Zorns werden in einer Vielzahl von bildhaften Redewendungen umschrieben. Dies mag an einigen Beispielen aus dem zweiten und vierten Lied verdeutlicht werden:

- *Er warf vom Himmel zur Erde (…)* (Klgl 2,1).
- *Vernichtet ohn Erbarmen hat der Herr (!) (…) zerstört in seinem Grimm (…)* (Klgl 2,2).
- *Er hieb ab in seines Zornes Glut (…) und loht' in Jaaqov* (Klgl 2,3).
- *(…) würgte aller Augen Lieblinge (…) goss er wie Feuer seinen Grimm* (Klgl 2,4).
- *Es ward der Ewige zum Feind, zerstörte Jisrael, zerstörte all seine Paläste, vernichtete seine Vesten (…)* (Klgl 2,5).
- *Entkleidet (…) zerstört (…) vergessen macht' (…) verwarf (…)* (Klgl 2,6).
- *(…) zerstört seinen Festort (…), verschmäht hat der Ewige seinen Altar, verworfen sein Heiligtum (…)* (Klgl 2,6f.).
- *Vollbracht, was er sann, hat der Ewige, erfüllt sein Wort (…). Er hat zerstört ohn Erbarmen (…)* (Klgl 2,17).
- *Dem Säugling klebte die Zunge verdurstend am Gaumen, es bettelten Kindlein um Brot (…)* (Klgl 4,4).
- *Mildherziger Frauen Hände: sie kochten ihre Kinder (…)* (Klgl 4,10).

Fluchandrohung der Zerstörung

» Segen und Fluch S. 171; 249

Das Thema von Städtezerstörungen und/oder der Vernichtung ihrer Bewohner findet sich im Tanach zum einen im Kontext der sog. ‚Landnahme' (Num

21,2f.; Dtn 2,34; 3,6; 7,2; 13,16.18; 20,17; Jos 2,10; 6,17f.21; 7; 8,20–30; 10,1.28.35.37 u.ö.) und kriegerischen Auseinandersetzungen (Ri 9,4.22–57; 1Sam 15,3; 2Kön 25,8–11), zum anderen aber auch im Kontext von Segen und Fluch bei Gehorsam bzw. Ungehorsam gegenüber Gott sowie in den Drohworten der Propheten.

- Lev 26,15–41 enthält eine ausführliche Androhung drakonischer Strafmaßnahmen im Falle des Ungehorsams Jisraels: *Wenn ihr aber nicht auf mich hören und alle diese Gebote nicht üben werdet (…), bringe ich über euch ein Schwert, das den Bund rächen soll. Und zieht ihr euch zurück in eure Städte, so sende ich Pest unter euch, dass ihr in die Hand des Feindes gegeben seid, da ich euch den Stab des Brotes zerbreche, dass zehn Frauen euer Brot in einem Ofen backen (…). Und ihr werdet das Fleisch eurer Söhne essen, und das Fleisch eurer Töchter werdet ihr essen (…). Und ich werde eure Städte zur Wüstenei machen (…).*
- Auch Dtn 28,15–67 enthält ein umfassendes Fluchregister (vgl. oben S. 249), innerhalb dessen sehr detailliert beschrieben wird, wie sich Gottes Zorn in der Zerstörung Luft macht, und das sich wie ein Korrespondenz-Text zu Echa liest: *Und es wird sein, wenn du nicht hörst auf die Stimme des Ewigen (…). Hochheben wird der Ewige über dich ein Volk aus der Ferne (…). Es bedrängt dich in all deinen Toren, bis deine hohen und festen Mauern, auf die du vertraut hast, in deinem ganzen Land gefallen sind (…). Dann wirst du verzehren die Frucht deines Leibes (…) in der Drängnis und Engnis, womit dein Feind dich beengt (…). Die Verzärtelste und Weichlichste (…) wird missgünstig blicken (…) auf die Frucht, die aus ihrem Schoß hervorgeht, und auf ihre Kinder, die sie gebiert, denn sie wird sie aus Mangel an allem heimlich verzehren in der Drängnis und Engnis, womit dein Feind dich beengt (…)* (Dtn 28,49–57).
- In drastischen Worten beschreibt auch der Prophet Jechesqel die Rache an seiner mit anderen Männern verkehrenden Frau: *Dann richte ich dich (…) und gebe dich dem Blut des Grimms und Eifers, und gebe dich in ihre Hand, dass sie einreißen (…), zerstören (…) und dich hinstellen bar und bloß (…), und eine Volksschar heranbringen, um dich, dich steinigen und mit ihren Schwertern zerhauen, deine Häuser im Feuer verbrennen und an dir Gericht vollstrecken vor den Augen vieler Frauen (…) Und ich stille meinen Grimm an dir, dass mein Eifer von dir schwindet, und ich Ruhe finde und mich nicht mehr kränke (…)* (Ez 16,38–42).

Gottesdienst und häusliche Feier

Verwendung in der Synagoge

Das Buch Echa ist fester Bestandteil der Liturgie zu Tischa be-Av. Man singt es in einer eigens für Echa vorbehaltenen Kantillation im Abendgottesdienst. Insbesondere die in Echa formulierten (An-)Klagedichtungen führten dazu, dass nach Verfolgungen oder Verwüstungen von Gemeinden, vor allem im Zeitalter der Kreuzzüge, weitere Klagelieder verfasst wurden, von denen viele noch heute Bestandteil der (traditionellen) Gottesdienste an Tischa be-Av sind.

Der vorletzte Vers des Buches Echa *haschiwenu adonai elecha, wenaschuva, chadesch jamenu keqedem* (*Führ, Ewger, uns zurück zu dir, dass wir heimkehren, erneure unsere Tage wie voreinst!*) wird im Toragottesdienst nach der Einhebung des Sefer Tora in den Aron ha-Qodesch gesungen.

» Weitere Themen: Exil S. 251; notabene: Trauer S. 392; notabene: Lieder außerhalb von Tehillim S. 424; Übersicht Schabbat S. 101

קהלת
Das Buch Qohelet (Kohelet)

Bezeichnung des Buches
Das Buch heißt nach seinem ersten markanten Wort ‚Qohelet' (siehe auch Koh 1,1.12; 7,27; 12,8–10). Dies bedeutet ‚Versammelnder'. Vielleicht ist das Wort eine Amtsbezeichnung für jemanden, der eine Versammlung leitet. Es könnte aber auch ein Sammler von Sprichwörtern gemeint sein. Der (angebliche) Verfasser des Buches wird ‚Sohn Dawids' und ‚König in Jeruschalajim' genannt (Koh 1,12). Zu Schelomo passen die Äußerungen in Koh 1,16 (1Kön 3,13; 5,10–11; 10,7) und Koh 2,7–9 (1 Kön 3,13; 10,23). Der oder die tatsächliche(n) Autor(en) bleiben ungenannt. Nach der rabbinischen Überlieferung stammt Qohelet aus dem Kreis um Chisqijjahu (bBB 15a).

Umfang und Inhalt
12 Kapitel. Das Buch enthält im Frage- und Antwort-Stil bzw. in kurzen Sentenzen Lebensweisheiten und Ratschläge über ‚Gott und die Welt'. Ein klar umrissener Aufbau der einzelnen Spruchgruppen ist nicht zu erkennen, wohl aber zentrale Themen, die sich in vielen Variationen wiederholen. Gleich zu Beginn beschreibt Qohelet die Wiederholung des ewig Gleichen (*O eitel Eitelkeiten...*). Kritik am traditionellen Weisheitsdiskurs, die zur Feststellung der Sinnlosigkeit von körperlichen Genüssen und Reichtum angesichts der Ungerechtigkeit der Welt und des Todes führt, durchzieht das ganze Buch ebenso wie die Behauptung der Ohnmacht des Menschen im Gegenüber zu Gottes unveränderlichem Ratschluss. Klugheit hilft dem Menschen nicht. Mit Frauen hat Qohelet offenbar nur schlechte Erfahrungen gemacht: *Auch finde ich bittrer als den Tod das Weib, das voller Schlingen ist, des Herz ein Netzwerk, dessen Arme Fesseln sind* (Koh 7,26). Das Leben ist kurz, und nach dem Tod trifft alle dasselbe Schicksal: Das noch die alte Weisheitsliteratur prägende Verständnis eines Tun-Ergehens-Zusammenhanges ist aufgebrochen. Daher gibt das Buch den Ratschlag, das Leben zu genießen – Essen, Trinken, Lieben – denn *das ist dein Anteil am Leben, gibt es doch nicht Schaffen noch Planen, nicht Kenntnis noch Weisheit in Scheol, dahin du gehst* (Koh 9,7–10).

Charakteristik
‚Alles eitel' (*ha-kol hevel*; Koh 1,2.14; 2,11.17; 3,19; 12,8). Dieser Ausspruch kann mit Recht als Leitmotiv des Buches angesehen werden. Qohelet wird gern als Skeptiker charakterisiert, und in der Tat vermittelt das Buch

eine Illusionslosigkeit, die in den biblischen Schriften ihresgleichen sucht. Dennoch bleibt es nicht bei einem allgemeinen ‚Weltschmerz', vielmehr gelangt Qohelet gerade angesichts der Unerkennbarkeit des Werkes Gottes und des menschlichen Geschwätzes zur Gottesfurcht (Koh 5,6). Die eudämonistische Weltsicht, die hier formuliert wird, zeigt das Buch von der frühhellenistischen Popularphilosophie bzw. ägyptisch-alexandrinischen Weisheit beeinflusst.

Bedeutung

Das Buch Qohelet formuliert einige Topoi, die sich nicht ohne Weiteres mit den übrigen Schriften im Tanach vereinbaren lassen. Von den rabbinischen Autoritäten wurde Qohelet als Buch vorgestellt, ‚das die Hände verunreinigt' (vgl. oben S. 5; vgl. aber tYad 2,14). Man fand in dem Buch Worte, die den Sprüchen Dawids widersprächen oder sogar häretischen Aussprüchen gleichkämen (mYad III,5; bShab 30b; bMeg 7a). Der mittelalterlichen jüdischen Theologie und Exegese allerdings galt das Buch Qohelet vielfach als Träger tieferer göttlicher Weisheiten (*sodot*).

Die Wiederholung des ewig Gleichen (1 – 3)	*Qohelets ‚Philosophie' (7 – 9)*
Alles ist Windhauch	Die goldene Mitte
Nichts Neues unter der Sonne	Die (bösen) Frauen
Die Nichtigkeit des menschlichen Lebens	Das Wort des Königs
Das Unrecht unter der Sonne	Die Ungerechtigkeit in der Welt und die Quintessenz aus dieser Erkenntnis: ‚Genieße das Leben!'
„Alles hat seine Zeit"	
Der ewige Ratschluss Gottes (3 – 6)	*Lebensweisheiten (10 – 12)*
Die Vergänglichkeit der Arbeit, der Weisheit und der materiellen Güter angesichts des Todes	Von der Dummheit Könige und Fürsten Ratschläge (‚wirf' dein Brot aufs Wasser')
	Epilog Qohelet: Vom (zu)vielen Büchermachen

Leitfragen

- Wieso kommt der Verfasser dieser Schrift zu dem Ergebnis, alles sei eitel?
- Welche Konsequenzen hat diese Erkenntnis für das Leben?
- Wie werden materielle Güter bewertet?
- Spielt Gott eine Rolle in dieser Schrift?

Tod

Ein wichtiges Thema im Buch Qohelet ist die Reflexion über den Tod. Der Tod markiert das endgültige Ende eines Menschen; danach kommt nichts mehr. Da das Buch Qohelet keinen Tun-Ergehens-Zusammenhang (mehr) aufrechterhalten kann, gleicht der Tod die im Leben ungleichen Verhältnisse einander an. Durch den Tod haben letztlich alle das gleiche Schicksal. Der Tod wird radikalisiert. Der Mensch ist ihm machtlos preisgegeben. Das Buch Qohelet kennt auch keine spezifische Gott-Mensch-Beziehung im Tod – der Mensch ist nicht besser dran als sein Vieh (Koh 3,19–22).

Der ferne Gott

Im Buch Qohelet wird Gott nicht hinterfragt, er entzieht sich aber auch jeglichem Zugriff. Daher findet auch keine existentielle Auseinandersetzung mit ihm statt, wie dies beispielsweise bei Ijov der Fall ist. Es werden auch keine Zweifel an Gott laut. Das Buch Qohelet lehrt einige markante, für den Tanach untypische Ansichten über Gott:
- Gott wird nicht als der (persönliche) Gott des Bundes und der Geschichte Jisraels vorgestellt.
- Es ist keine Umkehr seitens des Menschen möglich; alles geht seinen von Gott verfügten Gang.
- Gott garantiert keinen Tun-Ergehens-Zusammenhang mehr. Das Buch Qohelet stellt hierin das weisheitliche Deutemuster massiv in Frage, wonach der Mensch sein Schicksal selbst in die Hand nehmen könne (beispielsweise durch Einhalten der Gebote). Hierin geht es thematisch mit dem Buch Ijov parallel, kommt allerdings zu vollständig anderen Problemlösungen.

Gottesdienst und häusliche Feier

Verwendung in der Synagoge

Das Buch Qohelet gehört zu den fünf Megillot, die in der jüdischen Liturgie zu besonderen Festen oder Fasttagen gelesen werden. Qohelet wird Sukkot zugeordnet. Es wird nach aschkenasischem Ritus an Schabbat Chol ha-Moed Sukkot (Schabbat, der in die acht Tage Sukkot fällt) nach Hallel vor dem Ausheben der Torarolle gelesen, im sefardischen Ritus vor dem Minchagebet sowie an Schemini Azeret, wenn dieser Tag auf einen Schabbat fällt. Der Grund für die Zuordnung zum Sukkotfest ist in der Nähe der Themen zu suchen:
- Die Weisheit des Qohelet wird der Weisheit der Tora gegenübergestellt

- Sukkot erinnert an das Wohnen in den Hütten, an die unstete Existenz Jisraels und verweist damit symbolisch auf die Unstetigkeit des menschlichen Lebens allgemein.
- Die zerbrechliche Laubhütte stellt die Sicherheit der materiellen Existenz der übrigen Wochen des Jahres in Frage, und dies tut auch das Buch Qohelet (bes. Koh 5,9 – 6,9).

» Weiteres Thema: notabene Sprichwörter außerhalb von Mischle S. 431

אסתר
Das Buch Ester

Bezeichnung des Buches

Das Buch ist nach seiner Hauptperson, Ester (‚Stern'), benannt. Esters hebräischer Name ist Hadassa (‚Myrte').

Umfang und Inhalt

10 Kapitel. Das Buch stellt eine kunstvolle und geradezu märchenhaft ausgestaltete Novelle dar. Der hebräische Text des Buches ist wesentlich kürzer als seine griechische Entsprechung in der Septuaginta. Dieser enthält zusätzlich nach Est 1,1 den Traum Mordechais und die Aufdeckung der Verschwörung, nach Est 3,13 den Erlass Hamans, nach Est 4,17 die Gebete Mordechais und Esters, nach Est 8,12 den königlichen Erlass für die Juden, nach Est 10,3 die Deutung des Traumes Mordechais aus Kap 1 sowie nach Est 10,31 den Bericht der Überbringung des Esterbuches nach Mizrajim. Einige Episoden der griechischen Überlieferung finden sich auch in den Targumim, den aramäischen Übersetzungen zum Esterbuch. Wie auch im Buch Schir ha-Schirim findet sich in Ester keine ausdrückliche Gottesbezeichnung. Die Besonderheit dieses Buches liegt überdies darin, dass hiervon bis heute keine Fassung unter den Qumran-Textzeugen aufgefunden wurde, sondern lediglich einzelne Parallelüberlieferungen in einem aramäischen Text.

Die Geschichte spielt am Hof des persischen Königs Achaschverosch (= Artaxerxes) im Palast in Susa. Nachdem die Königin Waschti sich geweigert hat, sich bei einem Gastmahl vor den Gästen des Königs zur Schau zu stellen, verstößt sie der König, und Hadassa, die auch Ester heißt, kommt als neue Königin an den Hof. Sie ist jüdisch (gibt dies aber zunächst nicht preis) und wuchs als Pflegekind bei ihrem Onkel Mordechai auf. Einige Zeit später wird Haman, ein Nachkomme Agags (Est 3,1), vom König zum Großwesir befördert. Haman verlangt, mit Proskynese begrüßt zu werden. Weil Mordechai ihm dies verweigert, plant Haman, narzisstisch gekränkt, sämtliche Juden in Susa zu vernichten. Der Tag der Vernichtung wird ausgelost: der 13. Adar: *Im ersten Monat (...) warf man das ‚Pur', das ist das Los (...)* (Est 3,7). Mordechai berichtet Ester von Hamans Plänen und mahnt sie, sich für ihr Volk einzusetzen. Nach Esters Eintreten für ihr Volk beim König durch Denunziation Hamans (Est 7) endet Haman an eben jenem Galgen, den er auf Rat seiner Frau und seiner Freunde (Est 5,14) bereits für Mordechai hatte errichten lassen, Mordechai aber wird geehrt. Der König erlaubt den Juden überdies, Rache an ihren Feinden zu üben. Das Buch endet mit der Einführung des Purimfestes als Tage des Mahls und der Freude (Est 9,20–28).

Bedeutung

In der Bibel kommen Ester, Mordechai und Haman außerhalb von Megillat Ester nicht mehr vor. Haman wird als Nachfahre Agags, des König der Amaleqiter (1Sam 15, 8.20.32f), eingeführt. Amaleq wiederum ist nach der Tora der erste Feind, der Jisrael nach dem Auszug aus Mizrajim begegnet (Ex 17,8–16). Durch derartige Anspielungen wird die Ester-Geschichte als Aktualisierung der ‚Erz'-Auseinandersetzung zwischen Jisrael und Amaleq stilisiert: Weil König Schaul den Bann über Agag/die Amaleqiter nicht vollständig vollzogen hatte, lebten Nachkommen der Amaleqiter weiter. Das Lärmen während der Lesung von Megillat Ester beim Namen Hamans als Nachkomme Agags soll nach traditioneller Anschauung daran erinnern, dass die Feinde Jisraels bis heute unter verschiedenen Namen gegenwärtig sind.

Die rabbinische Literatur stellt Ester als Nachfahrin von König Schaul vor (bMeg 13a). Sie zählt neben Sara, Avigajil und Rachav nicht nur zu den vier schönsten und begehrenswertesten Frauen, sondern neben Sara, Chulda, Channa, Devora, Mirjam und Avigajil zu den sieben Prophetinnen (bMeg 14a).

Der masoretische Text gliedert sich in mehrere Szenen, die mit der Kapitelaufteilung identisch sind:
- *Szene 1:* Das königliche Gastmahl: Achaschverosch und Waschti
- *Szene 2:* Ester und Mordechai
- *Szene 3:* Haman und seine Pläne
- *Szene 4:* Ester bereitet sich auf die Rettung ihres Volkes vor
- *Szene 5:* Das Gastmahl Esters für den König und Haman
- *Szene 6:* Schlaflose Nacht des Königs
- *Szene 7:* Das zweite Gastmahl Esters für den König und Haman. Haman endet am Galgen
- *Szene 8:* Annulierung der Erlasse gegen die Juden
- *Szene 9:* Die Rache der Juden
- *Szene 10:* Epilog: Der Ruhm des Königs und Mordechais

Leitfragen

- Wie wird die Figur der Waschti dargestellt? Worin wird Ester ihr gegenübergestellt?
- Wie steht Ester zu ihrem Volk vor dem Zusammenstoß Mordechais mit Haman?
- Welche Motive leiten Hamans Aktionen?
- In welcher Weise kann das Buch Ester als literarisches Zeugnis gegen Antisemitismus (und Sexismus) verstanden werden?

Gottesdienst und häusliche Feier

Verwendung in der Synagoge und Bräuche
Schon das Esterbuch formuliert die Aufforderung, am 14. und 15. Adar der Purimtage zu gedenken. Daher beginnt Purim am Vorabend des 14. Adar. In Städten allerdings, die schon im Altertum bestanden haben, z.B. Jeruschalajim und Rom, wird die Megilla erst am 15. Adar vorgelesen (sog. Schuschan Purim; Est 9,18). Die Esterrolle, die nach denselben Regeln wie der Sefer Tora geschrieben ist, wird abends und morgens nach der Amida mit einer eigenen Kantillation vorgetragen. Ist keine Rolle vorhanden, kann der Text auch aus einem gedruckten Buch gelesen werden (ohne die entsprechenden Berachot). Bei der Lesung der Rolle wird die Erinnerung an Haman bei jeder Namensnennung durch Lärm (‚Purim- oder Haman-Ratschen') symbolisch vernichtet. Das Hören der Megillat Ester am Abend ist eine Mizwa.

Die fröhlichen und ausgelassenen Bräuche, die sich in europäischen Gemeinden mit Purim verbinden, zeigen Parallelen zu den römischen Saturnalien bzw. dem mittelalterlichen Karneval. In vielen Gemeinden ist es üblich, Szenen aus der Estergeschichte als Theaterstück oder Puppenspiel aufzuführen (Purimspiele). Die Sitte, die bereits im Esterbuch erwähnt ist, sich gegenseitig Geschenke zu machen (Est 9,22), findet heute in Form von Lebensmittelgeschenken an Freunde statt (*Mischloach Manot*). Es ist ferner üblich, für wohltätige Zwecke zu spenden.

Vertreter der jüdischen Reformbewegung im 19. Jh. verboten das Lärmen in der Synagoge als ‚unschicklich'. Einige schafften das Fest ganz ab, da die in dieser Geschichte vermittelten Rachegelüste dem Zusammenleben mit der (christlichen) Umwelt abträglich seien. Noch heute werden an Purim in einigen eher liberalen Gemeinden anstelle einer fröhlichen Purimfeier (‚Grab a Megilla and some Tequila!') Studientage veranstaltet, um in dem Buch angesprochene Themen wie Sexismus oder Antisemitismus zu diskutieren.

Havdala
Zu Beginn der Havdala-Zeremonie werden Verse gelesen, die Gottes Hilfe in Erinnerung rufen. Eine zentrale Rolle spielt das Zitat Est 8,16 (*Bei den Jehudäern war Licht und Freude...*), auf das die Anwesenden antworten: *ken tihje lanu* ‚so geschehe es auch uns!' Unmittelbar danach beginnt mit Ps 116,13 (ein Vers aus dem Hallel) die Havdala-Zeremonie. Nach der Zeremonie wird oft das Kommen Elijahus erbeten, auch dies zum Zeichen der Hoffnung, dass die Klagen des Alltags nicht das letzte Wort haben sollen.

» Weitere Themen: Los S. 292; notabene: Fasten S. 376; notabene: Trauer S. 392

דניאל
Das Buch Danijel

Bezeichnung des Buches
Das Buch ist nach seiner Hauptperson, Danijel (‚Gott richtet' / ‚Gott ist mächtig'), benannt.

Umfang und Inhalt
12 Kapitel. Das Buch Danijel besteht aus zwei Teilen. Kapitel 1 – 6 enthalten Erzählungen über eine (fiktive) Person namens Danijel, ein Jehudäer, der ins Exil in die Stadt Bavel verbannt wurde und nun am Hof des Königs Nebuchadnezzar lebt. Die Kapitel 7 – 12 schildern Visionen Danijels, die literarisch in die Regierungszeit Nebuchadnezzars, seines ‚Sohnes' Belschazzar und des medischen Herrschers Darius positioniert werden. Historisch gesehen enthält das Buch etliche Ungereimtheiten, z.B. hinsichtlich der babylonischen und persischen Herrscherfolgen (Dan 1,1; 6,1.29; 9,1; 11,2; Gertz 2016, 498f.).

Charakteristik
Das Danijelbuch ist zweisprachig. Anfang und Ende sind in Hebräisch (Dan 1,1–2,4 und ab Dan 8,1), der Hauptteil (Dan 2,4 – 7,28) ist in Aramäisch erzählt. Die Schilderungen über Bavel sind in vielem phantastisch. Das Danijelbuch leitet eine neue Epoche der jüdischen Literaturgeschichte ein: die Apokalyptik, die (u.a.) durch die Verfremdung (Mythisierung) von politischen Größen (Machthabern, Reiche) sowie Spekulationen über die Relation von Urzeit und Endzeit gekennzeichnet ist. So wird beispielsweise die Gegenwart als Vorstufe zu einer Zeit der Drangsal gesehen, die der antike Held bereits vorhersieht, an deren Ende jedoch die Rettung der Gerechten und die Strafe der Bösen steht. Diese Schriften ermahnen den Menschen weniger, als dass sie ihn damit trösten wollen, dass die, die zum Guten bestimmt sind, es am Ende auch erlangen werden. Während das Christentum stark von dieser Strömung beeinflusst wurde, haben die Rabbinen solche Einstellungen bekämpft.

Bedeutung
Das Ziel des Buches ist erbaulich: Es legt den jüdischen Gemeinden (der hellenistischen Zeit) die Treue zu den alten Traditionen ans Herz und warnt davor, Götzendienst zu begehen. Die Herrscher, die die Ausübung der jüdi-

schen Tradition erschweren, so die Botschaft des Buches, wird Gott am Ende stürzen, und die Treue zu ihm wird siegen.

In Ez 14,14–20 und 28,3 erscheint ein Danijel als einer der Gerechten aus antiker Vorzeit.

Während Danijel im Christentum als Prophet galt (und gilt), erhielt das Buch im Judentum bewusst den Rang eines zu den Ketuvim gehörigen Buches, d.h. einer erbaulichen Dichtung ohne prophetischen Anspruch. Danijel habe zwar Visionen gehabt, ein Prophet sei er aber nicht gewesen (bMeg 3a; bSan 94a). Welch hohe Bedeutung Danijel als antiker jüdischer Weiser allerdings im Mittelalter genoss, zeigt eine Erzählung aus dem Reisebericht von Rabbi Petachja aus Regensburg (12. Jh. d.Z.), der auf seiner Pilgerreise auch die Stadt Bavel besucht und dort nicht nur das Haus Danijels, sondern auch eine Reihe Reliquien findet: seinen Fußschemel (ein Marmorstück) sowie einen Stein, auf dem das Buch liegt, das er geschrieben hat.

Danijel am Hof Nebuchadnezzars (1 – 6)
1   Danijel und seine Freunde in Bavel
2   Der Traum Nebuchadnezzars: ein zusammengesetztes Standbild
3   Anklage wegen Verweigerung der vorgeschriebenen Anbetung
3   Die drei Freunde Danijels im feurigen Ofen
3 – 4   Der zweite Traum Nebuchadnezzars über sein Ende
5   Das Fest Belschazzars und das Menetekel
6   Danijel in der Löwengrube

Visionen Danijels (7 – 12)
7   Vision von den vier Tieren
8   Vision vom Widder und vom Ziegenbock
9   Das Bedenken Danijels der 70 Jahre des Exils
10   Der Engel Michael
11   Ptolemäer und Seleukiden bis Antiochus IV. Epiphanes
12   Erscheinung des Völkerengels Michael; Auferstehung der Toten

Leitfragen

- Welches sind die Inhalte von Danijels Gebet in Dan 9? Wie argumentiert Danijel vor Gott?
- Was bedeutet ‚Menschensohn' im Buch Danijel, was im Buch Jechesqel? Welche Rolle spielen Engel im Buch Danijel?
- Wie wird dem Danijelbuch zufolge die Weltgeschichte ablaufen?

Auferstehung der Toten

Die Idee von der Auferstehung der Toten ist in der Bibel unterschiedlich ausgeprägt. Zum einen findet sich die Überzeugung, dass der Tod das Ende eines Lebens ist (2Sam 14,14; Jes 38,17f.; Hi 7,7–9), zum anderen gibt es einzelne Vorstellungen von der Auferstehung der Toten (Dtn 32,39; 1Sam 3,6; 1Kön 17,17ff.), die noch nicht identisch sein muss mit der Vorstellung von einem Leben nach dem Tod. Zumeist handelt es sich um Wiederbelebung eines Toten oder Totgeglaubten. Auch poetische Texte gehen zumeist in diese Richtung (Ps 30,4; 71,20). Daneben kennt die Bibel die Entrückung eines Toten in den Himmel: so z.B. bei Chanoch (Gen 5,24) oder Elijahu (2Kön 2,1). Auch die Auferstehung als kollektive Erneuerung des Volkes Jisrael wird z.B. in Ez 37,1–14 oder in den Gottesknecht-Liedern Jes 53,8ff. formuliert. Das Buch Danijel (Dan 12) bietet die prägnanteste Vorstellung von einem endzeitlichen Gericht und der Auferstehung der Toten in Verbindung mit einem strahlenden oder entsprechend finsteren Leben nach dem Tod.

Gottesdienst und häusliche Feier

Gebetsbräuche

Das Buch Danijel wurde für verschiedene Gebetsbräuche zur Grundlage:
- Dan 6,11 erwähnt drei Gebetszeiten am Tag sowie die Gebetsrichtung nach Jeruschalajim.
- Dan 9,3 wurde entnommen, dass man nach der Amida private Gebete, vor allem Tachanun anhängt (Danijel sagt *tefilla we-tachanunim*).
- Das Gebet in Dan 9 wurde zum Modell für jüdische Sündenbekenntnisse. Viele Wendungen und Sätze aus diesem Gebet flossen in die Sündenbekenntnisse der späteren jüdischen Liturgie ein.
- Dan 12 wurde auch für das Judentum zur entscheidenden biblischen Belegstelle für den Glauben an die Auferstehung der Toten (*techijat ha-metim*).

» Weitere Themen: Träume S. 56; Deuteengel S. 407; Tachanun S. 426; notabene: Lieder außerhalb von Tehillim S. 424

עזרא / נחמיה
Das Buch Esra / Nechemja (Esra / Nehemia)

Bezeichnung des Buches
Die Bücher Esra (‚Hilfe') und Nechemja (‚Der Ewige tröstet') bilden im hebräischen Text ein einziges Buch. In der rabbinischen Überlieferung heißt es nur Esra (bBB 14b). Die Teilung des Buches, die bei Origines (185–ca. 254) erstmals bezeugt ist, erfolgte erst um das dritte Jh. herum. Erst mit den frühen Drucken gelangte diese Doppelbezeichnung auch in die jüdische Bibeltexttradition. Nach Esr 7,6.10 ist Esra ein Schriftgelehrter (*sofer*), der die Tora kennt und (wieder) zur Geltung bringt, weshalb er der rabbinischen Überlieferung als Gründervater des Judentums gilt. Seine Zeitgenossen erscheinen bei den Rabbinen als die ‚Männer der großen Versammlung'.

Umfang und Inhalt
Esra: 10 Kapitel. Nechemja: 13 Kapitel. Das Buch Esra/Nechemja setzt mit seiner Erzählung dort ein, wo Divre ha-Jamim endet (2Chr 36,22–23 // Esr 1,1–3), und führt die Geschichte Jisraels bis zum Baubeginn des zweiten Tempels weiter. Es schildert die Neuordnung der jüdischen Gemeinde nach dem Exil. Chaggai und Secharja werden in Esr 5,1 als Propheten dieser Epoche erwähnt.

Charakteristik
Das Esra/Nechemja-Buch präsentiert sich als Geschichtsbuch. Es zitiert Dokumente (z.B. das Edikt des Koresch; Esr 1,1–4), zum Teil in aramäischer Sprache (Brief der Schomronim an Artachschast = Artaxerxes Esr 4,8–16); Vollmacht des Artachschast für Esra (Esr 7,11–26), sowie Namenslisten und Protokolle, neben historischen Erzählungen (zur komplizierten Rekonstruktion des Verhältnisses von historischen data und der literarischen Überlieferung vgl. Gertz 2016, 514–524).

Bedeutung
Außerhalb des Esra/Nechemja-Buches findet Esra nur noch in einem Eintrag in der Genealogie in 1Chr 4,17 eine Erwähnung.

Esra gilt als der Begründer der jüdischen Religion, weil er der Tradition nach die Tora Mosches als Gesetz in Jisrael eingeführt hat (bSuk 20a). Nach mAv I,1 empfingen die Männer der großen Versammlung (*ansche knesset ha-gedola*) die Tora von den Propheten und stellten den Grundsatz auf: *Seid überlegt bei euren gerichtlichen Entscheidungen; stellt viele Schüler auf; macht einen*

Zaun um die Tora. Die Rabbinen identifizierten den letzten Propheten Malachi mit Esra (bMeg 15a). Hillel d.Ä. wurde als (ideeller) Schüler Esras gepriesen (bSot 48b). Auch Esra ist auf der Menora des Benno Elkan vor der Knesset in Jerusalem dargestellt.

Wiederaufbau des Tempels (Esr 1 – 6)	*Aufbau der Stadtmauer Jeruschalajims unter Nechemja (Neh 1 – 7)*
1 Edikt des Koresch	
3 Tempelbau	
6 Pesach der zurückgekehrten Exulanten	*Verlesung der Mosche-Tora durch Esra (Neh 8 – 13)*
	8 Sukkotfest
Esra und die Verpflichtung auf das Gesetz (Esr 7 – 10)	9 Gebet des Volkes
	10 Vertragsbesiegelung
7 Vollmacht des Artachschast für Esra zur Bekanntgabe des Gesetzes	11 Besiedlung Jeruschalajims
	12 Das neue Kultpersonal
8 Rückkehr aus Bavel	13 Nechemjas Reformen
10 Auflösung der Mischehen	

Leitfragen
- Welche Aufgaben hat Esra, welche Nechemja? Begegnen sich Esra und Nechemja?
- Wo findet sich etwas zu den halachischen Themen Mischehen und Verschärfung der Schabbatgesetze?
- Wie gestaltet sich nach dem Buch Nechemja die Verlesung des Gesetzes durch Esra?

Esra und die Verpflichtung auf die Weisung Mosches

» Schriftliches Gesetz S. 276

Neh 8,1 erwähnt *das (...) Buch der Weisung Mosches (...), die der Ewige Jisrael geboten hatte*. Neh 8,8 (vgl. Neh 8,18; 9,3) spricht vom *(...) Buch der Weisung Gottes* und erwähnt dabei die *Erläuterung (...), dass sie das Gelesene verständlich machten*. Der später auch aus der rabbinischen Literatur bekannte Terminus *ha-katuv* ‚das Geschriebene' gilt offensichtlich auch in Neh 8,15 schon als autoritative schriftliche Entität, im Gegensatz zu Neh 9,14, wo Vorschriften, Weisungen, Satzungen und Gebote erwähnt werden. Besonders instruktiv ist Neh 10,30–40, denn dort wird die Weisung Gottes erwähnt (*torat ha-elohim*) und nachfolgend aufgelistet, was sie umfasst:
- keine Mischehe
- kein Güterverkehr am Schabbat (Schabbatruhe)

Das Buch Esra / Nechemja (Esra / Nehemia)

- Schabbatjahr (7. Jahr) und Erlass der Schuldforderung
- Terumah (1/3 Scheqel für Tempeldienst)
- Brote des Angesichts (*lechem panim*)
- das tägliche Mehlopfer und das tägliche Aufstiegsopfer
- Musafopfer für die Schabbatot, Neumondtage und Feste sowie für die Verfehlungsopfer
- die Lieferung des Brennholzes
- Erstlingsfrüchte
- Auslösung der Erstgeburt (Söhne und Vieh) bei den Priestern
- Terumah für die Priester und der Zehnte für die Lewiten

In der jüdischen Tradition

Die Rabbinen führten viele Bräuche auf Anordnungen Esras zurück, die wichtigsten sind (bBQ 82a):

- Die Tora soll auch im Minchagottesdienst am Schabbat gelesen werden.
- Die Tora soll an den Markttagen – montags und donnertags – gelesen werden.
- Gerichtssitzungen sollen entsprechend montags und donnerstags stattfinden.
- Kleider soll man donnerstags zu Ehren des Schabbat waschen.
- An den Wochentagen sollen drei Männer aufgerufen und insgesamt mindestens zehn Verse aus der Tora gelesen werden.
- Die Tora wird ‚in assyrischer Schrift' (Quadratschrift) geschrieben (bSan 21b).
- Esras Toraverlesung, wie sie in Neh 8 beschrieben ist, wurde zum Modell für die spätere Ausgestaltung der Ordnung der Toralesung: Man liest von einem erhöhten Podest (Neh 8,4), weitere Personen stehen rechts und links neben dem Lesenden (Neh 8,4); die Worte der Tora werden erläutert, so dass jeder ihren Sinn versteht (Neh 8,7). Alle hören die Tora: Frauen und Männer, Alte und Junge (Neh 8,3).

Gottesdienst und häusliche Feier

Die Verse des auf die Toralesung in Neh 8 folgenden Gebetes in Neh 9,5–6 sind heute Bestandteil der Pesuqe de-Simra.

» Weitere Themen: Avraham S. 35; Pesach S. 85; 183; 265; Priester S. 120; 128; Los S. 292; Tempel S. 306; 422; Serubbavel und Jehoschua S. 406; Ehe S. 410; Moav S. 442; notabene: Fasten S. 376; notabene: Zweiter Tempel S. 404; notabene: Lieder außerhalb von Tehillim S. 424; Übersicht Schabbat S. 101

דברי הימים
Das Buch Divre ha-Jamim (Chroniken I und II)

Bezeichnung des Buches

Das Buch heißt ‚Tagesbegebenheiten/Annalen' (*Divre ha-Jamim*). In der Septuaginta: Paraleipomena (Ausgelassenes). Der heute gebräuchliche Titel ‚Chronik(-Bücher)' geht auf den Kirchenvater Hieronymus (347–420) zurück.

Umfang

Die Zweiteilung der Divre ha-Jamim ist sekundär und geht auf die Septuaginta zurück. Daraus ergeben sich für Divre ha-Jamim I 29 Kapitel, für Divre ha-Jamim II 36 Kapitel.

Inhalt

Das Buch Divre ha-Jamim erzählt die Geschichte von Adam bis zur Erlaubnis Koreschs zum Wiederaufbau des Tempels. Allerdings wird die Geschichte von Adam bis Schaul in Form von Genealogien abgehandelt, die eigentliche Erzählung beginnt mit den Berichten über Dawid und Schelomo sowie über die Könige aus der Familie Dawids, die als leuchtende religiöse Vorbilder und entsprechend positiv dargestellt werden. Zu diesem Zweck wird die Darstellung von Dawid und Schelomo verklärt, jegliche negativen Charakterzüge sind verschwunden. Die Könige des Nordreiches fehlen fast ganz oder werden nur im Zusammenhang mit Kriegshandlungen erwähnt.

Charakteristik

Der Verfasser gibt vor, für sein Werk eine Reihe von Büchern und Aufschrieben als Quellen benutzt zu haben und verweist auf Quellen und Annalen.

Bedeutung

In der jüdischen Tradition spielt das Buch Divre ha-Jamim so gut wie keine Rolle. Das Buch sollte dem Hohepriester im Tempel in der Nacht von Jom Kippur vorgelesen werden, damit er nicht einschläft (mYom 1,6). Und dies ist denn auch fast die einzige Funktion, die diesem Buch im Judentum gegeben wurde. Der Midrasch erklärt (WaR 1,3), dass es der einzige Zweck dieses Buches sei, erbaulich ausgelegt zu werden, doch auch diese Idee wurde praktisch nicht aufgegriffen.

Das Buch Divre ha-Jamim (Chroniken I und II)

Stammbaum von Adam bis Schaul (1 Chr 1 – 10)	Die Geschichte der Könige Jehudas von Rechavam bis Zidqijjahu (2 Chr 10 – 36)
1 Adam	10 Rechavam und die ‚Teilung' des Reiches
2 Jisrael / die zwölf Stämme	21 Der Brief des Elijahu
9 Schaul	22 Ataljas Regentschaft
Die Geschichte Dawids (1 Chr 11 – 29)	28 Achas
	29 Chisqijja(hu)s Reformen
Die Geschichte Schelomos (2 Chr 1 – 9)	32 Sancheriv
2 – 7 Tempelbau und Tempelweihe	34 Joschijahus Reformen
9 Die Königin von Scheva	35 Pesach
	36 Zidqijjahu
	36 Zerstörung des Tempels
	36 Das Dekret des Koresch (Kyros)

Leitfragen

- Welchen geschichtlichen Zeitraum wollen Divre ha-Jamim erzählerisch umfassen?
- Auf welche Quellen stützen sich Divre ha-Jamim nach eigener Angabe? Lassen sie sich im Tanach ausfindig machen? Welche Funktion haben die genealogischen Listen in 1 Chr 1 – 9?
- Worin unterscheidet sich die Darstellung von Dawids und Schelomos Königtum von derjenigen in den Büchern Schemuel und Melachim? Welche Rolle spielte den Divre ha-Jamim zufolge Dawid beim Tempelbau?
- Was erzählen Divre ha-Jamim über Elijahu?
- In welchem Verhältnis stehen nach den Divre ha-Jamim die Priester Aharon und Zadoq zueinander?

Quellen und Annalen

≫ Quellen und Annalen S. 317

Der Verfasser des Buches Divre ha-Jamim verweist selbst immer wieder auf Quellen, die er vorliegen hatte. Diese sind im Einzelnen:
- Buch der Könige von Jehuda und Jisrael: 2 Chr 16,11; 25,26; 28,26; 32,32
- Buch der Könige von Jisrael und Jehuda: 1 Chr 9,1; 2 Chr 27,7; 35,27; 36,8
- Buch der Könige von Jisrael: 2 Chr 20,34
- Begebenheiten der Könige von Jisrael: 2 Chr 33,18
- Erläuterungen (‚Midrasch') des Buches der Könige: 2 Chr 24,27

- Begebenheiten von Jehu, dem Sohn Hananis: 2Chr 20,34
- Begebenheiten Schemuels, des Sehers; Begebenheiten Natans, des Propheten; Begebenheiten Gads, des Schauenden: 1Chr 29,29
- Begebenheiten von Natan, dem Gottbegeisteten, Weissagung Achijas aus Schilo und in der Vision des Sehers Jedo: 2Chr 9,29
- Begebenheiten von Schemaja, dem Gottbegeisteten und von Iddo, dem Seher: 2Chr 12,15
- Erläuterungen („Midrasch') Iddos, des Gottbegeisteten: 2Chr 13,22
- Aufschrieb / Schau Jeschajahus, dem Gottbegeisteten: 2Chr 26,22; 32,32
- Begebenheiten der Seher: 2Chr 33,19

Gottesdienst und häusliche Feier

Pesuqe de-Simra
» Pesuqe de-Simra (Tehillim) S. 464
Die im Buch Divre ha-Jamim überlieferten Tehillim 1Chr 16,8–36 und 1Chr 29,10–13 finden in den Pesuqe de-Simra Verwendung. Daneben fanden nur wenige Verse aus dem Buch Divre ha-Jamim Eingang in die jüdische Liturgie:
- 1Chr 16,31 gehört zu den Zusammenstellungen von Bibelzitaten, die in Pesuqe de-Simra ihren Platz gefunden haben.
- 1Chr 29,11 (*lecha adonai ha-gedullah weha-gevurah weha-tiferet weha-nezach weha-hod...*) ist einer von verschiedenen Bibelversen, die nach dem Ausheben der Torarolle gesungen werden.

» Weitere Themen: Pesach S. 85; 265; Heiligtum S. 113; 130; 464; Der heilige Kasten S. 92; 225; 264; 290; 307; Priester S. 120; Elasar S. 177; Kalev S. 267; Lewitenstädte S. 268 Schemuel S. 288; Schaul S. 292; Natan S. 297; Tempelbau S. 306; Tempeldienst S. 308; Reue Gottes S. 387; Fiktive Autoren der Tehillim S. 421; Satan S. 435; notabene: Zweiter Tempel S. 404

ANHANG

Die synagogalen Lesungen aus dem Tanach

Haftarot

Nach Paraschijjot

Die Haftara-Lesungen stammen ausschließlich aus den Prophetenbüchern. Sie sind in der ersten Liste nach Paraschijjot aufgelistet, in der zweiten textchronologisch, wobei jeweils die Traditionen von aschkenasischem und sefardischem Ritus berücksichtigt sind. Nähere Informationen zu den Haftarot und dem inhaltlichen Bindeglied zur Parascha (so vorhanden) können unter dem jeweiligen biblischen Buch nachgelesen werden.

Parascha	Tora	Haftara
Bereschit	Gen 1,1 – 6,8	Jes 42,5 – 43,10 (aschk.) / 42,5–21 (sefard.)
Noach	Gen 6,9 – 11,32	Jes 54,1 – 55,5 (aschk.) / 54,1–10 (sefard.)
Lech Lecha	Gen 12,1 – 17,27	Jes 40,27 – 41,16
Wajjera	Gen 18,1 – 22,24	2Kön 4,1–37 (aschk.) / 4,1–23 (sefard.)
Chajje Sara	Gen 23,1 – 25,18	1Kön 1,1–31
Toledot	Gen 25,19 – 28,9	Mal 1,1–2,7
Wajjeze	Gen 28,10 – 32,3	Hos 12,13 – 14,10 (aschk.) / 11,7 – 12,12 (sefard.)
Wajjischlach	Gen 32,4 – 36,43	Ob 1,1–21
Wajjeschev	Gen 37,1 – 40,23	Am 2,6 – 3,8
Miqqez	Gen 41,1 – 44,17	1Kön 3,15 – 4,1
Wajjigasch	Gen 44,18 – 47,27	Ez 37,15–28
Wajjechi	Gen 47,28 – 50,26	1Kön 2,1–12
Schemot	Ex 1,1 – 6,1	Jes 27,6–28,13; 29,22–23 (aschk.) / Jer 1,1 – 2,3 (sefard.)
Waera	Ex 6,2 – 9,35	Ez 28,25 – 29,21
Bo	Ex 10,1 – 13,16	Jer 46,13–28
Beschallach	Ex 13,17 – 17,16	Ri 4,4 – 5,31 (aschk.) / 5,1–31 (sefard.)
Jitro	Ex 18,1 – 20,23	Jes 6,1 – 7,6; 9,5–6 (aschk.) /7,1–13 (sefard.)
Mischpatim	Ex 21,1 – 24,18	Jer 34,8–22; 33,25–26
Teruma	Ex 25,1 – 27,19	1Kön 5,26 – 6,13
Tetzawwe	Ex 27,20 – 30,10	Ez 43,10–27
Ki Tissa	Ex 30,11 – 34,35	1Kön 18,1–39 (aschk.) / 18,20–39 (sefard.)
Wajjaqhel	Ex 35,1 – 38,20	1Kön 7,40–50 (aschk.) / 7,13–26 (sefard.)
Pequde	Ex 38,21 – 40,38	1Kön 7,51–8,21 (aschk.) / 7,40–50 (sefard.)
Wajjiqra	Lev 1,1 – 5,26	Jes 43,21 – 44,23
Zaw	Lev 6,1 – 8,36	Jer 7,21 – 8,3; 9,22–23
Schemini	Lev 9,1 – 11,47	2Sam 6,1 – 7,17 (aschk.) / 6,1–19 (sefard.)
Tasria	Lev 12,1 – 13,59	2Kön 4,42 – 5,19
Mezora	Lev 14,1 – 15,33	2Kön 7,3–20
Achare Mot	Lev 16,1 – 18,30	Ez 22,1–19 (aschk.) / 22,1–16 (sefard.)

Qedoschim	Lev 19,1 – 20,27	Am 9,7–15 (aschk.) / Ez 20,2–20 (sefard.)
Emor	Lev 21,1 – 24,23	Ez 44,15–31
Behar Sinai	Lev 25,1 – 26,2	Jer 32,6–27
Bechuqqotai	Lev 26,3 – 27,34	Jer 16,19 – 17,14
Bemidbar	Num 1,1 – 4,20	Hos 2,1–22
Naso	Num 4,21 – 7,89	Ri 13,2–25
Behaalotcha	Num 8,1 – 12,16	Sach 2,14 – 4,7
Schelach Lecha	Num 13,1 – 15,41	Jos 2,1–24
Qorach	Num 16,1 – 18,32	1 Sam 11,14 – 12,22
Chuqqat	Num 19,1 – 22,1	Ri 11,1–33
Balaq	Num 22,2 – 25,9	Mi 5,6 – 6,8
Pinchas	Num 25,10 – 30,1	1Kön 18,46 – 19,21
Mattot	Num 30,2 – 32,42	Jer 1,1 – 2,3
Mas'e	Num 33,1 – 36,13	Jer 2,4–28; 3,4 (aschk.) / Jer 2,4–28; 4,1–2 (sefard.)
Devarim	Dtn 1,1 – 3,22	Jes 1,1–27
Waetchanan	Dtn 3,23 – 7,11	Jes 40,1–26
Eqev	Dtn 7,12 – 11,25	Jes 49,14 – 51,3
Reeh	Dtn 11,26 – 16,17	Jes 54,11 – 55,5
Schoftim	Dtn 16,18 – 21,9	Jes 51,12 – 52,12
Ki Teze	Dtn 21,10 – 25,19	Jes 54,1–10
Ki Tavo	Dtn 26,1 – 29,8	Jes 60,1–22
Nizavim	Dtn 29,9 – 30,20	Jes 61,10 – 63,9
Wajjelech	Dtn 31,1–30	Jes 55,6 – 56,8
Haasinu	Dtn 32,1–52	2Sam 22,1–51
We-sot ha-Beracha	Dtn 33,1 – 34,12	Jos 1,1–18 (aschk.) / 1,1–9 (sefard.)

Nach Haftarot

Jos 1,1–9	Simchat Tora (sefard.)
Jos 1,1–18	Simchat Tora (aschk.)
Jos 2,1–24	Schelach Lecha
Jos 3,5–7; 5,2 – 6,1; 6,27	1. Tag Pesach
Ri 4,4 – 5,31	Beschallach (aschk.)
Ri 5,1–31	Beschallach (sefard.)
Ri 11,1–33	Chuqqat
Ri 13,2–25	Naso
1Sam 1,1 – 2,10	1. Tag Rosch ha-Schana
1Sam 11,14 – 12,22	Qorach
1Sam 15,1–34	Schabbat Sachor (sefard.)
1Sam 15,2–34	Schabbat Sachor (aschk.)
1Sam 20,18–42	Schabbat Erev Rosch Chodesch
2Sam 6,1–19	Schemini (sefard.)
2Sam 6,1 – 7,17	Schemini (aschk.)
2Sam 22,1–51	Haasinu
2Sam 22,1–51	7. Tag Pesach
1Kön 1,1–31	Chajje Sara
1Kön 2,1–12	Wajjechi

Die synagogalen Lesungen aus dem Tanach 467

1 Kön 3,15 – 4,1	Miqqez
1 Kön 5,26 – 6,13	Teruma
1 Kön 7,13–26	Wajjaqhel (sefard.)
1 Kön 7,40–50	Wajjaqhel (aschk.)
	Pequde (sefard.)
	2. Schabbat von Chanukka
1 Kön 7,51 – 8,21	Pequde (aschk.)
1 Kön 8,2–21	2. Tag Sukkot
1 Kön 8,54–66	Schemini Azeret (sefard. und außerhalb Israels)
1 Kön 8,54 – 9,1	Schemini Azeret (aschk. und außerhalb Israels)
1 Kön 18,1–39	Ki Tissa (aschk.)
1 Kön 18,20–39	Ki Tissa (sefard.)
1 Kön 18,46 – 19,21	Pinchas
2 Kön 4,1–23	Wajjera (sefard.)
2 Kön 4,1–37	Wajjera (aschk.)
2 Kön 4,42–5,19	Tasria
2 Kön 7,3–20	Mezora
2 Kön 11,17 – 12,17	Paraschat Scheqalim (sefard.)
2 Kön 12,1–17	Paraschat Scheqalim (aschk.)
2 Kön 23,1–9.21–25	2. Tag Pesach
Jes 1,1–27	Devarim
Jes 6,1 – 7,6; 9,5–6	Jitro (aschk.)
Jes 7,1–13	Jitro (sefard.)
Jes 10,32 – 12,6	8. Tag Pesach
Jes 27,6 – 28,13; 29,22–23	Schemot (aschk.)
Jes 40,1–26	Waetchanan (= Schabbat Nachamu)
Jes 40,27 – 41,16	Lech Lecha
Jes 42,5 – 43,10	Bereschit (aschk.)
Jes 42,5–21	Bereschit (sefard.)
Jes 43,21 – 44,23	Wajjiqra
Jes 49,14 – 51,3	Eqev
Jes 51,12 – 52,12	Schoftim
Jes 54,1 – 55,5	Noach (aschk.)
Jes 54,1–10	Noach (sefard.)
	Ki Teze
Jes 54,11 – 55,5	Re'eh
Jes 55,6 – 56,8	Haftara Mincha an Fasttagen
	Wajjelech
Jes 57,14 – 58,14	Jom Kippur Schacharit
Jes 60,1–22	Ki Tavo
Jes 61,10 – 63,9	Nizzavim
Jes 66,1–24	Rosch Chodesch, der auf Schabbat fällt
Jer 1,1 – 2,3	Mattot
	Schemot (sefard.)
Jer 2,4–28; 3,4	Mas'e (aschk.)
Jer 2,4–28; 4,1–2	Mas'e (sefard.)
Jer 7,21 – 8,3; 9,22–23	Zaw
Jer 8,13 – 9,23	Tischa be–Av Schacharit
Jer 16,19 – 17,14	Bechuqqotai
Jer 31,1–19	2. Tag Rosch ha-Schana
Jer 32,6–27	Behar Sinai
Jer 34,8–22; 33,25–26	Mischpatim
Jer 46,13–28	Bo

Ez 1,1–28; 3,12   1. Tag Schavuot
Ez 20,2–20   Qedoschim (sefard.)
Ez 22,1–16   Achare Mot (sefard.)
Ez 22,1–19   Achare Mot (aschk.)
Ez 28,25 – 29,21   Waera
Ez 36,16–38   Paraschat Para (aschk.)
Ez 36,16–36   Paraschat Para (sefard.)
Ez 37,1–14   Schabbat Chol ha-Moed Pesach
Ez 37,15–28   Wajjigasch
Ez 38,18 – 39,16   Schabbat Chol ha-Moed Sukkot
Ez 43,10–27   Tezawwe
Ez 44,15–31   Emor
Ez 45,16 – 46,18   Paraschat ha-Chodesch (aschk.)
Ez 45,18 – 46,15   Paraschat ha-Chodesch (sefard.)

Hos 2,1–22   Bemidbar
Hos 11,7 – 12,12   Wajjeze (sefard.)
Hos 12,13 – 14,10   Wajjeze (aschk.)
Hos 14,2–10   Haftara von Schabbat Schuva (weiter bei Joel)
                         und Tischa be-Av Mincha (sefard.)
Joel 2,11–27   Haftara von Schabbat Schuva (Forts., weiter bei Micha)
Am 2,6 – 3,8   Wajjeschev
Am 9,7–15   Qedoschim (aschk.)
Ob 1,1–21   Wajjischlach
Jona 1,1 – 4,11   Jom Kippur Mincha
Mi 5,6 – 6,8   Balaq
Mi 7,18–20   Haftara von Schabbat Schuva (Forts.)
                         Ende der Haftara von Jom Kippur Mincha
Hab 2,20 – 3,19   2. Tag Schavuot
Sach 2,14 – 4,7   Behaalotcha
                         Schabbat Chanukka
Sach 14,1–21   1. Tag Sukkot
Mal 1,1 – 2,7   Toledot
Mal 3,4–24.23   Schabbat ha-Gadol

Tora- und Haftaralesungen nach dem Jahreskreislauf

Die folgende Liste stellt die synagogalen Tora- und Prophetenlesungen (Qeriat ha-Tora und Haftara) nach den Festtagen sowie zu den besonderen Schabbatot zusammen. Auf diese Texte und deren liturgischen Gebrauch in der Synagoge wird an entsprechender Stelle in diesem Buch stets verwiesen.

Rosch ha-Schana (1. Tag)
Qeriat ha-Tora   Gen 21,1–34
Maftir   Num 29,1–6
Haftara   1Sam 1,1 – 2,10

Rosch ha-Schana (2. Tag)
Qeriat ha-Tora   Gen 22,1–24
Maftir   Num 29,1–16
Haftara   Jer 31,1–19

Jom Kippur
Qeriat ha-Tora	Lev 16,1–34
Maftir	Num 29,7–11
Haftara	Jes 57,14 – 58,14
Mincha	Lev 18,1–30
Haftara	Jona; Mi 7,18–20

Sukkot (1. Tag)
Qeriat ha-Tora	Lev 22,26 – 23,44
Maftir	Num 29,12–16 (liberal Dtn 16,13–17)
Haftara	Sach 14,1–21

Sukkot (2. Tag)
Qeriat ha-Tora	Lev 22,26 – 23,44
Maftir	Num 29,12–16
Haftara	1Kön 8,2–21

Chol ha-Moed Sukkot (1. Tag)
Qeriat ha-Tora	Num 29,17–22

Chol ha-Moed Sukkot (2. Tag)
Qeriat ha-Tora	Num 29,20–28

Chol ha-Moed Sukkot (3. Tag)
Qeriat ha-Tora	Num 29,23–31

Chol ha-Moed Sukkot (4. Tag)
Qeriat ha-Tora	Num 29, 26–34

Hoschana Rabba
Qeriat ha-Tora	Num 29,26–34

Schabbat Chol ha-Moed Sukkot
Qeriat ha-Tora	Ex 33,12 – 34,26
Maftir	(entsprechend dem Chol ha-Moed, auf den der Schabbat fällt)
Haftara	Ez 38,18 – 39,16

Schemini Azeret
Qeriat ha-Tora	Dtn 14,22 (an Schabbat); 15,19 (an Wochentagen) bis 16,17
Maftir	Num 29,35 – 30,1
Haftara	1Kön 8,54 – 9,1

(In Israel sowie in liberalen Gemeinden wird an Schemini Azeret auch Simchat Tora gefeiert. Die Toralesungen sind diejenigen von Simchat Tora.)

Simchat Tora
Qeriat ha-Tora	Dtn 33,1–26
Chasan Tora	Dtn 33,27 – 34,12
Chasan Bereschit	Gen 1,1 – 2,3
Maftir	Num 29,35 – 30,1
Haftara	Jos 1,1–18

Chanukka 1. Tag
Qeriat ha-Tora	Num 7,1–17

Chanukka 2. Tag
Qeriat ha-Tora	Num 7,18–29

Chanukka 3. Tag
Qeriat ha-Tora   Num 7,24—35

Chanukka 4. Tag
Qeriat ha-Tora   Num 7,30—41

Chanukka 5. Tag
Qeriat ha-Tora   Num 7,36—47

Chanukka 6. Tag
Qeriat ha-Tora   Num 7,42—53

Chanukka 7. Tag
Qeriat ha-Tora   Num 7,48—59

Chanukka 8. Tag
Qeriat ha-Tora   Num 7,54 — 8,4

Chanukka 1. Schabbat
Qeriat ha-Tora   Wochenabschnitt
Haftara   Sach 2,14 — 4,7

Chanukka 2. Schabbat
(gibt es nur, wenn Chanukka an einem Schabbat beginnt)
Qeriat ha-Tora   Wochenabschnitt
Haftara   1Kön 7,40—50

Rosch Chodesch während Chanukka
Qeriat ha-Tora   Num 28,1—15

Purim
Qeriat ha-Tora   Ex 17,8—16

Schabbat ha-Gadol
Qeriat ha-Tora   wöchentliche Parascha
Haftara   Mal 3,4—24 und 23

Pesach 1. Tag
Qeriat ha-Tora   Ex 12,21—51
Maftir   Num 28,16—25
Haftara   Jos 3,5—7; 5,2 — 6,1.27

Pesach 2. Tag
Qeriat ha-Tora   Lev 22,26 — 23,44
Maftir   Num 28,16—25
Haftara   2Kön 23,1—9.21—25

Pesach Chol ha-Moed 1. Tag
Qeriat ha-Tora   Ex 13,1—16; Num 28,19—25

Pesach Chol ha-Moed 2. Tag
Qeriat ha-Tora   Ex 22,24—23,19; Num 28,19—25

Pesach Chol ha-Moed 3. Tag
Qeriat ha-Tora   Ex 34,1—26; Num 28,19—25

Pesach Chol ha-Moed 4. Tag
Qeriat ha-Tora   Num 9,1—14; Num 28,19—25

Schabbat Chol ha-Moed Pesach
Qeriat ha-Tora Ex 33,12 – 34,26
Maftir Num 28,19–25
Haftara Ez 36,37 – 37,14 (aschk.)
  Ez 37,1–14 (sefard.)

Pesach 7. Tag
Qeriat ha-Tora Ex 13,17 – 15,26
Maftir Num 28,19–25
Haftara 2Sam 22,1–51

Pesach 8. Tag
Qeriat ha-Tora Dtn 14,22 (an Schabbat); 15,19 (an Wochentagen) bis 16,17
Maftir Num 28,19–25
Haftara Jes 10,32 – 12,6

Schavuot 1. Tag
Qeriat ha-Tora Ex 19,1 – 20,23
Maftir Num 28,26–31
Haftara Ez 1,1–28; 3,12

Schavuot 2. Tag
(nur außerhalb Israels)
Qeriat ha-Tora Dtn 14,22 (an Schabbat); 15,19 (an Wochentagen) bis 16,17
Maftir Num 28,26–31
Haftara Hab 2,20 – 3,19

Tischa be-Av
Schacharit:
Qeriat ha-Tora Dtn 4,25–40
Haftara Jer 8,13 – 9,23
Mincha:
Qeriat ha-Tora Ex 32,11–14; 34,1–10
Haftara Jes 55,6 – 56,8 / Hos 14,2–10; Mi 7,18–20 (sefard.)

Rosch Chodesch
Qeriat ha-Tora Num 28,1–15

Rosch Chodesch, der auf einen Schabbat fällt
Qeriat ha-Tora Wochenabschnitt
Maftir Num 28,9–15
Haftara Jes 66,1–24 (V. 23 wird zum Schluss wiederholt)

Schabbat direkt vor Rosch Chodesch
Haftara 1Sam 20,18–42

Fasttage (außer Jom Kippur und Tischa be-Av)
Schacharit:
Qeriat ha-Tora Ex 32,11–14; 34,1–10
Haftara Jes 55,6 – 56,8
Mincha:
Qeriat ha-Tora Ex 32,11–14; 34,1–10
Haftara Jes 55,6–56,8

Die vier besonderen Abschnitte (Arba Paraschijjot) / Schabbatot

Paraschat Scheqalim:
Qeriat ha-Tora Ex 30,11–16
Haftara: 2Kön 11,17 – 12,17 (sefard.) / 2Kön 12,1–17 (aschk.)

Paraschat Sachor
Qeriat ha-Tora Dtn 25,17–19
Haftara 1Sam 15,1–34 (sefard.) / 1Sam 15,2–34 (aschk.)

Paraschat Para
Qeriat ha-Tora Num 19,1–22
Haftara Ez 36,16–36 (sefard.) / Ez 36,16–38 (aschk.)

Paraschat ha-Chodesch
Qeriat ha-Tora Ex 12,1–20
Haftara : Ez 45,16 – 46,18 (aschk.) / Ez 45,18 – 46,16 (sefard.)

Die drei Wochen der Trauer zwischen 17. Tammus und Tischa be-Av (9. Av)
In den drei Schabbatot zwischen beiden Fasttagen werden besondere Haftarot gelesen:
1. Jer 1,1 – 2,3
2. Jer 2,4–28; 3,4
3. Jes 1,1–27

Die sieben Wochen des Trostes
Zwischen 9. Av (Tischa be-Av) und Rosch ha-Schana liegen sieben Schabbatot, die im Zeichen des Trostes liegen. Entsprechend werden die Haftarot an diesen Schabbatot ausgewählt:
1. Jes 40,1–27 (Schabbat Nachamu)
2. Jes 49,14 – 51,4
3. Jes 54,11 – 55,5
4. Jes 51,12 – 52,12
5. Jes 54,1–10
6. Jes 60,1–22
7. Jes 61,10 – 63,9

Einstieg in die Literatur

Eine vollständige Bibliographie kann und soll an dieser Stelle nicht geleistet werden. Nachfolgend werden nur die wichtigsten Textausgaben und Übersetzungen zum Einstieg aufgeführt sowie wichtige wissenschaftliche Überblicksdarstellungen zitiert, die weiterführende Quellen- und Literaturhinweise beinhalten.

Der hebräische Text der Bibel

Eine umfassende Bibliographie zu den Textausgaben findet sich in Hanna Liss, *Jüdische Bibelauslegung*, Tübingen 2019.

The Hebrew University Bible Project (Hg. Moshe Goshen-Gottstein), Jerusalem 1956–2004.
Torat Hayim, 5 Bde. (Hg. Aryeh Kaplan), Jerusalem/New York 1981.
Miqra'ot Gedolot HaKeter, 17 Bde. (Hg. Menahem Cohen), Ramat Gan 1992–2003.
Biblia Hebraica Stuttgartensia (Hgg. Albrecht Alt/Paul Kahle/Rudolf Kittel), Stuttgart ⁵1997, online: <goo.gl/ikpZjn>.
Biblia Hebraica Quinta (Hgg. Adrian Schenker u.a.), Stuttgart seit 2004.

Jüdisch-deutsche Übersetzungen der Bibel

Weitere jüdisch-deutsche Bibelübersetzungen aus dem 19. und 20. Jahrhundert finden sich in Hanna Liss, *Jüdische Bibelauslegung*, Tübingen 2019.

Moses Mendelssohn, *Netivot ha-Schalom*, 5 Bde., Berlin 1780–83 (JubA 15.1–8; ND Wien 1846; Jerusalem 1974); Dt.: in: *Gesammelte Schriften. Jubiläumsausgabe*, Bd. 9,3: *Schriften zum Judentum. III,3: Pentateuchkommentare in deutscher Übersetzung* (Hgg. Daniel Krochmalnik/Rainer Wenzel), Stuttgart/Bad Cannstatt 2009.
Ludwig Philippson, *Die Tora: Die fünf Bücher Mose und die Prophetenlesungen (hebräisch-deutsch) in der revidierten Übersetzung von Rabbiner Ludwig Philippson* (Hgg. Walter Homolka/Hanna Liss/Rüdiger Liwak), Freiburg/Basel/Wien 2015 (2., korr. Aufl. 2016); idem, *Die Propheten (hebräisch-deutsch) in der revidierten Übersetzung von Rabbiner Ludwig Philippson* (Hgg. Walter Homolka/Hanna Liss/Rüdiger Liwak), Freiburg/Basel/Wien 2016; idem, *Die Psalmen. Aus der Hebräischen Bibel übersetzt von Rabbiner Ludwig Philippson* (Hg. Rüdiger Liwak), Freiburg/Basel/Wien 2017; idem, *Die Schriften (hebräisch-deutsch) in der revidierten Übersetzung von Rabbiner Ludwig Philippson* (Hgg. Walter Homolka/Hanna Liss/Rüdiger Liwak), Freiburg/Basel/Wien 2018.
Samson Raphael Hirsch, *Der Pentateuch übersetzt und erläutert*, 5 Bde., Frankfurt am Main 1867–78.
Joseph Wohlgemuth, Isidor Bleichrode, *Pentateuch. Die 5 Bücher Moses. Nebst Haftarot (Prophetenabschnitte)*, Basel 1899 (6. Aufl. 1997).
Naftali Herz Tur-Sinai, *Die heilige Schrift ins Deutsche übertragen*, Frankfurt am Main, 1935–37 (neu bearbeitet 1954, Ndr. Neuhausen-Stuttgart 4. Aufl. 2003, 6. Gesamtauflage Witten 2013).
Martin Buber/Franz Rosenzweig, *Die Schrift. Aus dem Hebräischen verdeutscht*, 4 Bde., 1925–61, Stuttgart 1992.

Rabbinische Literaturen

Im Folgenden sind die wichtigsten Ausgaben von Mischna, Tosefta, Talmudim und Raschi aufgeführt. Ausführliche bibliographische Angaben zu den Midraschim finden sich bei Günter Stemberger, *Einleitung in Talmud und Midrasch* (C. H. Beck Studium). München 2011 (9., vollst. neubearb. Aufl.); Gerhard Langer, *Midrasch* (Jüdische Studien, Bd. 1). Tübingen 2016. Eine umfassende Bibliographie zu den jüdischen Bibelauslegern bietet Hanna Liss, Jüdische Bibelauslegung, Tübingen 2019.

Die Mischna. Textkritische Ausgabe mit deutscher Übersetzung und Kommentar, 63 Bde. (Hgg. Michael Krupp u.a.), Jerusalem 2002–16.
Die Mischna. Aus dem Hebräischen übersetzt und herausgegeben, 6 Bde. (Hgg. Michael Krupp u.a.), Berlin 2007–17.
The Tosephta. According to Codex Vienna, with Variants from Codex Erfurt, Geniza MSS. and Editio Princeps (Venice 1521). Together with References to Parallel Passages in Talmudic Literature and a Brief Commentary, 5 Bde. (Hg. Shaul Lieberman), New York 1955–88.
The Tosefta. Translated from the Hebrew (Hg. Jacob Neusner), New York 1977–81.
The Babylonian Talmud. Translated into English with Notes, Glossary and Indices (Hg. Isidore Epstein), London 1935–52 (Ndr. u.a. London 1961, 18 Bde.).
Talmud Bavli, 29 Bde. (Hg. Adin Steinsaltz), Jerusalem 1965–2010.
Talmud Bavli. Commentary by Rabbi Adin Even-Israel (Steinsaltz) (Hgg. u. Übers. Tzvi Hersh Weinreb u.a.), Jerusalem 2012–.
The Talmud of the Land of Israel (Hg. u. Übers. Jacob Neusner), Chicago 1982–94.
Übersetzung des Talmud Yerushalmi (Hgg. u. Übers. Peter Schäfer u.a.), Tübingen 1975–2011.
Raschi al ha-Tora. Hu Perusch Rabbenu Schelomo bar Jitzchaq (...) (Hg. Abraham Berliner), Berlin 1866 (2., ganz umgearb. Aufl. Frankfurt am Main 1905; Ndr. Hildesheim u.a. 1999).
Raschi, Pentateuchkommentar. Vollständig ins Deutsche übertragen und mit einer Einleitung versehen von Rabbiner S. Bamberger, Hamburg 2. Aufl. 1928, Basel 5. Aufl. 2002.
Perusch Raschi al ha-Tora. The Torah: With Rashi's Commentary, 5 Bde. (Hg. Yisrael I. Z. Herczeg), Brooklyn 1995–99.

Texte zum jüdischen Gottesdienst

Gebetbücher (Siddur und Machsor) gibt es sehr viele unterschiedliche, da die verschiedenen Strömungen im Judentum (orthodox, konservativ, liberal) je eigene Siddurim mit z.T. erheblich verschiedenen Inhalten herausgeben. Die in deutschen Synagogen am häufigsten verwendete Ausgabe ist:

Siddur Schma Kolenu. Ins Deutsche übersetzt von Raw Joseph Scheuer, Basel 5. Aufl. 2006; *Machsor Schma Kolenu*, Basel 2002–07.

Literatur für den ersten wissenschaftlichen Einstieg

Jan Christian Gertz (Hg.), *Grundinformation Altes Testament*, 5. überarbeitete und erweiterte Aufl. Göttingen 2016; 6. überarbeitete und revidierte Aufl. 2019.
Christian Frevel, *Geschichte Israels*, Stuttgart 2016; 2., erweiterte und überarbeitete Auflage, 2018.
Hanna Liss, *Jüdische Bibelauslegung*, Tübingen 2019.

Glossar

Das folgende Glossar stellt alle wichtigen Fachbegriffe vor allem der jüdischen Liturgie zusammen, sofern sie nicht in den Themen eigens behandelt worden sind. Hier finden sich auch kurze Informationen zu zitierten Kommentatoren und anderen erwähnten Persönlichkeiten. Sollte ein Stichwort nicht im Glossar verzeichnet sein, so ist das Register zu konsultieren.

Abravanel, Don Jizchaq Abravanel (1437–1508): Geboren in Lissabon, arbeitete als Schatzmeister in Portugal und als Finanzminister für die Herrscher von Spanien und Italien. Sein Kommentar zur Tora rekurriert zu großen Teilen auf die politischen Vorstellungen seiner Zeit.

Aggada: (aram.: ‚Erzählung'): Bezeichnung der jüdischen Legenden und erbaulichen Erzählungen, die in den *Talmud Eingang gefunden haben und dort von der *Halacha zu unterscheiden sind.

Alenu: Das Schlussgebet des täglichen Gebetes (*Schacharit, *Mincha und *Aravit), auf das nur noch das *Qaddisch folgt.

Alkabez, Schelomo ben Mosche ha-Lewi (1505–1584): Jüdischer Mystiker und Dichter, wanderte schon früh nach Erez Jisrael aus und schloss sich dort kabbalistischen Kreisen an. Von seinen Schriften ist nur wenig überliefert worden. Er ist vor allem als Verfasser des Schabbat-Liedes ‚Lecha Dodi' bekannt.

Amida (hebr.: ‚[Im] Stehen [zu beten]'): Achtzehn– bzw. Siebenbittengebet für Wochen– und Feiertage (bBer 26b). Die Amida ist das zentrale Gebet in allen jüdischen Wochentags-, Schabbat- und Festtagsgottesdiensten, das in einer Anzahl von Bitten strukturiert ist, deshalb auch unter der Bezeichnung Schemone Esre (18-Bitten [Gebet]) bekannt, obwohl das Gebet in der Fassung für die Wochentage strenggenommen 19 Bitten umfasst. Die Amida für den Schabbat oder die Feiertage hat sieben Bitten, der Mittelteil enthält dem Tag entsprechende Bitten.

R. Aqiva, Rabbi Aqiva ben Josef (ca. 50–135): Gehört zur jüngeren Generation der sogenannten *Tannaiten, legte mit seinen halachischen Sammlungen das Fundament für die *Mischna.

Arbaa Turim: Siehe *Jaaqov ben Ascher.

Aschkenasim; aschkenasisch: Wird von einer biblischen Bezeichnung für ein Volk im Norden abgeleitet (Gen 10,3): Seit dem Mittelalter die Bezeichnung für Jüdinnen und Juden aus Zentral- und Osteuropa. Liturgisch gibt es im Wesentlichen zwei zu unterscheidende Traditionen: die aschkenasische und die *sefardische (spielt z.B. bei den *Haftarot eine Rolle).

Avoda (hebr.: ‚Dienst'): a) Traditionelle Bezeichnung für den Gottesdienst; b) Bezeichnung eines *Pijjut (= ‚religiöses Gedicht'), der das Opfer am *Jom Kippur beschreibt.

Beracha (hebr.: ‚Lobpreis; Segnung'; Pl.: Berachot): Bezeichnung für einen Segensspruch, der u.a. dann rezitiert wird, wenn eine Mizwa (ein Gebot) auszuführen ist. Die Beracha beginnt mit ‚Gespriesen seist du Ewiger, König der Welt' (*Baruch atta adonai, elohenu melech ha-olam*) und fügt dann das an, was geboten worden ist.

Birchot ha-Schachar: Eine Sammlung zahlreicher Segenssprüche, die den ersten Teil des *Schacharit bestimmen.

Birkat ha-Gomel (jidd.: ‚Gomel-Benschen'): Ein Segensspruch, den jemand nach dem Toraaufruf spricht, der eine große Gefahr wohlbehalten durchlebt hat (schwere Krankheit, gefährliche Reise; bei Frauen: Geburt).

Birkat ha-Mason: Das jüdische Tischgebet nach dem Essen. Es besteht aus einer Einleitung und vier Teilen (Dank für die Speisen, Dank für das Land Jisrael, Bitte für Jeruschalajim und Lobpreis der Güte Gottes).

Birkat Kohanim (hebr.: ‚Priestersegen'): Traditionelle Bezeichnung für einen liturgischen Text, der im Wesentlichen aus Num 6,24–26 besteht und traditionell vor der letzten Bitte der *Amida eingefügt wird.

Buber, Martin (1878–1965): Jüdischer Religionsphilosoph, der das Dialogprinzip begründete, aber auch zum Chassidismus arbeitete und zahlreiche Arbeiten zur Bibel veröffentlichte. Zusammen mit Franz *Rosenzweig übersetzte er die Bibel ins Deutsche.

Chanukka: Das jüdische Tempel-Weihfest, das an die (Wieder-)Einweihung des Tempels nach dem Aufstand der *Makkabäer gegen die Hellenisten erinnert. Beginnt am 25. Kislew (November/Dezember) und wird 8 Tage gefeiert, an denen täglich ein Licht mehr am Chanukka-Leuchter (Chanukkija) angezündet wird.

Chasan (hebr.: ‚Kantor‘): Bezeichnung eines ausgebildeten Vorbeters in der Synagoge.

Chaschmonaim (Hasmonäer): Die Herrscherdynastie der *Makkabäer, die nach den Makkabäer-Aufständen 165 v.d.Z. einen selbstständigen jüdischen Staat begründeten. Sie verbanden die Herrschaft über den Staat sehr eng mit dem Amt des Hohepriesters. Erst durch die Römer und die Einsetzung von Herodes d. Gr. (37 v.d.Z.) wurde die Selbstständigkeit dieses Staates beendet.

Flavius Josephus Joseph ben Mattitjahu (ca. 38-nach 100): War im jüdischen Aufstand gegen Rom 66–70 d.Z. Kommandeur, wechselte aber auf die römische Seite und versuchte in Rom für die Juden in Palästina zu vermitteln. Schrieb das historisch bedeutende Werk *De bello judaico* (‚Vom jüdischen Krieg‘) und eine Geschichte des jüdischen Volkes (*Antiquitates Judaicae*).

Gaonäische Zeit: Bezeichnet die Zeitspanne zwischen ca. 580 und ca. 1040, in der die religiösen Führer der babylonischen jüdischen Akademien (Geonim, Einzahl: Gaon) wirkten. Sie beeinflussten sehr stark die halachische Diskussion.

Gemara (aram.: ‚Vollendung‘): Ist die ausführliche Kommentierung der *Mischna. Gemara und Mischna zusammen ergeben den *Talmud.

Genisa (‚Versteck‘): Aufbewahrungsort für nicht mehr benutzbare religiöse Schriften, die den Namen Gottes enthalten. Weil der Name Gottes nicht vernichtet werden darf, werden solche Schriften nicht weggeworfen, sondern gesammelt, um später auf einem jüdischen Friedhof beerdigt zu werden.

Gikatilla, Mosche Ibn (11. Jh.): Spanisch-jüdischer Grammatiker, Bibelexeget und Dichter, schrieb eine hebräische Grammatik und verschiedene Bibelkommentare.

Haftara (hebr.: ‚Abschluss‘; Pl.: Haftarot): Die Lesung eines Textes aus dem Bibelteil Neviim (Propheten, d.h. die Bücher Jehoschua bis Malachi), die an Schabbat und Festtagen die Ordnung der öffentlichen Toralesung abschließt.

Haggada schel Pesach (hebr.: ‚Erzählung vom Pesach‘): Name des Buches, das die Texte und Gebete für den *Sederabend enthält.

Halacha (hebr.: ‚Wandel‘; Adj.: halachisch): Das jüdische Gesetz, das sich auf die Tora und die rabbinische Tradition gründet.

Havdala (hebr.: ‚Unterscheidung‘): Der Schabbat-Ausgang wird in einer häuslichen Zeremonie, der Havdala, mit verschiedenen *Berachot (Segenssprüchen) begangen.

Heschel, Abraham Joshua (1907–72): Geboren in Warschau, Studium an der Hochschule für die Wissenschaft des Judentums in Berlin, wurde 1938 aus Deutschland ausgewiesen und emigrierte in die USA. Rabbiner der konservativen Bewegung des Judentums.

Hirsch, Samson Raphael (1808–88): Geboren in Hamburg, Landesrabbiner in Oldenburg, ab 1851 Rabbiner in Frankfurt/Main. Gründer der Neo-Orthodoxie, die eine Verbindung zwischen westlicher Kultur und jüdischer traditioneller Praxis anstrebte. Verfasste u.a. einen Kommentar zur Tora und zu den Tehillim mit eigenen Übersetzungen des Bibeltextes sowie einen Kommentar zum *Siddur.

Hohe Feiertage: Damit sind der Neujahrstag *Rosch ha-Schana und der Versöhnungstag *Jom Kippur gemeint. Beide Feiertage werden durch zehn Bußtage in Verbindung gebracht, alle Tage zusammen nennt man *Jamim Noraim.

Ibn Esra, Avraham (Raba; 1089–1164): Spanischer Bibelkommentator, Philosoph, Dichter, Grammatiker, Astronom und Arzt.

Isserles, Moses (ReMA; ca. 1520–1572): Rabbiner in Polen, der zahlreiche Entscheidungen in halachischen Fragen verfasste, die für den aschkenasischen Bereich von Bedeutung waren und sind.

Jaaqov ben Ascher (Baal ha-Turim; ca. 1269–ca. 1343): Halachist und Bibelkommentator, der mit seinem Hauptwerk *Arba'a Turim* die für den Alltag wichtigsten Gesetze zusammenfasste.

Jaaqov ben Mosche ha-Levi Molin (MaHaRIL; 1375–1427): Talmudist, lehrte in Mainz und Worms und war eine bekannte halachische Autorität. Vor allem sein Hauptwerk *Sefer*

Minhagim (‚Buch der Bräuche'; auch: *Sefer Maharil*), in dem er die *aschkenasischen Bräuche sammelte, ist heute noch von unschätzbarem Wert für die Erforschung des mittelalterlichen jüdischen Lebens.

Jamim Noraim (hebr.: ‚ehrfurcht-weckende Tage'): Bezeichnung für die Hohen Feiertage, insbesondere für die zehn Bußtage zwischen diesen beiden Feiertagen.

Jehuda ha-Levi (1075–1141): Jüdischer Philosoph und Dichter in Spanien, schrieb das bedeutende philosophische Werk *Sefer ha-Kusari* (das Original in Arabisch), in dem er sich vor allem gegen den Aristotelismus richtet.

Jom Kippur (hebr.: ‚Tag der Sühne'): Versöhnungstag. Ein Tag, der vollständig mit Fasten und Beten verbracht wird. Die biblischen Wurzeln werden in Paraschat Achare Mot (Lev 16) beschrieben.

Jovel-Jahr: Nach der Tora das Jahr, das auf sieben *Schabbatjahre folgt. In diesem Jahr mussten hebräische Sklaven wieder freigelassen werden, und verkauftes Land ging an den ursprünglichen Eigentümer wieder zurück.

Jozer (Pl. Jozerot): Sind eine Reihe von liturgischen Gedichten (*Pijjutim), die im Morgengebet in die *Berachot vor und nach dem *Sch‘ma eingeschaltet werden. Der Name kommt aus der ersten Zeile der ersten Beracha vor dem Sch‘ma (nach Barechu): *jozer or u-vore choschech* (‚der das Licht bildet und die Dunkelheit schafft').

Karo, Josef (1488–1575): Rabbiner und Kabbalist in Tzefat/Safed, Verfasser des bis heute im orthodoxen Judentum in Geltung stehenden *Schulchan Aruch.

Kol Nidre (aram.: ‚alle Gelübde'): Gebet vor dem *Aravit zu *Jom Kippur, mit dem der/die Betende alles, was zwischen ihm/ihr und Gott steht (unachtsam ausgesprochene Eide), beseitigt, um sich für die ‚Versöhnung mit Gott' vorzubereiten.

Maariv: Siehe *Aravit.

Machsor (hebr.: ‚Zyklus'): Gebetbuch für Festtage und Hohe Feiertage (siehe auch *Siddur).

Maftir (hebr.: ‚der Abschließende'): Derjenige, der nach dem letzten Aufruf zur Tora aufgerufen wird und anschließend die Prophetenlesung (*Haftara) vorträgt. Die Verse, die für ihn aus der Tora gelesen werden, heißen ‚Maftir' oder ‚Maftirlesung' und wiederholen in der Regel die letzten Verse der *Parascha.

Maimonides (Mosche ben Maimon; RaMBaM; 1135–1204): Philosoph, Halachist und Arzt. Geboren im spanischen Cordoba, lebte die meiste Zeit in Kairo. Seine wichtigsten Werke sind ein systematisch strukturiertes Handbuch des talmudischen Rechts (*Mischne Tora*) und eine philosophische Darstellung der jüdischen Religion (*More Nevuchim*; ursprünglich auf Arabisch verfasst).

Makkabäer: Herrscherdynastie und jüdische Freiheitskämpfer im Kampf gegen die Seleukiden. Der Name kommt von dem Beinamen des dritten Sohnes des Mattathias ben Jochanan, Jehuda, der nach dem Tod des Mattathias 167/166 v.d.Z den Kampf gegen die Politik des Antiochus weiterführte und den Beinamen Makkabi führte. Schon bei Josephus (Ant. 12,263) sowie in der *Mischna (mMid I,6) und im *Talmud (bShab 21b) werden die Makkabäer Hasmonäer (Chaschmona'im) genannt.

Mamser (Pl.: Mamserim): Ein Mensch, der einer nicht-legitimen (z.B. inzestuösen) Beziehung entstammt.

Mechilta: Halachischer *Midrasch zur Bibel. Man unterscheidet heute zwischen der Mechilta de Rabbi Jischmael (MekhY; beginnt mit der Kommentierung bei Ex 12) und der Mechilta de Rabbi Schimon Jochai (MekhSh).

Megilla (hebr.: ‚Rolle'; Pl. Megillot): a) Bezeichnung für die Ester-Rolle, die an Purim gelesen wird. b) Die fünf Megillot sind die fünf Festrollen für *Pesach (Schir ha-Schirim), Schavuot (Rut), *Sukkot (Qohelet), *Purim (Ester) und 9. Av (Ekha), die traditionell an den jeweiligen Festen und Gedenktagen in der synagogalen Lesung oder zuhause vorgetragen werden.

Mendelssohn, Moses (1729–86): Jüdischer Philosoph, gilt als der Wegbereiter der jüdischen Aufklärung, der das traditionelle Judentum mit der zeitgenössischen Aufklärungsphilosophie zu verbinden suchte.

Mescha-Stele: Eine Basaltstele aus dem 9. Jh. v.d.Z. mit einer Inschrift in moabitischer Sprache. Sie wurde 1868 in Diban (Dibon) entdeckt und befindet sich heute im Musée du Louvre in Paris. Ihre 34-zeilige Inschrift des moabitischen Königs Mescha benennt dessen Siege, darunter auch einen Sieg über das Reich Jisrael unter der Herrschaft von

Achav. Der Tanach erwähnt Mescha in 2Kön 3,4.

Mesusa (hebr.: ‚Türpfosten'): Ein kleines Röhrchen, in dem ein Pergamentstück (*qelaf*) enthalten ist, auf dem handgeschrieben die ersten beiden Abschnitte des *Sch^ema (Dtn 6,4–9; 11,13–21) stehen. Die Mesusot werden normalerweise an jeden Türpfosten im Haus (außer Bad und WC) angebracht.

Midrasch (hebr.: ‚das, was erforscht / ausgelegt wird'): a) Eine Ausführung zum Bibeltext, die entweder Schwierigkeiten des Bibeltextes zu erhellen versucht oder erzählerische Lücken im Text schließt. Der Midrasch folgt bestimmten hermeneutischen Auslegungsregeln (vgl. *Middot). Ein Midrasch kann die Erklärung eines Bibeltextes zum Ziel haben (aggadische Midraschim), die Erläuterung eines Festes (homiletische Midraschim) oder die Erläuterung bzw. Etablierung von Gesetzen (halachische Midraschim). b) Titel eines Buches, das eine Sammlung von Midraschim enthält. c) In der zeitgenössischen jüdischen Philosophie Bezeichnung eines hermeneutischen Aktes, demzufolge ein Text erst durch die Interpretation vollendet wird.

Mincha: Das tägliche Nachmittagsgebet, das, anders als das *Schacharit und das *Aravit, kein *Sch^ema Jisrael enthält.

Minhag (hebr.: ‚Brauch'), oft auch Minhag ha-Maqom (‚ortsübliche Sitte'): Örtlich begrenzte Gewohnheiten einer jüdischen Gemeinde in Bezug auf die Art und Weise der Gestaltung des Gebetes und des rituellen Lebens.

Minjan (hebr.: ‚Anzahl'): Die Mindestzahl, durch die eine jüdische Beter-Gemeinde gebildet wird. Einige wenige Gebete, z.B. die Heiligung des Namens Gottes (*Qeduscha), sind nur innerhalb eines Minjan möglich. Traditionell bildet sich ein Minjan aus zehn religionsmündigen Männern, konservativ aus 10 religionsmündigen Personen (Männer und Frauen gleichberechtigt).

Miqwe (hebr.: ‚Ansammlung von Wasser'): Jüdisches Tauchbad, das wesentlich zu einer jüdischen Gemeindeeinrichtung gehört. Eine Miqwe muss nach rabbinischer Vorschrift mindestens 40 Seah (572 Liter) ‚lebendes Wasser' (Grundwasser; Regenwasser) enthalten.

Mischna (hebr.: ‚Lehre'; genauer: ‚Wiederholung'): Sammlung von rabbinischen Ausführungsbestimmungen zum Tanach, die um ca. 200 d.Z. redigiert wurde. Die Gelehrten dieser Schrift nennt man *‚Tannaiten' (‚Lehrer'). Die Mischna gliedert sich in 6 Ordnungen, eine Ordnung besteht aus verschiedenen Traktaten, die einzelne *Halachot (Gesetze) enthalten.

Mischne Tora (hebr.: ‚Zweitschrift der Lehre'): Halachisches Hauptwerk des *Maimonides, in dem die Gebote systematisch zusammengestellt präsentiert werden.

Mizwa (hebr.: ‚Gebot'; Pl. Mizwot): Nach traditioneller Vorstellung ist eine Mizwa von Gott angeordnet (entweder schon in der Tora oder durch spätere rabbinische Erweiterungen) und von den Juden auszuführen. Traditionell werden 613 Ge- und Verbote gezählt.

Mohel (hebr.: ‚Beschneider'): Eine (männliche) jüdische Person, die einen neugeborenen Knaben nach 8 Tagen beschneidet und ihn damit in den Bund mit Gott einführt.

Musaf (hebr.: ‚Zusatz'): Die zusätzliche *Amida an Schabbat und Feiertagen, die dem zusätzlichen Opfer an Feiertagen im biblischen Heiligtum entspricht. Sie hat ein besonderes Mittelstück, in dem die Vorschriften für das Festopfer rezitiert werden.

Nachmanides, R. Mosche ben Nachman (RaMBaN; 1194–1270): Spanischer Dichter, Philosoph und Bibelkommentator. Verfasste mehr als 50 Werke, darunter Bibelkommentare, religionsgesetzliche Schriften, Gedichte, Gebete und Predigten.

Naftali Zevi Jehuda Berlin (NeZIV; 1817–93): Leiter der Jeschiva in Volozhin. Talmud- und Bibelkommentator und Halachist. In seinen Kommentaren zur Tora (*Haameq Davar*, Wilna 1879–80) und über Schir ha-Schirim (*Rinnah schel Tora*, Warschau 1886) versuchte er zu zeigen, dass die Interpretationen der Tora in den talmudischen Quellen mit dem Wortsinn und den Regeln der hebräischen Grammatik übereinstimmen.

Omer(zeit): Omer ist ein biblisches Hohlmaß. In biblischer Zeit sollten nach Pesach sieben Wochen abgezählt werden, in denen täglich ein Omer Getreide im Tempel dargebracht wurde (Lev 23,15). Bis heute werden die Wochen zwischen Pesach und Schavuot gezählt. Gemäß der rabbinischen Festlegung gilt die Omer-Zeit (bis mindestens zum 33. Tag ‚Lag ba-Omer') als Trauerperiode, in der keine Eheschließungen oder sonstige Vergnügungen stattfinden dürfen.

Parascha (hebr.: ‚Abschnitt'; Pl. Paraschijjot): Der Abschnitt aus der Tora, der in einer bestimmten Woche in der Synagoge öffentlich vorgetragen wird.

Pesach: Jüdisches Fest im Frühling (beginnt am 15. Nisan), das an den Auszug aus Ägypten erinnert und sieben bzw. acht Tage (Diaspora) gefeiert wird. Mit diesem Fest ist das Gebot verbunden, Mazzot zu essen, und das Verbot, Gesäuertes (Brot, Bier u.ä.) zu sich zu nehmen. Eines der drei Pilgerfeste ‚schalosch regalim' (neben *Schavuot und *Sukkot), die auf die Tora zurückgehen.

Pesuqe de-Simra: Ein Abschnitt im täglichen Morgengebet (*Schacharit), der besonders Psalmen und andere Bibelverse enthält und vor das eigentliche Gebet (*Sch'ma Jisrael, *Amida) gestellt ist.

Pharisäer (hebr. ‚Abgesonderte'): Eine jüdische Strömung zur Zeit des zweiten Tempels. Im Kontext der Entwicklung des rabbinischen Judentums sind gewisse Kontinuitäten und Überschneidungen zwischen Pharisäern und den späteren Rabbinen zu beobachten.

Philo von Alexandrien (ca. 20 v.d.Z. – 49 n.d.Z.): Bedeutendster Philosoph des hellenistischen Judentums, der eine Synthese zwischen traditionellem Judentum und hellenistischer Philosophie versuchte.

Pijjut (hebr.: ‚Gedicht'; Pl.: Pijjutim): Religiöse Gedichte, die Eingang in die Liturgie der Synagoge gefunden haben.

Plene- und Defektivschreibung: Eine Wortschreibung, die im hebräischen Konsonantentext mit den sog. matres lectiones (‚Lesemütter': *Waw, Jod* und *Alef* als Hilfszeichen, um die Vokale besser zu erschließen) notiert ist, nennt man Plene-Schreibung; fehlen die matres lectiones, spricht man von Defektiv-Schreibung.

Prophetenlesung: Siehe *Haftara.

Qaddisch (aram.: ‚heilig'): Ein Gebet in hebräischer und aramäischer Sprache, das ursprünglich zum Abschluss einer Studieneinheit gesprochen wurde. Heute wird das Qaddisch im Trauerfall gesprochen. Innerhalb des Gottesdienstes schließt das Qaddisch eine größere Einheit des Gebetes ab. Es kann nur innerhalb eines *Minjan gesagt werden.

Qeduscha (hebr.: ‚Heiligung'): Einschub in die dritte *Beracha der *Amida, in dem Vorbeter und Gemeinde gemeinsam Gottes Heiligkeit verkünden. In ihrem Kern enthält sie das Zitat der Gottes Gegenwart umgebenden Engel (Jes 6,3): ‚Heilig, Heilig, Heilig'. Die Qeduscha kann nur innerhalb eines *Minjan gesagt werden.

Qeriat ha-Tora (hebr.: ‚Toralesung'): Ordnung des öffentlichen Vortrags aus einer Torarolle (Sefer Tora) in Anwesenheit eines *Minjan. Er wird durch eine *Beracha eingeleitet und mit einer Beracha abgeschlossen.

Qiddusch (hebr.: ‚Heiligung'): Die Heiligung des Schabbat und des Festtages, die über einen Becher Wein gesprochen wird und üblicherweise das häusliche Festmahl einleitet.

Qimchi, David (RaDaQ; 1160–1235): Sprachwissenschaftler, Bibelkommentator und Philosoph aus Narbonne. Seine bekanntesten Werke außer den Bibelkommentaren sind *Sefer ha-Michlol*, eine hebräische Grammatik, und *Sefer ha-Schoraschim* ‚das Buch der (hebräischen) Wurzeln'.

Qumran: Name eines Ortes am Toten Meer, der vor allem durch die Funde antiker Schriftrollen berühmt wurde. Die Rollen stammen aus dem Zeitraum vom 3. Jh. v.d.Z. bis zum 1. Jh. d.Z. und enthalten neben (Teil-)Abschriften biblischer Bücher auch spezielle Schriften einer besonderen Gruppe derjenigen, die die Schriftrollen besaßen (Jachad).

Rabbenu Tam, Rabbi Jaaqov ben Meïr (1100–1171): Ein Sohn von Jocheved, einer der Töchter *Raschis. Rabbenu Tam führte zusammen mit seinen Brüdern die Traditionen seines Großvaters weiter.

Radaq: Siehe *Qimchi.

Ramban: Siehe *Nachmanides.

Raschi, Akronym für Rabbi Schelomo Jizchaqi (ca. 1040–1105): Französischer Rechtsgelehrter und Kommentator von Bibel und Talmud. Seine Kommentare zur Bibel verbinden wörtliche Erklärungen (Peschat) mit traditionellen Deutungen (Derasch). Raschi gilt im traditionellen Judentum bis heute als wichtigste Autorität für das Verständnis von Talmud und Bibel.

Raschbam, R. Schemu'el ben Meïr (ca. 1088–ca. 1158): Sohn von Jocheved, einer der Töchter *Raschis, die mit Meïr verheiratet war. Von Raschbam sind u.a. Bibel- und Talmudkommentare erhalten sowie eine grammatische Schrift (*Sefer Dajjaqut*). In seinem Bibelkommentar legt Raschbam besonderen Wert auf eine erzähl- und literaturtheoretische Erklärung des Textes. Für die traditionelle Auslegung verweist er stets auf seinen Großvater *Raschi.

Rosch Chodesch (hebr.: ‚Monatsbeginn'): Neumond, in biblischer Zeit eines der Hauptfeste, heute nur noch liturgisch durch spezielle Einschaltungen vom normalen Wochengottesdienst hervorgehoben.

Rosch ha-Schana (hebr.: ‚Jahresbeginn'): Das jüdische Neujahrsfest, ist der Beginn der Hohen Feiertage und steht schon im Zeichen des *Jom Kippur.

Rosenzweig, Franz (1886–1929): Jüdischer Philosoph, gründete das ‚Freie Jüdische Lehrhaus' in Frankfurt am Main und übersetzte zusammen mit Martin *Buber die Bibel ins Deutsche. Vor allem sein Werk ‚Stern der Erlösung' machte ihn als philosophischen Den-ker bekannt.

Saadja ben Josef, Gaon von Sura (882–942): Grammatiker, Bibelkommentator, Philosoph und Halachist, geboren in Oberägypten, wirkte in Bagdad, schuf eine arabische Bibelübersetzung sowie das erste Gebetbuch mit vollständig ausgeführten Gebetstexten.

Schabbatjahr: Nach der Vorstellung der Tora das Jahr, in dem das Land seinen Schabbat erhält. Das Schabbatjahr folgt auf sechs reguläre Jahre. Auch heute noch werden die biblischen Gesetze zum Schabbatjahr in der israelischen Landwirtschaft eingehalten.

Schacharit (hebr.: ‚das zum Morgen Gehörige'): Bezeichnung für das tägliche jüdische Morgengebet.

Schavuot: Das jüdische Wochenfest, das bereits auf die Tora zurückgeht und zum einen an die Gabe der Tora auf dem Berg Sinai erinnert, zum anderen auch den Charakter des Festes der Getreideernte beibehalten hat. Ist eines der drei Pilgerfeste ‚schalosch regalim' (neben *Pesach und *Sukkot).

Schefela (hebr.: ‚Niederung'): Gebirgsvorland zwischen Mittelmeerküste und dem zentralen Hochland in Israel. Sie ist von niedrigen Hügeln durchzogen und äußerst trocken. Hier lag lange Zeit die wichtige Festungsstadt Lachisch.

Sch'ma Jisrael (hebr.: ‚Höre Jisrael'): a) Bezeichnung für den Satz Dtn 6,4 oder für den ersten Abschnitt des Sch'ma Dtn 6,4–9; b) Bezeichnung für die Studientexte, aus denen das Sch'ma traditionell besteht: Dtn 6,4–9; 11,13–21; Num 15,37–41; c) Bezeichnung für den Gottesdienstteil aus zwei *Berachot vor dem Sch'ma, den drei Toratexten des Sch'ma und einer bzw. zwei Berachot nach dem Sch'ma. In dieser Weise wird das Sch'ma zweimal täglich rezitiert.

Schochet (hebr.: ‚Schächter'): Eine für das Schächten ausgebildete jüdische Person. Die Schächtung geschieht mit einem besonderen Messer und wird von *Berachot begleitet.

Schofar: Ein (hohles) Widderhorn, das zu *Rosch ha-Schana und *Jom Kippur geblasen wird.

Schulchan Aruch (hebr.: ‚gedeckter Tisch'): Siehe *Karo, Josef.

Sederabend, auch Seder (hebr.: ‚Ordnung') oder Sedermahl: Ein Festessen innerhalb der Familie und/oder mit Freunden zu Beginn des *Pesachfestes, bei dem vor dem Essen anhand der *Haggada über den Auszug aus Mizrajim erzählt und gelernt wird. Bei diesem Essen ist man verpflichtet, Mazzot (ungesäuerte Brote) zu essen. Außerdem führten die Rabbinen nach der Tempelzerstörung anstelle des Opferlammes symbolische Vorspeisen ein, die an die Sklaverei in Mizrajim bzw. die Befreiung erinnern.

Sefer ha-Chinnuch (hebr.: ‚Buch der Erziehung'): Anonymes Werk, ca. 14. Jh., das die 613 Ge- und Verbote in tora-chronologischer Reihenfolge auflistet und begründet.

Sefardim, sefardisch (von einem biblischen Ortsnamen in Ovadja 20 abgeleitetes Adjektiv): Seit dem Mittelalter Bezeichnung für Jüdinnen und Juden von der iberischen Halbinsel und dem Mittelmeerraum.

Selichot (hebr.: ‚Vergebungsbitten'): Gebete, die vor, zwischen und an den *Hohen Feiertagen gesagt werden. In ihrem Kern bestehen sie aus der Rezitation der 13 Eigenschaften Gottes (Ex 34, 6–7).

Siddur (hebr.: ‚Ordnung'; Pl.: Siddurim): Bezeichnung für ein Gebetbuch für Schabbat und Wochentage. Es beinhaltet die Anordnung und den Wortlaut der Gebete für Schabbat- und Wochentage.

Sifra (aram.: ‚Buch'): Ein halachischer *Midrasch, der das Buch Wajjiqra textchronologisch kommentiert.

Glossar

Simchat Tora (hebr.: ‚Freude der Tora'): Fest im Herbst, das das Fest *Sukkot abschließt. Hier wird der Lesezyklus der Tora abgeschlossen und von vorn begonnen. In der Synagoge werden fröhliche Umzüge mit den Torarollen veranstaltet (sog. haqqafot).

Soferim (hebr.: ‚Schreiber; Schriftgelehrte'; Sg.: Sofer): a) Ausgebildete Schreiber von Torarollen und Pergamenten für *Mesusot und *Tefillin. b) Die Nachfolger von Esra ha-Sofer, auch bekannt als ‚Männer der großen Versammlung'. Auf sie führt die jüdische Tradition einige Anmerkungen zum Bibeltext zurück. Diese Anmerkungen heißen Tikkune Soferim und sind in traditionellen Bibelausgaben abgedruckt.

Sukkot (hebr.: [Fest der] ‚Hütten'): Laubhüttenfest, das bereits auf die Tora zurückgeht und in dem das Wohnen in Hütten und die Verwendung des Feststraußes vorgeschrieben sind. Ist eines der drei Pilgerfeste ‚schalosch regalim' (neben *Pesach und *Schavuot).

Tachanun (hebr.: ‚Flehen'): Private Gebete an einigen Wochentagen nach der *Amida, in deren Zentrum Ps 6 steht. Sie schildern das Leben in der Diaspora als Strafe für Sünde und bitten um Vergebung, um wieder nach Erez Jisrael zurückkehren zu können.

Talmud (hebr.: ‚Lehre'): Sammlung rabbinischer Kommentare von Gelehrten aus sieben Generationen, die ‚Amoräer' genannt werden, über einige Traktate der *Mischna; auch Gemara (‚Vollendung') genannt. Der Talmud wurde nicht vor 400 d.Z. in einer palästinischen Version und nicht vor 500 d.Z. in einer babylonischen Version (anfangs-)redigiert. Letztlich erlangte der Talmud Bavli eine größere Autorität als der Talmud Jeruschalmi.

Tanchuma: Ein aggadischer *Midrasch, der Material anderer Midraschim verarbeitet, aber auch eigene Überlieferungen bietet.

Tannaitisch / Tannaim: Lehrer bzw. Lehren aus der Zeit der Mischna (1.–2. Jh. d.Z.).

Tefillin: Bezeichnung für Leder-Riemen, die sich jüdische Betende für das Morgengebet um den Arm und an die Stirn binden, um sich daran zu erinnern, dass Gottes *Mizwot sein/ihr Tun und Denken prägen sollen. Im orthodoxen Judentum nur für Männer vorgeschrieben.

Tetragramm (griech.: ‚Vier-Geschriebenes'): Griechische Bezeichnung für den vierbuchstabigen Namen Gottes.

Tosefta (‚Ergänzung'): Eine aus dem 3. Jh. stammende Sammlung von tannaitischen Traditionen außerhalb der *Mischna, zum Teil Kommentare zur Mischna, zum Teil aber altes, in der Mischna nicht überliefertes Material.

Tur-Sinai, Naftali Herz; ursprünglich Harry Torczyner (1886–1973): Israelischer Philologe und Bibelexeget, lehrte an der Hebräischen Universität Jerusalem. Noch in der Zeit in Berlin begann er in Zusammenarbeit mit anderen Wissenschaftlern eine deutsche Bibelübersetzung, die er später in Jerusalem nochmals überarbeitete.

Wessely, Naftali Herz (1725–1805): Jüdischer Schriftsteller und Aufklärer, der mit Moses *Mendelssohn zusammenarbeitete. Seine Werke verfasste er zumeist auf Hebräsch.

Widui (hebr.: ‚Bekenntnis'): Ein Block aus Sündenbekenntnissen aus verschiedenen Zeiten, der am *Jom Kippur nach bzw. in jeder *Amida gesagt wird. Im Kern besteht er aus einem kleineren Sündenbekenntnis (*Aschamnu* oder *Widui suta*) und einem sehr langen (*Al chet* bzw. *Widui rabba*).

Zunz, Leopold (1794–1884): Jüdischer Gelehrter, der neben der kritischen Auseinandersetzung mit der rabbinischen Literatur auch wichtige Werke zur jüdischen Liturgie und Poesie verfasste. Zusammen mit Eduard Gans gründete Zunz 1819 den ‚Verein für Cultur und Wissenschaft der Juden' und gilt damit als der Begründer der sog. ‚Wissenschaft des Judentums'.

Register

Im Register sind alle Themen der einzelnen biblischen Bücher zusammengefasst (normale Zahlen). Weitere Stichworte, die im fortlaufenden Text vorkommen, sind kursiv gesetzt.

A

Aas *146*
Abendgebet für Kinder 68
Aberglaube 160
Abgaben 113, *192, 249, 461*
Achas *324, 400*
Achaschverosch *453*
Achav *313, 377*
Achija *308*
Achitofel *278*
Adam *28, 421, 462*
Aguna *244*
Agur *429*
Ägypten *67, 82, 238, 335, 362*
Aharon 73, 78, *120,* 125, *144,* 177, 184, *196,* 200, 364, *393*
  Tod des Aharon 226
Akdamut *443*
Alenu *408*
Alkoholverbot *146*
Almosen 37
Altar *104*
Amaleq 54, 95, *247, 293, 454*
Amarnabriefe 267
Amazja *382, 385*
Amora 44
Amoriterbräuche 237
Amos 382
Amram *73*
Anatot *48*
Annalen *317, 463*
Anordnung der Ketuvim 415
Anordnung des Lagers 176
Anordnungen 107
Apokalypse *407, 411*
Aqeda, *siehe Bindung Jizchaqs*
Arme 112, *159, 247, 249, 326, 441*
Aron ha-qodesch, *siehe Kasten, Der heilige*
Arten, die sieben 225
Asaf *421*
Asarhaddon *330, 396*
Asarja *324*
Asasel *154*
Ascham, *siehe Schuldopfer*
Aschre *427*

Aschschur *326,* 329, *331, 335, 396*
Aseret ha-Dibberot, *siehe Zehnwort*
Assurbanipal *330*
Astralkulte *400*
Atalja *121*
Auferstehung der Toten *458*
Aufstiegslieder *423,* 426
Aufstiegsopfer 137
Auge um Auge *112*
Ausfluss *148*
Ausheben der Tora 337
Auslösung 90, *193, 461*
Aussatz *121,* 148, 149
Auszug aus Ägypten 84, *91, 110, 346, 371, 391, 427*
Auszug, neuer *335*
Autoren, *siehe Fiktive Autoren*
Avigajil *274, 298, 454*
Avihu 144, *177*
Avimelech *275, 278*
Aviram *191*
Avraham 35, *242, 343, 421, 435*
Avrahams Söhne 50

B

Baale *372*
Baal Peor *198,* 199
Balaq *198*
Bal Taschchit *239*
Bann *108*
Baraq *425*
Baruch *347*
Bat Mizwa *253*
Bat-Scheva *294,* 298
Bavel *33, 116, 335, 346, 355, 358, 456*
Becher Elijahus *315*
Beerscheva *56*
Begräbnis 50, *92*
Beistandsorakel *334*
Beracha, *siehe Segen*
Berit, *siehe Bund*
Berufung *76*
Beruhigungsduft für den Ewigen 138
Beschneidung *31, 41, 61, 265, 314, 343*
Bestattung in Israel *92*

Register

Bet-El 56, 60, *382*, *383*
Bet-Lechem 392
Bet Midrasch 224
Bezalel *130*, 279
Bikkurim-Bekenntnis 248
Bil'am 198, *280*, *385*, *391*
Bild Gottes 25
Bild-Verbot 102, 218
Bindung Jizchaqs 45
Binjamin 37
Birkat ha-Gomel 143
Birkat ha-Mason 227, *299*, *315*, *427*
Birkat Kohanim, *siehe Priestersegen*
Boas 442
Bock für Asasel, *siehe Asasel*
Boten Gottes 43, *44*, 75
Bruderpaare 28
Bund 30, 41, *80*, 110, 125, 218, 251, *269*, 410
Bundeszeichen 32
Bund, neuer 336
Buße 377
Bußtage *127*

C

Chaliza-Zeremonie 442
Challa. Siehe Hebe
Cham 34
Chamez, *siehe Gesäuertes (Chamez)*
Chananja 344
Channa 286, 287, *454*
Chanoch *411*, *458*
Chanukka *408*, *425*
Charismatische Führer 208, *280*
Chattat, *siehe Reinigungsopfer*
Chavaqquq 398
Chawa 27
Cherem, *siehe Bann*
Chesed 441
Chevron 267
Chilqijahu *122*, *312*
Chisqijjahu *196*, *330*, *425*
Chorev 99
Chorevbund 31
Chovav 99
Christentum 230
Chulda *454*
Chuqqim, *siehe Anordnungen*

D

Dach 246
Danijel 56, *377*
Dankgebet nach dem Essen, *siehe Birkat ha-Mason*

Darius *403*
Datan *191*
Datierungen 356, 403
Dawid 121, *280*, *288*, 294, *377*, *385*, 392, *407*, *421*, *443*, *462*
Dawidsbund 32
Delila 276, *279*
Deportationen 329
Deuteengel 362, *407*
Devora 273, *279*, *425*, *454*
Diebstahl *104*, *107*
Dina 61
Dornbusch, brennender 75
Dreizehn ‚Eigenschaften' Gottes 126, *378*
Drohworte *82*

E

Edom 37, *53*, 385
Edot, *siehe Mahnzeichen*
Efod *119*, 289
Efraim *347*
Egla arufa *240*
Ehe 112, 243, *410*
Ehebruch *104*, *371*, *372*
Ehegesetzgebung 156
Ehescheidung 242, 244
Eheschließung 243
Eheverbot 243
Ehud 273, *442*
Eifer 201
Eiferordal 179
Eigentum 239, 246
Einheit Gottes *220*
Einkleidung 142
Einsetzungsopfer 122
El Adon 366
Elasar 177, *194*
Eldad *280*
Eli *121*, 287
Elijahu 83, *280*, 313, *411*
Elimelech 441
Elischa *280*, 315, *375*, *411*
Eljaqim 37
Elohim 39
Elqana 286
El rachum we-channun 378
Eltern *104*, *108*, *221*, 244, 245, *430*
Engel, *siehe Boten Gottes*
Entschädigung 181
Erbbesitz der Töchter 201
Erbrecht *51*, *201*
Erbsündenlehre 28
Erkenntnis Gottes *371*
Erstgeburt *81*, *86*, 90, *157*, *193*

Erstgeburtsrecht 51, 242
Erstlinge 248, *461*
Erwählung 79, *383*
Esaw 37, 54, *385*
Eschet Chajil 431
Eser Makkot, *siehe Zehn Zeichen*
Esra 377
Ester 377
Esterrolle *455*
Etrog *165*
Eval 229, *264*
Exil 82, *190*, 251, *346*

F

Fabeln 277
Fasten 90, *153*, *327*, 376, *393*
Fasttag 10. Tevet 378
Fasttag 17. Tammus 378
Fasttage *127*
Feiertag, der zweite 92
Fest der ungesäuerten Brote 85
Feste, Biblische *162*
Feuer *131*
Fiktive Autoren 421
Fluchandrohung 446
Flut 32
Frauen 40, *206*, 279, 441
Frau(en) des Mosche 185
Frauen-Minjan 253
Freitod 278
Fremde *159*
Friedensbund 31
Friedensherrscher *295*, 332
Fruchtbarkeit 29
Fünf Becher Wein 83

G

Gabriel, Erzengel 305
Gan Eden 27, *82*, 365
Gebet 37, *202*, *398*
  für den Tau 88
  für die Regierung 349
Gebetsbräuche 458
Gebetseinleitungen 427
Gebetsrichtung *458*
Gebote 106
Geburt *148*
Gefährdung der Stamm-Mutter 38
Gefahrenvermeidung 246
Gegenwart Gottes 99, *109*, *229*, *357*, *422*, 431
Geist Gottes 277, 279
Gelübde 171, *180*, 206

Genealogien *29*
Genealogie Schauls 297
Generationen, Zehn 29
Gerechter *45*, *423*, *457*
Gerechtigkeit 216
Gericht 111, *211*, *245*, *461*
Gerisim 229, *264*, *316*
Gesalbter 290, 407
Gesäuertes *139*, 233
Geschichtsrückblicke *216*, 346, 360, 372, 382, 391
Geschlechtsbeziehung 179
Geschlechtsorgane *148*
Gesetz 359, *459*
Gesetzestafeln *115*, *125*
Get, *siehe Scheidungsurkunde*
Gid'on 274
Glatt Koscher *62*
Glatze 393
Gleichnisreden 345, 361
Goldenes Kalb, *siehe Stiergussbild*
Goljat 295
Gomer 370
Gott, Der ferne 451
Gotteserscheinung(en) *262*, 265
Gotteserscheinungen 56, 74, 99, *398*, *422*
Gottesknecht *280*, 334
Gotteslästerung 165
Gottespräsenz 229
Gottesvorstellungen 373, 422
Göttliche Zerstörung 446
Götzenbilder 226, 334
Götzendienst *128*, 170, *198*, 230, 238, 359, *400*, 456
Grenzen des Landes 209
Grenzmarkierung *239*

H

Hadassa, *siehe Ester*
Hadlaqat ha-nerot *189*, 287
Hagar 36, 37, 39, *82*, 242
Haggada, *siehe Pesach-Haggada*
Hallel *88*, 425
Haman 96, *247*, 377, *453*
Hasmonäer 364
Häuser 149
Haussegen 250
Havdala *315*, *427*, *455*
Hebe 189, *287*
Heiliger Jisraels 331
Heilighaltung des Tempels 181
Heiligkeitsgesetz 165
Heiligtum 113, *127*, 130, *146*, *161*, 177, *229*, *286*
Heiligung der Priester 142
Heimkehrer 406

Register

Heman *421*
Herrlichkeit Gottes 357, *363*
Heuschrecken *146*
Hohen Feiertage *126*
Hohepriester *78*, *118*, *141*
Homosexualität *156*
Honig *139*, *146*
Hoschea 37, 370
Hungersnot 66, *375*
Hurerei 359, 371

I

Ijov *393*
Immanu-El *324*, *332*
Insekten *146*
Inzest 155, *243*
Ischbaal *294*
Islam *230*
Israel *92*
Itamar *177*

J

Jaale we-javo 88, 91
Jaaqov 37, 52, 59, *62*, *372*, *383*, *391*, *392*
Jael *279*
Jajin nesech, *siehe Wein*
Jamim Noraim, *siehe Bußtage*
Jarovam *308*
Jechesqel *280*, *306*, 355, *447*
Jedidja *37*
Jedutun *421*
Jehoasch, Fabel des *277*
Jehojaqim *347*
Jehoschua *37*, *73*, *187*, *253*, 262, *263*, *425*
Jehoschua (Hohepriester) *406*
Jericho *264*
Jeruschalajim 272, *294*, 298, *306*, 330, 334, *358*, 360, *378*, *388*, *391*
Jeschajahu *281*, 316, *324*
Jibbum, *siehe Schwagerehe*
Jiftach *45*, 275, *442*
Jiftachs Tochter *279*
Jirmejahu *286*, 342
Jischai *279*
Jischmael *39*
Jisraels Unzufriedenheit *94*, *184*
Jitro *98*
Jizchaq *48*
Jocheved *73*
Joel *281*, 375
Johannes Hyrkanus *317*
Johojaqim *37*

Jom Kippur *120*, *164*, *170*, *190*, *202*, *376*, *425*, *462*
Jona *387*
Jonatan *293*
Joschafat *385*
Joschijahu *342*, *400*
Josef 63, *92*
Josephus *316*
Jotamfabel *277*, *278*
Joveljahr *153*, 168

K

Kalender *89*
Kalev *267*
Kapporet, *siehe Sühnplatte*
Karmel *314*
Karneval *455*
Kaschern *208*
Kaschrut 62, 110, 145, *208*, 230, 231
Kasten, Der heilige 115, *186*, 225, *229*, 264, 290, 307, *404*
Katastrophen *333*, *382*, *393*, *411*
Kavod, *siehe Herrlichkeit Gottes*
Kavod Gottes, *siehe Herrlichkeit Gottes*
Kelim *208*
Keruvim *307*, 365, *404*
Ketura *40*, *186*
Kinder *86*, *220*, *222*, *269*
Kinderlosigkeit 43, *277*, *286*
Kinderopfer *45*, *157*, 366
Klagelieder *362*, *448*
Klagereden *343*, *375*
Kleidervorschriften *246*
Kohen, *siehe Priester*
Kol Nidre *190*, *207*
König *275*, *288*
Könige Jisraels und Jehudas *308*
Königsgesetz *291*
Königskritik *278*, *291*
Königssalbungen *290*
Königtum *236*, *277*, *291*, *297*, *372*
Königtum Gottes *325*, *422*
Körperverletzung *107*
Koschere Tiere *231*
Krankheit *148*
Kreuzzüge *448*
Kreuzzugsberichte *46*
Krieg *186*, *239*, *245*, *253*, *293*
Kriege *207*, *216*, *266*, *333*, *385*
Krieger *296*
Kriegsgefangene Frau *241*
Kuh *240*
Kuh, rote *107*, *194*
Kuschitische Frau *186*
Kutäer *317*

Kyrus *406*

L

Ladesprüche 186
Land 37, *236*, *252*
Landeroberung *187*, *263*, 271
Landerwerb 48
Landnahme, *siehe Landeroberung*
Landnahmeerzählung 266
Landspäher *95*, *126*, 188, *216*, *253*, *264*, *267*
Landverteilung *169*, 209, *267*
Lea 57, *442*
Lecha Dodi 337
Leichen *166*, *180*, *194*, *278*
Leichenlieder 393
Leiden des Gerechten 434
Lemuel *429*
Lernen 220
Lewi *61*, *68*
Lewiten *113*, *120*, *124*, 169, *177*, *192*, *236*, *249*, 308
Lewiten, Aufgaben der 178
Lewitenstädte *211*, 268
Licht, elektrisches *131*
Liebe zum Fremden 226
Lied der Devora 274
Lieder außerhalb der Tehillim 424
Lo-Ammi 37
Lo-Ruchama 37
Los *209*, *236*, *292*
Löser *442*
Lot 44
Lulav *165*

M

Machpela *48*, *56*
Maftir *167*, 205
Magd *111*
Magie *237*
Maher-Schalal-Chasch-Bas *324*
Mahnzeichen *107*
Malki-Zedeq *421*
Mamre *56*
Mamser 242
Ma Nischtanna 223
Männer der großen Versammlung *459*
Mann und Frau 27
Maos Zur *348*, 408
Maror 86
Märtyrertum *46*
Maschiach *412*
Ma tovu 199

Mattanja 37
Mazza *86*
Medad *280*
Meer-Überlieferung 93
Meerwunder *81*, *84*, *97*, *254*
Megillot 414
Melchisedeq *421*
Menachem 329
Menasche *68*
Menasche (König) *375*, *400*
Menora *117*, *307*, *407*
Mensch als Bild Gottes 25
Menschenopfer 157
Menschenraub *108*
Menstruation *148*, *151*, 156
Merodach-Baladan *330*
Mesusa *221*
Micha *280*, *348*, 391
Michajehu *313*
Middot, *siehe Dreizehn 'Eigenschaften' Gottes*
Milch und Fleisch *110*, 231
Mincha, *siehe Speiseopfer*
Miqdasch, *siehe Heiligtum*
Miqwe *111*, *156*, 246
Mirjam *73*, *83*, *131*, *150*, *184*, *185*, *254*, *454*
Mirjam-Lied *97*
Mirjams Becher *88*
Mirjams Brunnen *185*
Mischehen 223, *460*
Mischgewebe *107*, *159*
Mischloach Manot *455*
Mischpatim, *siehe Rechtssätze*
Mizpa 291
Mizrajim, *siehe Ägypten*
Mizwot, *siehe Gebote*
Moabiterinnen *199*
Moav *251*, *385*, *442*
Moavbund *31*
Mohel 42
Molechkult, *siehe Kinderopfer*
Monate, jüdische *89*
Monotheismus 24
Mord *104*, *108*
Mordechai *453*
Mörder 240
Mosche 73, *123*, *124*, *184*, *238*, *253*, *262*, *412*, *421*, *425*. Siehe auch *Vergehen Mosches* und *Reden Mosches*
Moschelied *97*, 254
Musaf-Gebet 202

N

Naaman *316*
Nachlese *159*

Register

Nachum 396
Nadav 144, *177*
Name Gottes 38, *166*, 226
Name Gottes, vierbuchstabiger, *siehe Tetragramm*
Name, göttlicher (ha-Schem) 229
Namensänderungen 37
Nasiräer 180, 278, *286*
Natan 297
Naturgesetze *108*
Nebuchadnezzar *355*
Nechemja 377
Nechuschtan *196*
Neumond 90, *92*, 205, *308*
Nichtjisraeliten 128
Ninewe 377, *388*
Noach 32
Noachbund 31
Noachidische Gebote 33
Noomi 37, *441*

O

Ohel Moed, *siehe Zelt der Zusammenkunft*
Ohola und Oholiva *361*
Oholiav *131*
Ola, *siehe Aufstiegsopfer*
Öllämpchen *117*
Omerzeit *393*
Onan 65
Opfer *120*, 122, 137, 141, 143, *166*, *177*, *327*, *372*, *404*, 410, *461*
Opfer an den Festen 203
Opferarten 137
Opferordnung 202
Opfertiere *166*
Orakel *208*
Orla 160
Orte und Wege der Stammeltern 55
Ostjordanland *216*, 263
Otniel 273
Ovadja 384

P

Para aduma, *siehe Kuh, rote*
Paraschat ha-Chodesch *87*, 92
Paraschat Para *87*, 197
Paraschat Sachor *87*, 96, 247
Paraschat Scheqalim *87*, *129*
Pe'a *159*
Pejot 160
Pelischtäer *290*, *294*, *382*
Pergament *221*

Pesach 85, *163*, *202*, *208*, 233, *262*, 265, *312*, *415*, *437*, *438*
Pesach-Haggada *86*, *94*, 223, *248*
Pesach Scheni 183
Pesuqe de-Simra *47*, *97*, *426*, *461*, 464
Petachja aus Regensburg *457*
Pharao 81
Philosophie, jüdische 77
Pidjon ha-Ben, *siehe Auslösung*
Pilgerfeste *88*, *162*, *308*, *425*
Pinchas *199*, 200
Plagen *84*, *93*, 200
Plagen/Wettstreit 80
Plan Gottes 331, *334*
Polygamie *51*
Potifar *64*
Priester 90, *111*, 113, 120, 128, 141, 146, *166*, *177*, *189*, 192, *194*, 236, *242*, *248*, 287, *289*, *327*, *343*, 371
Priesterbund *31*
Priester, gesalbter *210*
Priesterkleidung 118, 132
Priestersegen *68*, *121*, 182
Prophet *184*, 287
Propheten 76, *280*, 313, *343*, 344, 376
Propheten, falsche 232, *238*, 344
Prophetie 184, 238, 289
Prophetin *185*
Prophetinnen, sieben *36*, *274*, 287, *454*
Prophetische Bücher 347
Psalmen, *siehe Tehillim*
Psalmen Salomos 304
Purim *96*, *197*, *247*, *455*
Purimspiele *455*

Q

Qabbalat Schabbat 427
Qaddisch Jatom *197*
Qeduscha 336, 366
Qiddusch 30, *104*, 105, *129*
Qorach 144, 191, *421*
Qorbanot. Siehe Opfer
Quadratschrift *461*
Quasten. Siehe Zizit
Quellen 317, 463
Qumran *91*, *104*, 364

R

Rachav *264*, *454*
Rachel 57, *442*
Rätsel 277
Rechavam *308*

Rechtsprechung 111, *211*, *216*, *236*
Rechtssammlungen *107*, 228
Rechtssätze *106*
Rechtsvorschriften *359*
Reden Mosches 215
Reform des Joschijahu 312
Reichsteilung, *siehe Spaltung Jisraels*
Reinigungsopfer 138
Reinigungswasser *107*, *194*
Rein und Nicht-Rein 146, 147
Rein und Unrein *107*
Rest Jisraels 331
Reue Gottes 387
Reuel *98*
Reuven *392*
Rezin *329*
Richter 216, 235, 272, *287*
Rivqa 50
Rom *53*, *96*, *305*, *385*
Rosch Chodesch, *siehe Neumond*
Rosch ha-Schana *47*, *164*, *167*, 202, *394*, *425*
Rückbezüge auf die Tora 262
Rut 65

S

Salböl *120*, *128*, *290*
Salmanassar V. *329*
Salz *139*
Samaritaner 316
Sancheriv *324*, *330*
Sänger der Tehillim 421
Sanhedrin 237
Sara *35*, 36, *454*
Sargon II. *330*
Satan 435
Schaatnes, *siehe Mischgewebe*
Schabbat 27, *96*, *101*, 127, 131, *202*, *308*, *315*, *327*, *431*, *460*, *461*
Schabbatgebot 27, *219*
Schabbat ha-Gadol *412*
Schabbatjahr 168, *461*
Schabbatot, Die vier besonderen 87
Schabbat Schira *98*
Schabbat Schuva 373
Schächten 230
Schadenersatz 112
schalosch regalim, *siehe Pilgerfeste*
Schaltmonat *89*
Schätzwerte *206*
Schaul *121*, *278*, *280*, *281*, *292*, *385*, *454*
Schavuot *164*, *202*, *415*, *443*
Schear-Jaschuv *324*
Schechem *48*, *56*, *61*, *269*
Schechembund *31*

Schechina, *siehe Gegenwart Gottes und Herrlichkeit Gottes*
Schefoch *315*, 428
Scheidungsurkunde *242*
Schelmos Nachfolger 308
Schelomo *37*, *117*, 304, *385*, *421*, *429*, *462*
Scheloschim, *siehe Trauerzeit*
Schema Jisrael *91*, *97*, *104*, 190, 220, 227
Schemini Azeret *164*, *202*
Schemitta, *siehe Schabbatjahr*
Schemuel *180*, *286*, 288, *375*
Schilo 286
Schimon *61*, *68*
Schimschon *180*, 276, 277
Schir ha-Maalot, *siehe Aufstiegslieder*
Schläfenlocken, *siehe Pejot*
Schlange, kupferne 196
Schmitta 233
Schoa *47*
Schofar *46*, *153*, *164*, 205
Schofarblasen *167*, *186*
Schoftim, *siehe Richter*
Schomron 360
Schöpfung 24, *159*, *422*, *431*
Schöpfung, neue 336
Schreiben der Tora 253
Schriftliches Gesetz 266
Schuldenerlass 233
Schuldopfer 139, *181*
Schwagerehe 65, 244, *442*
Schwören 226
Schwur *166*, *207*
Secharja *281*
Sederabend *86*, *88*, *248*, *315*, *425*
Seder ha-Qorbanot *128*, *202*
Sedom 44
Sefer ha-Berit 219
Segen *52*, *54*, *68*
Segenssprüche 68
Segen und Fluch *171*, *215*, *249*, *447*
Selichot *127*, *190*
Septuaginta *415*
Serafim *325*
Serubbavel 406
Sesshaftwerdung 271
Sevach schelamim, *siehe Friedensopfer*
Siddur 348
Sieben Arten *160*
Simchat Tora 29, *164*
Sinai *96*, *101*, *110*, *250*, *251*, *376*
Sinaibund 31
Sisera *279*
Sklaven 111, 170
Sodomie *156*
Söhne Dawids 297
Söhne Jaaqovs 59
Söhne Zadoqs 365

Register

Soziale Gesetze 112, 158, 247
Sozial- (und Kult)kritik 327, 362, 383
Speisegesetze, *siehe Kaschrut*
Speiseopfer 138
Spottlied *396*
Stämme Jisraels 59, *69, 113,* 263, 267
Stiergussbild 123, 225
Störrischer Sohn 245
Strafe Gottes 252
Sühne-Ritual 153
Sühnplatte *115, 365*
Sukka *165*
Sukkot *164, 202, 253, 451*
Sündenbekenntnis 182, 189, *458*
Sündenfall 27

T

Taam eljon *105*
Taam tachton *105*
Taanit Ester *378*
Tachanun *190,* 426, *458*
Tag der Sühne, *siehe Jom Kippur*
Tag des Ewigen 333, *375, 410, 411*
Tallit *189,* 224
Talmud Tora 269
Tamar 65, *442*
Taschlich *394*
Tätowieren 161
Tauchbad, *siehe Miqwe*
Tefillin 91, *104,* 221, *373*
Tehillim für die Wochentage 428
Teig 189
Tempel *117,* 140, 161, 169, 171, 196, 288, 326, 357, 422
Tempelbau *229,* 306
Tempelberg *161*
Tempeldienst *120,* 308
Tempeleinweihung 306
Tempel, neuer 362
Tempelprostitution *312*
Tempel Schelomos *363*
Tempel Serubbavels *306, 363*
Tempelwiederaufbau *403, 406, 462*
Tempelzerstörung 188, *189*
Tempel, Zweiter 404, *459*
Terach 36
Teruma, *siehe Abgaben*
Tetragramm *39,* 76, *79*
Tierschutz *246*
Tiglat-Pilesar III. *329*
Tischa be-Av *129,* 224, *377, 415, 434, 448*
Tischgebet, *siehe Birkat ha-Mason*
Titusbogen *117*
Tod *451*

Todesstrafe 108, *165*
Tora *25,* 220, *253,* 266, *359, 422, 443, 451, 459,* 460, *siehe auch Umfang der Tora*
Toraaufruf *193*
Toralesung *461*
Tora, mündliche 74
Torarollen *117, 119,* 230, *253, 415, 455*
Tora, schriftliche 74
Totenbeschwörerin von En Dor *296*
Totschlag *108*
Trauer *161,* 232, *376,* 392
Trauerzeit 197, *393*
Traumdeuter *56*
Träume *56, 64*
Trompeten *121*
Trompetenblasen 186
Trunkenheit 34
Tu-bi-Schevat *160*
Turmbau zu Bavel 33

U

Umfang der Tora 231
Umkehr *373, 388, 451*
Umweltschutz *239*
Unfruchtbarkeit, *siehe Kinderlosigkeit*
Ungesäuertes 86
Unrein, *siehe Rein und Nicht-Rein*
Unzucht *246*
Urija *298*
Urijahu ben Schemajahu *348*
Urim und Tummim *236, 289, 292*
Usija, *siehe Asarja*

V

Verdacht, falscher *243*
Vergehen Mosches *196*
Vergewaltigung *246*
Verheißung 79, *215*
Vermischung *159*
Versammlung 253
Versammlung in Schechem *269,* 308
Versöhnungstag, *siehe Jom Kippur*
Verstockung 81, *325*
Vertreibung aus dem Gan Eden 27
Vier Arten *164*
Visionen *325, 344, 357*
Völker 161, *391*
Völker, fremde *335, 362, 382*
Völker, sieben *223*
Völkerworte *336*

W

Wahrsagerei *160*, *237*
Waisen *112*, *233*, *327*
Waisenkaddisch, siehe Qaddisch Jatom
Weh-Ruf *325*, 328, *393*
Wein *180*
Weisheit *304*, 430, *451*
Werk Gottes 331, *334*
Werkverbot *127*, *162*
Widui. Siehe Sündenbekenntnis
Wiedererrichtung des Tempels *190*
Wiedergutmachung 181
Witwen *65*, *112*, *233*, *327*, *441*
Wohltätigkeit 233
Wunder *315*, *411*
Wüstenwanderung *265*, *372*, *382*, *391*
Wüstenzeit *94*, *346*, *347*, *360*, *372*

Z

Zadoq *121*, *304*, 364, siehe auch Söhne Zadoqs
Zählungen und Auflistungen 175

Zaraat, siehe Aussatz
Zauberei *160*, 237
Zaun um die Tora *231*
Zedaqa, siehe Wohltätigkeit
Zefanja 400
Zehnt 249, *461*
Zehnwort *27*, *96*, 100, 219
Zehn Zeichen 83
Zeichenhandlungen 328, 344, 358, 370
Zelofchad *192*, *201*
Zelt der Zusammenkunft *114*, 307
Zerstörung Jeruschalajims *82*
Zerstreuung *252*
Zeugen 211, 240
Zeugenschaft 140
Zeugnis 104
Zidqijahu 37, *169*
Zijjon 326, *331*, *335*, *358*, 376, *391*, *422*
Zins *112*
Zippora *98*, *186*
Zizit 188
Zom Gedalja *378*
Zufluchtsstädte 210, 268

Abkürzungen

1. Biblische Bücher

Gen	Bereschit/Genesis	Nah	Nachum/Nahum
Ex	Schemot/Exodus	Hab	Chavaqquq/Habakuk
Lev	Wajjiqra/Leviticus	Zef	Zefanja
Num	Bemidbar/Numeri	Hag	Chaggai/Haggai
Dtn	Devarim/Deuteronomium	Sach	Secharja/Sacharja
Jos	Jehoschua/Josua	Mal	Malachi/Maleachi
Ri	Schoftim/Richter	Ps	Tehillim/Psalmen
Sam	Schemuel/Samuel	Spr	Mischle/Proverbia
Kön	Melachim/Könige	Hi	Ijov/Hiob
Jes	Jeschajahu/Jesaja	Hld	Schir ha-Schirim/Hoheslied
Jer	Jirmejahu/Jeremia	Rut	Rut
Ez	Jechesqel/Ezechiel	Klgl	Echa/Klagelieder
Hos	Hoschea/Hosea	Koh	Qohelet/Kohelet
Joel	Joel	Est	Ester
Am	Amos	Dan	Danijel/Daniel
Ob	Ovadja/Obadja	Esr	Esra
Jona	Jona	Neh	Nechemja/Nehemia
Mi	Micha	Chr	Divre ha-Jamim/Chronik

2. Mischna-, Tosefta- und Talmudtraktate

Die folgenden Traktate werden durch vorangestellte kleine Buchstaben spezifiziert, ob sie Traktate der Talmudim, der Mischna oder der Tosefta sind:

b	Talmud Bavli (babylonischer Talmud)	Kel	Kellim
		Ker	Keritot
m	Mischna	Ket	Ketubbot
t	Tosefta	Kil	Kilajim
y	Talmud Jeruschalmi	Maas	Maaserot
		Mak	Makkot
Ar	Arachin	Makh	Machschirin
Av	Avot	Meg	Megilla
Az	Avoda Zara	Meil	Meïla
BB	Baba Batra	Men	Menachot
Bekh	Bechorot	Mid	Middot
Ber	Berachot	Miq	Miqwaot
Bes	Beza (Jom Tov)	MQ	Moed Qatan
Bik	Bikkurim	MSh	Maaser Scheni
BM	Baba Mezia	Naz	Nasir
BQ	Baba Qamma	Ned	Nedarim
Dem	Demai	Neg	Negaïm
Ed	Edujot	Nid	Nidda
Er	Eruvin	Ohal	Ohalot
Git	Gittin	Orl	Orla
Hag	Chagiga	Par	Para
Hal	Challa	Pea	Pea
Hor	Horajjot	Pes	Pesachim
Hul	Chullin	Qid	Qidduschin

Qin	Qinnim	Tem	Temura
RHSh	Rosch ha-Schana	Ter	Terumot
San	Sanhedrin	TevY	Tevul Jom
Shab	Schabbat	Toh	Toharot
Sheq	Scheqalim	Uq	Uqzin
Shevi	Scheviit	Yad	Jadajim
Shevu	Schevuot	Yev	Jevamot
Sot	Sota	Yom	Joma
Suk	Sukka	Zav	Savim
Taan	Taanit	Zev	Sevachim
Tam	Tamid		

3. Midraschim und andere rabbinische Werke

ARN	Avot deRabbi Natan	PRE	Pirqe deRabbi Elieser
BamR	Bamidbar Rabba	QohR	Qohelet Rabba
BerR	Bereschit Rabba	RutR	Rut Rabba
DevR	Devarim Rabba	ShemR	Schemot Rabba
EkhaR	Echa Rabba	ShirR	Shir ha-Schirim Rabba
EstR	Ester Rabba	SifBam	Sifre Bamidbar
Mass. Sof	Massechet Soferim	SifDev	Sifre Devarim
MekhSh	Mechilta deRabbi Schimon ben Jochai	Sof	Massechet Soferim
		Tan	Midrasch Tanchuma
MekhY	Mechilta deRabbi Jischmael-	TanB	Midrasch Tanchuma (Ausg. Buber)
MShem	Midrasch Schemuel	TJon	Targum Jonatan
MShir	Midrasch Schir ha-Schirim	TO	Targum Onqelos
		TPsJ	Targum Ps-Jonatan (Targum Jerusalem I)
MTeh	Midrasch Tehillim		
PdRK	Pesiqta de Rav Kahana	WaR	Wajjiqra Rabba
PesR	Pesiqta Rabbati	Yalq	Jalqut Schimoni